U0154446

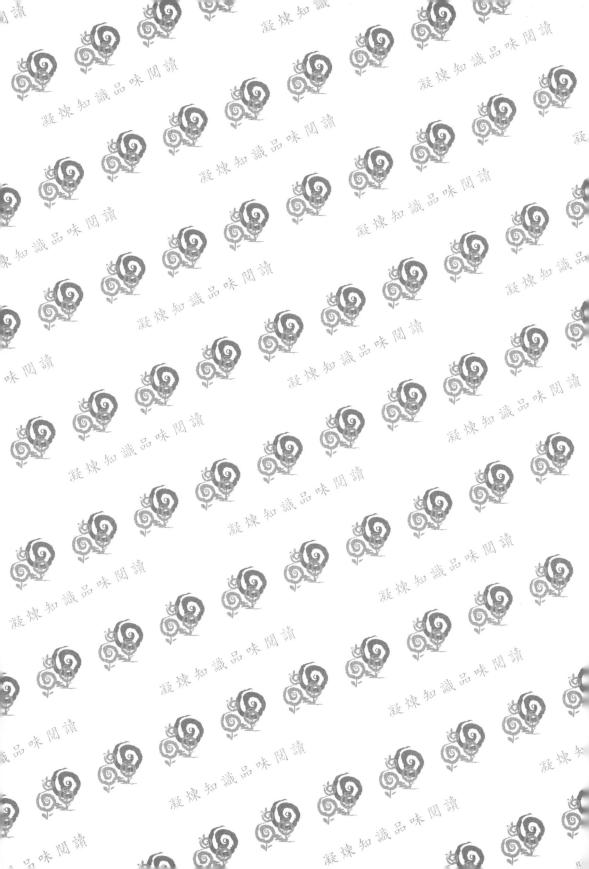

當代社會工作——理論與方法

林萬億　著

五南圖書出版公司 印行

四版序

　　時間匆匆，一轉眼又過了8年。雖然，社會工作專業發展已趨成熟，方法與技術變動不大；社會工作理論與觀點經歷了1980年代以來的百花齊放，已多元且完備。但是，當年寫作時，即掙扎是否要有一篇專門介紹社會工作實施領域，為此猶豫了很久，最後放棄，原因是如果將各實施領域分別成章，本書的份量將大到很難裝訂。

　　思索再三，倘若將實施領域集中一章介紹，也許讀者負擔不會太重。於是，在這一版中增加了一章（第十四章）「社會工作實施領域」，除了介紹傳統的公共福利社會工作、兒童及家庭社會工作、醫務社會工作、心理衛生社會工作、學校社會工作、老年社會工作、身心障礙社會工作之外，增加了司法社會工作（含司法心理衛生工作）、原住民族社會工作。同時，簡介工業社會工作、軍隊社會工作、生態社會工作、同志社會工作等較小眾的實施領域。

　　除了新增章節外，各章節文字也再次潤飾；並在第四章「臺灣社會工作專業的發展」，將我國社會工作最新的趨勢，例如社會安全網、長期照顧2.0、司法社會工作、司法心理衛生均納入，以利學習者銜接社會工作職場。尤其，擔任政務委員負責社會安全網、長期照顧、人口政策、高齡社會等與社會工作息息相關的政策，發現社會工作教育與實務界，對這些新興領域較陌生，坊間書籍討論亦少跟上，遂在本書中引入，以利推廣。

　　第五章「專業社會工作者」也加入社會工作的技巧，第十五章「社會工作倫理」也增加社會工作德行的討論，以饗讀者。

　　最後，在修訂的過程中，五南圖書出版公司的陳念祖副總編輯再度回來負責社會工作領域的業務，一再叮嚀，希望盡快讓讀者有新書可讀，非常感謝。

林萬億

於臺大社工系

2021年新春

目錄

第一章
從社會福利入門

　　社會工作者是推動社會福利的主力。沒有社會福利做後盾，社會工作只是口頭服務（lip services）而已。當代社會工作專業的出現，其實是整體社會福利制度發展的一環。如果沒有因工業革命所滋生的社會問題，就不會有英國自由黨（the Liberal Party）的社會改革，也不會有慷慨女士們（Lady Bountiful）投入慈善工作，更不可能出現社會主義勞工運動，也就不會有當代福利國家（Welfare State）的發展。

　　要了解什麼是社會福利，最接地氣的想像是「福利社」。爲什麼學校的超商叫「福利社」，而小7、全家只能稱「便利商店」？因爲「福利社」賣的東西比較便宜。亦即，去「福利社」是支出比較少，得到比較多。據此，某些人有社會福利（付出比較少，得到比較多）是基於某種資格、身分或條件。例如：窮人不必付費而得到社會救助（經資產調查確定家戶所得低於貧窮線）、受僱者繳較低保費或提撥金而得到較高的保險給付或退休金（因雇主或國家分攤了一定比率的保費或提撥金）、生兒育女的家庭獲得育兒津貼或托育補助（因爲國家爲了提高生育率的政策必要）、家庭暴力受害者得到庇護與相關社會服務（基於保護受害者的人權與維護公共安全），類似的案例不勝枚舉，包括身心障礙者的福利、老人福利、長期照顧、青年社會住宅、原住民族文化福利等。因此，作爲一位社會工作者，不可能在沒有社會福利制度當靠山之下而能得心應手，學習社會工作就必須先了解社會福利體系。本書從社會福利入門，帶領社會工作學習者了解其基盤。

第一節　什麼是社會福利

　　有些社會工作者以爲只要知道現在有多少福利項目可以給服務對象就夠了，不需要知道那麼多關於社會福利的事。然而，只要服務對象問起：「我爲什麼不能有那個福利？只能有這個。爲什麼別人可以領那個？又爲什麼我只能領到這些而已？」如果你答不出來，就會有糾紛，專業社會工作者的級

數不能這麼低。此外，坊間也常聽到：「社會福利就是慈善（charity），或是社會救濟（social relief）。」還有一種說法是：「福利的歸福利，保險的歸保險，所以全民健康保險不是社會福利。」這些似是而非的說法社會工作者必須能辨識、澄清。本節將正本清源地介紹社會福利的理念與制度。

　　國際《社會工作辭典》（*The Social Work Dictionary*）定義社會福利為「一種國家的方案、給付與服務體系，以協助人民滿足其社會、經濟、教育與健康需求，此乃社會維持的基礎。」（Barker, 1999: 455）這個定義告訴我們社會福利有以下幾個核心概念：

一、社會福利是「國家的」（nation's）

　　這裡所說的「國家的」指國民的，亦即是公共的、集體的，而不是個人的、私人的。但是，並不是說社會福利完全排除私人的或民間的參與。如果由國家提供的福利，稱之為「國家福利」（state welfare），或者「公共福利」（public welfare）。社會福利也可以由自願部門（voluntary sector）（如宗教、社團），以及營利部門（企業或個人開業）所提供。例如：許多企業或個人，參與援助非洲貧童的募款活動，或者企業設立的基金會所辦理的外籍配偶子女的課後照顧方案，也都是社會福利。不過，即使是社會福利民營化程度較高的美國，國家的社會福利仍然是最主要的部分。

二、社會福利包括方案、給付與服務體系

　　社會福利所提供的是一種有系統的服務，包括各種方案（program），例如：兒童照顧、長期照顧、家庭暴力防治、社會住宅等；也涵蓋各種給付（benefits），例如：低收入戶的社會救助、勞工的年金保險、軍公教人員的退休金、國民年金、全民健康保險醫療給付等；也建構各種服務體系（service system），例如：由早期療育、托兒（正確用詞是託兒）、兒童津貼、寄養、收養、兒童保護、家庭支持、機構安置等構成兒童福利服務體系。

　　而這些方案、給付與服務體系不是單一機關（構）所獨攬，而是由各種組織（organizations）與機構（agencies）組成，提供者遍及各級政府，組織屬性從公部門到私部門（Segal, Gerdes, & Steiner, 2005）。給付的內容不只是直接發給金錢的現金給付（in cash）；也可以是提供衣物、食糧、住宅、輔具等實物給付（in kinds）；更包括了不直接提供現金給付給有需求者，而是採抵用券或折價券（voucher），例如：房租補助券、幼兒教育券等。當然，也可以減稅的方式來降低勞動者的負擔，例如：兒童照顧的薪資稅抵免（Earned Income Tax Credits, EITC），都可算是社會福利的提供方式。更重要的是它針對人民的需求有計畫、持續的行為，形成一種完整的服務體系，而不是零星、片段的作為。

三、其目的是協助人民滿足其社會、經濟、教育與健康需求

　　社會福利的目的在經濟面，要讓人們擁有最起碼的所得（minimum income），以維持生計；在社會面，要避免人民被社會排除（social exclusion），始能享有合宜的（decent）社區生活；於教育面，要提升人民的人力素質，以傳承人類文明；於健康面，要促進人民的身心健康，以獲致滿意的個人與家庭生活。因此，社會福利無意取代人民靠自身與家庭所能滿足的需求，而是協助其滿足社會的基本（basic）生存需求。如果人民可以完全依賴自己的力量滿足其需求，國家通常不會介入。不過，因為生、老、病、死是每一個人一生中幾乎無可迴避的社會事故（social contingencies）。此外，還可能因生意失敗而陷入貧窮，為卡債逼迫而四處躲避，甚至燒炭自殺；也可能因車禍而致殘，更可能因產業外移而失業。這些都是現代社會不可預期的社會風險（social risks），必須靠社會集體力量來因應。

四、社會福利是社會維持的基礎

　　人民滿足了社會、經濟、教育與健康的基本需求，才可能維持社會進步與穩定。為回應工業革命所伴隨的社會問題，資產階級（bourgeoisie）與

新興的中產階級才會爲了維持社會秩序，而推動社會福利。這也是爲何左派學者會認爲社會福利的功能是資本積累與政權合法化（O'Connor, 1973）。也就是在資本主義社會裡，社會福利被由資本家所掌控的國家機器拿來安撫勞工家庭、提升勞動品質、穩定社會秩序、俾利經濟發展，促使資本積累更快速。社會福利就成爲社會控制（social control）的工具，達到政治的和平與經濟生產力（Dean, 1991）；同時，國家機器也藉社會福利來獲得選民的支持，以維持其政權合法性／正當性（legitimacy）。有時政客爲了勝選會用社會福利來籠絡特定的選民，例如：軍公教、勞工、農民、榮民等而出現福利侍從主義（welfare clientelism），亦即政客透過增加或提供社會福利的承諾來收買特定選民的支持，將福利案主矮化爲鐵票部隊。爲了幫福利國家的困境解套，米吉利（Midgley, 1995）提出社會發展（social development）觀點的社會福利，認爲有計畫的社會變遷以促進人民的福祉，應被視爲是經濟發展動態過程中的同步設計。亦即，社會福利有貢獻經濟發展的功能（林萬億，2010）。因而衍生出發展式社會工作（developmental social work）（Midgley & Conley, 2010），亦即透過學前教育與照顧、營養、健康檢查、個人發展帳戶（individual developmental accounts, IDAs）、資產累積、優勢觀點、能力（capabilities）培養、充權、人力資本培育、就業力、社區建構、社會整合、社會包容等，讓本來被列爲保護、救濟、矯正的對象，有更多機會發展潛力、改善生計、自助人助。

歐費（Offe, 1984: 153）說：「其矛盾在於資本主義不能與福利國家共存，也不能沒有福利國家而自存。」意思是說資本主義體制是反對社會福利的，因爲社會福利主張的所得再分配、公平與正義，是花錢費力的事業。但是，資本主義體制爲了活下去，不得不推行社會福利，因爲沒有社會福利，勞資對立會更嚴重，社會不安，社會成本提高。除了資本積累與政權合法化的功能之外，在像北歐社會民主國家，社會福利也被認爲是促成社會團結（social solidarity）的黏著劑，透過普及的福利，縮小階級與性別不平等，使人民團結在一起。

簡言之，社會福利是國家結合民間部門，爲滿足人民基本生存、融入社

會、文明生活，以及身心健康，所提供的一系列的方案、給付與服務。

　　然而，這樣的定義仍然是抽象的。必須進一步說明誰可以得到福利？由誰來提供？提供什麼？如何提供？始能更清楚社會福利的全貌。

第二節　誰有資格得到社會福利

　　社會福利既然是國家的，理應全民都可享有，這就是普及的權利賦予（universal entitlement），例如：全民健康保險人人都可加入。然而，有些福利是特定人口群才可以得到，例如：因職業身分而加入勞工保險、公教人員保險等；或是因身體條件而得到特殊的福利，例如：身心障礙者福利；或因族群身分特殊而得到福利，例如：原住民福利、外籍配偶家庭福利；或因所得低於貧窮線（poverty line）以下而得到社會救助等。因此，誰有資格領取社會福利端看該國、該地的社會福利權力賦予到多廣泛。

壹　選擇式（selective）vs. 普及式（universal）的福利

　　英國學者提默思（Titmuss, 1968）指出，選擇式福利是以個人資產（means）多寡作爲取得福利的資格要件，社會福利給付只提供給經過資產調查（means-testing）之後，被認定有福利需求的人。至於普及式福利則是以需求的類屬、群體作爲提供服務的基礎，只要同一需求類屬，例如：經濟安全、就業服務、家庭寄養、機構安置等；同一社會人口屬性，例如：兒童、老人、身心障礙者、原住民，就可以取得相同的福利。

　　主張普及式福利的人認爲其有以下優點（Titmuss, 1968; Blakemore, 1998; Gilbert & Terrell, 2009）：

　　1. **較能適當地回應不同人口群的基本社會需求**：例如：兒童與少年普遍需求教育與照顧，老人普遍需要醫療、長期照顧與經濟安全等，就無

須再進行資產調查來確認其個人需求。

2. **較能關照到人的尊嚴與社會凝聚**：因為每個人均能公平地得到福利，就不會有人被標籤、羞辱、烙印或汙名（stigma），或社會排除。

3. **較能回應人們立即的需求**：因為資產調查常是定期辦理，因此，有些急迫需求，例如：失業、單親、疾病、未成年懷孕、家庭暴力等事件隨時會發生，這些需求無法等待資產調查後才認定。

4. **政治上的利多**：福利對象基於社會包容原則照顧到全體國民，自然較容易獲得人民的支持。

5. **行政成本較低**：減少耗費時間與人力在資產調查行政上，也減少因人民通過資格與否的紛爭。

6. **達到所得重分配**（income redistribution）**效果**：亦即透過稅、社會福利等社會機制將高所得家戶的所得移轉給所得少的人。所得重分配有兩種形式：垂直的（vertical）與水平的（horizontal）。前者是指從所得多的人身上移轉給少的人，以縮短垂直的所得不均（income inequality），其工具最常見的是累進稅與社會福利，累進稅是所得或財富多的人繳高的稅率；社會福利則是所得高的人繳多的保險費。也就是由國家扮演劫富濟貧的羅賓漢（Robin Hood）角色。後者是相同條件的群體間（inter-group）或生命循環（life cycle）的所得重分配，最常見的工具是社會保險。例如：將健康的人所繳的全民健康保險的保費移轉給生病的人使用，或單身的人所繳的勞工保險的保費移轉給生育的人使用，或年輕的人所繳的保險費移轉給退休的人使用。

這正好對照出選擇式福利的缺點：不能回應人民的基本需求、烙印低收入人民或低下階級（underclass）、無法回應環境變遷所創造出的立即需求、政治上難以永續、行政成本高、不具所得重分配效果、缺少鼓勵工作的誘因。

然而，主張選擇式福利的人們認為其也有以下優點（Gilbert & Terrell, 2009）：

1. **效果較好**：服務提供聚焦在有需求的人身上，較不會浪費資源。

2. **成本較低**：福利只給有需求的人，較能將每一分錢都用在刀口上。在財政限制下，較符合節省成本的原則。

貳　需求評估的光譜

　　進一步，我們將上述的兩組福利的受益人放在一條從選擇到普及的連續體上，可以標示出五個因需求或條件指標不同，而有不同的福利權利賦予（Gates, 1980: 29; Gilbert & Terrell, 2009），依序是：

一、資產調查需求（means-tested need）

　　資產調查是評估或調查個人或家庭資產、所得，判定其是否低於法定的貧窮線，而區分出窮人與非窮人。據此，決定一個人或一個家庭是否合乎領取社會福利的資格。任何社會都會有判準來界定誰是窮人，誰不是，不論是依官方貧窮線或其他指標，也不論是依絕對或相對的標準。這是基於經濟指標來判定需求的個人配置（individual allocation），例如：社會救助針對窮人的需求提供給付。

二、診斷的差異（diagnostic differentiation）

　　這是藉由專業診斷而判定個人是否有特別需求，例如：發展遲緩、精神疾病、身心障礙、失能等。這一類對象因個人差異而得到個別的社會福利給付。這是基於技術診斷需求的個人配置，例如：早期療育、特殊教育、心理衛生服務、身心障礙福利、長期照顧等。

三、補償（compensation）

　　社會中有一些人因下列兩種狀況應得社會福利的補償：(1)曾經對社會與經濟有貢獻，例如：榮民、情報人員、烈士、戰士遺屬等；(2)處於政治、經濟、文化不利地位下的社會受害者，例如：原住民、冤獄受害者、白

色恐怖受害者、失業者、偏遠地區居民、工殤者、家庭照顧者、身心障礙者等。這是基於為了恢復公平的規範性指標的群體取向的配置（group oriented allocations），例如：原住民福利、榮民福利、勞工職業災害補償、失業給付等。

四、屬性需求（attributed need）

是指因年齡、職業身分的特殊性而不須經過資產調查即可得到福利，一是因年齡條件，例如：兒童可以得到兒童津貼（child allowance），老人得到老年年金（old age pension）。這一類人口被認定有特定需求，隨著年齡條件的改變，需求也將跟著改變，當其條件消失時，服務的提供也將自動消失。二是因職業身分，例如：勞工、公務員、軍人、農民等，因不同職業而有不同的福利。這是基於規範性需求指標的群體取向的配置，例如：勞工保險、軍人保險、公務人員保險、農民保險、國民年金等。

五、普及的社會公民權（social citizenship）

這是英國社會政策學者馬歇爾（Marshall, 1950）所提出的概念，認為作為一位現代公民，「應該依社會普遍的標準，擁有少量的經濟福利與安全、完整地分享社會遺產，以及生活在文明的水準。」這是人類擁有公民權、政治權以外的第三個權利，慣稱社會權（social rights）。依此權利，人人可以獲得經濟安全（年金）、健康（全民健康保險）、教育（國民教育）等普及的權利賦予。

從以上五個資格要件來看，有些人獲得社會福利是依單一指標，例如：失業者；有些人口群獲得社會福利則是基於多重指標的，例如：低收入戶的身心障礙者，其經由資產調查取得低收入戶的福利身分，而有社會救助；同時，也因為被診斷出身體功能的差異，而有如庇護性就業、輔具、停車位等的特別福利需求；或因社會對弱勢者的補償而有定額僱用、身心障礙者就業促進基金的提撥，以補救其就業的不利；當然，也可能因為人口特質

屬性而有身心障礙者年金。

如上述，社會福利的受益對象，有多重指標可以獲得福利，就會出現福利部門分工的議題。例如：一位低收入的女性身心障礙的原住民老人，到底應該由社會局（處）的哪一科室或團體來提供服務？社會局（處）的社會救助科、老人福利科、身心障礙福利科、婦女福利科？或是原住民族行政局？該由哪一個團體來關心其權益？老人福利聯盟、婦女團體、身心障礙福利聯盟，還是原住民團體？這是一個經常遇到的社會福利實務問題。

在社會資源有限性的前提下，社會福利的提供應以保障生存權為第一優先，這也是一般社會工作的倫理原則，就是保障生命安全與生計維持為第一要務，其次是維持健康，再來才是照顧需求的滿足，最後才是滿足成長與發展的需求。亦即，社會福利機關（構）不可能放著窮人不救助，而大力提供老人文康活動或樂齡學堂；同理，也不應放著兒童身心健康與人身安全不管，而全力推動兒童暑期育樂營。

據此，社會福利身分的取得依序是經濟條件、身體條件、年齡、性別、族群。亦即，只要是經資產調查合乎低收入戶資格的國民，不論其身體條件、年齡、性別、種族，都應該先獲得社會救助。接著，因其身體健康條件被鑑定為身心障礙者，其屬《身心障礙者權益保障法》規範的對象，就應該獲得身心障礙者的權益保障。不因為他是低收入戶，而被歸類到社會救助科的服務對象之後就少了身心障礙者的權益保障。第三，因其年齡屬老人，也可以獲得《老人福利法》的保障。但是，老人福利與身心障礙福利的重疊部分，應以身心障礙福利為優先。因為他不是因單純的老化而得到福利，而是身心障礙加上老化。第四，由於該老人為女性，於服務提供時應考慮性別敏感的議題。最後，該老人是原住民，族群敏感、多元文化主義，或反壓迫實務的觀點就必須被導入，才可能提供真正吻合服務對象最佳利益的服務。簡言之，這位福利使用者應被列入社會救助科的服務對象。但其主管科室應歸身心障礙者福利科，除非身心障礙者福利與老人福利合為一單位。而該主管單位應納入性別與族群敏感觀點進入福利提供過程。

如果服務對象改為需要早期療育的低收入兒童，其服務分工也是相同順

序。據此，身心障礙者福利科就不宜自我設限只服務身心障礙的成人，而置兒童、少年、老年的身心障礙者於不顧。同理，老人福利科也不能只服務非低收入的健康老人。同樣地，原住民族的社會福利也不宜全歸原住民事務主管機關掌理，而是由原住民事務主管機關提供族群敏感、多元文化主義，或反壓迫實務的角度檢視社會福利輸送，並提供補償性的與符合族群利益的特殊服務。性別議題亦同。

通常，誰可以得到福利會受到成本效益考量與國家社會福利意識形態的左右。成本效益考量包括（Gilbert & Terrell, 2009）：

1. **工作誘因**（work incentive）：指社會福利提供是否會影響勞動意願，例如：失業給付太高，怕傷到工作意願。

2. **生育誘因**：指提供社會福利是否會帶來更高的結婚率、生育率等，例如：提供兒童津貼、新婚家庭的社會住宅優先權等，以鼓勵結婚生育。

3. **家庭穩定的效果**：有人擔心社會福利是否會取代家庭照顧功能，造成家庭的瓦解。其實不然，透過社會福利可以支持家庭免於陷入世代貧窮循環，例如：針對低收入單親家庭的經濟補助可以避免子女提早放棄學業離校就業。

4. **烙印vs.社會整合效果**：資產調查式的福利容易被刻印上「窮人」、「懶惰者」的汙名；反之，普及的社會福利，被認為較具有社會整合的效果。例如：將低收入老人納入國民年金保險，而不是依賴低收入老人生活津貼；將貧民施醫納入全民健康保險，去除汙名化。

第三節 誰提供社會福利

有人需求福利，就要有人提供。誰來提供呢？季爾伯特與特洛爾（Gilbert & Terrell, 2009）指出六種社會制度：親族、宗教、職場、市場、互助

組織、政府，分別提供不同的社會福利功能。親族提供依賴者照顧、財力支持；宗教提供信仰為基礎的（faith-based）健康、教育與社會服務；職場提供員工給付；市場提供商品化的社會福利產品與服務；互助組織提供自助、自願及非營利的社會服務；政府提供反貧窮、經濟安全、健康、教育與社會服務。本書整理出以下五種社會制度的社會福利提供分工（Hill, 1996; Gilbert & Terrell, 2009）：

一、家族主義模式（familistic model）

這是家族的社會福利功能。家族成員分享服務、養兒防老、世代互惠、性別分工。家族提供的服務不只經濟安全，還包括照顧、情感支持等。家族照顧的規範是文化、血緣。隨著家庭功能的式微，單靠這種模型的社會照顧體系很難存在於工業社會。早期英國濟貧法時代的親屬責任、傳統中國的「慈善起於家」的觀念均主張先要齊家才能布施於天下。

二、社區主義模式（communitarian model）

這包括宗教與互助組織的社會福利功能。社區居民依鄰里互助原則相互照顧，包括英國、美國19世紀中葉發源於城市的慈善組織會社（Charity Organization Society, COS）、中國傳統的仕紳慈善行為，其服務提供的出發點是慈善與利他的行為。提供的項目也包括物資、現金、收容照顧、情感支持等。相互照顧的原則是依宗教、文化、民俗與規範。這種模式的社會服務提供隨著工業化腳步，由教義與道德為主的宗教或民間互助團體（mutual assistance groups）的社會服務提供，轉型為非營利組織（non-profit organizations, NPOs）或自願組織（voluntary organizations, VOs）型態的社會服務提供，實踐利他主義（altruism）與自願主義（voluntarism）的慈善精神。當代福利國家的大部分民間社會福利組織都是這種精神下轉型的產物。

三、個人主義模式（individualistic model）或市場模式（market model）

　　這是由市場提供的社會福利功能。個人靠工作獲取薪資，再利用所賺取的薪資向市場購買社會服務，如托兒、養老、健康照護、心理諮商等。因此，社會服務的取得完全依靠市場法則的對價交易。社會服務成為一種商品，由市場提供、消費者選擇、價購取得，滿足自己需求。這樣的社會每個人都是經濟人（economic man），自然不需要政府介入個人的生活保障。因此，談不上是福利國家（Welfare State），而比較是一種自由放任（laissez-faire）主義的社會。

四、國家主義模式（statist model）

　　國家扮演照顧人民的角色，人民取得福利給付是一種普及的權利賦予，而非他人的施捨。國家提供人民的服務包括經濟安全、社會服務、健康照護、住宅、教育、就業等。早期西方民主國家的國家角色從夜警國家（night-watchman state）演進到福利國家，代表國家在福利供給角色上的轉變。國家提供人民福利是依法律為之，人民依法取得法定福利（statutory welfare）或公共福利。在工業社會裡也有一些福利經由國家認可或強制由雇主提供給其員工，即是職業福利（occupational welfare），例如：員工福利、職業別社會保險等。

五、混合經濟福利模式（the mixed economy of welfare）

　　自從中世紀國家開始介入公共救濟以來，公私混合的社會救濟即已存在。福利國家出現之後，國家提供福利的角色雖吃重，但並不代表家庭、自願部門提供福利的角色萎縮。而隨著1980年代福利國家的危機、1990年代以來新自由主義全球化（Neo-liberal Globalization）的影響，政府將部分福利提供角色外包（contracting out）給自願部門或營利部門，形成一種政府向民間購買服務（purchase of service, POS）給人民的新模式，使當代社會

福利的提供更走向混合經濟的福利（Kamerman, 1983; Kramer, 1985; Pinker, 1992; Johnson, 1999），或是福利多元主義（welfare pluralism）（Johnson, 1987），亦即，自願部門、政府、企業、家庭共同扮演社會福利的提供責任。而社會福利也從國家主義的福利科層（welfare bureaucracies）轉型到由公部門、私部門、第三部門界限模糊的福利混血組織（welfare hybrids organizations）提供（Billis, 2010）。然而，自願部門是否有能力接手政府釋出的福利提供者角色；企業是否能在營利之餘承擔消除貧窮、解決社會問題的功能，以及人民真能放心政府卸掉社會福利的主要提供者角色？（Karger & Stoesz, 2006）仍有疑慮。

第四節 社會福利提供的形式

接著要問：人民需求什麼福利？福利提供者要提供什麼福利，福利的供需才能平衡呢？隨著社會福利發展，福利提供的形式越來越多元。

壹 現金給付

現金給付是指直接提供金錢給社會福利的受益人，例如：老年年金、兒童津貼、低收入戶生活補助、照顧津貼、托育補助、房租津貼、老農津貼等，這是社會福利的大宗。如果把社會安全（Social Security）等同於社會福利，那麼，社會福利幾乎是以現金給付為主。因為，社會安全的本質是所得維持（Income Maintenance），或社會保障（Social Protection）。前者常見於工業民主國家，指國家利用各種方案以保證人民有最起碼的收入以維持基本生活；後者常用於發展中國家，指結合政府、市場、公民社會及家庭提供各種給付給個人或家庭，以減少多面向的剝奪（multi-dimensional deprivation）。所謂多面向的剝奪是指貧窮、文盲、疾病、失業、居無定所、被

壓迫等。

一、社會安全體系的給付類型

通常包括以下四大類：

（一）繳保費的給付（contributory benefits）

也就是慣稱的社會保險，由被保險人與雇主（有時包括政府）先繳保險費，一定期限後，俟保險事故發生，例如：老年、疾病、生育、死亡、失能、職災與失業時，即可請領給付。

（二）資產調查給付（means-tested benefits）

也就是慣稱的公共救助（public assistance）或社會救助（social assistance）。請領給付者一定要經過資產或所得調查，其資產或所得低於規定水準（貧窮線）以下者，不足部分才由給付補足。

（三）普及的非繳保費與非資產調查的事故給付（universal non-contributory, non-means-tested, contingent benefits）

是指只要是國民遇到某種法定社會事故，例如：生育、單親（lone parents）、身心障礙、老年等，或是族群身分，例如：原住民、新移民等，可依規定領取家庭津貼（family allowance）、兒童津貼、身心障礙者津貼、失能者照顧津貼、房租津貼、老農津貼、原住民學生就學補助等，統稱社會津貼（social allowance）。

（四）自由裁量的給付（discretionary benefits）

這是指由主責社會工作者、社會行政人員，或是主管社會福利的官員，依其專業判斷，或主管權責，決定提供的給付。通常這種給付是短期的、臨時的、緊急的、非常態的。

二、現金給付的優缺點

（一）現金給付的優點（Gilbert & Terrell, 2009）

1. 簡便

直接提供現金給福利受益人，不論是撥入銀行、郵局戶頭，或是領取現款，手續相對簡便。尤其直接入帳方式，更是方便，可省去福利受益人奔波於途，更不必擔心被偷被搶。

2. 行政成本低

政府不須自行設置社會服務機構、中央餐廚、被服工廠、農場、倉庫等設施來生產實物或服務，省去許多固定成本。

3. 使用者選擇性（choice）高

現金給付讓服務對象可以依照自己的偏好，選擇滿足需求的方式，而極大化補助的效用（utility）。

（二）現金給付的缺點（Gilbert & Terrell, 2009）

1. 有限理性

人們的理性是有限度的，不可能每個人在每件消費行為上都能理性地選擇自己的最佳利益。福利受益人面對各種促銷、廣告、壓力等誘因，往往無法依自己的理性獨立判斷，而產生依賴效應（dependence effect）（Galbraith, 1958），以致被財貨生產者影響而誤用現金補助；甚至產生供給創造需求效應，過度使用不需要的服務，而浪費有限的福利資源。

2. 管理能力不足

福利受益人大多數是社會、經濟、文化上相對弱勢者，其選擇能力與理財能力是有限的，很難避免服務對象不會濫用現金補助。福利受益人可能因家政管理能力不足、個人喜好，或道德瑕疵，將現金挪用。

3. 資訊不對等

理性選擇（rational choice）需要充分的資訊與權力。社會福利提供者為降低成本，或囿於商業行銷的限制，無法提供足夠的資訊；或因服務對象的知識與經驗限制，再加上社會服務的專業性，例如：心理諮商、家族治療、長期照顧等，服務對象及其家屬很難輕易理解服務的質量與內涵，以致供需雙方的資訊嚴重落差，服務對象無法進行高效率與高效用的選擇。

4. 市場供給不足

社會服務市場基本上只是個準市場（quasi-markets），它與一般市場不同。在供給面上，一般市場是產品價格、品質，以及生產者的產能間的競爭；而社會服務市場是由獨立的公私立機構競爭服務對象，且不以極大化利潤為目標。在需要面上，一般市場的消費者以現金購買產品與服務；社會服務市場的消費者則多以預算或兌換券或抵用券交易。且服務對象與購買者常非同一人，而是由第三者（社會局、照顧管理專員、家庭醫師、保險公司等）代理選擇服務項目與質量。因此，其非營利化成分高、非現金交易比例重、他人代理決策機會多（Le Grand & Bartlett, 1993）。既然社會服務市場的營利性弱，營利的社會服務機構會選擇容易生產、獲利高的服務項目提供，低消費能力、多重問題的服務對象便無法買到其所需的服務。於是，出現篩選容易服務的對象的錦上添花效果（creaming effects），而非社會福利所強調的雪中送炭、劫富濟貧效果。無利可圖的方案，很少會成為營利的社會服務提供者的首選，導致服務對象的選擇權受限。

5. 政府的財政赤字

現金給付滿足服務對象眼見白花花的銀子到手的感動，也解決服務提供者（政府或民間機構）缺乏人力、專業知識與技術的困境；同時，又滿足政客以福利討好選民的偏好。於是，在社會福利制度不成熟的國家與地方就出現大量現金給付式的福利，國家或政府成為現金給付共和國；復因現金給付方案易放難收，每逢選舉就加碼。結果是社會福利體系依然支離破碎、政府財政卻負債累累，人民被養成只有給錢才有福利的習性，真正的社會需求不見得獲得滿足。

貳 實物給付

實物給付則是直接提供服務對象所需的食物、衣被、油料、輔具、住宅、教育、托兒照顧、健康照護、居家服務、家事服務、諮商服務等。瑞典經濟學者摩達爾（Myrdal, 1968）在討論兒童福利時，主張國家應直接提供實物給付給家庭，因爲實物給付的優點如下：

1. **大量生產降低成本**：政府直接生產，或大量採購，可達到經濟規模而降低成本。例如：由政府設中央餐廚生產營養午餐，直接分配給學生，必然會因大量採購米、油、果菜、肉品而降低單位成本。如果是現金補助學生自家準備午餐，或向餐廳購買便當，其單位價格一定較高，品質又不見得更好。

2. **社會控制**：可從生產面來控制使用者的消費行爲，避免服務對象濫用、誤用社會福利。不但可以回應社會大眾對資源使用效率的責信（課／問責）（accountability）要求，同時由於服務對象均享有相同的服務，容易達到社會團結的效果。

3. **保證滿足服務對象的需求效果**：實物提供可針對服務對象的需求，直接提供實物，達到立即直接的需求滿足效果。

但是，實物給付也被批評（Gilbert & Terrell, 2009）：

1. **公部門效率差**：公部門供給較有效率的說法必須是在清廉、執行力強、專業度夠、資訊透明的前提下，才可能達成。在公部門壟斷下，服務提供缺乏競爭，不見得能提供物美價廉的服務。更甚者，公部門最常被詬病的是重視媒體觀感、數字管理。例如：爲了降低失業率，投資龐大預算在短期就業方案上，雖然官方失業率好看，但是投資的金錢與眞正達到的就業促進效果不成比例，失業者也不一定獲得好處。

2. **行政官僚不解民意**：公部門官僚不一定具備社會工作專業知能，尤其社會服務既是勞力密集（labor intensive），也是密集科技（intensive technology）工作，社會問題與科技發展日新月異，並非公務員的專

長所及。即使公務員能力所及，也因長期待在冷氣房中，無法真正了解人民需求，以致常有「何不食肉糜」的荒腔走板回應。例如：千篇一律地提供美髮、烘焙、電腦文書處理等職訓課程給未升學未就業的少年，一旦少年不領情，就責怪這些少年沒有工作意願。

3. **公共服務無法迅速回應社會需求**：政府的公務預算必須於前一年春即提出概算，年中前完成預算編列送議會審查，年度結束始能通過審議程序，一旦碰到議會杯葛，可能拖到第一季結束都還不能動用本年度預算。再加上依《政府採購法》規定公開招標程序，又要拖一段時日；且預算執行須依《預算法》規定，不能任意變動。如此，在時效與彈性上均難以回應快速變遷的社會需求。

從以上的分析看來，現金給付與實物給付看似相剋，其實不然，個人選擇與社會控制是可以調和的，其平衡點是在政府提供社會福利責任下考量人民最大的選擇自由。

參 機會（Opportunities）

過去的實物給付並不包括機會的開創，例如：許可、鼓勵、保證及誘因等。雖然這些也是由政府提供，但是機會更能滿足公民權利的保障，或外加機會（extra chance）。例如：退伍軍人轉任公職考試，使退伍軍人增加就業機會；原住民特考、身心障礙特考也是外加機會，且考試及格標準相對降低，使這些弱勢考生可以在一般公職考試之外，多一些機會擔任公務人員，增加其就業機會。又例如：在《政府採購法》中明訂公務機關保證優先採購原住民、身心障礙者所生產的貨品與勞務，也讓這些弱勢者增加就業機會。

機會均等（equality of opportunity）是左右兩派均可接受的概念。但是，左派更強調均等，亦即積極行動對待弱勢者，創造平等的結果；右派則強調機會，亦即保障公平對待、公平競爭，結果可以不均，但力求公正（fairness）（Blakemore, 1998）。

肆 兌換券與信用（credits）

兌換券是發給服務對象一種經官方保證給付的證明。憑此證明，服務對象就可換取所享有的實物與服務權利。此時，服務對象的身分就從服務使用者（service users）或公民轉變為消費者（customer）。最出名的是美國的食物券（Food Stamp，或稱糧票），這是自1964年起推行的方案，補助低收入戶憑票到超級市場購買食物，之前採紙本的點券，目前已改用電子憑證，像信用卡般，由使用者刷卡購買食物。另一項與食物有關的方案是低收入孕婦、嬰兒、兒童的營養補給品的兌換券（Special Supplemental Food Program for Women, Infants, and Children, WIC），憑券可向特約的商家換取指定品牌的牛奶、麥片、蛋、乳酪、鮪魚、果汁、花生醬等。食物券補助一般糧食、盆栽與種子，WIC則是針對孕婦、嬰兒、兒童的指定營養補給品。

其實，更早以前，經濟學家佛利曼（Friedman, 1962）就倡導政府應該發放教育券（educational voucher）給家長，讓家長可以自由為其子女選擇學校就讀，而不一定要進入指定學區的公立學校就讀。這是一種自由放任主義的作法，認為政府管得越少越好，讓公立學校進入市場競爭。

此外，房租補助券（housing vouchers）是補助低收入家庭憑券向指定的房東租用住宅。這些都是試圖同時處理實物給付與現金給付的缺失，既滿足服務使用者的選擇自由，又達到社會控制效果。

目前美國推行的薪資稅抵免（EITC）是一種結合就業、兒童照顧的社會福利方案，由國稅局退稅給中、低所得工人，作為補償其兒童照顧的支出。也是一種既不直接給現金，也不直接提供兒童照顧的社會給付，同時又可鼓勵就業。

伍 權力（Power）

權力是指重分配實物與服務提供的控制過程。例如：增加身心障礙者參與就業促進基金的決策過程；引進低收入戶參與社區行動方案，讓服務對象

極大化參與的可能，有助於提升需求評估與社會介入的效果。這也符合充權
（empowerment）的理念，讓弱勢者的權力感增強、能力提升。

陸 工具儲備（**Instrumental Provision**）

這是一種間接的社會介入方式，發展給付方案執行的工具，具體作法
是政府補助、鼓勵民間社會福利機構發展新方案，以利提供更多創新方案給
需要幫助的對象，讓他們可以就業、參與社區、累積資產、自我支持等。
例如：會所（club house）模式、支持型就業、社區家園、團體之家（group
home）、支持型社會住宅等。

第五節 社會福利涵蓋的範圍

由於社會福利是國家提供來滿足人民生存需求的方案，因此社會福利是
政治、經濟與社會的產物，不同的意識形態與價值，就會有不同的社會福利
範圍界定。美國學者威林斯基與李彪克斯（Wilensky & Lebeaux, 1965），
將社會福利界定為殘餘（補）式（residual）與制度式（institutional）兩
種。英國的提默思（Titmuss, 1958; 1974）以歐洲福利國家的發展為基礎，
兼顧美國的經驗，將社會福利擴大為以下三組模式，這三組概念也成為
後來葉斯平安德森（Esping-Andersen,1990; 1996; 1999）發展出福利體制
（welfare regimes）論，所歸納出的福利資本主義的三個世界的基礎架構。
而晚近米吉利（Midgley, 1995; Hall & Midgley, 2004）發展出來的發展觀點
（developmental perspective）的社會福利，也被納入用來討論發展中國家的
社會福利。

壹 殘餘（補）式的社會福利

　　殘餘（補）的福利是指無法在自由經濟市場中賺取薪資過活，且得不到家庭照顧與支持的人，如同算術除法中除不盡的餘數般，需要市場與家庭以外的力量介入補救。亦即，社會福利扮演家庭與市場常態供給結構破損後的補救角色，除非家庭失功能或市場失靈（market failure），導致個人無法經由家庭與市場獲得生活的滿足，才由社會福利體系來發揮殘補的、暫時的，以及替代的功能。由於其帶有施捨、慈善的意味，福利受益者有被汙名化、烙印的傾向，而迭遭批評。最常見的是將女性與兒童看作是福利依賴者。

　　社會福利的焦點是有問題的個人，而非全民，其功能是彌補缺漏（Kirst-Ashman, 2007）。社會福利的對象包括兩類：一是自然的弱者，例如：老、幼、病、殘；二是人為的弱者，例如：戰爭犧牲者、關廠失業者、性侵害與家庭暴力的受害者、族群歧視的受害者等。其提供的是經資產調查的社會救助，承襲自濟貧法時代對「值得救濟的貧民」（the deserved poor）的救濟。提供福利給這些值得救濟的貧民，一方面可凸顯提供者的道德高尚，另方面也彰顯其社經地位的優越。

　　殘餘（補）式社會福利的主張者認為未經資產調查而提供社會福利，從道德的角度而言是說不過去的。因為，社會福利會影響人們的儲蓄與工作意願，形成道德危險（moral hazard）（Barry, 1998）。例如：人們預期有老年年金可領取，而不儲蓄防老；人們因有失業給付可領，而不怕沒工作。這也是工作福利（workfare）或以福利促進工作（welfare-to-work）政策的主張，認為人們要得到福利就得要工作，美國的「貧窮家庭的短期救助」（Temporary Assistance to Needy Families, TANF）即是（Karger & Stoesz, 2006）。

　　同時，認為國家的社會福利不應該取代家庭與市場，即使有提供福利的必要，也應該優先考慮由自願部門提供。基於此，主張政府規模越小越好，讓人們憑理性與良知在市場中自由地運作其生產與消費，不需要讓「不知什麼是最好的」大小官僚來干擾家庭與市場的運作（Titmuss, 1974）。所提供

的福利也僅止於社會救助與社會服務，而且認爲民間（非營利組織）、市場（營利組織）能做的，政府不做，導致社會福利提供呈現較高程度慈善化、民營化與商品化。

這是葉斯平安德森（Esping-Andersen, 1990）所說的自由主義的福利國家（liberal welfare state）的社會福利，其代表是美國、英國、加拿大、紐西蘭、澳洲等。但這並不表示上述國家沒有下述的工業成就模式的社會保險，例如：美國的老年、殘障、遺屬保險也是屬於工業成就模式的福利；英國的國民健康服務（National Health Service, NHS）屬於普及式的社會福利，年金保險則兼具普及式與工業成就模式的福利；加拿大的國民健康保險也屬普及式的福利。

貳　工業成就模式（industrial achievement performance）的社會福利

顧名思義，社會福利被看作是經濟的附屬品，其給付應該論功行賞，依每個人的功績（merit）多寡來決定可獲得多少福利。功績表現於生產力的高低，其道理衍生自激勵、勤奮、報償、階級與群體歸屬的形成等心理學與經濟學基礎，因此又被稱爲侍女模式（handmaiden model）（Titmuss, 1974），或功績特殊模式（meritocratic-particularistic model）（Flora & Heidenheimer, 1981）。

工業成就模式的社會福利最典型的例子，屬歐洲大陸國家的德國、法國、荷蘭、奧地利等，以職業別的社會保險體系爲主。在臺灣則是勞工保險、公教人員保險、軍人保險、勞工退休金等。以社會保險爲主的歐洲大陸國家被葉斯平安德森（Esping-Andersen, 1990）稱爲歷史組合國家主義的福利國家（historical corporatist-statist welfare state），強調其組合主義的社會夥伴特質與國家介入的歷史傳統。

以社會保險作爲社會福利的主要內涵，非就業人口，特別是婦女常被排

除在社會保險之外，或只能以眷屬身分成為社會保險的給付對象，而不是依個人的社會公民權身分取得權利賦予。因此，婦女的福利主要依賴為保護母性、家庭與勞動力再生產而有的相關給付，例如：家庭津貼、兒童津貼。為了鼓勵母親留在家庭扮演照顧者角色，必然使國家介入兒童日間照顧、家庭服務的需求相對降低。但是，為了維持勞動力的供給，兒童津貼扮演很重要的角色。至於，其他非就業人口的經濟安全大量依賴社會救助，形成社會福利的一國兩制，「有工作者有保險，沒工作者只能靠救助。」其中沒工作者大部分是女性，因此也形成社會福利的性別化（男性化），或者是性別化福利國（gendering welfare state）（Sainsbury, 1994）。簡單地說就是「男性福利國」。

參 制度式的社會福利

　　社會福利被認為是現代社會制度的一環，扮演工業社會常態的第一線功能。意即，社會福利不只是解決老弱婦孺的社會問題，而是預防與降低個人與家庭遭遇社會事故，例如：生育、疾病、失能、失業、老年、死亡時，可能帶來的生活危機。社會事故的概念深受19世紀工業化的影響，認為工業化帶來新的社會問題，包括：失業、退休、人口老化、工作與家庭照顧的失衡、疾病帶來的勞動成本的增加與勞動力的再生產問題。而以20世紀末後工業社會的概念來說，資本全球化、工作彈性化、工作非典型化、工會組織的鬆動、管制鬆綁、貧富差距擴大、跨國人口流動頻繁等現象，已超出工業社會事故所能描繪的，用風險社會（risk society）的風險來形容這種現象更為貼切（Beck, 1992）。據此，制度式的社會福利就包括：社會保險、家庭津貼、社會住宅、就業服務、健康照護、社會照顧、國民教育、人力資本、社會投資等。推行制度式社會福利的國家通常是在社會民主黨執政時期所建立，且社會民主黨相對地較強大，因此，葉斯平安德森（Esping-Andersen, 1990）稱之為社會民主福利國家（social democratic welfare state）。

　　制度式社會福利典型的代表國家是瑞典、芬蘭、丹麥、挪威等北歐國家。這些國家的人民擁有普及的社會公民權，亦即每個國民不分男女老幼、職業身分均享有基本普及的社會福利，不因所得高低、職業有無而區分福利享有的資格與身分。社會公民權在制度式的福利國家裡是人權的一部分，而非因工作成就賺來的。這是制度式福利與工業成就式福利的差異。所以，制度式的福利具有去商品化（de-commodification）、對抗社會階層化（social stratification），以及去家庭化（de-familization）的意涵。去商品化是指人們因權利（社會權）而獲得服務，而非依賴市場以維持生計。而對抗社會階層化係指個人的公民地位取代或減低階級地位的形成。公共福利國家本身是一個階層化的體系，例如：俾斯麥模式的社會保險國家（Bismarck social in-surance state）以薪資賺取者（wage-earners）為主要受益對象，非勞動人口就被排除在保障之外，新的社會階層化因而出現。而社會民主模式的福利制度，公民地位取代階級地位，舊有社會階層化被打破。去家庭化是指降低對家庭福利功能的依賴，例如：兒童學前教育與照顧（Early Child Education and Care, ECEC）的公共化、長期照顧服務普及化等，讓女性擺脫扮演家庭照顧的主要角色，而進入勞動市場就業。

肆 發展取向的社會福利

　　上述的這三種社會福利體制都以工業先進國家為背景來討論社會福利，社會福利的功能被視為是為了解決經濟發展後的新興社會問題，如此說法無法涵蓋南方發展中國家的社會福利。米吉利（Midgeley, 1995）的發展觀點補足了福利國家的討論排除發展中國家的缺失。第三世界的社會福利不只是一種福利服務與安全網，而且是攸關民生（livelihoods）與人權。米吉利等人（Midgley, 1995; Midgley & Livermore, 1997; Hall & Midgley, 2004）指出社會介入對經濟發展有正向的作用。尤其是二次戰後的第三世界國家，透過社會福利方案的提供，除了消滅貧窮與提升人民生活水準之外，也有利

於經濟發展。其表現在以下三方面：

1. 投資在公共服務，例如：教育、營養、健康照護能讓人民提高所得；普及教育可以培育出更多的技術工人，有助於經濟發展。

2. 投資在與經濟和社會基層建設有關的物理環境改善，例如：道路、橋梁、灌溉、飲水系統、學校、醫院等，有助於經濟與社會發展；有良好的交通設施，有利於勞動力流通，對經濟生產有助益。

3. 發展對需要幫助的人們就業或自僱有關的方案，有助於其找到生產性的工作，這遠比長期給予窮人社會救助更有利於經濟發展。

根據以上分析，本書將社會福利體系整理如下圖1-1：

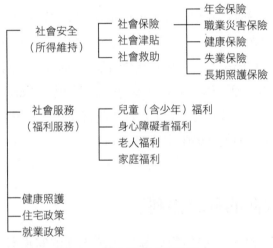

圖1-1　社會福利體系架構

第六節　生命循環與社會福利

每一個人從出生到死亡，從搖籃到墳墓（from the cradle to the grave）都有約略相似的生命循環（life cycle）階段。每一個生命循環階段都有獨特

的發展任務（developmental tasks）要完成，例如：金榜題名時、洞房花燭夜、弄璋弄瓦之喜等。而每一個階段也會有獨特的生命成長需求，例如：父母疼愛、知書達禮、君子好逑、功成名就、老有所終等。

　　個人的生命循環鑲嵌在家庭的生命（family life cycle）裡，個人因結婚、生育、疾病、失業、死亡、家庭解組、老化等事故而引發個人與家庭的問題與危機。傳統的男性生命循環是教育、就業、退休的三階段發展；傳統的家庭生命循環則是單身、結婚、生育、空巢（empty net）（Anxo, Bosch, & Rubery, 2010）。

　　為滿足每一生命循環階段的需求與發展任務，以及個人與家庭問題與危機的處理，社會福利體系的建立與整備，也因不同生命循環階段有相對應的制度設計。最早將艾力克生（Erikson, 1968）的生命循環任務概念與社會福利服務相對應的學者是梅約（Meyer, 1970），西柏齡（Siporin, 1975）再將其發揚光大。本書採借西柏齡的說法，加以擴充，使之更加詳盡（見表1-1）。

表1-1　個人、家庭生命循環與社會福利體系

生命循環	需求與任務	問題與危機	社會福利體系
階段一： 初婚期	需求：自我發展的機會擴張。 任務：生產－停滯。	婚姻衝突、家庭關係不良、經濟不安全、工作與家庭失衡、未成年家庭。	婚姻諮商、家庭諮商或治療、社會住宅、就業服務。
階段二： 生育期、養兒期 （0-3歲）	需求：親職、照顧、基本技巧學習。 任務：基本信賴－不信賴、自主－羞恥與懷疑。	不當親職、單親、遺棄、疏忽與虐待、身心障礙、工作與家庭失衡、婚姻衝突、經濟不安全、未預期生育、未婚生育、未成年懷孕。	所得維持方案、醫療照護、醫療社會工作、家庭諮商或治療、兒童照顧、親職假、兒童保護、兒童安置、收養服務、到宅服務、產婦照護、營養提供、親職教育。

生命循環	需求與任務	問題與危機	社會福利體系
階段三： 學齡前期 （3-6歲）	需求：學習、社會化、遊戲。 任務：啟蒙─罪感。	不當社會化、缺乏管教、行為偏差、工作與家庭失衡、婚姻衝突、經濟不安全、疏忽與虐待。	托兒照顧、機構式照顧、所得維持方案、醫療照護、家庭諮商或治療、親職假、兒童保護服務、親職教育。
階段四： 學齡期 （6-13歲）	需求：知識、社會刺激、社會包容。 任務：勤勞─自鄙。	學習失敗、偏差行為、婚姻衝突、經濟不安全、工作成就遲滯、疏忽與虐待。	學校社會工作、兒童休閒服務、親職教育、兒童保護服務、家庭諮商或治療、課後照顧、所得維持方案、醫療照護。
階段五： 少年期 （13-18歲）	需求：成就、獨立。 任務：認同─認同混淆。	認同危機、疏離、濫用藥物、少年犯罪、學校適應不良、工作成就遲滯、婚姻衝突、疏忽與虐待。	職業輔導、犯罪矯治服務、課後照顧、休閒活動、醫療照護、所得維持方案、家庭諮商或治療、學校社會工作、親職教育、就業服務、兒童保護服務。
階段六： 成年前期 （18-21歲）	需求：成人角色的自我實現機會。 任務：親密─疏遠。	未婚生育、過度依賴家庭、婚姻衝突、學校、工作適應不良、犯罪。	就業服務、職業輔導、婚姻諮商、犯罪矯正服務。
階段七： 成年期 （21-65歲）	需求：自我發展的機會擴張。 任務：生產─停滯。	家庭破碎或離婚、財務壓力或財務管理不當、親子衝突、職業生涯失敗、職業災害、人格解組。	家庭政策、心理衛生服務、醫療照護、家庭諮商或治療、所得維持方案、就業服務、員工協助方案、兒童照顧、親職教育、犯罪矯正服務。

生命循環	需求與任務	問題與危機	社會福利體系
階段八： 老年期 （65歲以上）	需求：老年角色的自我發展。 任務：整合－絕望。	鰥寡、慢性疾病、身心障礙、退休適應不良、社會隔離、經濟不安全、遺棄。	老人長期照顧、醫療照護、到宅服務、所得維持方案、老人住宅、社會參與提供、家庭支持方案、交通服務、送餐服務、老人保護服務、家庭諮商。

階段一是初婚期，現代社會結婚後脫離原生家庭自主的機會越來越多。一個新的家庭組成，個人從子女的角色轉變成既是子女也是夫妻、員工的多重角色。家庭與事業的同步發展是這個階段的需求與職責。問題與危機的發生也在家庭與工作兩方面。社會福利體系也以家庭與就業為主。

階段二是生育期。如果沒有生育與收養的經驗，就沒有兒童照顧的問題，自然就沒有階段二、三、四、五、六的親子關係軸的需求與任務，而直接跳到階段七。而階段七與階段一本質上是重疊的。如果有子女的家庭則必須經歷從階段二到階段六的親子關係發展階段。從子女出生到子女長大外出求學或就業的「空巢家庭」為止，每一階段都因子女的成長而出現新的需求與任務，也因家庭由成長走向傳承而有新的需求與任務。所以，整個生命循環與社會福利的關係和個人成長階段與家庭發展階段為兩個並進的雙軸，其中親子關係、家庭與工作關係是社會福利體系主要回應的兩個重點。但是，這不代表一人家戶（one-person households）將被排除於社會福利體系之外。社會福利體系常以家庭為中心或基礎（family centered or based）來提供服務，但個人的權益仍應受到尊重。

然而，隨著社會由工業化進入後工業化，家庭生命循環在改變中。由於婦女勞動參與率提升、結婚率下降、離婚率上升、同居率升高、家庭組成延後、家庭規模縮小、預期壽命延長、不穩定的工作、非典型就業型態等因素，傳統的家庭生命循環被挑戰，新的生命歷程（life course）路徑出現，

但卻是不穩定與具高風險的（Anxo, Bosch, & Rubery, 2010）。例如：性早熟已是普遍的社會現象，女性主義學者挑戰傳統成熟女性的定義，認爲女性有能力決定自己的行爲，不一定要到18歲以上才是成熟女性（Dominelli, 2004）。同樣地，傳統女性職業生涯階段的說法，從初婚、生育、離開職場、子女稍大後二度就業、父母年老需要照顧而再度離開職場、退休等，也因職業結構調整、工作彈性化而改變。

日本於2006年出現《萌少女的時間》（こどものじかん）漫畫，描繪國小四年級剛發育的小女生傾慕班導師的故事。早在1955年蘇聯作家弗拉基米爾‧納博科夫（Владимир Владимирович Набоков）所寫的成名小說《蘿莉塔》（*Lolita*），已深刻地描述男主角的戀女童經驗，蘿莉塔也成爲日本漫畫家用來指稱9-14歲的萌少女。這些潮流點出擁有可愛外表、性早熟的女童，顛覆了傳統中到了少年階段才會有的思春經驗。臺灣2005年出現「輕熟女」（25-35歲）的化妝品廣告詞，企圖取代傳統中的「少婦」年齡層，指涉有獨立經濟能力的都會女性。這何嘗不是顛覆了20、30歲女性就得成爲少婦的傳統生命循環。至於，中年婦女的概念被「熟女」（35-49歲）一詞取代，凸顯有豐富的人生閱歷、有內涵、氣質優雅、嫵媚、自愛、自信、體貼、關懷、性愛技巧成熟等特質，也爲婦女的生命歷程譜出新的可能性。而第八階段的老年期也可再依年齡區分爲初老（the young old，65-74歲）、老（the old，75-84歲）、老老（the oldest old，85歲以上）三階段，或是不以年齡區分的第三齡（the Third Age），指退休但仍享受個人身心滿足與社會參與，例如：旅遊、終身教育的人；第四齡（the Fourth Age），指身體衰老需要依賴他人的老化階段。

據此，以固定的生命歷程觀念來評估每個差異的個體是困難的。雖然，每個人的生命歷程都是從出生到死亡。但是，有些人的生命歷程是線性發展，有些人則是彎曲前進，或跳躍跨過，有些則是短暫凋零。因此，不能以唯一生命歷程來看待當代社會中的個人與家庭。

不論如何，社會工作者應熟悉生命歷程中的階段轉銜（transitions），例如：從少年轉換爲成人，或成人轉換爲老人。階段轉銜的適應良好與否，

是社會工作者關注的焦點。同時，社會的變遷、文化的差異，都有可能改變生命歷程的階段分期，尤其是生理、心理與社會的發展，例如：工業社會的兒童營養比農業社會的兒童好，加上電腦網路與手機又便利，資訊接觸早，其社交能力與性資訊的接觸比較早，就很難用過去的研究結論來評估今日的兒童行為。又例如：對所謂高風險兒童的評估，就不能不考量不同社會、不同時期的生命歷程發展。同樣地，對照顧子女的態度、老化的態度等，都是高度受到社會建構的影響，不能不考慮文化、階級、性別、社會發展階段的差異。此外，即使在早期遭遇到逆境或負向經驗，也有可能經由復原力（resilience）的提升，獲得正向發展。所謂復原力是個人、家庭、團體、社區對抗傷害的負向後果，發展出正向經驗的能力（Misca, 2009）。社會工作者必須相信過去的傷害是可復原的。最後，社會福利方案的發展也應隨著生命歷程概念的變遷而調整。也就是社會福利服務體系、方案、給付應該是與時俱進的。

參考書目

一、中文部分

林萬億（2010）。社會福利。臺北：五南。

二、英文部分

Anxo, D., Bosch, G., & Rubery, J. (2010). *The Welfare State and Life Transitions: a European Perspective*. Cheltenham, UK: Edward Elgar.

Barker, R. L. (1999). *The Social Work Dictionary* (4th ed.). NASW.

Barry, N. (1998). *Welfare* (2nd ed.). University of Minnesota Press.

Beck, U. (1992). *Risk Society*. London: Sage.

Billis, D. (2010). *Hybrid Organizations and the Third Sector: challenges for practice, theory and policy*. Basingstoke, Hampshire: Palgrave Macmillan.

Blakemore, K. (1998). *Social Policy: an introduction*. London: Open University Press.

Dean, H. (1991). *Social Security and Social Control*. London: Routledge.

Dominelli, L. (2004). *Social Work: theory and practice for a changing profession*. Cambridge: Polity Press.

Erikson, E. (1968). *Identity, Youth and Crisis*. NY: Norton.

Esping-Andersen, G. (1990). *The Three Worlds of Welfare Capitalism*. Cambridge: Polity Press.

Esping-Andersen, G. (1996). *Welfare State in Transition, National Adaptations in Global Economies*. London: Sage.

Esping-Andersen, G. (1999). *Social Foundations of Postindustrial Economies*. Oxford: Oxford University Press.

Esping-Andersen, G. (1990). *The Three Worlds of Welfare Capitalism*. Cambridge: Polity Press.

Flora, P. & Heidenheimer, A. (eds.) (1981). *The Development of Welfare State in Europe and America*. New Brunswick: Transaction Books.

Freidman, M. (1962). *Capitalism and Freedom*. Chicago: University of Chicago Press.

Galbraith, J. (1958). *The Affluent Society*. NY: Mentor Books.

Gates, B. (1980). *Social Program Administration: The Implementation of Social Policy*. NJ: Prentice-Hall.

Gilbert, N. & Terrell, P. (2009). *Dimensions of Social Welfare Policy* (7th ed.). Boston: Allyn & Bacon.

Hall, A. & Midgley, J. (2004). *Social Policy for Development*. Thousand Oaks, Ca: Sage.

Hill, M. (1996). *Social Policy: a comparative analysis*. NY: Prentice Hall.

Johnson, N. (1987). *The Welfare State in Transition: the theory and practice of welfare state*. Brighton, Sussex: Wheatsheaf Books.

Johnson, N. (1999). *Mixed Economies of Welfare: A Comparative Perspective*. London: Prentice Hall Europe.

Kamerman, S. B. (1983). The Mixed Economy of Welfare: public and private. *Social Work*, 28: 1, 5-10.

Karger, H. J. & Stoesz, D. (2006). *American Social Welfare Policy: a pluralist approach* (5th ed.). Boston: Pearson Education, Inc.

Kirst-Ashman, K. K. (2007). *Introduction to Social Work & Social Welfare: critical thinking perspectives* (2nd ed.). Belmont, Ca: Thomson Higher Education.

Kramer, R. M. (1985). The Future of the Voluntary Agency in the Mixed Economy. *The Journal of Applied Behavioral Science*, 21: 4, 377-391.

Le Grand, J. & Bartlett, W. (1993). *Quasi-Markets and Social Policy*. London: Macmillan.

Marshall, T. H. (1950). *Citizenship and Social Class*. Cambridge: Cambridge University Press.

Meyer, C. (1970). *Social Work Practice*. NY: Free Press.

Midgley, J. (1995). *Social Development: the Developmental Perspective in Social Welfare*. Thousand Oaks, Ca: Sage.

Midgley, J. & Livermore, M. (1997). The developmental perspective in social work: educational implications for a new century. *Social Work,* 33(3): 573-585.

Midgley, J. & Conley, A. (2010). *Social Work and Social Development: theories and skills for developmental social work.* Oxford: Oxford University Press.

Misca, G. (2009). Perspectives on the life course: childhood and adolescence. In Robert Adams, Lena Dominelli and Malcolm Payne (eds.), *Social Work: Themes, Issues and Critical Debates* (3rd ed.). pp.116-126. Basingstoke, Hampshire: Palgrave Macmillan.

Myrdal, A. (1968). *Nation and Family.* Cambridge, Ma: MIT Press.

O'Connor, J. (1973). *The Fiscal Crisis of the State.* NY: St. Martins Press.

Offe, C. (1984). *Contradictions of the Welfare State.* Cambridge: the MIT Press.

Pinker, R. (1992). Making Sense of the Mixed Economy of Welfare. *Social Policy & Administration*, 26: 4, 273-245.

Sainsbury, D. (1994). *Gendering Welfare States.* Thousand Oaks, Ca: Sage.

Segal, E., Gerdes, K., & Steiner, S. (2005). *Social Work: an introduction to the profession.* Pacific Grove, Ca: Thomson Brooks/Cole.

Siporin, M. (1975). *Introduction to Social Work Practice.* London: Macmillan.

Titmuss, R. (1958). *Essays on the Welfare State.* London: Allen and Unwin.

Titmuss, R. (1968). *Commitment to Welfare.* NY: Pantheon Books.

Titmuss, R. (1974). *Social Policy.* London: Allen and Unwin.

Wilensky, H. L. & Lebeaux, C. N. (1965). *Industrial Society and Social Welfare.* NY: The Free Press.

第二章
社會工作是一門
助人專業

1900年，美國賓州大學華頓商學院（Wharton School of Business）的經濟學者與社會改革者裴騰（Simon N. Patten）創造了一個新的英文字「社會工作者」（social workers），用以泛稱從1840年代英國維多利亞時期慈善組織創立以來的「友善訪問者」（friendly visitors）與1860年代創建的睦鄰之家（settlement house）的住民。從此，傳統的慈善被「社會工作」（Social Work）取代。預告了科學的慈善（scientific charity）要進入成為專業的第一步——正名。社會工作的中文譯法很直接，但不易懂，很容易讓人誤解為「出社會做事」、「到社會上去工作」，或「社交的工作」，這些都是望文生義；有些人則把社會工作當成是「到社會上去做義工」，特別是大官或藝人，常說退休或息影之後要做社會工作，這是一知半解。

那麼到底社會工作是什麼呢？最簡單地說是助人的工作（helping work），而這種助人的工作已成為一種專業了，所以說是「專業的助人工作」（professional helping work），或「助人的專業」（helping profession）。不過，這還是不容易懂。因為醫師，護理師、心理治療師、復健師、諮商師、輔導教師也都是助人的專業。因此，專門幫助人們解決社會面問題的工作，可能是社會工作較簡單的說法。至於解決什麼問題？誰的問題？何時解決？如何解決？在哪裡解決？正是社會工作這門學科要傳授的內容。

第一節　社會工作是什麼

從19世紀末有專職的友善訪問者開始，人們就在問友善訪問是什麼？直到1900年社會工作的概念出現，社會工作界也試圖界定出一個標準的答案，尤其自1915年以後，社會工作努力爭取成為一門專業，精確地定義自己變得比以前更迫切。

1920年代末，「美國社會工作者協會」（the American Association of

Social Workers, AASW）在賓州的密爾福（Milford）開了一系列的會議，邀請當時在不同機構服務的社會工作者（應該是社會個案工作者）討論社會工作的定義。結論是社會工作的共同特徵是本質的，不因在不同實施機構設施而有差異（AASW, 1929）。但是，共同特徵還是沒有清楚地被界定（Morales & Sheafor, 1998）。

　　1955年，當幾個美國社會工作者協會（詳見第三章第一節）合併組成「美國社會工作者協會」（the National Association of Social Workers, NASW），再次有統一社會工作專業，範定社會工作定義的企圖。1956年，NASW印行《社會工作實施的工作定義》（*Working Definition of Social Work Practice*）。雖然，也未能給社會工作一個綜合性的定義。但是，該工作定義中指出「像所有其他專業般，社會工作實施是價值、目的、認可、知識、方法的結晶體。」也就是必須從各個角度綜合來了解社會工作，才能透澈。其將社會工作方法定義為：

　　「是一種負責的、有意識的、有訓練地運用自我與個人或團體的關係，透過這種關係，社會工作者催化個人與其社會環境的互動，且持續地覺察兩者間的交互影響。這種關係促成以下三種變遷：個人在社會環境內關係的改變、社會環境在影響個人方面的改變，以及個人與社會環境互動的改變。」

　　依上述NASW的工作定義，巴雷特（Bartlett, 1970）提出社會工作可以透過以下三個目的來界定：

1. 協助個人與團體認定、解決或極小化來自個人與其環境失衡的問題。
2. 認定個人或團體與其環境失衡的潛在範疇，俾利預防失衡的發生。
3. 尋求、認定與強化個人、團體與社區的極大潛能。

　　從1950年代的努力中，可以看出社會工作界已認為要從價值、目的、認可、知識與方法等來界定社會工作才能完備。而且也透過社會工作的目的

來清晰地刻劃社會工作的輪廓，其協助對象是個人與團體，其工作的焦點是個人與其所處社會環境的互動，其目的是解決、減緩、預防個人與其環境互動的問題，以及發展解決問題的能力。

到了1970年代，美國的社會工作可說已定型了，不再只是像1920年代的以個案工作為主，且受到不同設施的影響，難以定論；也不像1950年代剛自許爲一門專業，又受到佛洛依德（Sigmund Freud）精神分析的影響之後，重視透過「關係」來改變個人及其環境。1973年，NASW提出一個較綜合性的社會工作定義：

「社會工作是協助個人、團體、社區增強或恢復其社會功能的能量，以及創造有利於達成目標的社會條件的一種專業活動。」

從這個定義中來拆解，它強調社會工作是一種專業活動。而何謂專業，在1950年代即已告確認了，它必須具有知識、價值、技巧、目的，才能引導實務活動。其次，清楚地範定社會工作的服務對象，包括個人、團體（包括家庭或家戶、組織）、社區（包括鄰里、大社會）。第三，指出社會工作的焦點在於「人與環境」的互動，幫助個人、團體、社區增強或恢復其社會功能（social functioning）。同時，爲了達到社會功能的增進，改變社會條件有其必要。

至於什麼是社會功能？指在日常生活中的各種社會經驗裡達成滿意關係的活動（Skidmore, Thackeray, & Farley, 1988; Farley, Smith & Boyle, 2006）。日常生活中的各種社會經驗則是指前面提到的個人、團體、社區與社會體系間的互動關係。而所謂滿意的關係，其實就是角色履行（role performance）無障礙，例如：一位少女在家是女兒，在學校是學生，在社區是居民，在社團是會員，每一種角色均能滿意地扮演，不因家庭變故而失依，不因失依而貧窮，不因貧窮而失學，不因失學而淪落爲雛妓等。所以，社會功能包含三個內涵（Skidmore, Thackeray, & Farley, 1988）：

1.與他人建立正向的關係。

2. 滿意的生活角色扮演。

3. 有自我價值感。

這就是前一章提到的安全、健康、尊嚴的生活經驗。1982年NASW的「社會工作實施的標準與分類」將社會工作更明確地界定：

> 「社會工作專業在於提供人性且有效的社會服務給個人、家庭、團體、社區與社會，藉此，社會功能得以增強，生活品質得以改善……」

這個定義已能較明確地區分社會工作者與心理治療師、精神科醫師、諮商師、醫師、護理師等其他助人工作者的差別，社會工作者提供的助人活動主要是以提供社會服務（social services）為主，來增強其社會功能，且對象不限定在個人、家庭、團體，而擴展到社區與社會。用經濟學家仙恩（Sen, 1984）的說法是增強能力（capabilities），俾利實現各種功能（functionings），人才能自由（freedom）。社會工作者要促成這種能力的擁有，提供社會服務以增強達成各種功能的可能性。

至於，國際上如何定義社會工作呢？國際社會工作者聯盟（International Federation of Social Workers, IFSW）於2014年定義「社會工作專業運用人類行為與社會體系的知識，以人權與社會正義為基礎原則，介入人與其環境的互動，目的在於促進社會變遷、解決人際關係問題，以及充權和解放人民，增進其福祉。」

由此顯示，美國與國際社會工作都強調人類行為與社會體系的關係，也注重從個人福祉到環境的改變。但是，國際社會工作更重視人權與社會正義的實踐，因為要面對失業、貧窮、飢餓、疾病、種族屠殺、宗教排除、性別壓迫等議題（Lundy, 2011）。

到此，本節從過去介紹到晚近，從美國延伸到國際，讓讀者既了解社會工作定義的演變，也了解其差異。接著，讓我們更具體地來談社會工作者做什麼？

第二節 社會工作者做什麼

社會工作是一門助人的專業，到底幫助人的哪一方面？如果有人問醫師是做什麼的？即使你不是醫師，或者甚至你也沒看過醫師，你大概會說醫師是幫人治病的。雖然，這樣的回答不一定精確。但是，八九不離十。醫師會補充說他們除了治病之外，也要預防疾病發生。這就是每一門專業都有其核心的社會使命（social mission）要去完成，如果缺乏清晰的核心使命，一門專業就很難存在。

社會工作自許是一門助人專業，它是做什麼的？莫勒斯與西佛（Morales & Sheafor, 1998）認為是3C's：治療（curing）、照顧（caring）、改變社會（changing the society），分述如下：

1.治療

前章曾提及每一個人一生中不可避免地會碰到生老病死，有些人還會遭遇到身心障礙、失業、離異、貧窮、疾病等。造成這些事故的原因很多，不論如何，遭遇各種事故的人，有些需要生理治療，有些需要心理治療，有些需要行為改變，有些則需要家庭重建。然而，並不是所有生理、心理、社會的問題，都可以經由某一特定專業加以治療而痊癒。例如：一般醫師針對生理疾病診斷治療；精神科醫師針對精神疾病鑑定治療；心理治療師也可以協助心理疾病的衡鑑與治療。但是，行為、人際關係、家庭關係卻常留給社會工作者去處理，社會工作者針對個人、家庭、團體、社區的治療與問題處理，早期常用社會處置（social treatment）來表示，這是早年受醫療模式的影響，又避免侵犯醫療行為的治療（therapy）。

2.照顧

當人們被上述各種社會事故所困時，渴望的是得到別人的陪伴、照顧、關懷。百餘年來，社會工作者就是在協助這些脆弱的人們，提升其生存的品質。陷入困境的人們，不論是孤獨的老人、慢性病人、失依的兒童、失

業的工人、身心障礙者、受虐的婦女、單親母親，或者低收入家庭，都期待
有人能幫助他們克服困難。他們所需求的可能是金錢補助、衣被供應、送餐
服務、住宅租借、交通接送、輔具資助、心理支持、電話問安、托兒照顧、
安養照顧、安全保護等，這些都是非常有價值的關懷與照顧。

3.改變社會

對遭遇社會事故的人群的關懷與照顧，以及對需要行為改變或家庭重
建的人們的治療，經常無法澈底解決問題的病灶或根源。例如：不透過社會
立法與社區組織來預防與保護兒童，很難避免受虐兒童在治療與照顧之後，
不再受虐；不去改善造成貧富差距的社會經濟結構，很難讓弱勢者脫離貧
窮。因此，社會工作者必須參與立法遊說、政策制定、社會教育、社會運
動，以改善既定的社會、政治、經濟結構及民眾態度，使社會往有利於弱勢
者生存的方向變遷。因此，社會工作者也被稱為是社會工程師（social engi-
neer），或社會規劃師（social planner）。

我們將上述3C's換另一種說法，佩恩（Payne, 2006, 2011）依國際社會
工作定義，指出社會工作者的工作有下圖2-1中的三個面向：

1.治療觀點（therapeutic views）

社會工作者藉由促進與催化成長及自我實現，為個人、團體、社區尋
求其最佳福祉的可能性。社會工作者與其案主（clients）經由互動循環，修
正案主理念，影響案主行為。同時，案主也影響社會工作者對其生活世界
的理解。這過程稱為反身性（reflexiveness）。由於社會工作從實務過程中
發現與得到的了解，回饋到社會對解決問題的知識建構；案主也增加掌控其
生活方式與感受的力量。這種個人力量的增強能讓案主克服其困境或提升其
地位。這種經由與社會工作者一起工作而獲得力量的經驗就是一種治療。所
以，又稱為反身的治療（reflexive-therapeutic）。這個觀點凸顯社會民主政
治哲學，認為社會與經濟的發展，會帶動個人與社會的進步。

2.社會秩序觀點（social order views）

社會工作者提供福利服務給個人，以滿足其需求。達米妮莉（Dominelli, 2002）稱爲維持模式（maintenance approach）。社會工作者藉由提供福利服務以維持社會秩序，讓社會組織得以運作如常，使個人在生命歷程中的任何階段所遭遇到的困難均能恢復穩定。這個觀點反映理性經濟政治哲學，認爲須依靠法律來維持個人在經濟市場的自由。因此，又稱個人主義的改良主義（Individualist-reformist）。

3. 轉型觀點（transformation views）

這個觀點主張轉型社會使之對窮人與被壓迫者有利。達米妮莉（Dominelli, 2002）稱爲解放途徑（emancipatory approach）。社會工作者的任務是促成合作與互相支持，使被壓迫者與弱勢者獲得權力以克服其生活困境。其工作方式是充權（empowering）人民參與學習與合作的過程，創建一種有利於人民參與的制度。其假設是，除非社會轉型，否則弱勢者與被壓迫者不可能獲得個人或社會充權（social empowerment）。這個觀點基於社會主義政治哲學，認爲計畫經濟與社會福利促進平等與社會正義。因此，又稱社會主義的集體主義（socialist-collectivist）。

具體來說，持治療觀點的社會工作者主張：「幫助每個人自我實現，社會就會變好。」持社會秩序觀點的社會工作者會說：「透過提供協助與服務來解決人民的問題，他們就會更適當地配合社會的期待。」持轉型觀點的社會工作者會說：「把造成人民問題的社會關係找出來，並加以改善，使社會產生改變，問題就自然消失。」圖2-1顯示，如果你的任務位置在A，表示你會花較多時間在提供治療性服務與助人關係上，比較像是個身心障礙者、兒童、老人的照顧管理者（care manager）。如果你的位置移向B，表示除了提供治療性服務之外，你已經開始注意到必須改變社會結構，才能減除案主被壓迫的經驗。你可能是一位家庭暴力、外籍配偶、移民、難民、身心障礙者的服務提供者。倘若你的位置移向C，就能兼顧到各種觀點，比較像是一位具有社區組織思維的直接服務社會工作者，同時要協助個人解決問題，又要提供有效的福利服務，也必須改變社會條件，俾利人民過得更好。最後，若你的任務被要求移往D，你的主要工作是進行社會倡議，同時兼顧

服務提供。此時，你比較像是一位社區組織工作者，在提供社區或弱勢團體成員服務之外，用較多心力在改變社會價值、調整社會結構，使弱勢者或被壓迫者免於繼續被不公平對待。據此，不同的社會福利機構有不同的任務設定，其所聘用的社會工作者就會有不同的位置選擇。然而，就社會工作社群來說，必須同時完成三種任務，才是真的社會工作。

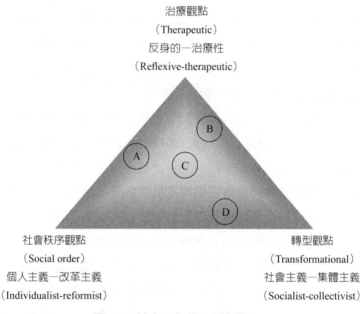

圖2-1　社會工作的三種觀點

資料來源：Payne (2011: 12).

　　面對越來越嚴峻的全球社會不平等（social disparities），因於財政撙節、環境災難、新型流行病毒傳染、過度依賴科技解決問題、種族衝突與人際疏離等所造成，社會工作者也被質疑，也自我反思，身處成長導向的經濟體制、實證科學掛帥、線性與機械式思考投入與產出等現代主義的假設下，如何回答各種社會不平等的成因與後果？又如何提出預防與解決方法？顯示了當代社會的社會問題是多層次（微視、中觀、巨視）與多面向（生理、心理、社會、精神），而社會又是走向超級資本主義（hypercapitalism）、政

府公共服務被要求民營化，甚至營利化。在社會工作商品化（commodifica-tion）、麥當勞化（McDonaldization）的氛圍下，社會工作者被推向去脈絡化（de-contextualization）、抗拒挑戰現狀的假設，努力尋找配合工作環境的社會工作食譜。

　　漸漸地，社會工作者忘記曾經有過的生態途徑（ecological approach）、生心社會模式（biopsychosocial model），系統觀點（system perspective），或者晚近學者努力推廣的生心社會靈性模式（biopsychosocial-spiritual model）等較具全面取向（holistic oriented）的社會工作實施理論，而雅好理性－技術導向（rational-technical approach）、任務中心模式（task-centered model），或各種短期治療模式等以證據為基礎的實務（evidence-based practice）。使得社會工作者除必須面對全球化帶來看不見的痛苦、社會工作商品化與區隔化、種族多樣化，以及生活型態的健康風險外，也必須處理自身的壓力與工作超荷。

　　因此，在期待社會工作者扮演轉型的角色時，社會工作教育必須採取全面約定（holistic engagement）的教育哲學（Pyles & Adams, 2016），不只要消除社會問題帶給人們的負面影響，而且要轉型個人、家庭、社區、體系的潛能，發揮人類的優勢，俾利共同面對環境的隳壞與制度的不利。

　　全面約定取向的社會工作教育試圖改變傳統社會工作教育過度重視知能（competencies）、理論知識及研究三者間的關聯，而引進完整的自我存在、完整的自我探索、同理的連結、慈悲的關注。完整的自我存在是指經驗自己的身心文化與靈性，個人自我覺察並與歷史及當前的環境互動，個人自我的覺察也與他人的經驗與覺察互動，才能體現自我的完整存在。完整的自我探索則是終身真誠與深思熟慮地認識整體自我的各面向，始能真正地與自我共存並進。同理的連結是指以完整的自我存在去設身處地他人（個人、家庭、社區與環境）的經驗，見證該經驗，但也承認經驗連結的限制。慈悲的關注是指對他人痛苦或不幸的同情憂慮與關切，也意味著停止判斷、不再給他人（包括自己）貼上好、壞的標籤，亦即，以開放而良善的心來包容，認識到每個人都有優勢和弱點（Pyles & Adams, 2016）。

簡單地說，全面約定取向的社會工作教育是在發現社會工作者的自我，且把社會工作靈魂找回來。不受限於傳統社會工作的知能、理論、研究發現，而是全面與自我、同理、慈悲約定，在實務現場中動態地調頻（dynamic attunement），藉此產生整合的能量，以回應社會工作環境的變化。

第三節　社會工作者的角色

社會工作者針對個人、團體、家庭、社區、組織來工作，其所扮演的角色不是單一的，而是多樣的；也就是社會工作者必須同時扮演多重角色。而角色扮演的選擇取決於環境與目標。而如何抉擇，正是社會工作教育所要訓練的目標之一。以下是作為一個綜融的社會工作者的基本角色（Zastrow, 2004）：

1.諮商者（counselor）

提供輔導、諮商給案主，社會工作者與服務對象一起工作（working with），幫助個人、團體、家庭、社區精確地了解需求，澄清與認定其問題，探討解決問題的策略，選定適用的策略，並發展處理問題的有效策略之能量。

2.團體催化員（group facilitator）

針對團體的經驗，社會工作者應能有效地推動團體、組織的發展，帶出團體動力（group dynamics），促成團體教育、治療、任務達成。

3.調解者（mediator）

調解者是指社會工作者介入對立或衝突的雙方，使用妥協、協商、調和、溝通雙方的意見與利益，使爭議得到公平合理的解決。

4.協商者（negotiator）

協商者有點像仲裁者，不過，仲裁者面對對立的雙方，而協商者所面對

的不一定是對立的雙方，有可能是具有衝突的多方，或有意見不一致的雙方或多方，透過討價還價與妥協，使涉入者取得共識或同意。仲裁者通常是無涉利益的第三者，而協商者有可能是當事人雙方或多方所派出的代表。

5.經紀人（broker）

經紀人是串連案主與社區資源的角色。也就是將案主的需求與最適當提供服務的機構、設施或個人搭上線。經紀人的角色不是亂點鴛鴦譜，也不是提供一串名單給案主就算了，而是要媒合（matching）得恰好適配。

6.協調者（coordinator）

協調者是將組織中的部門串連在一起工作，例如：面對一個多重問題的家庭，機構中不同的部門提供不同的服務，甚至，機構外的其他組織也有資源待引進，此時，社會工作者扮演一個部門間或跨界協調者的角色，以免服務重複、不連續與片斷。故又稱個案管理者（case manager）（Kirst-Ashman, 2007）。

7.教育者（educator）

社會工作者經常要扮演教導案主解決問題的技巧，以及教導部屬、新進員工或社會大眾的工作。教育者的角色要扮演好，社會工作者必須有知識、能溝通、善說寫。

8.發動者（initiator）

所謂發動者是指敏感到社會問題的存在，且常先提醒或預測可能的後果。通常，社會工作者在第一線工作，接觸到最多的弱勢者，很容易看到新興社會問題的產生，或者問題在惡化而提出警訊。

9.充權者（empowerer）

充權猶如工人將空氣灌入充填玩具或裝置中，讓原本洩氣、乾扁的氣囊逐漸膨脹、撐大、飽滿，而能承擔更大壓力；或如各種宗教師父將祈禱、祝福、咒語、灌頂、運氣賜予信徒，使其更有力氣、勇氣對抗壓力。社會工作者幫助個人、團體、社區、組織增加個人的、人際的、社會經濟的、政治的優勢（strength）與影響力來改善環境。其手段是經由組織與倡導來增進

案主了解環境、進行決策、負起責任、影響其生活情境的能力。其目的是讓不同的案主擁有更公平的資源與權力分配。這就是充權爲焦點（empowerment-focused）的社會工作實務的作法。

10. 倡導者（advocate）

倡導或稱辯護，是借自法律的概念。社會工作者爲案主的最佳利益爭取、辯解，通常包括個案倡導（case advocate）、政策倡導（policy advocate）、立法倡導（legislation advocate）。個案倡導是社會工作者爲案主的利益，在機構或社會不提供服務，或提供不當的服務時，站出來爲案主爭取應得的服務。進行個案倡導時，包括蒐集資訊、尋求支援，甚至不惜挑戰不提供服務或提供不當服務的機構，爲案主發聲。政策倡導是爲有利於弱勢者的政策進行遊說、爭取、倡議等。立法倡導是社會工作者爲了爭取有利於弱勢者的社會立法，而進行的遊說、爭取、辯解等工作。

11. 行動者（activist）

爲了有利於弱勢者的社會、政治、經濟結構與制度改造，社會工作者參與權力與資源的重分配運動。行動者或稱社會改革者（social reformer），爲的是公平、正義、尊嚴、健康的社會目標。所採用的手段包括衝突、面質、協商、妥協、抗爭等。社會工作者在社區行動與政策或立法倡導時，較常扮演這種角色。其工作有很大一部分是動員，因此，也是動員者（mobilizer）（Kirst-Ashman, 2007）。

12. 研究者（researcher）

社會工作者本身也要能做研究。社會工作者不可能期待所有實務成果或對社會議題的看法，都由學者專家，或其他專業來研究或提供研究發現。社會工作者已有「實務工作者就是研究者」的走向，實務工作者兼具研究者的功能。

13. 公眾發言人（public speaker）

社會工作者越來越受到社會的認可，當然也是社會議題越受到媒體關注的結果。許多議題，例如：兒童虐待、雛妓、遊民、老人問題、婚姻暴

力、少年犯罪、身心障礙者福利等，媒體都不可或缺地會邀請社會工作者發表意見，不論參加立法公聽會、媒體座談會、記者會、電視訪問、報紙與雜誌採訪，或是辯論，社會工作者儼然成為弱勢者的代言人，為社會福利爭取資源。

　　從以上的說明中可以看出，社會工作者要從直接服務角色，扮演到間接實施角色；從以個人為對象，管到以制度為對象的介入角色。將上述角色組扮演好，才符合社會的期待。

第四節 社會工作實施的取向

壹 從方法分立到綜融途徑

　　19世紀末，社會工作未專業化前，靠友善訪問來協助貧民；20世紀初，則發展為「個案工作」（case work）；1920年代之後才有新的工作方法，稱之為「團體工作」（group work）出現；1930年代末又增添「社區組織」（community organization），合稱社會工作的三種基本實施方法（primary practice methods）。1940年代末社會工作界又引進行政或管理（administration）與研究（research）兩種次級方法（secondary methods），社會工作傳統五大方法於焉齊備。

　　然而，上述五大傳統社會工作方法是各自分立的，也就是任何一位社會工作者可以偏好某種方法，而不須嫻熟其他方法。1950年代以前，大部分的社會工作者以個案工作為主要實施方法，他們寧願自稱「個案工作者」，而不稱自己為社會工作者。即使，1951年的《何麗絲與泰勒報告》（Hollis-Taylor Report，由全國社會工作教育委員會所主導的研究報告，促成美國社會工作教育協會的組成）建議採取「多方法實施取向」（multi-method practice approach）的社會工作教育，也就是要求每一個學生必須同時會使用五

種方法。但是，仍然敵不過社會工作爲了追求專業化，而採取單一方法的實施。這種單一方法實施的傳統主導社會工作發展的前半個世紀。

1970年代以降，五大方法分立實施的傳統受到挑戰，一種新的取向，稱之爲「綜融途徑」（generalist approach）出現。綜融途徑又被譯爲通才取向，主要受到1960年代社會系統理論（social system theory）的影響。此派學者認爲有四個理由令社會工作者必須採取更寬廣的知識與技巧來協助案主：(1)每個人同時存在於不同的社會體系中，例如：家庭、學校、職場、社團、社區，因此，求助的議題也可能兼及各體系的問題；(2)大部分問題是多面的，很少求助者的問題是單一因素決定或單一議題，例如：兒童虐待可能涉及家庭解組、失業、精神疾病等複合問題；(3)有效的介入經常是大體系改變的結果，例如：學校社會工作者面對中輟學童問題時，如果只是少數，則可能是個例，但當問題普遍存在時，顯然再多的個案輔導或團體輔導都可能無濟於事，而必須介入學校課程或教學的改革，或課後補救教學方案；(4)預防與改革通常要經由超越個人、家庭、小團體的層次，才能澈底有效（Tolson, Reid, & Garvin, 1994: 3）。

綜融途徑促成社會工作者依情境調整工作方法，而不是要求案主來配合社會工作者的方法。因此，社會工作者必備寬廣的知識與技巧，以因應案主所需（Morales & Sheafor, 1998）。這翻轉了社會工作以專家爲中心（expert centered）的思考，轉向以服務使用者爲中心（service user centered）的思考。簡單地說，綜融途徑的社會工作是能在不同的機構設施中採用不同的介入技巧，協助不同的案主群體處理個人與社會問題。所以，在社會工作者心中已經不再有個案工作、團體工作、社區組織等工作方法了，而是一套從定義議題、蒐集與評估資料、計畫與簽約、認定介入備案、選擇與執行適宜的行動、使用適宜的研究以管控進度與評鑑成果、使用適宜的研究基礎知識和技術，到結案的完整過程（Zastrow, 2004）。

貳 實施領域專精化

相對於綜融途徑的出現,「專精途徑」(specialist approach)也被發展,其是允許社會工作者選定專精或核心的實施領域,例如:選擇老人、兒童、家庭、健康照護等作為核心領域,而以「巨視」(macro)或「微視」(micro)作為方法。所謂巨視方法指的是經由社會政策、社區組織與計畫、人群服務組織管理等非直接面對服務對象的間接實施(indirect practice)(Netting, Kettner, & McMurtry, 1998);而微視方法則指直接實施方法(direct practice)。直接實施方法是針對個人、伴侶、家庭、團體等單位,經由面對面地提供服務。有時,直接方法又稱「臨床實施」(clinical practice)。不過,這幾個概念的使用也因人而異(Hepworth, Rooney, & Larsen, 1997)。

美國NASW將臨床社會工作界定為「藉由教育與經驗,社會工作者具有專業資格,以獨立自主地提供直接的、診斷的、預防的服務,來協助那些社會功能障礙、社會與心理壓力或健康受損的個人、家庭與團體。」(Strean, 1978)如果以此定義來看,臨床社會工作一定是直接實施的社會工作,但並非所有直接實施的社會工作都可稱為臨床社會工作。

而直接實施方法的界定也有不同,賴比(Leiby, 1978)認為直接服務包括個案、團體、社區等以個人關係為服務核心的工作。莫樂斯與西佛(Morales & Sheafor, 1998)也持這種看法。但黑普渥斯、陸尼與拉森(Hepworth, Rooney, & Larsen, 1997)則不把社區組織放在直接實施的社會工作內。

不論如何,當前美國社會工作的教育與實務仍然兼採綜融途徑與專精途徑,通常在大學部訓練中,採綜融途徑,在碩士訓練的第一年亦採綜融途徑,到了第二年才容許學生選擇核心實施領域、對象、方法。但是,這裡所指的方法已不再是個案、團體、社區工作等傳統方法,而是直接實施方法與間接實施方法。不過,也有學者將綜融途徑再區分為「初階綜融實施」(initial generalist practice)與「高階綜融實施」(advanced generalist practice），以免讓人誤解「綜融實施」是較一般的、低層次的、普通的。高階綜融實施其實是博中帶精了（Morales & Sheafor, 1998）。

参 從醫療模式到結構變遷

一、醫療模式

　　另一種實施取向上的差異也是社會工作界所廣泛爭議的，是從醫療模式（medical model）到「基變社會改革」（radical social reform）的差別。從1920年代到1960年代，美國社會工作者大多採用醫療模式來改變人的行為。這個模式的社會工作受到佛洛依德精神醫學的影響很深，案主被看作是「病人」（patients）。服務提供者首先是要「診斷」（diagnose）病人問題的原因，然後提供類似治療的處置（treatment）。病人的問題被認為是病人內在的。醫療模式概念化病人的情緒與行為問題是一種「心理疾病」（mental illnesses），或是病人本身的損傷（impairment）導致的障礙（disability），進而成為社會中的殘障（handicap）；如同採文化缺損模式（cultural deficit model），認為少數族群學生低學業成就種因於個人、家庭與社區缺乏文化刺激、教養與照顧能力不足，必須加以處置、矯正，以利其再適應主流社會。醫療模式有時又稱個人模式（individual model），亦即把問題歸因、責任歸屬、風險分攤個人化。此外，往往發展成為責難受害者（victim blaming）的作法。

　　醫療模式會把問題置焦於「疾病」與「障礙」本身。介入的重點是微視層次，即協助個人去修正、補償、克服特定的身體條件，而不是造成的障礙或不適應的巨視環境或生態體系（ecosystem）。舉例來說，醫療模式看待一位身心障礙者不能走路，就給他一副義肢或治療他的腳。而如果採社會模式（social model），主張社會體系阻礙、負向態度、社會排除才是造成身心障礙者有障礙的主要因素，則會思考改善人行道斜坡或交通工具，以配合身障者，如此一來，身障者可以靠輪椅進出餐廳、公共場所，或接受

心理健康的復原模式（recovery model）；相信精神疾病不是病人的終點，只是一個旅程，人可以從疾病中復原，應該以移除社會對精神疾病的汙名化與就業障礙，來避免精神障礙者被社會排除（Adams, Dominelli, & Payne, 2009）。

二、基變的社會改革

在慈善組織會社推動個案工作發展的同時，另一股以世俗與宗教的烏托邦主義、女性主義、基變工會主義、社會主義、共產主義等思想爲基礎，結合好戰的社會福音教派（Social Gospel）運動，促成了美國進步主義年代（Progressive Era，1880年代到一次世界大戰間）基變社會改革的出現，其中最爲人熟知的社會工作前輩有亞當斯（Jane Addams）、泰勒（Graham Taylor）、瓦德（Lillian Wald）、凱莉（Florence Kelley）、范柯立克（Mary van Kleeck）等人，她們不是與芝加哥胡爾館（Hull House）的經驗有關，就是與爭取女性投票權運動、和平運動，或勞工運動有關。然而，第一次世界大戰後的「紅色恐怖」，將這些反戰的基變社會工作者打壓爲不愛國分子，美國的基變主義社會工作就此暫時隱遁了一陣子（Reisch & Andrews, 2001）（詳見本書第三章）。

隨著1929年的經濟大恐慌，這股主張從根本（roots）來改變人與環境條件的基變社會工作風雲再起。依哈格孟（Hugman, 1980）的說法，「基變」（radical）是描述人民、政策或行動等揭櫫、滲入或催化到個人或社會生活的根源或基礎。據此，基變是從根救起，或從根本改變。簡言之，是治本，而不只是治標。

事實上，基變社會工作絕不是洪水猛獸，只不過是對社會工作的價值與問題的再界定，以及介入策略有別於傳統的社會工作而已。誠如博嘎特與費布里肯特（Burghardt & Fabricant, 1987: 455-56）所說的：「當今的基變社會工作者不在於反對特定的實施訓練與工技性技術的運用，而是在於批判這些訓練所加諸於專業關係上的變數。」

　　根本或基礎某種程度導源於政治的位置。然而，基變本身是一個政治上的中性名詞（Hugman, 1980: 124）。基變社會工作不必然暗示某種特定的政治哲學，也就是說，基變社會工作者本質上是要更清晰地知曉與理解生活世界，進一步發展出一套精確的、負責任的個人與政治哲學，藉此承諾來訴諸行動，以達到根本解決問題的目的（Hugman, 1980: 125）。

　　上述對基變社會工作的理解很容易被關聯到改革、革命（Pritchard & Taylor, 1978），或政治行動（Halmos, 1978），或變遷取向的實施（Gil, 1990）。不論如何，若將基變社會工作擺在當代社會工作專業發展的政治經濟脈絡中來理解，是可以更清楚地看見它的本質。

　　基本上，醫療模式是「個人取向的介入」（personalist intervention）。相對於此，哈莫斯（Halmos, 1978）界定另一端為「政治的介入」（political intervention）或「政治的反個人介入主義」，亦即社會工作者做到真正的「社會變遷媒介」（social change-agents），而不只是個人變遷媒介（personalist change-agents）。不過，如果以基變的角度來看，個人取向也可以有基變的特性，如「基變個人取向」（radical personal approach）。芮恩（Rein, 1970）在區別專業的信念時就提出四種不同的信念：(1)傳統的個案工作；(2)社區社會治療；(3)基變的個案工作；(4)基變的社會政策。後兩者都是基變取向的。

　　蘭迪（Lundy, 2011: 85）參採卡尼爾（Carnior, 1984）、魏廷頓與荷蘭（Whittington & Holland,1985）的社會工作途徑架構圖（圖2-2），將意識形態納入，可以看出，橫軸是從個人（主觀的）到結構的（客觀的）；縱軸是從規制（秩序）到基變改變（轉型的）。結合本章前述的社會工作的三種觀點，就可以更清楚地理解，不同的社會工作理論或實施途徑在四個象限的位置，凸顯其所觀照的重點差別。

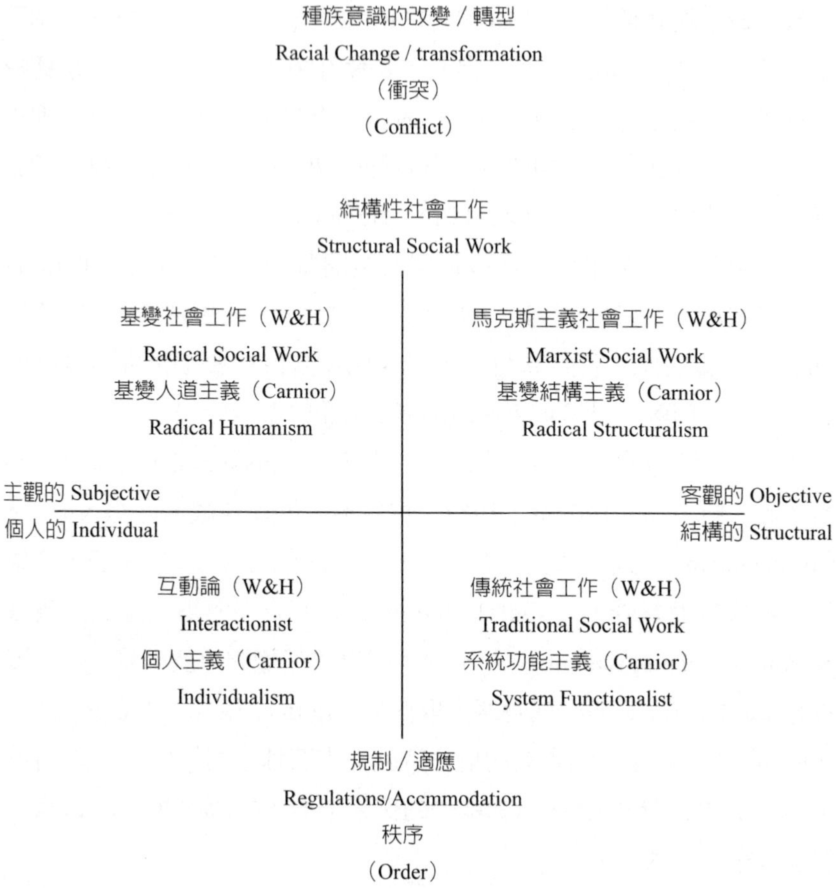

種族意識的改變／轉型
Racial Change / transformation
（衝突）
（Conflict）

結構性社會工作
Structural Social Work

基變社會工作（W&H）	馬克斯主義社會工作（W&H）
Radical Social Work	Marxist Social Work
基變人道主義（Carnior）	基變結構主義（Carnior）
Radical Humanism	Radical Structuralism

主觀的 Subjective　　　　　　　　　　　　　　　　客觀的 Objective
個人的 Individual　　　　　　　　　　　　　　　　結構的 Structural

互動論（W&H）	傳統社會工作（W&H）
Interactionist	Traditional Social Work
個人主義（Carnior）	系統功能主義（Carnior）
Individualism	System Functionalist

規制／適應
Regulations/Accmmodation
秩序
（Order）

圖2-2　社會工作途徑的組織架構

資料來源：Lundy (2011: 85).

第五節　從反思到批判的反思實務

壹　以證據爲本的社會工作

一、社會工作的藝術與科學之辯

　　社會工作是一種藝術，還是科學？這是爭議已久的議題。在社會工作的前專業時期，這根本不會是個議題。因爲，那時候城市慈善才開始有邁向科學慈善的念頭。而慈善也不會以本身是否是一種藝術來討論。直到社會工作追求專業化，大量引進科學知識，以滿足作爲一門專業的基本要件：理論體系。有了科學的性質之後，社會工作界反而擔心社會工作會失去其原本非科學的性質。1960年代，就掀起社會工作到底是科學，還是藝術的論爭。因爲擔心社會工作成爲一門專業之後，大量科學知識進入社會工作，會使社會工作變得冷血、無情、解離，而有強調社會工作是一門藝術的呼聲。聲稱社會工作是一門藝術（social work as art）的代表是美國羅耀拉大學（Loyola University）的耶穌會神父貝斯提克（Felix Biestek），在其《個案工作關係》（*the Casework Relationship*）（Biestek, 1957）一書中定義「社會個案工作是一種藝術，運用人類關係的知識與技術，以啟發並運用個人的潛能和社會資源增進案主與其所處部分或全部環境之間有較佳的適應關係。」但他也承認社會工作藝術必須以人類關係的知識與技術爲基礎。

　　貝斯提克提出個案工作者與其案主應建立以下七種關係：

1. **個別化**（Individualization）：承認每個個人的情境都是獨特的。
2. **有目的的情感表達**（the purposeful expression of feelings）：以情感帶動案主的行爲改變。
3. **有控制的情緒涉入**（controlled emotion involvement）：個案工作者要控制自己的情緒或情感涉入，與案主維持有距離的專業關係。
4. **接納**（acceptance）：將案主視爲有價值的個人。
5. **非判斷的態度**（non-judgemental attitude）：避免隨意判斷與責怪案

主不被接受的行為。

6. **案主自決**（client self-determination）：促成案主對其生活能獨立與有能力進行決策。

7. **保密**（confidentiality）：不洩漏從專業關係中所獲得的案主資訊。

這種傳統的個案工作關係是將案主抽離出其環境，不去處理案主所處的環境與脈絡，而只是去同理與處置案主的困境。因此，被批評為「去脈絡化」（de-contextualization）（Dominelli, 2004）。

而當時的社會工作學者大都主張將兩者並列。例如：波恩（Boehm, 1961）認為「社會工作者作為一位科學家與藝術化的實務工作者，兩者都是有高度值得發展與有價值的。」芬克等人（Fink, Pfouts, & Dobelstein, 1968）也在其《社會工作的領域》（*the Fields of Social Work*）一書中，將兩者並列，「認為社會工作是一種藝術和科學，它是提供助人的服務以增強個人與團體的人際關係和社會生活功能。這種助人的專業方法注重人們及其環境的交互反應關係。」

基於社會工作關係的重要性，英國學者英格蘭（England, 1986）也接續主張社會工作是一種藝術。他認為直覺（intuition）是社會工作之所以是藝術的核心。社會工作者基於工作經驗，累積實務智慧（practical wisdom），發展非比尋常的常識，可以取代理性科學的「超然的推敲」（detached scrutiny）。亦即，社會工作者運用其超凡的同理的了解（empathetic understanding）能力，且將其內化，透過「我」（self）的運用，帶動與案主的互動交會（interactional encounter），就可以完整地了解所有片段情境的總和。如此一來，比強調由類型化、類屬、推論等科學知識而來的知識為本的介入（knowledge-based intervention）更能完整地了解與協助案主。社會工作的藝術化操作於焉彰顯（Evans & Hardy, 2010: 117）。究其脈絡，晚近社會工作藝術化的呼聲再起，反映了以證據為本的社會工作（Evidence-based Social Work, EBSW）的走火入魔，特別是受到新公共管理主義的（new public managerialism）的推波助瀾，為了有效管理契約政府（contract government），社會工作被要求拿出證據來作為決策依據，並證明有效

達成目標（Lymbery & Postle, 2007; Adams, Dominelli, & Payne, 2009）。

二、以證據為本的社會工作

以證據為本的社會工作（EBSW）是受到以證據為本的醫學（Evidence-based Medicine, EBM）的影響。以證據為本的醫學源於對傳統醫學以權威為本的實務（Authority-based Practice, ABP）高度依賴教授權威、教本、層級掛帥，而忽略醫師本身從病人身上獲得資訊與獨立判斷的重要性的一種反彈。強調醫學必須基於接觸與評鑑來自自然科學與醫學界最新的研究結論。這種研究結論必須來自研究方法的隨機控制實驗（Randomized Control Trials, RCTs）。也就是醫師診斷與處置必須基於外部證據與既存的醫療技術。據此，鼓勵醫師接近實證研究結論。因為，以證據為本的醫學是強化，而非取代臨床經驗、直覺與理論。而是，讓醫師將其實務經驗與直覺納入較寬廣的參考架構，進而能批判與統整自己的實務經驗（Evans & Hardy, 2010: 117）。所以，以證據為本的醫學包含三個重點：臨床經驗、研究證據、病人的偏好與行動（Gambrill, 2012）。

以證據為本的社會工作是指有良心地、清楚地、明智地運用當前最佳的證據，作為提供個人、團體、社區福利的決策依據（Sheldon & Macdonald, 2008: 68）。以證據為本的社會工作假設：(1)證據可以被發現以運用在實務上。亦即，透過研究是可以找到足夠好的證據以用在實務上；(2)某種證據比其他證據更強而有力。亦即，研究方法是有等級的，使用最嚴謹的方法可以發現更強有力的證據；(3)有效果的介入是可以被建立的。亦即，以證據為本的介入會是最有效的介入；(4)介入能被複製。亦即，以證據為本的介入能被標準化、程序化、手冊化地教導，而能複製於不同的脈絡下，達到脈絡獨立（context-independent），不受脈絡差異的影響（Plath, 2009）。以證據為本的社會工作強調兩件事：一是在倫理面，社會工作者決策的最高原則是什麼是有效的（what works），必須依據實證評鑑，社會工作者判斷如何介入的依據不是批判的檢驗、原則與權力，而是實證研究結論。二是在科

學面，社會工作者必須根據科學原則來工作，不是依據某些出名的理念或名人的說法。因此，社會工作者也要有研究心態（research mindedness），表現實務工作者也是研究者，以利進行決策。由此顯示，以證據為本的社會工作比以證據為本的醫學更偏執地追求科學（Evans & Hardy, 2010: 47）。以證據為本的實務經常與最佳實務（Best Practice）交互使用，所謂最佳實務是指一套方法或技術，一致地顯示其結果優於其他方法，而成為標竿（benchmark）。

　　以證據為本的社會工作雖然讓社會工作者擺脫組織的控制，獲得意識形態與技術的自由。反正一切以證據為本來實施。然而，卻也招來批判。首先，社會工作必須解放、充權被壓迫者，追求社會正義，不可能凡事依據研究證據做事；其次，主流研究不見得是客觀的，看誰在支持研究計畫的經費？誰的研究成果會被期刊接受刊登？都難脫政治介入？第三，服務對象往往只是被動地成為研究對象，很少參與研究決策過程（Evans & Hardy, 2010）。

貳 反思實務

　　反思實務（reflective practice）是1990年代以來社會工作界最熱門的話題之一。反思（reflection）最早可追溯到美國教育家杜威（Dewey, 1916）的「做中學」。晚近，被教育家熊恩（Schön, 1983）再次地強調，他批判技術理性（technical rationality）的教育，他舉例法律知識並沒有告訴法律實務如何依法執行；同樣的，人類健康知識也沒有給健康照護專業如何進行照護工作的指引。如果，專業知識與實踐之間並無直接關聯，那麼其間的關係本質是什麼？技術理性來自實證主義（Positivism），假設人類事物可以依科學法則來了解，卻忽略了人類生活的複雜、多樣與變異（Thompson & Thompson, 2008）。要以固定的方法找到正確的答案是很困難的。熊恩發現技術理性很難吻合專業實施中的現況，反而會讓專業工作者陷入泥沼中，難

以自拔。

　　要了解反思，必須先了解反身性／反省（reflexivity）。反思是強調思考分析與內在的自我覺察；反身性則強調確認外在與脈絡因素的重要角色，以點醒個人的主體性（subjectivity）（Evans & Hardy, 2010: 124）。反身性「是有能力認識自己的影響力，以及我們所處社會與文化脈絡對知識生產的形式與生產的方式的影響。」（White, Fook, & Gardner, 2006）。也就是，要把自己放在所處的實務情境中。反身性可以從德國社會學家貝克（Beck, 1992）所說的「反身現代性」（reflexive modernity）來理解，他的意思是由於風險社會（risk society）的不確定性（uncertainty），打破了個人可預測的生活階段、社會儀式與規範；同時，經由教育與科技進步，人們接近資訊的機會增加，導致社會界線（social boundaries）與類屬的移動，也增加其重整的機會。個人身分的形成與生活選擇變得更重要。由於傳統社會界線被打破，人們對社區意識的理解擴大到網絡。於是，脈絡也變得更重要了；權力的來源也不同於以往，不再像現代社會一般那麼層級分明，而是更混雜了。反身性的實務（reflexive practice）強調實務工作者要確認其判斷是精準的，嚴肅地思考其所作所為，以及為何如此作為。反思實務則是讓實務工作產生意義（make meaning）。

　　熊恩進一步試圖區分行動中的反思（reflection-in-action）與行動後的反思（reflection-on-action）的差別。前者是指在實務過程中隨機應變（thinking on our feet），例如：社會工作者仔細地聆聽服務對象的表達時，立即連結到自己在此情境下的角色與試圖要處理的問題焦點上。社會工作者必須培養當下立即的反應能力；後者指事件發生後的反思，回顧自己的經驗，了解它，並從中學到經驗。湯普森夫婦（Thompson & Thompson, 2008）加上行動前的反思（reflection-for-action），指在進行計畫時即思考於先，預測可能遭遇到的場景，事前進行準備。猶如《中庸》所言：「凡事豫則立，不豫則廢。」或《朱子治家格言》中所說的：「宜未雨而綢繆，毋臨渴而掘井。」例如：在進行家庭暴力家庭訪視時，想到可能會有被攻擊的風險，預作準備。行動後的反思不只可以作為行動中反思的參考，也有利於行動前的

反思。

　　據此，技術理性所強調的理論引導實務的單行道變得不可行。反思的實務認為理論與實務是雙向道，知識為本的實務（knowledge based practice）與實務為本的實務（practice based practice），或者正式知識與非正式知識，科學知識與實務智慧必須相互連結，沒有哪一個是較重要的。簡單地說，理論沒有實務為基礎，就不實用；實務沒有理論為基礎，也很危險（Thompson & Thompson, 2008）。

參 批判的反思實務

一、批判性思考

　　批判的（critical）是指不斷質疑與不要想當然爾，特別是針對不公平的社會安排（Thompson & Thompson, 2008）。傅克（Fook, 2016）指出社會工作自始就有批判的傳統，社會個案工作的創始者芮奇孟（Mary Richmond）在引進醫療模式的診斷概念時，仍然不忘社會脈絡對個人生活的影響；亞當斯（Jane Addams）創辦胡爾館（Hull House），試圖橋接中產階級與勞工階級、富人與窮人、在地與移民的間隙，她深刻了解個人生活受到社會與經濟條件的影響，必須更全面與脈絡化來理解個人受到的痛苦與困境。這些傳統成為早期社會工作即流傳下來的「人在情境中」（person-in-situation）的主要思潮（Hamilton, 1940）。然而，只是觀照社會與經濟條件對個人的影響是不夠的，必須更全面地看到資本主義、性別、族群、權力、語言、知識、實證主義等對個人、團體、社區的壓迫。批判的社會工作是開放心胸，反思各種可能的觀點、經驗與假設（Fraser & Matthews, 2008）。

　　批判性思考（critical thinking）則是：(1)清楚地審視事件的真實狀況，或事物的真實面貌，再依此真實作為表達的依據；(2)以提問的態度來進行意見陳述或下結論；(3)是一種尋找合理答案的過程（Gambrill & Gibbs,

2009）。批判性思考包含3A's的途徑：提問（Ask question）、評估已確立的事實與議題（Assess the established facts and issues involved）、確信結論意見（Assert a concluding opinion）。據此，批判性思考有以下特質（Gambrill & Gibbs, 2009: 5）：

1. 有目的。
2. 由知識所引導，也回應知識。
3. 在謙卑、正直、執著、同理與自制中發展知識的特質。
4. 關注思考要素與問題間的邏輯關聯。
5. 自我評價與自我改進。
6. 整合於完整體系中。
7. 堅持合理的解答。
8. 理解不同意見都有其正當的理由，也有其領會，可作為補強自己的觀點的限制與弱點。

以下是一些批判性思考的例子，你將怎麼說？

- 企業家說：有錢不是罪惡，錢是富人辛苦賺來的，社會可以有嫉妒，但不該敵視富人。
- 窮人說：富人都是自私的，稅收不公平，導致政府沒有錢可以興辦社會福利。
- 督導說：把這位家長有親密暴力紀錄的學生通報給社會局家防中心，請他們接案。
- 同事甲說：王太太因為思覺失調症發作而毆打其女兒，她已經被兩位精神科醫師確診，因此，我們沒有辦法改善她的親職功能，最好將她的女兒安置到機構。
- 同事乙說：案母手機電話都是轉接語音信箱，我們的留話也不回，顯示其無求助意願，基於案主自決，我們決定不開案。

以上敘述你要如何進行批判性思考？其實，在社會工作實務現場，社會工作者常犯的錯誤，例如：

1. 錯誤的描述：張同學沒有父母，就不可能被兒童虐待。

2. 錯誤的推論：所有在兒童期曾被虐待過的婦女，都會虐待其子女。

3. 錯誤關聯：她姊姊以前就是本校的中輟生，我看她妹妹也好不到哪裡去。

4. 錯誤的因果關係假設：曾被欺凌過的學生總是會以欺凌別人來平衡自己的情緒。

5. 錯誤的預測：經領悟治療（insight therapy）過的婦女，不可能再虐待其子女。

6. 無效的介入：他的問題太複雜，我們根本沒辦法幫助他，就先給他一點救助金好了，有問題以後再說。

7. 忽略案主的資產：案家這麼窮還會有誰願意幫助他們？

8. 過度定型化：父母不配合，學校又封閉，少年隊不支援，社會局家庭暴力暨性侵害犯罪防治中心反應遲鈍，這個案子我無能為力。

9. 過早類型化：單親爸爸的管教方式多半是傾向權威式。

10. 過度依賴直覺：妳問我為什麼？我也說不出一個所以然來，反正就是這樣子。

11. 過度依賴經驗：我走過的橋比你走過的路多，照我的話去做就對了。

12. 創造福利依賴：趕快給他錢，把他打發走，免得在這裡煩人，反正今年預算還夠用。

13. 急於結案：他的父親情況已比較穩定，不會再打他了，先結案再說，有被打的事實再通報，免得個案負荷量太重。

14. 長期不結案：這位老伯伯這麼臕，一旦結案了，他天天去找議員來罵我們，不如掛著不結案，免得自找麻煩。這個家庭還是有兒童虐待的風險因子，還是不結案好，免得又發生兒虐事件，上報後，我們會被揪出來批鬥，先掛著至少安心。

15. 缺乏脈絡的描述：案主一到機構就大發雷霆，顯見他的脾氣有多壞，難怪會被鄰居排斥。

16. 缺乏寬廣的思考，卻存在太多似是而非的框架：社會工作者不應該介入政治。社會工作歷史能幫助你改善案主的家暴問題嗎？理論都很抽象不符社會工作實務所需。案主不來求助，我也沒辦法。法律沒授權我能做什麼？案主是人，我也是人，憑什麼我要冒生命危險去救他？……

如果社會工作者能養成批判性思考，就能幫助自己達到（Gambrill & Gibbs, 2009: 7-13）：

1. 評鑑訴求的精確性。

2. 評鑑爭議的對錯。

3. 認識非正式的謬誤。

4. 避免被廣告宣傳語詞所蒙混。

5. 辨識偽科學、詐欺與幌子。

6. 深思熟慮地使用語言。

7. 避開情感的影響。

8. 減少認知偏誤。

9. 增加自我了解。

甘布瑞爾與吉布斯（Gambrill & Gibbs, 2009）指出，在當前助人專業界普遍推動以證據爲本的實務的氛圍下，更需要將批判性思考整合入以證據爲本的實務裡。否則，可能會誤用與誤解科學。至於，如何提升批判性思考能力？可以試著從以下清單中逐步加強：

1. 訓練邏輯思考能力。

2. 理解自己的認識論：了解我的信念與我如何了解事物的本質與關係。

3. 精確地理解概念與使用語言。

4. 知識的重要性：讀書、讀書，再讀書。以知識作爲基礎的思考。

5. 對既定的規則懷疑：也許有更好的辦法可以解決問題。

6. 學習提問：養成對人類事物的好奇與提問。

7.追求答案：對提問不斷地自我尋求解答。

8.加強自己蒐集資料的能力。

9.善用研究結論：整理、綜合、比對不同的研究結論。

10.改進自己的偏見：例如：過早下定論、懶得再多想等。

11.在生活中實踐：找同學、同事對話。

二、批判的反思實務

批判的反思實務不只是將批判性思考帶進反思實務，而且也將批判的銳利帶進反思實務（White, Fook & Gardner, 2006; Thompson & Thompson, 2008）。批判的反思是整合後現代主義（post-modernism）、後結構主義（post-structuralism）與批判理論（critical theory）等批判的角度（Evans & Hardy, 2010）。什麼是批判的角度呢？是指以下六點（White, Fook & Gardner, 2006: 47）：

1.連結個人經驗與社會、政治脈絡及其影響，包括：社會如何建構個人的理解與經驗，或個人如何被社會所形塑；也涉及意識形態的分析，以及分析知識與權力的關聯。

2.分析權力及其運作在不同層次與方式上的動力，特別是個人權力層次，例如：個人權力與影響力的自我覺察。

3.慣常地或持續地連結理論與實務，特別是針對個人的微視實務工作。

4.聚焦轉型或社會變遷的可能性，特別是聚焦於如何改變當下的脈絡，以求更寬廣的改變的可能性。

5.承認實證的知識與實務經驗的知識都是有價值的，包括其如何得知的方式，即使是相互矛盾的觀點也是值得珍惜的。

6.分析人們如何在選擇的脈絡下協商其生活機會，亦即，人們如何使用批判的反思其身分。

簡單地說，批判的反思實務包括三個重要的範疇：批判的分析、批判的反省、批判的行動（Barnett, 1977；引自Fraser & Matthews, 2008: 13）。批判的分析是指：評鑑知識、理論、政策與實務，認識多元觀點，進行不同層

次的分析，以及持續地探索。批判的反省是指：與自己建立關係（engaged self），協商了解與介入的關聯，以及質疑自己的假設與價值。批判的行動是指：在脈絡的覺醒下使用完整的技巧介入，運作挑戰結構的不利，與差異一起工作，並邁向充權。

第六節 社會工作的實施領域

　　社會工作有共同的使命與目標。但是，針對不同的服務對象的社會人口特徵，所使用的語言、技巧、服務方案，甚至方法、實施途徑有某種程度差異。例如：服務兒童，必然不同於服務老人，對兒童的社會工作服務可以為了保障兒童的最佳利益而採強制家外安置。但是，對老人卻因其家庭經濟與權力關係，而很難如此操作。社會工作者不能只知曉基本知識與方法，還得了解不同人口群的問題、提供服務的機構與設施的特性。

　　傳統上，社會工作是以「機構為基礎」（agency-based）的服務（Weissman, Epstein, & Savage, 1983），也就是社會工作者受僱於提供服務的設施（settings）內工作。這些設施通常分成兩類：一是這些機構在社會福利贊助下運作，例如：家庭與兒童福利服務機構、少年服務機構、老人福利機構、身心障礙福利機構等；另一是由非社會福利所贊助的機構，例如：醫院、學校、監獄、工廠等，這些機構的存在非為社會工作，而是為健康、教育、矯正罪犯、經濟生產等，社會工作在這些機構中只是提供某種特殊面向的服務，以補足這些機構的功能。前者稱為「主要的設施」（primary settings），後者稱為「次要的設施」（secondary settings）（Bartlett, 1970）。

　　隨著1950年代社會工作組織的整合，設施的概念被「實施領域」（fields of practice）所取代。領域的概念是指社會工作者在一組實施設施中，處理相似的案主的問題。1957年美國社會工作教育協會（CSWE）定義

社會工作學校的綜融性課程，同時規定有九種實施領域：公共救助、家庭社會工作、兒童福利、矯正、精神科社會工作、醫療社會工作、學校社會工作、團體服務機構，以及社區計畫。其實，這九種實施領域分得並不完善，將對象、設施與方法混成一團。

又隨著社會服務範圍的擴大，1980年代以降，美國較流行的社會工作教科書中所列出的社會工作實施領域，如下：(1)兒童與少年服務；(2)學校社會工作；(3)家庭服務；(4)健康照護；(5)心理衛生；(6)司法社會工作；(7)濫用藥物；(8)身心障礙者服務；(9)老人服務；(10)同志或性取向服務；(11)性別平等的社會工作；(12)職場社會工作或員工協助；(13)社區或鄰里工作；(14)貧窮與公共福利；(15)少數民族服務（Brieland, Costin, & Atherton, 1985; Morales & Sheafor, 1998; Zastrow, 2004; Segal, Gerdes & Steiner, 2005; Farley, Smith & Boyle, 2006; Kirst-Ashman, 2007）。

晚近美國勞動部採用NASW的建議，再將上述實施領域分為四大類：

1. 兒童、家庭與學校社會工作。

2. 醫療與公共福利服務。

3. 心理衛生與濫用藥物服務。

4. 其他，例如：老人、工業社會工作、犯罪矯正、行政管理等。

這四大類是有利於碩士班研究生選擇專精領域，或專攻領域。本書以為，當代社會工作實施領域的區分，比較理想的方式是依兩種指標來分類：

一是依人口群區分為：

1. 兒童及少年社會工作。

2. 身心障礙者社會工作。

3. 老年社會工作。

4. 家庭社會工作。

5. 同志社會工作。

二是依服務設施區分為：

1. 公共福利社會工作。

2. 學校社會工作。

3. 健康照護社會工作。

4. 心理健康社會工作。

5. 司法社會工作。

6. 工業社會工作。

7. 軍隊社會工作。

　　本書第十三章即是以這兩種指標，介紹社會工作的實施領域。不論哪一個實施領域的社會工作都有一定的學習架構。巴雷特（Bartlett, 1970）為NASW分析社會工作的實施領域，提出以下的分析架構供社會工作者參考（圖2-3）。亦即，任何社會工作實施領域都必須立基於社會工作的基本元素（詳見本書第六章），再結合該領域的特質，而共同發展出社會工作實施於該領域的方法與技巧。

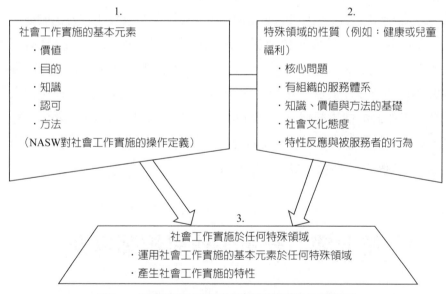

圖2-3　巴雷特對社會工作實施領域的分析架構

　　實施領域的概念包括了：(1)該領域所關心的核心問題（條件、現象），例如：家庭照顧、疾病、兒童撫養等；(2)有組織的服務（包括方案、機構、專業）的特性，俾利區別每一個領域的差異；(3)知識、價值、

方法的體系，是指該領域本身的產物，而非社會工作的知識、價值、方法，例如：教育、醫院（案主、病人）、犯罪矯正者的特性與行為。

舉例來說，一位社會工作的學生想以老人服務作為未來發展的領域，除了社會工作實施的基本元素之外，他必須學習老人的相關議題，例如：人口老化趨勢、老人身心發展、老人問題；還必須了解老人服務的類型、方案、政策、趨勢等；以及在該領域特有的知識、價值、文化與服務方法，例如：老人醫學、慢性病院、長期照顧、銀髮產業、老人政治壓力、安寧照護、敬老尊賢、孝道、家庭照顧者、外籍看護工的引進等這個領域特有的服務知識，才能發展出一套吻合老人服務領域的社會工作實施。

總之，一些本就屬於社會福利服務的對象，而有特定的社會福利機構在提供服務者，例如：兒童、少年、老人、身心障礙者、家庭、低收入戶、外籍配偶、原住民等，社會工作者對其所提供的服務，其實就是社會福利服務。只是，當納入社會工作的實施領域時，強調的是社會工作方法的運用。

而次要設施的社會工作發展，端視社會的需求與該領域的接納。例如：臺灣的醫療社會工作早在1950年代即已發展；學校社會工作則直到1990年代中以後才發展，更到了2010年代才進一步擴大實施；而司法與矯正社會工作的發展更緩慢。工業社會工作則曾經於1990年代初露出一線曙光，後又不了了之，已很少學校開授此一課程了。軍隊社會工作只在國防大學政治作戰學院心理及社會工作學系發展。

第七節　社會工作與相鄰專業

即使臺灣的社會工作發展已超過半世紀，但是，許多人還是不清楚社會工作與社會學的差別，也不明白社會工作與心理諮商的不同。為了避免專業認同的混淆，以下是簡要的澄清。

一、社會學與社會工作

　　社會學（Sociology）與社會工作被混淆並不稀奇，尤其是在臺灣，有其歷史背景（詳見本書第四章）。社會學最簡單的定義是研究社會的科學，或是研究人類社會的科學，包括社會行動和社會組織（Calhoun, Light, & Keller, 2001；引自林瑞穗譯，2002）。社會學既然是研究人類社會，就不可避免地對個人、家庭、團體、社區、社會、制度等系統，以及其發展與互動產生高度興趣。因此，就與社會工作的關切對象高度重疊。然而，社會學更關切上述這些社會單位為何、何時、如何、在哪裡、以何種形式組成，以及其發展與互動。

　　社會學家進行研究，了解社會的結構與行動，其間固然也關心社會問題的發生，例如：兒童教養、少年犯罪、人口老化、社區解組、家庭變遷、性別、失業、貧窮、心理疾病、自殺、移民、少數族群等議題，這些課題與社會工作者關心的社會問題很貼近。但是，社會學者有興趣的是這些問題為何、何時、如何、在哪裡、以何種形式發生。

　　而社會工作當然也參與社會研究、關心社會問題。但是，社會工作者不是將重點置焦於上述這些社會單位為何、何時、如何、在哪裡、以何種形式組成，以及其發展與互動；也不只是關心社會問題為何、何時、如何、在哪裡，以及以何種形式發生，更關心的是如何幫助這些社會單位發展、如何解決社會問題，以及如何協助陷入困難的人們、家庭、團體、社區、組織，脫離困境。

　　社會學者窮其一生精力於發現社會事實、解釋社會現象、建立理論模式、預測發展趨勢。雖然，他們也提出建立人類理想社會的建議，他們也參與社會運動。不過，終究介入個人、家庭、團體、社區問題的解決，以及社會政策與立法的推動，還是留給社會工作者來執行，才會有社會學是理論，社會工作是實務的誤解。其實社會學也有應用的一面，例如：人口政策、家庭計畫、家庭關係、健康照護、少年犯罪、貧窮、勞動、環境汙染、福利國家等的社會學研究領域，其實是非常應用的，特別是公共社會學者研究的旨趣。

相反地，以為社會工作是純實務的，則是另一種誤解。社會工作者並非以建立社會行為，或互動的因果關係模式為宗旨。但是，卻不能不了解社會行為或互動的因果關係，例如：社會工作者也要知道為何會發生家庭暴力？哪些家庭屬於家庭暴力高風險家庭？何時容易發生？如何發生？在哪裡發生？以何種形式發生？進一步，透過這些了解，進行社會工作評估，提出解決方案，進行社會工作介入。可見，社會工作者不能不熟悉社會學、心理學、經濟學、政治學、管理學，甚至精神醫學等基本社會科學與行為科學，否則，就會像瞎子摸象般，摸到哪裡猜到哪裡。如此，受服務對象的權益堪慮。據此，若說社會工作是社會學的應用，不如說社會工作是一種應用的社會與行為科學。

二、心理治療與社會工作

心理學（Psychology）與社會工作的差別很清楚，心理學是研究心智（mind）的科學，心理學家研究人類行為的動機與變化。就研究人類行為言，不像社會學家以研究集體的人類行為為旨趣，心理學家有興趣的是個人的屬性及其行為，社會心理學（Social Psychology）才是研究人類集體的行為為主。

而心理學中有一種研究領域稱臨床心理學（Clinical Psychology）則與社會工作中的直接服務關係更密切。臨床心理學家對個人的研究興趣已超出一般心理學家，他們不只研究個人的行為，也介入個人行為的改變過程，亦即大家所熟悉的心理治療（Psychotherapy）。

心理治療是經臨床心理學訓練背景的心理治療師，有目的地針對有心理問題的對象，經由建立專業助人關係，依受治療者個人的需求，使用適合的心理學知識與技巧，消除、減緩或修正其不適應的情緒、行為、思考、態度、信念、價值等心理現象。因此，心理治療與社會工作就成為共同來協助個人、家庭、團體的相鄰專業之一，而產生某些重疊與模糊。例如：從事家庭治療（Family Therapy）的臨床心理師與從事相同工作的臨床社會工作師

的角色與功能就很難區分，案主可能都稱他們爲家庭治療師。但是他們還是有不同的專業認同，一位在精神醫院擔任心理治療師，或家庭治療師的臨床心理師，絕對不會自稱是社會工作師；同樣地，在精神醫院與臨床心理師一起合作從事家庭治療工作的社會工作師，也不會被認定爲心理治療師。

同理可推，其他未受過臨床心理學，或社會工作專業訓練，例如：受過家庭諮商心理學、家庭治療、宗教玄學、超心理學，或各種心靈哲學等訓練，但在從事家庭治療工作的專家，也不會因其具有家庭治療的能力或工作就自動變成臨床心理師，或社會工作師。亦即家庭治療是社會工作者的工作之一，但並非所有會做家庭治療的人都可納入成爲社會工作專業社群的一員。

要區分心理治療與社會工作，最簡單的說法是，心理治療處理的是密集、深度的個人心理、精神，以及行爲的問題，而社會工作者關心的是個人、家庭、團體、社區、組織、社會的社會功能及其關係，且善用社區資源來協助案主的需求與解決其心理與社會問題。

三、心理諮商與社會工作

在臺灣，社會工作與諮商（Counseling）也常糾纏不清，或是錯誤地被區分。至今，仍然有一些社會工作學系開授心理諮商、團體輔導，或是諮商理論等課程。如此一來，授課的教師不知如何區別諮商與個案工作或以個人爲對象的社會工作實施，又如何區分團體輔導與團體工作或以團體爲對象的社會工作實施，又如何區別諮商理論與微視的社會工作理論？至於，學生如何辨明社會工作與諮商的差別，更是個大問題。

諮商作爲助人專業之一，基本上是以心理學爲基礎的應用學科，例如學校諮商師是以教育心理學爲其基礎知識，協助學生職業選擇（生涯輔導）、學習問題（升學輔導）、行爲問題（生活輔導）等，通常是以短期的、行爲的、情緒的輔導爲主。而社會工作師如果受聘於學校，稱爲學校社會工作師，他們共同關心學生的行爲、情緒、學習、就業行爲。但是，學校社會工作師更關心學生的家庭、社區、學校，以及社會環境對學生當前行爲的影

響，以及引進社會資源來協助學生、學校解決學生問題。據此，學校社會工作師是處理學生較長期的、家庭的、社區的、社會的問題與需求。

　　但是，如果把諮商當成一種對案主提出建議與忠告的技術，則社會工作者經常在諮商他的案主，反而較少在治療他的案主。諮商與社會工作的糾纏不清的情形，遠比諮商與心理治療間的關係稍單純些。心理諮商師與臨床心理師相互包含的情形更是嚴重。有些人認為諮商等同於心理治療，也有些人認為心理治療大於諮商。事實上大部分的專業書籍都將諮商與心理治療並列，因為他們所使用的理論與方法實在很難區分。包括諮商與心理治療界非常熟悉的案主為中心的治療（Client-Centered Therapy）學派的羅吉斯（Carl R. Rogers），也常將兩者並列。不過，一般說來其區別在於諮商較常用於教育領域，而心理治療較常用於醫院、心理衛生、犯罪矯正、家庭暴力防治機構。諮商較短暫、淺層，而心理治療較長期與深層。

　　區別專業界線的目的一方面為了專業認同（身分）；另方面為了專業間的合作關係，建立一種既分工又合作的團隊工作（team work），如此才能完整地（holistic）協助案主。如果社會工作師搶做心理治療，或是心理諮商，那誰來從社會工作的角度協助案主？同樣地，如果心理諮商，或家庭心理治療都算是社會工作，那案主所需要的家庭與社會面觀點將由誰來提供呢？

參考書目

一、中文部分

林瑞穗譯（2002）。社會學（原著Calhoun, Light, & Keller, 2001）。臺北：雙葉。

二、英文部分

Adams, R., Dominelli, L., & Payne, M. (2009). *Social Work: themes, issues and critical debates* (3rd ed.). Basingstoke, Hampshire: Palgrave Macmillan.

Bartlett, H. (1970). *The Common Base of Social Work Practice*. NT: NASW.

Beck, U. (1992). *Risk Society*. London: Sage.

Biestek, F. (1957). *The Casework Relationship.* Chicago: Loyola University Press.

Boehm, W. (1961). Social Work: Science and Art. *Social Service Review,* 35: 2, 144-152.

Brieland, D., Costin, L. B., & Atherton, C. R. (1985). *Contemporary Social Work: an introduction to social work and social welfare.* NY: McGraw-Hill Book Co.

Burghardt, S. & Fabricant, M. (1987). Radical Social Work. In Anne Minahan et al., *Encyclopedia of Social Work* (18th ed.), pp.455-462. NASW.

Carnior, B. (1984). Clash of Ideology in Social Work Education. *Canadian Social Work Review,* 184-99.

Dominelli, L. (2002). *Anti-oppressive Social Work Theory and Practice.* Basingstoke, Hampshire: Palgrave Macmillan.

Dominelli, L. (2004). *Social Work: theory and practice for a changing profession.* Cambridge: Polity Press.

England, H. (1986). *Social Work as Art—Making Sense for Good Practice.* London: Allen & Unwin.

Evans, T. & Hardy, M. (2010). *Evidence & Knowledge for Practice.* Cambridge: Polity Press.

Farley, O. W., Smith, L. L., & Boyle, S. W. (2006). *Introduction to Social Work* (10th ed.). Boston: Allyn and Bacon.

Fink, A., Pfouts, J. H., & Dobelstein, A. W. (1968). *The Fields of Social Work.* Beverly Hill: Sage.

Fook, J. (2016). *Social Work: a critical approach to practice* (3rd ed.). London: Sage.

Fraser, S. & Matthews, S. (2008). *The Critical Practitioner in Social Work and Health Care.* Berkshire: Open University Press.

Gambrill, E. (2012). *Critical Think in Clinical Practice: improving the quality of judgments and decisions* (3rd ed.). Hoboken, NJ: John Wiley & Sons.

Gambrill, E. & Gibbs, L. (2009). *Critical Thinking for Helping Professionals: a skills-based workbook.* Oxford: Oxford University Press.

Gil, D. (1990). Implication of Conservative Tendencies for Practice and Education in Social Welfare. *Journal of Sociology and Social Welfare,* XVII: 2, 5-28.

Halmos, P. (1978). *The Personal and the Politics: social work and political action.* London: Hutchinson.

Hamilton, G. (1940). *Theory and Practice of Social Casework.* NY: Columbia University Press.

Hepworth D., Rooney, R., & Larsen, J. A. (1997). *Direct Social Work Practice: theory and skills* (5th ed.). Pacific Grove CA: Brooks / Cole Publishing Co.

Hugman, B. (1980). Radical Practice in Probation. In Mike Brake and Roy Bailey (ed.), *Radical Social Work and Practice* (pp.123-154). London: Edward Arnold Ltd.

Kirst-Ashman, K. (2007). *Introduction to Social Work & Social Welfare: critical thinking perspec-*

tives (2nd ed.). Belmont, Ca: Thomson Brooks/Cole.

Leiby, J. (1978). *A History of Social Welfare and Social Work in the United States*. NY: Columbia University Press.

Lundy, C. (2011). *Social Work, Social Justice & Human Rights: a structural approach to practice* (2nd ed.). Toronto: University of Toronto Press.

Lymbery, M. & Postle, K. (2007). *Social Work: a companion to learning*. London: Sage.

Morales, A. & Sheafor, B. (1998). *Social Work: a profession of many faces*. Boston: Allyn and Bacon, Inc.

Netting, E., Kettner, P., & McMurtry, S. (1998). *Social Work Macro Practice*. Longman.

Payne, M. (2006). *What is Professional Social Work* (2nd ed.). Bristol: Policy Press.

Payne, M. (2011). What is Professional Social Work. In Cree, V. E. (ed.), *Social Work: a Reader*. London: RKP.

Plath, D. (2009). Evidence-based Practice. In M. Gray and S. A. Webb (2009), *Social Work Theories and Methods* (pp.172-183). London: Sage.

Pritchard, C. & Taylor, R. (1978). *Social Work: reform or revolution*? London: RKP.

Pyles, L. & Adam, G. J. (2016). *Holistic Engagement: transformative social work education in the 21st century*. Oxford: Oxford University Press.

Rein, M. (1970). Social Work in Search of a Radical Profession. *Social Work*, 15: 2, 13-28.

Reisch, M. & Andrews, J. (2001). *The Road not Taken: a history of radical social work in the United States*. Philadelphia, Pa: Brunner-Routledge.

Schön, D. A. (1983). *The Reflective Practitioner: how professionals think in Action*. NY: Basic Books.

Segal, E., Gerdes, K., & Steiner, S. (2005). *Social Work: an introduction to the profession*. Pacific Grove, Ca: Thomson Brooks/Cole.

Sen, A. K. (1984). *Resources, Values and Development*. Oxford: Oxford University Press.

Sheldon, B. & Macdonald, G. (2008). *A Textbook of Social Work*. London: Roultledge.

Skidmore, R. A., Thackeray, M. G., & Farley, O. W. (1988). *Introduction to Social Work* (4th ed.). Englewood Cliffs, NJ: Prentice Hall.

Strean, H. (1978). *Clinical Social Work: theory and practice*. NY: The Free Press.

Thompson, S. & Thompson, N. (2008). *The Critically Reflective Practitioner*. Hampshire: Palgrave.

Tolson, E., Reid, W., & Garvin, C. (1994). *Generalist Practice: a task-centered approach*. NY: Columbia University Press.

Weissman, H., Epstein, I., & Savage, A. (1983). *Agency-Based Social Work: neglected aspects of clinical practice*. Temple University Press.

White, S., Fook, J., & Gardner, F. (2006). *Critical Reflection in Health and Social Care*. Berkshire: Open University Press.

Whittington, C. & Holland, R. (1985). A Framework for Theory in Social Work. *Issues in Social Work Education*, 5: 1, 25-50.

Zastrow, C. (2004). *The Practice of Social Work* (8th ed.). Pacific Grove, CA: Brooks/Cole Publishing Co.

第三章
歐美社會工作
專業的發展

　　從歷史人物學習社會工作的典範，從歷史事件知悉社會工作如何出現，從歷史時空觀看社會工作的發展脈絡，是社會工作學習的較佳方法，因為社會工作者不是一位技術工匠，而是有理論、有思想、有方法的專家。

　　一部社會工作發展史幾乎就是一部歐美社會福利史，或福利國家發展史的縮影。如果沒有社會福利的發展，幾乎可以斷定不會有今日社會工作的出現。誠如美國社會福利史學者川特諾（Trattner, 1999: 1）所言：「任何社會福利體系的基本信條與方案反映了該社會的系統功能運作的價值。如同其他社會制度的出現一般，社會福利體系不可能憑空冒出，必然從習俗、法規與過去的實踐中找到其血脈。」另一位社會福利史學者賴比（Leiby, 1978: 6）也說：「一個國家的社會福利制度的出現與發展必然回應了某種社會、文化、政治與經濟環境，且被此環境所形塑。」一般論者都會說：「社會福利政策的發展是為了回應社會問題。」（Karger & Stoesz, 2006），更精準地說是：「回應19世紀工業化下的都市生活問題。」（Leiby, 1978: 2）亦即，貧窮、失業與勞工集中到城市之後衍生的居住問題。本章就從頭說起，來認識社會工作。

第一節　從宗教慈善到慈善組織會社

壹　從教會救濟到公共救濟（1348-1782年）

　　若將社會福利的發展上溯至西元前1894年巴比倫王朝（Babylonia）的漢摩拉比法典（the Code of Hammurabi）所規範的自由民的公民權；或是西元前500年左右的印度佛教的慈悲觀；或是約略同時的中國孔子及其學生所撰的《禮記‧禮運大同篇》的大同思想；或是希臘哲學家亞理斯多德（Aristotle, 384-322 B.C.）的主張人類是社會動物，必須合作互助；或是羅馬帝國時期西賽羅（Cicero, 106-43 B.C.）的正義讓人們慈悲對待他人（Tratter,

1999）。這些都太久遠，也缺乏足夠的證據顯示這些古代的歷史事件與人物，確實讓社會福利的理念傳承下來。例如：沈剛伯（1982）曾說：「西周是曾用嚴刑峻法來部勒全民。」「當時的史料指出周朝既無行仁政之機會，也無行仁政之成果。」

不過，西方的博愛（philanthropy）、慈善（charity）觀念的確源自古希臘文、拉丁文。而舊約聖經（Old Testament）中的施與受的觀念則是當今西方基督教國家論述慈善的重要依據（Tratter, 1999）。

在中世紀以前的西方基督教社會裡，救濟貧民的工作主要由教會承擔，修道院附設的庇護所（asylum）和醫院（hôtel-dieu, hospitale）成爲收容孤兒、老人、殘障、病患、無家可歸者的地方。統治者不但不參與濟貧工作，而且命令禁止行乞（林萬億，2010）。

然而，中世紀的濟貧工作因以下幾樁歷史事件而產生重大的變化（Tratter, 1999）。首先是1348-1349年間發生的歐洲的黑死病（Black Death），導致歐洲人口死亡三分之一以上。引發勞動力的短缺，莊園勞工工資上漲，當時英皇愛德華三世（Edward III）頒布勞工法令（Statue of Laborers），規定所有具工作能力而沒有資產的勞工，必須接受任何雇主的僱用，國民不得提供救濟給「有工作能力的乞丐」（able-bodied beggars），以免勞工離開教區，導致農村勞工更短缺。這是近代國家由世俗權力取代教會權威的開始，國家比教會擁有更高權威的萬能國家（Erastian State）[1]主張萌芽（Friedlander, 1955）。

其次，歐洲發生圈地運動（enclosure movement）。歐洲封建社會的農業體系原是以敞田制（open field system）爲主。到了12世紀的英國，少數公用田地開始被圈劃爲私有田地。到了中世紀，羊毛製品的銷售量大增，商人們爲了增加羊毛的產量以滿足市場需求，因而使用不同方法圈占、合併耕地，而其中的方法包括：把公地私有化、強迫小農售出土地等，以擴大牧場

---

[1] 瑞士醫師與神學家依拉斯托斯（Thomas Erastus, 1524-1583）主張國家應該超越宗教，而非被宗教所控制。其主張被後世稱爲依拉斯托斯主義（Erastianism）。

面積。此一運動在15到16世紀迅速展開。16世紀至17世紀，圈地行為被羅馬天主教會公開指責，反對圈地行為的法令也被頒布。然而，由於18世紀歐洲農業的機械化要求寬闊、完整的農田，敝田制成為障礙。之後一系列的政府措施，使圈地運動於1801年被合法化。圈地運動不但使歐洲羊毛工業快速發展，也使農村自有耕地與自給自足的農業體系瓦解，失去耕地的小農不是轉行成為工人，就是淪為農奴。

第三，商業與國際貿易的頻繁、資本主義經濟發展，以及工業革命發生。1495-1525年間由於海上貿易的擴張，刺激了資本主義形式的工業生產與營利，荷蘭在這方面領先於歐洲其他國家；同時，也出現了大量的普羅階級（Proletarius）與貧民。基督人道主義者也開始注意到道德的、知識的，以及宗教的社會改革。

於是，1531年英格蘭國會通過嚴懲有工作能力的乞丐的法令。1536年亨利八世頒布「懲罰健壯流浪者與乞丐法案」（the Act for the Punishment of Sturdy Vagabonds and Beggars），史稱「亨利八世濟貧法」（the Henrician Poor Law）（Trattner, 1999）。該法案對健壯乞丐行乞行為更加嚴厲懲罰；並要求地方官吏募捐集資幫助無工作能力的窮人（impotent poor）、病人、老人、殘障者。

然而，自願捐獻實不足以應付教區濟貧所需資金。於是，1563年英格蘭國會通過強制性財源，以應教區濟貧所需。1572年，伊莉莎白女王（Queen Elizabeth I, 1558-1603年）簽署法令，通過以一般稅（general tax）作為濟貧的基金，同時設濟貧監督官（overseers of the poor）負責執行濟貧工作，這是當代社會救助以稅收支應的起源。伊莉莎白女王並在1601年頒布「伊莉莎白濟貧法」（The Elizabethan Poor Law/ the 43rd of Elizabeth）。歐洲中世紀以來的濟貧措施被史家稱為是今日社會福利的直接源頭。

這個法令也採分類救助，將窮人分為三類（Fraser, 2009: 40-42）：

1. 有工作能力的窮人。也就是健壯的乞丐，將被送到「矯正之家」（house of correction）或感化院去工作，市民禁止施捨給這些人，因為他們是「不值得幫助的人」（undeserved people）。窮人來自哪

裡，就會被送回那裡。如果健壯的貧民不接受強制勞動，將被當眾鞭打或下獄。

2. 無工作能力的貧民。這些是「值得幫助的人」（deserved people），例如：病、老、盲、聾、跛、精神錯亂者，以及帶著幼兒的母親等，將被送進濟貧院（poor-house /almshouses），稱為院內救濟（indoor relief）。如果這些人住在院外，救濟成本較濟貧院低，濟貧監督官也可以採用「院外救濟」（outdoor relief）的方式來救濟他們，通常是實物補助，例如：衣服、油料、食物等。

3. 失依兒童、孤兒、棄童、貧童將被安置在寄養家庭中，如果沒有「免費家庭」（free home）願意收留，兒童將被拍賣。8歲以上的兒童能做些家事就被畫押給城裡的人。男童給主人買走之後，一直要到24歲才可以恢復自由身；女童則到21歲，或結婚為止。這與東方社會的貧童被賣為長工、奴婢，情況相同。

濟貧監督官主管教區的濟貧行政，由當地的法官任命，負責貧民申請救濟的接案、調查及決策。同時，也可以徵收濟貧稅（poor tax），稅額依土地、住宅大小，以及居民的什一稅。

進而，1696年實施貧民工廠制度，或稱貧民公司（Corporation of the Poor），這就是慣稱的「習藝所」（workhouse）。第一家習藝所設立於英格蘭西南部的布理斯托（Bristol）之後，18世紀全英國設有126家之多，讓貧窮夫妻、成人、兒童住進習藝所中工作。然而，這項措施並不成功，因為失業的貧民沒有受過特別訓練，不能與一般工人相比。於是1722年，「肯那其布法案」（Edward Knatchbull's Act）鼓勵濟貧監督官與私人企業訂定契約，僱用貧民，將之訓練成為工人，如果貧民拒絕被僱用，就得不到救濟（Fraser, 2009: 42）。

貳 史賓漢蘭制的濟貧改革（1795-1832年）

貧民被強迫離家住進習藝所成為「犯人」，而且夫妻、子女被拆散。企業為了謀利，不顧家庭親情，也不管工作環境惡劣，只管賺錢。因而，習藝所內空氣不流通、擁擠、不衛生，這種不道德的作法終於引發了社會改革者的反彈。1782年，通過的「季爾伯特法案」（Thomas Gilbert's Act），鼓勵組成濟貧工會，將榮譽職的濟貧監督官改為有給薪的「貧民監護官」（guardians of poor）。該法案取消惡行惡狀的「外包制度」，改為輪聘制度（roundsman system），由農家輪流聘僱教區貧民；並恢復院外救濟的方式（Fraser, 2009: 42）。

即使濟貧法屢屢改革，工業革命的腳步卻快速到來，家庭手工藝被工廠生產替代，勞工人數增加，農村也開始工業化，失業農民淪為貧民；再加上法國大革命之後，1793年到1815年間的英法戰爭，在戰爭中受失能廢的戰士不願到習藝所。地方行政官與「貧民監護官」發現此一現象，必須以提高薪資或保障最低工資來解決工人的艱苦。於是1795年5月，伯克謝爾郡（Berkshire County）的「貧民監護官」集會於史賓漢蘭（Speenhamland）的霹靂崁旅店（Pelican Inn），倡議史賓漢蘭制（Speenhamland System），決定實施普及的食物量表（a table of universal practice），以家庭維持基本生計（subsistence）所需的麵包價格為基準來救濟貧民，這就是所謂的麵包量度（bread scale）。也就是依家庭規模大小，計算應得多少救濟金。這是將救濟給付客觀地界定的開始，也揭示了保證最低工資的必要性。姑且不論其經濟後果，史賓漢蘭制是較人道與慈善的；同時，窮人也較不會被貶抑（Fraser, 2009: 43）。

史賓漢蘭制改變了英國自1601年以來的傳統濟貧制度，使濟貧較符合人道。然而，由於該制度具有補充工作貧窮（working poor）的工資補貼（allowances in aid of wage）的性質，因此，有不少工人也被納入成為「部分救濟」（partial relief）的對象。救濟範圍擴大，必然導致濟貧稅的提高，雇主也必須付出最低工資；也有富者認為麵包量度的濟貧原則折損了工

人的工作意願，因而引來眾多的批判（Fraser, 2009）。包括：自由放任資本主義者、發表《人口論》（*Essay on the Principle of Population*, 1798）的馬爾薩斯（Thomas R. Malthus），以及道德風險的批判。在諸多負面的評價下，終於使史賓漢蘭制於1834年的皇家委員會（Royal Commission）後壽終正寢。然而，許多史學家認為史賓漢蘭制是對鄉村低度就業者、社會與經濟條件發展脫節的地區的勞工有助益，且對穩定勞動力的季節循環也有很大的幫助（Fraser, 2009: 44）。

參　從工業革命到社會改革（1834-1867年）

19世紀中葉英國的維多利亞盛世（Victorian plenty）足以誇耀世人。從1851年的大博覽會（Great Exhibition）到1873年的經濟蕭條期間，英國的人口從1,800萬增加到2,200萬；出口總值從7,100萬英鎊增加到將近2億英鎊；進出英國港口的船隻從1847年的1,400萬噸增加到1870年的3,600萬噸。倫敦於是成為世界財政金融的中心（Woodroofe, 1962）。

工業革命不但與社會經濟結構的本質改變有密切相關，而且也和社會與政治上層結構的基本變遷有關。前者指涉地主貴族政治（landed aristocracy）的銷蝕與商業寡頭政治（business oligarchy）的崛起；後者則指涉國家在維持資本主義社會的重要性（Bailey & Brake, 1975: 2）。對英國來說，工業革命後，家庭手工匠被現代勞工所取代，工人人數增加。但是，失業的貧民與流浪者並未減少。

從1832年皇家委員會的濟貧法調查報告由自由放任經濟學者西尼爾（Nassau Senior）與效用主義者（Utilitarianism）邊沁（Jeremy Bentham）的前任祕書恰維克（Edwin Chadwick）主持，便已是一葉知秋了。西尼爾認為「津貼制度減除了人們飢餓的恐懼，然而飢餓使人們保持勤勉。」其說法就像後人質疑「福利國家使人們軟弱」一般（Fraser, 2009: 53）。

皇家委員會提出六點結論（Friedlander, 1955; Fraser, 2009; Rose, 1986；林萬億，1994，2002，2003）：

1. 取消史賓漢蘭法中的部分救濟。
2. 有工作能力的窮人安置在習藝所，強調所謂的習藝所試煉（work-house test）與工作原則。
3. 只有病人、老人、殘障者與寡婦始能獲得院外救濟。
4. 幾個教區協調合為一個濟貧法聯合單位。
5. 低於最低工資的濟貧原則，也就是較少合格原則（less eligibility）。
6. 設置一個國王任命的中央委員會。

「新濟貧法」的修正使英國的濟貧工作又回到1601年舊濟貧法時代較嚴苛的濟貧原則。新濟貧法使英國新建了500個習藝所，其中三分之二是興建於1840年。令人驚訝的是，新濟貧法無視英國已經工業化，貧民因失業或景氣不佳所造成的多於早年因個人因素造成的。為強化新濟貧法的精神，1844年英國又通過「院外救濟規制令」（Outdoor Relief Prohibitory Order）來執行「較少合格原則」。較少合格原則的邏輯是，如果貧民階級的生活高於勞工階級，勞工就會想盡辦法擠進貧民階級；反之，成為貧民的處境越嚴峻，貧民就會成為勤勉的勞工（Fraser, 2009）。亦即貧民救濟金必須低於最窮的工人能賺到的薪資。也就是窮人必須生活在工作窮人的生活水準之下（Kirst-Ashman, 2007）。因此，習藝所簡直就像法國的巴士底（Bastile）監獄一樣不人道（Fraser, 2009）。

雖然，英國於1833年也通過了「工廠法」（the Factory Act），解決了童工、女工的工時問題。但是，失業與貧窮問題仍然存在。只要生意興隆，雇主就會讓工人夜以繼日地工作；生意清淡時，他們毫不遲疑地拋棄工人。如此，工廠門口永遠有一群失業的工人在等著找工作，即使對有工作的工人來說，低廉的薪資不足以餬口。廉價的勞力支撐了英國19世紀空前的經濟繁榮，但也引發了社會改革的浪潮（Rose, 1986）。有工作不等於脫離貧窮，工作貧窮充斥著19世紀的英國勞動市場。

然而，1834年實施的「新濟貧法」（New Poor Law）並沒有解決日益擴大的貧富差距，工人淪落為貧民的大有人在，新聞媒體不斷地報導貧民救濟的捐款呼籲，一些新的濟貧機構也陸續設立，特別是1860年代的商業危

機，倫敦的教堂、慈善機構忙碌異常。然而，私人的慈善機構也被批評浪費資源。

因此，工人憤怒了，文學家也看不下去。1838年狄更斯（Charles Dickens）出版了《孤雛淚》（*Oliver Twist*），藉由小說主人翁崔斯特（Oliver Twist）這位小男孩的遭遇來控訴1837年到1838年間習藝所收容的窮人的生活，其悲慘情況令人鼻酸（Fraser, 2009）。當英國的地主與新興中產階級正在享受工業革命成果的當下，恩格斯（Engles, 1845）已經出版了德文版的《英國工人階級的狀況》（*The Condition of the Working Class in England*），書中揭露了工業城市裡工人生活的貧困面。英國人自己也看出了這種貧富強烈的對比，一篇未署名的作品〈慈善與貧民〉（Charity and Pauperism）刊登於1869年出刊的《週末評論》（*The Saturday Review*），道出了社會中不快樂的一面（Woodroofe, 1962: 7）。

工業化社會的英國，工人階級深知自助與互助的重要性。否則在放任自由主義思想主導的維多利亞盛世，很難提升自己的地位與生活品質。例如：週日學校（Sunday School）的辦理，工人將子弟送到週日學校就學。工會也辦理成人教育，例如：機械學校（Mechanics' Institutes）、實用知識擴散會社（the Society for Diffusion of Useful Knowledge）、男性勞工工會（the Working Men's Union）等組織均扮演鼓勵勞工進修的團體。這些工人的自助與互助其實是符合當時主導社會的資產階級價值（Bourgeois value）。工人的自助與互助大大降低了中產階級對工人的恐懼。因為在當時的托利黨人的眼中，工人形象是「衝動、不知反省、暴力的」，「充斥著貪婪、無知、酗酒、恐嚇的罪惡。」由於許多成人教育來自中產階級的贊助，而使工人與中產階級間的距離逐漸縮小；也由於工人的自我教育，使中產階級相信這是有利於讓工人擁有政治與社會權利（Fraser, 2009）。

1864-1867年，由「提升工人階級物質生活水準全國聯盟」（Univeral League for the Material Elevation of the Industrious Classess）所發動的改革，簡稱改革聯盟（Reform League）。1865年的英國國會選舉，支持改革的自由黨派議員同情工人的處境，決定讓工人有機會進入英國議會，鼓舞了改革

聯盟的聲勢。1866年3月，自由黨的葛拉史東首相（William E. Gladstone）提出改革法案（Reform Bill），被譏笑爲想太多了。三個月後，羅素－葛拉史東政府（Russell-Gladstone）提出修正案，仍被議會擱置。

改革法案的失敗，帶給改革聯盟很大的挫敗。1866年6月29日發動倫敦特拉法廣場（Trafalgar Square）遊行。7月2日再發動第二波遊行。7月23日，第三波遊行群眾抵達海德公園（Hyde Park）遊行，被托利黨（the Tory）[2]政府宣布爲違法，遭警方舉牌禁止。改革聯盟不爲所動，從改革聯盟總部愛德斐高地8號（8 Adelphi Terrace）出發，三路挺進海德公園，主遊行隊伍在公園門口被1,600名警察阻擋，在與警察談判無效後，群眾推擠進入海德公園，是爲海德公園圍欄事件（Hyde Park Railings Affairs）。其他兩路也分頭衝入公園。估計遊行人數加上圍觀的群眾，總計超過20萬人。之後，全國各地紛紛響應。

在與托利黨政府談判無進展之下，1867年5月6日改革聯盟第四度發動海德公園示威，政府依然宣布該群眾集會爲違法行爲。然而，20萬人聚集於海德公園，分搭10個演講臺演說。保守黨政府終於讓步，海德公園的搭臺自由演說於是不再被宣告爲非法。1866年到1867年的暴動，英國政府明白單靠警察力量來控制失業工人與犯罪已開始被懷疑。終於，1867年的改革法案（Reform Act）通過，同意讓男性勞工擁有投票權，史稱英國的公民戰爭（civil war）。

肆 慈善組織會社的興起（1869年——）

城市慈善（urban charity）的興起始於工業革命後的西方社會。如何穩定工業、窮人、血汗工人、擁擠與衛生條件不良的階級，成爲中產階級關心

---

[2] 英國保守與統一黨（Conservative and Unionist Party）的前身。成形於1671-1681年的約克公爵（後來的英皇James II）皇位繼承爭議，與輝格黨（the Whig）對立。1830年代正式改爲保守黨。

的議題。而富有區域仍然繼續將貧民趕到貧苦地區，貧苦地區卻沒有能力去處理住宅的問題。這也就是慈善組織會社（Charity Organization Society, COS）於1869年成立於倫敦以協調城市慈善組織的背景（Bailey & Brake, 1975: 5）。

維多利亞慈善（Victorian philanthropy）起因於對不同的關切對象的慈善，舉凡走失的貓狗、遊童、墮落的婦女、醉漢等。1861年估計倫敦一地就有640個慈善機構。其中一半組成於19世紀初，144個成立於1850-1860年代。每年捐募基金超過250萬英鎊，金額遠勝於「新濟貧法的基金」。這些慈善組織分別由不同的教會支持，包括英國國教、非國教派、羅馬天主教等。歐洲、美國的慈善起源與宗教的關係至為密切（Fraser, 2009）。

新的服務方式也興起，其中作為所謂貧富一國兩制（the Two Nations）間的橋梁，透過個人接觸來縮短其間的鴻溝者，首推於1843年由英國國教派所推出的「都會訪問與救濟協會」（the Metropolitan Visiting and Relief Association）。此外，不同的慈善組織提供不同的服務，包括慈善學校、醫院、施捨、貧民救濟院、孤兒院、感化院、娼妓感化所等（Fraser, 2009）。

早期英國慈善組織會社是採取查墨斯（Thomas Chalmers, 1814）的鄰里協助原則。他認為慈善救濟的目的是在於「從同化一個城鎮到一個國家教區」。他發現有四種自然資源可以協助窮人：一是需求者本身的習性與經濟力；二是親戚；三是鄰里；四是富人（指教區內的仕紳與佃農）。而透過鄰里教區的協助，可以使人人相識而分享個人責任，如此並可遏阻受助者「貧窮化」（pauperization）。

以查墨斯在英國格拉斯哥（Glasgow）所進行的濟貧工作為例，他強調四個濟貧的工作原則：(1)仔細調查每一個案的致貧原因與自我維持能力；(2)不能自我維持的，其親戚、朋友、鄰里被鼓勵支持孤兒、老人、病人與殘障的救濟工作；(3)家庭不能自我支持者，才由地方上有錢的市民負起責任；(4)如果仍然不足以維持，才由教區負起責任，請求公眾協助（Woodroofe, 1962: 45-47）。

　　爲了克服資源浪費的現象，索里牧師（Reverend H. Solly）建議在倫敦設立一個公私慈善機構的協調委員會來整合救濟資源。於是1869年，「慈善組織會社」（COS）成立於倫敦，成爲往後類似機構的範本（Woodroofe, 1962: 21）。這個組織接受上述查墨斯的理論，認爲貧窮是個人的責任，應該透過調查來了解貧民的問題。同時，爲了避免職業乞丐，應禁止貧民接受不同機構的救助。慈善組織會社反對擴大公共救助，反對增加政府濟貧支出。

　　倫敦慈善組織會社的主要成員包括：博山葵（Bernard Bosanquet）、丹尼生（Edward Denison）、希爾（Octavis Hill），以及被英國人認爲是個案工作先驅的洛可（C. S. Loch），基本上都是主張以慈善作爲社會再生器（social regenerator）。1870年擔任首任祕書長的博山葵，就曾經與洛可帶頭反對老年年金、兒童免費午餐兩項社會立法，理由很簡單，就是怕人們喪失對自己生活維持的責任（Dominelli, 2010: 36），這與1910年代美國的芮奇孟女士反對寡婦年金類似。接著，從1875年到1913年長期主導倫敦慈善組織會社發展的洛可，也說：「我們要以慈善來創造人們的自助。」（Fraser, 2009: 153）洛可其實是在創造一種「慈善的教會」（a Church of Charity）。無怪乎也曾加入慈善組織會社的碧翠絲・韋布（Beatrice Webb）說這是「人道的宗教」（the religion of humanity）（Woodroofe, 1962: 31）。她又說：當時的慈善組織會社是夾雜著個人的罪惡感創造出來的「罪惡感的階級意識」（class consciousness of sin）（Woodroofe, 1962: 22）。

　　洛可給慈善組織會社五個原則：

1. 慈善工作之所以成功在於個人因此而自我依賴（self-dependence）。
2. 所有手段都在施壓或帶動個人自我幫助或迫使其自我依賴，因此，使救助對象有匱乏的恐懼、有羞恥感、被親戚所影響、有被剝奪權利的威脅等都是可用的武器。
3. 家庭要被當成是一個整體，否則這個最強的社會連結會被弱化。家庭有照顧兒童、老人、病人、有問題的人的責任，要盡可能地承擔。
4. 完整知識的必要，包括個人尋求救濟的環境與幫助他們的手段。

5. 救濟如治療般要有效果，應辨識申請者的自助條件，必須在給與的質量上均適足（Woodroofe, 1962: 33）。

　　慈善組織會社基本上是推銷中上階級的自助的個人主義倫理（self-help individualist ethic），對後世社會工作來說，具有雙重性，一方面成為專業的先驅，另一方面卻是意識形態的反動。他們相信貧窮是因為不夠努力造成的，只要透過各種形式的鼓勵，情況必然可以改善。因而被批評為反國家提供與自我依賴的慈善原則的始作俑者（Timms, 1983: 69）。

　　從維多利亞時期的英國慈善傳統可以發現，女性扮演重要的角色，當時的友善訪問者大多是出身名門、貴族、殷商的「慷慨女士」（Lady Bountiful）。由於「慷慨女士」在協助都市中貧苦的勞工與移民時，帶有強烈的中產階級或是資產階級意識，特別是慈善組織會社的傳統。因此，從社會主義的觀點來看，慈善組織會社的產生是中產階級以節儉與自助來教化窮人，以及控制與管理公共與私人慈善，藉此施惠值得幫助的窮人與控制不值得幫助的窮人的一種手段（Bailey & Brake, 1975: 5）。

伍　社區睦鄰運動的擴散（1883年——）

　　1867年，曾經加入慈善組織會社的基督教社會主義者丹尼生（Edward Denison）加入倫敦東區成為移居住民（settler），放棄自己舒適的生活，進入東倫敦的貧民區，教導貧民讀《聖經》、歷史與經濟。二年後，他引來包括魯斯金（John Ruskin）在內的幾個有志一同者，發起另一種幫助貧民的方法，稱為大學睦鄰（University Settlement）。

　　這種與貧民一起生活學習的經驗，表現得最淋漓盡致的是巴涅特教士（Canon Samuel Augustus Barnett）。他曾在牛津大學修神學，於1873年接掌東倫敦的聖裘蒂教堂（St. Jude's Church）。巴涅特受到其未婚妻羅蘭（Henrietta Rowland）的鼓舞，結婚之後，羅蘭成為巴涅特的得力助手。巴涅特的教區充斥著失業、疾病的工人，住宅破舊擁擠。他前往牛津與劍橋

招募人力前來協助，其中最出名的就是湯恩比（Arnold Toynbee）。這位牛津的畢業生，獻身貧民窟工作，死於1883年。為了紀念他，這群貧民區工作者遂建立了一個大學睦鄰會館名為「湯恩比館」（Toynbee Hall）。湯恩比與巴涅特教士關心的是社會和諧，而非如1848年馬克斯（Karl Marx）共產主義宣言所宣稱的經濟平等。他們接受的是一種務實的社會主義（practicable Socialism），不必經過革命、所得分配、增稅與組黨，就能改善工人的生活。湯恩比相信經由睦鄰的信念可以將那些貪得無厭的財閥（Robber Barons）改變成為羅賓漢（Robin Hoods）（Woodroofe, 1962: 69）。

湯恩比館的主要目的有三：(1)貧民的教育與文化發展；(2)提供居民、學生有關貧民生活的資訊；(3)覺醒社會大眾有關社會與健康問題，並為社會改革與社會立法而辯護。在湯恩比館服務過的人，深受其影響，例如：英國福利國家的創建者之一貝佛里奇（William Beveridge）、戰後英國工黨執政時期的首相艾德禮（Clement Attle）等。

曾經在湯恩比館工作過的貝佛里奇自豪地說：這地方是一個「人性的學士後教育場所」。他寫給母親的信中還提到：「這不只是一個教育中心、傳道中心、社會投入的中心，而且還是個俱樂部，住在這裡的人們以鄰里關係實踐公民責任。」（Woodroofe, 1962: 68）

維多利亞晚期的英國，於1873年遭逢不景氣，失業工人更多，光靠「新濟貧法」微薄的救濟顯然無以維生。一些著名的貧民生活調查紛紛出籠，1881年喬治（Henry George）的《進步與貧窮》（*Progress and Poverty*）、1883年勉思（Andrew Mearns）出版《被逐出倫敦的哀號》（*The Bitter Cry of Outcast London*）、1889年辛史（G. R. Sims）出版《貧民生活與可怕的倫敦》（*How the Poor Live and Horrible London*）、1890年布史（William Booth）出版《在最黑暗的倫敦與迷途》（*In Darkest England and the Way Out*）、1892年布斯（Charles Booth）出版了17卷的《倫敦人民的生活與勞動》（*The Life and Labour of the People in London*）。這些作品道盡倫敦勞工生活的悲慘，是工業化下對貧窮的反思（Fraser, 2009; Rose, 1986）。

　　1867年馬克斯（Karl Marx）的德文版《資本論》（*Das Kapital*）出版，深深地影響到社會主義與共產主義的發展，他預言資本主義必然解體。馬克斯的觀察大部分來自英國工業革命後的社會困境。然而，馬克斯主義在英國並未獲得普遍的支持，反而是1884年成立的費邊社（Fabian Society）影響英國20世紀的社會政策較深遠（Marsh, 1980）。

　　費邊社由一群信奉改革的社會主義者組成，他們不同意馬克斯的無產階級革命，而主張漸進的社會改革。費邊社的創社成員中有出名的社會改革者，如蕭伯納（George Bernard Shaw）、韋布夫婦（Sidney and Beatrice Webb）等。費邊社的組成影響了1900年英國工黨的成立（Marsh, 1980）。20世紀初，英國工黨對社會政策的影響不及先前成立的自由黨，但在自由黨於1920年代沒落後，工黨遂取而代之。費邊社的影響力直到今天仍未消失，尤其是其所創設的倫敦政經學院（LSE）成為往後英國社會政策的搖籃，包括影響英國社會政策發展的學者馬歇爾（T. H. Marshall）、貝佛里奇（W. Beveridge）、提默思（R. Titmuss）、紀登斯（A. Giddens）都出自該學院。

　　1905年到1909年間，「濟貧法皇家委員會」對1834年的新濟貧法的檢討，主要由慈善組織會社成員代表的「多數報告」主張應由慈善志工繼續扮演濟貧的主要角色。反之，由費邊社代表韋布（Sidney Webb）所操刀的「少數報告」（the Minority Report），深信英國社會需要一套普及的社會服務。這本「少數報告」被後人尊稱為英國福利國家的大憲章（Magna Carta）（Fraser, 2009; Barker, 1999）。

　　大致上，慈善組織會社與湯恩比館的慈善作法有以下差別（表3-1）：

表3-1　慈善組織會社與湯恩比館的比較

慈善組織會社	湯恩比館
1. 成立於1869年。 2. 假定社會功能是常態的，窮人因家庭功能失敗而應被改善（個人歸因、家庭歸因）。 3. 濟貧原則為「教他捕魚，不要給他魚吃」。 4. 將貧民分為值得幫助的與不值得幫助的兩類。 5. 派友善訪問者去訪問貧民，區分誰是值得幫助的貧民，為了怕貧窮化（pauperization）而嚴格限制資格。 6. 採取鎮壓方式，避免舞弊，教導貧民節儉、自助。 7. 由上流社會主導，優越的慷慨女士的態度充斥濟貧過程中。	1. 設立於1884年。 2. 假定移民家庭本來是健全的，而因社會造成不適應，應改革社會來支持個人（社會歸因）。 3. 主張居民是互賴的，不同階級、種族間應相互了解。 4. 提供休閒、教育、社區了解、社會行政、社會立法、政治變遷等服務。 5. 由中產階級、知識分子、社會改革者主導。

　　在前專業時期的社會慈善就因意識形態的差異，引發了慈善組織會社與睦鄰運動兩股勢力的對抗。雙方的立場鮮明，一直延續到1930年代的精神醫學主流與基變社會工作的分野。

　　而早在1893年，英國的住宅改革者希爾（Octavia Hill）就已發現訓練有素的工作者對收租工作是重要的。1895年，位於韶瓦克（Southwark）的婦女大學睦鄰中心（the Women's University Settlement）的領導者希維爾（Margaret Sewell）也開辦志工訓練課程。這兩者刺激了倫敦慈善組織會社於1896年開辦友善訪問者（friendly visitors）與個案工作者（caseworker）的訓練班。但是，英國的慈善工作卻沒有藉此轉型為社會工作。雖然，1903年倫敦慈善組織會社也設立了社會學學院（the School of Sociology）招收了16名學生，但因經費缺乏，曇花一現於1912年就併入倫敦經濟學院的社會科學與行政系了（Woodroofe, 1962: 52-54）。這使得英國最老牌的社會工作教育家楊哈斯本（Eileen Younghusband）感嘆道：「我們的社會學學院沒了，因此，生不出芮奇孟（Mary Richmond）、漢彌爾頓（Gordon Hamilton）、陶爾（Charlott Towle）之輩的社會工作專家，也出版不了標準課本，以及社會工作的文獻。」（Younghusband, 1964）。

　　早年的英國慈善工作沒有轉型為社會工作專業，主因於費邊社會主義的論述、自由主義政黨的社會改革，以及勞工黨的成立，建立了英國福利國家的基礎，透過社會福利制度解決失業、貧窮的問題。反之，缺乏社會主義論述的支撐，也沒有勞工政黨的推波助瀾，更沒有強有力的國家自主性（state autonomy）來回應社會團體、階級或結社的利益需求（Skocpol & Orloff, 1984）的美國，只能繼續靠自願的私人慈善來管理工業化經濟下的城市化的後果，這被認為是美國社會工作直接實務（direct practice）的源頭（Wenocur & Reisch, 1989; Reisch, 1998: 161）。

第二節 美國社會工作專業的萌芽

壹 從公共救濟回到院內救濟（1620-1870年）

　　1606年，由一群英國商人組成的新世界（New World）淘金事業——維吉尼亞公司（Virginia Company），於隔年成功地建立了第一個永久性英國移民據點——詹姆斯鎮（Jamestown）之後。1620年9月16日，102名包括清教徒在內的移民搭乘名曰「五月花號」（Mayflower）的木製帆船，從英格蘭的普利茅斯（Plymouth）準備前往美洲新大陸的維吉尼亞移民。因天氣惡劣，航道偏移，航行66天之後，於11月11日在鱈角（Cape Cod）附近靠岸，到達現今麻薩諸塞（Massachusetts）的普利茅斯殖民地。66天的航程有一人死去，但誕生了一名嬰孩，所以仍然維持102名抵達目的地。船上新移民中的41名成年男子簽署了《五月花號公約》（Mayflower Compact）。這份公約成為美國日後無數自治公約中的首例，它的簽約方式與內容代表著人民可以由自己的意思來決定自治管理的方式、不再由凌駕於人民之上的強權來決定管理。就此開創了一個自我管理的社會結構，這在王權與神權統治的時代，蘊含了許多現代民主的信念；也成為美國社區組織中自治、參與、民主

理念的重要的源頭。

隨著移民進入，各移民母國的救濟措施也跟著進來。例如：1609年，荷蘭移民建立了自己的荷蘭改革教會的貧民救濟系統。直到1664年英國成為新世界的殖民統治者為止，才依循英國伊莉莎白濟貧法的規定，由稅收來作為公共救濟的經費（Trattner, 1999: 17）。

創始於1647年英格蘭北部，再向外擴張的貴格教徒（the Quakers）可能是當時在美洲新世界投入最多時間、心力與金錢在貧民救濟的教派。其他教會也先後投入濟貧的活動，例如：1657年，居住於波士頓的蘇格蘭人組成蘇格蘭人慈善會社（the Scots Charitable Society）。1754年，波士頓的英國國教派（Anglicans）也組成聖公會慈善會社（the Episcopal Charitable Society）於波士頓。1767年，愛爾蘭慈善會社（the Charitable Irish Society）也出現。不久之後，日耳曼紐約會社（the German Society of New York）也組成。法國人慈善會社（the French Benevolent Society）也不遑多讓（Trattner, 1999: 35）。可見當時殖民地的私人社會慈善不是起於宗教信仰，就是因於族群互助。

當1775年4月殖民地的獨立戰爭爆發，1776年6月7日，在費城的大陸會議集會中，維吉尼亞的理查‧亨利‧李（Richard Henry Lee）提議，宣稱：「這些殖民地是自由和獨立的國家，並且按其權利必須是自由和獨立的國家。」6月10日，大陸會議指定一個委員會草擬獨立宣言（United States Declaration of Independence）。實際的起草工作由湯瑪斯‧傑佛遜（Thomas Jefferson）負責。7月4日，獨立宣言獲得通過，並分送13州的議會簽署批准。經歷了8年的戰爭，英國終於在1783年訂定的巴黎條約中承認了美國的獨立。獨立宣言強調平等、自由與幸福是人的基本權利，促成美國各州政府開始建立新的濟貧行政。例如：紐約州建立一個州政府的監督濟貧委員會（the Committee on Superintended of the Poor）。

雖然，美國憲法序言的52個字中提及「促進一般福利」（promote the general welfare）四個字，意指國會有為此目的選擇執行稅收與經費的權利。然而，美國的聯邦政治制度與缺乏授予聯邦政府針對有需求的人民的特

定責任，使得美國不像英國、德國，以及諸多歐洲國家一樣，有針對社會福利的中央立法。雖然，這留給各州彈性的執行空間。但是，卻也帶來美國社會福利發展的混淆、不確定、無效率與緩慢（Trattner, 1999: 41）。

　　美國獨立後，英國史賓漢蘭制度實施的院外救濟（outdoor aid）也傳入美國。然而，隨著人口大量移入，例如：在1800-1860年間，至少有600萬移民進入美國。主要是貧窮的日耳曼與愛爾蘭的天主教徒，這些新移民成為新的貧窮化的來源。更糟糕的是，這些新移民的飲酒習慣與差異的生活習慣，生活品質又相對低下，居住環境不佳、營養不良，又不同於新教徒的中產階級文化，讓新教徒主導的多數城市警覺到必須努力維持都市秩序，以免社會混亂。於是，公共救濟被認為只會使這樣的問題加劇。1821年，波士頓市長昆西（Josiah Quincy）擔任州的公共救濟調查委員，在其調查報告中寫道：「（公共院外救濟）是最浪費、最昂貴、最傷害道德與瓦解他們勤勉習性的。」（Trattner, 1999: 56）

　　而其中影響最深遠的是1824年的紐約州務卿葉慈（J. V. N. Yates）擔綱的《葉慈報告》（*Yates Report*）。這篇報告影響美國社會福利史至鉅。該報告指出該州有四種主要的公共救助：機構救濟（institutional relief）、家庭救濟（home relief）、委外救濟（contract relief）、拍賣救濟（auction relief）。報告也指出：「窮人經由簽約或拍賣到農場安置（farmed out），經常被殘暴對待，極不人道。」「教育與兒童的道德嚴重被忽略。」「這些兒童成長在汙穢、怠惰、疾病之下，已然成為及早進入監獄或墳墓的候選人。」「有工作能力的窮人很少被僱用；家庭救濟鼓勵怠惰、敗德、遊手好閒、疾病與犯罪。」葉慈主張停止家庭救濟（院外救濟），建立機構才是解決之道，特別是針對年輕的依賴者。對葉慈來說，兒童進入公共機構是「健康與道德的。」「他們將接受到教育以使其成為未來有用之人。」最後，葉慈建議18到50歲的健康之人不得接受公共救助，老人、年少者、殘障者進入公共機構救濟。其行政由縣主管，而非由鄉鎮來管（Trattner, 1999: 57-58）。

　　據此，1824年，紐約州通過縣濟貧院法案（County Poorhouse Act），

設置濟貧監督官，各州群起仿效。即使，院內救濟不是當時唯一的救濟方法，至少也是最主要的一種。例如：1824年，麻薩諸塞州有83個濟貧院，到了1860年就增加到219個。

然而，如同英國的「新濟貧法」時代一樣，院內救濟出現極大的弊端。首先，美國社會經濟環境已改變。工業資本主義帶動移民往城市遷移，貧民已不是早年的鄰居，而是低層階級（lower classes），要維持地方主導的貧民救濟院有相當困難。地方濟貧院的負擔越來越沉重，必須仰賴州政府協助。因此，州政府也大量興建大型機構以為因應。

其次，縣立機構缺乏照顧配套，以致老人、年輕的、病人、瘋子、癲癇的、精神耗弱的、盲人、酗酒的、少年犯罪者、重罪犯人、男的、女的、健康的混居一堂，裸露、怠惰、飢餓、敗德、虐待情事經常發生。用現代語言來形容這是「活墳墓」，或是「社會墳場」。1850年代，紐約州立法委員會調查發現該州鄉村濟貧院結論道：「一般人對待家畜的方式比這些機構對待窮人的方式要來得人性許多。」（Trattner, 1999: 60）當然，並不是所有機構安置都是如此不人道。有些機構的確也提供了如當年葉慈報告所倡議的「健康與道德」的照顧。

不過，如同在英國一樣，人道主義者、新聞記者、文學家也開始抨擊這些機構安置醜陋的一面。據此，促成了機構的改革。其中，將不同需求的人給予特殊的處置的趨勢應運而生，例如：1824年少年犯罪感化院出現於紐約市，1847年麻省也跟進，2年後紐約州也設置。再5年，俄亥俄州也成立。1773年維吉尼亞州就已興建精神病院了。1819年康乃狄克州設立私立聾啞之家，1822年俄亥俄州也興建聾啞之家，1826年肯塔基州設立州立的聾啞之家。俄亥俄州於1837年再建盲人之家。顯見，社會改革者的時代已來臨。美國精神病院改革的社會工作先鋒狄克思（Dorothea Dix）就在這樣的歷史滾滾大河中挺身而出（林萬億、鄭如君，2014）。

貳 科學慈善的推動（1870-1915年）

工業革命後，人口集中到城市，貧民人口也增加，這種現象並非英國獨有。大量移民湧入美國，大多數從事非技術性的建築、交通運輸與製造業。蜂擁到城市的移民由於宗教、種族與文化的差別，產生了與都市居民的區隔。貧民窟遍布幾個大城市，尤其是港口。由教會與富人所設立的城市慈善組織於焉產生（Leiby, 1978: 72-73）。

英國的慈善組織會社於1877年傳入美國，創建者是水牛城（Buffalo）的聖公會牧師賈汀（Rev. Stephen Gurteen）。而在此之前，第一位由自願工作轉任有薪資的「社會服務工作者」，可能是1861年美國內戰時成立的美國衛生委員會的特別救濟部（The Special Relief Department of the United States Sanitary Commission）（Kidneigh, 1965）所聘僱的社會服務工作人員。其主要工作是協助解決內戰中士兵及其家屬的社會與健康問題。而由於戰爭的因素，女性被允許進入這項有意義的工作行列，成為社會服務的先鋒。然而，戰爭一結束，這些社會服務工作者就消聲匿跡了。

1863年，麻州慈善委員會（Massachusetts Board of Charities）在這一年成立，主要是協助該州的救濟院、醫院與其他社會機構提供建議與調查工作。在其主席賀（Samuel Howe）與有支薪的主任山本（Frank Sanborn）的領導下，廣受各機構的歡迎。此後，1870年代，其他州也紛紛成立類似的機構。而這些委員會的工作者並不是方案管理者，而是處理行政與貧窮調查的工作。以麻州慈善委員會的調查報告為例，他們認為貧窮的起因不外乎：(1)生理殘缺；(2)道德敗壞；(3)心智不足；(4)意外事件與虛弱。而有支薪的員工就是專門來區分這些致貧原因（Pumphrey, 1971）。

基於對貧窮化的恐懼，加上受美國內戰之後流行的史賓塞（Herbert Spencer）[3] 的社會理論與達爾文理論（Darwinian Theory）的影響，慈善組

---

[3] 史賓塞（Herbert Spencer，1820-1903年）是英國的哲學家、生物學家與社會學家。他發展一套關於物理世界、生物組織、人類心智、人類文化與社會等無所不包的進化論，其最出名的一句話是：最適者生存（Survival of the fittest），與達爾文主義的物競天擇（Natural selection）相互輝映。但是，到1900年以後，漸被遺忘。

織會社運動逐步有「科學的慈善」（scientific charity）的美名。將貧民區分為值得協助與不值得協助兩類，為了有效地輸送慈善，科學的方法被引入以管理城市慈善事業。然而，協助的對象是個人，而非個人所處的環境；貧窮的歸因也是個人的偏差與敗德，而非社會因素造成（Leiby, 1978; Axinn & Levin, 1982）。科學的慈善的內涵主要有二：一是有效地組織社區中的慈善資源；二是採行企業界所流行的功能特殊化、集中協調與行政的技術（Lubove, 1965: 6）。慈善組織會社將調查與行政責任交給有支薪的員工，而治療貧民的責任則仍歸友善訪問者（friendly visitor）。

如同稍早以前英國的工業化一般，美國在南北戰爭到第一次世界大戰期間，來自鄉村與國外的移民大量湧入城市，到了1910年代，全美國的八個主要大城，其居民有三分之一來自外國。社會工作就成為都市中產階級為了追求秩序（search for order）的工具。這種被創造出來作為扶養城市下層階級的工具，是為解決社會問題（social question）而存在，早年被設計來強化工作倫理，和立基於慈善家與受益人間的個人關係的老式慈善，顯然無法解決當時的新貧（new poor）問題，因為這些新貧主要是環境條件、心理不安或種族、文化差異所造成（Lubove, 1965; Wenocur & Reisch, 1989; Reisch, 1998: 163）。然而，早年美國的社會工作仍深受英國慈善模型的4Ps：庇護（patronage）、虔敬（piety）、濟貧法（poor law），以及私人慈善（private philanthropies）所影響（Specht & Courtney, 1994）。科學的慈善領導者反對不分青紅皂白的人性與貧窮的通則化理論，同時堅持小心檢視申請者的背景資料。他們反對情緒性的慈善愛心，贊成像醫生一樣地來診斷病人，然後開處方。社會治療的觀察與分類於焉形成（Lubove, 1965: 10）。

科學的慈善並無明顯異於自願性慈善事業，因為友善訪問者是不支薪的；而且，他們與受訪者的關係是友善的與鄰里關係，而非專業的工作關係。慈善組織會社的理想並不在於進行社會改革，而是在重建小鎮的社會互動模式，由初級團體來擔任強而有力的社會控制機制。由慈善組織會社來進行人工化城市衰敗後的自然關係重建。然而，自願的友善訪問者卻無能，也

無意去調和富人與窮人的鄰里關係。他們聲稱富人與窮人的關係是友善的。但是，他們從不質疑自身作為家庭訪問者的優越性。慈善組織會社的發言人從不敢說友善訪問者是用來消弭階級差距的。因此，可以相信，慈善組織反映了美國白人資產階級對貧民與種族的恐懼，而較不是期待與這些群體合作和公平地結合他們（Lubove, 1965: 14-16）。

　　諷刺的是，一向反對救濟機構「官僚化」與主張自願服務獲得準宗教認可的慈善組織會社，卻因行政協調與資源管理之必要，而成為福利科層體制與專業化的建造者（Lubove, 1965: 18）。到了1890年第17屆全美慈善與矯正研討會（National Conference of Charities and Corrections）上，樓威爾（Josephine S. Lowell）仍聲稱公立救濟應該只提供給極端不幸的人，例如：嚴重的饑荒難民。私部門的慈善組織仍然反對貧民救濟的國家化（Axinn & Levin, 1982: 100）。然而，由於科學的慈善著重於有效管理社區慈善資源，和協調私立機構的工作，也使其努力於發現有效的原則來管理個別的機構，例如：訓練與運用有支薪的職員、督導自願工作者，以及執行人員的職責分工。這種對機構行政與社區協調的努力，促成了後來專業與自願服務的發展（Lubove, 1965: 19）。

　　1883年，芝加哥的道絲（Anna Dawes）可能是第一位公開呼籲專業訓練的必要性的人。她指出，越來越多慈善組織成立，越來越不容易找到合適的人來擔任工作，只憑那些職員根本無法有效執行服務工作（Brown, 1936）。同年，美國水牛城的慈善組織會社的羅生惱（Nathaniel S. Rosenau）也質疑那些「老朽的牧師」（superannuated clergyman）、「不成功的商人」（unsuccessful merchant），或「政治的寵臣」（political favorite）成為一位慈善組織會社或機構主管的適任性。他認為有必要找一些經過特殊訓練，以此工作為職志，以及願獻身於此的人來負責此項工作。這個呼籲對於區分專業的服務標準與未經訓練的行外團體成員間的關係深具意義。1898年，紐約慈善組織會社終於開創了正式的社會工作教育課程於暑期慈善學院（Summer School of Philanthropy）（Lubove, 1965: 19）。

　　社會工作訓練逐漸地區分「行外人」與「專業社會工作者」的差別。雖

然，慈善組織會社的道德治療與粗糙的分類並不合於專業的標準。但是，承襲自英國友善訪問者對於每個個案的調查與處理的紀錄，不只是引導訪問者的工作方向，而且也成為往後研究貧窮起因與個人和家庭去道德化的根據。

　　社會個案工作科學化的主要推手非瑪麗・芮奇孟（Mary Richmond）莫屬。她於1861年生於伊利諾州的貝勒維爾（Belleville, Illinois），父母早死，3歲移居巴爾迪摩（Baltimore）與祖母及姑姑同住。祖母是一位積極的女性投票權倡議分子。因此，年輕的芮奇孟就已感染在投票權、政治、社會信念與靈性的討論氛圍裡，養成其幫助弱勢者的態度與批判式思考的技巧。16歲從巴爾迪摩東區女子學校畢業後，到紐約投靠其另一位姑姑，並在出版社工作。1880年因瘧疾返巴爾的摩修養，之後任職一家文具行的簿記，她喜歡文學與戲劇。1888年，換到一家家庭旅館當助手。1889年是她生涯的轉捩點，她進入巴爾迪摩的慈善組織會社（1881年成立）擔任臨時雇員。1891年，因為她的年輕、性別與不顯赫的學養，使她升任執行祕書。1897年，芮奇孟在全美慈善與矯正會議上，也呼籲創設應用慈善訓練的學校，她說這樣才能將知識體系分享給越來越多想進入這一行的年輕人（Shoemaker, 1998）。

　　1900年，芮奇孟轉任較大的費城慈善組織會社（Philadelphia Society for Organizing Charity），翌年，升任執行祕書。她開始改造這個會社，引進新的個案記錄格式，重組兩個分區辦公室，建立訓練計畫，設立行旅宿舍（Wayfarers' Lodge），以及引進一套新的募款信函。此外，她也開始攻擊市政府的腐敗，並刺激賓州通過諸多改革法案。她更組成賓州社會工作會議（Pennsylvania State Conference of Social Work）和賓州社會工作者俱樂部（Philadelphia Social Workers' Club）。復以其機構設施來協助訓練日間托育（day nurseries）、兒童之家與費城醫院精神疾病部門的調查員。這些工作使她質疑社會行動與個案工作的二分法是否有必要，因此主張所謂的「零售法的改革（retail method of reform）是兩者都必要的。」她堅持「除非從個別案例的良質土壤中萌芽，否則果實不會完好。」（Woodroofe, 1962: 103）這提醒後世的社會工作者必須有深厚的個案工作訓練，才足以成為好

的社會行動者。

　　1909年，紐約羅素聖人基金會（Russell Sage Foundation）邀請她擔任慈善組織部門的主任，負責研究、教導與出版慈善組織相關的工作。為了達成任務，她不得不對寡婦家庭與其子女進行詳實的研究，且在紐約慈善學校擔任教職。1913年，寡婦年金的爭議，她站在反對的一方，其理由是：寡婦年金與救助混淆、未深入討論不宜草率推出、對寡婦的個人服務遠重於物質提供。因此而被包括亞當斯（Jane Addams）在內的進步主義者批判為保守。從1910到1922年，她每年有4週時間與個案工作者一起討論，這個工作使她對個案工作的過程、技術、治療有更清晰的範定。1917年出版的《社會診斷》（*Social Diagnosis*）一書正是此時的作品（Woodroofe, 1962: 104）。《社會診斷》是寫給幫助個人的社會工作者看的，超過500頁，包括她從費城慈善組織社以來的工作紀錄心得。在書中，她指出觀察、討論、研究是社會個案工作的方法與目標，而不只是處理貧窮家庭的慈善組織會社工作（Lubove, 1965: 20; Agnew, 2004）。1922年再出版《何謂社會個案工作》（*What is Social Case Work: an introductory description*），奠定了社會個案工作的方法基礎。此外，她也關注家庭服務，於1917年出版《家庭服務手冊》。1925年也因關心未成年結婚，而出版《兒童結婚》。這位幼年失親的社會工作前輩，不像早年英國慈善組織會社的參與者大多是上流社會的慷慨女士，她是從基層做起，一步一步往上爬，一生奉獻社會個案工作近40年。1921年史密斯學院頒贈榮譽學位給她。1928年死於癌症，享年68歲。芮奇孟女士被認為是當代社會個案工作的創始者（林萬億、鄭如君，2014）。

參　社區睦鄰運動傳入（1887-1915年）

　　睦鄰之家運動也於1887年傳入美國，由柯伊特（Stanton Coit）與史脫佛（Charles B. Stover）成立了紐約睦鄰協會（Neighborhood Guild of New York）。於是，睦鄰之家運動成為協助新移民適應美國生活的一個最重要

的社會服務機構。其中影響後世社會工作最大的莫過於由珍‧亞當斯（Jane Addams）女士設立於芝加哥的胡爾館（Hull House）。

亞當斯出生於1860年的伊利諾州北方的鄉下杉林鎭（Cedarville），是家中五個兄弟姊妹的老么。父母是貴格（Quaker）教派信徒，從賓州移民來此，父親約翰‧亞當斯（John Addams）是一位受人尊重的州參議員，早年經營磨坊與銀行，因反對奴隸制度而與林肯（Abraham Lincoln）友好。亞當斯2歲喪母，1868年父親再娶，繼母是育有2子的寡婦。亞當斯長大想進入史密斯學院（Smith College），但父親希望她就近求學就好，於是進入神學院，興趣是寫作。4年後想學醫與幫助窮人，遂於1881年父親過世那年進入費城女子醫學院就讀。一學期後因背痛而輟學，以父親遺產5萬美元過著不虞匱乏的生活，遂規劃旅遊各地以追尋自我，6年內到過歐洲兩次。亞當斯如同英國的慷慨女士們皆屬優越女性舒適生活的典型（Lundblad, 1995）。

年輕的亞當斯曾面對自我、性、社會的衝突。繼兄要娶她爲妻，被她婉拒。1883年倫敦之旅，讓她看到週末夜的拍賣會，食物亂丟棄，遊民卻搶食垃圾桶的食物，她厭惡這種場景。1887年冬參訪湯恩比館之後，1889年與友人史達爾女士（Ellen G. Starr）租下芝加哥西邊的查爾斯‧胡爾（Charles Hull）舊宅爲社區睦鄰中心，取名胡爾館[4]。此後就投身與貧民一起生活。1890年遇到史密絲（Mary R. Smith）女士，邀其贊助胡爾館，並成爲終身朋友，相互照顧，合購小木屋於緬因州作爲度假之用，展現罕見的友愛（Lundblad, 1995）。

胡爾館仿湯恩比館的作法，關心公民與社會生活，從事教育與慈善事業，調查與促進貧民生活條件。總計1890-1910年間，美國有400家社區睦鄰中心，其中胡爾館與史卡德女士（Vida Scudder）所建立的紐約「學院睦鄰中心」（College Settlement），兩者均是此一時期重要的鄰里社會服務範例。胡爾館經常有70人居住，2,000人出入，成爲社區音樂、咖啡、會

---

[4] 胡爾館於2012年2月27日因財政困難而停止運作，胡爾館紀念博物館則繼續對外開放。

議、討論、健身、就業、餐飲、圖書、住宿的地方。亞當斯不認爲胡爾館是慈善事業，而是生活、動態的教育過程。一些重要的人物經常出入胡爾館，例如：杜威（John Deway）、泰勒（Graham Taylor）、米德（George H. Mead）、包文（Louise de Koven Bowen）、馬克道威爾（Mary McDowell）等。此外，從這裡培養出來的著名社會工作專家包括拉斯洛普（Julia Lathrop）、阿寶特姊妹（Grace Abbott and Edith Abbott）、凱莉（Florence Kelly）、布蕾金瑞琪（Sophonisba Breckinridge）、漢米爾頓（Alice Hamilton）等。拉斯洛普女士擔任胡爾館幼兒園長16年，1909年亞當斯獲邀參與白宮兒童福利會議，1912年拉斯洛普女士即獲提名擔任首任美國兒童局局長。葛瑞絲・阿寶特（Grace Abbott）是美國反童工剝削先鋒，長期擔任兒童局童工科長，於拉斯洛普退休後接任局長。凱莉女士則擔任伊利諾州勞工局局長，且致力於消費者保護，曾任美國消費者聯盟（the National Consumers' League）祕書長。布蕾金瑞琪女士是美國首位從芝加哥大學法學院畢業的女學生，並獲得政治與經濟學博士，1908-1920年擔任芝加哥公民與慈善學院院長，是建立公共福利行政與社會工作訓練碩士課程的開拓者。愛迪絲・阿寶特（Edith Abbott）則勤於社會工作學術耕耘，協助創辦芝加哥社會服務行政學院（the School of Social Service Administration），並於1924-1942年擔任院長。

　　亞當斯除了經營胡爾館之外，也涉入諸多社會改革，例如：因呼籲關切兒童貧窮問題而促成白宮兒童福利會議（1909年）與兒童局的成立（1912年）；反對童工剝削，建立伊利諾州第一個工廠檢查，通過伊利諾州工廠法（1893年）；建立第一個少年法庭（1899年）；設立第一個有組織的慈善局（the Bureau of Organized Charities）於芝加哥市以協助寡婦經濟安全；設立有色人種婦女俱樂部，倡議多元文化；成立保護移民聯盟（League for the Protection of Immigrants）；反對種族隔離；參與芝加哥鐵路罷工仲裁；反對私人慈善，倡議設立伊利諾州慈善委員會介入貧窮救濟。1910年被選爲美國慈善與矯正會議主席，是第一位女性睦鄰運動出身的主席（Lundblad, 1995）。1911年被推選爲國家睦鄰組織聯盟（the National Federation of Settlements）主席；1912年獲邀擔任進步黨總統候選人羅斯福（Teddy Roosevelt）的提名人；1911-1914年擔任美國婦女投票權協會（the National Women Suffrage Association）副主席，並介入國際婦女投票權聯盟（International Women Suffrage Alliance），反對美國介入第一次世界大戰，因而被打入不愛國分子名單。1931年與哥倫比亞大學的巴特樂（Nicholas M. Butler）共同獲頒諾貝爾和平獎，是為社會工作界第一人，在此之前她已被提名5次了（Lundblad, 1995; Alonso, 1995）。在資本主義父權的時代，一介女子能有如此成就，著實令人佩服，無怪乎美國人稱她為最偉大的女性（America's Greatest Women）（Alonso, 1995）。她也是社會女性主義者的代表（Elshtain, 2001）。

　　睦鄰之家的功能在於教育從鄉村到城市的新移民與外國移民成為好的市民，透過鄰里服務與社區發展來達到協助的效果。這種方式與慈善組織會社有顯著的差異。這正凸顯美國1890-1920年間進步主義年代（the Progressive Era），資產階級菁英渴望控制城市人口與問題，作為保證穩定，以利長期的經濟發展；而相對地，與社會改革者、組織工作者、知識分子、新興專業人士、社會服務對象希望達成經濟與政治制度的改革相衝突（Reisch, 1998）。睦鄰運動正是美國「進步主義」（progressivism）年代的亮點之一。進步主義基本上是一種改革主義，認為個人是環境的產物，尤其在高度工業化之下，人們的互賴關係增加，傳統美國個人主義（individualism）應被挑戰。進步主義者強烈地質疑19世紀末美國社會的控制與正義。幾本重要的著作深深地刻劃了該年代美國社會的反思。例如：亨利喬治（Henry George）的《進步與貧窮》（*Progress and Poverty*, 1879）、貝拉米（Edward Bellamy）的《向後看》（*Looking Backward: 2000-1887*, 1888）。前者影響到孫中山先生的節制資本政策的提出，而後者正是民生主義裡發達國家資本的思考源頭（Chang, 1979）。這種對資本主義社會貧富不均的反省，促使社會工作者採行較根本的方法來改良社會，扮演著社會改革者的角色（Brieland, Costin, & Atherton, 1985: 44）。

　　此外，當社會工作者開始成為一種職業之後，職業結社於是同時展

開。首先，於1873年組成「全國慈善會議」（the National Conference on Charities）。稍後易名爲「全國慈善與矯正會議」（the National Conference on Charities and Corrections），這個組織包容了自願工作者與有支薪的社會工作者。

第三節　社會工作邁向專業化

壹　社會工作專業教育的爭議（1898-1915年）

　　紐約慈善組織會社於1898年終於開辦了爲期6週的慈善工作暑期學校（Summer School in Philanthropic Work），由主任迪萬（Edward Devine）指派助理主任艾瑞斯（Philip Ayres）主持，是美國社會工作教育的先鋒。第一期27個學員（男性7人、女性20人）大多數來自鄰近各州的慈善工作者，最遠的來自明尼蘇達州與科羅拉多州（Shoemaker, 1998）。6週的課程包括機構參訪、社會研究、實務訓練。當時設校的目的有二：(1)示範一種科學爲基礎的慈善，俾利社會工作者訴求科學與專業的地位；(2)提供一個論壇給社會工作的領導者們，特別是來自慈善組織會社，以便招募與訓練具哲學與方法的員工（Wenocur & Reisch, 1989: 63）。講師群大多數來自慈善組織會社的資深領導者，包括芮奇孟在內。從這個學校畢業的學生大多以慈善組織會社作爲就業的出路。創校3年，有來自27州的70位畢業生，半數是具學院畢業學歷。

　　1903年，芝加哥的社會福音派牧師兼芝加哥平民睦鄰之家（the Chicago Commons Settlement House）的主任泰勒（Graham Taylor）也創設芝加哥公民與慈善學校（the Chicago of Civics and Philanthropy）。

　　1904年，在迪萬的主導下，紐約慈善學校的課程延長爲一年。同年，哈佛大學（Harvard University）與西蒙思女子學院（Simmons Female College）也合創了波士頓社會工作者學校（the Boston School for Social Workers），由長期在巴爾迪摩（Baltimore）參與慈善組織運動的布雷凱特（Jeffrey R. Brackett）主持。這應該是第一個以社會工作爲名的學校。

這三所學校請來了美國進步主義年代的學者、社會改革者、慈善工作者任教。當時的課程真是五花八門，從高深的經濟學、社會學的理論與歷史，到實務取向的社會倫理、機構管理、家庭救濟工作、兒童福利工作，以及改革取向的勞工與住宅立法，甚至房屋管線配置課程（Shoemaker, 1998）。

訓練課程的分歧雜亂，引來社會工作教育者的批判。1909年，波士頓社會工作者學校的布雷凱特就抱怨，美國民眾根本分不清楚社會工作、社會學與社會主義。其實，早期社會工作教育的問題還不只如此，最嚴重的莫過於理論知識與實務、性別分工，以及改革與保守之爭（Shoemaker, 1998）。

一、實務與理論之爭

1907年，曾任美國政治與社會科學院主席、國家童工委員會召集人的經濟與社會學教授林賽（Samuel M. Lindsay），獲聘爲紐約慈善學校的校長，似乎已預告了與大學接軌，且強化社會科學訓練課程的方向將確立。林賽將社會工作的課程帶向社會學與政策走向，並親授社會學理論與勞工立法課程；同時，讓社會工作的學生註冊成爲哥倫比亞大學社會學與經濟學的學生。這種主張得到紐約慈善組織會社主任迪萬與林賽兩人的指導教授裴騰（Simon Patten）的支持，他認爲社會工作應該聚焦於根本的社會政策議題——批發的社會福利（wholesale social welfare），而不是一個一個案件的救助——零售的社會福利（retail social welfare）（Austin, 1983）。裴騰曾於1900年首次以「社會工作者」（social workers）來描述友善訪問者，使社會工作一詞替代過去的科學慈善。

這樣的課程改革，引來實務派的反對，他們認爲社會工作訓練應以技術、技巧訓練爲主，爲學生以後成爲兒童福利工作者、救濟工作、機構員

工做準備。實務派的大將是芮奇孟與羅素聖人基金會（Russell Sage Foundation）。1905年，芮奇孟女士獲聘加入紐約慈善組織會社，擔任第一個專業期刊《慈善與平民》（*Charities and Commons*）的主編（由泰勒的睦鄰之家期刊《平民》與紐約慈善組織會社的刊物《慈善》合併而成，代表慈善組織與睦鄰之家合流爲社會工作，當代社會工作概念成形）。她利用這個刊物作爲舞臺，強調個案紀錄才是教學素材，將資深社會工作者的專業經驗傳承給資淺者。1910年，芮奇孟獲聘紐約慈善學校擔任教職，讓她擁有有力的位置影響美國的社會工作教育。她認爲大學的訓練是強調傳統學術課程，反對紐約慈善學校納入哥倫比亞大學。羅素聖人基金會更是美國社會工作教育的主要贊助者，它提供三分之一獎學金與有支薪的實習機會給紐約慈善工作學校的學生、支持教師的聘任、支付實習督導教師薪資、強化學校的研究工作、支持開設開放課程給社區大眾，以及出版社會工作書籍。例如：1911年出版《社會服務處置：個案工作者的手冊》（*Social Service Treatment: A Textbook for Caseworkers*）。這樣的主張，引爆了抗拒社會工作教育學院化的行動，羅素聖人基金會更因此而從芝加哥公民與慈善學校撤資，因爲阿寶特（Edith Abbott）也準備將這個學校併入芝加哥大學（Austin, 1983）。

1912年，紐約慈善學校董事會不同意林賽將學校併入哥倫比亞大學的主張，林賽因而去職。他警告：「沒有社會科學、沒有大學，紐約慈善學校不可能成為全國社會工作訓練的龍頭。」（Shoemaker, 1998: 186）1917年，李波特（Porter Lee）接掌紐約慈善學校。在這位曾接手芮奇孟女士擔任費城慈善組織會社主任，也曾經在1913年到過中國華北推動社會工作的個案工作專家的主導下，紐約慈善學校又回到以訓練家庭、兒童、醫療，以及後來的精神科社會工作爲主的專門學校。不過，從此以後，社會工作訓練也改爲兩年制的實務課程，第一年是一般課程，第二年爲專門課程（Austin, 1983; Shoemaker, 1998）。李波特認爲個人的痛苦來自個人與心理，而非結構的，因此主張強化個人的功能（function）重於探討問題的成因（cause）（Lee, 1937）。這明顯有別於林賽等人的主張，認爲了解社會問題必須從結構與環境下手的社會科學觀點（Shoemaker, 1998）。

二、性別之爭

社會工作是否該進入社會科學學院訓練的爭論的另一面向，出現在1916年的波士頓社會工作者學校。合作了12年的西蒙思女子學院與哈佛大學在這一年分家，原因是對社會工作專業發展的看法歧異，其中根本的問題出在性別。西蒙思派的主張認為「社會工作是女人把在自己的家庭與鄰里社會的責任與興趣，完美、自然地延展出去。」「男人不做的許多低下職位的工作，女人撿起來做。」「許多女人具有傳教士的精神，願意擔任不計較薪資的工作。」（Shoemaker, 1998）這種把社會工作女性化的趨勢，注定讓社會工作成為低薪資、低地位的工作。西蒙思派帶領社會工作走向技術、技巧為本，以及專門化的課程，這是哈佛派所不能接受的。哈佛派強調社會理論、讓社會工作有男性觀點。分家後，哈佛另聘於1905年推動麻州總醫院（Massachusetts General Hospital in Boston）設立醫院社會工作的卡伯特（Richard Cabot）接掌新成立的社會倫理學系，訓練男人成為公、私立社會福利機構的執行者（Shoemaker, 1998）。可見，社會工作的性別化與是否接受學院的理論體系訓練根本是一體兩面的紛爭。而這樣的紛爭也延伸到社會工作的存在目的到底是個案服務，還是社會改革。

三、改革與保守之爭

芝加哥的公民與慈善學校於1907年聘用了出身芝加哥大學，又常出入胡爾館的布蕾金瑞琪與愛迪絲·阿寶特兩位博士擔任研究工作。阿寶特認為社會工作應該服膺進步主義年代的改革與國家建構（state building）的工作。她對美國當時的社會工作訓練過度重視個案工作頗不以為然，說道：「學生經常變成一個例行的技術員。」「雖是一個靈巧的技術人員，但終究還只是個技術人員。」（Shoemaker, 1998: 188）阿寶特心中的社會工作者，不論男女都應是一位能評估與形成社會政策，能管理與領導社會機構的人。顯然，芝加哥公民與慈善校的主張與前述的林賽、哈佛社會倫理學系的主張較吻合。芝加哥公民與慈善學校於1920年併入芝加哥大學成為社

會服務行政學院（the School of Social Service Administration），把改革主義、社會科學，以及國家建構的觀念納入個案工作，有別於個人化、汙名化案主取向的個案工作。在阿寶特與布蕾金瑞琪的眼中，經由個案工作親近地接觸人群，社會工作者了解到現代工業資本主義對人的影響；進而，引導創造新的社會立法與社會政策。也就是，連結實務與社會政策是最直接的證據（Shoemaker, 1998）。

　　阿寶特與布蕾金瑞琪的主張其實受到胡爾館的影響很深，與亞當斯女士主張讓胡爾館成為提升公民與社會生活、支持教育與慈善事業，以及調查與促進芝加哥的工業條件的中心思維一脈相承（林萬億、鄭如君，2014）。

　　美國早期的社會工作教育，從芮奇孟女士所期待的藉由知識與技術的傳授，作為區隔有訓練的社會工作者與好心的志工之間的差別，並界定社會工作在各種領域實施上的一般技巧；到被包括亞當斯女士在內的社會改革者所批判，認為這種以意識形態與實務為基礎的個案工作，由於每位實務工作者的背景不同，往往用不同的經驗解釋案主的痛苦，以及關切不同的重點，根本是把案主當成是一個試誤的過程（Reisch, 1998）。因而發展出芝加哥社會服務行政學院的個案工作實務與社會政策的結合（Shoemaker, 1998）。此後，1915年佛雷克斯諾（Abraham Flexner）的一場演講，無異是讓這些社會工作教育的衝突暫時平息，而紛紛走向專業化的追求，不管是慈善組織會社的個案工作取向，或是睦鄰運動的團體工作與社區組織取向。而社會工作教育進入大學的趨勢也告確定。

　　到此，社會工作的專業發展過程已經從兼職的自願工作，邁入全職的職業，而且開始接受專門的訓練，屬於社會工作者的組織也見雛形。若套用威林斯基（Wilensky, 1964）的看法，幾乎已進入專業發展的第三階段，也就是結社階段。不過，離專業尚有一段距離。威林斯基認為專業的發展是一種過程，猶如生命史般，每個專業有其共通的發展階段：(1)開始有全職的工作需要；(2)訓練的要求顯現；(3)專業結社出現；(4)立法保護以對抗相鄰的專業；(5)倫理守則的制定。

貳 追求專業化（1915-1950年）

1910年代以降，佛洛依德精神分析（Freudian Psychoanalysis）進入美國之後，社會工作發展起了本質的變化。新的專業社會工作出現，社會工作的內部矛盾也跟著產生；再加上對第一次世界大戰參戰與否看法的歧異，也暴露了社會工作的危機。

一、社會工作追求專業化

雖然，社會工作者開始有給薪、接受專業訓練，且自許成為一門比擬醫師般的專業。但是，在1915年的全國慈善與矯正會議在巴爾迪摩召開，鑽研德國專業教育、任職洛克斐勒基金會（Rockefeller Foundation）[5]的一般教育委員會助理祕書佛雷克斯諾（Abraham Flexner）被邀請發表其研究結論，檢視「社會工作是一門專業嗎？」（Is Social Work a Profession?）佛雷克斯諾以絕對的專業認定標準來判定社會工作尚不是一門專業。他指出一門專業應具備下列六個條件：

1. 伴隨個人職責的知識性運作。
2. 素材來自科學與學習。
3. 這些素材逐漸發展出實用且清晰的目標。
4. 擁有可教育的溝通技術。
5. 朝向自我組織。
6. 在動機方面變得利他性。

佛雷克斯諾的絕對特質論在於區分什麼是專業，而非計量專業發展的程

---

[5] 洛克斐勒基金會由美國標準石油創辦人洛克斐勒家族於1913年所創，其歷史使命是「提高全世界人類的福利」，欲達成此目的，必先了解造成社會問題的原因並解決之，最好透過科學的慈善事業來進行。洛克斐勒家族除以財富稱世之外，也參政過，其第三代，納爾遜·洛克斐勒（Nelson Rockefeller, 1908-1979）曾任美國第41任副總統；同是第三代的溫斯羅普·洛克斐勒（Winthrop Rockefeller, 1912-1973），當過阿肯色州州長。

度。雖然，這種絕對專業論並非完美無缺，然而，它卻驅使社會工作者追求成爲一門專業而賣力演出了35年（Morales & Sheafor, 1998）。

　　首先，社會工作者努力發展自己的倫理守則（code of ethics）。在出版《窮人的友善訪問》（*Friendly Visiting among the Poor*, 1899）、《社會診斷》（1917年）之後，芮奇孟於1921年提到社會工作者需要有倫理守則，以禁止去做不該做的事。隔年，她發表《何謂社會個案工作》之後，1923年即提出一份草案名爲「社會個案工作者的倫理守則實驗性草稿」。雖然，這份草案並未被執行，至少表示社會工作者已經注意到倫理守則的重要了。

　　其次，社會工作方法與實施領域趨於成熟，專業組織亦熱絡發展。在社會工作開始接受專業訓練之後，社會工作也從早年的慈善與矯正，開展更多的服務領域。1905年，麻州總醫院在卡伯特（Richard Cabot）的指導下，由堪農女士（Ida Cannon）創立第一個醫院社會服務部，10年內有超過100個美國醫院跟進。1906年紐約、波士頓、哈佛德、芝加哥先後設置學校社會工作。同年，紐約曼哈頓州立醫院設置精神科社會服務部門。1907年麻州總醫院聘用社會工作者服務精神病人。1908年匹茲堡慈善協會創設社區福利委員會。1909年社會工作者進入保障黑人權益的自願組織工作。同年，社會工作者被邀請加入白宮兒童福利會議，討論兒童權益問題。1910年波士頓精神病院（Boston Psychopathic Hospital）成立社會服務部，首次使用精神科社會工作者（psychiatric social worker）名稱。1915年經佛雷克斯諾的刺激，決定將「全國慈善與矯正會議」於次年改名「全國社會工作會議」。1917年，「全國社會工作者交換」（the National Social Worker's Exchange）計畫開始運作，提供職業諮商與就業服務；進而，介入資格的界定與專業標準的設定，1921年轉型爲「美國社會工作者協會」（American Association of Social Workers, AASW）。1920年美國兒童福利聯盟（The Child Welfare League of America, CWLA）成立。1921年社會工作學者林德門（Edward C. Lindeman）出版《社區》（*The Community*）一書，社區組織方法逐漸出現。1923年查謝（Mildred Chadsey）在西方儲才大學（Western Reserve University）開授社會團體工作（Garvin, 1997）。1930年柯義爾

（Grace Coyle）出版《有組織的團體的社會過程》（*Social Process in Organized Groups*），促成社會團體工作方法系統化。上述新的社會工作實施領域，也促成各種專業組織的出現，如下：

1. 美國醫院社會工作者協會（American Association of Hospital Social Workers）（1918年）。

2. 美國訪問教師協會（American Association of Visiting Teachers）（1919年，1921年改名美國學校社會工作協會）。

3. 美國精神病理社會工作者協會（American Association of Psychiatric Social Workers）（1926年）。

4. 全國團體工作研究協會（National Association for the Study of Group Work）（1936年）。

5. 美國社區組織研究協會（American Association for the Study of Community Organization）（1946年）。

6. 社會工作研究群（Social Work Research Group）（1949年）。

社會工作者協會紛紛成立的意圖至為明顯，陸伯夫（Lubove, 1965）發現，彼時社會工作者的社會地位很低。以1926年為例，社會工作者的平均年薪是1,517美元，比小學教師低18%，比中學教師低38%。協會的成立可以用來爭取薪資。

第三，社會工作教育進入一般大學。在紐約、芝加哥、波士頓等大城均設立社會工作學校之後，1908年，費城社會工作訓練學校（the Philadelphia Training School for Social Work）成立。同年，中部的城市最早設立社會工作學校是屬於密蘇里大學（University of Missouri）的聖路易市社會工作學校。總計，在1910年以前，美國五大城均設有社會工作學校。

第一次世界大戰期間，刺激社會工作訓練的成長，美國紅十字會與15所大學合作進行短期的到宅服務的社會工作員訓練。1919年，美國與加拿大的17所專業社會工作員訓練學校協會成立（the Association of Training School for Professional Social Worker），1927年改名為美國社會工作學校協會（the American Association of School of Social Work, ASSW），當時美

國與加拿大總共有35所學校加入。由於，1939年該組織只承認2年的碩士班學校，引發了只有短期訓練與學士班學校的不滿，而於1942另組全國社會行政學校協會（the National Association of School of Social Administration, NASSA）相抗衡。這次分家的聲浪其實不只是大學部與研究所之爭，還包括了對傳統以個案工作為主的社會工作訓練的一種反彈。不過，1952年，這兩個團體合併成為今天的美國社會工作教育協會（the Council of Social Work Education, CSWE），負責社會工作專業教育的許可，沒有經這個組織許可的學校不得設立社會工作學院（系）。兩會合併的共識是先接受為了達到完全專業而至少必須擁有2年的碩士教育。學士級的社會工作教育於是暫時停辦。

第四，社會工作的知識與技巧的增進。芮奇孟的《社會診斷》是第一本有系統的書籍，奠定社會個案工作可傳授的技術基礎。然而，正當社會工作急於建立自己的知識體系時，佛洛依德的精神分析理論立即吸引了社會個案工作者，造成了社會工作界的「精神醫學的洪流」（the Psychiatric deluge）。反過來說，也是「社會學的盲障」（the Sociological blind）（林萬億，1979）。

到1920年代，個案工作者已在包括醫院、學校、精神病院等三個實施領域工作，社會工作實施的專精化（specialization）雛形粗具。然而，卻使社會工作專業片段化。於是，1923年美國社會工作協會於賓州米爾福（Mil-ford）召開會議，討論如何創造一個統一的專業，促成一種綜融為基礎的（generic based）社會個案工作實施，讓各種實施領域的個案工作者都能應用。1929年米爾福會議（Milford Conference）報告出爐，名為《社會個案工作：綜融與專精》（*Social Casework: Generic and Specific*），承認社會工作有各種專精領域，而綜融的個案工作方法一統專業。同時，該報告亦指出各種社會工作技術：社會個案工作、社區組織、團體工作、社會研究、行政等，應該都要納入社會工作訓練（Lundy, 2011）。

二、精神醫學的洪流

1909年，佛洛依德受邀到麻州克拉克大學（Clark University）演講動態心理學理論，對美國人來說，佛洛依德當時還是一個默默無聞的維也納神經科醫師（Trattner, 1999）。甚至，到1910年代，佛洛依德的精神分析仍然不是美國社會工作界的顯學。即使，有些學校開始引進精神醫療社會工作，例如：1919年史密斯學院（Smith College）在波士頓心理病理醫院（Boston's Psychopathic Hospital）的院長邵哈德（E. E. Southard）與社會服務部主任賈瑞德（Mary Jarrett）的協助下，首先將精神醫學理論引進社會工作課程，以分析人類行為與社會環境。這雖不代表精神醫學已成為社會工作的主要理論。但是，卻是個開端。

1920年代以降的個案工作者開始被訓練成為專門的實務工作者。這些工作者受僱於自願性的家庭服務機構或精神科診所。影響這種趨勢的來源是佛洛依德的精神分析。在此之前，個案工作雖然等同於社會工作。但是，它被界定得較廣泛，既要影響案主的行為，也要為案主謀福利，即使在芮奇孟的《社會診斷》一書中，也不乏社會環境因素的分析。佛洛依德精神分析從1910年代末即已傳入美國，而社會個案工作轉向求助於精神分析的最狂熱時期是1930年代。

為了因應第一次世界大戰帶來的新的社會問題，特別是心理健康問題，各種新的心理學理論被引進到社會工作界。正如羅賓生（Virginia Robinson, 1939）所指出的，事實上，並非某種新的心理學理論被偏愛。但是，漸漸地，這些源自佛洛依德精神分析的概念例如：「自我」（ego）、「超我」（super-ego）、「本能的衝動」（libido），以及「兩難情結」（ambivalence）開始滲入個案工作者的詞彙裡。「關係」（relationship）本來也是心理分析的概念，最後也成為個案工作的必需品。案主被鼓勵去依佛洛依德「自由聯想」（free association）來報告其生活故事。「動態的被動」（dynamic passivity）也被個案工作者接納為一種重要引導原則。以關係為基礎的治療也成為「助人過程」（helping process）的重要一環。佛洛依德

精神分析影響此一時期的個案工作之深，有如邁爾斯（Arthur Miles, 1954）所形容的：「如果社會工作理論偏離了佛洛依德理論，其恐怖之狀有如純淨的史達林主義分子（Pure Stalinist）在清算托洛斯基派（Trotskyite）。」從此，精神醫學社會工作成爲個案工作的女王（Trattner, 1999: 261）。社會工作者的心充斥著3Ps（專業主義、精神醫學、心理分析——Professionalism、Psychiatry、Psychoanalysis）（Trattner, 1999: 265）。

　　爲什麼社會工作會向佛洛依德理論舉白旗呢？依據伍卓妃（Woodroofe, 1962: 130）的看法是，因爲不論是佛洛依德、阿德勒（A. Adler）、容格（C. Jung）或阮克（O. Rank）的心理分析都有助於解釋人類行爲中被視爲無關而遭疏忽，或被視爲不合理而忘卻的一面。在前佛洛依德時期，個案工作的焦點是問題，例如：饑餓、遺棄、酒癮、依賴或少年犯罪，而此時則是將個人列爲個案工作的中心。案主的情緒態度被當成是其潛意識生活中壓抑、衝突與掙扎的反映。

　　這些態度經常被視爲是人格深處根深蒂固的衝突（意即本我、自我與超我間的衝突），因此，要協助案主把這些衝突表面化，並面對它、接納它，與他共存或者乾脆改變它。個案工作者採用這樣的理論之後，其會談技巧、助人技術也都改變，新的「個案史」（case history）取代舊式的「社會史」（social history）。案主的內省與工作者對案主潛意識的編輯與解釋成爲主要的個案紀錄內容。

　　有時候個案工作者會被自我設定的任務所驅策而去揭露案主的潛意識。甚至，經常會因此而陶醉在佛洛依德的理論裡，以爲自己比案主更了解自己，或者堅持不必尋找其他機構來配合案主的緊急需求，而不斷地想滲透到案主「現有問題」的「更深底層」。也有時候會過度浮誇地描述工作者與案主的關係，導致掩蓋了可能動員來協助案主的各種活動的重要性（Wotton, 1959; Woodroofe, 1962）。

　　撇開佛洛依德心理學的濫用，這種新的心理學確實帶給社會工作者新的氣象。由於對於心理疾病的研究，使得個案工作者注意到案主日常生活的心理病理學（Psychopathology）。因對人類行爲更深入的理解，促使個案

工作者去關照案主過去的生活經驗、生活中非本質的領域，以及可能影響當前問題的因素。社會工作者從佛洛依德心理學的學習與操作上，一改過去重視社會經濟面的處置而轉向心理學面向的分析；社會工作者不再只是個關心貧民的慈善布施者，也不再費神於區分值得與不值得的貧民身上，而轉變成為一些可以操弄醫療字眼，關心心理問題，處理病態社會症狀的社會醫師（social physician）（Woodroofe, 1962: 132）。

此後，社會工作者所強調的是以個人為中心的心理因素，而非經濟的條件。社會工作者不再去關心使個人不適應的社會因素，而認為個人的不適應是個人的過失。經由個別治療的過程可以協助個人適應其環境，而不是尋求好的薪資。其實，這種強調個人的因素，而不去面對社會與經濟的事實不只反映在佛洛依德的精神分析洪流裡，也反映在美國第一次世界大戰以後的保守社會經濟思潮。這種保守的社會經濟思潮是對19世紀末以來的進步主義的反動。這也是自由放任主義的再起，以及威爾森（Thomas Woodrow Wilson）總統的「新自由」（The New Freedom）[6]的勝利。私人企業被保障，美國的工業急遽發展。這也種下了1929年經濟大恐慌，美國重新調整社會經濟結構的前因。社會工作者因過度重視個人因素而忽略經濟與社會條件的不公平，固然值得批判。不過，無庸置疑地，佛洛依德的精神分析確實使社會工作找到了科學的基礎；精神醫學知識也讓社會工作者進入新的案主市場與取得較高的社會地位（Reisch, 1998: 171）。

精神分析模型使社會工作更專業化。但是，卻不一定是最適合社會工作發展的模型。因為，此種專業主義的模型較適合於私人開業時運作，而對社會工作傳統的承諾卻不見得有貢獻，它使社會工作界有意無意地擱置了對社

---

[6] 1912年代表民主黨參選的威爾森以「新自由」為競選口號，打敗分裂的共和黨候選人現任總統塔虎托（William Howard Taft）與脫黨自組進步黨（Bull Moose Party）的前任總統羅斯福（Theodore Roosevelt）。其主張是限制聯邦政府的權力，反對聯邦權力壟斷。其站在保守主義與進步主義的中間，而吸納了南方各州的進步主義青年、知識分子、媒體、法律界的支持。

會福利的承諾（Gilbert & Specht, 1974）。佛洛依德精神分析進入社會工作
與1930年代經濟大恐慌所產生的社會改革傾向的「基變社會工作」（radical
social work），預告了社會工作專業發展的兩面性，一方面追求高度專業
化，另方面追求社會改革。而兩者具有某種程度的內在衝突。

參 參與社會改革（1915-1960年）

一、基變的社會改革

　　1928年，胡佛（Herbert Hoover）競選連任美國總統，許多社會工作者
都支持他，因爲他早年曾支持童工立法。胡佛的競選名言「繁榮就在眼前」
（prosperity was not just around the corner）卻成了美國繁榮的休止符。1929
年秋天，美國股票市場崩潰，貧窮與失業充斥街頭。這種史上所謂的「大恐
慌」（或大蕭條，Great Depression）從1929年一直持續到1936年。

　　大量的失業使得社會救濟金的支領倍數增加。胡佛政府認爲這種社會
救濟對象增加的現象是短期的，國家並沒有落到全國性緊急狀態的地步。因
此，拒絕改變公共福利結構來配合貧窮與失業的需要。私人機構仍被相信
有能力滿足社會救濟的要求。然而，事實卻是比想像中糟糕。饑餓與營養
不良的兒童充斥礦區，離家求職的兒童遍布各州，申請救濟金的貧民與失
業者大排長龍。最後，終於導致了失業工人示威與救濟金運動蔓延各大都
市（Piven & Cloward, 1977）。這個現象促使美國在1932年由民主黨再度取
代共和黨執政，也促使1935年「社會安全法案」（Social Security Act）的
通過。當然，也使美國勉強走向福利國家之路。從此，「慷慨女士」（lady
bountiful）不再是社會工作的主流，國家成爲最典型的社會工作者（state as
social worker）（Woodroofe, 1962）。

　　胡佛與羅斯福的總統競選決戰的主題環繞在社會福利上。胡佛強調自願
慈善、有限度的政府與古典經濟教條。羅斯福（Frank D. Roosevelt）則試
圖使進步主義復活，他主張應給弱勢者經濟的安全保障。在那個不景氣的年

代裡，勝負已見。1933年3月，美國進入了新的世代。羅斯福的新政（New Deal）啟動，暗示了大蕭條即將結束。該年5月12日，國會通過「聯邦緊急救濟法案」（the Federal Emergency Relief Act），撥款5億美金以補助各州推行救濟工作。這個法案等於宣告過去以自願慈善為主的社會福利終止，而政府介入與集中化的社會福利上弦了。

「聯邦緊急救濟總署」（The Federal Emergency Relief Administration, FERA）的成立使得受過訓練的社會工作者奇貨可居。在此之前，社會工作者大量被僱用在私人機構從事醫務社會工作、精神病理社會工作，以及學校社會工作。1934到1935年間，聯邦緊急救濟總署（FERA）補助美國社會工作學校協會（AASSW）訓練短期的公共福利工作者以應急需。在這樣的政治經濟環境改變下，社會工作者的角色也有了顯著的改變，尤其是「基變的左翼社會工作」（radical left in social work）正式出現。

1930年代經濟大恐慌的出現到底起因於何？有許多不同的解釋。有些人認為是美國自由市場成本與價格缺乏調適；有些人以為是早期拓荒精神的消失；也有人以為戰後過度投資與消費不足之故。不論如何，最重要的恐怕是美國市場生產大於消費。為何會消費不足呢？財富分配不均是重要原因。大量的財富集中在少數人手中，農人與藍領工人收入微薄，無法消費大量生產出來的商品，導致了產銷失調（Woodroofe, 1962: 153）。而財富分配不均成為往後改革派社會工作者的主要攻擊議題。

公共部門的社會工作者大量增加，促使社會工作基層運動（Rank and File Movement）[7]興起，從事救濟的個案工作者開始組織起來。在某些城市，社會工作者工會已躍躍欲試。社會工作建制的討論俱樂部首先成立於1931年的紐約市，這是一個開放的論壇，讓社會工作者討論社會問題與社會工作的關係，並提供作為社會改革的推動園地。

社會工作者對於羅斯福的新政並非全然同意。當時主要有三種看法：

---

[7] Rank是軍隊的行，file則是列，rank and file則泛稱士兵。Rank and file movement是指沒有夾雜長官、高階員工的工會或政治組織運動。

(1)支持羅斯福的新政，並肯定新政使美國人民民主與經濟結構的重大進展；(2)支持新政，但持保留態度，意即不滿意新政所提供的社會救濟範圍；(3)批判新政是一種保守的延續，旨在於維持普及的經濟秩序道德。然而這三種論調分別都沒有被大多數的社會工作者所接受。

　　第三種觀點正是美國基變左翼社會工作者所提出，其領導者為范柯立克（Mary van Kleeck）與陸里（Harry Lurie）。1934年，全國社會工作會議（National Conference of Social Work）於堪薩斯城（Kansas City）召開，擔任羅素聖人基金會工業研究部主任的范柯立克女士分發三篇文章，鼓勵美國社會工作者反對新政，她站出來與工會結盟，希望促成社會與經濟計畫。支持社會工作工會化運動的人士包括擔任紐約市猶太社會研究局主任（Director, Bureau of Jewish Social Research, New York City）的陸里、紐約社會工作學院的漢彌爾頓（Gordon Hamilton）、林德門（Edward Lindeman）、史密斯學院精神病理社會工作系的藍諾茲（Bertha Reynolds）、《今日社會工作》（*Social Work Today*）期刊主編費雪（Jocob Fisher），以及費城社區會議研究部主任柯拉葛（Ewan Clague）等當時出名的社會工作領導者（Selmi & Hunter, 2001）。他們支持年輕社會工作者的基層運動路線，他們批判新政的救濟工作範圍並非在於提供一個持久與完整的聯邦社會福利。他們的主要言論刊物是《今日社會工作》期刊。費雪並擔任基變左翼社會工作運動的發言人，他認為新政「只不過是在維持現狀，粉飾太平，以及做些不可能實現的承諾。」事實上，大多數的美國社會工作者協會（AASW）的會員傾向於支持中庸的看法，而對基變的觀點採取理解但困惑的態度（Brieland, Costin, & Atherton, 1985: 52）。

　　然而，基變的觀點卻在1934年的全美社會工作會議上大放異彩。范柯立克女士的二篇論文〈我們對政府的錯覺〉（Our Illusion Regarding Government），和〈勞工與社會工作的共同目標〉（The Common Goals of Labor and Social Work）風靡全場，獲得無數的掌聲。她指出政府的責任應是貢獻最大的善意給最大多數的人民，並擔任衝突利益的仲裁者。她進一步批評新政被利益階級所壟斷，在於維持美國既有經濟結構，而這種結構並

不在於保障人權，而在於保障財產權。最後，她強調社會工作者如果不能與工人結合起來共同來調整經濟結構，則社會工作者所作所爲只不過是企業與資本階級的工具，提供的僅是對社會犧牲者的補助與諮商而已（Fisher, 1980）。

范柯立克的觀點已經揭示了往後基變社會工作的宗旨，那就是社會工作者必須了解我們所生存的社會經濟結構裡被壓迫者的位置。社會主義的觀點有助於社會工作者去實踐更符合人道的社會工作。基變的社會工作並不在於消滅個案工作，而是在於消滅那些成爲統治階級霸權的支持者的個案工作。社會工作者在面對壓迫的情境必須發展出兩種方法來對抗：其一，協助人民了解他們的疏離（異化）來源；其次，協助人民建立自尊（Bailey & Brake, 1975: 9）。

不過，基變的社會工作觀點並非風行全美國，只有工業部門相關的社會工作接受這種號召，鄉村的社會工作者並不急於追求這種涉及到政治行動的社會工作。何況由於第二次世界大戰的來臨，《今日社會工作》期刊於1942年停刊，基變社會工作運動的成員也大量流失，宣告此一階段的結束。回顧這段歷史，基變社會工作的產生對於社會工作的影響主要有三：(1)覺醒社會工作者的政治意識；(2)追求一個整合的聯邦社會保險與社會福利體系；(3)使社會工作工會合法化（Selmi & Hunter, 2001）。

二、愛國主義與白色恐怖下的社會工作

1917年4月2日，威爾森總統決定加入第一次世界大戰，打破了從1914年以來的中立立場，引發了美國社會工作界反戰與主戰的爭論。反戰者付出了高的代價，他們被愛國的大眾指責爲叛國賊。對於某些「專業的愛國者」（professional patriots）來說，反戰者被標籤爲「共產主義者」與「社會主義者」。例如：亞當斯女士失去了她的全國性知名度，一直到1931年當她獲得諾貝爾和平獎後才重新被肯定。巴克女士（Emily G. Balch）是布林茂爾學院（Bryn Mawr College）第一屆畢業生，1913年受聘衛斯理學院

（Wellesley College）擔任經濟學與社會學教授。第一次世界大戰期間，協助亞當斯女士籌組國際婦女和平與自由聯盟（The Women's International League for Peace and Freedom, WILPF），擔任祕書長，極力反對美國加入歐戰，而遭其任教的衛斯理學院解僱，一直到1946年獲得諾貝爾和平獎才恢復其名譽（Alonso, 1995）。另一個案例更是荒謬，阿寶特女士（Grace Abbott）為了促進聯邦立法保護婦女與嬰兒，即使她所發起的活動是和平的，也難逃專業愛國者誣衊為共產主義的同路人，何況她還是當時聯邦兒童局保護童工的主管呢！總之，1920年代對於社會改革取向的社會工作者來說是個壓抑的年代。雖然，有些學者認為1920年代的美國並非「社會進步的荒地」，而是「改革的播種」；然而，無疑地，社會改革並非是這個時期的特色（Brieland, Costin, & Atherton, 1985: 44-45）。這種現象直到1920年代末經濟大恐慌之後才改變。

接著，第二次世界大戰爆發後，另一股白色恐怖的浪潮又席捲美國的社會工作界，受害者不只是基變社會工作者，還包括主張民主自由的社會團體工作界，以及進步主義的支持者，史稱麥卡錫主義（McCarthyism），是1945到1960年間出現於美國的一股反動思想。1950年2月9日，美國威斯康辛州選出的參議員麥卡錫（Joseph R. MaCarthy）在一個紀念林肯誕辰的聚會上演說，表示手上握有一份205人的黑名單，這些人在政府部門組織了一個共產黨的間諜網，他們是侵害美國的叛徒，目的在擴大共產勢力，讓自由世界逐日退縮。許多公務員就在「有安全顧慮」等莫須有的罪名下遭到監控、解僱或囚禁。他促使成立「反美活動調查委員會」（House Committee on Un-American Activities），在文藝界和政府部門煽動人們互相揭發，許多著名人士因此受到迫害和懷疑，包括：物理學家兼曼哈頓計畫主持人歐本海默（J. Robert Oppenheimer）、諾貝爾化學獎得主寶林（Linus Pauling）、名演員卓別林（Charlie Chaplin）等。社會工作界也受到波及。究其遠因是1930年代羅斯福總統的新政（New Deal）激怒了保守主義者，直到第二次世界大戰後的冷戰時期，自由主義者與共產主義者經常被混為一談。

首當其衝者是倡議基變社會工作的工會主義者。1930年代的基變社會

工作者被列為攻擊對象，是因為有些社會工作者同情社會主義。例如：范柯立克。推動社會工作基層運動的積極分子費雪，於1954年，被聯邦安全局（Federal Security Administration）列為有安全風險的人物，雖然仍然有少數社會工作者試圖接觸他，但是大部分人離他而去。直到隔年的「資訊自由法案」（the Freedom of Information Act）通過，資訊解密，他才知道原來是社會工作界的朋友與同事檢舉他（Andrews & Reisch, 1997）。

其次，是剛萌芽的社會團體工作。1936年成立的全國團體工作研究協會於1939年更名為美國團體工作研究協會（American Association for the Study of Group Work），再於1946年改名美國團體工作者協會（American Association of Group Workers）。這個組織打破了機構、宗教、種族、職業的界限，聚焦於公民自由與民主原則的倡議，就成為保守分子攻擊的對象（Andrews & Reisch, 1997）。例如：活躍於1930-1940年代的團體工作者克蘭斯諾（Ira Kransner），於1951年受聘韋恩州立大學（Wayne State University）社會工作學院，他反對當時密西根州眾議員科拉蒂（Kit Clardy）要求調查校園內的共產主義，他的同事多人跟他的主張一致，反對這種毫無根據的栽贓調查。然而，科拉蒂還是如願得逞，攆走了他的2位同事。之後，克蘭斯諾獲得傅爾布萊特獎學金（Fulbright fellowship）受邀前往荷蘭阿姆斯特丹（Amsterdam）協助發展社會團體工作課程，也被推薦獲得聯合國獎學金。但是，他卻接到一份42頁的文件，詳細記錄他曾參與的各種具有進步性質的會議；還被要求描述他的知識及文件中提及的20位涉入者。他拒絕了這個要求，撤回所有獎學金申請。回到學校，他立即被社會工作學院院長布林客（Charles Brink）告知，聯邦調查局曾來學校訪談院長。聯邦調查局的幹員認為他已被共產黨人滲透，因為他參加美國公民自由聯盟（The American Civil Liberties Union）（Andrews & Reisch, 1997）。

另一個例子是康乃狄克大學（The University of Connecticut）的社會工作教授葛拉斯（Robert Glass）與路易斯（Harold Lewis），都是匹茲堡大學（the University of Pittsburgh）社會工作學院教授哈斯蔚（Marion Hathway）的門生，也因哈斯蔚被聯邦調查局攻擊為共產黨同路人而被打成共產

黨的同情者，雖然得到來自社會工作學院院長與前美國團體工作者協會會長崔克爾（Harleigh Trecker）的支持，拒絕配合聯邦調查局，終究因來自大學的施壓而被迫辭職（Andrews & Reisch, 1997）。

即使如此受到壓迫，社會團體工作的前輩們仍然大力支持進步的、行動的社會工作目標。包括柯義爾（Grace Coyle）、威爾森（Gertrude Wilson）、韋德（Verne Weed）、柯亨（Nathan Cohen）、伯恩斯坦（Saul Bernstein）等（Andrews & Reisch, 1997）。

第三，是一些支持改革的進步主義社會工作者。1949年，《芝加哥每日論壇報》（*the Chicago Daily Tribune*）就曾聲稱三個大學：芝加哥大學、哈佛大學、哥倫比亞大學，窩藏共產主義。社會工作教授阿寶特（Edith Abbott）被點名（Andrews & Reisch, 1997）。同校的社會工作教授陶爾（Charlotte Towle）也難倖免。1951年陶爾出名的著作《人類共同需求》（*Common Human Needs*）出版時，書中一段話被當時的美國醫學會（American Medical Association）會長引用，將其中的「社會化」（socialized），轉譯爲「社會主義的」（socialistic），就被聯邦安全總署要求出版社將該書銷毀。這件事激怒了整個社會工作界與公民自由團體，要求出版社拒絕執行這個命令，且改由美國社會工作人員協會（NASW）再版，廣爲流傳。3年後，陶爾獲得傅爾布萊特獎學金到英國講學，她的護照遲遲不被核准，理由是她被「反美活動調查委員會」加州分會指控是共產黨陣線。同時，指控她曾連署請願法官仁慈對待被判處死刑的羅森伯格（Rosenberg）間諜案（Perlman, 1969: 12）。

針對第一件事，陶爾的回應是：「身爲一位社會工作者，（我認爲）……聯邦安全總署努力強化公共的信任絕對比擴大公共恐懼來得重要。因此，在你重要的位置上的所作所爲，請以一位社會工作者與公民來對待我。」關於羅森伯格案，她回應道：「我的確連署了羅森伯格案的請願書……我認爲判處死刑超乎當時所有條件的考量。我一點也不同情羅森伯格是一位共產黨員，但我無法接受因爲信仰共產主義就該被像犯了其他罪刑一樣起訴。我可以接受他因犯了其他罪刑而被懲罰，但不是因爲他信仰共產主

義。如果我這樣做了，我反而覺得自己不像一位英裔美國人，而更像一位共
產黨員。」（Perlman, 1969: 13-15）這樣擲地有聲的言論，展現一位社工人
對人權、自由、民主、正義的堅持，不畏強權，不懼壓迫。

肆　專業地位的確立（1930-1960年）

一、社會工作三大方法出現

除了個案工作外，1930到1950年代間美國的社會工作者開始運用團體
來達成其目的。社會團體工作與社區組織加入社會工作的方法，成為爾後社
會工作的三大傳統方法。在英國，社區組織這個概念較少被提及，社會團
體工作則已成為社會工作者熟悉的語彙，不過，其功能與地位仍遭受質疑
（Woodroofe, 1962: 179）。

社會團體工作的課程首先發展於西方儲才大學（Western Reserve Uni-
versity），而團體工作真正被社會工作界接納為社會工作方法是1930年以後
的事了。1930年，柯義爾（Grace L. Coyle）出版一本名為《有組織的團體
的社會過程》（*Social Process in Organized Groups*）。這本書相當於芮奇孟
女士的《社會診斷》，成為社會團體工作方法的里程碑。不過，社會工作接
受社會團體工作為第二大方法要一直到1946年才獲肯定，柯義爾是主要的
催生者（林萬億，1998）。

社區組織被視為是一個社會工作方法來討論首見於1939年的全美社會
工作會議。1944年的社會工作課程中已明訂社區組織為社會工作的八大基
本課程（basic eight）之一。2年後，全美社會工作會議在水牛城舉行，「社
區組織研究協會」（The Association for Study of Community Organization）
成立，其目是增進了解與促進社區組織的專業實施。1950年的亞特蘭大城
（Atlantic City）社會工作會議遂正式將社區組織納入社會工作的第三個方
法。傳統社會工作三大方法於焉齊備。各種單一的社會工作組織也於1955
年合併為今日的「美國社會工作者協會」（National Association of Social

Workers, NASW）（徐震、林萬億，1983：246）。

二、專業組織整合成功

　　除了在1952年兩個社會工作學校協會合併成為社會工作教育協會
（CSWE）之外，1950年，幾個專門的社會工作協會同意組成「暫時的社
會工作會員組織間的委員會」（Temporary Inter-Association Council of So-
cial Work Membership Organizations, TIAC）。這個暫時性的委員會的目的
是組成一個統一的專業組織。TIAC企圖於1952年合併其他幾個專門的團
體，惜未竟全功；3年後，總算合併成功，名為「美國社會工作者協會」
（NASW）。

　　NASW的宗旨有下列11點：

　　1. 促進社會工作服務的管理。

　　2. 提升社會工作研究。

　　3. 促進社會工作實施。

　　4. 促進社會工作教育。

　　5. 甄募專業人員。

　　6. 改進社會條件。

　　7. 爭取公眾對社會工作的了解。

　　8. 爭取社會工作地位。

　　9. 發展、制定與強化倫理守則。

　　10. 確認社會工作者的能力。

　　11. 協助其他國家發展社會工作專業。

　　美國社會工作者協會成員基本上需要社會工作教育協會認可的社會工作
學校畢業才可以入會，到1964年為止，有88.7%的美國社會工作者協會成員
至少是社會工作碩士以上資格者；4.1%是接受2年的社會工作教育，但是沒
有拿到學位者。其他的會員是依所謂「祖父條款」（grandfather clause）的
資格進入協會的資深但未獲頒社會工作學位的社會工作者。

　　美國社會工作者協會的成員增加迅速，從1961年的28,000人擴增到1965年的45,000人。主要是由於1962年美國社會工作者協會組成「合格的社會工作者學會」（Academy of Certified Social Workers, ACSW）成立。合格的社會工作者學會規定入會資格必須是美國社會工作者協會的會員且有2年以上的工作經驗。合格的社會工作者學會成立之後，社會工作的工作內容起了些變化。社會工作者不論個人能力多強，其資格的取得端視是否在社會工作碩士學位取得之後，又有2年被任何合格的社會工作者學會的成員所督導的工作經驗。

　　1950年代末期是美國社會工作最大的反省期。社會工作期刊充斥著反省的文章，例如波恩（Werner Boehm, 1958）的〈社會工作的本質〉、畢斯諾（Herbert Bisno, 1956）的〈社會工作將如何成為社會工作〉、柯亨（Nathan Cohen, 1956）的〈變遷世界中的變遷的專業〉。而最受矚目的莫過於古林伍德（Greenwood, 1957）的〈專業的屬性〉一文了。古林伍德的文章相當程度是對佛雷克斯諾1915年所發表的演講的回應。佛雷克斯諾的專業條件說是依「特質模型」（trait model）而論。為了追求專業化，社會工作界努力超過35年。古林伍德明確地指出社會工作專業的五個特質：(1)知識體系；(2)權威；(3)社區認可；(4)倫理守則；(5)文化。據此，肯定到了1950年代，社會工作已是一門專業了。似乎，社會工作界也認為古林伍德已為社會工作專業蓋棺論定了。因此，1958年，美國社會工作者協會提出「社會工作實施的工作定義」（Working Definition of Social Work Practice），試圖為社會工作專業的範疇找到共識。接著，1960年，美國社會工作者協會採納一套社會工作倫理守則作為會員共同遵守的行為準則，社會工作邁入真正有組織的專業。

　　不過，接續貝佛里奇爵士（Sir William Beveridge）擔任英國倫敦政經學院院長的卡爾桑德斯（Alexander Carr-Saunders, 1955），認為社會工作在1950年代雖然已越過自許為專業（the would be profession），而是個半專業（the semi-profession），但還沒到新專業（the new profession）的水準，離已建制的專業（the established profession）更遠。因為，社會工作像護理、

藥學、驗光一樣較不重視理論的研究，而偏向追求技術性的實施與知識為主。當然，這樣來評價不一定會被社會工作界接受。不過，這評價標準似乎不單純是時間的問題，也隱含本質的問題。如果社會工作本來就不必要重視理論而能完成社會交辦（social assignments）的任務，何須一定要有理論？事實上，隨著社會工作的發展，技術沒有被遺忘，理論卻被更重視。顯然，時間的確也是議題。

說到本質問題，托仁（Toren, 1969）指出專業的科層化（bureaucratization of professions）或科層的專業化（professionalization of bureaucracies）在社會工作是明顯的。社會工作專業本質面對許多衝突：既主張專業自主，又依賴政府資源；既講專業關係，又重科層權威；既主張社會改革，又鼓勵個人適應；既主張平等對待，又講權力運用；既尊重案主自決，又怕福利依賴。這些都考驗著成為專業後的社會工作，如何既維持藝術化操作，又重視科學的實證。

在邁向專業化之路上，1950年加州聖地牙哥首次發給獨立執業的社會工作師執照，開美國風氣之先。1951年《何麗絲－泰勒報告》（*Hollis-Taylor Report*）建議美國社會工作教育應該更綜融化，確認了社會工作綜融化的走向。1959年，出現第一個不以社會工作為訓練焦點的社會福利專業學院（Florence Heller Graduate School for Advanced Studies in Social Welfare），成立於布蘭岱斯大學（Brandeis University），專注在社會計畫與社會政策的訓練，與過往的社會工作專業教育大異其趣。1959年社會工作教育協會進行社會工作課程研究，出版由波恩（Werner Boehm）所主編的13冊課程評鑑與建議報告，藉此推動社會工作教育改革。1962年，社會工作教育協會將社區組織納入社會工作專業教育的專精領域之一，都使美國社會工作專業更加穩固。

第四節　專業化的發展與挑戰

壹　社會工作方法的整合（1964-1980年）

一、個案工作理論的多元化

芮奇孟（Richmond, 1917）在寫《社會診斷》一書時，所採取的架構其實較像是「評估」（assessment）。然而，受到醫療概念的影響，她使用了「診斷」的字眼，這顯然受到當時社會工作界為了追求專業化的影響，「醫療模式」（medical model）的個案工作也就此成型。就芮奇孟本身的理解來看，她很清楚地知道社會工作的目的是要幫助人們脫離困境。但是，更重要的是消除那些使人們陷入的社會困境。所以，「社會診斷」還是受到社會學影響多於受到心理學影響。「診斷」的目的是為了找到因果關係，找出導致案主問題發生的因素。以芮奇孟的說法是「精確地定義情境與人格」。從此，「診斷」就成為社會工作過程的核心，也成為後來診斷途徑（diagnostic approach）的依據。

1930年代，社會個案工作受到佛洛依德心理分析的影響，診斷的概念產生變化，重在心理面向的社會行為分析，社會個案史取代個案的社會史。前述的「米爾福會議」（Milford Conference）也發展出「處置」（treatment）的概念。1940年，診斷學派的重要理論家漢彌爾頓（Gordon Hamilton）在其《社會個案工作的理念與實施》一書中，將診斷賦予新的意義，他認為診斷應是「了解問題的人及其問題本身」，也就是將情境納入。其實，當年芮奇孟的診斷概念即有此意。不過，如此一來，「人在情境中」（person-in-situation）成為診斷學派的核心概念。漢彌爾頓也重新界定處置為「提供服務」或「行為改變」。據此，處置包含補足資源、方案提供、資源調適，以及諮商或治療。

有別於漢彌爾頓的「診斷途徑」，1930年代另有蘭克（Otto Rank）、塔虎脫（Jessie Taft）、阿普提卡（Herbert Aptekar）等人發展出「功能途

徑」（functional approach）。此派不認爲案主是病人或偏差行爲者，而是需求特別協助的人。在他們眼中，診斷是尋求工作者與案主一起工作的共同基礎。診斷並非引導處置，而是引領工作在一起。工作在一起的關係是專業的，而工作者是在應用專業知識來運作機構功能。工作過程是由開始、中間、結束三段組成；專業關係的發展與相互影響使案主獲得改變的機會（Johnson, 1998）。

1957年，二本社會個案的新書出版，一本是波爾曼（Helen Harris Perlman）的《社會個案工作：一個問題解決的過程》，「問題解決途徑」因此而生。此派認爲個案工作是「一個有問題的人到一個地方去找專家依既定的過程來協助」。波爾曼繼續使用診斷的字眼，不過，此時已非常接近評估了。波爾曼視診斷爲「對強加在案主問題情境互動的橫切面了解」，這是一個持續的過程，在於尋找工作的「界限、關聯與方向」；也就是診斷是在思考如何解決問題。波爾曼的個案工作採借自診斷學派的本我（id）、自我（ego）、超我（super ego）中的「自我功能」（ego functions）。順應（adaptation）被認爲是自我功能中重要的部分。「因應」（coping）也被首次使用來描述順應。波爾曼視社會個案工作是一個問題解決的過程，人的問題不是病理的，而是生活的一環。而專業關係是解決問題的基本要素。所謂專業關係（professional relationship）是指「個案工作者與案主間所建立的有目的、接納的、支持的與滋養的關係。」從此，社會功能成爲社會工作的焦點。

第二本書是貝斯提克（Felix Biestek）的《個案工作關係》。貝斯提克定義「個案工作關係」是「有目的地協助案主達到個人與環境較佳的調適的一種個案工作者與案主間，在態度與情緒上的動態互動。」他將這個動態互動定出七個原則如下：(1)個別化；(2)有目的的情感表白；(3)有控制的情緒涉入；(4)接納；(5)非判斷的態度；(6)案主自決；以及(7)守密。這七個原則成爲往後社會個案工作者建立專業關係的準則。

當社會個案工作理論與實施快速地發展的1930年代到1945年間，社會團體工作與社區組織分別被承認是社會工作的方法。團體過程的納入社會工

作，也幫助了社會個案工作者了解家庭。不過，這兩種方法也只是初步發展，直到1960年代才較具影響力。

1960年代對社會工作方法來說是個轉變的關鍵期，新的社會方案用來解決新的社會問題與服務新的案主群。社會工作除了繼續發展傳統方法外，綜融方法或整合途徑被提出，以及更多新的理論與觀點被發展。

1964年，何麗絲（Florence Hollis）將漢彌爾頓的診斷途徑發揚光大，成爲心理暨社會途徑（psychosocial approach）。功能途徑也發展成更爲目標取向。這兩種社會個案工作最傳統的方法不只在診斷、處置、人在情境中、專業關係、過程等五個概念上求發展，也加上了溝通理論、社會系統理論等概念。而更重要的轉變是診斷與處置兩個屬於醫療模式的概念被評估與介入所取代（Johnson, 1998）。

二、社會工作方法的整合

不只概念創新，社會工作方法整合開始被期待。1960年代團體工作與社區組織的使用越來越普及，且各種模型也趨於成熟，使個案工作獨尊的局面趨於平衡。然而，三種方法在教學上與實施上面對以下困境（徐震、林萬億，1983）：

（一）用語不同

個案工作中的醫療模式習慣用診斷、治療或處置，但是功能途徑並不贊同將案主當成病人看待。個案工作者常用的接案（intake），也不見得被團體工作與社區組織所接納。爲了溝通方便，顯然有必要將用語統一。

（二）過程不同

心理暨社會途徑的個案工作主張將工作過程分爲五個階段：接案、研究、診斷、治療、結案。但是，被功能途徑個案工作批判爲充滿權威，且過於武斷。功能途徑認爲以功能或職責來劃分過程不當，因爲治療並非診斷之後才進行，一開始就應該進行治療或處置，且研究與診斷也是各個階段都一

直在進行的工作。因此，功能途徑者主張將個案工作分為開始、中期、結束三個階段。團體工作者的過程與個案工作更是不同，團體工作過程大抵依團體發展階段而定，較不是依社會工作者的主導來切割；至於社區組織的過程也不同於個案工作，尋求一套較一般的工作過程似乎也有必要。

（三）理論不同

不同的理論對案主與問題的假設不同，對工作者的角色期待也不同，使用的技巧也頗多差異。甚至相互排斥者大有人在，例如：心理暨社會途徑反對問題解決途徑，認為那是開發中國家才適用的產物；行為修正理論也被認為是違反人性；功能途徑也被認為只講求機構功能，而忽視改變社會工作的環境。

基於此，1964年美國加州聖地牙哥州立大學的教授們首先發展一套「全形的」（holistic）社會工作途徑。這套途徑是聚焦於社會問題情境，是一種全方位的社會工作取向，將服務範疇擴大，從社會處置到社會行動。同時，肯特州立大學的社會工作學院也將「社會問題焦點」課程取代「個人問題焦點」的課程設計，學生被訓練操作「整合途徑」（integrated approach）的社會工作，而不再是個案工作、團體工作、社區組織分別訓練的「分立模式」（D'Angelo, 1976）。

1970年，兩本重要的著作確認上述整合的努力，首先是梅約（Carol Meyer）的書名為《社會工作的實施：回應城市危機》（*Social Work Practice: a response to the urban crisis*）；其次是巴特雷（Harriet Bartlett）的《社會工作實施的共同基礎》（*The Common Base of Social Work Practice*）。這兩本書都是企圖將社會工作統一成為一種社會工作實施方法，而不再是個案工作、團體工作、社區組織等三種工作方法。

此後所出版的社會工作教科書幾乎都以「整合」作為基調，例如：品卡斯與米納漢（Pincus & Minahan, 1973）、勾斯坦（Goldstein, 1973）、克林克與瑞恩（Klenk & Ryan, 1974）、西柏齡（Siporin, 1975）、坎普頓與賈拉威（Compton & Galaway, 1975）、布里蘭、寇斯汀與阿舍頓（Brieland,

Costin, & Atherton, 1975）、史佩特與韋克麗（Specht & Vickery, 1977）、莫樂斯與西佛（Morales & Sheafor, 1977）、季爾伯特、米爾勒與史佩特（Gilbert, Miller, & Specht, 1980）、強生（Johnson, 1983）、札斯楚（Zastrow, 1992）等。

所謂整合的方法或綜融實施（generic practice）是指打破傳統個案工作、團體工作、社區組織分立的方法，而將各種方法統合成為一種可以回應案主所面對複雜的問題與情境的方法，而這種方法就叫「社會工作實施方法」。

社會工作方法的整合可以從兩個層次來討論，一是部分整合，二是完全整合。部分整合是指將社會工作打散成為兩大類的方法，一是直接實施，二是間接實施。直接實施是針對案主或案主群，而間接實施是針對與案主利害相關的個人、團體與機構提供服務（Specht & Vickery, 1977）。文特（Vinter, 1967）認為直接實施是介入個人，而間接實施是從結構著手，屬於外部處置（extra-treatment）。更具體地說，直接實施由社會工作者直接介入案主問題的情境中，提供案主本人及其相關機構、專業與社區成員的接觸。而間接實施乃提供發展與安排社會服務資源、組織間的工作、政策形成、變遷與社會計畫等。波恩（Boehm, 1967）所說的「社會介入」（social intervention）與「社會的介入」（societal intervention）也有相似的意思，前者幾乎等同於直接實施，後者類似間接實施。

在整合的實施方法之下，沒有了個案工作、團體工作與社區組織三大方法，但是對案主的服務仍然有與個人互動、與團體互動、與社區互動等概念，或者與個人一起工作、與團體一起工作、與社區一起工作的概念。至於工作過程則已標準化為：(1)建立關係；(2)評估；(3)規劃；(4)介入行動；(5)評鑑；(6)結案等六個基本階段了。

社會工作方法的綜融化（或稱通才化）很容易與專精化對立，以為社會工作者不再是專才了。其實不然，正如史佩特與韋克麗（Specht & Vickery, 1977）論及社會工作方法的整合時所提醒的，方法的整合必須輔以專精化（specialized）知識與技巧為基礎的實務，例如：精神疾病、身心障礙、福

利權、少年犯罪、婚姻、兒童虐待、性偏差等都必須有專精的知識與技巧，才能了解案主的需求與機構的屬性，而發展出專精的實施領域。

遺憾的是，社會工作雖然追求到夢寐以求的專業地位，卻往往失去對案主的完整承諾。不是為了專業地位而向諮商、治療靠攏，就是去專業化（de-professional）的自我解構。社會工作為了避免陷入立場不明而極力壓縮自己的服務範圍，導致排除了一些本來社會工作應該盡力的部分，例如：為窮人、失業者倡導。到了1970年代，即使社會工作已專業化了，季爾伯特與史佩特（Gilbert & Specht, 1974）仍然認為社會工作是一門不完整的專業（Incomplete Profession），因為社會工作專業發展只盡到服務的承諾，而失敗於對福利的承諾。若是社會工作者為了爭取專業地位，熱衷於參與心理治療活動，多於關切人民社會問題的解決，就是放棄其使命的「不忠實的天使」（unfaithful angels）（Specht & Courtney, 1994）。

貳　緊縮年代的社會工作困境（1970-1990年代）

1970到1980年代，對社會福利來說是個緊縮的年代（the Era of Retrenchment）。1973-1974因中東戰爭爆發第一次石油危機；1980年又因伊拉克與伊朗的石油戰爭爆發第二次石油危機，導致石油價格暴漲，各工業國經濟成長衰退。再加上新自由主義（neo-liberalism）的崛起，福利國家受到空前的打擊，有所謂「福利國家的危機」之說。福利國家被質疑阻礙經濟成長、形成大政府、造成國家財政負擔、道德敗壞，以及存在合法性的危機。各工業先進國家遂各自依自己的政治經濟社會條件，採取制度調適，緊縮社會福利預算是最直接的手段。

保守的政治氣氛的確對社會工作學生造成恐慌，例如：1970年代末，美國大約有28,000位社會工作學士在學，到了1983年降到只剩四分之三左右；到了1990年才又回復到1970年代末的水準；1994年達到高峰38,500人，1995年又稍降。碩士級情形也類似，1983年下滑了五分之一，1994年又上升，比1983年多了21%。但是，由於保守的聯邦立法，又使社會工作學生人

數回跌（Morales & Sheafor, 1998）。

在保守主義的氛圍下，英國的社會工作者發起了另一波基變社會工作運動，稱為「個案騙子」（*Case Con*）（對抗個案會議）。起因於1968年英國政府通過《希伯罕報告》（*the Seebohm Report*），這代表英國專業社會工作發展的勝利。該報告建議原先分散在各部門的社會服務工作者，例如：兒童福利、老人福利、身心障礙者、心理健康、居家服務等，應整合在一個地方政府的社會福利部門下，社會工作者被訓練成綜融社會工作者（generic social workers），依地理區分成若干服務團隊，提供預防與社區為基礎的（community-based）服務。對英國的社會工作專業發展來說，這也是邁向專業化的分水嶺，大量社會工作者被訓練與招募。然而，《希伯罕報告》沒有明確定義社會工作者如何提供社會服務。1982年的《巴克萊報告》（*the Barclay Report*）才定義「社會工作者：其角色與任務」，該報告強調社會工作者不能只扮演社區組織或個案工作中的任一角色，而必須同時解決個人問題與公共議題（Evans & Hardy, 2010: 4）。

1970年起，一群英國的社會工作者（廣義的）卻擔心這種專業主義（professionalism）的發展對英國的社會工作不利，於是發起對抗「個案研討會」（case conference）的組織，認為專業的社會工作者只會圍坐在個案研討會議桌旁，討論如何將「個案」的問題去結構化，進而責難受害者（victim blaming），以達成社會控制。該組織認為社會工作者與其案主應分享共同的奮鬥（Weinstein, 2011）。如同貝里與布列克（Bailey & Brake, 1975: 9）所說的「社會工作者本身也是經濟剝削的受害者」，因為他們既無權，又無錢。專業主義對社會工作者來說是一種志業主義（careerism），對案主來說卻是被社會控制（Weinstein, 2011）。社會工作者為了自己的生涯升遷可能放棄對案主的承諾。

在〈個案騙子宣言〉（Case Con Manifesto）中，首先他們主張社會工作沒有簡易的答案，不應該簡化案主的問題與需求。其次，他們附和左派對福利國家的批判，認為福利國家只不過是資本主義體制用來安撫勞動階級的手段，並不是真正為了提升勞工的生活水準。第三，專業主義不但會切斷專

業社會工作者與非專業社會工作者間的合作可能；也會因自許爲專家而阻隔社會工作者與其案主間的關係；進而引進商業模式的生涯結構，爲了表現正確與專業的行爲，而解離（detachment）與有控制地情緒涉入。第四，社會工作組織必須獨立於國家之外，爲了與案主站在一起，不惜集體對抗資本主義國家及其行政工具。最後，支持社會工作者組成基層工會（Weinstein, 2011）。

然而，無法抵擋英國追求社會工作專業化的浪潮與佘契爾主義（Thatcherism）的來勢洶洶，1977年「個案騙子」結束運作。英國的「個案騙子」基本上是一種去專業化（de-professionalization）的主張，藉由推翻專業體制霸權，讓社會工作回到普羅大眾的善心工作，來實現正義天使的神聖使命。然而，史佩特（Specht, 1972）早就反對以去專業化來解決社會工作不完整專業的瑕疵。回到檢討專業化的方向錯誤才能導正其缺失，因爲去專業化更可能帶來官僚化、去技巧化、格式化，以及政治行動主義化等遺害。「個案騙子」結束後，英國基變社會工作者於2004年轉型爲「社會工作行動網絡」（Social Work Action Network, SWAN），作爲第一線實務工作者、草根工作者、學者、服務使用者針對社會工作危機的對話平台。其對抗對象已經不再是簡化了的專業主義，而是管理主義（managerialism）與新自由主義（neoliberalism）了（Weinstein, 2011）。

社會工作者必須繼續留在福利國家的制度裡，不可能自外於福利國家而加入勞工運動或婦女運動，反而，由於他們看透了福利國家合法化的功能，而應使這種合法化的功能減少其罪惡性，也就是不讓社會控制輕易得逞。因此，介入政治活動似乎是不可避免的。這也就是1980年代另一波基變社會工作的再出發。

1980年代的社會工作者除了一面發展新的社會工作方法以應付來自新保守主義者的攻擊，例如：個案管理（case management）、緊縮管理（cutback management）之外；另方面也進行自我調整，例如：發展更多的私人開業（private practice）或營利機構（profit-making agencies），以及承包購買式服務方案（purchase-of-services）。

至於基變的社會工作者則積極發展下列四方面的工作（Burghardt & Fabricant, 1987: 459-62）：

1. 基層工會主義（rank-and-file trade unionism）

社會工作的地位受到貶抑，社會福利預算被刪，社會工作者必須透過組織的力量來爭取自己的利益。

2. 關懷新的社會議題

社會工作者介入更多新的社會問題，例如：家庭暴力、兒童虐待、老人照顧、女權運動、墮胎合法化運動、無家可歸者的關懷、移民服務、愛滋病（AIDS）、同志（LGBT）等新的議題，尤其是那些在保守的社會政策下被忽略與被壓迫的問題。社會工作者成為這些保守主義的社會政策下的犧牲者之倡議者。

3. 參與政治行動

社會工作者介入選舉事務，例如：社會工作者鼓勵服務使用者支持那些贊助社會服務立法的候選人，甚至成為那些支持社會福利政策的候選人之助選員。

4. 新的實施方法的開創

在臨床的實施方面重新檢討傳統介入方法的限制，納入更多社會批判的概念，例如：針對社會脈絡中不利於服務對象行為的部分，並將社會脈絡的思考納入介入計畫內，特別是種族、階級與性別因素；將女性主義納入社會工作實施的脈絡中加以思考。另外，將對話的原則納入臨床實施，社會工作者褪去其專家的角色，與服務對象使用同樣的語言、文化互動，也就是所謂的對話互動（dialogic interaction）。在社會計畫與社會政策方面，社會工作者將組織技巧帶入社會介入的過程，讓服務對象組織起來，為自己的福利權打拚。其實，這不是新的技術，只是在保守的年代裡，不組織起來，便不會有力量。

至於1990年代的社會工作又面對哪些議題呢？蘭根與李（Langan & Lee, 1989: 2-4）指出四個主要的因素影響社會工作的環境：

1. 由於過去15年來經濟不景氣與近10年來保守政黨的執政，已經大量製造社會工作者的負擔，例如：失業、無家可歸、貧窮等問題。

2. 社會工作面臨前所未有的批判與質疑。例如：因保護兒童不被虐待而被指責為介入家庭私生活；社會工作反對保守的社會政策而被批評為反時代潮流。社會工作已再度成為保守政策的代罪羔羊。

3. 社會工作扮演一個更強制的與干預主義的政策執行者。而這種來自保守政權的壓力使得社會工作者面臨兩難，一方面社會工作者必須承擔國家社會控制的角色；另一面又不能忘卻其傳統關懷弱勢的功能。其實，後者已被前者擠壓而退卻，尤其在兒童照顧與少年犯罪這個領域。

4. 社會工作更面臨來自被壓迫的一方的批判。例如：早期基變社會工作的主流思想是來自男性為中心的社會傳統，頂多只接納了1970年代女性運動引發的部分議題，而事實告訴我們，女性主義者並不滿意當前父權結構下的社會福利服務。不僅如此，種族的潛在區隔還是存在著，早年的基變社會工作亦被認為是「種族盲」（race blindness）。

據此，1990年代的社會工作者如何面對這些挑戰？首先，他們批判現存的社會服務供應模式，而且繼續用寬廣的社會與政治脈絡來解讀。其次，將基變的觀點落實到社會工作實務，讓適當的介入策略進入真實的社會世界，例如：對身心障礙者的服務、貧窮家庭的支持等，提供較全面的協助。第三、重新調整對性別、種族、文化的敏感度，解構既有的男性、白人為中心的批判角度，納入較多的女性、弱勢者、階級與種族的觀察。最後，充權（empowerment）仍然是未被放棄的政治行動，亦即，讓福利使用者擁有政治上的發言權。社會工作者要覺察政治與社會工作間不可分割的關聯。即使在一個小小的實施領域裡，微政治（micropolitics）的觀點仍然必要，例如：使服務對象能參與日常生活內小架構的改變，而擴大到大的社會結構的改變。政治的覺醒與參與，使服務對象體認到根本變革的重要性（林萬億，1992）。

參 風險社會下社會工作的反思（1990年代以來）

　　1990年代以來，人類社會面對全球化（globalization）、後工業化的衝擊。全球化是指國際間經由觀點、產品、理念、文化的交流，而整合成一個全球市場。全球化創造出：(1)新的全球服務市場，例如：銀行、保險、有價證券、不動產投資、交通事業等在金融市場鬆綁與全球消費市場下，出現全球新布局；(2)新的行動者，例如：跨國企業、世界貿易組織（WTO）、國際非政府組織（NGOs）、國際移民組織、國際犯罪法庭、多國高峰會議（G7、G8、G20）、區域經濟組織等出現，試圖整合國際新秩序；(3)新的規則與規範，例如：市場經濟政策、民主體制、人權宣言、環境公約、跨國貿易協定等一一出爐；(4)新的溝通工具，例如：傳眞機、網路、e-mail、手機、電腦輔助設計、廉價飛機票等新的溝通與交通工具出現（Adams, Dominelli, & Payne, 2009）。

　　而後工業化是指人類社會走向：去工業化（deindustrialisation）、就業三級化（tertiarisation of employment）、就業去標準化（destandarisation of employment）、女性勞動參與率提高等（Bonoli, 2006: 5-6）。而福利國家面對後工業壓力（post-industrial pressure）則包括：從製造業轉向服務業的生產力下降引發的經濟成長遲緩、福利國家擴張與成熟及政府承諾的成長極限、老化的人口轉變、家庭結構的轉型等（Pierson, 2001）。

　　德國社會學家貝克（Beck, 1992）認爲現代社會進入一個嶄新的階段，個人、社會、國家均面臨科技、技術與工業發展所帶來的副產品——新風險（new risks），例如：狂牛症、地球暖化、傳染病毒等。這些新風險脫離了既有制度的監控與社會的保護。亦即，在工業社會下，階級伴隨著貧窮與不均。但是，在風險社會（risk society）裡，每個人均須面對科技帶來的無法控制的風險。

　　在後工業社會（post-industrial society）裡，個人經驗社會經濟轉型的結果而導致的福利喪失（welfare losses），即爲新社會風險（new social risks），具體的經驗包括：工作與家庭間的兩難、單親家長增多、脆弱的人

際關係、低或老式的技術、不適足的社會安全網（Esping-Andersen, 1999; Esping-Andersen, Gallie, Hemerijck, & Myles, 2002; Bonoli, 2006）。

　　英國社會工作學者韋布（Webb, 2006）認為風險社會的政治──新自由主義（neoliberalism）加速了危機的積累，例如：管制的鬆綁、貪得無厭的慾望滿足、利益的極大化等，才是創造環境新風險的元凶；選擇（choice）、私人化（personalization）擴大了貧窮、結構的不均。新自由主義的本質如下（Pratt, 2005）：

1. 方法論上的個人主義（methodological individualism）。強調家庭責任、個人風險管理、工作福利。
2. 理性（rationality）。主張自由選擇、消費者權利。
3. 市場至上（market supremacy）。推動自由化、競爭、新公共管理主義（new public managerialism）、雨露均霑（trickle down）、向下競逐、效率至上。

　　在新自由主義思潮下的社會工作處境是兩難的，一方面不被服務使用者信任，因為在新公共管理主義下，服務對象成為犧牲者，而社會工作者卻無力去提供服務對象所需的服務，而被批評為笨拙的（awkward）。另方面又不被政府信任，因為社會工作者的天職是挑戰不正義的社會，而成為政府眼中的麻煩專業（troublesome profession）（Ferguson, 2008: 15）。

　　社會服務部門也不例外地被要求委託外包（contracting-out）、採購者與服務提供者分離（purchaser/provider split），績效管理。瑞澤（Ritzer, 1996）在其《社會麥當勞化》（*The McDonaldization of Society*）一書提出警訊，認為美式的速食餐廳文化已滲透到社會的各個部門。瑞澤認為麥當勞化的內涵是：效率、計算、可預測（標準化）、控制、理性的非理性（irrationality of rationality）。所謂理性的非理性是指在一個人性的體系裡施行理性，基本上是去人性化（dehumanization）。要讓人變得不像人是很痛苦的。諸多非理性還是存在，例如：繁文縟節、名過於實、前景不明、不能溫飽等，如何能達到理性的管理目的呢？

　　社會工作界也注意到「社會工作的麥當勞化」（The McDonaldization

of Social Work）現象。達斯汀（Dustin, 2007）認為社會服務部門被新公共管理影響之後，社會工作商業（Social Work Business）（Harris, 2003）的概念出現；或是社會工作的企業年代（Corporate Era）（Davis & Leonard, 2004）來臨。社會工作已不再是本書第二章定義的社會工作，社會工作者也不再是傳統的「協助個人、團體、社區增強或恢復其社會功能的能量，以及創造有利於達成目標的社會條件的一種專業活動。」（NASW, 1982）或是「促進社會變遷、解決人際關係問題，以及充權和解放人民，增進其福祉。」的專業助人者（IFSW, 2000），而是個案管理者（Case Manager）或是照顧管理者（Care Manager）；已將其焦點從協助人與社會的變遷移轉到績效管理、預算控制。這種重管理輕服務，人的主體性消失了，人性也不見了。不管是公部門社會工作者或私部門承包委託案的社會工作者，幾乎不可避免地陷入科層專業身分（bureau-professional identity）的困境中，受制於管理技術與政治意識形態的左右，掙扎於作為專業社會工作者的身分認同。

此外，全球化對社會工作的影響則包括：

1. 不確定性（uncertainty）。包括：知識、技術、意義、生命歷程、社會結構等的不確定（Beck, 1992; Fook, 2002）。因此，社會工作必須從老專業主義（old professionalism），轉型到新專業（new profession），不再自許為全知全能的專家，可以掌控一切知識，而必須開放地接受來自同輩、社會大眾的評鑑與檢核（Fook, 2007; Dominelli, 2010）。

2. 新自由主義全球化的困境。包括：貧富不均、工作貧窮、失業、人口販運問題更加嚴重（Ferguson, 2008），這些都是傳統慈善所稱的不值得幫助的窮人，而卻是社會工作的新服務對象。

3. 本土的價值（例如：家庭關係、權威、道德標準、社區意識等）與殖民的價值（例如：個人主義、自我責任、效率、選擇等）間的衝突加劇（Payne & Askeland, 2008）。

4. 專業關係建立（長期、專業裁量、尊重、彈性、充權等）與新公共管理的效率考量（財政、組織效能等）間的衝突也加劇（Payne &

Askeland, 2008）。

而風險社會下的社會工作的處境又包括（Webb, 2006）：

1. 在處理新風險產生的新焦慮的議題，專家與制度漸感失靈。

2. 新形式的災難與風險是現代性的副產品，因此必須對現代性（modernity）進行反省（reflexive）。

3. 傳統的民主政治——國會、內閣已不足以因應風險，超越議會形式的新社會運動，例如：對抗地球暖化、反資本主義運動等相繼出現，成為社會工作的新夥伴。

4. 在新自由主義政治氛圍下，風險管理（risk management）被個人化，期待由市場過程的自我管制來減除。但是，政府的計畫總是失敗的，個人並無法管理自己的風險，市場也無法提供真正滿足降低風險的服務，發展新的風險治理（risk governance）是必要的。

5. 在既存的風險管理形式衰微下，新的風險的理性化出現以彌補不足，新的身分認同政治於焉產生，例如：身心障礙權益、心理衛生服務、受虐婦女運動等，以及社會資本的累積。

6. 社會工作在新的國家與人民關係下必須去回應風險的不確定性，再勾勒這種關係是必要的，例如：脆弱人口群增加，但是國家財政的限制、權限下放（devolution）到地方政府、公共政策的低優先性等均不利於社會照顧的提供。

7. 社會工作被迫去遷就責信與績效。為了因應風險增加，社會工作人力不足，只好發展計算科技來提高對風險的評估能力，和進行委外服務管制來增進績效評鑑。

就這樣，社會工作被規制（regulated）了，也自我規制（self regulation），限縮了實踐專業承諾的空間；同時，又成為管制者（regulator），在管制服務對象的道德與外包單位的績效，過多的管制與績效評鑑，讓社會工作者逐漸喪失其本質與承諾。於是，英國出現「導正社會政策」（Reclaiming social policy）（De Haan, 2007）的訴求，重新架構以權利為導向的社會政策。進而有「導正社會工作」（Reclaiming Social Work）的推動

（Ferguson, 2008: 132-36），由「社會工作行動網絡」（SWAN）作爲推動平台，要求回歸社會工作的本質、導正新自由主義下社會工作的被扭曲。特別在2009年發生「P小孩」（Baby P）被其母親男友嚴重虐待死亡事件後，更令社會工作界嚴厲批評英國的社會照顧體系根本無力保護兒童。至於，要導正社會工作的什麼呢？

1.回歸社會工作的倫理價值

從工匠證據爲基礎的實務（technicist evidence-based practice）回到以社會工作價值爲基礎的實務。擺脫新公共管理主義與證據爲基礎的實務霸權，導正社會工作技巧被要求臣服於市場價值與道德威權主義的扭曲，避免讓服務對象成爲新自由主義全球化下的替罪羔羊。

2.導正關係與過程

長期以來，工作者／案主關係是社會工作的核心。然而，這種工作者／案主的治療關係並非毫無瑕疵的。社會工作者必須謹慎理解這種以關係爲基礎的（relationship-based）社會工作不能成爲傷害案主心理與造成壓迫內化的機制。社會工作者必須採取雙重過程的改變：一方面協助人民了解其在被壓迫下的疏離成因；另方面建立其自尊（Bailey & Brake, 1975: 9）。

3.再訴求社會

在一系列以高風險個人與家庭爲名的方案中，社會工作者要避免將社會風險個人化，或風險家庭化。不應將個人的貧窮、失業、障礙、失序、困擾單純地加諸給個人承擔，必須從多因、多面向來評估其成因。簡單地說，就是重建社會工作的「社會」概念，而不只是「工作」（Dominelli, 2010）。

4.再訴求結構

如基變社會工作者所言：「其無意消滅個案工作，而是要消滅支持統治階級霸權的個案工作。」（Bailey & Brake, 1975: 9）更精確地說，是要消滅替壓迫者服務的爲虎作倀的社會工作。因此，社會工作者必須重拾結構的思考（structural thinking）。從批判社會工作（critical social work）的角度來看，個體作用（individual agency）也是一種途徑，進而轉進到集體作

用（collective agency），或結構決定（structural determinants）是必要的。
社會工作者必須理解服務使用者的生活整體，而不是片段，或道德的判斷。
社會工作者必須有社會正義的思考（social justice thinking），尋求批判的
或反思的社會工作，為服務對象爭取權益（Thompson & Thompson, 2008;
Fraser & Matthews, 2008; White, Fook & Gardner, 2006; Fook, 2016），這才
是回歸社會工作的本質。

5.再訴求政治

在新公共管理主義下，大部分社會工作者服務於政府部門，或是被委託
外包的方案所僱用，根本逃不了國家與社會的如來掌心。社會工作者想要扮
演「寧靜的專業」（quiet profession）簡直不可能（Cree & Davis, 2007）；
社會工作者想要自命清高地去政治化（depoliticizing）也很困難。反之，社
會工作者必須熟悉風險社會下的權力與政治運作，才能把握機會為服務對象
爭取權益。

2011年，一群英國的基變社會工作者回顧35年來基變社會工作的發
展，提醒社會工作正走在十字路口，社會工作者不能忘記初衷，還有許
多婦女被壓迫、少數民族處在不利地位、貧窮問題沒有被解決、照顧服
務商品化、威權統治反撲等，都需要社會工作伸張正義，重拾基變改革
（Lavalette, 2011）。

社會工作除了繼續受到全球化與後工業化的影響之外，科技的日新
月異，也帶來不可忽視的影響。傳統實體店面的販售形式受到人工智慧
（AI）、無人超市、自動販賣機的競爭，未來零售業的生存空間將萎縮，
零售服務業勞工工作機會勢必減少；再者，自動駕駛技術的研發日漸成熟，
預測於2040年時，高達75%的車輛都將自動化，駕駛員工作也將部分消失。
顯示出機器人和人工智慧（Artificial Intelligence, AI）引發的「第四次工業
革命」，將對經濟和薪資收入的深遠影響。麥肯錫全球研究院（McKinsey
Global Institute, MGI）2017年報告預估，公布未來12項可能改變生活、企業
與全球經濟的破壞性科技（disruptive technologies），有望在2025年帶來14
兆至33兆美元（約臺幣419兆至988兆）規模的經濟效益。但至2030年將有4

至8億個工作（約全球工作15至30%）會被自動化取代。此外，資通訊科技（ICT）不只是作為溝通、娛樂、蒐集資訊之用，更擴及醫療、長期照顧、教育、家戶安全、交通、生活便利等。這些總總，都預告了社會工作必須面對的不只是網路世代的新科技運用的便利、新學習經驗及人際關係的改變，更嚴峻的是社會與經濟挑戰已橫亙在眼前。

參考書目

一、中文部分

林萬億（1979）。社會工作的未來。社會建設季刊，38，頁15-22。

林萬億（1992）。社會工作——從傳統到根本改革。編入林萬億、古允文主編，**基變社會工作**，頁1-37。臺北：五南。

林萬億（1994）。**福利國家——歷史比較分析**。臺北：巨流。

林萬億（1998）。**團體工作：理論與技巧**，臺北：五南。

林萬億（2002）。**當代社會工作：理論與方法**。臺北：五南。

林萬億（2003）。**福利國家的形成與社會公平**。臺北：臺灣大學。

林萬億、沈詩涵（2008）。邁向專精之路：臺灣社會工作的下一步？社區發展季刊，121期，199-233。

林萬億（2010）。**社會福利**，臺北：五南。

林萬億（2020）。社會安全網的再強化：介接司法心理衛生服務。社區發展季刊。

林萬億、鄭如君（2014）。**社會工作名人傳**。臺北：五南。

沈剛伯（1982）。**沈剛伯先生文集**（上、下集）。臺北：中央日報社。

洪惠芬、簡守邦譯（1999）。**福利國家的創建者——十六個英國社會改革先驅的故事**（原著Barker, P., 1984）。臺北：唐山。

徐震、林萬億（1983）。**當代社會工作**，臺北：五南。

二、英文部分

Adams, R., Dominelli, L., & payne, M. (2009). *Social Work: themes, issues and critical debates* (3rd ed.). Palgrave Macmillan.

Agnew, E. (2004). *From Charity to Social Work: Mary E. Richmond and the Creation of an American Profession*. Urbana and Chicago: University of Illinois Press.

Alonso, H. H. (1995). Nobel Peace Laureates, Jane Addams and Emily Greene Balch: two women of the Women's International League for Peace and Freedom. *Journal of Women's History*, 7: 2, 6-16.

Andrews, J. & Reisch, M. (1997). The Legacy of McCarthyism on Social Group Work: An Historical Analysis. *Journal of Sociology and Social Welfare*, XXIV: 3, 211-235.

Austin, D. (1983). The Flexner Myth and the History of Social Work. *Social Service Review*, September, 359-77.

Axinn, J. & Levin, H. (1982). *Social Welfare: a history of the American response to need* (2nd ed.). NY: Harper & Row.

Bailey, R. & Brake, M. (1975). *Radical Social Work*. London: Edward Arnold.

Bartlett, H. (1970). *The Common Base of Social Work Practice*. NT: NASW.

Beck, U. (1992). *Risk Society*. London: Sage.

Boehm, W. (1967). *Social Work Practice*. NY: Columbia University Press.

Bonoli, G. (2006). New Social Risks and the Politics of Post-industrial Social Policies. In Klaus Armingeon and Giuliano Bonoli (ed.), *The Politics of Post-Industrial Welfare States: adapting post-war social policies to new social risks*. London: Routledge.

Brieland, D., Costin, L. B. & Atherton, C. R. (1985). *Contemporary Social Work: an introduction to social work and social welfare*. NY: McGraw-Hill Book Co.

Brown, E. L. (1936). *Social Work as a Profession*. NY: Russell Sage Foundation.

Burghardt, S. & Fabricant, M. (1987). Radical Social Work. In Anne Minahan et al., *Encyclopedia of Social Work* (18th ed.), pp.455-62. NASW.

Carr-Saunders, A. M. (1955). Metropolitan Conditions and Traditional Professional Relationships. In R. M. Fisher (ed.), *The Metropolis in Modern Life* (pp.279-87). Garden City, NY: Doubleday.

Chang, Chung-tung (1979). Dr. Sun Yat-sen's Principle of Livelihood and American Progressivism. *Chinese Studies in History*, XV: 3-4, 4-19.

Compton, B. R. & Galaway, B. (1975). *Social Work Practice*. Homewood, IL: Dorsey Press.

Cree, V. & Davis, A. (2007). *Social Work: voices from inside*. London: Routledge.

D'Angelo, R. (1976). *The Manipulators: a generic model of social work intervention*. Columbus: School of Social Work, The Ohio State University.

Davis, L. & Leonard, P. (2004). *Social Work in a Corporate Era*. Aldershot, Hampshire: Ashgate.

De Haan, A. (2007). *Reclaiming Social Policy: globalization, social exclusion and new poverty reduction strategies*. Hampshire: Palgrave.

Dominelli, L. (2010). *Social Work in a Globalizing Word*. Cambridge: Polity Press.

Dustin, D. (2007). *The McDonaldization of Social Work*. Aldershot, Hampshire: Ashgate.

Elshtain, J. B. (2001). Jane Addams and the Social Claim. *The Public Interest,* Fall, 82-92.

Esping-Andersen, G. (1999). *Social Foundations of Postindustrial Economies*. Oxford: Oxford University Press.

Esping-Andersen, G., Gallie, D., Hemerijck, A., & Myles, J. (2002). *Why We Need A New Welfare State*. Oxford: Oxford University Press.

Evans, T. & Hardy, M. (2010). *Evidence & Knowledge for Practice*. Cambridge: Polity Press.

Ferguson, I. (2008). *Reclaiming Social Work: Challenging Neo-liberalism and Promoting Social Justice*. London: Sage.

Fisher, J. (1980). *The Response of Social Work to the Depression*. Cambridge. MA: Schenkman Publishing Co.

Fook, J. (2002). *Social Work: critical theory and practice*. London: Sage.

Fook, J. (2016). *Social Work: a critical approach to practice* (3rd ed.). London: Sage.

Fook, J. (2007). Uncertainty: the defining characteristic of social work? In Lymbery, Mark and Postle, Karen (eds.), *Social Work: a companion to learning*. London: Sage.

Fraser, S. & Matthews, S. (2008). *The Critical Practitioner in Social Work and Health Care*. Berkshire: Open University Press.

Fraser, D. (2009) .*The Evolution of the British Welfare State* (2nd ed.). Basingstoke: Macmillan Press.

Friedlander, W. (1955). *Introduction to Social Welfare*. NY: Prentice-Hall.

Garvin, C. D. (1997). *Contemporary Group Work* (3rd ed.). Boston: Allyn Bacon.

Gilbert, N. & Specht, H. (1974). The Incomplete Profession. *Social Work*, 19: 6, 66-74.

Gilbert, N., Miller, H., & Specht, H. (1980). *An Introduction to Social Work Practice*. Englewood Cliffs, NJ: Prentice-Hall, Inc.

Greenwood, E. (1957). Attributes of Profession. *Social Work*, July, 45-55.

Harris, J. (2003). *Social Work Business*. London: Routledge.

Johnson, L. (1998). *Social Work Practice: a generalist approach* (6th ed.). Boston: Allyn and Bacon.

Karger, H. J. & Stoesz, D. (2006). *American Social Welfare Policy: a pluralist approach* (5th ed.). Boston: Pearson Education, Inc.

Kidneigh, J. (1965). History of American Social Work. In *Encyclopedia of Social Work* (15th ed.), p4. NY: NASW.

Kirst-Ashman, K. (2007). *Introduction to Social Work & Social Welfare: critical thinking perspectives* (2nd ed.). Belmont, Ca: Thomson Brooks/Cole.

Lee, P. (1937). *Social Work as Cause and Function and Other Paper.* NY: Columbia University Press.

Leiby, J. (1978) *A History of Social Welfare and Social Work in the United States*. NY: Columbia University Press.

Langan, M. & Lee, P. (1989) *Radical Social Work Today*. London: Unwin Hyman.

Lavalette, M. (2011). *Radical Social Work Today: social work at the crossroads*. Bristol University

Press.

Lubove, R. (1965). *The Professional Altruist: the emergence of social work as a career.* Cambridge, MA: Harvard University press.

Lundblad, K. S. (1995). Jane Addams and Social Reform: a role model for the 1990s. *Social Work*, 40: 5, 661-668.

Lundy, C. (2011). *Social Work, Social Justice & Human Rights: a structural approach to practice* (2nd ed.). Toronto: University of Toronto Press.

Marsh, D. (1980). *The Welfare State: concept and development*. London: Longman.

Meyer, C. (1970). *Social Work Practice: a response to the urban crisis*. NY: Free Press.

Morales, A. & Sheafor, B. (1998). *Social Work: a profession of many faces*. Boston: Allyn and Bacon, Inc.

Payne, M. & Askeland, G. A. (2008). *Globalization and International Social Work: postmodern change and challenge.* Hampshire: Ashgate.

Perlman, H. H. (1969). *Helping: Charlotte Towle on Social Work and Social Casework*. Chicago: The University of Chicago.

Pierson, P. (ed.) (2001). *The New Politics of Welfare State.* Oxford: Oxford University Press.

Pincus, A. & Minahan, A. (1973). *Social Work Practice: model and method.* Itasca, IL: F. E. Peacock.

Piven, F. & Cloward, R. (1977). *Poor People's Movements: why they succeed, how they fail.* New York: Pantheon Books.

Pratt, A. (2005). Neoliberalism and Social Policy. In M. Lavalette and A. Pratt (eds.), *Social Policy: Theories, Concepts and Issues*. London: Sage.

Pumphrey, R. (1971). Social Welfare: history. In *Encyclopedia of Social Work* (16th ed.), pp. 1446-1461. NY: NASW.

Reisch, M. (1998). The Sociopolitical Context and Social Work Methods, 1890-1950. *Social Service Review*. June, 161-180.

Ritzer, G. (1996). *The McDonaldization of Society: an investing into the changing character of contemporary social life.* Thousand Oaks, CA: Pine Forge Press.

Rose, M. (1986). *The Relief of Poverty 1834-1914* (2nd ed.). Macmillan.

Selmi, P. & Hunter, R. (2001). Beyond the Rank and File Movement: Mary van Kleeck and Social Work Radicalism in the Great Depression, 1931-1942. *Journal of Sociology & Social Welfare*, 2001, 28: 2, 75-101.

Shoemaker, L. M. (1998). Early Conflicts in Social Work Education. *Social Service Review*, June, 182-191.

Siporin, M. (1975). *Introduction to Social Work Practice*. NY: Macmillan.

Skocpol, T. & Orloff, A. S. (1984). Why Not Equal Protection? Explaining the Politics of Public

Social Spending in Britain, 1900-1911, and the United States, 1880s-1920. *American Sociological Review*, 49 (December), 726-50.

Specht, H. (1972). The Deprofessionalization of Social Work. *Social Work*, 17(March), 3-15.

Specht, H. & Vickery, A. (1977). *Integrating Social Work Methods*. London: George Allen & Unwin.

Specht, H. & Courtney, M. (1994). *Unfaithful Angels: how social work has abandoned its mission*. NY: Free Press.

Thompson, S. & Thompson, N. (2008). T*he Critically Reflective Practitioner.* Hampshire: Palgrave.

Timms, N. (1983). *Social Work Values: an enquiry*. London: RKP.

Toren, N. (1969). Semi-Professionalism and Social Work: a theoretical perspective. In A. Etzioni (ed.), *The Semi-Professions and their Organization* (pp.141-195). NY: the Free Press.

Trattner, W. (ed.) (1983). *Social Welfare or Social Control? Some Historical Reflections on Regulating the Poor.* Knoxville: the University of Tennessee Press.

Trattner, W. (1999). *From Charity to Welfare State*: *a history of social welfare in America* (6th ed.). NY: The Free Press.

Vinter, R. (1967). *Readings in Group Work Practice*. Ann Arbor: University of Michigan press.

Webb, S. A. (2006). *Social Work in a Risk Society: social and political perspectives*. Basingstoke, Hampshire: Palgrave Macmillan.

Wenocur, S. & Reisch, M. (1983). The Social Work and the Ideology of Professionalization. *Journal of Sociology and Social Welfare*, 10: 4, 684-732.

Wenocur, S. & Reisch, M. (1989). *From Charity to Enterprise: the development of American social work in a market economy*. Urbana: University of Illinois Press.

Weinstein, J. (2011). Case Con and Radical Social Work in the 1970s: the impatient revolutionaries. In M. Lavalette (ed.), *Radical Social Work Today: social work at the crossroads* (pp.11-26). Bristol : the Policy Press.

White, S., Fook, J. & Gardner, F. (2006). *Critical Reflection in Health and Social Care*. Berkshire: Open University Press.

Wilensky, H. (1964). The Professionalization of Everyone? *The American Journal of Sociology*, Lxx: 2, 137-58.

Woodroofe, K. (1962). *From Charity to Social Work: in England and the United States*. London: RKP.

Wotton, B. (1959). *Social Science and Social Pathology*. Allen & Unwin.

Younghusband, E. (1964). *Social Work and Social Change*. London: George Allen & Unwin Ltd.

Zastrow, C. (1995). *The Practice of Social Work* (5th ed.). Pacific Grove, CA: Brooks/ Cole Publishing Co.

第四章
臺灣社會工作專業的發展

西方社會工作的起源與資本主義發展息息相關。如前章所述，19世紀中葉，新興的城市中產階級面對資本主義帶來勞工階級生活的貧困、城市人口暴增，以及看到維持資本主義社會的重要性，而組成慈善組織會社，企圖透過道德（節儉與自助）來教化窮人，以控制、管理公共與私人慈善來區分對值得救助的窮人與不值得救助的窮人的施惠或管制（Bailey & Brake, 1975），這樣的資本主義發展經驗很快就從英國傳到美國，使美國成為最早發展社會工作專業的國家。

就20世紀的歷史經驗來看，似乎每一個資本主義國家都一定會有社會工作的出現。不過，不一定都依著英、美模式發展。荷蘭社會工作專家狄將芙（Jan F. de Jongh）於1968年5月28日受邀在倫敦國家社會工作訓練研究院（the National Institute for Social Work Training）的楊哈斯本（Eileen Younghusband）講座發表演講，說道：「我從來不相信荷蘭的社會工作能運用於新幾內亞的巴布亞高地。但是，真正讓我吃驚的是，荷蘭的社會工作竟然對我們親密的鄰邦布魯塞爾也沒有任何影響……」也就是說，同樣西方國家的社會工作都不一定能相互引用，更何況是距離10萬8千里外的亞洲、非洲或拉丁美洲國家（de Jongh, 1969: 16-24；林萬億，1991a）。

即使是已受到英、美模式社會工作擴散的亞、非、拉丁美洲國家，也未必享有社會工作母國般的地位與待遇。研究國際社會發展的英國社會工作學者米吉雷（Midgley, 1981: Xi-Xii）指出：「社會工作被輸入到這些（發展中）國家已有30年之久，然而社會工作在第三世界並沒有得到與西方社會工作者相稱的薪資、認可與專業地位……學生被訓練去運用與西方國家學生相同的社會工作原則，研讀相同的教科書，看同樣的期刊，被教導同樣的理論與方法。他們畢業後被僱用在公私立社會福利組織，用西方社會服務機構相同的方式來解決當地的社會問題……社會工作者用既有的方式與依據傳統社會工作介入所形成的社會福利政策來處理在地的社會問題，是力不從心的。」這段話道盡了發展中國家社會工作者的心酸。

臺灣的社會工作一如大多數殖民地或新工業國家一般，是由殖民母國（日本）從西方輾轉移植來臺；之後，再由強勢的西方資本主義中心國家

（尤其是美國）擴散而來，其間國民政府在中國大陸時期的經驗扮演排除與卡位的中介角色，使臺灣社會工作有著一段不算短的黨政化階段。終究，抵擋不了美式社會工作專業化的趨勢，但一路走來並不順遂。本章從源頭說起。

第一節　臺灣社會工作發展的源頭

壹　日治時期臺灣的社會事業（1921-1945年）

臺灣社會工作的源頭最上游的是日本於1895年殖民臺灣後所引進的社會事業。日本的「社會事業」一詞首見於1908年「中央慈善協會」的設立宗旨。然而，官方正式將社會事業定調是在1919年，內務省救護課正式改名社會課，並將感化事業改名社會事業。而最早使用「社會事業」為書名的首推1922年田子一民所著的《社會事業》，以及杵淵義房所著的《本邦社會事業》。田子一民定義「社會事業是以社會團結（social solidarity）的思想為出發點，基本上是為了求得生活的幸福與促進社會的進步。因為現在的社會充斥著自我本位的人，而這樣的社會如何能得到幸福呢？唯有奉行社會改良主義的態度，不只追求自己的利益，才能確實地使社會更好，我們隨時都應意識到我們及我們的社會的意義。」（引自劉宴齊，2005：87）。該定義是非常歐洲式的。

日本之所以會在1910年代末以社會事業取代傳統的慈善救濟，實因於1917-1918年所發生的米騷動（米糧暴動）。該次暴動涉入者高達70餘萬人，2萬5千人被檢舉，7千7百多人被起訴，12人判處徒刑，2人判死刑，是為日本二次大戰前最大規模的社會抗爭。再加上1920年前後經濟不景氣引發的「昭和金融危機」，導致貧民增加，迫使政府注意到社會的不安（劉宴齊，2005：84）。

　　日本的社會慈善工作從19世紀來即受到西方國家的影響，自1860年喜邦（J. C. Hepburn）醫師進入日本開始，基督教的社會慈善工作也登陸日本。1872年伯利（John Berry）醫師也到神戶行醫，並教導日本人學習現代西醫。1875年，伯利醫師獲准進入監獄考察，建議日本人採取基督教義來改革獄政。1886年英國的社會服務工作者繆樂（George Müller）到日本開始以基督精神來提供孤兒服務。這些西方傳教士扮演引進現代醫學、社會慈善、監獄改革到日本的先鋒（Thomas, 1959）。

　　1910年代日本進入資本主義社會，西方民主思想也跟著進來。救濟工作（relief work）開始取代19世紀末的慈善工作（charity work），因為有限的慈善工作無法滿足人民的需求。如前所述，社會事業的概念雖然在稍早被採用，但是到了大正（1912-1926）中期才較普遍被使用。由於1918年的經濟不景氣，引發勞工運動、米騷動，再加上1923年關東大地震，使社會事業普遍被接受為促進社會團結的方法。社會事業機構也迅速擴張，由1916年的693家，增加到1920年的1,183家。社會立法也迎頭趕上，例如：住宅組合法、就業安排法、健康保險法、少年犯罪法等。日本內務部之下也設了社會課，地方政府也設有社會事業課（Ministry of Welfare, 1952）。

　　然而，由於文化的自信與自我解禁的期許，使得日本採借自西方的教育、醫學與社會立法，並非全盤西化（Thomas, 1959）。例如：始創於1918年的大阪鄰保館（neighborhood house），為地區性之綜合教化事業中心，提供治療、施醫、助產、保育、民眾指導、生活扶助、職業輔導、遊民救護、婦女保護、寄宿等綜合性社會事業；同時，在每一地區設方面委員會制度（district commissioner system），聘該地有聲望的人士組成，用以調查，並辦理地區之社會事業，例如：相談指導、保健治療、兒童保護、斡旋介紹、戶籍整理、金錢給與等事項。這些社會事業雖仿自德國愛伯福制（Elberfeld System）[1]的精神，但又結合在地的保甲制度。該制度於1923年

---

[1] 1800年始創於德國城市愛伯福（Elberfeld），市政當局指派6位貧民救濟員訪問貧民家庭，之後增加到12位，全市被分為8區、4組，並由一委員會督導。1841年該制度繼續擴

傳至臺灣（Ministry of Welfare, 1952；熊光義與楊鴻義，1952）。社會事業
很快地普及全日本，使日本社會事業走向專門化，也刺激了日本的社會事業
教育。幾本重要的社會事業教科書都出版於此時期。

日本統治臺灣之初，清帝國在臺灣所遺留下來的社會救濟機構被重組或
擴充，依日本歷史學者竹越與三郎（Takekoshi, 1907: 304-5）的說法，清帝
國只有留下五個社會救濟機構在臺灣。事實不然，依日人杵淵義房的《臺灣
社會事業史》記載，至少有16個清帝國的社會救濟機構存在於當時的臺灣
（臺灣省文獻委員會，1972）。這就是所謂的延續清帝國的「救恤舊慣」
（劉宴齊，2005）。

1921年日式的社會事業進入臺灣。1917年即擔任日本內務省囑託（顧
問），兼中央慈善協會主事的社會慈善家杵淵義房於1926年5月受臺灣總督
府之聘，來臺擔任總督府囑託一職，並戮力發展臺灣社會事業，於1928年
促成臺灣社會事業協會成立，並發行《社會事業之友》，作為引進新知與宣
傳理念的橋梁。杵淵義房可說是臺灣日治時期社會事業的主要推手。

日本人除了接收這些機構外，並創設了相當多新的機構，依杵淵義房
（1937）的研究，在1920年以前的日治臺灣，至少有10個窮人救濟機構，9
個醫療救濟機構、4個兒童保護機構、3個行旅救濟機構、2個職業介紹所、
1所少年教化所、7個出獄教化團體、1家鄰保館，以及14處公共住宅。到了
1920年代同化政策以後，社會事業擴張迅速，計有窮人救濟52所、醫療救
濟46所、兒童保護27單位、職業介紹3家、出獄教化8個組織，鄰保事業6

大。然而，到了1850年，不滿聲浪升高。路德教派企圖介入，但無進展。1852年銀行家
范黑德（Daniel von Heydt）重組之，將城市分為364小區，每一小區聘請一位無給職的
貧民救濟員，調查每一申請救濟者，一旦給予救濟，隔週進行家庭訪視，14小區組成一
區。這些貧民救濟員隔週集會一次，由一位也是無給薪的監督員帶領，進行案例討論與
救濟決策。這些決定再向由市長主持、4位議員、4位公民組成的委員會報告。委員會於
各區報告送達後，集會進行檢核與督導濟貧工作的進行。緊急案例則由貧民救濟員直接
救濟。救濟金每兩週發放一次。制度推行之後，救濟人口逐漸下降。這種作法擴及萊茵
地區的各大城市，例如：科隆、杜森道夫等。北方的漢堡也有類似的制度稱漢堡制。

處、公共住宅12處、公共當鋪15家,以及職業輔導5家,總計174單位(黃彥宜,1991)。

另依日人內藤(Naito, 1938)所編《臺灣:一個獨特的殖民紀錄》(*Taiwan: a unique colonial record 1937-38*)記載,至少有1,316個社會事業相關組織成立於臺灣。必須提醒的是內藤把救濟工作、經濟保障、安全保護、醫療中心,以及社會文化中心等都計算在內,數量才會有這麼多。即使如此,我們仍然必須承認日本統治臺灣期間,社會事業已有長足進步。就現代社會事業而言,日本引進臺灣的有觀護制度與感化教育(1899年)、人類之家[2](1916年)、方面委員會(1923年)、托兒所(1928年)等(林萬億,1991b)。

二次大戰後,聯軍占領日本,社會福祉(social welfare)成為普遍的用語,美式的社會工作方法(個案工作、團體工作、社區組織)也隨之影響日本。而臺灣也脫離日本的統治,日本人從歐洲、美國學到的社會事業傳到臺灣後,也因日本戰敗而全面被封殺。

貳 國民政府在中國大陸時期的社會工作 (1909-1945年)

臺灣社會工作的另一個源頭是中華民國政府在中國大陸時期所發展的社會工作。中國社會工作的源頭有二:一是來自日本1918年到1930年間出版以「社會事業」為名的社會工作書籍,中國學者將日人用語引進,言心哲

---

[2] 人類之家係由畢業自日本同志社大學的無政府主義派之社會主義者稻垣藤兵衛所創設於臺北大稻埕的稻江義塾所擴充。稻垣藤兵衛向來標榜「人類之愛」,「反對製造高等遊民的學校教育」、主張「建設萬人勞動的勞作主義新教育」為目標。堅持人類之家不製造智識階級的浮浪者,而欲發揮實際生活教育的學校特色。稻江義塾是提供孤苦兒童就讀的私塾。臺灣畫家洪瑞麟(1912-1996)曾於1920年入學就讀。畫風受人道主義影響很深,其礦工的畫作,最為代表。

（1945：5）指出當時社會工作書刊也大都以社會事業為名。

　　另一是直接來自美國在華社會工作者的擴散。革命後的中國，成為西方基督教文明競相伸手援助的廣大國度。尤其是被稱為中華民國國父的孫中山先生早年移居美國，熟習西方文化，在其鼓吹革命推翻清帝國的過程，受到美國、日本、英國等國家的協助。最早鼓吹在中國推行社會工作的大概是華北聯合學院（North China College）的李波特（Porter C. Lee）[3]，這位曾擔任美國費城慈善組織會社的主任，後來也擔任過紐約慈善學校校長，影響美國1920年代社會工作教育甚深的學者，於1913年即在《調查》（*The Survey*）期刊，這本刊登美國在華援助工作的刊物上，倡議認為該是引進社會工作到中國的時候了（Lee, 1913）。

　　在李波特發聲之前，1909年步濟時（John S. Burgess, 1883-1949）來到北京加入由普林斯頓大學費城社（The Philadelphian Society of Princeton University）創立於1906年的普林斯頓大學中心（Princeton University Center），即積極從事社會工作實務與教育推廣的工作。步濟時於1905年畢業於美國普林斯頓大學，1909年獲得哥倫比亞大學社會學碩士學位，旋即奉派來華，1911年組成「北京社會服務俱樂部」，作為基督徒從事都市社會問題解決的大本營。許多中國學生與教授加入這個社團，其主要社會活動包括：遊戲、休閒與體育活動、反敗德運動、公共衛生推廣、兒童福利、大眾教育、社會服務、殘障工作，以及社區福利等（Burgess, 1918: 634）。步濟時並且從1917年起在《調查》期刊上發表有關社會服務的觀察評論，

---

[3] 李波特（Porter Lee）於1937年提出社會工作的成因（cause）與功能（function）之辯。認為身為一位社會工作者，不是追尋成因就是實現功能。要成功地追尋成因，需要社會學的知識與政治常識，還需要熱誠、熱情，還有憤怒，甚至還要有魅力。但只有了解成因還不算獲得勝利。一旦客觀的成因被發現，結合政策與法令、組織與教育、科層與訓練、良好的行政，以及整體知識的發展，便能使它維持永久。在這個階段，社會工作成為社會的功能。社會工作者處理特定類型的人類需求，他們的福利事業為組織良好與文明社會的代表。社會工作者為了使社會能順利運作，做出許多貢獻，他們是「維持社區人際互動的潤滑劑」。

且自稱是「一位美國社會工作者」。1914年，受洗信奉基督教的北京稅務學校畢業生徐寶謙加入這個中國人稱之爲「社會實進會」（Social Progress Club）的社會服務俱樂部，並於隔年獲選爲主席，那時有600位學生加入，徐寶謙聲稱這是北京最大的社會工作組織（West, 1976）。

從1912年起，北京的普林斯頓大學中心即進行一系列的社會調查，作爲社會服務方案的參考。同時，也提供成爲鄉村社區組織與鄉村社會工作者訓練的實驗場所。1918年，另一位普林斯頓出身的甘博（Sidney Gamber）著手進行北京的社會調查，1921年完成，是爲亞洲第一個現代的城市社會調查（Dwight, 1959）。1918年步濟時開始以其工作經驗教導學生社會服務的導論課程與實習，這應是社會工作教學在中國的開始。燕京大學神學院也開始訓練社會工作員，對象包括YMCA和其他社會服務機構的工作人員。不過，中國眞正的社會工作教育應是1921年以後的事了。1921年普林斯頓─燕京大學將經濟、政治與社會學系擴大爲應用社會科學院，社會學系獨立，步濟時任系主任。

1929年，燕京大學社會學系擴大爲「社會學與社會工作學系」。此時，爲步濟時再度回到哥倫比亞大學獲得社會學博士學位返華的第二年，由於社會工作教育在美國已相當普遍，當時已有35個社會工作學院遍布美國、加拿大各主要城市（Brown, 1936）。步濟時所主持的系師資包括許仕廉、楊開道、吳文藻、嚴景耀、趙承信等博士，以及張鴻鈞、李安宅等碩士，陣容堅強。自此，四年制的社會工作專業教育在中國啓動。當時的課程包括：社會學、進階研究、社區服務（含都市計畫、示範鄉村建設、地方自治、大眾教育、公共休閒、公民訓練等）、公共福利行政（即內政部與省政府社會福利行政）、矯治機構工作（含監獄管理、感化教育、治安管理）、一般社會福利工作（含救災工作、醫院社會服務、兒童福利等）。1931年社會工作課程與宗教學院合併，每年訓練大約10到17位社會工作者（Dwight, 1959）。由於步濟時的奉獻，出自燕京大學後留美芝加哥大學社會服務行政學院的張鴻鈞先生，尊稱步濟時爲「中國社會工作之父」（West, 1976）。

　　另一方面，醫療社會工作也進入中國，最早是1913年長沙的耶魯醫院（The Yale Hospital）所提供的醫院社會服務工作（hospital social service work）。主其事者休姆女士（Lotta C. Hume）是一位護士，曾服務於約翰霍普金斯醫院（Johns Hopkins Hospital），深知社會服務運動對醫療服務的重要性，來華後，1913年組成長沙社會服務聯盟（The Social Service League of Changsha），由湖南當地的官太太、上流社會女士們擔綱，休姆女士期許全中國應該儘速組成這樣的社團（Hume, 1915）。不久後，上海有了回應，一群女基督徒也成立上海社會服務聯盟。

　　1918年，北京協和醫院擴大，急需有經驗的社會工作者。1920年，浦愛德女士（Ida Pruitt）受聘該醫院「宗教與社會工作部」，開啟了醫院社會工作的另一個里程碑，其影響往後中國社會工作發展甚大。

　　中國社會工作的發展限於教會學校與醫院，直到1940年國民政府社會部成立，為了配合社會行政需求，許多大學的社會學系開始開授社會工作課程。1944年秋，教育部召開大學課程修訂會議，特准在社會學系內增設社會行政組，且規定「社會行政與福利」為社會學系學生必修課程。不過，除了社會教育學院設有社會事業行政學系外，設有社會工作課程的學校還是以教會學校為主，例如：燕京、金陵、齊魯、復旦、金陵女大等（龍冠海，1963；葉楚生，1958）。

　　配合大學社會工作科系的設立，主要的社會工作著作也紛紛出版。來臺後擔任臺大社會學系主任的龍冠海（1963）指出，民國初年到1948年間，中國出版了社會行政與社會工作相關書籍25種，其中20種出版於1942年到1948年間，可見社會行政與社會工作雖然在中國革命前後就透過美國基督教會與大學引進，但真正發展是於1940年代。其中較重要著作有：馬宗榮的《社會事業與社會行政》（1942年）、王克的《中國社會服務事業》（1943年）、吳楡珍譯著的《社會個案工作方法概要》（1944年）、言心哲的《現代社會事業》（1945年）、言心哲主編的《社會事業與社會建設》（1945年），以及社會部主編的《社會行政概論》（1944年）（本書是1942年社會部召開第一次全國社會行政會議時，由該部社會研究室主任

張鴻鈞先生約請社會學界專家學者所寫有關社會行政論文30篇組成，由孫本文等名義刊印）等。雖然孫本文（1971）認為這些著作在學理上只能說尚在草創時期，難言何等貢獻。不過，這些書已將當時美國重要的社會工作著作納入，引介或翻譯，實已難能可貴了。

　　除了大學院校的社會工作教育外，「中央訓練團社會工作訓練班」也於1941年成立。該班1至3期均附設於重慶城郊復興關中訓團內，猶如黨政班的一個中隊。第4期後才有專用班址，即成都馬家寺，後人稱之為「社工幹部的搖籃」（曹培隆，1952）。當時的師資有孫本文（社會學）、陳達（中國勞工問題）、張鴻鈞（勞工福利）、言心哲（社會問題）、蕭李嶸（社會心理）、丁瓚（心理測驗）、汪龍（社會調查與統計）、謝徵孚（社會福利）、陸京士（人民團體組訓）、張天開（工礦檢查）、喻鑑清（職業介紹）等。這些師資中謝徵孚、陸京士、張天開等在戰後隨國民政府撤退來臺，成為推動臺灣社會行政的主力。

　　雖然，美國社會工作在1910年代即傳到中國，不過，除了醫院之外，中國社會工作並非那麼「美國化」，大體上仍然以社會救濟與民眾組訓為主，這與革命後舊制度瓦解，新的社會問題接二連三地發生，例如：飢荒、水災，以及戰爭（抗日、內戰）有關。金新華（1948）提及：「浙江省的社會工作，也如其他省分一樣，最初是辦理各種社會事業，後來由於社會環境的日趨複雜，漸漸感到要使社會事業發揮最大效能，則要健全人民團體的組織，以及發動各種社會運動，使人民對社會事業能做有力之支持，因此，民眾組訓與社會運動二項工作，遂與社會事業相互為用，打成一片。」再以當時陪都重慶為例，社會服務工作也包括整頓公共汽車秩序、設立兒童保育院、急救湘桂撤退難民，以及舉辦善後救濟工作服務講習等（郭鴻群，1952）。

　　美國式的社會工作源於都市的失業與貧窮問題，來到中國後，透過教會大學、醫院、機構的全力推薦，也以都市為基地。然而，革命後的中國仍是個落後的農業國家，廣大的農村需要建設脫貧與教育，但是現代社會工作鮮少走入鄉村。即使1930年代的定縣實驗，大多數學生，不論是燕京大學、

協和醫學院，或是其他大學，在進入鄉村之前，幾乎對鄉村一無所知。這種移植是水土不服的（Bullock, 1980）。

　　直到英國學者陶尼（R. H. Tawney）於1932年出版《中國的土地與勞工》（*Land and Labour in China*）一書，才讓基督徒轉移目標到農村。晏陽初先生也於1926年將平民教育轉到農村去。此後，1934到1942年間，美國在華機構，如洛克斐勒基金會（Rockfeller Foundation）也投入大量財力於中國鄉村建設（林萬億，1994）。

　　隨著「五卅慘案」（1925年）之後，中國反基督教的浪潮開始洶湧，那些「看起來像中國人，但卻有美國腦袋瓜的人」成了令人討厭的人物。教育越高，越脫離群眾，這種自我設限的移植，使得教會的傳道離中國人民越遠，所以才有1920年代以後「只聽說基督徒變成馬克斯信徒，而未聞馬克斯信徒成為基督徒。」的說法（West, 1976）。1940年以後，教會的社會工作移植漸入尾聲，國民政府將原屬國民黨中央的社會部改隸行政院，部長谷正綱喊出一個口號「行新政，用新人」，既要用新人就得培植社工幹部（曹培隆，1952）。隨著國民黨在國共內戰中敗走來臺，中國社會工作也跟著傳入臺灣，傳來的當然不是1940年代以前的美國式社會工作，而是中國化以後的社會救濟與民眾組訓。

　　從1920年代起，中國社會工作教育培養出的社會工作者仍然有限。其中有出國留學紀錄可考者包括：張鴻鈞（燕京大學、芝加哥大學社會服務行政學院碩士）、吳榆珍（金陵女大、中央大學、哥倫比亞大學社會工作學院碩士）、周厲秋（金陵女大、紐約社會工作學院碩士）、陳禮江（芝加哥大學社會服務行政學院博士）、陳文僊（芝加哥大學社會服務行政學院博士、金陵女大社會工作研究部主任）、關瑞梧（芝加哥大學社會服務行政學院碩士、燕京大學）、劉德偉（芝加哥大學社會服務行政學院碩士、金陵大學、社會教育學院）、葉楚生（哥倫比亞大學社會工作碩士）。如果加上燕京大學畢業的實務工作者，如高君哲、劉良紹、鄒玉階、宋思明，以及金陵女大的湯銘新等，人數並不多。而另有少數出版社會工作著作，並非具社會工作專長，如言心哲（南加大社會學碩士、復旦、中央社會教育學院）、王克

（日本早稻田大學碩士、社會教育學院）、倪逢吉（芝加哥大學社會學碩士）、熊芷（哥倫比亞大學社會學與教育學碩士）。

中國共產黨統治中國大陸後，於1952年調整大學院系，社會工作這種西方的專業教育隨之銷聲匿跡。有些社會工作者或社會行政人員避居海外，例如：張鴻鈞、吳楡珍夫婦前往聯合國工作；有部分隨國民政府來臺，例如：王克、劉良紹、鄒玉階、葉楚生、李鴻音、吳景康、繆寶康、丁碧雲、任佩玉等。留在中國的社會工作者大多改行，或生死不可考。直到1986年中共教育委員會同意北京大學設社會工作與管理專業，社會工作才在中國復活。接著中國人民大學、山東大學、中山大學、南開大學、中國青年政治學院、復旦大學、華東理工大學、華中師範大學等校也競相設置社會工作專業；後來跟進的學校不少，例如：南京大學、上海大學、雲南大學、貴州大學、大連理工大學、北京師範大學、上海師範大學、武漢大學、深圳大學、廈門大學、華東師範大學、華中科技大學等。依中國社會工作教育協會資料，到2018年止，該會有400餘個團體會員，皆爲開辦社會工作專業的院校或專業。香港、臺灣的社會工作學者的著作成爲中國社會工作專業教育的主要參考；香港各大學的社會工作研究所也成爲中國社會工作師資的主要培育場所。

第二節 戰後初期社會工作的黨政化 （1945-1970年）

壹 社會事業的黨政化

日本戰敗投降，日治臺灣的社會事業雖被中華民國政府接收，但幾近於停頓。直到1947年6月1日臺灣省政府社會處成立，爲統一事權、簡化機構，乃將各縣、市之救濟機構，或予合併，或予撤銷。而另於1948年元月

起分別在高雄、花蓮、新竹、澎湖、屏東設立5所救濟院，是為臺灣脫離日本統治至中國國民黨政府遷臺期間較完整的救濟機構。

其實，社會處剛成立時，由中國國民黨臺灣省黨部主委轉任處長的李翼中（1948：13）談到如何辦理臺灣社會事業時，並非全無專業概念，他說：「辦理臺灣社會事業，無疑地要注意臺灣自然環境與社會的特殊性，但是也不能忘記臺灣是中國的一省，中國是世界的一環，所以在把握方向，確定原則與理想，以及籌擬具體計畫時，應該順應世界潮流，顧及整個國情，適合臺灣的特殊需要，才能有效地進展。」他進一步指出臺灣社會事業的方向，包括五點：

1. 政策是趨向積極。
2. 對象是趨向全民。
3. 觀念是趨向社會責任。
4. 方法是趨向科學的。
5. 工作人員是趨向專業的。

據此看來，當時的臺灣省社會處看似已能掌握當代社會工作的要領。然而，社會事業的倒退是不爭的事實。其因除了戰亂之外，主要是政治因素凌駕專業思考。李翼中處長所說的「注意臺灣自然環境與社會的特殊性」，也許就是當時主管社會事業的第四科科長徐正一所認為的：「社會服務是社會事業中一種最新的設施……在臺灣來說更有其特殊需要和價值，因為：(1)在日治時代，即使有些救濟性的小惠，也不過是配合殖民政策的手段，根本沒有純為臺胞謀福利而設立的類似社會服務處的機構……；(2)臺灣被日本統治半世紀，教育、文化、社會生活各方面所受的毒素都很深刻，亟待糾正改善轉移或重建……」（徐正一，1948a：8）徐文所提到的社會服務處是於1948年在臺北等五市成立的實踐民生主義、轉移社會風氣、改善社會生活的中心。其實，日人的鄰保館與方面委員會，也有社會服務的功能，只是在社會處的官員心中，是散播毒素的地方，應予停辦。古善愚

（1948：5）的想法也差不多，他不但認為臺灣的社會工作要「劃除過去社會毒素」，而且要「宣揚三民主義的國策」。

研究日治臺灣的社會工作學者都肯定當時臺灣的社會福利發展優於中國（Lin, 1990；黃彥宜，1991）。停頓或根除日人所遺留下來的社會事業，是為了清除統治的障礙。「二二八事件」之後數月，臺灣省社會處旋即成立，且於10日後即展開本省失業工人及其分布情形的調查，6天後即公布「臺灣省人民失業調查及救濟辦法」。這些措施，再加上社會處上下對日人社會事業的負面評價，均顯示了「二二八事件調查報告」中對於事件歸因的某些回應，亦即所謂日本殖民統治的遺毒與失業工人的不滿。1947年之後，中國大陸時期慣用的人民組訓與社會運動滲入社會事業的社會行政策略進入臺灣。

社會處成立至國民政府撤退來臺間，所從事的工作主要就如古善愚（1948：5）為社會處成立一年來的社會工作所下的註解：

「過去臺灣社會久受皇民化運動的薰陶，日人的社會政策無非宣揚皇恩皇典，其社會工作係秉承日皇意旨、宣導皇恩皇權、灌輸皇民思想，加強統治力量，對於真正的民意與福利，鮮少顧及，此種社會工作的特質，顯係配合日人的殖民地政策而成的變相的政治工具，際此世界民主潮流中，勢必不容存在，故光復以來，劃除過去社會遺毒，宣揚三民主義的國策，建立自由民主的中國新社會，確定社政機構推進社會工作，在臺灣實為當前急務。」

而當時省社會處所界定的臺灣社會工作的方針為（古善愚，1948：5）：

1. 遵照中央法令，適應本省社會現實，以主動的地位，推動各種社會事業發展。
2. 健全社政機構為推動社會事業的根本，尤以各縣市社政基層的

機構，應以質的健全補量的不足，社會事業注重普遍的發展，
避免由政府直接舉辦為原則。

3. 社會工作以福利為中心，以加強組訓人民，發動民眾，運用廣
大民眾力量，厚植社會事業的根基。

　　據此方針從事以下幾項工作：(1)失業調查與救濟；(2)社會工作幹部訓
練；(3)加強人民團體組訓；(4)發動群眾運動；(5)整頓與增設救濟院所；
(6)推動職工福利；(7)成立社會服務處；(8)災荒救濟；以及(9)合作事業等，
被積極推動。

　　國民政府遷臺之前，視社會工作為一種剷除日人遺毒、宣揚三民主義的
工具。遷臺之後，社會工作更誇張地成為「革命工作」（杜章甫，1952：
8），強調社會工作者必須「立下收拾舊山河、重建大陸之決心，並積極建
設臺灣，準備反攻大陸。」（杜章甫，1952；許君武，1952）即使是1951
年創立的「臺灣省立行政專校」的「社會行政科」，設立的宗旨也是為了發
展臺灣的社會福利事業，以及為反攻大陸，儲備社會救濟工作人才所需（傅
熙亮，1952：36-38）。社會工作被看作是政治的工作，其實應自中國大陸
時期，社會部的前身國民黨的中央社會部即已開始。

　　這種社會工作黨政化的觀點一直延伸到1970年代初，仍然繼續存在。
例如：1971年4月23日中國國民黨在臺北召開「中央社會工作會議」，其目
的在決定全面實踐執政黨蔣總裁「勤儉建國」的號召，本著「以勤教富，以
勞教強」的要旨，養成國民勤儉的生活習慣，丕變社會的不良風氣（寧遠，
1971：7）。而國民黨蔣總裁對那次會議的訓詞提示四項工作：(1)以倫理
為社會建設的基礎；(2)健全社會組織，加強村里服務；(3)倡導勤儉建國；
(4)鼓舞民眾鍛鍊戰鬥技能。這些與社會工作相去甚遠矣！而國民黨中央社
工會所出版之《社會工作之研究發展》也是包山包海，舉凡農、工、信用合
作社、反共、教育、公墓、社會調查、都市發展、社會風氣等無所不管。
由此可知，到1970年代以前，國民黨如何來看待社會工作。依當時國民黨
的定義：「凡是本著黨的社會政策而推動的工作，即是社會工作。」（梁永

章，1971）黨政與社會工作不分。從國民黨的幹部爲社會工作所下的定義就可知當時臺灣徒有社會工作之名，而無社會工作專業之實。

貳 依附在社會學系下的社會工作教育

戰後初期，臺灣並沒有立即開辦社會工作專業教育，僅仿照中國大陸時期成都馬家寺的經驗開辦社會行政人員的訓練班。第一期於1947年8月18日開訓，訓練學員510名。第二期於隔年2月23日開班，4月22日結訓。除了每年辦理的社會行政人員訓練班之外，於1950年也辦理「社會工作人員講習班」，爲期一週，對象是各縣市政府的社會行政人員和公私立救濟院所的社會工作人員、教保人員。那時，課程除了社會工作方法之外，也上社會安全制度、勞工保險、社會政策、兒童福利、人民團體組訓、工礦檢查、就業輔導、社會救濟、社會調查與統計、兒童心理與行爲指導等課程。師資是：龍冠海教社會工作概論、社會調查與統計；熊芷教個案調查、兒童福利要旨、集團工作（即團體工作）；葉楚生教社區組織；古善愚教社會行政；謝徵孚教社會政策（金姬鎦，1951）。這些講師大多非社會工作背景。不過，這些課程已讓當時的社會行政人員、教保人員大開眼界了。

臺灣的社會工作教育最早源自1950年9月臺灣省立行政專科學校設立的社會行政科，2年修習84個學分。那時的師資大部分也不是社會工作學者。成立初年有龍冠海、李鴻音、張鏡予、葉楚生、左潞生、張則堯、劉南溟、何孝元、易希亮、李定一、王祖祥等教師。1955年該校與大直行政專修班合併成爲省立法商學院，社會行政科改爲社會學系，系主任爲李鴻音；3年後再分爲社會學理論與社會行政（後改爲社會工作組）兩組。1961年7月該校再與臺中省立農學院合併改名省立中興大學。該系以培養社會行政人才爲主。早期社會行政高普考的錄取者有高比率來自該系，成爲臺灣早期推動社會行政的主力。

1955年8月私立東海大學亦設立社會學系，屬於文學院，但有名無實，系內並無社會學教師，所招學生也大多轉入他系。1958年才聘張鏡予（曾

任省立行政專科學校社會行政科主任）為系主任，再聘社會學教師3人，名實才相符。接著，1956年，臺灣省立師範學院也在社會教育學系下設社會事業組，這是較特別的組名，承襲自日本人的用詞，也可能是採用中國大陸時期言心哲等人的用語，系主任為謝徵孚（原任教於中央大學）。

　　國立臺灣大學也在龍冠海、楊懋春、陳紹馨等教授的奔走下，於1960年獲得亞洲基金會的贊助，成立社會學系，系主任為龍冠海教授。1969年，私立輔仁大學也成立社會學系。1969年國立政治大學邊政學系正式改名民族及社會學系，開授有社會學課程。而私立東吳大學的社會學系則是在1973年成立，成為戰後第一波社會學系設立風潮下的最後一個跟進者。

　　在省立中興大學以社會學系為名之後，接連下來的幾個大學也都以社會學系為名。雖然，也有少數社會工作課程。但是，由於師資不足，能開授的課程相當有限，很難與當時已經發展成為一門專業的美國社會工作教育相比擬。當時，省立中興大學社會學系有分組，其社會工作組必修課程16門，72學分；臺灣省立師範學院社會教育學系的社會事業組必修14門，54學分。兩校的社會工作課程也不一致。相同的課程包括：社會學、社會調查、社會心理學、社會工作（師範學院將社會行政及社會工作合為一門課）、社會問題（師範學院將社會問題與社會政策合為一門課）、社會思想史、社會個案工作（師範學院稱個案研究）、社會保險等8門（龍冠海，1963）。可見，社會工作方法與實施領域的課程均嚴重不足，社會工作教育未受到美國1910年代以來追求專業化而引進的精神分析理論的影響，仍採社會學取向為主。

　　臺灣大學與東海大學社會學系均只有少數社會工作選修課程，例如：臺大社會學系開授的社會福利及行政，東海大學社會學系開授的社會事業與行政等。可見當時在未分組教學前所訓練出來的社會學系畢業生，即使從事社會服務工作，也很難稱為是專業的社會工作者。

　　大學正統教育普遍以社會學系為名，1963年，私立中國文化學院夜間部首設社會工作學系，可說是國內最早的社會工作學系。1965年，臺南神學院也注意到宗教與社會服務的關係密切而成立社會服務科。1967年，實

踐家政專科學校也成立兒童保育科，這些是當時環境下的例外。也顯示社會工作教育還是社會學系的附屬，甚至被認爲是社會學的應用而已。

葉啟政（1985：91）認爲早期社會工作被誤認爲是應用社會學，有幾個理由：

1. 1949年後來臺的社會學者爲數實在太稀少，加以在中國大陸時期社會學與社會行政（乃至社會工作）本就沒有分明地劃清界限，因此來臺後社會學者結合社會行政與社會工作學者，並接納社會行政從業者以壯聲勢，也就成爲很自然的發展趨勢。

2. 中興大學社會學系的建制模式成爲爾後成立社會學系的藍本。

3. 當時政府中之有權者對社會學這門學問幾乎毫無認識，甚至有人以爲社會學即是社會工作。加上自有清以來中國人即十分重視學術之功利實用性，社會學者爲了順應這種認知態度；也爲了配合學術實用化的潮流，就不免特別強調社會學的應用與實用面了。

這樣的結果，葉啟政（1985：91）認爲至少產生兩方面的妨礙：

1. 大學教師員額有限，社會學教師員額分給社會工作之後，雙方師資因人手不足而兩受其害。

2. 把社會工作當成是應用社會學，無疑地大大降低了社會工作的學術獨立性格，使之淪爲社會學的附庸；再者，也因此窄化了應用社會學的實用內涵。最嚴重的是，此一誤解往往導致年輕的學習者在起步時就產生認知偏差，甚至誤導了往後的學術生涯。

葉啟政更關心的是，「這樣的誤置，至少在制度上妨礙了社會學的發展，也因此導致社會對社會學的本質產生偏差的認識。」（1985：91）

林萬億（1991b, 1994）也認為臺灣早期社會工作教育會被寄生於社會學系之下，有幾個原因：

1. 中國大陸時期經驗的延伸。從燕京大學開始即是如此，往後金陵、金陵女大、復旦、齊魯、滬江均是，第一個在臺成立的社會學系在省立法商學院亦復如此。

2. 剛成立社會學系之初，不但社會學者缺乏，社會工作師資更是稀少。師資不足，能開授的課程有限，成不了一系，只好寄人籬下。前曾述及的由中國大陸隨國民政府撤退來臺的社會工作者或社會行政者中，燕京大學畢業的劉良紹主持於1949年創設的省立臺北醫院社會服務部；鄒玉階主導1951年成立的臺灣大學附設醫院社會服務部；葉楚生、李鴻音、任佩玉任教於省立法商學院；丁碧雲先入中華民國災胞救濟總會附設兒童之家任職，後轉任臺大社會學系任教；謝徵孚任教臺灣省立師範學院社會教育學系社會事業組；吳景康、繆寶康則進入社會司擔任社會行政工作。

3. 黨政部門對社會學與社會工作均不甚了解，許多社會學者也自認專長於社會工作或社會行政，兩相結合也就不足為奇了（葉啟政，1985；黃彥宜，1991；林萬億，1991b）。例如：上述的社會行政訓練班中大多由社會學者擔任社會行政相關課程即是明證。

而這樣的結果是否如葉楚生（1956）所說的：「能使社會工作專業教育在我國之學術地位較為提高。」可能是事實，但也值得社會工作學者警惕。葉啟政（1985）所批評的「把社會工作當成是應用社會學，無疑地大大降低了社會工作的學術獨立性格」，也是事實。

由於社會工作屬於社會學系之下的一個組或幾門課程，就產生兩個問題（林萬億，1991b, 1994）：

1. **角色的混淆**：外界經常以社會學者來稱呼社會工作學者。相反地，社會學者也被期待專精社會工作或社會行政，形成社會學與社會工作專業知識界限的模糊，導致相互跨越對方的領域，影響雙方學術正常的發展。

2. **理論與應用的錯誤關聯**：無疑地，社會工作的訓練是需要引進社會學的理論知識。但是，社會工作所應用的社會科學知識不只是社會學。因爲同在一個系之下，就引發學習者區別的困擾，最常見的說法就是理論與應用。其實理論社會學與應用社會學都是社會學。社會工作還是社會工作，兩者並無相互臣屬的關係。

就這樣，臺灣的社會工作被誤解爲應用社會學有一段頗爲長的歷史。雖然如此，我們也不得不承認，由於社會學的發展較早、師資較好，訓練也較嚴謹，而或多或少影響到社會工作學生的學術認同與自我期許。因此，社會工作訓練的社會學化成爲臺灣社會工作教育的特色之一。不過，這種情況，隨著社會學與社會工作的割離而漸趨不明顯（林萬億，1991a）。當然，社會工作訓練有深厚的社會科學基礎是重要的。早期美國社會工作教育發展過程中，爲此也爭議許久，直到1915年以後，社會工作爲了專業化，不得不接受學院社會科學理論的訓練，以補強理論系統的不足。

此一時期社會工作學習的環境並不理想，除了師資有限外，書籍亦少。最主要的中文社會工作書籍是葉楚生女士的《社會工作概論》（1958年）。該書大量參考言心哲的《現代社會事業》（1945年）和吳楡珍的《社會個案工作方法概要》（1945年）兩書的精髓。葉楚生在1954年起連續2年多，在《新社會》期刊上刊登本書的幾個重要章節，是爲較有系統介紹社會工作知識的開始。不過，仍然以社會工作導論與個案工作爲主。

由於社會工作在臺灣的發展，已傳承自日本擴散的社會事業理念與作法，被攔腰斬斷，而接枝中國的社會工作。當時的社會工作相關組織，也都是由中國大陸來臺的黨政社會行政人員，延續其在中國大陸時期的作法。其中較活絡的有中國社會工作協會（成立於1943年）、中國社會行政學會（成立於1942年）。

臺灣社會工作開始起步，尤其是民生主義現階段社會政策通過實施後，新的社會工作相關組織也紛紛出籠，例如：1967年由當時的立法委員陸京士先生創立，並於次年加入國際社會福利協會的國際社會福利協會中國委員會（1988年易名國際社會福利協會中華民國總會）；中國社會安全協

進會（成立於1962，出版《社會安全》期刊）、中國社會福利事業協進會（成立於1968年，出版《社會建設》季刊）、中國社區發展協會（1967年成立）等。由於這些組織的成員並非都是社會工作者，甚至大部分都非社會工作者，因此，還是很難歸類為社會工作的專業組織。

　　到了1963年，張鴻鈞先生夫婦由聯合國退休來臺，在中國社會學社等四個學會聯合歡迎會上發表「談社區發展」演講，社會工作傳統中的「社區組織」才以「社區發展」的面貌在臺灣受到重視。而臺灣的社區發展也於1965年開始推動，且納入成為「民生主義現階段社會政策」的重要內涵。後由於聯合國糧農組織（the Food and Agriculture Organization）贊助，「中華民國社區發展研究訓練中心」也接受聯合國的支持而於1970年成立，並派15位學生赴美、荷、英等國受訓，又出版《社區發展》期刊。因此，1960到1970年代是臺灣社區發展最為風光的20年。社區發展成為社會工作方法的顯學。

　　民間部分，1950年基督教兒童福利基金會成立臺灣分會，並於1964年在各縣市設家庭扶助中心，是為臺灣最早聘有社會工作員的民間社會福利組織。1964年，臺灣世界展望會亦成立，並聘用社會工作員，除了提供山地兒童及少年福利外，亦積極推動社區發展。但是，由於社會工作訓練尚未專業化，當時的社會工作員的專業資格要求自是較寬鬆。

　　回顧1970年代之前的臺灣社會工作教育只能說是萌芽期。既然沒有專門的系所組，也就很難要求完整的課程設計。通常依賴各社會學系擁有多少社會工作或社會行政相關師資而決定開設何種課程。當然，課程設計也反映社會需要。以當時的社會環境，除了醫院、托兒所、育幼院、家扶中心、世界展望會之外，就屬政府社會行政部門有社會工作或社會行政人力的需求，因此，1970年代以前的社會工作課程，就以個案工作、社區發展、社會行政、兒童福利較受各校重視。

第三節 社會工作專業化的啟動 （1971-1980年）

壹 政府約聘社會工作員實驗

前述政府要採取社區發展的方式來推動社會福利，該政策中有關社區發展項中明定「設置社區服務中心，由社區居民推薦熱心公益人士組成理事會，並僱用曾受專業訓練之社會工作員，負責推進各項工作。」接著，1967年，行政院擬定的「中華民國社會建設第一期計畫」中提出建立社工員制度，每一救濟院所每200名院民應設置1名社會工作員，每500戶貧戶應有1名社會工作員。然而，真正付諸實現是在1970年代才開始。

1971年行政院核定省、市政府聘用社會工作員名額，臺灣省政府遂於1972年通過「臺灣省各省轄市設置社會工作員實驗計畫」。隔年，於基隆、臺中、臺南、高雄四省轄市試辦2年，設置了社會工作員10名，管理工10名，負責辦理平價住宅公共衛生、設備維護、急難救助等事項（臺灣省府社會處，1987）。

然而，由於當時約聘的社會工作員大多非社會工作科系畢業，且缺乏社會工作實務經驗，專業功能未能發揮，試辦2年後，經評估認為績效不彰（張秀卿，1985；陸光，1977）。至此約聘社會工作員的命運幾乎夭折。適巧，1972年，我國退出聯合國，原由聯合國兒童基金會（UNICEF）從1948年起即對我國兒童福利贊助，以及在彰化所設立的「臺灣省兒童福利工作員研習中心」經費中止。1974年臺灣省社會處便將人心惶惶的兒童福利研習中心人力10名調至臺中縣大里鄉，配合當時正在推動的「小康計畫」，以專業社會工作方法，協助低收入戶脫離貧窮（張秀卿，1985）。

大里鄉的實驗比前2年在4個省轄市所推行的實驗更受到肯定，主因是這些社會工作員有較完整的社會工作專業訓練，和較健全的督導。

1975年，在當時臺灣省主席謝東閔先生的大力支持下，其他縣市也開

始推行社會工作員制度。首先從臺中縣擴及彰化縣，並決定如果試辦有成效，再逐步推廣到各縣市。

　　而擬議將社會工作員制度法制化的文字首見於1976年「中華民國臺灣經濟建設六年計畫」的第六章社會建設部門中。同年，行政院核定「當前社會福利服務與社會救助業務改進方案」，再次規定建立社會工作專業制度，建議遴選人才正式納入編制或以約聘僱方式，從事社會工作。於是，1977年，省政府決定除繼續在臺中縣實驗外，另增加臺北縣、雲林縣、高雄市為實驗縣市，為期一年。同年10月又設置山地社會工作員於30個山地鄉。隔年並組成專家學者小組進行考核，結果被認為績效良好，有續辦的價值。1978年，遂又增加桃園縣、新竹縣、基隆市、臺南市等共8個縣市，繼續實驗一年。同時，並訂定「臺灣省各縣市設置社會工作員實驗計畫綱要」，以作為各縣市辦理社會工作員實驗制度的依據。1979年，省府再將實驗縣市擴充至宜蘭縣、彰化縣、嘉義縣及臺南縣。至此，社會工作員足跡幾已遍布全國。

　　臺北市也於1975年聘用了6位社會工作員，開始以臺北市大安區的社會救助戶為對象，從事兒童福利與綜合服務，工作成果被稱為「大安之路」。至1978年，臺北市社會工作員已增至33名，分為從事兒童福利、社區貧戶輔導，以及平價住宅的社區工作。同年，臺北市政府首先在社會局下設社會工作室，總管社會工作員業務。隔年，臺灣省政府、高雄市政府均仿照臺北市設置社會工作室。

　　到了1980年，全臺已有17個縣市設置社會工作員制度。依據1979年「臺灣省推行社會工作員制度計畫」規定，社會工作員的工作項目為：(1)防治家庭問題，健全家庭功能；(2)輔導青少年，服務老人；(3)啟發社區意識，健全社區發展；(4)配合地方實際需要，協助其他福利服務事項（臺灣省政府社會處，1983）。

　　從當時社會工作員的工作項目來看，主要是在執行1968年即通過的「社區發展工作綱要」，和據此而擬定的「臺灣省社區發展八年計畫」。1970年社區發展八年計畫被「臺灣省社區發展十年計畫」取代。臺北市也

通過「社區發展四年計畫」。1972年大力推動臺灣省「小康計畫」和翌年的臺北市「安康計畫」。小（安）康計畫的目標是消滅貧窮。

其實，臺灣最早的社會工作員應屬1949年的臺灣省立臺北醫院（今北市中興院區）劉良紹所領導的社會服務部，和1951年由鄒玉階所領導的臺大醫院社會服務部。這二位都是隨國民政府來臺，畢業自燕京大學的社會工作者。此外，前述的基督教兒童福利基金會與臺灣世界展望會都早已聘用社會工作員來推動兒童福利了。但是，這些醫院或民間機構的社會工作員不如政府所聘用的社會工作員對臺灣社會工作專業的影響來得大，原因有三：(1)醫院社會工作相對地封閉，且在醫療體系中也是居於弱勢；(2)早期兒童福利的慈善性質高於專業性質，且當時民間力量仍然薄弱，難以帶動社會工作專業發展；(3)當時臺灣仍處於威權統治之下，政府帶動（government-led）往往是政經社會發展的主要力量，何況這些約聘社會工作員人數越來越多，終至形成一股納編的政治與社會壓力（林萬億，2001）。

貳 社會工作分組教學

早在1969年7月間，由內政部社會司邀請聯合國顧問摩西斯女士（Porthy Moses）與國內各大學教授社會工作課程的教師集會研究社會工作的教學做議題。復於1971年2月，由內政部與聯合國發展方案（UNDP）在臺北共同召開「社會工作教學做研討會」。在該會議上對臺灣社會工作教育的課程設計進行較完整的檢討與規劃（內政部，1971）。其中有關課程的部分仿照美國社會工作教育基本的8門課，訂定社會工作概論、社會個案工作、社會團體工作、社區組織與社區發展、社會福利行政、社會政策與立法、社會研究法、人類行為與社會環境，加上社會工作實習等9門課列為社會工作的專業必修課程，奠定了往後社會工作教育的基礎架構。此外，也討論社會工作方法、譯著社會工作教材、充實社會工作實習內容、培養師資、健全人事制度，以及提倡在職教育等課題。

　　再加上1971年行政院核定省、市政府聘用社會工作員名額，1973年基隆、臺中、臺南、高雄四市開始聘用社會工作員，使得社會工作教育的專業化需求迫切。

　　從此之後，臺灣社會工作教育開始擺脫只是社會學系之下的幾門課程的弱勢命運。1973年，臺大社會系開始分社會學、社會工作兩組教學；隔年，東海社會系也成立社會工作組，並分組招生。中興大學、輔仁大學、東吳大學社會系也跟進設組。1974年，臺大首先設社會學研究所碩士班，內分理論社會學與應用社會學兩組招生，應用社會學組其實是訓練社會工作碩士。1978年，東海也成立社會學研究所碩士班，2年後增設社會工作組。1981年，東吳大學社會學研究所也成立，並設有社會工作組。社會工作分組教學意味著社會工作專業教育被認可為一門獨立的學科訓練的開始。考入社會學系的新生必須在社會學與社會工作兩組中選擇一組作為主修，社會工作組的學生也有一套完整的必、選修課程設計，即使在大學聯考自願表中未有社會工作學系，但已使社會工作的學生有了自己認同的知識體系了。

　　此外，1973年中國文化學院也成立青少年兒童福利學系，實踐家專也將兒保科改名為社會工作科，都與社會工作人力市場活絡有關。實踐家專社工科的易名，實與其創辦人謝東閔先生於1972年起擔任臺灣省主席大力推動社會工作員制度有關，是春江水暖鴨先知。後來臺灣省各縣市約聘社會工作員中實踐家專畢業的比率居各校之冠，即為明證。

　　社會工作分組教學也帶動社會工作教材出版的需求。在1950、1960年代，在臺灣接受社會工作教育的學生中有部分已出國留學返國開始擔任社會工作教師；再加上先前來自中國大陸的實務工作者中，有些已累積了足夠的知識，而加入出版行列。前者有蔡漢賢的《社會工作理論與實務》（1972年）；廖榮利的《動態社會工作》（1973年）、《動力個案工作》（1977年）、《社會工作概論》（1979年）；白秀雄的《社會福利行政》（1975年）、《社會工作》（1976年）。後者有丁碧雲的《社會個案工作》（1973年）、陳國鈞的《社會政策與立法》（1975年）、劉脩如的《社會政策與社會立法》（1977年）、姚卓英的《社會個案工作原理與實

務》（1976年）等。

這10年內國內的社會工作教科書已有顯著增加，雖然還是以社工概論、個案工作、社會政策爲主。同時，除了在1960年代已發行的《社區發展》期刊之外，另有《社會安全》、《社會建設》兩本期刊，成爲當時學者們發表論文的主要園地。上述這些著作對當代臺灣社會工作知識的累積貢獻很大；同時，這些學者也對促成臺灣社會工作專業化的奠基功不可沒。從1950年代到1970年代末的中文社會工作論文、期刊、著作，也被林萬億、汪美偉等人加以整理成爲一本《社會工作中文文獻目錄》（1978年），可見1970年代是臺灣社會工作專業發展奠基的關鍵10年。

第四節 社會工作專業化的加速推動（1981-1990年）

壹 政府約聘社會工作員爭取納編

社會工作員的約聘人數隨著實驗縣市的增加而擴增。但是，實驗性質並未改變，一實驗就是10餘年，仍然前途未卜。由於是約聘人員，不僅待遇與福利無法與一般公務員相比擬，地位也不高，身分曖昧，有些社會工作員甚至被挪用爲雜役，使得社會工作員流動率高，經驗無法傳承（張煜輝，1991）。因此，臺灣省政府遂於1982年函請內政部將社會工作員與社會工作督導納編。內政部於是在隔年研擬「建立社會工作員制度實施方案」（草案），內容包括社會工作員的資格審核、專業證照、聘用升遷、社會工作員分級制度等。至此，政府部門所擬建立社會工作員專業制度顯然以解決政府約聘社會工作員爲主，而未顧及民間部門社會工作員制度的建立（林萬億，1984）。該草案並未經行政院核定。1987年，內政部社會司贊助東海大學主辦「現代化社會工作專業制度研討會」，會中社會工作界全力呼籲推動社

會工作專業化（李欽湧，1987）。是年8月11日，內政部召開「建立社會工作員專業制度實施方案（草案）會議」，對於1983年報院的草案，略事修正後，於9月12日再呈行政院（徐震、林萬億，1991）。

1987年12月與隔年2月，行政院兩度召開審查「建立社會工作員專業制度實施方案（草案）」會議，均未通過。1988年3月30日，內政部再召開「商討建立社會工作員專業制度有關事宜」會議，會中對當時564名省市政府約聘社會工作員之專業納編、考試制度、職業、專業證照等議題均有觸及，並做成決議。4月，內政部將討論決議再送行政院審議。4月28日，行政院函請內政部再研究。

隔年5月23日，內政部再邀國內社會工作專家學者開會研商。10月5日，內政部再次將修正意見報請行政院審議。12月8日，行政院以「行政院組織法修正草案」已送立法院審議為由，再次將草案退回內政部深入研究。然而，社會工作員納編的聲浪未歇，內政部只好在翌年6月，再將該草案送行政院審議。行政院於1990年4月2日開會，做成兩項決議：

1. 同意社會工作員與「村里幹事」職掌與功能有別，社會工作員專業制度為當前國情所需，亦為世界潮流所趨。
2. 省市政府應循修正組織規程及編制表之程序，將所需社會工作員之員額納入，分3年提報任用計畫，併入高、普考或基層特考辦理，並逐年相對減少約聘社會工作員員額，以資配合；至於直轄市、縣市政府社會局（科）之約聘社會工作員，將來未能考試及格取得任用資格者，即不得再行聘、僱用，請省市政府審慎處理。

是年，4月19日，行政院函覆內政部。其中，3年內併入高、普考或基層特考辦理，最受社會工作員議論。納編是爭到了，但是，並非無條件納編，而是必須在3年內考上高、普考，或基層特考，才可以正式進入公務員體系中。對於長年奔波於鄉間或埋首於個案處理的社會工作員，要重拾課本，參加高、普考試，本非易事。說實在的，要能考上高、普考的，早已自行前往考試，何須等到此時。

內政部遂於該年4月30日函請省、市政府就員額、職稱、職等、任用計

畫、考試種類、考試科目及相關問題等,提出具體意見。為兼顧現職社會工作員的權益,以免優秀人才因3年內考不上高、普考而流失,內政部也積極協調考選部辦理社會工作特考。於是,高、普考中增加社會工作員的類目,且名額大量擴增,以應納編所需。可是,並非只有現職社會工作員才能報考。固然有不少資深社會工作員考試及格而納入體制,但也有一些優秀人才因考不上,或不願花時間備考,而離開政府約聘社會工作員的位置,走入民間,開展社會工作的第二春。

從1973年臺灣省開始實驗設置社會工作員起,到1990年納編爭議告一段落止,總計經歷了18年。從開始爭取社會工作員納編的1980年代初起,到1990年塵埃落定止,也有將近10年的坎坷歲月。其間「建立社會工作員專業制度實施方案(草案)」來回內政部與行政院間也有5次之多,可見其波折。社會工作員的努力終獲肯定,部分地方(臺北市、高雄市)有了社會工作員的編制。但是,並非政府部門將約聘社會工作員部分吸納進入體制,就代表社會工作專業制度已建立。這20年來的社會工作專業發展,其實比較像是一頁政府部門設置社會工作員的納編滄桑史。不過,也因為納編的要求,加速了社會工作專業組織的出現,投入社會工作專業化的推動行列。然而,陶蕃瀛與簡春安(1997)及陶蕃瀛(1999)都認為:「目前的納編方式,實為收編,實質上是會使社會工作員成為一般的行政人員,失去專業人員的特性。」也就是建制化並不等於專業化的提醒。陶蕃瀛等建議應以「社會工作員任用條例」來取代現行的納編方式,亦即像教育人員一樣明訂社會工作員員額,而不將社會工作員看作公務員來對待,認為這是一種較有利於社會工作專業發展的途徑,亦即是社會工作專業科層化。

然而,社會工作人力員額與學校教師員額編制終究是兩套不同性質的專業人力。教師員額很容易從學生、學校、班級、課程等指標來計算。社會工作人力較難找到定額的人力比指標。除了從需求面考量社會工作人力配置之外,又必須考量公私部門分工的人力配比;也必須配合社會立法、社會政策的演進;又受到專業發展與社會認可,以及國家資源配置等因素的影響。倘若將社會工作人力過多配置於公務體系,不一定能達成科層專業化的目

的，反而擔心專業會被科層化（官僚化）了。到底社會工作專業存在的目的
是保障從業人員的勞動權益優先？還是保障服務對象的權益優先？兩者如何
衡平？

貳 社會工作專業組織的發展

　　誠如威林斯基（Wilensky, 1964）研究18種專門職業所得到的結論，每
一科專門職業的專業化過程都是先由有給薪的專職人員開始；接著是訓練學
校的興起；第三步就會有專業組織的形成；然後爭取法律的保障與支持，最
後才會以訂定專業倫理守則來維持專業地位。前兩階段從戰後到1980年已
出現。團結才有力量，臺灣的社會工作者終於按捺不住了，而其中最大的誘
因是前述的納編議題。

　　早在1970年代末，就有學者呼籲應成立屬於社會工作者的專業組織，
以提升專業影響力，加速社會工作人員的聯繫（張曉春，1978；李增祿，
1980）。1978年的「如何建立社會工作專業人員制度」座談會（社區發展
季刊，7期），以及1979年「社會工作的回顧與展望座談會」（張老師月
刊，4卷6期），與會學者專家均關心社會工作專業組織的成立事宜（楊玟
瑩，1998）。隨著社會工作教育的發展與社會工作員的納編爭議蔓延，社
會工作界意識到成立全國性組織的刻不容緩。

　　首先發難的是醫院的社會工作員。由於這群人是臺灣社會工作界最早
出現的專業人員，且在醫療專業的壓力下，最能感受到建立專業制度的迫
切性。於是，1981年4月，「中華民國醫務社會工作人員研習會」召開後，
經與會人士的奔走策劃，於1983年組成「中華民國醫務社會服務協會」
（1991年改名為中華民國醫務社會工作協會）。為何一開始不用醫務社會
工作人員協會呢？主要是因在醫院的社會工作人員大多屬於醫院的「社會服
務室」，且社會服務員並不完全是受過社會工作專業訓練的。該協會以辦理
醫務社會工作人員訓練，提升服務品質為宗旨。

在此之前，國內另有一個名爲「中國社會工作人員協會」的組織。該組織由早年從中國大陸撤退來臺的社會行政人員所組成，有吳景康、繆寶康等，以及當時的社會司、省社會處、國民黨社工會的員工，大多屬於這個團體的成員。本文前曾述及，在1970年代以前，臺灣的社會工作由黨政定義多於專業定義。因此，在臺灣受過專業社會工作訓練的社會工作者，大多未參與這個組織。然而，由於當時的《動員戡亂時期人民團體法》規定只要有一個既存的人民團體在，就不可以有第二個同性質的組織出現。即使這個團體被認爲不符專業要求，又先占先贏，該團體還是全國唯一的合法社會工作人員組織。這也是爲何到了1989年，才出現另一個全國性社會工作人員組織的原因。

醫務社會工作人員有了全國性組織之後，學者們又極力呼籲應儘快成立一個涵蓋兒童、少年、老人、身心障礙、婦女、醫療等各領域社會工作人員的專業組織（林萬億，1984）。然而，囿於戒嚴時期的限制，結社並非完全自由。直到1987年解嚴前後，組成社會工作人員全國性組織的聲音才又大起來。

1987年，東海大學舉辦了一場國際性社區發展研討會，與會成員提議定期舉辦聯誼活動。正巧那時《行政院組織法》要修編，有將社會福利與衛生合設一部會的打算。由於衛生署在國內已取得一定的行政地位，醫療專業又遠較社會工作專業受到社會認可。因此，社會工作界普遍存在社會福利應單獨設部的主張，深怕兩者合併後會有「衛生大、福利小」的後果。「衛生與福利大小」之爭就此展開，直到「衛生與社會安全部」定案才告一段落。爲了結合眾力爭取社會福利設部，再加上遲遲未決的社會工作員納編案，就構成當年「中華民國社會工作專業人員協會」（簡稱社工專協）成立的背景。

1989年，社工專協就在一方面要捍衛社會福利部，另方面要爲省市社會工作人員爭取「不考試而納編」的任務下組成。若非正好碰上解嚴以後，「人民團體法」修正，社工專協還不一定能順利合法化，不過，當時已有闖關的打算。由於籌組過程主要是由上述兩個目的所帶動的人馬加入，一是關

心社會福利部的年輕學者，二是關心自身納編權益的縣市約聘社會工作員，民間的社會工作者反而較不積極。徐震教授被公推為首任理事長，而主要幹部多為年輕的社會工作者。2000年社工專協易名「臺灣社會工作專業人員協會」。

因著1970年代末臺灣政治民主化的要求，中壢事件（1977）、美國與中共建交（1978）、高雄美麗島事件（1979）接二連三撞擊臺灣國民黨一黨獨大的威權統治，為了降低島內政治與社會的緊張，適時地通過社會立法，多少有助消音與轉移社會抗爭的壓力。於是，1980年先通過三個社會福利法：《老人福利法》、《殘障福利法》、《社會救助法》。1989年又通過《少年福利法》，1988年也開始規劃全民健康保險，希望2000年實施。再加上1983年通過的《職業訓練法》，1984年通過的《勞動基準法》，可見，1980年代是臺灣社會福利立法迎頭趕上的年代。社會福利立法的接續通過，有助於社會工作的能見度提高，也將社會工作員的觸角伸向更多的服務領域，奠定了臺灣社會工作專業化更扎實的基礎。社會工作專業結社的出現不只帶動社會工作師的立法，也積極參與各項社會福利立法的倡導。

1983年，行政院函頒「社區發展工作綱領」，將過去由政府主導，由上而下全力動員的社區發展，改變為由下而上的地方發展模式，由各級政府組成社區發展委員會，輔導社區理事會訂定組織章程，加強社區發展組織功能。至此，從1965年起因政府大力推動社區發展所聘用的社區社會工作員，逐漸失去政策支持力道；再加上從1993年起推動的社區總體營造，以文化導向的社區總體營造取代社會工作導向社區發展，使社區社會工作退潮，轉型回歸到以機構為基礎（agency-based）的社會工作實務。

參 社會工作獨立設系

早在1963年就有文化學院夜間部的社會工作學系與1973年的實踐家專社會工作科。但是，由社會學系社會工作組獨立成系的學校首推東海大學於

1979年成系。接著輔仁大學於1981年、東吳大學於1990年跟進。除了這三個學校之外，1982年政治作戰學校的社會工作系也設立。1986年靜宜大學也仿傚文化大學成立青少年兒童福利學系。1989年中正大學設立社會福利研究所，招碩士班學生。同年，高雄醫學院也成立醫學社會學系，其中有社會工作組課程。政治大學民族社會學系也在1983年改名社會學系，也開設社會工作課程。

而最早採行社會工作分組教學的臺灣大學社會學系並未如私立大學般順利獨立成系，而是於1981年獲准分組招生，中興大學亦隨後跟進。社會工作獨立成系反映了社會工作專業地位逐漸被認可、社會工作人力需求更殷切，以及社會工作師資也較前充實的社會事實。

至於採用社會工作或社會福利名稱何者較合適？龍冠海（1976）認為應以社會福利為名，理由是社會福利較社會工作寬廣。事實上，美國在20世紀初所設立的學系大部分以社會工作為名，但是到了二次大戰後新設立的學系就較多以社會福利為名。不過，在美國即使以社會福利學院為名的學校，訓練出來的人才仍然是社會工作專業人才，只是範圍更多元寬廣。然而，中正大學、文化大學、靜宜大學的系所並不像美國一樣以訓練社會工作專業為主，而比較將社會福利視為是一個研究領域，或是實務領域。

1980年代社會工作的中文著作更多元了。之前較缺乏的社區組織與社區發展、社會團體工作等方法的書也出版了，例如：徐震的《社區與社區發展》（1980年）、李南雄的《社會團體工作》（1980年）、李建興的《社會團體工作》（1980年）、徐震與林萬億的《當代社會工作》（1983年）、李增祿編的《社會工作概論》（1986年）、林萬億的《團體工作》（1985年）等。

除了書籍的出版之外，1980年代的期刊論文、碩士論文、研究報告也比1980年代以前增加很多。依林萬億、呂寶靜、鄭麗珍（1999）的研究發現，1980年以前所有社會工作出版品總計有200篇（本），1980年代就增加到726篇（本），其中成長最快速的是社會工作的實施領域。隨著1980年代的社會福利立法通過，老人福利、身心障礙者福利、兒童福利、心理衛生等

議題成爲社會工作界研究的新重點。

　　碩士論文大量增加是依著社會工作研究所的設立而增加。1974年臺大成立社會學研究所碩士班，其中應用社會學組幾乎等同於社會工作組。1980年文化大學成立兒童福利研究所碩士班。1984年東海大學成立社會工作研究所碩士班。再加上1989年成立的中正大學社會福利研究所碩士班。這些研究所碩士班研究生在1980年代產出了246篇論文。相對於1980年之前的107篇，成長快速。

第五節　社會工作專業建制完成（1991–2000年）

壹　《社會工作師法》通過

　　早在1970年代即有學者呼籲，應研擬證照法規來保障社會工作專業（蔡漢賢，1971；王培勳，1977；陸光，1977）。直到1980年代末，由於省市社會工作員納編問題屢遭挫折，社會工作界才思以透過社會工作師立法來保障社會工作專業。雖然，1993年行政院已決議3年納編未考上高普考的社會工作員，可繼續留任，至取得任用資格或離職爲止，似乎解除了社會工作員「考不上就走人」的焦慮。但是，社會工作師立法的要求已箭在弦上。

　　於1988年3月由內政部所召開的「商討建立社會工作員專業制度有關事宜」會上，即有論及如何處理省市社會工作員納編、考試、職業，以及專業證照等議題。當時，社會工作員也期待透過社會工作師立法，可以保障其納編並免於被資遣。社會工作界也認爲到了建立專業證照的時機。於是，在1990年4月，社工專協召開的一場小型座談會中，由協會理事長徐震教授商請林萬億帶領一專案小組來進行社會工作師立法草案的研擬。於是，向內政部中華民國社區發展研究訓練中心申請10萬研究經費，進行立法草擬工

作。

《社會工作師法》研擬小組由社工專協組成，並徵得醫務社會工作協會理事長莫藜藜的同意，兩會合作進行。召集人由林萬億擔任，參與研究的小組成員包括黃清高、張振成、郭登聰、周玲玲與黃梅羹（徐震、林萬億，1991）。研擬小組確定不以社會工作員的納編為主軸，而是朝社會工作專業證照制度推展方向前進，原因是《社會工作師法》管不到政府公務人員的任用與編制，也管不到社會福利機構。參考各國社會工作師法案的主要內容，1991年6月草擬出國內第一個《社會工作師法》（草案），總計6章38條，重點是界定社會工作師的職掌，並規定社會工作師要經過考試或檢覈取得，同時也規定獨立執業證書取得的年資，以及專業團體（社會工作師協會）的強制加入義務。

第一版《社會工作師法》（草案）出爐後，社工專協即透過立委連署提案。因為經費補助來自中華民國社區發展研究訓練中心，所以，這個版本的著作權名義上應屬內政部與社工專協共享。只是，當時社工專協急於推動立法，就先下手為強，導致內政部頗不以為然。照正常程序看，內政部應將此版本提法規會審查後，再送行政院審議通過，才成為政府正式版本，提立法院審議。

這個版本出爐後，有些社會工作員無法接受未將社會工作師的任用納入，而要求黃清高另提一版本，將社會工作員任用條文納入。兩個版本進入立法院後，立法院也於1994年委託師範大學社會教育系陸光與林振春兩教授針對兩版本做比較，並提出第三版本。內政部發現立法院已有三個版本了，而行政院未有對應版本，於是在1994年再正式委請林萬億教授進行官方版的草擬，委託契約則由社工專協簽訂。林萬億邀集李開敏、莫藜藜、黃清高、羅秀華、郭耀東、周志宏等參與草擬。1995年第四版出爐。急於推動專業化的社工專協再次未經內政部同意，將該版本交由立委提案，並將其中若干條修正後，交付另一些立委提案。總計立法院已躺了由林萬億等草擬的《社會工作師法》（草案）及其衍生版本五個。

由於從1991年到1995年間，《社會工作師法》並未進行審查，社會工

作界按捺不住，就組成「社會工作師法推動聯盟」，整合資源、運作遊說、動員策略，以期及早通過立法。並發動1995年10月26日的社會工作請願遊行，進行施壓，總共動員了近3千位社會工作師生與實務工作者參與。

在一連串的遊說之後，立法院終於在1995年12月13日將《社會工作師法》排入議程，而此時行政院尚未提出對應版本供討論。直到1996年6月，行政院才通過院版《社會工作師法》（草案）送立法院。社工專協隨即召開公聽會整合各版本，於9月完成「協商版」，以利立委進行協商。之後，社工專協不斷透過拜會立委、電話遊說、分區動員、催促立委協調等動作，使得《社會工作師法》於1997年3月11日完成立法三讀通過。綜觀社會工作師立法之可以順利在6年內通過，主要有幾個原因（楊玫瑩1998）：

1. 《社會工作師法》本身的衝突性低，無意識形態或明顯的利益糾葛，又可增加立法業績。
2. 社會工作專業人員協會和社會立法運動聯盟的努力遊說，策略奏效。
3. 適逢立法院第三會期無重大政治爭議，得以正常運作。
4. 經過長期地凝聚共識，包括幾個版本均出於同源，且經歷無數次的會議協商，反對者少。

《社會工作師法》於1997年4月2日經總統公布施行。4月2日也就成為臺灣社會工作師們所慶祝的「社工日」。《社會工作師法》總計7章57條，大致依據1995年林萬億等第二次研礪的版本通過，其中被調整較大的是有關社會工作師事務所的設立（第四章），在原草案中並沒有如此強調社會工作師獨立執業的社會工作師事務所。第五章公會也是先前所沒有的設計，在原草案是以社會工作師協會名稱提出。從這兩點的改變可以看出在立法過程中，社會工作師被比擬作律師、醫師的成分很濃。其實，社會工作師絕大多數是受僱者，很難形成如律師般公會，反而更需要工會與協會。

《社會工作師法》施行後，依法必須參加三種考試之一及格者才能取得社會工作師證書，即社會工作師專門職業及技術人員高等考試、檢覈考試，以及特種考試。其中特種考試隨落日條款於5年內辦理3次而停止；檢覈考試也隨著《專門職業及技術人員考試法》的修正很快就停辦。社會工作師專

技高考每年原則上以錄取率約16%的及格人數累增，亦即不是每位想從事社會工作師的社會工作學系畢業生都能順利取得社會工作師資格。從1997年《社會工作師法》通過，考試院開辦專門職業及技術人員社會工作師考試以來，由於及格率的變動幅度很大，專技高考從2.03%（2004年）到43.68%（2012年第一次），平均及格率約11.7%。2012年第二次考試及格率大幅掉到7.02%。2013年兩次考試及格率也很低，分別是7.41%、7.85%。2014年之後才又逐漸回升到11.1%、19.4%。2018年第一次，及格率偏高達36.51%。2019年第二次考試，又回到常態的16.52%。檢覈考試從0.86%（1998年），到47.62%（2002第一次檢覈），平均及格率31.3%；特考從8.77%（1999年）到52.35%（2003年），平均及格率22.1%。光是從2011年到2020年，社會工作師考試及格超過9,000人，表示社會工作學生參加社會工作師考試的意願仍然很高。比較值得關注的是，取得社會工作師資格之後，留在社會工作職場的人數多寡。

及格率不穩定是社會工作師考試必須面對的質疑，造成社會工作實務界頗多怨言。有思以如律師考試般的設定固定及格率，來解決問題；另有建議命題、閱卷委員應形成共識，主動提高及格率等。然而，這種技術解決的途徑，終究無法澈底釐清社會工作專業制度中資格取得的根本問題。依照社會工作先進國家的經驗，社會工作師的資格取得只是社會工作專業制度中的一環，而且屬下游的層次，真正的上游工程是專業教育。做好專業教育的把關，才能減少社會工作師資格取得的誤差。也就是專業社會工作教育與社會工作師資格取得是連動的，如果社會工作教育品質無法保證，社會工作師的資格取得制度寬鬆，社會工作專業存活的空間將萎縮。有些國家不以考試來決定社會工作師資格，而是採註冊制，如香港，其社會工作師品質的把關向前在大學專業教育端進行。有嚴謹的社會工作專業教育，專業資格取得的考試，就不是那麼重要了。但是，在當前臺灣的高等教育環境下，要進行專業教育品質管控，大概只有醫學教育做得到。

多年來，考生對社會工作師專技考試的不滿包括：及格率偏低、及格率不穩定、沒時間讀書、追不上新知、出題委員缺乏實務經驗、不懂如何作

答。還有一部分社會工作者已經放棄參加社會工作專技考試，一方面不屑於這種考試制度，二方面發現考上社工師好像也沒什麼希罕，沒考上也可照做社會工作。被社會工作界認為是邁向專業化進程第四階段的《社會工作師法》，似乎不是甜蜜的美酒，而是酸澀的葡萄。

　　雖然依《社會工作師法》規定，非領有社會工作師及格證書者，不得使用社會工作師名稱。但是，光靠《社會工作師法》卻很難強制非領有社會工作師及格證書者不能從事社會工作，原因是社會工作師的薪資雖然不低，但也非優渥與地位崇高的專業，要排除有心做社會工作卻考不上社會工作師的人，似乎說不過去；且社會工作的樣態也多，很難保證考上社會工作師資格的人會填滿每一種社工職位，如此，就很難排除想當社會工作員而卻沒考上社會工作師的人。

　　《社會工作師法》施行後，內政部也於1998年7月27日函頒「社會工作倫理原則」計18條。至此，可以說臺灣的社會工作專業建制完成。社會工作專業建制完成並不代表社會工作已經可以和醫療、法律、建築、會計等成熟的專業般擁有高的社會地位與社區認可。陶蕃瀛（1999）認為建制化是向國家體制靠攏，甚至依附，而專業化是專業自主性提升，兩者方向迥異。《社會工作師法》被認為對社會工作專業的描繪欠缺理想色彩和社會改革性格（王增勇、陶蕃瀛，2006）。對於社會工作專業的想像侷限，窄化了社會工作社群成員的來源，同時貶抑與疏離社會工作實務社群，將實務社群設定為單向接受培訓者，永遠需要高他們一等的專家學者和學者專家年復一年的施予繼續教育。《社會工作師法》相當程度地阻絕基層社區社會裡的素人助人者，即一些未在學院內規訓過的素人社會工作者取得社會工作師與社群身分。然而，經常這群素人社工和他們協助的對象關係距離較貼近，文化語言落差小，在助人工作上與學院規訓出身者各擅勝場（陶蕃瀛，2012）。

　　反建制論者用心良苦地期許臺灣的社會工作不要落入專業霸權，成為疏離其專業與服務對象的規訓機器。雖然，社會工作師考試命題委員以學院的教師為主，無涉考試院的國家體制宰制。但是，如果考試的召集委員試圖利用推薦命題委員與閱卷委員來達到主導命題方向與閱卷標準，某種程度上是

可以左右考生的社會工作知識與價值的。不過，若說考試制度就會造成社會工作師向國家體制靠攏或依附，其實是言重了，社會工作教育與工作環境脈絡才是源頭。如果社會工作教育把社會工作學生教成保守的技匠，只想實現愛心的願望，或賺一口飯吃的「社會工人」，先馴化了學生，再加上新自由主義意識形態下的新公共管理，公部門的社會工作者率先去專業化，再利用委託外包契約管理規制民間部門的社會工作者，如此社會工作如何能貼近人民、熱愛專業？這比諸考試制度可能對社會工作師的壓迫，何止千百倍。

雖然早在1971年就有學者大聲疾呼社會工作應該專業化，但是終究因為環境未臻成熟而使我國社會工作專業化到1990年代中期以後才建制完成。然而，社會工作界如果覺得無須《社會工作師法》的管制，或是通過《社會工作師法》而無須考試作為門檻，或是由社會工作界自行審查自己的專業資格，就可以保證社會工作專業化，那就太一廂情願了。社會正義的使命、為弱勢者爭取權益的承諾、服務品質與績效、知識系統、專業倫理若不足以服人，是很難自以為是地聲稱是專業。

貳 社會工作教育加速擴張

1992年中正大學社會福利學系招收大學部學生，也成立博士班。同年，陽明大學也成立衛生福利研究所，東吳大學也設社會工作研究所碩士班。1994年東海大學招收社會工作博士生。同年，臺南神學院教會社會服務學系設立碩士班。1995年暨南大學社會政策與社會工作學系成立，先設碩士班，1997年設大學部，1999年設博士班。1996年屏東科技大學生活應用科學技術學系下設有社會工作組（2000年成立社會工作學系）。1997年玄奘人文社會學院設社會福利學系。1998年長榮管理學院設社會工作學系。同年，慈濟醫學暨人文社會學院設社會工作研究所，以及嘉南藥理科技大學設青少年兒童福利學系（2003年改名社會工作學系）。在高等教育的普及與競爭環境下，科技大學加入社會工作專業教育態勢難擋，預告了臺灣

社會工作教育追求量產的時代來臨。特別是私立技術學院在高度生存競爭下，準備申請設立社會工作學系或老人福利學系，且大量招收學生，以維持財務平衡。比起10年前社會工作學生增加了將近一倍，量產社會工作學生的速度加快。

社會工作學系所快速擴充，師資是否不虞匱乏？林萬億（2000b）指出，到1998年止，臺灣的21個社會工作與社會福利相當系所教師158人，其中有65%具博士學位，34%為碩士。專長屬社會工作、社會福利或社會政策本科者僅占51%，餘為社會學（15%）、教育學（12%）、輔導學（7%）、家庭研究（4%）等。可見，師資的專業度有待提升，師資中非社會工作本科的情形嚴重，對社會工作專業的發展，帶來不利的影響。

教育的擴張也帶動研究出版的成長，1990年代社會工作與社會福利的出版量到1998年止，高達1,368篇（本），是1980年代的2倍，是1980年代以前的6倍多。研究重點也隨著社會福利立法的加速而更普遍，例如：婦女、少年、健康照護、家庭、福利國家、老年年金等議題都比諸從前更受重視（林萬億、鄭麗珍、呂寶靜，1999）。

在社會工作中文著作方面，1990年代出版最多的是社會工作管理，且大多是翻譯作品。此外，社會工作倫理、社會工作研究法、社會工作理論的書籍也都問世，使臺灣社會工作方法的書籍趨於完備。然翻譯者仍占多數，並未真正落實本土化的方向。

社會工作的論文發表也不再依賴社會學刊物，或實務性較濃的《社區發展季刊》。1990年代有幾個社會工作學術刊物創刊，例如：《社會工作學刊》（於2004年與中華醫務社會工作學刊合併改名臺灣社會工作學刊）、《中華醫務社會工作學刊》、《中國社會工作教育學刊》、《社會政策與社會工作學刊》、《當代社會工作學刊》、《東吳社會工作學報》、《臺大社會工作學刊》、《臺灣社會福利學刊》等，帶動社會工作學術發展。

至於社會工作課程，即使教育部早已解禁了，不再規範各校的專業必修課程，各校對社會工作系（組）的必修課程只有學分降低，課程數並未減少。不過，有些學校以社會福利導論來取代社會工作概論，有些學校未開授

人類行為與社會環境，有些學校外加許多必修課。不論如何，各校對社會工作方法的傳授仍然以分立而非整合的方法來教導，也就是把社會工作當成五種方法或技術來教學生，而非以一種針對個人、家庭、團體、社區、組織不同系統為對象的社會工作實施方法來傳授給學生。

不管是課程設計、研究出版，或是專業發展，在全球化的衝擊下，臺灣的社會工作也將遭遇如同歐美社會工作所面對的21世紀的挑戰。同時又得處理國內社會經濟環境的變遷帶給社會工作的新課題，例如：人口老化、家庭功能萎縮、低經濟成長、民營化，以及分散化（decentralization）等。社會工作永遠有應付不完的狀況在發生。

在實施領域方面，雖然早在1977年，臺灣兒童及家庭扶助中心（CCF）即仿香港民間社會福利機構受政府委託派駐學校社會工作者入校服務的型態，倡議推動外部支援的學校社會工作。然而，由於經費來源不穩定且不足、社會工作者的專業地位與形象未受認可、社會工作與學校輔導觀念混淆，以及教育體系對於民間機構合作的政策不明，難建立穩固的合作模式等原因，社會工作者進入國民中小學服務學習適應困難的學生仍是障礙重重。

直到1995年，《兒童及少年性交易防制條例》施行，規定中途學校應聘社會工作、心理、特殊教育等專業人員，提供從事性交易之兒童、少年特殊教育，學校社會工作才進入中途學校。同年年底，臺北市爆發成淵中學男同學集體性騷擾同班女同學事件，引發兒童及少年權益倡導團體要求學校加強輔導專業知能與人力的倡議，呼籲修法納入聘用學校社會工作者，然因教育體系強力反對而作罷，僅於《國民教育法》第10條第4款明訂「輔導室得另設具有專業知能之專任輔導人員及義務輔導人員若干人」。教育部據此於1996年推出的「國民中學試辦設置專業輔導人員計畫」，在國民中學擇校試辦設置專任輔導教師或專業輔導人員，讓社會工作者得以專業輔導人員身分進入校園。試辦計畫2年結束後，部分縣市（臺中縣、臺北縣、臺北市、新竹市、新竹縣等）延續自編預算辦理。

2010年11月間桃園縣八德國中發生校園霸凌，立法院再次修正《國民教育法》第10條，不但擴大專任輔導教師員額編制，也明訂專任專業輔導

人員員額，學校社會工作成爲社會工作的實施領域告確定。

第六節　社會工作邁向專精之路？（2001-2015年）

壹　社會工作邁向專精化？

　　1997年《社會工作師法》通過後不久，來自相鄰專業的挑戰接踵而來。《心理師法》於2001年11月21日公布施行，其資格要件規定比《社會工作師法》嚴格許多。首先，心理師的考試資格是臨床心理或諮商心理學碩士。第二，心理師執業應先於中央主管機關指定之機構執業，接受2年以上臨床實務訓練。第三，心理師執業應接受繼續教育，並每6年提出完成繼續教育證明文件，辦理執業執照更新。第四，心理師專業倫理高達131條。最後，《社會工作師法》第13條第1款規定的「行爲、社會關係、婚姻、社會適應等問題之社會暨心理評估與處置」，這是社會工作直接實務的重要業務內容之一，但卻直接與心理師的業務產生競合。就要看誰的實力堅強，才足以勝任這些業務（林萬億、沈詩涵，2008）。

　　其實，第一版《社會工作師法》研擬時，就有兩級制的思考。但因當時社會工作的實施領域分工未臻成熟，且社會工作實務界擔心考試次數太多。故當時僅採一級制綜融社會工作師，或基礎社會工作師。然而，面對競爭，社會工作師要如何在專業市場（準市場）中求生存，就必須調整策略。不外乎，提升教育品質、提高考試門檻、實施分級制度、加強督導、吸引人才久任等。經思考臺灣社會工作實施領域已逐漸成熟，於是，專精化專業（specialized professional）的呼聲再起。

　　日本早我國10年發展社會福祉士專業化，也早已隨著業務需要分出不同專長領域與職域。韓國比臺灣晚一年通過社會福利人員立法，都已經實

施專精化領域的開發了，臺灣的社會工作員若仍死守著怕考試、不分級、不進階、不分工，或者以推動社會工作普羅化（proletarianisation）爲名，達成去專業化（deprofessionalization）之實，忽視社會職業分化的事實，那麼臺灣的社會工作只能繼續慘澹經營，或委屈臣屬於其他專業。屆時，什麼專業自主，爲弱勢者伸張正義，根本都是緣木求魚（林萬億、沈詩涵，2008）。

　　即使遭到反社會工作建制化者的抵制，在醫療社會工作者、心理衛生社會工作者的期待下，社工專協主導修法，分級制於2008年1月16日經立法院三讀修正通過。同年，內政部於3月28日核備了社會工作師全國聯合會修正的社會工作倫理守則，擴充倫理守則的內涵。進一步，於2009年7月13日公布「專科社會工作師分科甄審及接受繼續教育辦法」，第3條明訂專科社會工作師分科爲：醫務，心理衛生，兒童、少年、婦女及家庭，老人，身心障礙等五個次領域。自此，臺灣的社會工作開啟邁向專精化之路[4]。

　　爲了嚴格社會工作師專技高考報考資格，阻斷修習20學分即可報考社會工作師專技考試的巧門，「專門職業及技術人員高等考試社會工作師考試規則」也在社會工作界的努力下修正第5條，社會工作師考試資格改爲：必修課程包括五領域，每一學科至多採計3學分，合計15學科45學分以上。新修正的考試資格於2013年1月1日起生效。期待透過考試資格門檻提高、專精化分級制度的推動，提升臺灣社會工作師的專業水準。但是，命題的水準不提升，社會工作教育的品質不提高，也是徒呼奈何。

---

[4] 專科社會工作師的概念是狹隘的醫療化社會工作。醫院有分科傳統，但社會福利領域並無分科概念，也不宜將服務對象分科化，例如：老人科社會工作、身心障礙科社會工作等。正確的作法應該是實施領域專精化。

貳 社會工作教育快速量產

　　1997年《社會工作師法》通過，激起一股創設新的社會工作科系的熱潮。每個新設系都以《社會工作師法》通過爲名，認爲社會工作人力需求增加，學生出路寬廣。於是，1998年有長榮大學、慈濟大學分別設社會工作學系（所）；1999年嘉南藥理科技大學設青少年兒童福利學系；2000年更多學校加入新設社會工作學系的行列，朝陽科技大學、屏東科技大學新設社會工作學系；同年，臺北大學社會工作學系獨立。2001年臺中健康暨管理學院（後改名亞洲大學）也設社會工作學系；同年，臺灣大學社會工作學系也獨立。2002年高雄醫學大學醫學社會學系改名醫學社會學與社會工作學系。2003年中山醫學大學也仿高雄醫學大學設醫學社會學與社會工作學系。2004年大仁技術學院也設社會工作學系。2005年美和技術學院成立社會工作學系；國立臺灣師範大學設社會工作學研究所，脫離社會教育專業獨立。2006年國立臺灣大學社會工作學系招收博士班學生；國立政治大學也設社會行政與社會工作研究所（2009年改名社會工作學研究所、2013年設博士班），是社會工作與社會學系最後一個分家的。不僅如此，連彰化師範大學輔導諮商學系都設社區諮商與社會工作組。

　　風潮似乎沒有因爲社會工作師考試及格率不高而稍歇。2010年東華大學也設民族發展與社會工作學系（後改爲民族社會工作學士學位學程，另在民族事務與發展學系設民族社會工作碩士在職專班）。2011年南華大學不但於應用社會學系開設社會工作學程，又在生死學系下設社會工作組；同年，稻江科技暨管理學院的老人福祉學系改名老人福祉與社會工作學系（2017年再改名社會工作學系）；育達商業科技大學也設健康照護社會工作學系。2013年，大同技術學院也將其社會福祉與服務管理學系改名社會工作與服務管理學系、國立金門大學也設了社會工作學系、臺北海洋技術學院也設立健康照護社會工作系。2015年樹德科技大學也設社會工作學程；2018年佛光大學也加入培育社會工作人力行列（詳見表4-1）。似乎，系名沾上「社會工作」就是票房保證，學生的報到率很亮眼，學校董事會很支持，教育部也樂觀其成，至少暫時寬減少子女化帶來的私立學校退場的壓力。然而，付

出的代價是社會工作的教育品質節節低落。

　　至2020年，臺灣的社會工作相當系（組）不包括宗教學院，總計有34個系（組、學程），研究所碩士班（組）24所，博士班6所。每年學士班（含四技、二技、進修部）總計招生超過3,300人，碩士班（含在職專班）招生超過400名，博士班超過20名。這還不包括以老人服務爲名的相關科系學生，畢業也會希望通過社會工作師考試，以社會工作爲出路。例如：國立臺南護理專科學校老人服務事業科。顯示，國內社會工作的學生不虞匱乏，端看學生的素質、工作意願與服務市場的誘因。

　　總結自《社會工作師法》通過以來臺灣社會工作教育的發展，有以下幾個趨勢：

1.社會工作學系（組、所）增加快速

　　1997年《社會工作師法》通過施行後，臺灣社會工作系所班級數增加的量超過過去45年累積的2倍。

2.新設立的社會工作系所以科技大學為主

　　從1996年屏東科技大學在生活應用科學技術學系下設有社會工作學程，拉開了科技大學設置社會工作學系的序幕。之後，嘉南藥理科技大學、朝陽科技大學、大仁科技大學、美和科技大學、稻江科技暨管理學院、大同技術學院、育商業科技大學、臺北海洋科技大學等校紛紛搶搭《社會工作師法》的熱潮，設立社會工作學系或與健康照護合系。

3.私立大學設立社會工作學系多於公立大學

　　1997年以前，臺灣有8個公立大學設有社會工作系（組）所，約占所有社會工作系所的一半。隨著1990年代教育部開放廣設大學政策以來，私立大學數量增加，私立大學設立社會工作系所的數量也隨著增加。公立大學只增加屏東科技大學、東華大學、金門大學3校，但是私立大學卻增加了14校。

4.社會工作學生人數成長快速

　　雖然新設立的社會工作學系所數量與過去45年約略相等。但是，學生

人數卻是過去的2倍多。原因是私立學校，尤其是私立科技大學每系每年招生人數約是公立大學的2倍，使社會工作學生數膨脹快速。

5. 普設社會工作碩士班

除了嘉南、大仁、大同、稻江、育達、臺北海洋、樹德等科技大學，以及金門大學沒有碩士班之外，其餘大學都已設有碩士班，使臺灣社會工作訓練水準明顯提升到碩士級。雖然，碩士級研究生僅占學生總數的十分之一左右。但是，由於社會工作就業市場人力供給大於需求，以及大學部社會工作學生畢業後從事社會工作的意願不穩定，而社會工作碩士生相對有意願從事社會工作，意味著臺灣社會工作碩士在就業市場將成為主流。

然而，新設科系的榮景，不代表社會工作前途大好，專業師資不足仍是個大挑戰。林萬億（2010b）研究1997-2010年的師資結構是否因社會工作專業化進展而改善？專長屬社會工作、社會福利或社會政策本科者也僅維持在50%。如果加上當時未被納入統計的稻江、大同、育達、彰師大、南華、金門、樹德、佛光等校系，師資專業化比率更低。亦即，社會工作系所快速增加，但師資的專業化並未跟進，甚至倒退。具社會工作、社會福利與社會政策專長的師資增加，係拜國內稍早設立的3所博士班之賜。然而，師資人數增加趕不上新設系所師資需求。此外，也凸顯新聘師資的國產化。背景過度集中的師資來源，也不利於社會工作專長多元化的需求。

社會工作系所快速擴張，但師資卻準備不及。有些新設系所，甚至只有一位社會工作背景的專任教師，要承擔大部分專業科目，自是不可能。於是，必須由非社會工作專長師資來教導社會工作學生。這些學生的專業認同、專業知能、工作技巧、社會工作倫理會出現何種後果？教師與學生可以不知，社會福利機構與案主卻最清楚。大量接受這樣訓練的社會工作畢業生進入職場，其專業地位、就業機會、工作保障如何？學校可以不在乎，畢業生卻冷暖自知（林萬億，2010b；Lin & Teyra, 2020）。

對照國際經驗，Barretta-Herman（2008）對國際社會工作學校協會（IASSW）的會員國發出問卷，回收到28個國家的147個大學社會工作系所，發現北美洲國家有83%、非洲國家74%、亞洲與太平洋地區國家54%，

以及歐洲國家48%的師資具有社會工作學位。歐洲與亞洲太平洋國家的社會工作師資合格率偏低，有不少師資背景是社會學、社會政策、教育學等專長。相較之下，我國的社會工作師資也落在偏低的這一區。雖然，本文將社會學、國家發展學位排除，但是已將社會政策納入。

學術發展方面，2000年代以來又有《家庭與學校社會工作學刊》、《兒童與少年福利學刊》、《聯合勸募論壇》（已停刊）、《社會發展研究季刊》、《社區研究學刊》、《社區工作與社區研究學刊》等新刊物出版，社會工作學術刊物如雨後春筍般破土而出，然水準參差不齊，有待學術界努力耕耘。相關期刊中有《社會政策與社會工作學刊》、《臺大社會工作學刊》已被列入科技部的臺灣社會科學引文索引核心期刊（TSSCI）名單。社會工作書籍也因系所增加、學生數膨脹，市場需求明顯升高而活絡。

參 社會工作人力擴充

由於失業、貧窮、工作貧窮、兒童與少年虐待、家庭暴力事件頻傳，基層社會工作人力不足，遂有內政部於2004年11月19日函頒「落實兒童及少年保護家庭暴力與性侵害事件通報及防治工作實施方案」，將「建構高風險家庭篩選及轉介處遇機制」列為重點工作，並通過執行「高風險家庭關懷輔導處遇實施計畫」與「受虐兒童少年家庭處遇服務方案」，擴充80至100名社會工作人力，投入高風險家庭及受虐兒童少年家庭介入服務。

復於2006年5月函頒「補助各直轄市、縣（市）政府增聘兒童及少年保護社會工作人力實施計畫」，協助地方政府增聘320名兒保社工人力，並補助40%之人事費用，將各地方政府兒少保護社工人力擴充至505名，以充足人力專責執行兒少保護業務，推動兒虐高風險家庭關懷訪視服務、兒少保護個案緊急救援處遇及社區兒虐預防宣導等方案。

社會工作人力需求殷切，不只兒童保護一項；而各部門每每又以專案方式要求增聘人力，並非上策。例如2006年「大溫暖社會福利套案」中的「弱勢家庭脫困計畫」增補地方政府執行該專案所需人力87人，以執行

1957專線所轉介的弱勢家庭個案的家庭評估。

於是，2007年行政院要求內政部重新檢討社會福利服務系統的建制與社會工作人力配置及進用。遂有「建構家庭福利服務系統實施計畫」與「充實地方政府社工人力配置及進用6年中程計畫」的出爐。前者是要建立一個以家庭爲中心、以社區爲基礎的基層社會福利服務網；後者主要內容是推估臺灣公部門應配置3,539名社會工作人力，其中三分之二（2,351人）應以社會工作師或社會工作員職稱配置進用。然現有編制員額僅爲324名，尙須增加人力2,027人。其餘三分之一（1,188人）以委託民間辦理爲原則（林萬億，2010a）。

由於政黨輪替，該計畫於2009年被修正爲「充實地方政府社工人力配置及進用4年中程計畫」。於2010年9月14日核定改稱「充實地方政府社工人力配置及進用計畫」。該計畫定於2011年至2016年增加社工人力1,462人，請地方政府於2011年增加進用366名約聘社工員，2012至2016年進用1,096名正式編制社工員，2017至2025年以約聘社工人員出缺即進用正式人員納編394名社工人力。未來地方政府社工人數將達3,052人，其中1,828人爲正式編制人員，另1,224人爲約聘人員，有助於社工人力質量之提升，落實社會福利工作。

第七節　社會工作服務體系的整合與新興領域發展（2016年——）

壹　強化社會安全網

2016年3月28日，小名「小燈泡」的4歲劉姓女童被王姓失業男子於臺北市內湖捷運站出口持菜刀猛砍頸部致死案，社會譁然。「小燈泡事件」加害者合併長期失業、物質濫用、疑似精神疾病、家庭關係疏離、人際關係不

佳、性別歧視、社會排除等問題。而這些問題其實都有相對應的單位（就業服務、醫療、警政、司法、社會福利、教育等）負責提供服務，如果服務到位了，理應就可預防與解決問題於先，不至發生「小燈泡」事件，或諸多其他嚴重家庭暴力、兒少虐待致死、因精神疾病或物質濫用而殺人事件。顯示，我國的社會安全與公共安全相關單位的服務存在服務人力不足、整合性不佳、預防性不彰、可近性不高、防護性不全、積極性不夠等問題。這些缺漏與早年季爾伯特（Gilbert, 1972）批判美國社會服務輸送體系的弊病，常見的問題有四：支離破碎（fragmentation）、不可及（inaccessibility）、不連續（discontinuity），以及權責不明（unaccountability），極其相似。這也是為何社會各界會質疑社會安全網（social safety net）出現嚴重的破洞（林萬億，2019）。

而社會各界所關切的社會安全網破洞，並非僅止於以集體行動來保障個人對抗所得不足的所得維持（income maintenance）或社會安全（social se-curity）方案（McKay, 2005）。而是涵蓋更廣泛的：(1)物質匱乏：資源短缺、需求不滿足、相對剝奪；(2)經濟匱乏：生活水準低落、不均、經濟條件差；以及(3)社會脆弱：社會排除、依賴、低下階級等（Spicker, 2007）。進而，關注仙恩（Sen,1999）所提倡的基本能力（capability）的剝奪，例如：早年夭折、營養不良、慢性疾病、文盲等（Wells, 2016; Padilla, Scott, & Lopez, 2014）。

據此，必須將既有相關的精神醫療、治安維護、犯罪矯正、教育、就業、家庭暴力防治、社會福利服務等系統加以強化並整合，強調以家庭為中心（family-centred）、以社區為基礎（community-based）、跨體系協力（intersystem collaboration）、單一窗口服務（one-stop shopping）的跨部門整合服務（integrated services）。行政上，社會安全網不是要取代既有社會福利、精神醫療、犯罪矯正、學生輔導、家庭教育、就業服務等體系，以避免造成各體系功能的萎縮。而是透過跨部會服務的整合，強化系統間的橫向連結、中央與地方政府的縱向合作，並補強系統介接的遺漏（林萬億，2010a，2019，2020）。

　　蔡英文總統逐於2016年5月20日就職演說中揭櫫「從治安、教育、心理健康、社會工作等各個面向強化社會安全網，讓臺灣未來的世代，生活在一個安全、沒有暴力威脅的環境中。」行政院於是啟動「強化社會安全網計畫」（林萬億，2019）。整合社會救助與福利服務、保護服務與高風險計畫、強化精神衛生與自殺防治、緊密跨部會橫向連結（教育、勞動、警政、法務）；同時，蔡總統也要求權責機關通盤了解目前社工人力供需情形，補足人力與提升薪資。據此，2018-2020年增聘社會工作人力3,021人，並提高薪資及保障執業人身安全。

　　進而，為解決離島社會工作人力不足與難以久任的問題，特別是連江縣，衛福部執行「連江縣社會工作人力培育獎勵計畫」（2020-2016年），預計每年補助3人，4年共培育12人，以解馬祖4鄉5島社會工作人力不足之急。

　　衛福部也在2017-2018年間舉辦「完善社會工作專業制度分區論壇」，彙整出社會福利機構、團體關切的社會工作議題，其中對「人力進用、職業安全與勞動條件」的結論，也促成2019年公私部門社會工作人員薪資調整方案，配合蔡總統對社會工作人力不足與薪資偏低的關切，朝向薪資合理化、制度化的方向規劃。

　　強化社會安全網計畫第一期從2018到2020年執行。期間又發生兩樁令社會震驚的重大殺人事件：玉井佛堂縱火案、鄭再由殺警致死案。這兩案的當事人均涉及嚴重精神疾病，超出強化社會安全網第一期僅將精神疾病合併自傷與家暴、性侵、兒虐加害事件者納入整合服務範圍。於是，社會各界再度質疑社會安全網仍然有破洞。各界所關切的新議題，包括：司法精神鑑定、司法精神醫院、矯正機構的精神醫療服務、精神病患觸法者從監護處分到社區心理衛生服務的轉銜機制等，均納入強化社會安全網二期計畫（林萬億，2020）；且依蔡總統指示，將計畫期程擴展為5年（2021-2025年），並一舉建構完成社會工作服務體制，補足社會工作及相鄰專業人力，提升服務成效。這是臺灣社會工作發展史上最大規模的社會工作服務體系建置與人力增補。

貳 新實施領域的發展

一、2016年長期照顧十年計畫2.0上路

　　1748年，臺灣即有貧困老人的機構式照顧，到1986年，才開始推動居家服務。而完整的長期照顧計畫則是2007年的長期照顧十年計畫。可惜，2008年政黨輪替之後，國民黨政府並未積極推動，試圖以長期照顧保險取而代之，致長期照顧服務體系建構進度緩慢。至2016年，民進黨再次執政，直接跳到長期照顧十年計畫2.0版，其總目標是：(1)以建立優質、平價、普及的長期照顧服務體系，發揮社區主義精神，讓失能的國民可以獲得基本服務，在自己熟悉的環境安心享受老年生活，減輕家庭照顧負擔；(2)實現在地老化，提供從支持家庭、居家、社區到機構式照顧的多元連續服務，普及照顧服務體系，建立關懷社區，期能提升失能者與照顧者之生活品質；(3)向前端優化初級預防功能，銜接預防保健、活力老化、減緩失能，促進老人健康福祉，提升生活品質；(4)向後端提供多目標社區式支持服務，銜接在宅臨終安寧照顧，減輕家屬照顧壓力，減少長期照顧負擔。

　　根據以上目標，長期照顧2.0的特色之一是普及照顧服務體系，建立以社區為基礎的整體照顧體系：A級（社區整合型服務中心）、B級（複合型日間服務中心），以及C級（巷弄長照站）服務中心為定點提供服務。此外，為實現在地老化，提供從支持家庭、居家、社區到住宿式照顧的多元連續服務。

　　除此，為因應失智症的照顧需求隨人口老化而快速增加，加速建立失智症服務據點、共同照護中心；又為了支持家庭照顧者，普及設置家庭照顧者支持服務據點；而在原住民部落則推動原住民族文化健康站，作為具文化特色的長照日間照顧據點。使得從住宿式機構照顧、日間照顧、居家服務、小規模多機能，到家庭照顧者支持服務設施等都需要聘用大量的社會工作者。

二、司法社會工作

早在1977年12月行政院根據《少年事件處理法》授權訂定之少年不良行為與虞犯預防辦法規定，已函頒「少年輔導委員會設置要點」，規定直轄市、縣（市）政府應成立「少年輔導委員會」，除由警察局刑事（少年）業務單位主管擔任總幹事、副總幹事、幹事之外，必要並得酌聘專任幹事。專任幹事若具社會工作背景者，就已具司法社會工作的雛形。部分縣市更聘用輔導員，類似美國的警政社會工作（police social work, PSW）。例如：臺北市少年輔導委員會聘用48位少年輔導員，大部分具社會工作或心理學專長背景。然而，大部分縣市僅聘幹事一名，或少數輔導員。少年輔導員則被歸類為少年社會工作。

《少年事件處理法》於2019年6月19日修正公布施行，修正重點包括：(1)第3條將原列7類少年有觸犯刑罰法律之虞者，修正僅保留其中3類，且不再使用「虞犯」一詞，至於保留的3類行為，則於立法說明將其歸類為「曝險行為」；(2)第18條明訂直轄市、縣（市）政府設置少年輔導委員會，於2023年7月1日生效；(3)刪除第85條之1，7歲以上未滿12歲之人，有觸犯刑罰法律之行為者，由少年法院適用少年保護事件之規定處理，於2020年6月19日施行。

第18條第6項明訂直轄市、縣（市）政府少年輔導委員會應由具備社會工作、心理、教育、家庭教育或其他相關專業之人員，辦理第2項至第6項之事務；少年輔導委員會之設置、輔導方式、辦理事務、評估及請求少年法院處理等事項之辦法，由行政院會同司法院定之。亦即，各縣市政府依法必須設置少年輔導委員會，處理少年曝險行為相關的事務，將帶動我國司法社會工作的發展。

三、司法心理衛生

在未設置司法精神醫院之前，我國的精神病犯罪者被分散委由一般精神醫院監護治療，缺乏一套完善的司法精神醫療體系；同時，也欠缺完整的

司法鑑定制度，以判定被告是否有被審理的能力（competency to stand trial, CST），以及基於被告精神障礙或心智缺陷而判無罪，亦即因精神障礙無罪（not guilty by reason of insanity, NGRI），或是精神障礙抗辯（insanity defense），或減其刑責；並於起訴與監禁過程中提供精神疾病犯人精神醫療。

2019年7月鄭再由殺警致死一審判無罪、同年12月曾姓男子玉井佛堂縱火燒死7人。這兩案引發社會高度關切，除質疑殺人為何無罪外，也質疑社會安全網仍有破洞。於是，蔡總統在2020年就職演說中提起要把社會安全網的漏洞補起來。蔡總統點出家庭、社會、國家在這些事件上的分工合作，提出由社會安全網來補漏洞。

於是，在行政院規劃的第二期強化社會安全網計畫（2021-2025年），除了延續第一期將精神疾病合併自傷與傷人事件者，納入跨部門、跨專業協助之外，更擴大社區心理衛生服務體系的服務對象；同時，將司法精神醫療服務納入，建構完整的司法心理衛生服務體系，包括司法精神鑑定、司法精神醫院及治療成效評鑑，以及建立出院（獄）銜接社區心理衛生服務的轉銜機制（林萬億，2020）。司法心理衛生團隊成員包括精神科醫師、護理師之外，需要社會工作師、心理師、職能治療師等。

此外，行政院於2017年5月推出新世代反毒策略（民國106-109年），投入新臺幣100億元經費，以「人」為中心追緝毒源頭，並以「量」為目標消弭毒品，透過阻絕毒品製毒原料於境外、減少吸食者健康受損、減少吸食者觸犯其他犯罪機會、強力查緝製造販賣運輸毒品。

之後，為使毒品防制及緝毒作為更加精進，以徹底滅絕毒害，「新世代反毒策略」展開第2期（民國110-113年）計畫，4年內投入約150億元經費，以跨部會、跨地方、跨領域之整體作戰方式，斷絕物流、人流及金流，並強化校園藥頭查緝及佐以再犯預防機制，全力達成「溯毒、追人、斷金流」等「斷絕毒三流」之反毒總目標。其中發展藥癮治療及處遇專業人才培訓制度，基礎訓練及治療模式之人力將從2019年的1,187人、59人，分別增加為1,200人、100人。同時，推動矯正機關毒品施用者的個別化處遇，逐步達成

心理、社工、個案管理等專業人力與收容人之人力比為1：300。

從此，我國的心理衛生社會工作跨足到司法體系，從少年犯罪、物質濫用，到精神疾病犯罪者的處置。

結語

雖然社會工作系所一年招收3千多名學生。但是，公私立社會福利機構仍然抱怨聘不到足夠的人才。社會工作學生的出路是社會福利領域，是個準市場（quasi-market）且具有高度非營利性與公共性，高度依賴政府資源投入的行業。人力需求雖然會隨人口老化、經濟不景氣、社會問題等社會經濟因素而增加，也會隨著社會立法與政策的推動而提高。但《社會工作師法》只是一個資格認定的規範而已，不是創造人力需求的方案。然而，快速擴張的社會工作教育並未同步帶動專業品質的提升。一旦專業品質下滑，必然衍生機構用人的困難。

過去，社會工作的薪資普遍不高，25,000-35,000元占多數（74.1%）（臺灣社會工作專業人員協會，2012）。隨著2017年8月起，「強化社會安全網計畫」推動，蔡總統關切社會工作人員薪資偏低，責成行政部門調高，亦同步調高委託或補助民間辦理社會福利服務方案的薪資。衛生福利部於2019年函頒「補助民間單位社會工作人員薪資制度計畫」，2020年起，受委託或補助的民間單位社會工作人員專業服務費每人每月3萬4,916元計，另依其具社會工作相關系所碩士以上學歷、社會工作師執照（或證書）、專科社會工作師證書、執行風險業務等級等增加薪點。同年起（年資補助的第1年），採可攜式年資計算，隨年資增加薪點，通過考核者，次年（2021年）起可晉1階（提高8薪點，計997元）為原則，最高晉升至第7階（336薪點、薪資4萬1,899元）。社會工作督導則從4萬0,901元到最高4萬7,884元。顯示社會工作人員薪資已大幅成長，擺脫低薪的窘境。

然而，人力流動頻繁，難以久任有待解決。主因在於社會工作人員中

相當比例受政府約聘（用）。雖然，約聘人員可以依計畫期程長聘。但是，首先是想要久任社會工作者會選擇參加社會行政或公職社會工作師考試。其次是委託外包方案聘用社會工作人員有簽約期限，期限一到，續約不成就必須資遣原有聘用人力。第三，工作忙碌使得要兼顧家庭與事業的資深社會工作者，或是社會行政人員就會選擇離開現職，或申請轉調其他部門。致使過往社會工作人員資歷普遍短淺，年資在5年以下者占78.2%（臺灣社會工作專業人員協會，2012）。有鑒於此，社會安全網第二期計畫增加資深社會工作者職稱、增加助理人力配置，以減輕行政工作負擔，增加長留久任的誘因。

人身安全的議題也為第一線社會工作者所關切。服務於家庭暴力暨性侵害防治、司法社會工作、心理衛生社會工作、學校社會工作、公共福利等領域的社會工作者最容易暴露在人身安全危害的風險中。其他有強制通報義務的領域也是有因通報而洩漏個人資訊而被加害者騷擾或攻擊的風險。雖然，保護性業務的社會工作者有危險職務加給。但是，仍然缺乏對上述處在高臨床風險（clinical risk）的社會工作者有較完善的保險統計風險評估工具（actuarial risk assessment instruments, ARAI），或是引進結構的專業判斷（structured professional judgment, SPJ）途徑的避險作法（Logan & Johnstone, 2013）。衛生福利部針對此項議題，已研發「社會工作人員智慧行動決策平臺」，利用大數據分析風險等級、掌握網絡成員、決定陪同訪視、規劃訪視地圖，試圖降低社會工作者人身安全風險。

最後，社會工作是人的處理、人的改變、情緒的工作，需要較高的專業認同與人性的領導。然而，外行領導專業也是實務現場常見的問題。各級政府社會福利高階主管屬於社會工作、社會政策或社會福利專業背景者不多，地方政府社會局（處）尤甚。再加上公務人員高等考試社會行政類科已有大量非社會工作科系背景者考上，若干年後，這些公務人員將升上中高階社會行政管理位置。屆時，這些人員有可能依彼得原理（Peter Principle）成為組織發展的障礙（Peter & Hull, 1969）；而出身專業背景的社會行政人員、公職社會工作師與社會工作人員將成為被外行領導的一群科層專業。而民間

社會工作者也可能因承接委託外包方案，而被這些非專業人員督導與評鑑。
這是社會工作界必須設法解決的困境。

表4-1　我國各大學設立社會工作學系（組）所一覽表

成立年度	校系所（組）名稱	發展經過	學制
1950	國立臺北大學社會工作學系	前身為臺灣省行政專科學校社會行政科。1955年該校與大直行政專修班合併成為省立法商學院，社會行政科改名為社會學系。1958年分社會學理論與社會行政兩組教學。1964年增設夜間部。1971年改制為國立中興大學法商學院社會學系。1981年分社會學組、社會工作組招生。1999年設社會學研究所碩士班，分社會學組、社會工作組招生。2000年改制為國立臺北大學，獨立設社會工作學系、碩士班。	學士班、進修學士班、碩士班。
1955	國立臺灣師範大學社會工作學研究所	1955年設社會教育學系，分社會工作、新聞、圖書資訊三組招生。2005年獨立設社會工作研究所碩士班。	碩士班。
1955	東海大學社會工作學系	1955年設社會學系。1974年分社會學組與社會工作組招生。1979年設社會工作學系。1984年增設碩士班。1994年設博士班。	學士班、碩士班、博士班。
1960	國立臺灣大學社會工作學系	1960年設社會學系。1973年分社會學、社會工作兩組教學。1981年分組招生。1974年設研究所碩士班，分理論社會學與應用社會學（社會工作組）兩組招生。1986年設博士班，未分組招生。2002年獨立設社會工作學系、碩士班。2006年設博士班。	學士班、碩士班、博士班。

成立年度	校系所（組）名稱	發展經過	學制
1963	中國文化大學社會工作學系（夜間部）	1963年成立。1998年停止招生。	
1965	臺南神學院宗教社會工作學系	1965年成立社會服務系。1983年更名教會社會服務學系。1994年成立宗教社會工作研究所。1998年改名宗教社會工作學系。	學院部、碩士班。
1969	輔仁大學社會工作學系	1969年設社會學系。1974年分社會學、社會工作組招生。1981年獨立設社會工作學系。1998年設碩士班。	學士班、碩士班。
1973	中國文化大學社會福利學系	1971年在家政系成立兒童福利組。1973年獨立爲兒童福利學系。1974年改名青少年兒童福利學系。1980年設兒童福利碩士班。1998年再更名爲社會福利學系。2002年設青少年兒童福利研究所在職專班。2007年設社會福利碩士班。	學士班、碩士在職專班、碩士班。
1973	實踐大學社會工作學系	前身爲1967年成立之實踐家政經濟專科兒童保育科。1973年8月1日改爲社會工作科。1991年隨學校改制學院改爲社會工作系。1997年實踐設計管理學院更名爲實踐大學。2004年家庭研究與兒童發展研究所下設社會工作組。2005年設社會工作碩士班。	學士班、進修學士班、碩士班。
1974	東吳大學社會工作學系	1974年設社會學系。1978年分社會學理論組與社會工作組。1981年社會學系設碩士班，設有社會工作組。1990年社會工作獨立成系。1992年設碩士班。	學士班、碩士班。

成立年度	校系所（組）名稱	發展經過	學制
1981	國立政治大學社會工作學研究所	1981年設社會學系，其前身為民族社會學系。大學部尚未分組社會學組社會工作組教學，但設有社會工作學程。1986年設社會學研究所，碩士班分社會學理論組與社會工作組兩組招生。2006年設社會行政與社會工作研究所碩士班。2009年改名社會工作學研究所。2013年設博士班。	碩士班、博士班。
1982	國防大學政治作戰學院心理及社會工作學系	1982年政治作戰學校設社會工作學系。2000年設軍事社會行為科學研究所社會工作組。2006年併入國防大學，改名心理及社會工作學系，分心理、社會工作兩組，設社會工作碩士班。	學士班、碩士班。
1985	臺灣神學院教會與社會系	1985成立，設有社會工作課程。	學院部。
1986	靜宜大學社會工作與兒童少年福利學系	1986年設青少年兒童福利學系。1996年設研究所碩士班。2005年設碩士在職專班。2009年改名社會工作與兒童少年福利學系。	學士班、碩士班、碩士在職專班。
1989	國立中正大學社會福利學系	1989年設研究所碩士班。1992年設大學部與博士班。	學士班、碩士班、碩士在職專班、博士班。
1989	元智大學社會暨政策科學系	設有社會工作模組課程。	學士班。
1989	高雄醫學大學醫學社會學與社會工作學系	1989年成立醫學社會學系，開設有社會工作課程。2002年改名醫學社會學與社會工作學系，分醫學社會學與社會工作組。2005年設碩士班。	學士班、碩士班。

成立年度	校系所（組）名稱	發展經過	學制
1992	國立陽明大學衛生福利研究所	1992年成立。2006年設博士班。	碩士班、博士班。
1995	國立暨南大學社會政策與社會工作學系	1995年先設研究所碩士班。1997年增設大學部。1999年設博士班。	學士班、兩年制在職專班、碩士班、博士班。
1997	玄奘大學社會福利與社會工作學系	1997年9月設社會福利學系。2003年設碩士班與進修學士班。2012年改名社會福利與社會工作學系。	學士班、進修學士班、兩年制在職專班、碩士班、碩士在職專班。
1997	玉山神學院教會社會工作系	1997年設教會社會工作系。	學院部。
1998	長榮大學社會工作學系	1998年設社會工作學系。2002年長榮管理學院更名為長榮大學。2004年設碩士班與兩年制在職專班。	學士班、兩年制在職專班、碩士班。
1998	慈濟大學社會工作學系	1998年先設研究所碩士班。2000年8月慈濟醫學院暨人文社會學院更名為慈濟大學，同時設四年制與兩年制社會工作學系。2005年兩年制停招。	學士班、碩士班。
1998	南華大學應用社會學系	1998年成立。2004年設社會工作學程。2012年分社會學與社會工作組招生。2018年設社會工作與社會設計碩士。	學士班、碩士班。
1999	嘉南藥理科技大學社會工作學系	原名青少年兒童福利系。2003年更名為社會工作學系，分日間部與進修部招生。	四技、四技進修部、四技在職專班。
2000	朝陽科技大學社會工作學系	2000年設社會工作學系，分日間部與進修部招生。2007年設碩士班。	四技、四技進修部、四技在職專班、碩士班。

成立年度	校系所（組）名稱	發展經過	學制
2000	國立屏東科技大學社會工作學系	前身爲生活應用科學系社會工作組。2000年成立，設有日間部、進修部。2006年設碩士班。	四技、四技進修部、碩士班。
2001	亞洲大學社會工作學系	原名臺中健康管理學院，2000年4月21日設立社會工作學系。2004年設碩士班。	學士班、進修學士班、碩士班。
2003	稻江科技暨管理學院社會工作學系	2003年8月1日設老人福祉學系。2011年更名老人福祉與社會工作學系。2017年更爲今名。	學士班。
2003	中山醫學大學醫學社會暨社會工作學系社會工作組	2003年成立，分醫學社會學組與社會工作組招生。2007年設碩士班。2013年起不分組招生。	學士班、碩士班。
2004	大仁科技大學社會工作學系	2004年8月1日設社會工作學系。	四技、四技進修部。
2005	美和科技大學社會工作學系	2005年8月1日設社會工作學系。2010年改名美和科技大學。2013年設碩士班。	二技、進修學院二技、四技、四技進修部、四技在職專班、碩士班。
2007	大同技術學院社會工作與服務管理學系	2007年設福祉科技與服務管理學系。2008年更名社會福祉與服務管理學系。2013年再改名社會工作與服務管理學系。	二技、二技進修部、四技、四技進修部。
2007	國立彰化師範大學輔導與諮商學系	輔導與諮商學系創於1971年。2007年分爲「學校輔導與學生事務」與「社區諮商與社會工作」兩組。	學士班。
2010	國立東華大學民族發展與社會工作學系	2007年設民族社會工作學位學程。2010年設民族發展與社會工作學系。2014年改爲民族社會工作學士學位學程，另在民族事務與發展學系設民族社會工作碩士在職專班。	學士班、碩士在職專班。

成立年度	校系所（組）名稱	發展經過	學制
2011	南華大學生死學系社會工作組	1997年設生死學研究所。2001年設生死學系。2011年分殯葬服務組、社會工作組。	學士班。
2011	育達商業科技大學健康照護社會工作學系	2011年設健康照護社會工作學系。	二技進修部、四技、四技進修部。
2013	國立金門大學社會工作學系	2013年設社會工作學系。	學士班。
2013	臺北海洋科技大學健康照護社會工作系	2013年設立健康照護社會工作系。	四技二專、四技獨招。
2015	樹德科技大學社會工作學士學位學程	2015年設四技日間部。2017年設二技進修部。	四技、二技招生。
2018	佛光大學社會學暨社會工作學系	2001年設社會學碩士班。2002年設大學部。2018年碩士班分社會學與社會工作組。2019年改為今名。	學士班、碩士班。

資料來源：作者自行整理

參考書目

一、中文部分

王培勳（1977）。我對社工人員專業化的看法。社區發展，1期，頁33。

王增勇、陶蕃瀛（2006）。專業化＝證照＝專業自主？應用心理研究，30期，頁201-224。

內政部（1971）。社會工作教學做研討會議實錄。

古善愚（1948）。一年來的臺灣社會工作。新社會，1：3，頁5-7。

臺灣省文獻委員會（1972）。臺灣省通志。

臺灣省政府社會處（1983）。臺灣省推行社會工作員制度報告。

臺灣省社會處（1987）。民國76年社政年報。

李翼中（1948）。如何辦理臺灣社會事業。新社會，1：1，頁3-15。

李欽湧編（1987）。**現代化社會工作專業制度論文集**。東海大學出版。

李增祿（1980）。社會變遷與社會工作專業化之探討。**張老師月刊**，5：4，頁198-204。

言心哲（1945）。**現代社會事業**。上海：商務印書。

杜章甫（1952）。反攻大陸後的社會工作。**社會工作月刊**，1期，頁7-10。

金新華（1948）。浙江省的社會工作。**新社會**，1：4，頁28-31。

金姬鎦（1951）。參加社會工作人員講習班有感。**新社會**，3：1，頁37-39。

林萬億（1984）。建立社會工作專業制度的再思考。**中國論壇**，8：17，頁42-45。

林萬億（1991a）。社會工作擴散與本土化──概念與論題。**社會工作學刊**，創刊號，頁15-31。

林萬億（1991b）。我國社會福利事業與研究的發展。**中國社會學刊**，15期，頁74-119。

林萬億（1994）。**福利國家──歷史比較的分析**，臺北：巨流。

林萬億（1995）。**社會工作師法草案研擬報告**。中華民國社會工作專業人員協會。

林萬億（2000a）。社會抗爭、政治權力資源與社會福利政策的發展：1980年代以來的臺灣經驗。編入蕭新煌、林國明主編，**臺灣的社會福利運動**，頁71-134。臺北：巨流。

林萬億（2000b）。我國社會工作與社會福利教育的發展。**社會工作學刊**，6期，頁123-161。

林萬億（2001）。展望二十一世紀的臺灣社會工作。**社會工作學刊**，7期，頁1-15。

林萬億（2002）。**當代社會工作：理論與方法**，臺北：五南。

林萬億（2010a）。建構以家庭為中心、社區為基礎的社會福利服務體系。**社區發展季刊**，129期，頁20-51。

林萬億（2010b）。我國社會工作教育的發展：後專業主義的課題。**臺大社會工作學刊**，12，頁153-196。

林萬億（2012）。**臺灣的社會福利：歷史與制度的分析**。臺北：五南。

林萬億（2019）。強化社會安全網：背景與策略。**社區發展季刊**，165期，頁6-32。

林萬億（2020）。社會安全網的再強化：介接司法心理衛生服務。**社區發展季刊**，172期，頁191-224。

林萬億、呂寶靜、鄭麗珍（1999）。**社會工作與社會福利學科規劃研究報告**。行政院國科會專題計畫。

林萬億、沈詩涵（2008）。邁向專精之路：臺灣社會工作的下一步？**社區發展季刊**，121期，頁199-233。

徐正一（1948a）。如何開展臺灣的社會服務工作。**新社會**，1：3，頁8-10。

徐正一（1948b）。臺灣社會事業的回顧與前瞻。**新社會**，1：4，頁12-13。

徐震、林萬億（1991）。**社會工作師法草擬之研究**。中華民國社區發展研究訓練中心。

孫本文（1971）。**近代社會學發展史**。臺北：商務印書。

陶藩瀛、簡春安（1997）。社會工作專業發展之回顧與展望。**社會工作學刊**，4期，頁

1-25。

陶蕃瀛（1999）。社會工作專業發展的分析與展望。**社區發展季刊**，88期，頁190-196。

陶蕃瀛（2012）。社會工作、證照與專精化反思。**臺灣社區工作與社區研究學刊**，2(1)，頁65-78。

許君武（1952）。社會工作者的時代任務。**社會工作**，1期，頁3。

郭鴻群（1952）。重慶時代的社會服務工作。**社會工作**，3期，頁79-81。

梁永章（1971）。中央社會工作會議的意義與成就。**中國勞工**，492期，頁18-27。

黃彥宜（1991）。臺灣社會工作發展：1683-1988。**思與言**，29：3，頁119-152。

曹培隆（1952）。社工幹部的搖籃：漫憶馬家寺。**社會工作**，3期，頁85-87。

張曉春（1978）。對我國社會工作專業化的構思。**中國論壇**，6：10，頁8-11。

張煜輝（1991）。我國社會工作專業制度的回顧與展望。**社會工作學刊**，創刊號，頁1-14。

張秀卿（1985）。社會工作員對國家社會的貢獻。**社會建設**，56期，頁91-99。

陸光（1977）。從專業教育談建立社會工作員制度。**社區發展季刊**，1期，頁29。

葉啟政（1985）。對四十年來臺灣地區社會學發展的一些反省。**中國論壇**，21：1，頁88-105。

葉楚生（1956）。社會工作專業教育。**新社會**，8：3，頁7-9。

葉楚生（1958）。**社會工作概論**，臺北：自印。

葉翰眉（1951）。什麼是社會工作，**新社會**，3：2，頁25-27。

楊玫瑩（1998）。**臺灣社會工作專業化之研究——社會工作專業人員制度建立過程與分析**。東吳大學社會工作研究所碩士論文。

熊光義、楊鴻義（1952）。日據時代的臺灣社會事業行政。**社會工作**，3期，頁91-93。

劉脩如（1984）。**社會政策與社會立法**。臺北：開明。

劉宴齊（2005）。**從救恤到社會事業——臺灣近代社會福利制度之建立**。臺灣大學法律學研究所碩士論文。

蔡漢賢（1971）。**各國社會工作專業體制之研究**。內政部社會司。

寧遠（1971）。評執政黨中央社工會議。**政治評論**，26：5，頁7-8。

傅熙亮（1952）。臺灣省立行政專校社會行政科簡述。**新社會**，4：7，頁36-38。

龍冠海（1963）。社會學在中國的地位與職務。**臺大社會學刊**，1期，頁1-22。

龍冠海（1976）。社會工作乎？抑或社會福利乎？**社會建設**，26期，頁10-17。

臺灣社會工作專業人員協會（2012）。**臺灣社會工作人員勞動權益研究**。

二、英文部分

Bailey, R. & Brake, M. (1975). *Radical Social Work*. London: Edward Arnold.

Barretta-Herman, A. (2008). Meeting the expectations of the global standards: a status report on the IASSW membership. *International Social Work*, 51: 823-834.

Brown, E. L. (1936). *Social Work as a Profession*. NY: Russell Sage Foundation.

Burgess, J. S. (1918). China's Social Challenge I—an opportunity for American social workers. *The Survey*, 38: 23, 501-4.

Bullock, M. (1980). *An American Transplant: the Rockefeller Foundation and Peking Union Medical College*. Berkeley: University of California Press.

Carr-Saunders, A. M. (1955). Metropolitan Conditions and Traditional professional Relationships. In R. M. Fisher (ed.), *The Metropolis in Modern Life* (pp.279-87). Garden City, NY: Doubleday.

de Jongh, J. F. (1969). Western Social Work and the Afro-Asian World. *International Social Work*, 12: 4, 16-24.

Dwight, W. E. (1959). *Yenching University*. NY: United Board for Christian Higher Education in Asia.

Gilbert, N. (1972). Assessing Service-Delivery Methods: some unsettled questions. *Welfare in Review*, 10: 3, 25-33.

Hume, L. C. (1915). The Social Service League of Changsha. *The Survey*, Spet. 25, 575-77.

Lee, P. C. (1913). China Ready for Social Work. *The Survey*, Dec. 27.

Lin, Wan-I (1990). The Chinese Gentry and Social Philanthropy. *National Taiwan University Journal of Sociology*, 20, 143-186.

Lin, W-I & Teyra, C. (2020). Social Work Education in Taiwan: Issues, Challenges and Prospects. In S. M. Sajid, Rajendra Baikady, & Haruhiko Sakaguchi (eds.), *The Palgrave Handbook of Global Social Work Education*. Palgrave Macmillan.

Longan, C. & Johnstone, L. (eds.) (2013). *Managing Clinical Risk: a guide to effective practice*. NY: Routledge.

McKay, A. (2005). *The Future of Social Security Policy: women, work and a citizens' basic income*. London: Routledge.

Midgley, J. (1981). *Professional Imperialism: social work in the third world*. London: Heinenann.

Ministry of Welfare (1952). *Social Work in Japan*. Tokyo, Japan.

Naito, H. (1938). *Taiwan: a unique colonial record 1937-38*. Tokyo: KoKusai Nippon Kyokai.

Padilla, Y. C., Scott, J. L., & Lopez, O. (2014). Economic Insecurity and Access to the Social Safety Net among Latino Farmworker Families. *Social Work,* 59(2), 157-165.

Peter, L. J. & Hull, R. (1969). *The Peter Principle: why things always go wrong*. New York: William Morrow & Company.

Sen, A. (1999). *Development as Freedom*. New York: Knopf.

Spicker, P. (2007). Definitions of poverty: twelve clusters of meaning. In Spicker, P., Alvarez, L. & David, G. (eds.), *Poverty: an international glossary* (pp.229-243). London: Zed Books.

Takekoshi, Y. (1907). *Japanese Rule in Formosa*. London: Longmans, Green and Co.

Thomas, W. (1959). *Protestant Beginnings in Japan: the first three decades 1859-1889*. Tokyo: Charles E. Tuttle Co.

Wells, V. D. (2016). Falling through the U.S. Safety Net: Alice's adventures in social services. *Qualitative Social Work*, 15(5-6), 727-735.

West, P. (1976). *Yenching University and Sino-Western Relations*, 1916-1952. Cambridge: Harvard University Press.

第五章
社會工作者

在臺灣，許多學生進入社會工作學系就讀之前，並不清楚什麼是社會工作、需要具備什麼條件、自己適合不適合，以及未來的生涯應如何規劃？即使大學入學管道已多元化，有甄試與申請甄選管道的暢通；再加上科系博覽會、網路資訊，以及社會工作的社會辨識度已提升，選擇進入社會工作系的學生已有較多的了解與準備。但是，選校不選系、先上大學再說的觀念仍普遍。因此，本章除了介紹社會工作者的特質、如何成為社會工作者之外，也引介美國社會工作專業資格取得要件，作為讀者選擇成為社會工作者的專業生涯規劃的參考。

第一節　社會工作者的特質

社會工作者是專業的助人者（professional helping person）。要成為一個助人者並不難，例如：童子軍日行一善、慈濟功德會的師兄師姐、賣紅豆餅的大伯為了讓貧窮的鄉下小孩吃到紅豆餅而定期送紅豆餅到鄉下小學門口、見到搶劫而見義勇為，這都是一種助人的善舉。但是，專業的助人工作不只是一時的、短暫的，而是要以助人作為一種志業（career），靠助人實踐兼善天下的理想，也靠助人養家活口。如此一來，除了要喜歡幫助別人之外，也要對助人工作有承諾，否則很難撐一輩子。

有些人只想像童子軍一樣「日行一善」，有些人是等賺了大錢之後才想幫助人，有些人把助人當成是行有餘力才做的事。這些人並不一定適合當社會工作者，也許適合擔任自願工作者，或是社會工作的贊助者。

既然專業的助人是一輩子的事，就不是每個人都適合做社會工作者。雖然，社會工作的價值、知識、技巧是可以經由訓練而有。但是，要成為一位有承諾的助人者，還是須具備某種特質。

馬盧西歐（Maluccio, 1979）研究指出，社會工作者與案主都同意社會工作者應具有下列特質：(1)接納；(2)有趣；(3)溫暖；(4)支持。此外，從案

主的角度來看，有人味、了解、關懷、信任、友善、鼓勵一起工作、尋求解決、給予建議，以及減緩焦慮等，都是社會工作者重要的特質。

　　稍早以前，坎布斯等人（Combs, Avila, & Purkey, 1971）研究有效的助人者也發現六個特質：(1)有能力；(2)友善；(3)有價值；(4)內在動因；(5)可靠；(6)有助益等，是重要的特質。進一步，他們也發現社會工作者自我了解也是重要的。社會工作者覺得自我具有：(1)認同他人；(2)勝任；(3)值得信賴；(4)被需要；(5)有價值，就可能成為有效的助人者。

　　綜觀以上的研究，以及實務經驗的體會，本書認為社會工作者應具備的特質如下：

一、關懷人群

　　關懷人群本是作為社區一分子的基本責任與德行，可是這種德行已逐漸稀薄。有人寧願關懷寵物、花草、鳥獸，也不喜歡與人為伍，更何況關懷弱勢人群。並不是關懷毛小孩不對，而是也要同時關懷人群。如果遛毛小孩到公園便溺卻不清除，讓到公園運動的人們踩到，就是只有對毛小孩有愛心，卻無公德心。關懷人是在乎人權、人類福祉、生存條件、感受，對人有興趣、有不忍人之心、有利他的傾向、會打抱不平。願意關懷人是對人與社會有好生活的承諾，是社會工作者終生不渝的心願。

二、樂觀進取

　　社會工作者通常不會有高大寬闊豪華的辦公室，也不會在皮沙發、原木辦公桌、冷氣房等客戶上門，更不會有無窮的資源留待支配；同時，社會工作者所面對的服務對象，常是窮苦、病弱，如果不具樂觀的個性、進取的態度，如何能協助案主解決問題呢？甚至，很多案主的問題是積數十年之沉痾，要改變，何其不易。但是，社會工作者還是要抱一線希望，試著去改變。有希望感是社會工作者很重要的特質。說白些，如果是簡單的問題，案主早就自己解決了，還輪到你！就因為困難，才有社會工作的存在價值。

三、溫暖友善

如上述，社會工作者服務的對象常是社會中的弱勢者、邊緣人、受害者，這些人不是長期被忽視、壓迫、排斥，就是被恐嚇、凌辱、貶謫。他們的退怯、低自尊、無奈、自我貶抑、無助、無力是可以理解的。因此，他們期待溫暖的心伸出援手。如果面對一位冰冷、嚴酷、無情的人，案主是不會，也不敢來求助的。實務經驗顯示，服務使用者表示在與溫暖的、有趣的、同理的社會工作者的會談中，容易感受到有機會掌控自己經驗的意義和別人所提供經驗的意義的價值（Howe, 2009）。

四、分享感受

一位心胸不開放，只願吸取不願吐出的人，不但不是個好朋友，也不會是好的社會工作者。當他人跟你分享生活中的酸甜苦辣時，特別是那些不輕易向他人表白的心情故事，有些是沉積已久的心酸，有些是塵封多年的血淚，如果你一點反應都沒有，場面該會有多尷尬。所以，社會工作者應是一位能自我揭露、樂於分享感受的人。

五、包容差異

每個人都是獨立的個體，有各自的生活經驗，因此，不可能要求所有人都跟自己有一樣的思想、行為。特別是優勢的一方，更應該有尊重他人的差異，容忍他人有你所不喜歡的想法與行為的美德。社會工作者不應該是一位獨裁、固執己見、自以為是的人。社會工作者應有包容異議、扶持弱者、寬恕無知的雅量，才能使社會減少相互排除。

六、真誠可靠

當一個人已是山窮水盡來求助於你，他期待於你有多深啊！又當一個人把最私密的生命經驗告訴你，他其實已是一無所有了。如果你不是一個值得信賴的人，後果會是什麼樣？社會工作者面對的大多數是弱者，不論是政治

上、經濟上、心理上或社會上，他們的自保能力其實是相對脆弱的，社會工作者可能是他們最後的希望，他們期待的不是信口開河、舌燦蓮花的口頭服務，或是虛情假意的敷衍，更不是廉價的同情。因此，社會工作者必須真的靠得住，誠懇地幫助人。

七、自我肯定

　　一位助人者本身一定先要肯定自己是願意助人、有尊嚴、有能力、有價值與被需要的。如果一個人不覺得自己是有價值的，他怎麼會去肯定別人存在的價值？如果一個人不覺得能勝任成為一位助人者，除非是謙虛，否則是不會得到他人信賴的。如果社會工作者自己都沒信心，怎麼能帶給案主希望呢？又如果社會工作者自己不覺得有被需要感，他怎麼會想要積極地涉入案主的問題解決過程呢？又怎麼可能有勇氣參與社會改造的工程呢？因此，社會工作者應是一位能自我了解，知道自己是誰、需求什麼、價值偏好、生活型態的人，同時也能欣賞自己的優點，且能積極地改善其缺點，並能與自己的不完美共存亡的人。

八、成熟敏銳

　　所謂成熟是指情緒穩定、認真負責、行事圓融、始終如一、彈性靈活、能進能退。不成熟的個性的確是成為社會工作者的大忌。如果一個人早上答應下午變卦、朝三暮四、頑固不通、幼稚撒野，給人的印象會是如何！何況是一位助人的人，誰敢把問題解決交給這樣的人呢？同時，社會工作者對人的情緒、感覺、行為、思考、關係等要敏感地覺察到，對社會議題也要有反應，最好也要有足夠的政治敏感度。但是，敏感不是過敏，而是精確地覺察到且有所感應，但不激動，也不輕易出現好惡。

九、理想而務實

　　社會工作者本來就是「社會工程師」（social engineer），不可能沒有

一些理想性格。要把少年帶離犯罪，要把貧窮從社會中消除，要把少女從色
情行業中拯救，要把身心障礙者從脆弱中引領向上，要把勞工與資本家的對
立消弭，這些都是何等艱難的社會工程。社會工作者常需要給自己一個想像
的空間，甚至築一個夢。但是，夢想不是空想，而是正義的社會可以實現
的，只是必須務實地去完成。所以，社會工作者是思想家，也是實踐者。承
認社會是有瑕疵的，承認人的能力是有限的。但是，人與社會都是有可能改
變的，只要不斷努力，只要有理想。

十、巧思而不匠氣

　　社會工作者從課本中學到很多知識、原理、原則、技巧，但不是生吞
活剝地吃進去再吐出來，而是細細品味、慢慢咀嚼，體會其精華，吸納其豐
美，再轉化為有感情、美學的、能感動人與能說服人的助人過程，而不是冷
冰冰、死板板、教條式與膚淺的套招。社會工作者也從實務工作中累積智
慧，從案主身上學習經驗。同樣地，這種經驗的積累不是單純的模仿、抄
襲、剪貼，而是吸收、整理、分析、再組，才建構成屬於自己的社會工作心
得。所以，不要只是當一個社會工作匠，而要成為一個有巧思的社會工作師。

　　上面這10個社會工作者的特質，最好是在接受社會工作訓練之前就具
備一部分，當然能夠十全十美是上天所賜，善加利用。在接受完社會工作教
育後，能具備這些特質的大部分，就不虛此行了。

第二節　臺灣的專業社會工作者

壹　社會工作師的資格認證

　　社會工作者一定要受過專業社會工作教育才會做得好嗎？難道素人就
不會是一個好社工嗎？依美國學者所做的實證研究指出，社會工作學士或碩

士畢業者，擔任社會機構的工作人員，從幾項指標（品質、督導者的評價、對社會工作價值的承諾，以及社會工作者對其社會工作教育準備的信賴等）得分來看，都比非社會工作科班出身的人來得高（Dhooper, Royse, & Wolfe, 1990）。

　　從19世紀末以來各國社會工作的發展經驗已告訴我們，光有愛心、耐心、犧牲奉獻的精神，不一定能成為好的社會工作者。社會工作者還要有知識與技巧。社會工作者的知識與技巧也不能單靠經驗累積。靠經驗累積出來的往往只是技巧，而不一定能通則化為可傳授的知識；而且，光靠經驗累積的試誤過程對案主的權益保障非常不利，且將折損社會工作者的生命。因此，透過社會工作教育將社會工作價值、倫理、知識、技巧灌輸給學習者，使之成為合格的專業社會工作者，是國際普遍的共識。

　　自從各國社會工作專業教育發展以後，沒有受過社會工作學士或碩士教育，逐漸成不了社會工作者。在美國，要設立社會工作學系或研究所必須經過「社會工作教育協會」（the Council on Social Work Education, CSWE）的認證（accreditation）才行。

　　但是，並非有了社會工作教育，所有社會工作畢業生一定都具備成為合格的社會工作者（qualified social worker）。沒有受過社會工作教育肯定不能成為專業社會工作者，而受過社會工作教育的人，也只證明此人具備了最基本的成為社會工作者的條件而已，並不代表他一定能成為一位合格的社會工作者，還要看他是否取得該國政府或專業組織認可的資格。社會工作者資格的取得在不同國家有不同的規定。美國、加拿大、日本、臺灣、韓國都是採考試制度。在美國，執照授予（licensing）是指由政府或法律授權准許某些人從事特定專業或職業，藉此排除他人從事此類工作的過程。執照的發給是為了保護社會大眾，獲得安全水平的服務。取得執照的人被政府特許使用特定的名稱，執行授權範圍內的活動。由於案主與健康保險公司以社會工作師是否得到政府認可，特別是私人開業機構的案主，作為決定該社會工作師能力的根據。為了吸引案主和得到來自健康保險公司的支付，社會工作師很歡迎政府給予執照。專業證書認定各州相通，但執照授予則僅限於州內有效。

　　美國與加拿大各州（省）都有自己的法律規範社會工作的執（開）業執照（licensure）或證書（certification）。通常執業執照表示等級較高，例如：至少碩士畢業以上學歷。社會工作學士學歷通常只會授予證書。美國與加拿大社會工作師考試是由「美國州社會工作委員會協會」(the American Association of State Social Work Boards, AASSWB）舉辦，該協會成立於1979年，1999年改名社會工作委員會協會（Association of Social Work Boards, ASWB）。協會的考試發展部門（Examination Development department）負責考試事宜，成員特別納入三位現職社會工作師。

　　社會工作師考試依學歷、工作經驗分五級：助理（Associate）、學士（Bachelors）、碩士（Masters）、高級綜融（Advanced Generalist）、臨床（Clinical）。考試題目隨機抽自題庫，題庫每年更新，由經過訓練的命題委員出題，2020年至少累積有7,700題，由社會工作專家組成的考試委員（Examination Committee）負責審題。考試採網路線上測驗，分四種測驗卷（助理與學士題目相同）。題目由170題選擇題組成，僅採計其中的150題計分。考試時間是4小時，考試時間內可自由活動、修改、跳答、做記、回顧檢查等。某些州除了這個測驗外，另舉行單獨的考試，以作為在該州執業的資格。每一級的考試內容組成不一，例如：學士級的人類行為多樣性與社會環境占27%、評估占28%、直接與間接服務占26%、專業關係、價值倫理占19%；碩士級則分別是：28%、24%、21%、27%。高級綜融考試內容將直接與間接服務再拆開為微視與巨視方法，分數比重改為：18%、22%、18%、18%、24%。臨床級評估改為評估、診斷與處置計畫，實施方法改為心理治療、臨床介入與個案管理，分數比重各占：31%、26%、25%、18%。

　　考試雖為選擇題，並不會減低其專業性，端視命題者對社會工作專業知識、價值、倫理、實施方法的整合。舉一學士級題目為例如下：

　　有一位案主因性成癮被轉介給社會工作員，該社會工作員是該鄉
　　村地區唯一的社會工作員，且無處理性成癮的太多經驗，請問該

社會工作員要做的第一件事是：

A.因為沒有足夠的經驗而拒絕該個案。

B.使用物質濫用模式介入。

C.建議案主轉換到最近的城市接受服務。

D.從該地區的其他專家獲得諮詢。

標準答案：D、B。

　　日本於1987年起分社會福祉士（social welfare worker）與介護士（care worker）考試，1997年新增精神保健福祉士考試，2000年介護保險法實施之後，又引進照顧管理專員（care manager）考試。韓國於1998年社會福利工作人員法通過施行，通過國家考試才能取得專業資格（林萬億、沈詩涵，2008）；英國、香港、新加坡、澳門、澳洲則採註冊（登記）制，香港社會工作者註冊局（非官方組織）成立於1998年，向該局註冊取得香港註冊社會工作者（registered social work, RSW）證明，分「持有社會工作者註冊局認可社會工作學位及文憑（第二類）」與「非持有註冊社會工作者註冊資格（第一類）」兩類，顯示香港社會工作仍處在過渡早年社會工作教育年限較短、不夠普及的歷史經驗中。新加坡則分「註冊社會工作者」（有社會工作學歷）與「註冊社會服務執業者」（未有社會工作學歷）兩類，情形與香港類似。澳洲社會工作者資格取得必須是通過澳洲社會工作者協會（Australian Association of Social Workers, AASW）認可的社會工作學院畢業，取得社會工作學士、碩士學位者，註冊成為該會會員，始取得社會工作者資格。

　　即使同樣採考試制度，各國也不盡相同，社會工作者的分級制度也不同。採註冊制國家都是從社會工作教育端來管制社會工作者的資格取得。反之，臺灣、韓國、日本等採考試制度國家都是從考試端來管制資格。美國、加拿大等同步採教育許可與考試管制。加拿大社會工作學校協會（Canadian Association of Schools of Social Work, CASSW）與美國社會工作教育協會（CSWE）於2006年簽署交互承認備忘錄，兩國社會工作教育標準一致，教

育許可較嚴格，考試則相對簡便。

　　依臺灣《社會工作師法》第6條規定「非領有社會工作師證書者，不得使用社會工作師名稱。非領有專科社會工作師證書者，不得使用專科社會工作師名稱。」這種名稱的專用是社會工作專業占的一環。未領有社會工作師證書而提供社會工作服務者，在臺灣只能稱「社會工作員」。然而，社會工作員做些什麼？當然也是執行類似社會工作師的業務。理論上，不是社會工作師就不能執行社會工作師的業務。事實上，社會工作的慈善傳統使得社會工作師在執行助人業務上的獨占變得不可能。社會工作界很難說出社會工作員不可以執行助人工作的道理。因為，有人要加入助人行列感謝都來不及了，怎能阻止？社會工作界不也一直在招募自願工作者（volunteers）嗎？連未受過社會工作專業教育的自願工作者都可以加入助人行列，沒有理由說社會工作員不可以加入。據此，社會工作師與社會工作員共存的事實將持續存在，除非廢除社會工作師考試。香港與新加坡只好把這兩類人都納入註冊。反過來說，是否只要社會工作師考試及格率提高到社會工作師供過於求，自然就不會有社會工作員的存在？答案是否定的。就制度的依存關係來看，政府沒有能力，也沒必要取締僱用社會工作員從事社會工作師業務的民間機構。因為，這些機構在協助社會解決問題，又不拿政府的補助。他們還是會繼續僱用社會工作員執行業務，尤其是聘請好用的社會工作員。

貳　社會工作師

一、社會工作師

　　依臺灣的《社會工作師法》第2條定義社會工作師「指依社會工作專業知識與技術，協助個人、家庭、團體、社區，促進、發展或恢復其社會功能，謀求其福利的專業工作者。社會工作師以促進人民及社會福祉，協助人民滿足其基本人性需求，關注弱勢族群，實踐社會正義為使命。」這個定義以美國社會工作者協會（NASW）的定義為基礎，加上國際社會工作者聯盟

（IFSW）的部分主張。

據此，社會工作師執行下列業務（第12條）：

1. 行為、社會關係、婚姻、家庭、社會適應等問題之社會暨心理評估與處置。

2. 各相關社會福利法規所定之保護性服務。

3. 對個人、家庭、團體、社區之預防性及支持性服務。

4. 社會福利服務資源之發掘、整合、運用與轉介。

5. 社會福利機構、團體或於衛生、就業、教育、司法、國防等領域執行社會福利方案之設計、管理、研究發展、督導、評鑑與教育訓練等。

6. 人民社會福利權之倡導。

7. 其他經中央主管機關或會同目的事業主管機關認定之領域或業務。

這些業務的圈劃一方面要吻合社會工作的定義，又要避免與相鄰專業踩腳。例如：精神醫師的精神治療、臨床心理師的心理治療、諮商心理師的心理諮商，都避免出現在《社會工作師法》中。少了這些在西方國家的社會工作可以使用的字眼，臺灣的社會工作師只好回到使用早期美國個案工作使用的概念。為何沒使用社會工作評估與介入（social work assessment and intervention）？而使用社會暨心理評估與處置（psychosocial assessment and treatment）？因為臺灣的社會工作界已經用慣了「處遇」，又缺乏語言敏感（linguistic sensitivity）。當然能避免使用具有精神醫療與犯罪矯正概念的「處遇」是最理想不過了。

社會工作師的資格取得必須經中華民國社會工作師考試及格，而領有社會工作師證書（certification）。社會工作師考試及格證書並不是執業執照（license）。執業執照是用來開業證明的。不開業執行臨床業務就不需要執業執照，只要及格證書即可。社會工作師考試規定如下：

（一）報考資格

依「專門職業及技術人員高等考試社會工作師考試規則」規定「公立或立案之私立專科以上學校或經教育部承認之國外專科以上學校社會工作相

當科、系、組、所、學位學程畢業，曾修習社會工作（福利）實習或實地工作，領有畢業證書者。」而所稱社會工作相當科、系、組、所、學位學程係指至少開設社會工作必修課程包括五個領域（社會工作概論、人類行為與社會環境、社會工作直接服務方法、社會政策立法與行政管理、社會工作研究法）各課程，每一學科至多採計3學分，合計15學科、45學分以上，且經考選部審議通過並公告者。45學分的新規定於2013年1月1日起生效，舊規定的20學分於2016年12月31日落日。修正的原因是臺灣社會工作界普遍認為20學分規定過於寬鬆，嚴重貶抑社會工作專業；且出現了不少20學分班的速成社會工作教育，不利於社會工作專業發展。但是，由於為了湊足15科45學分，致使各系將這45學分都納入必修課程，造成部分必修課程內容重疊與師資安排上的困難，例如：社會福利行政、方案設計與評估、社會工作管理或非營利組織管理，多所重疊（林萬億，2010）。

（二）考試科目

1. 普通科目：國文（作文與測驗）。作文占60%，測驗占40%。
2. 專業科目：(1)社會工作；(2)人類行為與社會環境；(3)社會工作直接服務；(4)社會工作研究方法；(5)社會工作管理；(6)社會政策與社會立法。

　　為尊重資深社會工作員的實務經驗與體諒其工作辛勞，規定具5年以上社會工作員年資者可申請部分科目免試。僅考以下4科：(1)社會工作；(2)社會工作直接服務；(3)社會工作管理；(4)社會政策與社會立法。

（三）試題題型

　　考試科目之試題題型，均採申論式與測驗式的混合式試題。目前採一半選擇題，一半申論題。

（四）及格標準

　　以應試科目總成績滿60分及格。應試科目總成績之計算，以普通科目

成績加專業科目成績合併計算之。其中普通科目成績占10%；專業科目成績以各科成績加總平均數再乘以90%計算之。應試科目有一科成績為零分或專業科目平均成績未滿50分者，均不予及格。缺考之科目，以零分計算。考試院考選部建議的及格標準為16%。然而，大部分命題與閱卷委員偏向從嚴給分，因此，達到16%合理及格標準的次數不多。導致考生對社會工作師考試制度與命題、閱卷委員大多數來自學界多所批評。

二、專精社會工作師

社會工作師的分級制度在1990年第一版《社會工作師法》（草案）中即已提出，當時擔心國人無法立即接受要經過兩道程序才能取得專精社會工作師（specialized social work）的資格而作罷。這是臺灣，或東亞國家獨特的現象，從幼兒園開始即經歷無數次考試，到了大學畢業，還要透過紙筆測驗來取得專業資格，這種考試創傷帶來的恐懼，是一項不容易揮去的夢魘。然而，如果不去處理社會工作師的分級制度，就很難發展出成熟的專業。尤其，在缺乏有效的社會工作專業教育認證制度之下，更難不依賴考試制度來區辨社會工作師的知能。

以社會工作後進的國家英國為例，1980年代即發展出國家職業資格標準（National Vocational Qualification, NVQ）。依所需具備知能（competence），每一種職業標準分為五級：國中、高中（職）、專科、大學、碩博士級。循此，1989年英國的「社會工作教育與訓練中央委員會」（Central Council for Education and Training in Social Work, CCETSW）將社會工作教育提升到第三級，以2年全職學生修課為主的社會工作文憑（Diploma in Social Work, Dip SW）。獲得社會工作文憑始能註冊成為社會工作師。接著，「社會工作教育與訓練中央委員會」（CCETSW）又於1990年發展新的後專業教育（post-professional education），包括兩種：一是社會工作的資格後學位授予（the Post-Qualifying Award in Social Work, PQSW）；二是社會工作的進階學位授予（the Advanced Award in Social Work, AASW）。

前者等同於學士水準，後者等於碩士學位水準。資格後學位授予（PQ）於1991年引進後，到1995年全面實施。社會工作的資格後學位授予（PQSW）的候選人必須先獲得社會工作文憑，再加上一年的學術與實務訓練，補齊大學學分資格。這是一套全新的系統，讓那些只取得社會工作文憑的社會工作者，有系統地接近學習機會與提升專業能力。

從2003年9月起，英國的社會工作文憑（Dip SW）已全面改為三年制的大學社會工作課程，與一般學科訓練拉齊，加上已有的社會工作碩士班課程，英國社會工作教育已邁向兼具學術與實務的發展方向。從2005年起，英國的一般社會照顧委員會（General Social Care Council, GSCC）**¹**即主張社會工作需要高水準的創意與實務成長，實務工作者必須能展現高水準的學術與實務能力，始能獲得國家職業資格標準三級：專精（specialist）、高級專精（higher specialist）、高階的（advanced）水準。因此，後專業教育應該朝向碩士水準課程（M-level courses）。亦即，強調社會工作需要自主、自由裁量與判斷（Gorman & Lymbery, 2007）。也就是說，社會工作應該是一個能執行獨立批判的判斷（independent critical judgment）與創意、創新方式工作的專業。

臺灣的《社會工作師法》於2009年5月27日修正公布，第5條第2項規定「社會工作師經完成專科社會工作師訓練，並經中央主管機關甄審合格者，得請領專科社會工作師證書。前項專科社會工作師之甄審，中央主管機關得委託全國性社會工作專業團體辦理初審工作。領有社會工作師證書，並完成相關專科社會工作師訓練者，均得參加各該專科社會工作師之甄審。專科社會工作師之分科及甄審辦法，由中央主管機關定之。」據此，內政部於2009年7月13日訂定《專科社會工作師分科甄審及接受繼續教育辦法》。第3條規定專科社會工作師之分科如下：(1)醫務；(2)心理衛生；(3)兒童、少

---

¹ 英國的「一般社會照顧委員會」（General Social Care Council, GSCC）已於2012年8月1日改名為「健康與照顧專業委員會」（Health & Care Professionals Council, HCPC），負責管制健康、心理、社會工作專業資格，包括提供註冊、消費者服務。

年、婦女及家庭；(4)老人；(5)身心障礙。

　　《社會工作師法》中有關「專科社會工作師」的名稱是不正確的。在《社會工作師法》修正時使用的是「專精社會工作師」。然而，服務於醫療機構的社會工作者在立法院遊說時，習慣地將醫院的分科概念，移植到其他社會工作領域，立法委員也不察而誤將專科社會工作師取代專精社會工作師。使得所有專精社會工作師都成爲醫院中的一科，或同一領域中的分科。其實，社會工作實施領域是社會工作者分別服務於獨立的設施與機構中，不適用分科的概念。

　　臺灣社會工作的專精化推動最積極的是服務於醫療機構的社會工作者，因其來自相鄰專業的競爭最明顯。如同英國社會工作與護理專業的競爭一般，護士經過「2000專案」（Project 2000）之後，已提高到研究所教育水準，大學部的學生也提高到所有護士學生的三分之一。從護理專業發展來看，社會工作專業訓練是不足的。於是，迫使英國社會工作教育於2003年起全面提升到大學水準。

　　然而，社會工作的專精化並未獲得臺灣社會工作界普遍的支持。反對者來自兩種思維：一是承續自批判《社會工作師法》造成「社會工作的建制化」而非專業化（詳見第四章）。另一種思維來自考試恐懼的直接反彈，「連社會工作師都考不上了，還奢談什麼專精社會工作師？」或是，「考社會工作師都這麼辛苦了，還要再考一次喔！」

　　至於，爲何只有這五個專精領域？想必是以現狀來預測未來。在該辦法中明訂五個專精社會工作領域的確是危險的，將侷限專精社會工作的發展。且其中兒童、少年、婦女及家庭領域如此龐雜，如何進行專精認定？必生爭議。事實上，缺乏來自相鄰專業的競爭壓力，社會工作實施領域的專精化的需求本就相對低。可以預見的，醫務社會工作、心理衛生社會工作、學校社會工作、司法社會工作、物質濫用社會工作、老年社會工作、身心障礙社會工作、兒童與家庭服務，這幾個領域的專精化需求會較迫切。

參 公職社會工作師

　　2005年起，臺灣的公務人員高等考試增加了公職社會工作師考試，顧名思義就是新創具有公務人員資格的社會工作師，受僱於公部門執行《社會工作師法》所規定的業務。之所以會設置這樣的新職稱是因為長期以來公部門嚴重缺乏社會工作人力，而各地方政府的社會行政人員忙碌於行政業務，無暇兼顧直接服務的提供。地方政府長期依賴約聘僱的社會工作員負責直接服務工作，該等人力升遷、薪資、福利待遇等均不如正式公務員，不只出現同工不同酬現象，也造成人力流動頻繁，不利業務執行。於是，先有依「專門職業及技術轉任公務人員條例」精神，「用人機關在無適當公務人員考試及格可資分發或遴用時，為確保服務提供之延續性，及提升服務品質原則下，自行遴用專門職業及技術人員考試及格之人員繼續提供有品質之服務。」將部分於1997年社會工作師專門職業及技術人員高考開辦以來，取得社會工作師資格者准予轉任公職，其職缺主要在地方政府社會局（處）的社會福利服務中心、家庭暴力暨性侵害防治中心，其業務偏向社會工作直接服務。後來因轉任門徑大開，引發爭議。因為公務員高等考試錄取率通常只有百分之一、二而已，而社會工作師考試及格率雖不一定能達到考試院預期的16%，大多也維持在10%以上，遂有社會工作師轉任門檻過於寬鬆的質疑。於是，2003年起研議將公職社會工作師納入公務員考試。

　　既然是公職社會工作師就必須先具有社工師考試及格證書，才能應考。其考試科目包括一般科目：(1)國文（作文60%、公文20%、測驗20%）；(2)法學知識與英文（憲法30%、法學緒論30%、英文40%）。專業科目：(1)行政法；(2)社會工作實務；(3)社會福利政策與法規。這是一個較少與非社會工作專業競爭的考試類科，就成為大部分社會工作科系學生畢業後有志於從事公職生涯的新選項。

肆 社會行政人員

　　臺灣的社會行政最早可追溯到1924年以前，社會事業行政屬臺灣總督府內務局市街庄課主管。之後，學務課、編修課、社寺課、市街庄課合併爲內務局文教課，社會事業行政屬文教課下設之社會事業係。1926年內務局文教課改組擴大爲文教局，下設社會課，主管全島社會事業行政，置課長1人，課員3人，辦事員2人，雇員5人。各州內務部教育課下設社會係，主管各州之社會事業行政（熊光義、楊鴻義，1952）。

　　1947年二二八事變發生後不久的6月1日，臺灣省政府社會處成立，接管前行政長官公署民政處第二科所主管的社會行政業務。1949年國民政府遷臺後，1940年11月1日創設於南京國民政府的社會部裁併入內政部，將有關業務分設社會司與勞工司辦理，前者主管人民團體、社會福利、社會救濟、社會保險、平民住宅及合作事業等；後者主管就業輔導、職業訓練、勞工福利及教育、勞工團體、勞動條件、工礦安全衛生及檢查、勞資關係等（林萬億，2012）。於是，就有公務人員考試設置社會行政類科的需求。

　　至於，社會行政人員的職掌，包括：社會福利政策規劃、計畫（方案）推動、資格審核、資源聯繫、宣導、研究、督導、考核、評鑑、法制研擬、預算編列等。大多屬社會工作中的間接服務。因政府層級的不同，業務重點有差異。社會行政人員的主要編制在中央政府衛生福利部、勞動部，縣市政府社會局（處）、地方政府社會課、民政課。

　　公務人員考試分成三大類：(1)高等考試（分一級、二級、三級）、普通考試、初等考試；(2)特種考試一等、二等、三等、四等、五等考試；(3)公務人員升官等考試及交通事業人員升資考試。高等考試一級報考資格須具博士以上學位，二級是具碩士以上學位。由於國人學歷普遍提高，這兩級考試已非目前公務人力的主要來源。高考三級具有大學（含學院）以上學位者即可報考，才是每年大學畢業生爭取服公職的主要管道。公務人員考試及格者須接受四個月的初任訓練，成績及格者始取得任用資格。此外，爲了補社會福利工作人員之不足，還有特種考試中的社會福利工作人員三、四等

考試，三等特考等同於高考三級，四等同於普考。又爲了穩定地方政府公務人員，避免基層公務人力快速向中央政府流動，也有特種考試地方政府公務人員考試三、四、五等考試，五等同於初等考試。又爲了保障身心障礙者服公職機會，也有特種考試身心障礙人員考試二、三、四、五等考試，二等特考等同於高考二級。又爲了保障原住民服公職機會，也有特種考試原住民族一、二、三、四、五等考試，一等特考等同於高考一級。以上考試大多有社會行政人員類科。

社會行政人員高等考試科目的一般科目如公職社會工作師，專業科目有：行政法、社會學、社會工作、社會福利服務、社會研究法、社會政策與社會立法等6科。普考專業科目包括：行政法概要、社會工作概要、社會研究法概要、社會政策與社會立法概要等4科。初等考試專業科目只考社會工作大意、社會法規大意2科。

由於社會行政人員薪資普遍高於民間機構的社會工作師，因此，就成爲社會工作系所畢業生出路的優先選項。然而，由於公務人員高等考試新增公職社會工作師類科，吸引大量具社會工作師資格者以此管道進入公職，而讓出高普考社會行政類科給非社會工作系所畢業生，成爲進入公務體系的捷徑。因此，有越來越多非社會工作系所畢業生經由公職考試補習班速成學習，報考高普考社會行政類科，藉此取得服公職的機會。很快地，我國的社會福利體系會出現掌控政策制訂與資源配置者爲非社會工作科班出身，而執行直接服務者爲公職社會工作師的非專業領導專業的逆反現象，將大大影響我國社會福利的發展。

第三節　社會工作者的專業進階

每位有志成爲助人專業工作者可以選擇不同層階：從基礎社會工作員到臨床社會工作師，分四級作爲志業（見圖5-1）（Kirst-Ashman, 2007）。當

然，必須配合專業教育的層級與工作經驗的取得。美國社會工作生涯進階是最完整的，本節以美國為範本，以開展國內社會工作師的想像空間。

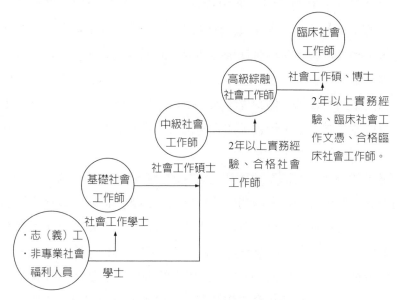

圖5-1　專業社會工作師的生涯選擇進階

資料來源：Morales & Sheafor (1998). *Social Work: a profession of many faces*, p.83.

一、基礎專業

基礎專業（basic professional）是美國社會工作師中最低的一級。其所需具備的教育水準是大學或學院社會工作學程或系畢業，取得社會工作學士（BSW）學位者。但是，也有特例是非社會工作學士得報考；所需具備的專業水平是來自大學社會工作課程所學到專業知識、價值與技巧，這些知識、價值與技巧有別於從工作經驗中所吸取的。

美國直到1970年才承認這一級的社會工作師，美國社會工作者協會才允許學士級社會工作人員加入成為正式會員。此一承認，無異確定美國不再堅持社會工作的專業菁英主義。同時，也使美國社會工作大學教育的質與量

大幅提升。

　　1952年，美國社會工作教育協會（CSWE）成立，兼容並蓄學士級與碩士級訓練學校。當時曾建議一套由社會工作學士到碩士的一貫訓練課程設計，沒有被美國社會工作教育協會所採納。因此，1960年代的美國社會工作學士級訓練大抵僅止於具有社會福利取向的通識教育，也就是社會工作課程並非由所謂「社會工作學系」提供，而是由大學的社會學系或心理學系提供三、四門不到的社會工作課程訓練。所以，學生雖然受到一點社會工作訓練，但是很難認同自己是社會工作者。總之，那時的社會工作學士級訓練仍然不普遍，也不吸引學生注意，也得不到雇主的青睞。

　　於是，1968年，美國社會工作教育協會（CSWE）與美國社會工作者協會所組成的一個專案委員會專門檢討該項人力議題。該專案委員會提議美國社會工作者協會接納社工學士可以成為正式會員，且美國社會工作教育協會（CSWE）應建立一套新標準來認定社會工作學士訓練學程。終於，使美國社會工作者協會在2年後承認社會工作學士的地位，也使美國社會工作學士訓練方案有了正名，包括社會工作師資、社會工作教育目標等的確認。

　　1973年，美國社會工作教育協會（CSWE）非正式承認了220家學校的社會工作學士課程。隔年，再進一步給予合法認可，認定標準是準備成為社會工作專業的學士訓練方案，其中，也有少數剛通過非正式認可的學校，因不吻合法定新標準而不被認可。從此以後，美國社會工作學士班訓練的學校快速成長，1980年前後，已達到261所。為了配合1970年代的社會工作變革，美國社會工作教育協會（CSWE）認可社會工作學士訓練，當時有135個學校被認可；到了1995年，已增加到385校，另有47校申請認可中。這表示社會工作界開放了更多管道給想從事社會工作的人。到2020年，已有533個學院或大學社會工作學士班被認證，15個等待認證；288個碩士班被認證，23個等待被認證。已認證學校每5-8年複評一次，等待被認證學校每年評鑑，連續3年合格，才會被正式認證。倘師資、課程未符合評鑑要求，會被取消資格或自行停辦。

　　打從1970年代美國社會工作者協會承認學士級社會工作訓練資格後，

社會工作學士的就業率就直線上升，有84%以上的社會工作學士畢業生以社會工作者為業。至於當代美國社會工作學士與碩士訓練的差別，詳見下表5-1。

二、中級專業

中級專業（intermediate professional）是具備碩士水準的社會工作教育，但缺乏碩士後的實務經歷。在實務上，必須具備至少一種特定與精通的介入技巧與一般的人格知識。同時，也須具備與個人、團體建立處置關係的自我訓練，以及一般的研究、管理、規劃和社會問題的知識。從表5-1中，我們可以區辨出中級專業已明顯地高於基礎專業。在倫理與價值、專業自我、社會正義與改革、溝通等四個指標上沒有差異，其餘八個指標，思考與統整、詮釋專業、知識與技巧的應用、批判分析理論、政策參與、研究執行、諮詢，以及組織變革等，都明顯要求中級專業社會工作師能有所進階。

表5-1　基礎社會工作師與中級社會工作師的差別

基礎社會工作師	中級社會工作師
1. 在專業脈絡下運用批判的思考技巧。	1. 在專業脈絡下運用批判的思考技巧，包括統整與應用適切的理論與知識於實務介入中。
2. 依社會工作專業價值與倫理，以及了解並尊重多元價值來進行工作。	2. 同左
3. 專業自我的展現。	3. 同左
4. 理解壓迫與歧視的形成與機制，並運用變遷的策略與技巧，以增進社會與經濟正義。	4. 同左
5. 了解社會工作專業的歷史與其當前的結構和議題。	5. 了解並能詮釋社會工作專業的歷史與其當前的結構和議題。
6. 應用綜融式的社會工作知識與技巧到各種不同的體系內。	6. a. 應用綜融觀點的知識與技巧到各種不同的體系內。 b. 應用高階的社會工作實務於專門領域。

基礎社會工作師	中級社會工作師
7. 應用生理－心理－社會變數的知識與使用理論架構來理解個人間、個人與社會體系間（家庭、團體、組織與社區）間的互動。	7. 批判地分析和應用生理－心理－社會變數的知識與使用理論架構來理解個人間、個人與社會體系間的互動。
8. 分析社會政策對案主體系、工作者及機構的影響。	8. 分析社會政策對案主體系、工作者及機構的影響，並展現影響政策形成與變革的技巧。
9. 評鑑研究並應用研究發現於實務上，以及在上級的督導下，評估自己的介入與相關體系。	9. a. 評鑑研究並應用研究發現於實務上，並展現量化、質化的研究設計、資料分析、知識傳播的技巧。 b. 執行對自己的介入與其相關體系的實證性評估。
10. 使用溝通技巧面對不同的案主群、同事與社區成員。	10. 同左。
11. 使用適於綜融實務的督導。	11. 使用適於高階實務的督導與諮詢於專門實施領域。
12. 體現功能於組織結構與服務輸送體系，且在督導下尋求必要的組織變革。	12. 體現功能於組織結構與服務輸送體系，且尋求必要的組織變革。

資料來源：CSWE, "Curriculum Policy Statement in Baccalaureate Degree Programs in Social Work Education," Mimeo, 1992.

　　雖然，一般都會要求基礎社會工作專業作為中級專業的準備，然而，由於有些社會工作學院並不堅持申請社會工作碩士班一定非得具備社會工作學士學位不可，所以，一般大學畢業生也可以經由就讀社會工作碩士而進入中級專業的水準。不過，不論管道如何，在進入碩士班就讀前，有2年以上的實務工作經驗，是美國社會工作碩士班的要求條件之一。當然，也有例外。

　　美國社會工作教育協會（CSWE）的「教育政策與認可標準」（Educational Policy and Accreditation Standards, EPAS）允許各校增加課程彈性內容，鼓勵差異創新。通常2年的碩士課程中，第一年提供社會工作實施的導論課程，例如：社會政策導論、社會工作方法、人類行為與社會環境等。第二年再針對特殊人口群與社會問題，以及介入方法的專精化訓練。如此一

來，每個學校所訓練出來的社會工作碩士，就會因各校所著重的專門領域與方法或人口群而有差別，社會工作碩士的專精化更明顯。

社會工作碩士訓練仍然是美國社會工作教育的大宗。除了基本知識、技巧、價值、倫理的培育外，社會工作碩士被期待有較高的能力去統整與分析知識，以及影響社會政策的制訂和從事社會工作實證的研究。

三、高級綜融專家

高級綜融專家（advanced generalist）是指具備社會工作碩士學位，且在合格督導下持續其專業發展2年以上。通常高級綜融專家是可以信賴地常態使用專業技巧於獨立的個人業務執行上。其必須能發展與整合社會工作的知識、價值、技巧在一種以上的實施領域，藉此，社會工作師能積累足夠的專業能力，在無須督導之下，以獨立而純熟地運作其專業於社會福利機構。同時，其也被期待能領導至少一種社會工作實施領域，且督導和諮詢資淺的社會工作者。

除了通過美國社會工作委員會協會（ASWB）所舉辦的各級社會工作師考試之外，美國社會工作者協會另外提供兩種專業的社會工作認證（Social Work Credentials）：「合格社會工作師學會」（the Academy of Certified Social Worker, ACSW）與「臨床社會工作文憑」（the Diplomate in Clinical Social Work, DCSW）。前者是具備專精領域社會工作資格（certification），後者是必須有執業執照。具備這兩種資格的社會工作師在各實施領域中都可以擔當領導者的角色。

在美國，高級綜融社會工作師都必須加入「合格社會工作師學會」（ACSW）成為會員。該學會成立於1960年，為的是保護案主的權益，避免獨立執業的社會工作師對案主不當的處置。同時，學會也為了形塑較好的社會工作師形象，增進大眾對社會工作的了解。

1990年，美國社會工作者協會開啟了另一個為社會工作學士的社會工作師資格認定的協會，稱為「合格學士級社會工作師學會」（the Academy of Certified Baccalaureate Social Workers, ACBSW）。可是，很少社會福利機構願意聘請合格學士級社會工作師學會（ACBSW）的社會工作師，也沒有太多社會工作學士願意應考這一級的資格考試，所以，1996年該組織走入歷史，不再認證。

目前成為合格社會工作師學會（ACSW）會員必須具備以下條件：

1. 美國社會工作者協會的會員。
2. 從美國社會工作教育協會（CSWE）認可的學校取得社會工作碩士學位。
3. 具2年的碩士後工作經驗，且在一位社會工作碩士督導下完成。
4. 來自一位社會工作碩士，兩位專業同僚的專業評鑑函，證明其知識、理解，以及能運用社會工作的原則與價值。
5. 20小時相關的繼續教育證明。
6. 同意遵守美國社會工作者協會的倫理守則、繼續教育標準，以及裁判程序。

四、臨床社會工作師

臨床社會工作師（clinical social worker）是具有2年以上碩士後的臨床社會工作經驗，通過美國社會工作委員會協會（ASWB）的臨床社會工作師考試者。

美國社會工作者協會從1986年開始提供給臨床社會工作師「臨床社會工作文憑」（DCSW），代表臨床社會工作界最高的地位與聲望，可以獲得各該機構最高的職位，且已獲得國際承認。這個文憑的取得必須具備以下條件：

1. 全美社會工作者協會的會員，且擁有好的名譽。
2. 從美國社會工作教育協會（CSWE）認可的學校取得社會工作碩士或博士學位，且修習至少20小時的臨床課程。
3. 過去10年內至少累積3年4,500小時臨床社會工作經驗。

4. 過去2年內至少完成30小時學位後臨床社會工作繼續教育。

5. 來自2位臨床社會工作碩士或博士的推薦。

6. 持有有效的臨床社會工作執照。

7. 同意遵守美國社會工作者協會的倫理守則、繼續教育標準，以及裁判
程序。

此外，針對執業的臨床社會工作師，美國社會工作者協會另外發展一種
「合格臨床社會工作師」（Qualified Clinical Social Worker, QCSW）證書給
具有以下資格的臨床社會工作師：

1. 從美國社會工作教育協會認可的學校取得社會工作碩士學位。

2. 過去2年內修習至少30小時的學位後臨床社會工作繼續教育學分。

3. 至少有3年（或4,500小時）受僱於提供心理健康評估與處置的機構或
組織，擔任有薪資、有督導的碩士後臨床社會工作師。

4. 持有有效的臨床社會工作執照。

5. 同意遵守美國社會工作者協會的倫理守則、繼續教育標準，以及裁判
程序。

目前美國社會工作者協會提供行政與督導、老人、物質濫用、兒童福
利、兒童與青年、健康照護、心理衛生、學校社會工作、社會與經濟正義
及和平、社會工作與法院、私人開業等11個專精實務組（specialty practice
section, SPS）讓社會工作者獲得專精領域認同。

第四節　社會工作者的知能與技巧的養成

社會工作者從教育過程中學習到基本的知識、價值與技巧，再從實務工
作經驗中學習到實務智慧與技巧。社會工作教育與實務培養出來的社會工作
者要具備知能（competencies）、技巧（skills）與能力（abilities）。

一、社會工作者的基本知能

知能爲本的教育（competence-based education）的發展一方面是因應知識爆炸的年代，專業知識的生命衰退期加速。傳統專業教育的內容導向教育（content oriented education），顯然不足以因應快速的知識與資訊生產過程。據此，教導學生如何提升選擇、判斷、吸收新資訊，與如何學習累積知識的內容一樣重要。再加上1980年代以降，新公共管理主義當道，傳統注重關係與專業自主的社會工作，在資源有限與外包契約管理科層化的影響之下，被迫放棄其專業自主，而臣服於責信與消費者選擇的要求。於是，福特主義（Fordist）或泰勒主義（Taylorism）的生產關係也被引進社會服務的提供與輸送過程中。福特主義被管理階層拿來極大化控制實務工作者的活動，使勞動更加彈性、標準化與規格化。因而出現以知能爲本的社會工作（competence-based social work）（Dominelli, 2004: 13-14）。

所謂知能（competencies）是指「有能力轉換技巧與知識到新的情境，包括組織與規劃工作、創新與應付非例行的活動，以及人事的效能。」（Evans, 1997）。知能是美國社會工作倫理的六個核心價值之一；也是英國國家職業標準（National Occupational Standards）、社會工作教育標準（Standards in Social Work Education）的重要指標之一，在於範定特定職業角色必須具備的知能，具備此知能始可稱爲是「好的實作」（good practice）（林萬億，2010）。

美國社會工作教育協會（CSWE）2008年的「教育政策與認可標準」（Educational Policy and Accreditation Standards, EPAS）指出，知能爲本的社會工作教育是一種產出績效導向（outcome performance approach）的課程設計。所謂的知能是指「融合知識、價值、技巧的可測量實務行爲。」產出績效導向的目的即是能整合與運用知能到以個人、家庭、團體、社區爲對象的實施上。該標準規範社會工作的10項核心知能（core competencies）如下：

1.認定自己是專業社會工作者，並依此表現行爲。

2.運用社會工作倫理原則到實務上。

3.運用批判性思考，俾利供輸資訊與溝通專業判斷。

4.能與多樣性與差異性一起工作。

5.促進人權與經濟、社會正義。

6.從事研究提供資訊的實務（research-informed practice）[2] 與實務提供
   資訊的研究（practice-informed research）[3] 。

7.運用人類行為與社會環境的知識。

8.參與政策實務，以促進社會與經濟福祉，並輸送有效的社會工作
   服務。

9.回應形塑實務的脈絡。

10.與個人、家庭、團體、組織、社區建立關係、評估、介入、評鑑。

知能為本的實務（competence-based practice）依賴功能分析、風險評估與風險管理的過程，設定工作界線，依工作清單（checklists）長短與管理信賴程度，將介入程序符號化。導致社會工作專業勞動的普羅化（proletarianization），亦即將複雜的專業任務簡化成為任何人均可了解的例行活動（Dominelli, 2004: 13-14）。知能為本的社會工作引進市場導向的價值（market-oriented values）的3E's：經濟（economy）、效率（efficiency）、效果（effectiveness），使社會工作實務更工具性（instrumental）與個別化，再逐步通往新自由主義的商品化。雖然，知能為本的實務也強調結合傳統社會工作的價值與市場取向的價值。但是，其介入目標已不再是社會結構。即使，其聲稱仍會打擊社會不均與不正義。但是，過於偏向介入

---

[2] 研究提供資訊的實務是指社會工作者轉化當前的研究發現在實務工作上，以增進以證據為本的介入、評鑑自己的實施。亦即，運用研究所發現的知識，促進其實務、政策，以及社會服務輸送，達成最佳實務。例如：針對家庭暴力的目睹兒童，社會工作者在進行服務前或中期，蒐羅最近有關的研究發現，包括創傷理論、保護因子等研究證據，作為建立關係、評估、規劃、介入、評鑑成效、結案的依據。

[3] 實務提供資訊的研究是社會工作者嫻熟質化與量化的研究，了解知識建構的科學與倫理途徑，並供輸實務智慧到科學研究上，以增進研究對促進實務工作效果的可運用性。

案主的微視層次，限制了社會工作支持結構變遷的能量（Dominelli, 2004: 86）。

雖然知能爲本的教育訓練（competency-based educational and training, CBET）受到質疑，認爲這個立基於行爲目標的可測量與可評估的教育訓練途徑，會誤導社會工作者走向手段與目的取向，過度強調產出敘述，忽略社會工作知識背景與複雜的社會建構現實環境。因此，有主張以能力（capability）取代知能。能力是能量（capacity）與能力（ability）的總和，表示一個人有能力去執行行動，完成目標。其靈感來自情境學習的社會文化途徑，亦即強調實務工作者與其環境的互動是互惠的關係。社會工作者從知到行是一動態的整體。社會工作者不只是個懂得按圖索驥的人，也要是個會繪圖的人。讀圖只不過依既定的方向前進，繪圖則是在所處的社會或人際互動情境中，採取吻合環境所需的專業行動（Fraser & Matthews, 2008: 229-231）。

二、社會工作者的基本技巧

技巧與技術（technique）、手法／戰術（tactic）不一樣。技巧是指把知識與價值結合，且轉換成爲行動，以回應需求（Johnson, 1998）。社會工作者應具備的基本技巧，依美國社會工作者協會的要求有以下12種：

1. 傾聽（listening）。
2. 設法引出資訊。
3. 創造與維持專業關係。
4. 觀察與解釋口語與非口語的行爲。
5. 約定案主努力解決問題與取得信任。
6. 討論敏感的情緒主題。
7. 創新解決方法。
8. 結束。
9. 解釋研究發現。

10.調解與協調衝突。

11.組織間的連結。

12.對財源、大眾與立法委員解釋或溝通社會需求。

湯普森（Thompson, 2009）進一步將人的技巧（people skills）分為兩組：

1. 互動技巧：包括：(1)評價多樣性；(2)口語溝通；(3)非口語溝通；(4)書寫溝通；(5)會談；(6)產生影響力；(7)領導；(8)掌握情緒；(9)管理衝突；(10)跨專業團隊工作。

2. 介入技巧：包括：(1)反歧視實務；(2)系統化；(3)評估；(4)規劃；(5)決策；(6)風險管理；(7)回顧與評鑑；(8)結束；(9)回應；(10)反思實務。

顯示，社會工作者最基本的技巧訓練是建立關係（engagement）、傾聽、提問、回應、反映、澄清、溝通、協調、倡導、領導、組織、情緒管理、衝突管理、系統化、評估、規劃、評鑑、結束等。這些技巧在不同對象的社會工作實施過程中都會接觸到。

社會工作技術則是社會工作者為了達成特定的介入目標，或達成特定的成果，而藝術化地採取的行為或活動，不但其他人可以複製，且在倫理上得到專業的認可，以及可從相關理論觀點被了解。特諾與羅伊（Turner & Rowe, 2013）歸類臨床社會工作常用的技術有以下10類，總計101種：

1. 在會談中「使用我」（use of self），例如：自由聯想、傾聽、權力、處方、轉介、儀式、靜默、轉移等。

2. 在會談中針對案主做出特定的行動或動作，例如：忠告、權威、腦力激盪、澄清、讚美、建立契約、檢視備選方案、催眠、冥想、部分化、問題解決、反思、重構（reframing）、預演、任務分析、教導、善用時間、身體接觸、行為修正（操作制約、認知行為、肌肉收縮與放鬆）、音樂（被動使用音樂、藉音樂表現、打鼓活動）、遊戲（目標導向遊戲、關係取向遊戲、非引導遊戲）、標準化測量工具（問卷、診斷評估量表、評分量表）等。

3. 會談中如何問話，例如：挑戰、空椅（empty chair）、探索、神奇提問、悖論、詩詞、禱告、角色扮演、角色互換、自我揭露、雕刻等。

4. 藉有形的物質來對應案主，例如：藝術品、協力、文化圖（cultur-algram）、生態圖、祖譜圖、禮物、食物、解釋、口譯、調解、金錢、照片、玩具等。

5. 引進特定的人或物協助，例如：計算機、影片、與他人一起工作等。

6. 使用科技，例如：學位或獎項、指引、費用、家訪、會談地點、電話、電視等。

7. 使用特定的設備設施，例如：機構結構、錄音、意識提升、提示卡、解夢、充權、家庭作業、寫日記、案主寫信、社會工作者寫信、辦公室設計等。

8. 鼓勵案主使用外部資源，例如：仲介、個案管理、諮詢、會議技巧、寵物、閱讀、分離、任務、寫自傳等。

9. 對外代表案主，例如：倡議、眼神交會、公開演說、資源位置等。

10. 使用原住民或其他文化團體的傳統智慧，例如：說故事。

從上述社會工作技巧與技術的分野來看，技巧是較寬廣、上位、一般的，技術則是較特定、細緻、具體的。例如：會談是社會工作技巧，而會談過程中需要適時運用不同的技術。又例如：傾聽是一種社會工作技巧，但是讓會談對象知道我在用心地聽、我盡可能了解他說的、我能傳達對他的了解、我聽到他說的之後關心什麼？在乎什麼？這就屬技術層次了。

手法／戰術則是更特定的一種介入行動，為了達成短期任務，在軍事、運動、競賽、商場上較常用，社會工作的社區抗爭或社區組織上也常見。手法／戰術也有別於策略（strategy），後者是指一組有計畫的行動與資源運用的程序（Siporin, 1975）。

三、社會工作者的基本能力

能力（ability）是更具體而微的心理與生理技巧而使一個人能做些什麼，例如：能說善道就是一種能力。社會工作者也必須具備某些能力才能勝

任愉快，這些能力是由前述技巧概念化而來（NASW, 1982）：

1. 能清楚地說與寫。

2. 能教育他人。

3. 能支持地回應情緒苦惱或危機情境。

4. 能示範專業關係的角色模型。

5. 能解釋複雜的心理社會現象。

6. 能組織工作分攤職責。

7. 能認定與爭取到助人資源。

8. 能評估個人的成就與感受。

9. 能參與和帶領團體。

10. 能在壓力下工作。

11. 能處理衝突情境或爭議的人格。

12. 能引用社會與心理學理論到實務工作情境。

13. 能確認有助解決問題的資訊。

14. 能執行研究計畫。

作為一位新進社會工作者要了解知能本非天成，技巧與技術亦難自生，能力也非自通，而是透過學習、實踐、反思、學習的周而復始過程，一天一天累積而成。在這過程中，誘因很重要，薪資、工作條件是基本要求。但是，更重要的是成為社會工作者的起心動念、服務提供的成就感，以及對人與社會的承諾。社會工作者要懂得在人與社會的改變上，體會到喜悅與成長，且在不斷遭遇不同案主的逆境、挫敗、因應、復原後，莫忘初衷。

參考書目

一、中文部分

林萬億、沈詩涵（2008）。邁向專精之路：臺灣社會工作的下一步？社區發展季刊，121期，199-233。

林萬億（2010）。我國社會工作教育的發展：後專業主義的課題。臺大社會工作學刊，

12，153-196。

林萬億（2012）。**臺灣的社會福利：歷史制度的分析**。臺北：五南。

熊光義、楊鴻義（1952）。日據時代的臺灣社會事業行政，社會工作，3期，91-93。

二、英文部分

Combs, A., Avila, D., & Purkey, W. (1971). *Helping Relationships: basic concepts for the helping professions.* Boston: Allyn and Bacon.

Dhooper, S. S., Royse, D. D., & Wolfe, L. C. (1990). Does Social Work Education Make a Difference? *Social Work*, 35, 57-61.

Dominelli, L. (2004). *Social Work: theory and practice for a changing profession.* Cambridge: Polity Press.

Evans, D. (1997). Demonstrating Competence in Social Work. In Martin Davis (ed.), *The Blackwell Companion to Social Work*. Oxford: Blackwell Publishing Ltd.

Fraser, S. & Matthews, S. (2008). *The Critical Practitioner in Social Work and Health Care.* Berkshire: Open University Press.

Gorman, H. & Lymbery, M. (2007). Continuous Professional Development. In M. Lymbery and K. Postle (eds.), *Social Work: a companion to learning* (pp.189-200). London: Sage.

Howe, D. (2009). *A Brief Introduction to Social Work Theory.* Basingstoke, Hampshire: Palgrave Macmillan.

Johnson, L. (1998). *Social Work Practice: a generalist approach* (6th ed.). Boston: Allyn and Bacon.

Kirst-Ashman, K. (2007). *Introduction to Social Work & Social Welfare: critical thinking perspectives* (2nd ed.). Belmont, Ca: Thomson Brooks/Cole.

Maluccio, A. (1979). *Learning from Client: interpersonal helping as viewed by clients and social workers.* NY: Free Press.

Morales, A. & Sheafor, B. (1998). *Social Work: a profession of many faces*. Boston: Allyn and Bacon, Inc.

Siporin, M. (1975). *Introduction to Social Work Practice.* NY: Macmillan.

Thompson, N. (2009). *People Skills* (3rd ed.). Basingstoke, Hampshire: Palgrave Macmillan.

Turner, F. J. & Rowe, W. S. (2013). *101 Social Work Clinical Techniques.* Oxford: Oxford University Press.

第六章
社會工作的理論基礎

社會工作不是理論性的學科，而是應用的，且源於某種特定的社會現實（social reality）下的產物。英國學者佩恩（Payne, 1997）指出，社會工作是社會建構（social construction）的產物，只有透過進入該社會文化脈絡中，才能眞正理解該國的社會工作。他認爲促成社會工作建構的三個要素是：(1)創造與控制社會工作成爲一種職業的力量；(2)從人群中創造出一種屬於案主身分（clienthood）的人，並使其尋求或被送到社會工作設施求助的力量；(3)創造社會工作實務操作的社會脈絡（social context）。

不同的價值與文化基礎，不同的社會問題與議題，以及不同的歷史發展與政經制度，影響到社會工作的內涵。同樣的，也影響到社會工作理論的建構。社會工作雖不是純理論科學，但是也需要理論指引。社會工作的理論用來指引實施，所以社會工作理論慣稱社會工作實施理論（social work practice theory）；有時，也被稱爲實施模型（models of practice）。

第一節 社會工作的理論與實務

實務工作者經常懷疑社會工作爲什麼要有理論，光說不練有什麼用？甚至，將理論與實務對立，認爲理論是書本上的、學院的、教授們的，而實務是做出來的、機構的、社會工作者的。似乎是說，社會工作學生在學校學習期間學到的都是理論的、不切實際的；出了社會所學到的，才是實際的、有用的。這樣的誤解，使臺灣的社會工作教育與實務工作產生某種程度的隔閡，也使社會工作學習者的養成過程發生落差。

一、社會工作為何需要有理論

出身實務工作的英國社會工作學者湯普森（Thompson, 2010）說道：「社會工作者要處理的人與事很複雜。在面對迫切的挑戰下，亟需將複雜簡化爲公式化的途徑。因此，社會工作者必須兼具思考者（thinkers）與工作

者（doers）。」思考者是能利用分析的技巧，理解複雜的情境。複雜的情境包括服務使用者個人的內在痛苦、需求、面對的問題、衝突、危機，以及其與他人、社區、系統、制度、文化、結構、歷史的關係。因此，社會工作必須將實務理論化，否則很難單靠經驗處理複雜的實務。

亦即，社會工作者每天面對的是錯綜複雜與多變的日常生活世界，如果沒有一套方法去發現與理解其規律性、模式和規則，並尋找事件間的關係，就必須花費更多時間去摸索與經驗。事實上，有需求與處在壓力下的人們亟需社會工作者協助。再加上忙碌的工作負荷與責信／課責／問責（account-ability）的要求，根本不可能等待社會工作者毫無方向的摸索，更不容許將服務對象當成是白老鼠般的實驗不同的作法。所以，社會工作者必須學習將錯綜複雜與多變的行為與事件找到模式（pattern）與秩序（order）；也就是社會工作者要用較深思熟慮的、系統的、格式化的方法來了解人與其情境（Howe, 2009）。這種更有自我意識（self-conscious）的企圖去了解人與情境，就是社會工作所追尋的理論。如果沒有理論引導，社會工作者所面對的只是一鍋未經組織與處理過的經驗大雜燴。因此，理論幫助社會工作達成以下功能：

1. 將複雜、多變、混亂的人類行為與社會環境系統化、模式化與秩序化。
2. 引導社會工作者盡可能精確而完整地了解人類行為與社會環境。
3. 指引社會工作者選擇適當的介入行動。
4. 將社會工作經驗整理回饋到理論的建構，有助於修正、精緻化理論，而提升實務的水準。

霍大衛（Howe, 1987）認為：「沒有理論指引，所有實務行動將不可能達成企圖與目的。」社會工作者為了使實務更有效與有人味，就要不斷地問自己「為什麼？」「為什麼女人要繼續停留在她那暴力的老公身邊？」「為什麼6歲的小孩還這麼退縮與孱弱？」「為什麼小女孩如此痛恨她的繼父？」「為何學生會中輟？」「為何有工作仍然貧窮？」可能沒有唯一的理論可以解釋為什麼？但是，沒有理論作為依循，實務工作者能看到的往往只

是自己接觸過的案例。甚至，這些案例都可能讓社會工作者陷入無止盡的迷惘中。理論可能是解除迷惑的較好方法。

二、理論、模型與典範

　　理論（theory）是系統化地將概念與關係組織起來，以利解釋現象（Lundy, 2011: 80）。因為：(1)真實世界太複雜了，為了方便了解，有必要簡單地加以概念化；(2)單從自身的觀察無法正確地理解現實世界的秩序關係（Roberts, 1990）。也就是，理論是企圖成為經驗世界的縮影。然而，理論所要縮影的經驗世界不可能無遠弗屆，一定是有疆界的，它的疆界應被特定化。任何理論都選定特定的事物關係作為關切的旨趣。因此，任何理論的建構，一定先選定什麼事物是值得關切的，進一步才去研究其關係。例如：在少年犯罪研究上非常出名的一本書《少年犯罪與機會》（*Delinquency and Opportunity*），兩位作者克勞渥德與歐林（Richard Cloward and Lloyd E. Ohlin）關切美國紐約黑人社區少年犯罪的嚴重性，光從傳統研究少年犯罪的理論，例如：差別交往理論、社會控制論、無規範理論等，顯然無法精確地了解為何黑人少年會有較高的犯罪率，這是他們關切的旨趣。接著他們花了兩年的時間研究黑人社區的少年犯罪與什麼因素有關係。他們發現「許多少年犯罪行為的發生起因於順服機會（opportunities for conformity）的限制，犯罪行為並非表示順從的動機缺乏，而正好相反，如果順服的機會受限制或根本沒有，那契合社會期待本身就是一個少年犯罪行為的根源。」（Cloward & Ohlin, 1960），這就是「機會理論」。機會理論就成為黑人社區少年犯罪行為（經驗世界）的縮影，它使我們很快地理解經驗世界。

　　從上述的例子中，我們看到理論是由一組命題（propositions）所組成，用來解釋某類現象；而這些命題本身就在於描述與解釋某種經驗的現象組，理論使這些命題產生邏輯與系統關係。例如：前述的例子至少包括三個命題：「少年犯罪行為是一種對挫折的反應。」「挫折是因為缺乏順服機會與剝奪的結果。」「少年有順服社會規範的動機。」少年犯罪的機會理論就

由這些命題組成。

　　而比命題更小的描述事件的單位是「概念」（concepts）。概念是指一個抽象或符號（symbol），用來表達一個事件、行動或客體的單位。例如：少年犯罪、機會、挫折、順服、剝奪等都是概念。概念是一種簡化的溝通語言，用以代表某種經驗世界的現象。

　　而命題是至少由兩個以上的概念組成的正式敘述，而概念間具有邏輯相關。所以，命題是可以被判定真偽的。同樣地，命題也可以被經驗地觀察（或稱實證地觀察）。總之，理論連結命題的關係，而命題是概念的組合。

　　而與經驗地觀察有關的是研究假設（hypothesis），指針對兩個或兩個以上的變數之間存在的關係，所做的推斷性敘述，其目的是找出變數間的關係，而將命題加以驗證。我們想要加以驗證真偽的假設稱「虛無假設」（null hypothesis），亦即，變數之間沒有關係。而相反的假設稱「對立假設」（alternative hypothesis），亦即變數間有某種統計上的關係。通常對立假設才是研究者想要的答案。

　　至於模型（model）？這是一個比理論更沒有共識的概念。西柏齡（Siporin, 1975: 361）認為，模型是「一個符號，一種概念的描繪結構，用隱喻與命題來關切一個特定的問題，或一組現實，以及其如何工作。」相同地，勾斯坦（Goldstein, 1973: 187）認為，模型是「吻合其所企圖表達的現實」。

　　所以說，模型通常是暫時性的現實建構或隱喻，它不像理論是可直接驗證的。它本身不被驗證，而是其所發展出來的假設才是可驗證的。若說模型是前理論階段的產物，是可以說得通的。模型是用來描述複雜現實的概念化方式，而不是解釋這些元素間的關係；理論則有解釋的功能。

　　在研究或實務工作過程中，我們也經常聽到「理論架構」（theoretical framework）或概念架構（conceptual framework）的字眼，這是指「一組概念、命題、理論、事實與模型的結構，用來導引與訂製與問題或問題組相關的觀點。」（Siporin, 1975: 362）例如：寫一篇論文必須有理論架構，是指要有一個概念、命題、理論、模型等的組成，來指導整個論文的研究方向，

以免研究議題失焦、鬆散或搖擺不定。

另一個更抽象的概念稱為「典範」（paradigm），是指「一套觀念、信念與態度，藉之來提供理論發展的背景與架構，以及結合研究的努力。」（Chamberlain, 1977，引自Roberts, 1990: 27）孔恩（Kuhn, 1970）在其力著《科學革命的結構》（*The Structure of Scientific Revolutions*）中所界定的典範是「被某些特定訓練的科學家們分享的基本世界觀」。每一種科學的訓練有其所屬科學社群的價值或世界觀，這有利於該科學社群的溝通，但也常阻擾學科間的相互了解。立基於某種典範的理論建構絕對是有限制的（Roberts, 1990）。據此，社會工作理論也是一種社會位置的共識發展（Evans, 1976: 179）。

最典型的典範是自然科學的典範與人文科學的典範。自然科學講求客觀性與測量的重要性；而人文科學重視主觀性與社會決定，以及意識形態的影響力。不過，兩者並非沒有交集。社會科學也有主張採用客觀與測量的方法來了解社會現象（Leonard, 1975）。然而，主流典範對科學家而言，是不易自我挑戰而改變的。例如：要一位以計量作為研究典範的社會科學家，相信馬克斯主義的政治經濟分析是困難的。

三、社會工作的理論

在社會工作中，一提到理論，通常指涉以下四種（Payne, 1997）：

（一）關於社會工作的理論

這是解釋社會工作在社會的本質及其角色。這是羅伯特（Roberts, 1990）所稱的社會工作的後設理論（social work meta-theory）。社會工作的後設理論研究是：(1)關於社會科學本質的哲學假設；(2)關於社會本質的假設；以及(3)關於社會工作專業本質的假設。後設理論是一種「理論的理論」（theory of theory）。在社會工作領域裡，後設理論的討論非常有限，通常由「社會工作社會學」（Sociology of Social Work）來處理此一議題。

所謂社會工作社會學是應用社會學的理論、實證與方法論的觀點來分析社會
工作的本質，目的是在於增加社會學科對社會工作整體的了解。

　　較出名的幾本社會工作後設理論的書是赫老德（Heraud, 1970）的
《社會學與社會工作》（*Sociology and Social Work*），雷納德（Leonard,
1966）的《社會工作的社會學》（*Sociology in Social Work*），柯立崗與雷
納德（Corrigan & Leonard, 1978）的《資本主義下的社會工作實施》（*Social Work Practice under Capitalism*），戴維斯（Davies, 1991）的《社會工
作社會學》（*Sociology of Social Work*），達米妮莉（Dominelli, 1997）的
《社會工作的社會學》（*Sociology for Social Work*），李維林、阿古與摩舍
（Llewellyn, Agu, & Mercer, 2014）的《社會工作的社會學》（*Sociology for
Social Work*），約爾與吉布森（Yuill & Gibson, 2011）的《社會工作的社會
學》（*Sociology for Social Work*）、英格比（Ingleby, 2017）的《社會工作
的應用社會學》（*Applied Sociology for Social Work*）等。從這些著作中可
以看到批判地反思社會工作的本質。

（二）社會工作理論

　　這是眞正的社會工作的理論，在於描述社會介入的目標與組成社會
工作的活動，並解釋這些活動如何有效地達成目標。例如：心理社會治療
（Psychosocial therapy）、任務中心模式（Task-centered Model）、優勢觀
點（Strengths Perspective）等均可稱爲社會工作理論。

（三）對社會工作有助益的理論

　　一些解釋或描述個人與社會行爲的心理學、社會學或其他方面的理
論，這些理論有助於使社會工作理論更加系統化與更具說服力。例如：精神
分析（Psychoanalysis）、社會學習理論（Social Learning Theory）、溝通理
論（Communication Theory）等。

（四）和社會工作實務與方法有關的理論

指那些詳細地指出理論如何被運用到社會工作者與案主間互動的理論。例如：案主為中心治療（Client-centered Therapy）、理性治療（Rational Therapy）、行為治療（Behavior Therapy）、交流分析（Transactional Analysis）等發展自其他相鄰專業，例如：諮商、心理治療，而被社會工作者借來使用於介入的理論。

社會工作理論（social work theory）與社會工作實施理論（social work practice theory）並沒有本質上的差別。因為社會工作是一種介入、行動的學科，其之所以存在就是為了實施介入與行動，以介入社會事件或人民生活（Roberts, 1990）。既然，社會工作是行動的學科，其實就是「應用的」（applied）科學，而非「純粹」（pure）的科學；其所發展出來的理論，應該就是實踐的、實用的（utilitarian），而非本質的（intrinsic）。佩恩（Payne, 1997: 35）嘗言：「社會工作的本質及其理論之被界定，不是靠獨立的學術發展與經驗檢驗而來，而是被社會工作者確實做出來的。」可見，社會工作理論是高度依賴社會工作者從實踐中發展出來的。所以，社會工作理論其實是為了引導介入行動。我們不稱社會工作實施理論，而稱社會工作理論，有兩個理由，如果我們稱社會工作實施理論，好像是說另有一種叫做「社會工作非實施理論」（social work non-practice theory）存在，其實沒有。此外，如果稱社會工作理論為社會工作實施理論，那就是刻意強調社會工作的實施本質，那是多餘的。因此，羅伯特（Roberts, 1990）認為沒有必要強調社會工作實施理論。

然而，「實施理論」與「為了實施的理論」（theory for practice）是值得加以區分的兩個概念。前者是社會工作者發展出來為了執行其思考與行動的理論，也就是社會工作理論；而後者是那些被「借來」幫助社會工作完成目標的知識、概念和理論。據此，實施理論是社會工作自家生產的；而為了實施的理論是借來的。借來的理論也就是前面提到第三類對社會工作有助益的理論，這些理論或知識最大宗來源是社會科學或行為科學。

　　至於前述的第四類理論是較特定的，且往往與其他專業相連結，例如：案主為中心治療、交流分析、行為治療、環境治療（Milieu Therapy）、現實治療（Reality Therapy）、理性情感治療（The Ellis ABC Model）、行為治療等，這些諮商或心理治療理論，有些也被納入社會工作實施的方法或技術內。但是它仍然是心理治療或諮商理論，不會被稱為社會工作理論。只是，社會工作者借用它，甚至加以發展，特別是臨床社會工作者，使這些治療理論互通了。

第二節　社會工作理論的建構

　　社會工作理論與社會工作實施理論指涉的是同一回事；而社會工作實施理論與實施模型（practice model）也經常被交互使用（Siporin, 1975; Payne, 1997）。所以，談社會工作實施理論的建構與實施模型的建構沒什麼兩樣。不過，當我們說理論是實務的引導（Specht & Vickery, 1977）的理論，往往是指上一節所提及的四種社會工作的理論。而談到模型是為了社會工作的實施（Pincus & Minahan, 1973）則是指社會工作理論或模型本身，這正是本節關心的社會工作理論或模型的建構。

一、社會工作實施的共同基礎

　　要討論社會工作理論或模型，可以追溯到1940年代的社會個案工作理論。漢米爾頓（Hamilton, 1950）首先使用社會個案工作理論的字眼，當時他所談的理論是社會個案工作的「診斷途徑」（Diagnostic Approach），也是1960年代何麗絲（Hollis, 1972）發展出「心理社會治療」的基礎。1940到1960年代社會工作所發展出來的理論、模型或途徑，以今日社會工作發展的角度來看，都是某一種特定的工作方法的模型，例如：個案工作的心理社會治療模型，並不能代表整個社會工作。而依巴雷特（Bartlett, 1970）的

看法，這些早期發展出來的途徑，只能說是「方法與技巧途徑」（method-and-skill approach）而已。

1970年，巴雷特（Bartlett, 1961）繼完成《分析社會工作實施領域》（*Analyzing Social Work Practice Fields*）一書之後，再度為美國社會工作者協會完成《社會工作實施的共同基礎》（*The Common Base of Social Work Practice*）報告，首先提出建構社會工作專業模型（professional model）的共同基礎。巴雷特認為社會工作的專業模型建立的必要性在於：

1. 過度強調方法與技巧使得社會工作只會變得技術上更精確與焦點更狹隘。但是，方法間的溝通將障礙重重。
2. 單一的方法或領域難以做到理論建構。由於過度強調個體的獨特性、個案或特殊情境，難以通則化（generalization）。
3. 美國社會工作者協會於1955年成立之後，強調社會工作實施是一個整體，才會有1956年起一系列界定社會工作定義的作法。
4. 只是「方法與技巧模式」不可能把社會工作推向「科學」的專業，而只能停留在「藝術」的助人服務或專業技巧。
5. 社會已脫離社會工作的焦點，而被其他專業的知識帶離軌道。

巴雷特的中心議題是建構一個社會工作實施的思考方式（ways of thinking），而非如何實施社會工作。她試圖將傳統「方法與技巧模式」與更寬廣的「專業模式」結合，成為一個新的社會工作專業模型。她所建構出來的社會工作共同基礎架構如圖6-1。

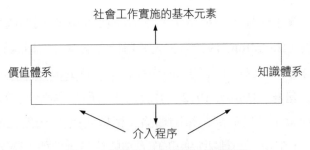

圖6-1　社會工作實施的共同基礎

資料來源：Bartlett (1970). *The Common Base of Social Work Practice*, p.82.

　　巴雷特的社會工作的共同基礎是建立在以「社會功能」（social func-
tioning）為起點，然後連結社會工作的價值體系與知識基礎，而推演出社
會工作的介入程序。社會功能大致上吻合社會工作的焦點「人在環境中」
（person-in-the-environment）的基石。她將價值與知識明確地分開，價值
是指涉善意與可欲求的質的判斷，非可經驗研究的，隱含社會工作追求目標
的行動指針；知識則是可客觀檢驗與呈現的嚴謹陳述，例如：尊嚴、自決等
都是被肯定的價值，而非可被驗證的知識。社會工作者再依這些知識與價
值，發展出評估與介入的程序。

　　巴雷特的架構並非完美無缺。首先，對知識與價值的範定不完整與不明
確；巴雷特只是提出抽象的概念引導。其次，她沒有周延地思考到知識與價
值可能互相影響，且可能是矛盾的，社會工作又如何處理？第三，個人價值
可能與集體價值相衝突，社會工作者將採信哪一種價值。最後，這個模型並
沒有提供實證的支持（Reberts, 1990: 75-76）。這些批評或許都是事實。但
是，重要不在於社會工作的知識基礎是什麼？價值又是什麼？因為，知識基
礎會隨著社會工作所面對的環境與對象而改變，價值也會因時因地制宜。因
為社會工作是社會建構的產物（Payne, 1997）。要了解社會工作必須在參
與者所在的社會文化脈絡下，才可能真正地了解它。

二、社會工作實施的模型

　　立基於巴雷特的思考方式與架構，西柏齡（Siporin, 1975）進一步將
它擴大成為下圖6-2所示的架構。社會工作是為了達成社會的功能與任務而
存在。西柏齡採用社會學的結構功能主義（Structural Functionalism）的分
析，將社會的功能分為適應（adaptation）、整合（integration）、模式維持
（pattern maintenance）、目標達成（goal attainment）等四項。這是依社會
學家派深思（T. Parsons）在1960年代的結構功能理論而發展。當然不必然
一定要如此來界定社會工作的目標與任務。若以馬克斯主義（Marxism）與
女性主義（Feminism）來解析社會工作的存在目的，恐怕就大異其趣了。

　　西柏齡接著將巴雷特的價值體系修改爲哲學與意識形態，而將知識體系修改爲知識基礎、應用科學與藝術。其實，在價值與哲學、意識形態的區隔上，西柏齡也不是很清楚地做到。在討論社會工作哲學時，西柏齡也交錯討論社會價值，而意識形態的討論與哲學分野不大。由上述兩組元素既互動又分別發展出倫理實施原則與技術實施原則，共構成社會工作基本助人模型與理論。進一步衍生出社會工作的介入曲目（interventive repertoire），包括助人方法、過程與角色。

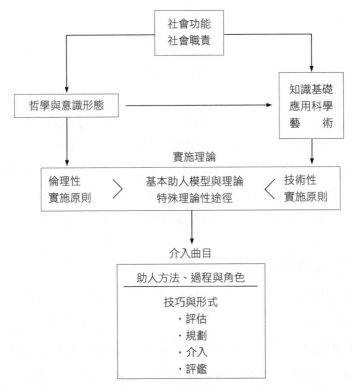

圖6-2　社會工作實施的模型

資料來源：Siporin (1975). *Introduction to Social Work Practice*, p. 31.

　　接下來，本章將討論社會工作的價值與知識基礎。至於，意識形態在本書第二章中已經將意識形態帶進社會工作的途徑中，在此不再贅述。

第三節 社會工作的價值取向

價值（value）、價值取向（value orientation）或價值觀是指人們對人與事物特性的信仰、偏好或讚賞（Pincus & Minahan, 1973: 38; Siporin, 1975: 65）；或是個人與團體所持有的關於他們自己與其社會的信念、理念與假設（Eby & Gallagher, 2008: 114）。例如：相信社會有義務幫助每一個人實現其最大的潛能，這是一種價值觀；反過來說，相信個人必須為自己負責，這又是另一種價值偏好。價值取向不在於呈現世界是什麼？或是為何會是這樣？而是世界應該（should be）是什麼。因此，價值是不可客觀地被驗證。如果是一組相對重要的、持久的信念，關係到偏愛的行為模式或存在的目的，就可稱為價值體系（value system）。我們要判定價值的對錯，只能在特定的信念體系和倫理守則下來論斷（Pincus & Minahan, 1973: 38）。

一、不同的價值型態

每一位專業工作者身上都可發現四種價值，構成該員特有的價值組（a set of values），社會工作者必須加以區分，否則很容易混淆（Eby & Gallagher, 2008: 115; Beckett & Maynard, 2011: 129-135）。

（一）倫理價值（ethical values）

倫理價值指出一個行動的對錯，或美好生活的追求；是一種規範倫理（normative ethics），藉以判斷行動的道德性。亦即，是一種責任、義務，或規則，這也就是哲學上的義務論（Deontology）所討論的。它幫助人們辨別不同價值的高低，例如：對的行為與好的生活是價值高的，或是好的；反之，錯的行為與差的生活則是價值低的，或是壞的。

（二）美學價值（aesthetic value）

美學價值是針對藝術、自然、建築、文學、品味等的善與美的評價；或

是對文化、藝術、自然等的批判性反思。這是感官—情緒的價值，有時稱心境與品味的判準。例如：心理衛生中心的建築、色調、氣氛等，可能會對不同人有不同的評價，端視其覺得對自己有益或有害。

（三）專業價值（professional value）

專業價值是從專業教育中學來，進而內化成為一種行為的準繩。例如：醫學、護理的專業價值是健康，法律的專業價值是正義。專業價值有顯性的與隱性的。顯性的專業價值是指明言或明訂於專業倫理守則上的行為準則；隱性的則是指雖未明講或明訂，但卻在專業社群的日常行動中被約定俗成地實踐。亦即，一般行業所謂的「潛規則」或「內規」。

（四）個人價值（personal value）

每一個人有自己的價值觀，稱為個人價值取向。個人的價值有時很難清楚說明白，或與人分享。但是，每一個人都會有其所屬的家庭、團體、宗教、社區或部落、政黨，而會彼此共享某些價值。

（五）機構價值（agency values）

機構價值是指機構對實施與行動的偏愛。例如：主張預防取向，或是先發制人（proactive）的工作模式？或者主張效率重於一切，還是品質重要？主張服務使用者導向的評估，還是機構導向？機構價值受到政府、董事會、社區的影響甚深。有時機構價值表現在其書面的機構宗旨與工作原則、程序上。有時，沒有明講。

（六）社會價值（societal values）

一個社會中大多數人所共享的價值偏好，稱為社會價值（societal value）。社會價值也會因年齡、種族、性別、地理區域、職業、階級等而有差異。各個群體各自形成一種有別於他群體的價值。常見的社會價值包括對：性行為、體罰、兒童、婚姻、家庭、同性戀、移民等的態度。

以上六種價值內涵可能有部分重疊，例如：專業價值與倫理價值有部分重複；個人價值也可能與倫理價值、美學價值部分重疊。不論如何，每位社會工作者的價值組是由來自家庭、宗教、文化、階級、社區、部落、專業社群所影響的倫理價值、美學價值、個人價值、專業價值、機構價值與社會價值所組成。因此，社會工作者不可能只依專業價值行事。然而，作為一位專業社會工作者，在執行業務時，主導其行為的價值偏好還是專業價值。其必須先自我覺察，了解自己的價值組；同時，調和不同的價值。那到底社會工作的專業價值是什麼？

二、美國社會工作的專業價值

巴雷特（Bartlett, 1958: 5-9）在定義社會工作時，認為普遍被社會工作界所接受的價值有以下六項：

1. 個人應受到社會的關懷。
2. 個人與社會是互賴的。
3. 個人對他人負有社會責任。
4. 每個人有共同的人類需求。但是，個人都是獨特而異於他人的個體。
5. 民主社會的實質表現於使每一個人的潛能得以充分發揮，並透過社會參與的行動來履行社會職責。
6. 一個理想的社會應有其職責與能力，提供社會中每一個人有充分的機會來解決問題、預防問題發生，以及促進自我能力的實現。

這六個社會工作的價值包含了三組社會工作者的價值偏好，對個人、對社會與對社會工作介入（Levy, 1973: 34-42; Morales & Sheafor, 1998），茲分述如下：

（一）對人的價值偏好

1. 社會工作者相信人是生來就有價值（worth）與尊嚴（dignity）的。
2. 每個人生來就有能量與動機去追求改變，以使生活更美滿。

3.每個人對自己與他人（包括社會）均負有責任。

4.人需求歸屬。

5.每個人有共同的人類需求，但是每個人都是獨特而異於他人的個體。

（二）對社會的價值偏好

1.社會必須提供機會讓每個人成長與發展，以實現其最大的潛能。

2.社會必須提供資源與服務以協助人們滿足其需求，以及避免饑饉、文盲、歧視、疾病無良醫、居無片瓦等問題。

3.每個人必有均等機會參與社會的形塑過程。

（三）對社會工作的工具價值

1.人應被尊重與尊嚴地對待。

2.人應有最大的機會決定自己的生活方向。

3.人應被激勵與協助與他人互動，以建立一個對每一個人的需求有感應的社會。

4.由於某些特性或生活體驗不同，個人應被認定為獨特的個體，而非刻板化的類型。

　　其實，上述社會工作價值體系是美國社會工作的價值體系。我們不否認其中有諸多價值可能是人類的普世價值，例如：尊重、尊嚴等。但是，不見得所有社會都那麼在乎個體差異、自決等具有美式個人主義與獨立精神的產物。社會工作既然是社會建構的產物，一個國家或社會的社會工作不必然等同於另一個國家的，原因是社會制度、政治體制、經濟條件、宗教信仰等都影響到社會工作的建構過程，例如：誰是社會工作者？誰是案主？他們以什麼形式聚在一起等等，都是社會過程的產物。因此，美國的價值必然形塑了美國社會工作價值，而透過擴散的過程，進入世界各國，包括臺灣在內；如果未經反思，我們就會以美國的社會工作價值來當成唯一的社會工作價值。例如：在臺灣社會最普遍的宗教是民間信仰、佛教、道教、一貫道等，而不是基督新教。而美國社會工作價值某種程度反應基督新教的文明，因此在

社會工作的價值上強調個人責任與自主。而東方的佛、道思想重視個人與家族、祖先的關係，講求輪迴，因此個人與家族及世代的關係密切。社會工作者與案主接觸的過程中不可能不思考案主與家族、世代及神鬼的關係。

美國的價值，依威廉斯（Williams, 1979）的說法，包括19個：(1)活動與工作；(2)效率；(3)務實；(4)成長；(5)成就；(6)成功；(7)物質滿足；(8)公平；(9)外部順從；(10)民主；(11)自由；(12)個人主義；(13)人道主義；(14)道德主義；(15)科學理性；(16)世俗理性；(17)民族主義；(18)愛國主義；(19)種族主義或團體優越感，這些價值有部分已滲入社會工作的價值中。有人認為美國社會福利比歐洲國家落伍、不健全的原因，也是美國價值的產物，因為社會福利威脅到美國價值的平衡（Tropman, 1989）。美國社會福利往往被認為影響工作意願、破壞道德、違反自助等；而人道主義又促使美國發展出高度發達的自願服務，部分轉化成為當代社會工作專業。美國社會工作價值中強調成長、個別化、自決、人道、尊重等，都是美國價值的產物。反之，一個國家的主流價值是集體主義、互賴，或家庭主義、威權主義，就很難接受個別化、自決、尊重等觀念了。例如：日本的社會強調集體性、家族企業、鄰里關係遠甚於個人出頭的個體主義，社會工作自然很難美國化了。因此，社會工作本土化（indigenisation）就變得很重要了。

三、國際社會工作的專業價值

本書第二章提及國際社會工作者聯盟（IFSW）定義的社會工作有些微不同於美國的社會工作定義。依該定義，社會工作的價值有四（Hugman, 2007: 21-23）：

（一）人權

人權（human rights）是社會工作的核心。1948年12月聯合國會員大會通過人權宣言（The UN's Universal Declaration of Human Rights, UDHR），揭櫫經濟、公民、文化與社會權利的國際共同標準。其重點是：人人享有適

足的健康與福祉；適足的食物、營養、衣著、住宅；基本健康照護權；受教育權；失業、疾病、殘障、遺屬、老年經濟安全權；社會服務權；人性的平等對待權等。人權到目前為止經歷了三個世代的演進，第一個世代（1789-1918年）重視消極人權，例如：公民權、政治權。第二個世代（1919-1976年）已納入經濟、社會、文化權，例如：健康、住宅、社會安全與教育。第三個世代（1976年以後）已超出聯合國人權宣言，例如：和平、健康環境、自決等（Ife, 2001; Lundy, 2011）。

聯合國大會於1966年12月16日再通過「公民與政治權利國際公約」（the Covenant on Civil and Political Rights, CCPR），1976年3月23日正式生效。同時通過「經濟、社會與文化權利國際公約」（the International Covenant on Economic, Social, and Cultural Rights, ICESCR），1976年1月3日生效。我國於2001年起，行政院人權保障推動小組下設「立法小組」，推動包括配合修正「公民與政治權利國際公約」及「經濟、社會與文化權利國際公約」與國內法牴觸部分之法律效力案在內的人權法案。2007年2月9日批准「消除對婦女一切形式之歧視公約」（CEDAW）。2009年3月31日立法院通過兩公約及其施行法。

此外，聯合國也於1989年通過「兒童權利公約」（the United Nations Convention on the Rights of Child, CRC），1990年生效。我國也跟著訂定「兒童權利公約施行法」，於2014年11月20日起施行。聯合國又於2006年12月3日通過「身心障礙者權利公約」（The Convention on the Rights of Persons with Disabilities, CRPD）及其任擇議定書（Optional Protocol），2008年5月3日起生效。我國也跟著通過「身心障礙者權利公約施行法」，自2014年12月3日起施行。可見，臺灣已在人權保障上迎頭趕上。社會工作者也責無旁貸。

（二）社會正義

社會正義（social justice）是另一個社會工作者常提及的價值，是指不論個人、團體，或社區（部落）均有權利賦予被平等對待、接近、包容與

處置（Dominelli, 2009: 49）。基本上，社會正義在處理社會階級、族群、性別、年齡、身體條件間的平等（equality）與團結（solidarity）課題。國際勞工組織宣稱：「普及與永久的和平唯有奠基於社會正義。」就社會工作者來說，社會正義的追求始於反對不均、壓迫與排除。社會工作者相信不論任何形式的不均、壓迫與排除，例如：性別歧視（sexism）、年齡歧視（ageism）、恐同症（homophobia）、身心障礙歧視（disablism）等都是有害人類社會的，應該被消除，因為它基於人的某一事實，例如：膚色、身體條件、年齡、性別等，就加諸道德的歸類，據此拒絕以人性來對待之；進而，否定其個別性、身分、價值與信念，這就是社會不正義（social injustice）。

（三）社會福祉

社會工作存在的目的之一是促進社會福祉（social well-being），亦即讓人民生活過得更好。要有好日子過，最起碼是要滿足基本社會需求（social need）。朵雅與高夫（Doyal & Gough, 1991）稱人類需求（human need）為人們生活在其所生存的社會，賴以生活下去的事物，最基本的需求是健康與自主（autonomy）。如果沒有生理與心理的健康，就無法達成其他願望，例如：快樂、好的人際關係、成就等；又如果沒有思想與行動自主，人們也不可能實現進一步的生活目標，例如：結社、遷徙、社會參與。而對於社會工作者來說，會要求滿足人們更細緻的社會福祉需求，例如：獨立、照顧、保護、促進家庭關係、避免自殺與自傷等。不過，在新自由主義意識形態瀰漫下，追求社會福祉也變得更私人化、商品化。也就是韋布（Webb, 2006）所說的「風險管理（risk management）個人化」。這其實是對社會工作價值的嚴峻挑戰。

（四）社會變遷

社會工作者假設引發日常生活問題與缺乏福祉的成因來自社會關係與社會的結構安排。因此，必須進行社會改革才可能根本解決社會問題。打

從前專業時期,社會工作的前輩們,例如:英國的巴特勒(Josephine But-
ler, 1828-1906)、希爾(Octavia Hill, 1838-1912)、巴涅特(Samuel A.
Barnett, 1844-1913)、湯恩比(Arnold Toynbee, 1852-1883)、韋布夫婦
(Beatrice Webb, 1858-1943 & Sidney Webb, 1859-1947)、杰柏(Eglantyne
Jebb, 1876-1928)等人;美國的狄克思(Dorothea L. Dix, 1802-1877)、亞
當斯(Jane Addams, 1860-1935)、芮奇孟(Mary Richmond, 1861-1928)、
阿寶特姊妹(Edith Abbott, 1876-1957 & Grace Abbott, 1878-1939)、范柯
立克(Mary van Kleeck, 1883-1972)、藍諾茲(Bertha C. Reynolds, 1885-
1978)、陶爾(Charlotte Towle, 1896-1966)、阿林斯基(Saul Alinsky,
1909-1972)等人,都強調社會改革的重要性,只是聚焦於微視與巨視的
差別,導致後來發展出不同的社會工作方法(林萬億、鄭如君,2014)。
他們相信社會改革是可欲求的,且是較可能保證社會朝向美好社會(good
society)的方向發展。從1980年代以來,西方國家的社會價值受到新自由主
義的影響,強調個人責任,社會工作的社會改革價值受到挑戰;再加上,新
公共管理主義的影響下,更多的社會工作服務來自政府的委託外包,使得社
會變遷的價值某種程度被貶抑或拋棄。一旦失去社會變遷的價值,社會工作
者很容易淪為權力擁有者的社會秩序控制的爪牙。

正如我們一開始提到人類有其共通需求,所以,也給美國社會工作強
力擴散到其他國家的空間。然而,社會工作者一定要有文化覺察(cultural
awareness),個人要覺察到不同的族群、社會階級、宗教信仰、生產方
式、性別等均有差異的文化特色,包括社會工作者本身也是有自己的文化
特色,而在從事跨文化(cross-culture)的工作時,務必排除文化霸權(cul-
tural hegemony)的思考,尊重文化多元與相互學習的必要性,才能真正站
在他文化的立場,了解案主,進而提供最適切的協助(Green, 1982)。

四、價值兩難與衝突

個人價值受到以下四個因素的影響而漸進形成:(1)文化傳承;(2)個人
的經驗;(3)個人所從屬的團體的價值;以及(4)對人類的看法,和所處人群

的情境的本質（Johnson, 1998: 41）。而個人的價值觀引導個人的行為，所以持有何種價值觀的人，就會表現出什麼樣的行為。然而，每一個人有可能同時持有兩種以上的價值，且是不能兩全的，使得每一個人一生中不斷地在做抉擇。例如：貧窮家庭的子弟想要唸多一點書，以求向上流動；可是先賺多一點錢好養家活口，才可能有下一步，這是低收入家庭常見的價值兩難（value dilemma）。價值兩難通常是兩種可欲求（desirable）或相互競爭的好的價值間的難以取捨。除了案主可能會面對價值兩難外，社會工作者也經常遇到價值兩難的場景，例如：想要勸老人的子女多撥點時間照顧老人；但是，子女必須同時賺錢養家活口，又必須照顧孫子女。又例如：想勸單親媽媽辭職以利接送小孩下課，避免孩子成為鑰匙兒；但是，母親不工作家庭將陷入貧窮。

　　每一個社會通常不會只有一套價值體系，社會價值常是多元的、重疊的，甚至相衝突的。有時，社會中的次團體價值與主流社會價值不一致。不一致情形甚至發展到對抗式競爭，而出現價值衝突（values conflict）。較常見的價值衝突來自意識形態、宗教信仰、代間，以及生活型態間。例如：資本主義對抗共產主義、政治民主對集權統治，人權對抗霸權等，這是一種意識形態的對抗。基督教世界與回教國家間的對抗常因宗教觀的差異而衝突。年輕世代因生命歷程改變，而出現啃老族、尼特族、延畢族、單身貴族、頂客族等新的生命經驗，而與老世代發生價值衝突。

　　社會工作者面臨的價值衝突包括（Postle, 2007: 251-260）：

1. **與工作脈絡間的價值衝突**。例如：社會工作者將案主視為獨立的個體（個別化）。但是，實務現場的氛圍很容易誘使社會工作者的案主處理心態（client processing mentality）三不五時就浮現（Lipsky, 1980: 140-156），期冀將案子盡快結束（例行化），以減輕個案負荷量。尤其是公部門服務的社會工作者遇到價值衝突的機會更多。非專業出身的長官常常以犧牲社會工作專業價值來成就自己的名位，例如：以不合理的現金給付收買案主、要求社會工作者接受議員的施壓放寬服務資格、任意改變服務程序、不當的資源配置等等，就出現機構價

值、專業價值、社會價值，甚至社會工作者個人價值間的衝突。

2. **與機構的價值衝突**。例如：機構要求高風險家庭績效，社會工作者被要求重複通報，以衝高案量；案主未成年懷孕，想要墮胎，但是機構價值認為墮胎是謀殺行為。

3. **與服務對象的價值衝突**。例如：學生家長不認為體罰有何不好，而支持老師打學生；單親媽媽認為用自己的身體換取金錢比出賣自尊換取政府補助更有尊嚴；家長認為孩子讀書沒什麼用，因為博士也轉行賣雞排。價值衝突常出現在一些較爭議性的議題上，例如：性議題、管教方式、金錢觀、人生觀、意識形態、官僚體系等。

社會工作價值轉換成實施原則或行動時，並非如此順暢。首先，價值是抽象的描述，經常產生主觀解釋上的衝突，例如：案主自決，到底範疇有多大，無條件限制，還是有什麼條件？會不會導致違法？（關於案主自決將在社會工作倫理章再詳述）

第二，個人價值與社會價值的衝突。例如：「個人對自己與他人負有責任」與「社會必須提供機會讓每個人成長與發展」間的拿捏頗不容易。舉例來說，臺灣的社會服務界流傳一句話：「給他魚吃，不如給他釣竿。」這句話看似正向積極，但背後隱藏的卻是保守主義的價值，主張與其給他（弱勢者）現金補助或實物，不如教他工作技能。這個價值強調「工作倫理」的優先性，也強調「自助」的價值位階高於「他助」，擔心他助會造成福利依賴和社會（優勢階級）的負擔。問題就在於有釣竿不一定能釣到魚，沒有魚餌（資本）、魚池（工作機會）、釣魚的技巧（知識與技術），以及力氣（健康與權力），根本釣不到魚；或者只能成為有錢人（魚商）的釣魚工，領取很低但餓不死的薪資，如此既穩定了資本主義社會，也避免造成富人的依賴。給魚吃至少還能苟活，萬一給了不中用的釣竿，既不能煮來吃，反而占空間來保管。但是，這不是說不該給釣竿，而是，給釣竿的同時，要考慮釣魚環境的改良，同時不能排除給魚的必要性。反對給魚的人，可能有不同的假設，有人相信給了釣竿一定可以釣到魚吃，讓他有自食其力的成就感；有人可能怕給太多魚之後，我的魚就少了，不如找個理由不給魚；有人可能

擔心給魚吃會造成懶惰不工作，我都自己釣魚吃，他怎麼可以不釣魚而有魚吃。不同的人在解釋魚與釣竿，有很大的差異。但是，缺乏社會結構的反思，就會有那些人不釣魚，只想有魚吃的批評，陷自己於責難受害者的不自覺中。

　　第三，社會工作真能在不傷害他人的尊嚴下來管理人的苦難嗎？例如：面對那些外遇的受害者、婚姻暴力的受害者、被強暴的少女、精神病患、身心障礙者、低收入家庭等，提供服務的同時，為了評估、資產調查、行政管理，一不小心就會讓案主的尊嚴受到二度傷害；再加上一些行政程序與法令規定，也使社會工作者不可避免地陷入機構與案主間的價值兩難，案主的尊嚴受到傷害是常有的。例如：為了執行「資產調查」，必然碰觸到家庭所得、資源配置、扶養責任，甚至工作能力、親密關係等私密的部分。

　　最後，如何將這些抽象的價值與理性的科學搗碎再組成實施原則，也是非常困難。例如：每個人都是同等值得尊重，但是面對方案選擇時，成本效益常是最後的考量。在第二章，社會工作的藝術與科學的爭議中，早已暗示了社會工作實施理論的難題。

第四節　社會工作的知識基礎

　　1958年，巴雷特就強調過社會工作需要有強有力的知識基礎，而且標明社會工作者的知識基礎有九種。所謂知識，依西柏齡（Siporin, 1975: 100）的說法是指由理念、信仰、思考，以及其他認知的心理內涵所組成。基本上，知識是關切我們所認為真的現實，或者我們決定其為可加以確認的，或有高度可能成真的。因此，知識是可驗證的，在於描述事物及其為何會發生。所以，知識通常加上科學兩字。

一、社會工作的知識體系

對社會工作者來說，知識大量借自社會與行為科學，例如：社會學、心理學、人類學、政治學、經濟學、史學，甚至自然科學中的生理學與物理學。當然，社會工作也發展自己的知識，如前所述的社會工作實施模型。社會工作所發展出來的知識，較屬於「實務智慧」（practice wisdom）（Johnson, 1998），也就是來自經驗累積。

社會工作者被要求擁有社會工作知識體系的訓練，其體系由四類知識所組成：

（一）通識知識基礎

包括社會科學與人文學科的知識，例如：社會學、政治學、經濟學、法學、史學、哲學、人類學等。藉此來解釋社會工作者所面對的社會制度，例如：家庭、團體、組織、社區、文化、政治、法律、經濟、國家等。

（二）人類行為的知識

包括人的情緒、認知、行為、發展等知識。人的行為不只是個體的行為，包括人與人的互動和人與社會的互動，具體來說，就是個體、人際關係、家庭關係、小團體關係、社會組織與制度內的關係，以及組織間的關係。這類知識主要借自心理學、精神醫學、社會心理學、文化人類學等。

（三）實施理論

這是社會工作實務發展出來的理論，包含社會工作助人行動的本質、助人的過程、介入的策略等，這也是社會工作訓練的核心。

（四）特殊人口群的知識

針對不同的服務領域與對象，例如：兒童、少年、身心障礙者、老人、女性、同志、成人、原住民、外籍配偶、老兵、勞工、貧民、犯罪者、遊民、娼妓、愛滋病人等的了解，包括這些人的特性，以及部門的特性。

二、社會工作的知識課程

以美國社會工作教育協會（CSWE, 1992, 1994）的課程設計爲例，美國的社會工作者必須接受三組基本知識課程和五門核心課程如下（Zastrow, 2004）：

（一）基本知識課程

1.價值與倫理

這類課程協助學生了解個人價值偏好、專業價值，以及價值衝突與倫理困境，以作爲社會工作實施的價值與倫理依循。

2.多樣性（diversity）

這類知識在於提供學生了解不同文化、制度、生活條件下的人類行爲的異同，例如：種族、階級、地域、性別、宗教、心理狀態、年齡、國籍等所產生的多樣性，藉此，社會工作者能發展出適當的評估與介入策略、技巧。

3.處於風險中的人群（population-at-risk）

處於風險狀態的人群是指那些在經濟上、政治上、法律上、社會上被歧視，而隨時有被剝奪的可能性的人群，例如：窮人、原住民、遊民（街友）、同志、獨居老人、中輟生等。

（二）社會工作實施的核心課程（core curriculum）

1.人類行為與社會環境

這類知識是關於人的生理、心理與社會發展（bio-psycho-social development），包括：個人在家庭、團體、組織、社區體系下的生活相關的理論，例如：人的成長、發展及其生活任務。社會工作者必須了解人的成長階段的需求與資源，以及其問題和影響因素。

2.社會福利政策與服務

這類課程在於教導學生有關社會福利政策的影響因素及其政治、組織過程，強調政策制訂、執行、評鑑的過程及其影響因素。

3. 社會工作實施方法

指針對不同體系的人口群（例如：個人、團體、組織、社區等）所提供的介入，從評估到結案的過程與技巧。有些學校採取綜融途徑的課程訓練，有些則提供專門（concentration）的實施方法，如微視（micro）、中觀（mezzo）與巨視（macro）的分野。微視層次的實施窄於直接實施方法，指針對個人、配偶、家庭的實施，強調面對面的接觸。中觀層次的實施是指針對組織與機構的人際關係進行服務，包括：個人與團體的關係、同儕關係、鄰里關係等。巨視層次的實施則指社會計畫、社區組織、方案發展、執行、管理、評鑑等。通常社會工作管理或社會工作行政（social work administration）涵蓋在巨視實施範圍裡。管理包括：政策形成（policy formulation）、方案設計與執行、基金與資源配置、組織內部與組織間的管理（inter-organizational management）、人事、組織代表與公關、社區教育與監控（monitoring）、評鑑、創新等（Hepworth, Rooney, & Larsen, 1997）。

4. 研究

社會工作研究課程提供學生了解與運用科學與分析的方法以建立知識，供社會工作發展實施理論與評鑑服務成效。研究包括：調查研究、次級資料分析、實驗研究等計量方法，以及歷史分析、檔案分析、田野調查或民族誌學、個案研究等質化研究。

5. 實習（field practice）

實習是社會工作的訓練特色之一，藉由到實施機構或設施，實地參與社會工作，以整合課程知識進入實務過程。學生在督導（包括機構、學校）的指導下，運用知識、價值與技巧於實施場域內，以促進學生的專業成長。

參考書目

一、中文部分

林萬億、鄭如君（2014）。社會工作名人傳。臺北：五南。

二、英文部分

Bartlett, H. M. (1958). Towards Clarification and Improvement of Social Work Practice. *Social Work*, 3: 2, 3-9.

Bartlett, H. M. (1961). *Analyzing Social Work Practice Fields*. NASW Press.

Bartlett, H. M. (1970). *The Common Base of Social Work Practice*. NASW Press.

Beckett, C. & Maynard, A. (2011). What are Values? In V. E. Cree (ed.), *Social Work: a reader*. London: Routledge.

Cloward, R. & Ohlin, L. (1960). *Delinquency and Opportunity: a theory of delinquent gangs*. Glencoe, IL: Free Press.

Corrigan, P. & Leonard, P. (1978). *Social Work Practice under Capitalism: a Marxist approach*. London: Macmillan.

Davies, M. (1991) (ed.). *The Sociology of Social Work*. London: Routledge.

Dominelli, L. (1997). *Sociology for Social Work*. London: Macmillan.

Dominelli, L. (2009). Anti-oppressive Practice: the challenges of the twenty-first century. In R. Addams, L. Dominelli, and M. Payne (eds.), *Social Work: themes, issues and critical debates* (3rd ed.) (pp.49-64). Basingstoke, Hampshire: Palgrave Macmillan.

Doyal, L. & Gough, I. (1991). *A Theory of Human Need*. Basingstoke, Hampshire: Palgrave Macmillan.

Eby, M. & Gallagher, A. (2008). Values and Ethics in Practice. In S. Fraser and S. Matthews (eds.), *The Critical Practitioner in Social Work and Health Care* (pp.114-131). Berkshire: Open University Press.

Evans, R. (1976). Some Implications of an Integrated Model of Social Work for Theory and Practice. *British Journal of Social Work*, 6: 2, 177-200.

Goldstein, H. (1973). *Social Work Practice: a unitary approach*. Columbia. SC: University of South Carolina Press.

Green, J. W. (1982). *Cultural Awareness in the Human Services*. Englewood Cliffs, N.J.: Prentice-Hall, Inc.

Hamilton, G. (1950). *Theory and Practice of Social Casework* (2nd ed.). NY: Columbia University Press.

Heraud, B. J. (1970). *Sociology and Social Work*. Oxford: Pergamon Press.

Hepworth, D., Rooney, R., & Larson, J. A. (1997). *Direct Social Work Practice: theory and skills* (fifth ed.). Pacific Grove, Ca: Brooks/Cole Publishing Co.

Hollis, F. (1972). *Casework: a psychosocial therapy* (2nd ed.). NY: Random House.

Howe, D. (1987). *An Introduction to Social Work Theory*. Aldershot, Berks: Wildwood House.

Howe, D. (2009). *A Brief Introduction to Social Work Theory*. Basingstoke, Hampshire: Palgrave Macmillan.

Hugman, R. (2007). The Place of Values in Social Work Education. In M. Lymbery, and K. Postle (eds.), *Social Work: a companion to learning* (pp. 20-29). London: Sage.

Ife, J. (2001). *Human Rights and Social Work*. Cambridge: Cambridge University Press.

Ingleby, E. (2017). *Applied Sociology for Social Work*. London: Sage.

Johnson, L. (1998). *Social Work Practice: a generalist approach*. Boston: Allyn and Bacon.

Kuhn, T. S. (1970). *The Structure of Scientific Revolution*. Chicago: University of Chicago Press.

Leonard, P. (1966). *Sociology in Social Work*. London: Routledge & Kegan Paul.

Leonard, P. (1975). Explanation and Education in Social Work. *British Journal of Social Work*, 5: 3, 325-333.

Levy, C. S. (1973). The Value Base of Social Work. *Journal of Education for Social Work*, 9: 1, 34-42.

Lipsky, M. (1980). *Street Level Bureaucracy: dilemmas of the individual in the public service*. NY: Russell Sage Foundation.

Llewellyn, A., Agu, L., & Mercer, D. (2014). *Sociology for Social Work* (2nd ed.). Cambridge: Polity.

Lundy, C. (2011). *Social Work, Social Justice & Human Rights: a structural approach to practice* (2nd ed.). Toronto: University of Toronto Press.

Morales, A. & Sheafor, B. (1998). *Social Work: a profession of many faces* (eighth ed.). Boston: Allyn and Bacon.

Payne, M. (1997). *Modern Social Work Theory* (2nd ed.). Macmillan Press.

Pincus, A. & Minahan, A. (1973). *Social Work Practice: model and method*. Itasca, IL: Peacock.

Postle, K. (2007). Value Conflicts in Practice. In M. Lymbery, and K. Postle (2007), *Social Work : a companion to learning* (pp.251-260). London: Sage.

Roberts, R. (1990). *Lessons from the Past: issues for social work theory*. London: Tavistock/ Routledge.

Siporin, M. (1975). *Introduction to Social Work Practice*. NY: Macmillan.

Specht, H. & Vickery, A. (1977) . *Integrating Social Work Methods*. London: Allen & Unwin.

Thompson, N. (2010). *Theorizing Social Work Practice*. Palgrave Macmillan.

Timms, N. (1970). *Social Work: an outline for the intending student*. London: Routledge & Kegan

Paul.

Tropman, J. E. (1989). *American Values and Social Welfare: cultural contradictions in welfare State.* Englewood Cliffs, N. J.: Prentice-Hall, Inc.

Webb, S. A. (2006). *Social Work in a Risk Society: social and political perspectives.* Basingstoke, Hampshire: Palgrave Macmillan.

Williams, R. M. Jr. (1979). Changing and Stability in Value Systems: a sociological perspectives. In M. Rokeach (ed.), *Understanding Human Values: individual and societal* (pp.15-46). NY: The Free Press.

Yuill, C. & Gibbson, A. (2011). *Sociology for Social Work: an introduction.* London: Sage.

Zastrow, C. (2004). *The Practice of Social Work* (8th ed.). Pacific Grove, CA: Brooks/Cole Publishing Co.

第七章
社會工作理論

　　社會工作理論雖然明顯有別於關於社會工作的理論、對社會工作有助益的理論，以及和社會工作實務與方法有關的理論。但是，社會工作理論包含哪些理論，仍然莫衷一是。有些學者將社會工作理論切割爲個案工作理論（Roberts & Nee, 1970; Strean, 1971）、團體工作模型（Papell & Rothman, 1966），以及社區組織模型（Rothman, 1968）等三者。有些學者將社會工作理論視爲一個完整的理論體系（Turner, 1986; Howe, 1987, 2009; Lishman, 1991; Hanvey & Philpot, 1994; Payne, 1997; Becket, 2006; Gray & Webb, 2009; Thompson, 2010; Healy, 2014）。有些學者又將社會工作理論與諮商理論放在一起討論（Zastrow, 2004），讓人很難區別什麼是社會工作理論，什麼是諮商理論。

　　本書將上述各家的社會工作理論彙整如表7-1，可以看出早年社會工作理論以傳統社會工作爲主，1980年代之後才出現左派馬克斯主義（Marxist）的社會工作；晚近，更發展出後現代主義（Postmodernism）與社會工作的關係。此外，我們也看到社會個案工作的理論被明細地區分。但是，團體工作、社區工作則被視爲單一理論。其實不然，團體工作也有多種實施理論，最早是被分爲社會目標（social goals）、治療（remedial）、互惠（reciprocal）（Papell & Rothman, 1966）三個理論或模型；之後又有行爲、團體中心、過程、發展、成熟階段、個人成長、任務中心、折衷等理論（Douglas, 1979），以及目標形成、生態、人本、社會行動與系統發展等新的理論（林萬億，1998）。隨著社會工作理論的發展，團體工作也吸納了優勢觀點、充權觀點（Garvin, Gutiérrez, & Galinsky, 2004）。

　　至於社區工作的理論也由早期的三種理論：地方發展、社會計畫、社會行動（Rothman, 1968），到最近的社區發展、社區行動、社區照護、社區組織、社會計畫、社區教育、女性主義社區工作、黑人與反種族歧視的社區工作等理論（Popple, 1995）。

　　基本上，不同的社會工作理論或模型是不可比較的（Solomon, 1976），因爲不同的理論或模型在處理不同的對象、情境與功能。但是，將不同的理論加以歸類分析，是有利於實務工作者理解其適用性。佩恩

（Payne, 1997）將社會工作理論分為三組，依其活動與目的不同而有反身－治療（reflexive-therapeutic）、個人主義－改革主義（individualist-reformist），以及社會主義－集體主義（socialist-collectivist）等。第一組指社會工作經由促進與激發成長和自我實現，追求個人、團體、社區的最大可能福祉。這類理論包括心理動力、人本、角色、溝通、危機介入等。

表7-1　社會工作理論一覽表

Roberts & Nee (1970)	Turner (1986)	Howe (1987)	Lishman (1991)	Hanvey & Philpot (1994)	Payne (1997)	Adams等人 (2009)	Howe (2009)
心理社會 功能 問題解決	心理社會 心理分析 功能 問題解決 自我心理學	心理分析	心理動力 生命循環 諮商	個案工作	心理動力	心理社會 諮商	精神分析
行為修正	行為治療 認知	行為社會工作	行為社會工作 認知行為	行為途徑	認知行為	認知行為	行為治療 認知治療 認知行為社會工作
家庭治療	家庭處置			家庭治療			
危機介入	危機		危機干預	危機介入	危機理論		
	任務中心		任務中心	任務中心	任務中心	任務中心	任務中心
	系統 生活模式			系統	系統理論 生態觀點		系統與生態觀點
社會化	角色理論 溝通理論 神經語言學		依附理論 死別（失親）		社會心理 溝通模型 角色理論		依附理論
			社區社會工作	社區工作	社會成長	社區工作	
			團體工作		團體工作		
	案主中心 存在主義 完形 交流分析	案主中心			人本主義 存在主義		責任與正向思考 以人為中心 解決焦點取向 優勢觀點 關係為基礎

Roberts & Nee (1970)	Turner (1986)	Howe (1987)	Lishman (1991)	Hanvey & Philpot (1994)	Payne (1997)	Adams等人 (2009)	Howe (2009)
	馬克斯主義 女性主義	馬克斯主義 基變 結構主義 女性主義	結構途徑	參與途徑 福利權 女性主義	基變 馬克斯主義	基變 女性主義	基變社會工作 批判社會工作 女性主義社會工作
				反種族主義	反歧視 反壓迫	反壓迫	反壓迫實務
					充權 辯護		充權
						後現代主義 論述途徑	反思與內省

　　第二組指社會工作被當作是針對個人提供的福利服務的一種面向，爲了使社會工作操作得更有效，因此，嘗試將社會變革得更公平，或者經由個人與社區的成長來創造個人和社會圓滿。此類理論包括社會發展、系統、認知行爲、任務中心等。

　　第三組指社會工作的目的在於尋求社會的合作與互相支持，如此，大多數被壓迫者與弱勢者能得到比原先較多的權力。社會工作者就要藉由創造一種機制，讓每個人都能參與，而從中增強人們的權力，以加入學習和合作的過程。此類理論包括基變（radical）、反壓迫（anti-oppressive）、充權（empowerment）等。

　　這樣的歸類可以清楚地看出從個人到社會、從治療到改革的兩條軸線。但是，這兩條軸線被交錯爲三個類屬，就出現了部分重疊的現象，例如認知行爲、任務中心被擺在個人主義—改革主義這一組，不如放在反身—治療這一組，因爲這兩種理論也是治療的一種，只是焦點不同而已。尤其佩恩（Payne, 1997）自己也把危機介入與任務中心模型放在一章來討論，在歸類時又把它們分開，令人不解。

　　因此，本書採系統的觀點，將這些理論依微視（micro）、中觀（mez-zo）、巨視（macro）三個層次來加以歸類介紹。這樣的視角有點像湯普森

（Thompson, 2010）從個人、人際、團體、團體間、文化、社會政治結構、組織、道德與意識形態等循序來理論化理解人與其環境。

第一節　社會工作的微視理論

貝基特（Beckett, 2006）依理論目的在於解釋人的行為的成因與影響，再區分為過去導向（post-orientation approaches）與現在導向（present-oriented approaches）兩者。前者是指心理動力模型、依附理論兩者，都在於解釋人過去未解決的痛苦，對當前行為的影響。後者指行為主義、認知行為治療等，現在的行為受到此時此地因素的影響，無涉過去的成長與發展經驗。希理（Healy, 2014）再加上未來導向（future-oriented approaches），關注未來的希望與夢想，例如：解決焦點理論、優勢理論等。

一、心理動力（psychodynamic）理論

1910年代，社會工作追求專業化的第一要務是建立知識體系，擺脫社會工作只是經驗累積的實務的印象。最早引進的理論是心理（psy）相關的知識，包括：心理學、精神醫學、行為科學。這些知識提供社會工作者了解、診斷，以及促進個人改變的實務技術（Healy, 2014）。

心理動力理論是以佛洛依德及其門徒的研究為基礎，假設人類行為來自其心智（mind）的變動與互動，以及心智刺激行為的方式，心智影響行為，也被個人的社會環境所影響。佛洛依德的精神分析最重要的兩個基本概念是心理決定論（psychic determinism）與潛意識（unconscious）。前者是指人的行動或行為起因於人類的思考過程，而較不是隨興的；後者是指某些思考與心理活動是人類知識所不知的。

精神分析理論包括三個重要部分：人類發展、人格與變態心理學，以及治療。其人類發展理論認為兒童會經歷一連串的發展階段，每一階段由驅

力（drives）推動，藉此心理壓力釋放生理需求（例如：饑、渴、性）。生理需求創造出緊張或本能（libido），使人們產生能量去採取行動，以滿足需求。每個階段都有特殊的行為，且每一階段的行為都與前階段的行為相關聯。

人類發展最早是兒童的初期自戀（primary narcissism），只追求自己需求的滿足；然後，從與父母的互動中學習，並且妥協。每一個發展階段都有其因不同需求而有的關注焦點。佛洛依德將之分為：口腔期（oral）、肛門期（anal）、性蕾期（phallic）、潛伏期（latency）、青春期（puberty）。艾力克森（Erikson, 1950）將之擴大解釋成為兒童發展理論，認為每一個兒童發展階段都有其必須面對的發展職責、需求，以及生活危機與問題。發展階段有時會停滯，例如：潛意識地將行為依附在特定階段，稱為固著（fixation）；有時也會因壓力而導致行為後退到早期階段，稱為退化（regression）。

精神分析的人格理論由本我（id）、自我（ego）、超我（super ego）組成。本我驅使個人採取行動以滿足需求。自我務實地了解其環境，且操控環境，控制本我。自我所處理的自己與他人的關係稱為客體關係（object relations）。超我則發展道德原則，以引導自我。自我為了管理來自需求與社會職責的衝突而產生的焦慮，會帶進各種防衛機制（defense mechanisms），例如：投射（projection）、分離（splitting）、昇華（sublimation）、合理化（rationalization）等。

精神分析的治療理論要求治療者成為「空白螢幕」，使自己盡可能匿名，以便病人投射其幻想到治療者身上。當病人轉移有關其父母的潛意識感受到治療者身上，且視治療者為其父母時，就產生轉移（transference）。這是揭發潛意識想法的一種方式，藉著激發轉移作用，早年與父母相處的困難而產生衝突所引發的當前行為的困難，也可以得到顯露。反之，反轉移（counter-transference）是指治療者對病人所帶來的過去經驗做出非理性的回應稱之。

大多數的精神分析技術都以掀開隱藏的思想與感受為關切點，病人非欲

求的行為被認為是壓抑的衝突所引發，因此，揭露其源頭是澈底解決行為困擾的不二法門。據此，傳統精神分析就非常重視「頓悟」（insight）。

個案工作理論受到心理動力理論影響最深也最早，以下幾個相關的個案工作實施模型均受其影響。

（一）心理社會治療（Psychosocial Therapy）

最早採行診斷理論的學者應屬漢彌爾頓（Hamilton, 1940）及其哥倫比亞大學社會工作學院的同事。而將其發揚光大的則屬後來的何麗絲（Florence Hollis），使心理社會模型成為社會個案工作的主流。何麗絲的心理社會治療到了1990年版（第四版）才由其門生伍姿（Mary Woods）將其擴大而引進生態系統理論。心理社會治療也是一種關係為基礎的（relationship-based）社會工作，強調專業關係是一個中介，藉此社會工作者能介入案主個人內在與外在世界的複雜性，其間專業的「使用自我」（the use of self）扮演非常重要的角色（Hennessey, 2011）。

心理社會治療最主要的兩個要素是「人在情境中」（person in situation）與個案工作治療的分類。社會工作的目的是要促進人們在其情境中的關係，因此，考量內在心理過程、外在社會因素，以及兩者如何相互影響是必要的。人們被來自環境的施壓（press）與內在衝突的壓力（stress）所影響。社會工作者針對人們與其環境關係失衡所產生的問題加以處理。案主的壓迫與壓力有不同而複雜的互動方式。因此，心理動力的人格論、防衛機制等概念被大量引用來診斷案主的痛苦源，例如：壓力來自當前生活情境的環境、從遺傳或發展問題導致的不成熟自我或超我功能，以及過於僵化的防衛機制或超我功能。

早期經驗，尤其是依附（attachment）行為被認為是影響當前行為的重要因素，有五種關係經驗：安全依附、不安全的兩難依附、不安全的逃避依附、不安全的解組依附，以及無依附，影響到兒童的心理社會發展，心理社會診斷就應關切到兒童早期的社會環境、親子關係，以及人格形成的過程（Howe, 1995）。貝基特（Beckett, 2006）稱依附為人的內在工作模式（internal working model），意指人有不同的人際關係建立的立足點特徵。

心理社會治療強調處理深層潛藏的感受及其對當前行為的影響，因此，藉由通暢（ventilation）、修正關係、檢查當前的人際互動來達到「內化的修正」（internalized modification）。這個治療模型也強調「反思程序」（reflective procedures），讓案主嘗試了解其人在情境中。

心理社會治療的過程是先進行心理社會研究（psychosocial study），研究包括觀察、檢驗、歸納既存與當前的關係、環境與事件。接著是診斷的了解，決定是什麼問題，以及可能的改變；並進行動力的了解（dynamic understanding），解釋問題為何存在，並將問題分類。為了確定主要人格特徵，臨床診斷（clinical diagnosis）也是必要的。診斷之後就要選定處置目標（treatment objectives），最後才是決定處置程序。

（二）功能論（Functional Theory）

與診斷理論分庭抗禮於1930年代的美國，史美麗（Smally, 1967）集其大成。此處的功能不同於社會學的結構功能論（structural functionalism），是強調社會工作機構的功能，在於提供實務的形式與方向。

功能論的心理學基礎來自佛洛依德的門生蘭克（Otto Rank），不像心理社會治療強調診斷疾病與處置問題，功能論強調幫助案主個人成長，透過個案工作關係釋出成長的能量。功能論與心理社會治療最大的不同在於人類成長的社會與文化議題。功能論強調社會工作是工作者與案主互動的過程，而較不是一連串的診斷與治療。

史美麗將功能的社會工作列出五大原則：

1. 將案主納入持續變遷的議題處理的診斷與了解的過程。
2. 有意識地了解與利用時間階段（例如：開始、中間、結束）。
3. 運用機構功能來訂出工作形式，提供責信與讓案主明瞭確切的角色。
4. 清楚地了解社會工作過程的結構或形式。
5. 社會工作利用與案主建立關係來協助他們。

功能理論避免採用醫療與問題為基礎的模型，而是強調正向、前瞻性的

變遷。比心理社會治療更注重社會因素與議題，也較少關心內在感受，轉而重視與外在世界的互動。功能論的影響力只限於美國本土，不像心理社會治療那般受到重視。不過，它強調時間、過程、成長的觀念，也影響社會工作很深。

1950年代診斷學派（diagnostic approach）與功能學派的區隔逐漸模糊，功能學派逐漸轉向目標取向的途徑（goal oriented approach），而診斷學派則形成前述的心理暨社會學派。

（三）問題解決模型（Problem-solving Model）

波爾曼（Perlman,1957）是這個理論的主導者。雖然也接受心理動力理論，但不同於診斷途徑的是強調處理案主當前的問題與處在環境中的困境，較不強調不合理與內在的動機。

波爾曼強調情境的四個面向：一起工作的人（person）、待處理的問題（problem）、工作的地方（place），以及工作過程（process）。這也就是出名的解決問題的「4P's」。後兩個「P」是受到功能理論的影響。問題解決模型假設案主失去解決問題的能量，需要協助他們克服那些影響解決問題能力提升的障礙。

問題解決模型也受到自我心理學（ego psychology）的影響，強調自我如何管理外在關係。問題解決模型重在問題的診斷與研究，波爾曼認為這是助人過程的要素，助人過程應在最初的幾小時內被形成。

波爾曼的模型成為任務中心模型的源頭。「問題」的概念仍然受到社會工作廣泛的重視，不只是問題解決模式本身。

（四）自我取向的個案工作（Ego-oriented Casework）

這個模型的個案工作受到精神分析理論的影響更明顯。勾斯坦（Goldstein, 1984）認為有兩個源流形成此模型：

1. 古典佛洛依德理論強調潛意識，自我在防衛與調和心智不同部分的角色。

2. 現代自我心理學強調自我是理性的、問題解決的部分，處理與外在世界的關係，並管理潛意識驅力的面向。

勾斯坦將自我取向的個案工作實施分爲三個部分：評估（assessment）、介入（intervention）、工作者與案主的關係。評估重在案主現在與過去的因應（coping）方式。介入包括自我支持（ego-supporting）、自我修正（ego-modifying）。前者針對現在的行爲、意識的思考，以及環境變遷；後者針對過去與現在潛意識的感受與驅力，以及忽略環境變遷，聚焦在頓悟上。

案主與工作者的關係有別於一般人際關係是：

1. 案主需求取代雙方需求成爲互動的焦點。

2. 工作者是以有訓練與有節制的方式涉入關係，而非單純依個人偏好與情緒反應行事。

3. 不論案主的個人特質與行爲爲何，社會工作者總能依重要的專業價值滲入兩者的關係中。

案主與社會工作者的關係有理性與非理性兩者，前者是雙方依同意的目標努力達成任務的關係；後者是感情涉入過去的關係中，例如：情感反轉移現象。此時，督導的角色就變得很重要了。

二、認知行爲理論（Cognitive-behavioural Theories）

1990年代初以前，認知理論與行爲理論分屬不同的兩支心理學研究。1993年《行爲心理治療》（*Behavioural Psychotherapy*）期刊更名爲《行爲與認知心理治療》（*Behavioural and Cognitive Psychotherapy*），1995年薛爾頓（Sheldon, 1995）也將其《行爲修正》（*Behaviour Modification*）易名爲《認知行爲治療》（*Cognitive-behavioural Therapy*），從此確立了認知行爲合爲一家的新理論。佩恩（Payne, 1997）也在其《當代社會工作理論》（*Modern Social Work Theory*）第二版中已將兩者合爲一理論。

認知行爲治療（CBT）的理論基礎來自四個行爲介入的模式：

（一）反應或古典制約（**respondent or classical conditioning**）

來自巴夫洛夫（Pavlov, 1849-1936）對狗的研究中發現刺激產生反應，古典學習原則因而被應用於解釋人類行為、習性與失序。制約是行為學習的過程，使得某些行為能隨刺激的持久而出現。當人們學到因刺激而有反應，即表示我們已修正了行為。消去（extinction）、放鬆訓練（relaxation training）、減敏感法（desensitization techniques）、肯定訓練（assertiveness training），就是依這個原則而發展出來的。但是這些以刺激、反應、制約的概念來分析人類行為，較不考慮人之所以為人的複雜情境。

（二）操作制約（**operant conditioning**）

史金納（Skinner, 1904-1990）將行為的後果（consequences）引入行為的學習過程中，並讓有機體（organism）扮演重要的角色，發展出操作制約的行為過程：**刺激→有機體→反應→後果**。行為如果產生正向的後果，這個行為將持續下去，反之則非。操作制約指出環境改變的必要性，同時強調正增強（positive reinforcement）與負增強（negative reinforcement）的作用。據此，一些行為修正的技術也被發展，例如：消去、懲罰、關聯事件契約（contingency contracts）、代幣經濟（token economies）、曝露技術（exposure techniques）等。

（三）社會學習（**social learning**）

班都拉（Bandura, 1925-）認為前兩種制約理論都無法解釋所有學習行為，例如：性別角色、社會技巧等。因此，創出第三種學習理論，稱為社會學習或模仿（modeling）。社會學習的發生是觀察的結果，如以下程序：**刺激→有機體→預期→反應→後果**。班都拉的社會學習理論中的替身觀察學習（vicarious observational learning），提供個人與環境間的關係是一種相互影響的過程的概念化基礎。通常人們主動地參與在其自我學習的過程裡。

模仿是社會學習的主要過程，敘述如下：

1. 人們看到某人做了某種動作，開始注意它。

2. 觀察者形成想法或將此人的行為記錄在自己心中，包括進行預演或牢記在心頭。

3. 觀察者確認此種行為發生的環境及其後果。

4. 在適當的情境下，觀察者依先前形成的想法複製該行為。

（四）認知學習

隨著1970年代心理學家對認知、記憶、理解、動機的興趣反映在認知學習的研究上，班都拉所發展出的預期與自我規劃的概念在替身學習中的重要性，提供了認知治療的新元素，一些研究開始置焦於潛藏行為的改變與認知過程。如艾里斯（Ellis, 1979）認為非理性思考是人類行為失序的來源，據此發展出人本心理治療學派中的理性情緒治療（rational-emotive therapy, RET）。理性情緒治療假設人的行為過程屬A-B-C模式，A表示逆境或促發事件（adversity/activating event），B表示對逆境所帶來的干擾、失功能的情緒與行為的信念（believe），C代表情緒與行為結果（consequence）。此時，B是關鍵，決定C的後果。如果人們評價A事件的信念是僵化的、絕對的、失功能的，那麼後果大概會是自己打敗自己、自己瓦解自己的士氣。反之，如果信念是有先後順序的、彈性的、建設性的，那麼，後果可能變成自助與建設性的。因此，轉個念頭，後果大不相同。

認知理論的臨床應用包括：思想認同、情緒隨思想而變化的察覺、思想與情緒的連結、行為是思想與情緒的產物等。於是，行為治療隨之多面向地針對潛藏與外顯行為的改變，例如：記憶、思想、情緒等，而逐漸轉形為認知行為治療。

認知行為治療將人看得比問題來得重要，這有別於早期的學習理論。認知行為治療幫助人們來自助且控制自己的生活。自我控制的概念被發展來說明人類的功能，而其中語言是一種重要的獲得自我控制的媒介。自我控制可說是從被他人的話語引導轉變為自己大聲說話，最後到靜靜地自我對話的過程。能自我控制的人就能抗衡壓力、痛苦或情緒干擾，延緩誘惑，建立實現自我生活的指標與目標。自我控制的行為改變從線性的改變，到非線性的開

放性迴線模型（open-loop model）的行為改變如下：

刺激→自我規制體系→反應→後果

認知行為理論假設：

1. 人類行為的研究是立基於科學的實證研究。

2. 人類行為被視為是一種恆常的變遷過程，因此，人們總是能促成其行為改變。

3. 解釋常態行為的法則也可解釋偏差行為，人們學到具侵略性的行為，就能學到成為自己。

4. 行為與環境存在互動關係，改變個人或環境都能達成行為的改變。

　　認知行為治療已從傳統的行為治療理論，朝向更多認知理論，最近更有走向建構主義理論（constructivist theory）的趨勢，強調人們藉由再建構與建構其生活事件，以及對其個人經驗的意義歸因，而造就出自己的現實。認知行為治療（cognitive-behavioral therapy, CBT）策略包括：認知再建構、活動管理、肯定訓練、問題解決等（Otto et al., 2011）。

　　認知行為治療又可分為四個不同的類型（Scott, Stradling, & Dryden, 1995）：

1. 抗衡（或因應）技巧（coping skills）。包括自我話語（self-verbalisation）與行為結果。自我話語是教導自己，對自己說話。

2. 問題解決。鼓勵案主鎖定某問題，想出解決辦法，選擇最佳的行動計畫，以及回顧成長的經驗。這裡的問題解決不像波爾曼的問題解決，而倒是像任務中心的社會工作。

3. 認知再建構（cognitive restructuring）。如艾里斯的理性情緒行為治療（rational-emotive behaviour therapy），非理性的信念主宰案主的思想，導致看事情都是不合理的負面想法，或低度的挫折容忍，無法承受逆境，工作者就得質疑與挑戰這種非理性的信念，才可能改變案

主的行為。

4. 結構認知治療（structural cognitive therapy）關切案主心中的三個信念結構：核心信念、中間信念、邊陲信念。前者是關於自身的信念，中間的是案主如何來看世界，後者是案主日常的行動計畫與問題解決策略。工作者的焦點是引發問題的邊陲信念。但是，使用深探這些信念的源頭來達到核心與中間信念的改變過程。

認知行為模式的社會工作的主要貢獻者有英國的薛爾頓（Sheldon, 1995/2011）、美國的費雪與勾克羅斯（Fischer & Gochros, 1975）、高斯坦（Goldstein, 1984）等人。

三、危機介入（Crisis Intervention）

危機介入源於卡普蘭（Caplan,1965）的預防精神醫學，預防的目的多於治療。基本上，這是一種簡易處置途徑（brief treatment approach），也被認為是一種簡易認知治療（brief cognitive therapy）。

高蘭（Golan, 1978）將危機介入的主要內涵整理如下：

1. 每一個人、團體、組織都會遭遇到危機。

2. 危險事件（hazardous events）是主要的問題，或一連串的困難足以導致危機。

3. 危險事件可能是可預期的（例如：青年期、結婚、搬家），或不可預期的（例如：死亡、離婚，以及環境災難，如火災）。

4. 當人們因危險事件發生而失去平衡時，就陷入脆弱狀態（vulnerable states）。

5. 當平衡受到干擾時，人們就會先以慣常的方式來處理問題，如果失敗了，就會嘗試新的解決問題的方法。

6. 失敗就會產生緊張（tension）與壓力（stress）。

7. 未解決的問題的促發因素（precipitating factor）將增加緊張，且引發急性危機（active crisis）的解組狀態。所謂急性是指人的內在資源與

支持不足，出現注意力不足、苦思、懷疑自己所作所為是否能避免受創；行為變得衝動、無能；人際關係陷入痛苦，渴望他人幫助自己解決問題；此時，人就像無頭蒼蠅一樣受驚嚇。這意味著危機有先後關係。但是，帕拉德（Parad, 1965）認為危機是一種全形或矩陣，看來諸多事件是盤根錯節的。

8. 促發因素可能會被工作者認為是案主的主要問題，但這不是危機，只能說是前後關係中的某一點，其線索經常來自外顯的次要事件引發的大量情緒。

9. 壓力事件有三種，每一種各自有不同的反應。威脅產生焦慮；喪失產生壓抑；挑戰產生中度焦慮、希望、期待，以及解決問題的更大企圖。透過生活事件量表可以看出壓力的程度，壓力分數越高，越容易產生壓抑、心臟病、嚴重疾病等。

10. 過去成功處理問題的經驗越多，解決問題的策略也越多，急性危機狀態就越不會發生。過去解決問題失敗的經驗將導致經常陷入急性危機，且難以迴避。

11. 如果立即介入，所有危機大多在6-8週內會獲得解決。

12. 在危機中的人們比不在危機中較願意接受協助，在危機中進行介入比在非危機中更容易成功。

13. 急性危機後的再整合，人們納入其所新學到的問題解決方式，所以，在危機中所學到的有效解決問題的方式可以增進未來的因應能量。

羅伯特（Roberts, 1991）認為危機介入有七個階段：

1. 評估案主與他人的風險與安全。

2. 與案主建立融洽與適當的溝通。

3. 確認主要的問題。

4. 處理感受與提供支持。

5. 探索可能的備選方案。

6. 形成行動計畫。

7.提供追蹤支持。

危機介入被認爲與認知治療有關，是因爲在行爲學習的過程中，認知改變是必要的。高蘭認爲在再整合（reintegration）階段，有三件事必須做：一是修正認知理解，也就是讓案主更精確、完整地看待事件的發生；二是感受管理，讓案主鬆弛極端的情緒；三是發展新的因應行爲（coping behaviours）。

四、任務中心模型（Task-centered Model）

任務中心模型的社會工作源於1969年芮德與賽恩（Reid & Shynes, 1969）的《簡易與擴展個案工作》（Brief and Extended Casework），接著芮德與艾普斯坦（Reid & Epstein, 1977）將之正名爲任務中心的個案工作（Task-centered Casework）。早期被列入問題解決派的一支，也被連結到行爲途徑（Howe, 1987），至於與危機介入扯上關係就更不用說了。基本上，任務中心模型處理的是較寬廣的問題，強調對標的問題任務、時程清楚地界定，與功能派個案工作一樣注重時間限度，也採自心理社會理論的個案工作程序的分類。本質上，任務中心模型又是系統的與結構的（Marsh, 2008）。芮德（Reid, 1972）自己說它是有計畫的短期治療（Planned Short-term Therapy），反對長期涉入案主與工作者關係的頓悟與支持性治療方式，著重的是問題本身而非成因。晚近，托爾森、芮德與佳文（Tolson, Reid, & Garvin, 1994）已將任務中心個案工作擴大到綜融模式的社會工作。

任務中心社會工作所關切的問題是：

1.案主承認或接受的。

2.經由採取與社會工作者簽訂合約的行動所能解決的。

3.能被清楚界定的。

4.來自案主想改變其生活的事物。

5.來自案主「未被滿足的欲求」而較不是來自外人的界定。

但是，英國學者朵爾與馬許（Doel & Marsh, 1992; Marsh, 2008）認爲

經過正式過程所強加的問題，如法庭所裁定也算；亦即並非自願性案主才適用任務中心模型，有些非自願性案主也可適用。

任務中心的社會工作實施程序如下：

1. **認定標的問題**：包括問題掃瞄、仔細探索問題、問題特定化、選定標的問題等。
2. **同意目標**：包括同意特定一個或多個選定的工作目標、排定目標優先順序、界定預期治療效果、設計第一組任務、同意契約及時程。
3. **任務計畫**：包括認定可能的備選任務，再確認案主同意、計畫執行方法，以及任務摘要。
4. **任務執行**：包括記錄系統建立、確定策略、設定完成任務的誘因、任務完成的價值強調、相關完成任務的技巧模擬、分析阻礙任務達成的障礙、依計畫執行。
5. **結束**：包括標的問題的檢查、評鑑成效、計畫未來、增加新的契約、結束舊契約、追蹤、轉介。

任務中心的社會工作是將問題切割成一連串的任務，再加以逐次解決，每次解決一個或多個會期任務（session tasks），直到問題完全解決為止。這種簡易形式的治療，被批評最多的是對嚴重的社會問題做了最小的回應（Gambrill, 1995）。不過，任務中心社會工作還是受到社會工作界廣泛的歡迎，就因為它是短期、證據為本的實務（evidence-based practice），符合資源不足、社會問題叢生，以及業績壓力下的社會工作環境。

五、存在主義社會工作（Existential Social Work）

存在主義的哲學被引進到社會工作首先是柯瑞爾（Krill, 1978），稍後有湯普森（Thompson, 1992）。存在主義社會工作借助沙特的存在主義理念，探討存在（being）的本質（本體論），認為什麼是人。同時，也探討知識（認識論）──看待社會的本質。

存在有兩層意義，「我存在」（being-in-itself）只是一種存在，「為己

存在」（being-for-itself）則代表我意識到，且有潛能去擬定計畫，決定我所想要的樣子。存在主義不認為可以預先期待人或社會應如何生存，人們有其意圖（intentionality），意即有能力採取行動以達成存在於心中的未來目標。這樣的看法有別於行為理論或心理動力論所強調的過去對現在的重大影響。存在主義認為我們如何詮釋過去才是重要的。我們如何解釋過去，以行動朝向未來，給了生活的意義。如此一來，人們能因個人的自由（freedom）而創造或界定自己。人格與社會結構都是被自由人所選擇的產物。然而，他人卻對我們的行為加以標籤，使我們為此而被糾纏住。因此，我們開始接受社會期待的限制，將之應用到我們是什麼、做什麼上。這是我們去因應生活是無稽的感受的一種方式。這種無稽的感受來自我們存在地接納生活並無目的，只不過是被例如相信上帝就是個人或社會發展的終極導師所加諸的。這種「無稽之劇」展現人類企圖與無稽達成協議。

於是，人們對其行動負完全責任，這是一個存在倫理的重要面向。亦即，自由既是解放，也是重責（Thompson, 2010）。我們能自由行動，但卻沒有不對我們所處環境與加諸在我們身上的壓力回應的自由，這就是存在的事實。事實（facticity）與事故（contingency）是不一樣的，事實是外部事務的現實，事故是行動與改變條件的可能性。理解這些可能，讓自己增強但也會干擾與驚嚇自己。這是由於「為己存在」隱含著「虛無」（nothingness），意即有意識的決定可能創造負向的結果。負向也許是沒有目的的，因為存在本身就沒有假定總的方向。因而，我們會對那些足以影響我們的未知世界與不確定事故感到害怕與苦悶。

不接受或逃避自由都是壞信念（bad faith），是自欺與嫉恨，只會帶給我們接納僵化的社會界限的假性穩定。同樣地，「為己存在」也隱含著恆變與發展。但是人們卻經常想要達到某種確定的結局，確定自己是什麼，這也是壞信念。尋求確定的世界是不切實際的，但這可能是許多人的重要動能，沒了這種可能性會使人們絕望。這種尋求確定與穩定的動機帶領人們尋找創造與界定自己的方式，也可能引導他們充權與解放。「真誠」（authenticity）就是沒有壞信念，而使自己的行為與理解自己就是生活世界中的自己

之間沒有衝突。唯有眞誠面對始能解放，才是克服重責的策略（Thompson, 2010）。

這個理論與認知理論有許多近似，非理性思考誤導人們的判斷，而影響人們適切回應的能力。如果我們能接受和利用自由，我們就能前瞻樂觀地自我定義或自我創造，也才能造就恆常的人格與社會情境的改變。

有時限制個人自由的意念來自意識形態，由代表特定社會利益的社會權力所共享的理念，如此就得將行動層次拉高到政治的解放。這與馬克斯主義的辯證唯物主義（Marxist dialectical materialism）有關。馬克斯主義者認爲經濟力經常控制歷史進步，限制人民創造歷史的能力。疏離或異化（alienation）就是一個典型的例子，資本家掌控與擁有生產工具，使得工人與其生產工具割離。藉此可以解釋許多人類的悲慘、疏離來自各種壓迫（階級、種族、性別等）。如此一來，存在主義尋求的是社會再組、再社會化，人們才可自由地依其需求與期望，不斷地再建構。於是，自由可克服疏離。這樣的思考很像後現代主義思想。

存在主義社會工作也重視他人的重要性，「爲己存在」只有經由與他人的關係才可能存在，透過與他人的互動才能經驗到感受（例如：愛、恨、羞恥、占有等）。同時，團體也很重要，團體是在特定的社會情境下一連串的、個別化的與競爭的個人間的連結。有些團體是團結的，人們自由地爲團體共享的利益而行動，團結使團體更強大且滿足。因此，存在主義的另一個重要內涵是承諾與他人團結。依此，存在的思想強調人本價值中的整體性（holism），視個人與社會體系是完整的。

總體化（totalisation）或全形的（holistic）隱含著人們嘗試統整對社會情境與歷史的了解。統整包括對不同觀點的交互作用與衝突的了解。辯證的推理（dialectical reason）是經由持續地內在與存在的論辯而發展出對世界全景的概念的過程。交互作用或傅柯（Foucault, 1972）所說的論述（discourse）帶出對世界持續變遷的理解。這可以透過三個過程來達成：

1. **過程認同**（process-identity）：當我們理解到生活世界的全景時，我們對世界的情感與經驗便不再有價值判斷，也不會受到任何外界的

限制。

2. **創造權力**（creative power）：有賴於完成一個滿意的產品與創造高品質的經驗，以及超越極限。

3. **由愛產生接納**（love-generating-acceptance）：這是一種痛苦的經驗，試圖接納一些有時與我們認知相悖離的人或經驗的現實與價值。

　　存在主義社會工作引進人本思想，視案主為一個整體，這是最受重視的貢獻。但是，對治療標的與行為的解釋很難說得清楚，治療效果也就難以評鑑了。

六、解決焦點取向（Solution-focused Approach）

　　1980年代，新自由主義興起。社會福利面臨緊縮，預算被刪減，案主被認為是福利依賴者，工作倫理被讚揚，自我負責被鼓勵。一個最被喜愛的管理名言已經成為那段時期的名言，「別給我問題，帶領我去解決！」（Howe, 2009）個人與其優勢被再發現和讚揚。顯然地，這些氣氛多少已滲透到社會工作。像往常一樣，社會工作不僅趕上時代，在某種程度上，也是改變自己以迎合時代。問題解決焦點、優勢觀點的社會工作，變成那個時代的潮流。甚至他們認為，波爾曼（Perlman, 1957）的問題解決途徑是始於錯誤的假設，從問題的調查開始，而不是從解決辦法開始，太消極了。到了1990年代，社會工作開始朝拜大量成長的正向思考（think positive）與促進的實務工作者。

　　為了回應這些，許多社會工作者開始改變他們的工作概念與準則，從觀點開始改變，從人們的弱勢（weakness）和缺損（deficits），改變到視他們的優勢和潛力為有價值的。這鼓勵了服務使用者，為了開拓他們自己的命運而負起責任。這兩者皆是令人興奮與充滿充權的。揮別精神動力個案工作而進入歌詠人民內在的優勢，這個世界是充滿可能性的。這個文化是關注人們能做些什麼及其解決問題的方法，而不是問題本身（Howe, 2009）。

　　以優勢為本（Strengths-based），以問題解決為焦點和可能性思考途徑

（Possibility-thinking Approach）的社會工作是這個在政治氛圍改變下的產物。這些途徑分享一個共通的人性樂觀觀點。爲了達成服務使用者的目標，他們應該被幫助去發現和開拓他們自己的優勢。社會工作者的角色是去幫助服務使用者，讓他們自身的資源動員起來，去提高優勢而不是處置弱點。

解決焦點治療（Solution-focused Therapy）源自於簡易家庭治療（Brief Family Therapy）（de Shazer, 1985）。最初，問題解決焦點簡易治療（Solution-focused Brief Therapy, SFBT）期待治療師的介入不要花太長時間。典型的作法是每次45分鐘以內，共進行5-6次的療程。因此，也期待所處理的問題與抱怨（complaint）是容易解決的。

問題解決焦點治療有一些重要的原則（O'Hanlon & Weiner-Davis, 1989; Murdock, 2004: 408-11; O'Connell, 2005）：

1. 案主有資源與優勢去解決自己的抱怨。
2. 改變是持續的。
3. 問題解決焦點治療師的工作是發現與增強改變。
4. 通常不需要爲了解決抱怨而花太多時間在了解抱怨的內容。
5. 解決抱怨不需要知道抱怨的成因或功能。
6. 小改變是必要的，系統中的一部分改變可以帶來其他部分也跟著改變。
7. 問題解決焦點治療是平等主義的。
8. 案主自己要設定目標。
9. 問題的快速改變或解決是可能的。
10. 觀看事物沒有唯一「正確」的方式，不同的觀點也許一樣有效與符合事實。
11. 聚焦在什麼是可能的與可改變的，而非聚焦於不可能與棘手的部分。

儘管沒有許多完整且經過良好設計的研究指出問題解決焦點取向比起其他的療法來得更有效（Murdock, 2004: 248），問題解決焦點卻在實務工作上有著不可否認的正向風格。我們也了解，無論任何理論本身的說服力如

何,樂觀、堅定及熱心的實務工作者都是有感染力的。

問題解決焦點治療師是改變的專家。案主則是知道什麼要被改變,與如何執行的專家。有許多問題解決焦點的技巧出現在自我心理學、行為治療、認知治療、家庭治療(family therapy),以及任務中心的實務裡。但是,當所有的技巧被組成一個整體的時候,我們就擁有一個同時吸引實務工作者與機構的工作途徑,叫做解決焦點取向(Howe, 2009)。

七、優勢觀點(Strengths Perspective)

優勢觀點的社會工作最早可追溯到1902年亞當斯(Jane Addams)的民主經驗觀察,她認為民主可提升人們的生活到最高價值的正向理想。當代優勢觀點的社會工作的發展則源於功能學派的個案工作,認為動員個人的開創意志產生成長所需的力量,釋放個人的力量,達到個人潛能與貢獻共同的社會利益;反過來,釋放社會的力量,以改變社會藉此提升提供個人資源與機會(Smally,1967)。基本上優勢觀點是反醫療模式的。

從文化的角度來看,權力、優勢、優越性都是以白人、男性、中產階級、異性戀、身體健康、心理健康、上教堂的基督徒皈依者等為中心的思考,其他人則被邊陲化(marginalization)為較差的人群。脫離這些社會、政治、文化、語言中心的社會結構之外,人們被建構為邊緣的、權力與資源匱乏的,忝為整體社會的一部分,但卻活在社會主體之外。處在如此主流社會的壓迫條件下,差異的光榮感被拋棄,負向身分認同感與自我形象於焉形成,這就是身體、文化、經濟、性別、族群、政治、宗教等弱勢者的自我矮化、邊陲化、去光榮化的經驗。

優勢觀點的核心概念是(Glicken, 2004):
1. 使案主的資源成為可能,並產生有資源感(resourcefulness)。
2. 肯定與促進案主的能力。
3. 在個人生態脈絡中產生復原力(resilience)。
4. 解決問題勝過發現問題。

5. 置焦與建立案主的優勢。

據此,社會工作實施的原則是:

1. **人本的**(humanistic):強調人的自我實現、自主、自決、能力、連結與反病理觀點。

2. **現象學的**(phenomenological)**參考架構**:相信在文化與社會脈絡下,個人行為都有其目的。

3. **脈絡的**(contextual):個人組織其生活與發展其功能的能力與潛力是與其生態系統的需要與支持相互交流的,個人藉此發現、使用、創造力量與資源。

4. **充權**(empowerment):個人具有合作、合力、學習與接受挑戰的能力,而能負責其生活,達成自我實現與社會能力的提升。

在多樣化的社會結構下,社會工作者要假定人的獨特性、文化與脈絡的某些相似性、人的精神與潛力的共通性,而採取以下策略來助人(Healy, 2014):

1. 採取樂觀的態度。

2. 聚焦在人的資產上。

3. 與服務使用者協力。

4. 長期地充權服務使用者。

5. 創造社群感,連結服務使用者與他人的關係,以促成一種自助社群感。

上述的資產包括以下幾種:

(1)個人轉型的品質,克服自我貶抑的力道。

(2)藉由家庭與社區結構發展自尊與提供心理與經濟資源的網絡。

(3)求生存的決定與技巧。

優勢觀點的社會工作並非毫無瑕疵,推廣優勢觀點社會工作甚力的沙麗貝(Saleebey, 1996)就提醒以下關切:

1. 優勢觀點可能淪為只是虛偽的正向思考。

2. 優勢觀點可能淪為只是一種悲慘的再框架(reframing)。

3. 優勢觀點可能淪為一種盲目的樂天派（Pollyannaish）。

4. 優勢觀點太抽象，案主的問題通常沒這麼單純，改變也不如想像中容易。

5. 在某一領域中的生活技巧，經常很難轉換到另一個領域；如果是如此簡單，治療絕對比優勢觀點有效。

6. 病理模式是更科學的，因為它源於醫療模式。

7. 告訴人們他擁有能力並不表示就能改變事實。

8. 優勢觀點給其他派別治療者的印象是案主並無改善的理由。

9. 優勢觀點沒能或沒有意圖去區辨健康的文化、宗教、信仰與有害者間的差別；優勢觀點的部分哲學認為大多數事物是天生好的。就政治的敘述來說，這是可愛的；但就科學角度言，並不可靠。

10. 優勢觀點使用自我治療（self-healing）與復原力的新概念，這對已受到嚴重生理、情緒傷害而需要立即、有效與傳統治療的案主來說是有害的。

的確，當社會工作者一廂情願地強調案主的優勢與復原力，而壓迫、掌控、侷限案主的環境條件不變時，還是很難期待案主會憑著一點點不一定能產生實質作用的優勢力量而能突破困境，猶如沾滿汙垢的海綿，加上緊握不放的控制的手，試問海綿會有回彈的復原力嗎？

八、建構的社會工作（Constructive Social Work）

帕頓與奧伯恩（Parton & O'Byrne, 2000）的《建構的社會工作》，將社會建構主義（Social Constructionism）與短期問題解決焦點社會工作（Brief Solution-focused Social Work）連結起來，並且加以闡述發展。他們將社會工作視為與服務使用者的對話。服務使用者擁有優勢與資源，並利用這些來達到改變。任務中心、問題解決焦點、優勢觀點和建構的社會工作都同意社會工作應該發揮服務使用者的優勢。

建構的社會工作提供一個包含後現代主義（Postmodernism）、社會建

構主義、問題解決焦點簡易治療，以及敘事治療（Narrative Therapy）的融合。社會學的現實的社會建構（the social construction of reality）認為人們與團體在社會體系中互動，久而久之就會創造出概念或每個人行動的心理想像（mental representations）。這些概念或心理想像最後成為每一個行動者在與他人互動中的互惠角色扮演的習性。當這些角色扮演使人們得以進出該社會，這種互惠的互動就是一種制度化。制度化的過程使意義被鑲嵌入該社會，知識與人們對現實的理解也被鑲嵌入社會的制度化構造裡。現實於焉被社會所建構了（Berger & Luckmann, 1966）。

　　社會工作者和服務使用者被鼓勵共同合作，而社會工作者必須跟服務使用者確認、解釋及協商他的權限範圍。如同其他許多的社會介入（social interventions），社會建構主義的目標是要幫助服務使用者重新掌控他們的生活。

　　建構的實務（constructive practice）尋求「問題的敘事解決方法」（narrative solutions to problems）——藉由理念與印象讓案主更能掌控自己的生活，並打造新的身分認同。相對於老的實務模式，這是正向且具抵抗力的。此實務取向尋覓的是生存的故事，透過抵抗和克服問題的方式使人們可以辨識改變的可能性；儘管他們被認為或察覺自己是不負責任的家長、反抗社會的居民，或者是孤立的憂鬱症患者。試圖去尋求經驗中明顯負面結果的例外，並且對於須負責的事件設定目標（Jordan, 2007: 57）。

　　意義在社會互動的過程中被創造出來。在這種意義上，治療成為「意義的製造」（meaning-making）（Walter & Peller, 1992: 14）。因此，如果你可以幫助人們使用更正向和樂觀的敘述語句，以及自我看待的方式，他們的現況將會改變，而行為也會隨之改變。實際上，服務使用者的現況僅藉由改變語言使用的品質和方向而被重新架構。在服務使用者和實務工作者溝通的同時，服務使用者也正在創造新的方式來看待自己的人生。問題的解決方法會在正向且樂觀的語言環境中，由社會工作者和服務使用者一起形塑出來。這也就是提醒社會工作者「小心你的用語」（mind your language）（Howe, 2009）；或讓語言翻轉（linguistic turn）（Thompson, 2010），發展語言敏

感（linguistic sensitivity）的助人關係，切勿不自覺地一再使用「案主」、「治療」、「處遇」等具不對等權力關係、醫療、犯罪矯正的語言來看待服務使用者。

　　社會工作者有時自以爲是好心，或因業績壓力，或缺乏文化敏感，或缺乏自我覺察，不由自主地就使用：邊陲化（例如：我們要想辦法了解妳爲何爲有這種奇怪的想法。）汙名化（例如：她媽出身八大行業，那女孩不會也想到要去援交，已經不錯了。）排除（例如：我們就只有這些工作機會，妳不要就等著失業吧！）刻板印象（例如：那些老人很頑固，改變不了。）反人性（例如：爲這傢伙勞師動眾實在不值得。）貶抑（例如：誰要是跟那個笨蛋同一組做報告一定會帶衰。）消權（例如：像你這種問題的個案我們見多了，你就等著配合我們的治療就是了。）責難受害者（例如：如果昨天妳不要穿得那麼清涼，也就不會落得被性騷擾。）壓迫（例如：如果不配合，妳自己要承擔後果，我可是把話說在前頭。）偏見（那些來自中國的外配比較會找關係來施壓。）歧視（例如：那些殘障者幹嘛到處趴趴走。）等的用語。聽在服務對象耳裡，都是穿著溫暖、友善的專業外衣，講出來的敵意語言。

九、人本主義社會工作（Humanistic Social Work）

　　人本的原則（humanistic principles）本來就是社會工作的核心部分。而面對21世紀的社會環境，人本原則對社會工作者來說更是重要。佩恩（Payne, 2011）認爲有三個原因，首先，社會工作過度強調以證據爲本，或至少是證據警覺（evidence-aware）來了解人類的知識，其手段是透過科學研究。這樣的思潮引發某些反彈，批判者認爲證據的解釋是來自組織與政治的要求，和存在於社會關係與互動中，這中間有著太多的社會與政治壓迫（Gray, Plath & Webb, 2009）。人本主義社會工作希望結合這兩者，承認人的能量能理性地使用科學證據，進而控制其所處的環境。但是，人本的實務不能僵化地相信只有依靠以證據爲本，而必須有其他的了解人的方式，人本

主義社會工作者必須使用各種人所擁有的知識、方法、技巧、創意。據此，創意與靈性（spirituality）是重要的。

其次，人本主義社會工作強調人與人的互動。這是所有以關係爲基礎的社會工作，例如：精神動力理論、依附理論、以人爲中心的途徑（person-centred）和人本理論皆關注人際互動（Howe, 2009; Hennessey, 2011）。有三點理由讓人本主義社會工作關注人與人的互動：一是，自我導向的支持與以人爲中心的規劃是促進人格化（personalization）與讓人民優先（putting people first）發展的核心。二是，人與人的互動讓個人、社會照顧與變遷結合在一起思考。人類生活是社會的一部分，人際互動也是其中之一。因此，個人權利、人的自我實現，以及使社會關係連結都是方向一致的。透過心理治療來使個人得以發展是需要的，但這是不夠的。社會工作者必須支持個人；同時，必須考量個人的家庭、社區環境；也需要倡導其他社會機構共同支持，俾利個人能實現其最佳未來。三是，人與人的互動使社會工作者與服務使用者間維持對話關係，並讓服務使用者與自己建立訴說其自己故事的關係。很多公務機關與壓迫者都假設案主的生活不都是如此嗎？但是，有效能的社會工作者不會這樣看待服務使用者，而是相信證據會說話，說出服務使用者的眞實生活，和他們如何理解自己的生活、抱負與目標。

第三，人本主義的社會工作要求社會工作者表達對人權與自由的關切，而這正是社會工作價值的核心，特別是人類彼此平等。社會正義的肯定是國際社會工作所強調的，也是大多數西方國家的政府責任。

據此，人本主義的社會工作不強調案主的問題與缺損，而是轉向關注人與社會的美好。倘若，社會工作者只協助案主解決問題，那仍然不是在促進個人的福祉或達成社會進步。這樣的社會工作只不過是減低社會問題的影響而已。人本主義社會工作如同正向心理學、優勢觀點、解決焦點，以及社會建構主義，都主張人在其生活中有能力／可能性（capability）與正向的一面，故我們必須發展它。

人本主義社會工作的實施有以下幾個重點：

（一）社會工作介入

1. 與人一起工作：促進人的心理效能（psychological efficacy）、增加參與環境的機會，以及促成環境的回應。
2. 將人帶進社會團體，並讓社會團體也前進。
3. 與環境中的權力模式一起工作：充權使生活向前、增加社會機構來提供服務。

（二）達成個人與社會平等

1. 強化社會工作者與案主間人際關係的平等。
2. 了解與克服社會工作者與案主間的權力差異。
3. 使用敘事途徑讓案主的聲音可以影響介入與照顧決策。
4. 使用充權的技巧。

（三）人類生活的彈性

1. 運用一致、同理、無條件的積極對待等以案主為中心（client-centred），或以人為中心的工作技巧。
2. 經過專業與機構的驗證，融入不同的實務知識與技巧，以一種折衷的方式，即席表現彈性的實務。

（四）人類生活的複雜度

1. 認識人類生活的複雜性。
2. 使用混沌理論的概念建立一個非線性相關的社會情境，以管理複雜的情境。
3. 發展複雜而非二分法的思考來評估與回應整體情境；界定資源來處理複雜性，而非依結構社會工作實施理論般過度簡化解釋現象，因為那只是適合於某些特定情境。
4. 運用社會工作價值到複雜的情境中。

（五）達成照顧與創意

1. 評估協助與照顧角色是日常生活的一部分，也是社會工作與相鄰專業的一部分。
2. 了解人類連帶關係中的照顧模式，藉此檢視環境與照顧者的條件、行為、關係、風險與產出。
3. 了解人的生活創意的重要性，那是照顧的積極、活力的一面。
4. 考量創意的機會，以擴大充權能超越務實的適應環境的限制，而邁向更有生產力的創意。
5. 善用生活回顧與懷舊。

（六）發展自我與靈性

1. 了解自我是個人與社會身分的一環。
2. 批判地評價自我實現的問題。
3. 定義生活品質議題是設定個人成長的清楚目標。
4. 思考如何幫助人們的自我議題與自我照顧，包括：發展情緒與社會智慧。
5. 檢視宗教與靈性在社會工作機構與社會工作實務上的角色。
6. 認定案主的靈性與宗教需求。
7. 評估與回應案主的靈性議題。

（七）發展安全與復原力

1. 批判地分析社會工作者在管理風險上的角色，強化對社會中具壓迫的團體的監督。
2. 確認案主不同的安全需求，包括：生理、法律、自我安全等。
3. 強化案主於其社會環境中的安全性，維持社會秩序以加強人們的安全。
4. 強化尊嚴與支持也是一種提升照顧設施安全的方式。
5. 強化復原力也是一種增強人們維持自身安全的能量。

關於靈性的部分，哈樂威與摩斯（Holloway & Moss, 2010）指出靈性是人們追求個人意義，以及與他人、環境、宗教、神、宇宙等的關係，是一種超物質的。對社會工作來說，靈性是人類基本需求的一環，也是痛苦的一種。佩恩（Payne, 2011）認為靈性是宗教、社會與創意的內在整合，以因應外在的世界。靈性照顧，或者照顧到案主的靈性面，是人本主義社會工作的重要面向。

第二節 社會工作的中觀理論

一、系統理論（System Theory）

社會工作引進系統理論有三波，第一波是一般系統理論，第二波是生態系統理論，第三波是複雜系統理論（Healy, 2014）。一般系統理論（general system theory）（von Bertalanffy, 1950）源於1928年的有機生物學（Organismic Biology）理論，認為所有組織體均是一個系統。因此，人是社會的一部分，並組成社會。一般系統理論被運用來解釋社會系統，例如：家庭、團體與社會。系統理論最主要貢獻是處理整體而非人類或社會行為的片段。系統理論的主要概念如下：

1. 系統實體有其界限（boundaries），在界限內生理與心理能量是互換的。
2. 封閉系統（closed system）無跨越界限的交換，猶如在一個被封口的容器中。
3. 開放系統（open system）猶如茶包在裝滿熱水的茶杯中，熱水滲入茶包內，而茶汁流出，但茶葉不會外溢，能量超越界限且相互滲透。

系統運作的過程有以下五個概念：

1. **投入**（input）：能量跨過界限供應給系統的過程。

2. **生產過程**（throughput）：系統內能量的操作。

3. **產出**（output）：能量的效應釋出系統的界限外。

4. **回饋環**（feedback loop）：藉由產出對環境的影響而將資訊與能量回送至系統。

5. **能量函數**（entropy）：系統使用其自身的能量保持運作，除非它們能從界限外接收到投入，否則將耗盡而死亡。

最簡單的系統概念操作如下：你告訴我一些消息（投入），影響到我的行為舉止（生產過程），我的行為因此而改變（產出），你看到我的改變，我已從你所說的話中了解並做了些改變（回饋環）。

系統的狀態有五個特徵：

1. **穩定狀態**（steady state）：自身透過投入的接收與使用而維持規律。

2. **內在穩定**（homeostasis）**或均衡**（equilibrium）：即使經由投入與改變，但自身都能維持本質的能力。例如：我們吃芭樂，但不會變為芭樂臉，即使芭樂被我們消化了，產出營養，有部分被排泄掉了。

3. **分化**（differentiation）：系統隨時間而成長更多不同組成部分，變得更複雜。

4. **非等加性**（non-summativity）：整體大於或小於部分的總和。

5. **交互作用**（reciprocity）：系統的部分改變了，這種改變將與其他部分產生互動，別的部分也會改變。

交互作用的結果，系統呈現均衡結局（equifinality）或多元結局（multi-finality）。前者指幾個不同投入方式卻得到相同結果；後者指投入相同的條件卻產生不同的結果，其差別源於系統內的部分以不同的方式在互動。社會系統擁有合力作用（synergy），可以創造自己的能量以自我維持。例如：人類藉由婚姻或團體來刺激彼此，維持或強化關係，建立團體內的結合而使團體更強有力。如果沒有合力的創造，團體或婚姻就必須靠外力供輸，否則就會產生能量枯竭。合力足以抵抗能量枯竭，所以有時稱之為抗能量函數（negentropy）。

系統理論被社會工作採借，包括高斯坦（Goldstein, 1973）、品克斯與

米納漢（Pincus & Minahan, 1973）、西柏齡（Siporin, 1975）等人，以及英國的韋克麗（Vickery, 1974）也採取此種觀點。

品克斯與米納漢認為有三個系統可以用來助人：

1. 非正式或自然系統。例如：家庭、友伴、郵差、同事。
2. 正式系統。例如：社區團體、工會等。
3. 社會系統。例如：醫院、學校等。

但是，人們不一定能使用這些系統，因為：

1. 這些系統並不一定存在於人們的生活中，或有足夠的資源，或適用的資源。
2. 人們並不知道有這些資源，或期望去使用它。
3. 系統的政策也可能創造出新的問題。例如：求助家防中心後加深加害者與受害者的芥蒂。
4. 系統間可能相互衝突。

據此，社會工作者的任務是：

1. 協助人們使用與促進其解決問題的能力。
2. 建立人們與系統間的新的連結。
3. 幫助或修正人與資源系統間的互動。
4. 促進資源系統內的人們間的互動。
5. 協助發展和改變社會政策。
6. 給予實質的協助。
7. 作為社會控制的媒介。

米納漢與品克斯將社會工作系統界定為四個次系統：

1. **變遷媒介系統**（change agent system）：指社會工作者和其工作的機構、組織。
2. **案主系統**（client system）：指尋求變遷媒介系統協助的個人、家庭、團體、社區。
3. **目標系統**（target system）：變遷媒介系統企圖要去實現案主系統所欲達成的改變目標。

4.**行動系統**（action system）：變遷媒介系統與案主系統一起工作以達成目標系統的行動。

這四個次系統的分析有助於社會工作者澄清其所處理的對象、目標、行動如何，以及這些次系統間的關係，進而發展出一套整合的社會工作過程。

系統觀點的社會工作者在處理以下三個工作：

1.**系統工作**：系統中開放的區塊與隱藏的區塊間的互動。

2.**界線工作**：系統界限與環境間的互動。

3.**環境工作**：系統與親近環境（proximal environment）和遠端環境（distal environment）間的互動。

系統理論的引進讓社會工作者於1970年代發展出綜融的社會工作模式。然而，這種統包式的社會工作模式，要求社會工作者具備所有知識與技巧的結果，可能是管得很多，做得很淺，到頭來還是回到原點。社會工作者還是各自在自己的專精領域中用適合的理論。例如：在成人精神科領域使用認知行為理論、任務中心模式；在老人照顧領域使用以人為中心途徑、反歧視實務等（Howe, 2009）。然後，再以跨專業團隊（interdisciplinary team）協力來促成跨部門合作、跨專業合作。

二、生態觀點（**Ecological Perspectives**）

生態觀點的社會工作有兩個源頭。首先，傑兔（Germain, 1976, 1978）從自我心理學與系統理論中發展出生態觀點的社會工作。生態系統包括以下五個：

1.**微視系統**（micro-system）：指個人與直接影響其行為的環境設施，例如：家庭、團體。

2.**居中系統**（mezzo-system）：指個人發展過程中接近或親近的組織，例如：學校、教會、社會團體、幫派、社區組織等。

3.**外部系統**（exo-system）：指對個人有影響但個人並未直接參與運作的社會單位，例如：父母的工作場所、社會福利機構、職業訓練機

構、醫院等。

4. **巨視系統**（macro-system）：指社會、政治、經濟、文化制度等。

5. **長程貫時系統**（chronosystem）：指生命歷程中的環境事件、轉銜，以及社會史。

生態系統間有其介面與交流，個人與其生態環境的交流提供社會工作者介入的空間，也就是促成個人與環境的交流，連接案主需求與環境資源。

傑冤更與吉特門（Germain & Gitterman, 1980）合力將此一模式的社會工作定名爲「生活模式」（life model），強調環境、行動、自我管理與身分認同的重要性。

生活模式認爲人與其環境的不同面向交互在改變而不斷調適，人們可以改變環境，也被環境所支持，使交互調適（reciprocal adaptation）得以存在。社會問題如貧窮、歧視等汙染了環境，而使交互調適的可能性下降。生存系統必須試著與其環境適配，每個人也都必須適切地投入資源以維持自身和發展。

當交流破壞了調適平衡，就產生壓力，接著產生需求、能量與環境間的適配問題。壓力的來源有：

1. 生活轉銜（life transitions）。例如：發展階段、地位與角色改變、生活空間的再造等。

2. 環境壓力（environmental pressure）。例如：機會不均、冷酷與反應遲鈍的組織。

3. 人際過程（interpersonal process）。例如：剝削、期待不一致等。

如同危機理論所述，並非所有壓力事件都會導致壓力，端視其個人與環境條件，以及對事件的理解。因此，生活模式非常重視認知與對外在世界的控制能力。

社會工作的目標是增強人的調適能力和影響其環境，以使交流更具調適性。這裡雖然隱含著環境改變，但生態觀點並不主張基變的社會變遷。

生活空間中的不能調適問題源於交流，案主如何看待問題與交流應被考慮。生活問題的三個範疇（生活、環境、交流）應同時被考量。工作者與案

主的關係也是一種交流，且會帶到其他交流（例如：工作者與機構、案主在家中的關係）。工作者與案主的關係的交流問題來自下列三者：

1. 社會對角色與地位的定義。
2. 機構的結構與功能。
3. 專業觀點。

社會工作的過程可分為三個階段：

1. **初期**：工作包括對問題的理論性了解，針對案主的感受與回應進行情緒接觸，對問題同理地了解，給予回響（帶進相似生活經驗），說明服務提供的方式、範圍，界定問題，排列優先順序，對解決問題有所承認，訂出時間表。

2. **中期**：集中改變其中的一個問題領域或三個同時改變。工作者可以透過使能（enabling）、教導、催化（facilitating）來促進調適機制，以幫助案主改善交流品質。在改變環境方面，工作者可以透過調解（mediating）、倡導、組織來改變社會、物理、政治與經濟結構。在處理人際關係與溝通模式的不調適，可以透過組織家庭中的地位與角色網絡，滿足其生存所需，發展溝通機制等來達成人際關係的改善，組成團體也是一種常用的方式。

3. **結束**：回顧過去經驗，評鑑改進效果，並將工作經驗轉化為社會議題。

梅耶（Meyer, 1983）接著提出生態系統（ecosystems）的觀點，自稱比生活模式更具彈性；這時評估特別有用，例如：採用族譜（genograms）與生態圖（ecomaps）等工具來評估家庭與環境的支持網絡（詳見本書第十章）。

社會工作生態模式的另一個源頭，是蘇聯裔的發展心理學家布龍芬布連諾（Bronfenbrenner, 1979）的生態觀的人類發展。布氏從社會學與發展心理學的角度出發，認為人類發展是「個體知覺及因應其所處環境方面的持續改變」。個體與環境是「相互形塑」（mutually shaping）的，個體經驗如一組巢狀結構（nested structures），一層一層堆築成鳥巢，每一個生

活經驗都是另一個經驗的內圈，像俄羅斯娃娃（Russian dolls）一般。要了解人類的發展必須要看其系統內部（within）、系統間（between）、超越（beyond）系統，以及其跨越（across）系統的互動，例如：家庭、學校、職場、社會等，強調多重環境對人類行為及其發展的影響。生態其實是一種共生共存的組織系統，每一個系統都存在於另一個系統中。最裡層的系統為個人，於其外是家庭，接著是鄰里、社區、朋友、同儕、學校、職場、組織、社會、國家等。這個源頭被學校社會工作廣泛地採用，因為它清楚地指出學童的發展受到哪些生態系統的影響，從而，引導優先介入學生與其他生態系統的交流。

三、複雜系統理論（Complex/Complexity System Theories）

複雜系統理論近二、三十年來逐漸被社會工作界重視，首先是澳洲社會工作專家裴理（Colin Peile）引進複雜系統與混沌理論（chaos theory）到社會工作實務（Healy, 2014），但尚未成為社會工作的新典範。其所揭示的幾個重點，對社會工作者來說，的確有其價值。首先，行為的非線性發展，例如：犯罪、失業、家庭暴力、心理疾病、行為改變，都不一定是兩個變數間的線性關係，往往是突發、關鍵變數，導致事情突然變化迅速。第二，社會系統是不斷變化的，例如：重複的自我正增強回饋會擴大或加速關係的改變，又例如：某種出乎意料之外的事件或經驗發生，導致滾雪球效應（snowballing effect），重複或反覆出現導致關係出現不成比例的改變效應。

第三，初始條件的極端敏感性，亦即初始條件的微小變化，能帶動整個系統長期且巨大的連鎖反應行為出現，亦即蝴蝶效應（butterfly effect）。社會工作者不能輕忽任何短期、適時的介入，都有可能帶來巨大的後續影響。第四，複雜系統的特徵不是隨機行為，而是複雜或命定的混沌（deterministic chaos），真實世界中有隨機不可預測的事件會持續發生，比社會科學所熟練的線性因果關係複雜得多，而是更深沉的多因素互動的後果。最

後，相變（phase change）是因各種條件改變，導致人、家庭、社區原先的平衡狀態改變，產生相位變化。例如：社區因人口外移、產業凋零而沒落；反之，因地方創生，使社區再生，相位再次改變。

複雜系統理論提醒社會工作者，依賴專家評估或既有經驗有其限制，避免慣性地使用線性思考，而必須跳脫框架，從行動者的相互連結關係思考可能的改變路徑。社會工作者長久以來其實有人在環境中（person-in-environment）的思維，若再加上人與其環境不斷變化的本質，更能理解社區的複雜性（Healy, 2014）。但也因為系統的複雜性、多變性、不可預測性，很難成為社會工作者實施的主要理論基礎，毋寧說是在評估與介入過程中，隨時提醒不要陷入既有線性或慣性思考中。

第三節 社會工作的巨視理論

一、基變社會工作（Radical Social Work）

基變社會工作源於美國1930年代的經濟大恐慌，出現「基變的左翼社會工作」（radical left in social work），《今日社會工作》（*Social Work Today*）期刊是其發表園地，並匯集人氣。隨著社會安全法案的執行，1942年該期刊停刊，基變社會工作運動的成員流失。1970年代，隨著新右派（the New Right）勢力的擴張，福利國家危機聲浪四起。福利預算緊縮，社會工作也成為受害者，基變社會工作再度崛起。較出名的著作如白里與布列克（Bailay & Brake, 1975）、柯瑞根與雷納德（Corrigan & Leonard, 1978）的書都在此時問世。而《個案騙子》（*Case Con*）期刊更在1970年6月創刊於英國，成為繼1930年代美國《今日社會工作》之後，另一本基變社會工作文章的大本營，被稱為「社會工作者的革命雜誌」。如歷史的經驗複製，《個案騙子》期刊於1978年宣告停刊，因為《婦女議題》（*Women's Is-*

sue）另起爐灶，「地方政府的公務人員行動團」也成立，使《個案騙子》的讀者散失。

基變社會工作立基於馬克斯主義的觀點認為：

1. 個人問題應被界定為社會與結構的，而較不是個人的。意即，個人關係應是資本主義社會下的社會關係的產物。這裡所說的結構觀點是指像姆拉理（Mullaly, 1993）的「結構社會工作」（structural social work）的進步觀點中的資本主義政經結構，而非勾德伯格與米德門（Goldberg & Middleman, 1989）所發展出的「結構途徑」（structural approach）所強調的系統結構。

2. 不均與不義起因於工人階級位置在社會中的特殊團體屬性。不均與不義的消除是社會行動的動能。當代女性主義思想與反歧視思想的社會工作則將之擴大到看出壓迫（oppression）的重要性。

3. 公平的結構更能促成社會組織的合作與分享。

4. 政治行動與社會變遷才能促成結構改變。

5. 實踐是將理論付諸實行，實務是理論的反省與改造，理論必須部分來自外界日常生活的實踐，透過行動來發現意義，改變觀念。

羅傑克等人（Rojek, Peacock, & Collins, 1988）將馬克斯主義觀點的社會工作細分為三組：

1. **進步的立場**（progressive position）：社會工作是一種積極的變遷媒介，代表工人階級的立場，採取集體行動、意識覺醒來達成社會變遷。基變社會工作屬於這一類。

2. **再生產的立場**（reproductive position）：認為社會工作是階級控制的媒介，強化資本主義社會對工人階級的控制。這個觀點目前並沒有繼續發展。

3. **矛盾的立場**（contradictory position）：社會工作既是資本主義社會控制的媒介，也是摧毀階級社會的媒介。雖然扮演社會控制的角色，但是同時也在增強工人階級的能量，提供知識與力量給工人階級的案主。最近傳統基變主義有從進步觀點修正到矛盾觀點的趨勢，特別是

女性主義與反歧視主義。

基變社會工作對傳統社會工作提出以下三點批判：

1. 傳統社會工作將複雜的社會問題化約爲個人心理的解釋，因而常出現「責難受害者」（blame the victim），將社會引發的問題歸咎到個人身上。

2. 將社會問題私有化，將有相同經驗與合力解決問題的可能性切斷。

3. 強化與遵循具壓迫本質的資本主義社會秩序。

但是，這不表示基變社會工作與傳統社會工作毫無交集：

1. 兩者都接受社會可能製造個人的問題。

2. 兩者都相信人與社會是交流的、反射的或互動的，社會環境會影響人，反之亦然。

3. 均追求案主自主，只是說法不同，傳統社會工作批判基變社會工作所追求的社會目標會與個人的需求和自主衝突；而基變社會工作則批判傳統社會工作忽略社會對個人順服的限制。

4. 均認爲案主能了解其環境才能採取行動以改變之，因此，頓悟很有價值。

基變社會工作有別於傳統社會工作的是關切下列議題：

1. 社會控制。社會工作有可能藉由國家機器代表統治階級來控制被統治者，因此，基變社會工作會很小心其可能的社會控制活動。

2. 專業化。社會工作教育有可能不利於被壓迫社區與個人的利益。基變社會工作者認爲與其依賴專業團體，不如靠與工人階級和社會組織的結盟，也就是社會工作工會化。

3. 社會與機構可能限制基變社會工作者與個人的實務操作，因此，走向集體與政治工作才有可爲。機構往往代表統治菁英來進行政治與社會控制。

據此，基變社會工作的作法如下（Fook, 1993）：

1. 針對個人問題進行結構分析，追溯到社會與經濟結構。

2. 反省每天都不斷地被認同與表達的社會工作和福利服務的社會控制

功能。

3.批判社會經濟與政治安排的現狀。

4.保護個人對抗壓迫。

5.個人解放與社會變遷是重要的目標。

基變社會工作技術常用的有以下幾種：

1.**意識覺醒**（consciousness raising/conscientisation）：反思壓迫的社會結構，嘗試去了解它的過程，接著去探索行動的方式。

2.**常態化**（normalisation）：協助案主了解他們的情境並非特有的，而是有他人可以分享經驗。

3.**集體化**（collectivisation）：連結案主到既有的團體中，讓他們共享相同問題的經驗，並尋求集體力量來解決問題。

4.**重新定義**（redefining）：讓案主了解個人的問題背後潛藏著社會壓迫的結構。

5.**確證**（validating）：用不同的角度來面對壓迫，增加案主的力量以新的方式看待情境，其技巧包括：批判地質疑、幽默、暗喻、說故事或認知差異等。

6.**對話關係**（dialogical relationship）：站在平等位置上與案主不斷地對話，促成相互信賴，其技巧有分享個案紀錄、自我揭露、提供資訊、相互探索議題等。

7.**充權**（empowering）：幫助案主獲得權力以掌控自己的生活。

1990年代前後，基變社會工作仍然受到關注，例如：喬依絲、柯瑞根與黑依斯（Joyce, Corrigan, & Hayes, 1988）、蘭根與李（Langan & Lee, 1989）、姆拉理（Mullaly, 1993）、傅克（Fook, 1993）等，都有重要著作問世，臺灣的《基變社會工作》也於此時出版（林萬億、古允文譯著，1992）。晚近，拉法雷特（Lavalette, 2011）試圖盤整基變社會工作的走向。

二、結構的社會工作（Structural Social Work）

結構社會工作試圖橋接個人與社會、個體與社區，提供社會工作者理解不同的人群生活在社會結構的脈絡與社會過程下，得到支持，卻也出現社會問題。勾德伯格（Goldberg, 1974）首先提出結構途徑（structural approach）的社會工作，他認為「社會工作的目的是透過改變限制人類功能發揮與擴大人類痛苦的社會環境，以增進人與其社會環境關係的品質。」他提出兩個中心假設：一是個人的問題不是病理，而是不適當的社會安排的顯現；二是社會工作者回應社會變遷的需求是所有社會工作者的責任，不論他們是否任職於科層體系。進一步，勾德伯格與米德門（Goldberg & Middleman, 1989）將之運用到直接實施的社會工作上。此後，勾德伯格與米德門（Goldberg & Middleman, 1993）又將立基於後現代主義哲學的社會建構主義（social constructionism）納入討論，其所謂的結構是指社會結構，包括：學校、福利單位、公共運輸系統等。

加拿大卡爾頓大學（Carlton University）社會工作學院的牟磊（Moreau, 1979）也發展另一種立基於馬克斯主義與女性主義的結構途徑，依此理解社會中的社會問題與社會關係，以及社會工作者要如何回應之。這種強調倡導與社會變遷的主張既符合社會工作倫理，也著重結構問題。牟磊界定兩種社會工作的角色：一是探討個人困難的社會經濟與經濟脈絡，以及幫助集體化個人問題；二是以催化批判思考、意識覺醒和充權進入助人的過程。牟磊的同事雷孔德（Lecomte, 1990）積極整合結構學派進入所有課程中，進而擴散到其他加拿大的社會工作學院。

姆拉理（Mullaly, 1997）在其《結構社會工作：意識形態、理論與實務》（*Structural Social Work: ideology, theory and practice*）一書中，將社會主義意識形態、批判理論，以及衝突觀點結合成結構社會工作。姆拉理認為不均（inequality）的本質是：(1)資本主義本然的一部分；(2)階級、性別、種族、性傾向、能力與地理區域均逃不過；(3)將這些群體排除於機會、有意義的社會參與及滿足的生活品質之外；且(4)自我持續不斷。

結構社會工作以理解社會脈絡爲中心。但是，並不排除個人因素。澳洲社會工作學者傅克（Fook, 1993）認爲：「不是所有問題都是結構所引起的。但是，總是有結構因素引發問題。」結構因素總是與個人因素，例如：生平、當前生活事件、情緒、心理特徵、基因遺傳、生理健康等等，創造出個人獨特的情境。亦即，即使聚焦在社會與經濟脈絡，仍不宜將個人改變的工作忽略或擺一邊，這代表個人不必爲其行動負責。結構社會工作承認個人的生活條件及困難與其經濟和社會位置有關，因此，社會工作必須介入個人與社會結構的雙重層次。本質上，無力感與不均是社會結構造成的，必須結構解決。但是，不是要所有社會工作者都以結構轉型作爲工作目標。所以，結構社會工作還是可以和優勢觀點、充權觀點、反歧視實務共享相似性。只是，結構社會工作對社會結構更具有批判性分析，且更關注正義與人權（Lundy, 2011: 88-90）。

結構社會工作的操作化實施原則如下（Hick & Murray, 2009）：

1. **保衛案主**：協助案主保衛其案主資格賦予和權利，並鼓勵案主對抗爲難他們與不友善的系統，俾利保護自己。社會工作藉由提供有關權利、資格賦予、機構資源與結構資訊，以及申訴、寫信、陪同案主、挑戰壓迫的機構政策與程序，來協助案主。

2. **集體化**（collectivization）：幫助案主將其個人困難與有相同處境的他人共享，以減低疏離與孤立。其作法是藉著連結支持網絡以正常化問題，以免被疏離。社會工作者相信個人解決有其限制，必須透過集體行動才能達到社會變遷。

3. **物質化**（materialization）：結構社會工作的物質化分析是了解案主的生活物質條件，以及其對自身問題與經驗的理解。對於大多數社會工作的案主來說，主要的問題之一就是缺乏金錢與物質資源。尋求資源，不論是硬體的住處、金錢、食物、衣著與社會服務，或是軟體的尊重、照顧與社會認可，都是可以改變案主對當前處境的理解。例如：不敢離開施暴者的家暴倖存者、受壓迫的性侵害受害者等。

4. **在工作者與案主關係中增進案主權力**：減低工作者與案主權力的差

別，有助於提升案主的自尊、自信與自主；同時，拉近雙方的距離、分享介入背後的道理、鼓勵案主自助、運用團體力量，以及自我揭露。

5. **經由個人改變來增強案主權力**：透過改變思考、感覺與行為，俾利自我解構與解構他人，藉此承認社會脈絡的影響力，始能極大化案主的潛力。其目的是藉此界定與溝通優勢，支持案主獲致批判地了解其個人問題與社會脈絡的關聯，並支持案主達成個人目的。

三、女性主義社會工作（Feminist Social Work）

社會工作現實上是一種女性化的專業，大多數的社會工作者是女性，照理說，不走女性主義觀點，至少也應該是女性中心（women-centered）才對；事實不然，1970年代以前，社會工作仍然是男性為中心的思考。隨著基變批判思潮的再興，女性主義的分析也進入社會工作領域。基本上，女性主義社會工作是屬於反歧視（Anti-discriminatory）的一環，是反性歧視主義（Anti-sexist）的實務。反歧視實務還包括關心同性戀、身心障礙者、精神病人、老人、愛滋病患、種族等對象。

社會工作引進女性主義有以下五種觀點（Rojek, Peacock, & Collins, 1988; Thompson, 2001; Dominelli, 2002; Orme, 2009）：

（一）自由女性主義（liberal feminism）或漸進主義（gradualism）

認為男女性差異被文化假設譯成性別差異（gender difference），而影響到兩性社會關係。因此，要減低兩性不公平的辦法就是透過立法、社會習俗改變，以及改變社會化過程來促進兩性平等機會，故稱自由的漸進主義。

（二）基變女性主義（radical feminism）或分離主義（separatism）

焦點放在男性權力與特權所形構的父權社會體系、父權（patriarchy）歌頌與強調男女差別。女性要有地位就應從既有的組織中分離出女性結構，也就是說女性應有自己的社會結構，這是一種基變的分離主義。

（三）社會主義女性主義（socialist feminism）或行動主義（activism）

立基於馬克斯主義（Marxism）或社會主義，假設父權強化資本主義，家庭是社會的縮影，女人是普羅大眾（proletariat）、被壓迫者、私部門活動者、再生產者、生產預備隊；男人是資產階級（bourgeoisie）、剝削者、公部門活動者、主要生產力。女性是資本主義結合父權的雙重壓迫受害者。性別議題是階級基礎的社會體系所產生的結構不公的一環。女性被壓迫與種族、殘障壓迫，並無差別。這種壓迫的社會關係應被分析與了解，才可能促成性別公平。

（四）黑人女性主義（Black Feminism）或女人主義（Womanism）

黑人女性主義試圖擺脫以白人女性為主的女性主義論述。她們發展出女人主義的論述，主張女人要疼惜女人，不論是異性戀或同性戀。其立論根據是族群與種族主義。假設白人女性主義是優越的、貶抑或排除黑人女性的，黑人女性的貢獻被低估，黑人女性的家庭經驗被曲解。因此，主張黑人女性發聲，強調族群才是核心議題。此觀點有逐漸發展成全球女性主義的趨勢。

（五）後現代女性主義（postmodernist feminism）

根源於後現代主義，假設語言產生權力，論述產生知識，差異是被協商出來的，解構是透過文化而非自然的過程，經定位（positionality）而占有環境中的位置。因此，主張女人是異質的（反對姊姊妹妹一起來）、女人個人的能力發展、女人決定自己的命運，反對女人壓迫女人。

不管哪一支女性主義都共享一些特性（Dominelli, 1997, 2002）：

1. 擁護女性從壓迫中獲得自由的權利。
2. 讓女性為自己發聲。
3. 傾聽女性訴說。
4. 創造此時此地不同的生活方式。
5. 整合理論到實踐面。

6.尋找目標與手段間的相容性。

7.在尊重個體與女性的獨特性之下尋求集體的解決方式。

8.避免弱化女人，使女人成為無助的依賴者。

9.女性的貢獻應給予價值肯定。

10.用女性個別經驗來理解我們的社會現實。

基於此，女性主義的社會工作是一種社會工作實施的形式，藉由與女性一起工作，來消除性別不公，進而追求女性為其自己所界定的女人的福祉。女性主義社會工作實施明顯有別於非女性主義觀點的社會工作實施，差別如下：

1.改變傳統社會工作的工作者與「案主」的關係，成為一種社會工作者與「服務使用者」的關係

女人作為「案主」太沉重，使女人一再被貶抑或道德譴責，淪落成為依賴者、疏離者。社會工作者透過鼓勵女人評估自己的情境、形成計畫、探求備選方案、參與決策、採取行動，來提高自尊。

2.再界定問題

從女性主義的角度來看待當前的問題，使女人不再單獨承擔社會問題個人化的後果。

3.充權（empowerment），使女性不再無助、無力

從「學來的無助理論」（learned helplessness theory）的角度來看，女性曾經歷過徒勞無功的爭取權力的經驗，她們便預期其行動不會再產生任何有用的結果，進而在其他的情境下學習有用的行為的能力將因此而受損，女人們就由喪失動機，產生焦慮、壓抑，以及拙於思考與學習，而被說成是笨女人。事實上，是因為從生活經驗中學到了無助與無力感。

女性主義社會工作充權的作法有三：

(1)脈絡化（contextualisation）。讓女性以自己的觀點來理解自己的社會存在（social being），而不是依社會工作者的假設或政策的界定。因此，與女性對話是必要的。

(2)協助案主做決定。支持女性確認其有責任來滿足自身需求，裝備資源，例如：知識、技巧、自尊、自信等，使女人更有力。

(3)集體性（collectivity）。降低女性疏離感的方法之一就是將相同經驗的女性關係連結起來，產生強有力的自我珍惜的感受。

4.社會工作者的自我消權（disempowerment）

傳統社會工作專業的典範是社會工作者自認為專家，告訴或指導案主應如何如何，因此，很容易將專業的觀點加諸在案主身上，而無法真正理解案主被壓迫的經驗。所以透過對自身知識與經驗的消權，有助於拉近與案主的距離，也就是卸下專業的外衣，退去知識的優勢，與案主站在一起，思考其情境，探索其問題。

5.轉變社會關係

長期來說，女性主義社會工作應採取政治行動，例如：遊說、辯護、運動等方式來解構不利於女性的社會關係結構，例如：男主外、女主內，打是情、罵是愛，床頭打、床尾和，嫁雞隨雞、嫁狗隨狗等。

漢莫與史鐵珊（Hanmer & Statham, 1988）採取「女性中心的社會工作」（women-centered social work）來表達一種非性別主義（non-sexist）的社會工作。事實上，這種途徑雖非解放的，但也是性別特定的途徑，目的還是在支持與發展女性本質，與女性主義社會工作有相同的基架。

四、充權觀點的社會工作（Empowerment in Social Work）

充權在臺灣被譯成培力、賦權、賦能、增強權能等，都沒有本書用的充權來得傳神。充權最早被索羅門（Solomon, 1976）用來對抗黑人社區因為負向評價（negative valuation），形成壓迫的內化（oppressive internalized），而產生無力感（powerless），其過程如下：(1)因被負評、壓迫，自我覺察或他人判定屬健康不佳、住宅不良、消費不經濟、易受害、有犯罪傾向的一群人→(2)因此產生自我懷疑、自我怨懟感→(3)漸次形成文化低劣形象→(4)支配團體藉此理由不投資在少數族群身上→(5)少數族群集中的

學校品質差→(6)中輟、低學業成就、低教育水平→(7)就業機會少→(8)職種差、職位低→(9)所得偏低→(10)積累自我覺察或他人判定屬健康不佳、住宅不良、消費不經濟、易受害、有犯罪傾向的人群的印象（Schaefer, 1989）。顯示，充權無關「能力」有無，而是「權力」被壓迫而喪失或減損導致的後果；助人者也無權賦予他人權力或能力，權力本來就屬於每一個人民。

充權的反義是消權。當個人、群體被強有力（powerful）的支配者歧視、壓迫，就會出現被消權的（disempowered）感覺。此時，有些被支配者會起而反抗。但是，在既有社會文化、政治、經濟、社會結構不利條件下，大多數反抗無效，或不敢反抗，終至淪為被壓迫者、被貶抑者、被消權者。進而出現健康不佳、低抱負、自我貶抑、自我懷疑、低自尊、低自信、消極、脆弱等現象。社會工作者或其他助人專業者也常扮演消權者的共犯角色，藉著專業診斷工具、評估指標、審核機制、決策權等，未經自我反思批判而將服務使用者「案主化」（clientalisation），成為依賴制度、機構、助人專業工作者過活的「老弱婦孺病殘」，而不是獨立的公民身分（Beckett, 2006）。進步的社會工作者會提醒自我消權，避免消權服務使用者。

「案主化」通常透過以下過程完成：(1)病理化：利用診斷工具將某些人診斷為病人，而將其納入治療體系。例如：精神病人、身心障礙者等；(2)變態化／偏差化：利用診斷工具或評估指標與道德訓誡，將某些人歸類為偏差行為，使之接受強制矯正。例如：少年犯罪；(3)問題化：利用主流社會的論述、不滿、焦慮等，將某些人歸因為問題製造者、亂源、缺損，而必須由專家解決其問題。例如：單親家庭、未婚懷孕、性工作、同性戀、新移民、失業工人、中輟生、低學業成就學生等；(4)庇護化：利用科層服務與專業服務，提供微薄的現金給付、實物提供與照顧服務，餵養被篩選的社會弱勢者，滿足其需求，維持其生計，並使之納入社會秩序的常態軌道，進而支持既有的政治、社會與經濟體制，成為體制的侍從者。例如：獨居老人、失依兒童、受暴婦女、受虐兒童、低收入戶、老榮民、失能者、遊民、原住民等。在這其中，共同的關卡是「成案」與否。其決定在社會工作者／

社會行政人員的裁量權、機構資源、政治偏好、媒體壓力等。

1980年代以來充權被大量使用在社會工作、社會學、政治學、心理學、健康照護、精神醫學、公共行政、社區營造等，用來協助貧窮、少數族群、女性等弱勢人口，提振其權力。充權的目的是讓個人、群體、社區、部落變得有能力掌控自己的環境，達成自己的目標，進而，能產生自助助人，而提升其生活品質（Adams, 2003）。這是一系列的過程、行動，目的在於促進社會正義及個人、團體、社區的福祉。把力量灌注入無力感的人群身上，如同將空氣灌入充填玩具內，使消瘦的容器因氫氣或氦氣的注入而逐漸膨脹伸展、回彈有力。充權假設人們有能量去促進其生活品質，掌控其環境，即是一種有力感。因此，充權又被稱為權力敏感的實務（Power-sensitive Practice）（Beckett, 2006）。充權的社會工作實施原則如下（Guadalupe, 2003）：

1. 促進理想的健康與福祉。
2. 從多面向思考問題。
3. 促成意識的覺醒。
4. 承認多種方式的探知過程。
5. 相信人類的精神，
6. 充權多樣的能力。

充權所要灌入的權力（power）包括：個人、人際、政治的力量；所要灌入權力的單位包括：個人、家庭、團體、社區、族群等；其過程是發展集體意識，減低自我罪責感，增強個人改變的責任，以及自我效能的提升（Friedmann, 1992）。也就是說，當他人充氣時，接收者如果無法吸氣迎納，真氣還是進不了體內。因此，個人的改變意願與權力感培養是必要的。也就是說自覺（self-awareness）雖不能保證變遷，但卻是意識覺醒的重要內涵。

充權的社會工作介入技巧包括：

1. 培養工作者與案主的合力關係。
2. 建立信賴關係。

3. 與案主分享權力。

4. 接納案主自己的問題界定。

5. 認定與建立案主的優勢力量。

6. 激發案主的階級與權力意識。

7. 將案主及其團體納入變遷的過程。

8. 教導案主適合其特性的特殊能力與技巧。

9. 促成案主群體的互助與自助力量。

10. 善用團體支持個人與家庭。

11. 示範個人的權力關係與經驗。

12. 動員社會資源的支持力量。

在充權的過程中，社會工作者不斷地使用足以凸顯個人、家庭、團體、社區與社會光明面（lights）的用語，例如：摘下面具、鼓勵、反省、力量、承諾、資源、支持系統、意識覺醒等。反之，儘量減少使用會產生陰影（shadow）的概念，例如：潛意識、控制、地位、無權、恐懼、羞恥、沉溺、依賴、困難等。

充權經常與前述的優勢觀點結合，使用生態系統的概念來發展資源；採取綜融的方法來滿足案主的需求；採借優勢觀點來發現解決個人、人際、社會政治等面向的生活問題的方法。據此，充權與優勢觀點的結合，產生以下優點（Anderson, 2003）：

1. 正向理解自我價值、效能、自主，使用個人資源與技巧，以達成案主自決。

2. 個人被自己與他人承認，使行為產生效能與合法性地發聲。

3. 連結自主與獨立的個體，共享知識與照顧，以實現團體目標的行動。

4. 批判地分析社會、政治與經濟體系，產生自我尊嚴與價值感，從而帶來社區發展的機會。

5. 運用社會行動策略、知識與技巧，實現自我需求、目標，以及所關切事務的達成。

6. 藉由有回應、有效能的合力朝向定義與獲致集體目標的共識，以達成

較佳的權力關係平衡。

充權觀點不只常與優勢觀點結合運用，也大量被使用於基變、女性主義、反壓迫、反歧視、多元文化等社會工作的實施上。可見，充權已成為社會工作者的基調。

五、反壓迫的社會工作（Anti-oppressive Social Work）

反壓迫實務始於1960年代末，批判以個案工作為主的社會工作實務。接著，1970年代初的「個案騙子」（Case Con）運動與社區工作者挑戰社會工作者的階級尊貴。該批判延燒到婦女與黑人議題上（Dominelli, 2009）。反壓迫實務與反歧視實務（anti-discriminatory practice）（Thompson, 2006）、反種族主義實務（anti-racist practice）（Bhatti-Sinclair, 2011）相近。反壓迫可包含後兩者。只是，反歧視受到女性主義的影響較深；反壓迫則受到馬克斯主義與反種族主義的思想啟發。

種族主義（racism）是指一種社會過程與意識形態，假定種族團體的成員有正當性去歧視其他團體。這樣的假設立基於接受某種族有優越性（生理上），而應獲得較他種族為多的物質、經濟資源，以及文化價值的正當性。這是一個貫穿歷史的普遍現象，在不同社會以不同形式進行著（Payne, 1997）。

反歧視實務發展於1980年代，所關切的社會分工與結構，包括：階級、性別、種族、身心障礙。其分析角度有所謂PCS，包括：個人（personal/psychological）、文化（culture）、結構（structure）（Thompson, 2011）。個人的歧視是指個人的心理形成一種對他人的偏見態度，亦即，種族主義或沙文主義（chauvinist）。文化的歧視是指一群人共享的意義，透過語言與印象，所產生的一種論述的方式，對他人、他團體、他社區、他族群的偏見，而這些已鑲嵌在該社會裡，成為其成員所期待的行為。最常見的是刻板印象（stereotypes）、歧視的語言。結構的歧視是指制度化的權力安排對他群、他族、他性別的權利、地位、機會的剝奪，例如：就業歧視、貧

窮女性化（feminisation of poverty）、社區隔離等。

　　反種族主義的社會工作也發展於1980-1990年代間。主要受到黑人觀點的影響。黑人觀點的關鍵內涵是認識差異文化與歷史、差異等價、促進正向看待黑人。因此，反種族主義的社會工作也針對個人、文化與結構層次的種族歧視（Lister, 2012）。

　　反種族主義也有不同的觀點：

（一）同化（assimilation）

　　這個觀點假定移民到一個新的國家，將在文化上與生活方式上同化於該國。但是同化過程上並非取決於先來後到，而是誰是主導文化，其過程爲後來者先是認同原住民的文化與生活方式，接著取而代之，形成新的文化與生活方式。這種取代（substitute）文化的過程稱爲涵化（acculturation）。如果原住民文化沒有繼續發展，且缺乏抗衡新環境的條件，就成爲文化赤字（缺損）（cultural deficit），例如：印地安人之於美國拓荒者，回教家庭之於西方社會，黑人之於白人，於是就出現病理化（pathologising）解釋黑人、印地安人、原住民、回教徒等，而產生「責難受害者」的觀點。

　　此時，權力是一個很重要的移開壓迫的媒介。社會工作者應清楚地了解文化問題的根源，尋求改變與發展管理新社會的能力，以及提供訓練與社會控制機制以支持涵化。

（二）自由多元主義（liberal pluralism）

　　像自由女性主義般，主張公平機會。假設黑人、印地安人、各國原住民之所以居於弱勢，是因爲在勞動市場上就業能力不足所致，因此，要給他們均等機會才能解決問題。就社會工作而言，制定均等機會相關立法、提供均等服務機會，以及補償因多種剝奪導致的不利條件，就成爲改善被壓迫的利器。這種觀點被批評爲「膚色盲」（colour-blind）或差異盲（differences blindness）（Sundar, 2009），亦即只注意到確保弱勢族群是否受到與其他團體一樣的待遇，而不去碰觸優勢族群壓迫的本質。

（三）文化多元主義（cultural pluralism）

接受每個社會都有不同的族群團體存在，每個團體都有不同的文化模式，這是應該被鼓勵且給予同等價值的。據此，政策上主張多元文化主義（multiculturalism），容許每一個文化有差異，且得到保護，反對單一、主導的文化。亦即，承認文化有差異。自由多元主義與文化多元主義某種程度是相似的（詳見以下多元文化的社會工作）。

（四）結構主義（structuralism）

源於對資本主義社會創造階級、性別不均的本質的了解，認為經濟、社會的優勢團體會藉由其社經優勢以壓迫弱勢團體；而權力掌握在優勢菁英手上，因此，社會不會承認對少數族群壓迫的事實。社經優勢族群在不同社會有不同樣態，例如：美國的白人、紐西蘭與澳洲的英國移民、中國的漢人等。因此，要採取批判的多元文化主義（critical multiculturalism），強調必須認識種族、階級、性別、國籍及性取向已經被特定的社會歷史與資本主義脈絡所建構，而建構者即是白人、中產階級、男性、西方人、異性戀者（Sundar, 2009）。

反種族主義的社會工作主要基於這種觀點，認為社會工作界普遍存在種族主義的意識形態、訓練與實務，而忽視結構對少數族群的壓迫。因此，社會工作者應首先揭發這種種族主義，進而小心謹慎地對待少數民族案主及其家庭，接受其自有的社會價值與家庭行為。焦點在改變機構的種族偏見，以及讓社會工作避免成為控制少數族群的共犯機制。在工作方法上，與少數族群團體結盟是必要的。

（五）黑人觀點（black perspectives）

強調黑人社區應發展自己的服務與實施，進而建構以黑人觀點為主的政策、決策，以及實踐。黑人對社會工作歷史的貢獻應被重新認定，也就是黑人的語言、經驗、書寫應被探索，才能澄清黑人在歷史上臣服於白人的無力感、族群不均，以及不正義的經驗。

社會工作實務應首先接受黑人自己的經驗理解，實務的過程應強調充權黑人，而由黑人社會工作者、黑人社區、黑人組織來提供資源，以改變黑人是案主的主張。社會工作者藉由立法與政策發展來改變黑人的不利處境也是必要的。

上述不同的觀點發展出不同的反壓迫策略，常態化（normalisation）是同化觀點的產物，讓被壓迫者（例如：黑人、身心障礙者、女性、原住民）學習平常生活（ordinary life）。社會模式（social model）取代醫療模式來看待身心障礙者或精神病人，則是多元主義的產物，認為身心障礙者是因社會定義的常態創造出所謂的殘障，而不是身心障礙者本身生理上的失能或殘缺。具體地說，建築與交通如果無障礙，就沒有人因此而是身心障礙。從政治經濟觀點來看待老人、身心障礙者、原住民、女性，則是依循結構主義的理論，認為這些人是被社會排除（social exclusion）於勞動市場之外，使他們陷入經濟與社會的依賴，而不是這些人天生想要當依賴者。黑人觀點產生反壓迫黑人、反種族歧視的社會工作。

反壓迫如上述是以反種族歧視為主，但也包括反階級、性別、身心障礙、性認同、年齡的歧視。而反抗的層次從個人的感受、心理、生理，到文化層次的意識、價值、社會化，再到社會結構層次的政治行動與維持體系均包含在內（Thompson, 2006）。

從社會工作角度來看，反壓迫的實務強調（Burke & Harrison, 2000）：

（一）社會差異（**social difference**）

社會差異來自優勢的社會團體與弱勢團體間的權力差異，因此了解與經驗被壓迫者的情境是複雜的事情，不是單純的生理、性、年齡或職業、宗教差別。

（二）個人與政治的連結

個人的生命史應被鑲嵌在更寬廣的社會脈絡下來理解，個人的生活情境應被視為社會系統（例如：家庭、同儕團體、組織與社區）的一部分。例

如：同性戀的議題不應只看到個別性取向的差異，而應從性偏見的意識形態政策與實務中去理解。

（三）權力

權力是一種探索私人與公共領域的社會概念，權力被社會、文化、經濟、心理等因素所左右，探討權力的有無應從為何不同的人或團體接近權力或資源的管道不同。充權是不二法門。

（四）歷史或地理位置

個人生活經驗與事件發生在特定的時空因素裡，所以，普見的社會事實與文化差異的理念脈絡，賦予這些經驗有意義。也就是說，要從社會與文化的縱深和廣度中去理解個人或團體的生活經驗。

（五）反省（reflexivity）或互相涉入（mutual involvement）。

是持續地思索為何價值、社會差異與權力在個人間互動，這種互動應從心理、社會、歷史、種族與政治的多種角度來理解。

意識形態的多元文化主義已經滲透到官方政策，成為官方多元文化主義（official approach to multiculturalism）。例如：1971年加拿大的多元文化政策（Canadian Multicultural Policy）、1996年澳洲邁向新世紀的多元文化主義等，都反映對過去種族純化（隔離）、同化（涵化）、差異盲，再到承認差異的進化過程的修正（Sundar, 2009）。

六、多元文化的社會工作（Multicultural Practice in Social Work）

多元文化主義指不同的種族、族群保持其獨特文化，而在相互和諧、容忍，以及尊重下生活在一起。多元文化的社會工作實施的發展是因應「膚色社區」的衝突與挑戰（Gutierrez, 2001）。在全球人口遷徙頻繁的時代，跨國婚姻、移民勞工人數增加，文化的多樣性已超出傳統黑白種族問題，例

如：臺灣的外籍配偶來自包括中國、東南亞諸國，多元文化的社會工作更有
其必要性。依著前述的反種族主義的發展，族群文化與社會工作間的關係發
展經歷了三個階段（Devore, 2001）。

（一）種族中心的（ethno-centric）觀點

這種社會工作觀點有以下幾個特色（Gutierrez, 2001）：

1. 種族中心主義（ethnocentrism）：反映在市場經濟中社會工作與社會
   福利的社會控制功能。社會工作被上層階級所掌控，充滿階級主義
   （classist）、種族主義（racist）、本地風土民情（nativist social mo-
   res）的狹隘主張。
2. 社會同質性（social homogeneity）：認為社會歧異越小越好，反對多
   元差異。
3. 明顯強調歐洲裔美國人的規範、價值、需求。
4. 採隔離服務（segregated services）：對合法進入美國的外國人採服務
   的美國化（Americanization），使外人喪失文化與社區的主體性；對
   非法進入美國的外國人以遣送回國作為手段；對非美國主流社會的服
   務需求採自我照顧政策。
5. 問題化：將少數族裔的事務問題化，例如：加諸印地安人與黑人懶
   惰、過早發生性關係、吸毒、家庭破碎、依賴等負面評價。

簡言之，種族中心觀的社會工作對「他種族」的文化是憎恨的，對
「他種族」的弱勢是憐憫的，以優越的價值、信仰、行為來對待「他文
化」；且拒絕他們的獨立身分，而是採改變個人、家庭、團體以適應主流文
化、整合入主流文化為主，也就是將差異文化丟入大熔爐（melting pot）中
被溶解掉。

（二）族群敏感的（ethnic-sensitive）觀點

1980年代開始出現族群敏感的社會工作的聲浪。第一本族群敏感的社
會工作實施的書是由狄沃與薛勒辛格（Devore & Schlesinger, 1987）所著。

族群敏感的社會工作基於以下五個假設（Anderson, 2003）：

　　1. 個人與集體的歷史將會成為代代相傳的問題與解決。

　　2. 現在比過去更重要。

　　3. 族群是一種凝聚、身分、優勢、壓力、不一致與爭鬥的源頭。

　　4. 社會脈絡與資源被強調以強化生活品質。

　　5. 非意識的現象影響個人社會功能。

　　族群敏感的社會工作是立基於多元文化社會的需要，更負責地與有回應地反映少數族群的文化。不同文化間應相互學習，將文化納入社會福利機構的程序、結構與服務中。社會福利機構應對少數族群提供分離的服務、特殊化的服務，以及吻合族群文化的社會工作方法（Gutierrez, 2001）。族群敏感的社會工作者應以下列方式充實文化能量（cultural capacity）：

　　1. 了解文化在社會工作與方案參與者日常生活中的重要性。

　　2. 了解自我價值與社會位置。

　　3. 加強跨文化溝通與非判斷地聆聽的技巧。

　　4. 有能力開放與從他人身上學習，不論學習對象是令人舒服、不舒服，
　　　　或外人，或是使用不同語言的人，甚至面對偏差的人。

　　5. 在背後支持或是催化，而非直接組成或催化團體過程。

　　6. 在整個社會工作專業生涯中持續地發展。

　　簡言之，族群敏感的社會工作是對「他文化」的容忍、接納、支持，社會工作實務的目標是讓個人、家庭、團體經驗其自身身分的驕傲感，將族群獨特的需求、價值、多樣團體的選擇納入發展社會工作實施中。

（三）族群覺醒（ethno-conscious）的觀點

　　族群敏感的社會工作被批評忽略有色人種社區的低地位與低權力；忽略權力在社會工作實務與社會秩序的重要性；重視個人變遷以維護制度現況；將族群等同於文化的危險性，容易將案主刻板化與類型化；較適合難民而非少數族群；缺乏社會發展的議程（Gutierrez, 2001）。

　　據此，族群覺醒的社會工作取而代之，以社會正義作為基礎，重視資源

的重分配，從中觀的角度出發，達到宏觀的改革，採取以下策略：

1. 協助個人與家庭，同時影響社會條件，改善引發問題的部分。
2. 發展個人控制感，同時有能力影響他人行為。
3. 公平分配社會資源。

族群覺醒的社會工作是結合了族群敏感的社會工作與充權觀點，強調充權多於治療與適應，社會福利組織應納入充權為基礎的觀點，鼓勵少數族群在族群社區組成另類族群機構，以滿足少數族群的需求。

簡言之，族群覺醒的社會工作站在讚美、欣賞、培育、倡導少數族群文化的角度，創造一個肯定眾人的社會結構，社會工作實施在於排除所有阻礙個人、家庭、團體發展的社會障礙。

七、後現代主義（Postmodernist）觀點的社會工作

20世紀末的最後10餘年裡，社會工作如同其他人文與社會科學的研究領域一般受到後現代主義的影響，主因於社會變遷速度的快速、新的複雜與分裂形成、差異的顯著出現、多元與各種政治運動和策略的使用、相對性被普遍地覺察到、個人選擇與自由的開放機會，以及存在本質的社會建構等現象。這些社會史的辯證深深扣住社會工作者的內心，於是社會工作者跟著問人類將會變成怎樣？

現代主義（modernism）起於19世紀末的歐洲藝術、文學、音樂與美學，豐富於一次大戰後，而在二次大戰後，幾乎成為歐美學術與藝術的制度化觀點。而所謂現代性（modernity）即是指出現於後啟蒙時期，結合科學與現代社會的形式與本質，是一種循序漸進地發展的理性思維。現代性的兩個關鍵要素是科學的客觀性與政治經濟的理性。

後現代主義首見於1930年代，真正受到重視是1960年代以來的建築、文學、美學、哲學和藝術。後現代觀點指涉自我聲稱的異質性、分裂、差異，以及對現代主義觀點的反彈。

後現代主義進入社會工作的思維，核心的論辯是社會工作作為現代性

的兒子「出生於19世紀末的現代化時期」，但卻面對20世紀末的不確定，是否有必要重新界定自己的發展。社會工作者所慣稱的三個傳統基石：照顧（care）、控制（control）（或保護）、治療（cure）（或處置），即所謂3C's，其實就是現代性的三個偉大方案的顯形。社會工作者以社會科學的洞見為依據，以真善美的方式來追求快樂的生活與正義的社會，尤其是1970年代以來，理性化與社會工作實施技巧、途徑的重組，創造出統一的社會工作部門與模式，追求社會工作的共同基礎（Bartlett, 1970），藉由系統途徑的發展，企圖整合社會工作（Pincus & Minahan, 1973; Specht & Vickery, 1977）。

後現代的社會工作不認為秩序、確定、安全是可實現的，先驗的普世標準的真善美是存在的。理性其實在消失中，共識也在瓦解中。真實不是上帝說的，或是人類理性說的就算，而是依不同時空都有可能出現真實。真實與脈絡和文化特色有關，而不是由某團體壟斷界定的，善與美亦是如此。現代主義的實施途徑由於缺乏對差異的承認，過度信賴完全的信仰體系，例如：父權、資本主義或社會主義，而支持不可改變的剝削與壓迫，應不能稱之為人本的、進步的，以及解放的。後現代的實施途徑才有這種可能性。

後現代的社會工作實施強調論述（discourse）與語言的重要性。所謂論述，依傅柯（Foucault, 1972）的說法是一種知識的結構和切離現實的系統方式，而這些都必須依其特殊的歷史時刻。其具體行動稱為「推論的實踐」（discursive practice），亦即提供人們什麼能被知曉、被說、被想的母數。而語言是形成人類自己、人類思考與人類主體的中心，它中介與組成所有已知的。現實不只是一種貿然而出，而且也是深藏著詮釋與語言遊戲（language games）。因此，真實是語言的產物。人們不可能超越詮釋的影響，而假設事實是單純地等待被發現，真實是被語言所構造與建構的。

相對於現代主義的後現代主義，批判成為其特色，追求最後的勝利。然而，批判容易，它將既有一切摧毀。但是，被批判者似乎仍然故我，因為，批判之後呢？是什麼？把專業社會工作解構之後，取而代之的是什麼？因此，就有批判的後現代主義者（critical postmodernist）的出現。批判的

後現代主義來自後現代女性主義和後現代主義觀點的政策與實務（Fawcett, 2009）的結合，強調批判、質疑、解構、拒絕基本的概念架構，催化對不公平的認定，進而集結在特定脈絡下的有效挑戰。批判的後現代主義不認爲現代與後現代是對立的，而是在兩者之間找到新的分析與形式，以連接彼此、化解緊張。據此，既然後現代主義強調相對主義、多元主義、反基本教義（anti-foundationism），批判的後現代主義就立基於這些基礎，強調批判的分析、協商、包容、差異、非視爲當然、無一體適用等重要概念，發展出後現代主義的社會工作。後現代觀點的社會工作實務有以下幾個特色（Parton, 1994）：

（一）不確定性（uncertainty）

承認不確定性的存在，因此社會工作者必須更努力了解案主的經驗。亦即社會工作者認爲情境是差異的、複雜的、模糊的、不可預先設定的，所以，要從現實如何被建構的互動中才能了解案主。

（二）對話（dialogue）

要了解事實被建構的過程，就得經由與案主的對話、分享了解。在此，語言就成爲構造經驗與自我認同互動的主要媒介。

（三）夥伴（partnership）與參與（participation）

增強案主成爲工作的合夥人。

（四）歷史關聯與脈絡接界（historically contingent and context bound）的詮釋

一反現代主義所採取的理性中心主義（logocentrism）的思維與行動，承認現實與眞實並無單一固定的邏輯秩序，而是流動的、相對的；也反對理性中心主義的二元對立思考，例如：男女、黑白、成人、小孩、眞假，而主張兩者間是互賴的，而非互斥、類屬與層級的。類屬關係常隱含著用語言來

給自己特權，且邊陲化（marginalise）對手。

（五）解構（deconstruction）

現象是不斷地質疑、評價、顛覆與瓦解的。解構是一種分析的文本、語言與敘述，藉此敏感到脈絡的面向與邊陲的聲音。多重的論述（multiple discourses）是有助於解構的。當只有少數聲音被聽到或主導，即代表只有少數人親近權力與知識；解構是不接受既定的建構，而視現象為社會、歷史與政治脈絡的產物。

（六）可能性（possibility）

承認事情是可變的，如此才能動員人民的潛力與能力，充權他們去收回與再界定他們的身分，以及他們想要採取的行動。

（七）主體性（subjectivity）

後現代的觀點認為主體性是不確定的、矛盾的、進行中的，以及不斷地透過論述而再構造。據此，主體是多面向的、用不同聲音表達的，以及依其社會文化、歷史與人際脈絡來呈現的。

（八）過程與創作（process and authorship）

以開放心胸來與人民的故事結緣，盡可能協助他們用有助益的故事，例如：以充權與尊重的方式來了解情境和帶來改變，藉此再創作其生活。

八、批判的社會工作（Critical Social Work）

批判的社會工作有兩層意義，廣義的是指一種本書第二章所提及的批判的反思，其有助於任何社會工作者進行有效的介入。亦即，批判的社會工作是一種對社會工作核心價值的敏感，關切最佳實務（best practice）的發展，以極大化社會工作者與其服務對象的潛力。其使用批判的思考來比較、挑戰、再組既有的實務形式；主張社會工作在處理人的任何層面隨時都需要

被批判與反思，以做到批判的最佳實務（critical best practice, CBP）（Ferguson, 2008）。用佩恩（Payne, 1996）的說法是批判的對比途徑（critical contrastive approach）。簡單地說，是在進行社會工作實務前先進行運用理論的批判性反思。主要強調發現相對的作法、承認案主的優勢與復原力，以及辨識出資源提供的不足。據此，廣義的批判的社會工作認識到既存的社會制度與政策是推出更佳形式的社會服務給案主，和維持普遍的自由民主模式的政治法則的障礙。所以說，其具有自由人道主義的精神。據此，轉型可以在當前事務的狀態下漸進地修正個人、資源與介入，而不需要進行批發式的經濟與政治的改變（Gray & Webb, 2009）。

　　至於，狹義的批判的社會工作比較像是一種社會工作的獨特理論模型，也是本節所分析的各種社會工作實施理論之一。其是指尋求解釋與轉型各種社會工作與案主，連結到結構的分析，揭發社會的壓迫、不正義與剝削的一面。因此，批判的社會工作引進各種知識發展的結晶，例如：女性主義、種族理論、馬克斯的批判主義，這些觀點探討現代社會的經濟與政治的主宰面向。與廣義的批判的社會工作相比，狹義的批判的社會工作是進行結構的分析，揪出現代社會中壓迫的體制的真面目，揭發其好戰、結盟與抗拒變遷的本質（Gray & Webb, 2009）。這明顯與前述的勾德伯格與米德門（Goldberg & Middleman, 1989）的結構的社會工作是有差別的，因為結構的社會工作強調從個體到社區層次的結構改變，而不是進行經濟與政治結構的批判分析與變遷。

　　批判的社會工作理論流行於加拿大、澳洲，根源於早期的基變社會工作。早年基變社會工作者努力爭取公平、正義與包容。但是，一直很難完全實現。由於基變社會工作的馬克斯主義意識形態往往也使某些社會工作者很介意，因此，更精緻地採借社會學的分析，變身為當代的批判的社會工作。

　　上述的各種社會工作理論或模型很難有單一理論適用於所有社會工作情境，針對不同的案例，不論是個人、家庭、團體、社區、組織，可能同時必須採取多種理論來作為評估與介入的根據。社會工作者也不宜因為理論的眾多繁雜，而試圖使自己的社會工作實務去除理論化；也不必為了找到一種

便捷的折衷理論，而將不同的理論片段切割，再加總爲唯一的新折衷理論，如此可能將本是矛盾的觀點拼湊在一起，將更不利於引導正確的社會工作實施。認眞負責的社會工作者應理解各種理論的精華，透過比較分析整理，每遇新的案例時，能精確地採取適合的理論觀點，作爲評估與介入的依據。甚至，隨時反思所服務過的案例，是否有更好的理論觀點得以幫助自己精確、完整地進行社會工作評估與介入。

在美國、英國、加拿大等英語系國家強力的知識殖民之下，任何其他國家要發展屬於本土的社會工作理論本就不是一件容易的事，臺灣也不例外。林萬億（1990, 1994）指出社會工作本土化的過程包括五個階段：(1)認定社會工作原創地的文化特色；(2)有選擇的採借；(3)實驗與評估；(4)接納、拒斥與創新；(5)傳播。然而，本土化不能只爲了滿足民族中心主義的思古幽情，也不能作爲不求進步的擋箭牌；而是在於將社會工作在本地的功能極大化。

據此，在發展相似的專業化模式之下，以上這些發展自西方的社會工作理論，經由批判的反思之後的應用，其實是可以增進在地社會工作的實務發展。遺憾的是，這樣的本土化過程在華文社區中仍然嚴重不足或落後，比發展不出本土理論更令人擔心。目前只有少數的社會工作理論被引介，包括翻譯書籍。例如：林萬億、古允文等譯著《基變社會工作》（1992）；周玫琪、葉琇姍等譯自佩恩（Payne, 1991）的《當代社會工作理論：批判的導論》（1995）；宋麗玉、曾華源、施教裕、鄭麗珍合著的《社會工作理論：處遇模式與案例分析》（2002）；香港學者趙雨龍、黃昌榮、趙維生合著的《充權：新社會工作視界》（2003）；曾在香港學習的中國學者何雪松著的《社會工作理論》（2007）；林青璇等譯自達米妮莉（Dominelli, 2002）的《女性主義社會工作；理論與實務》（2004）；宋麗玉、施教裕的《優勢觀點：社會工作理論與實務》（2009）；簡春安、趙善如的《社會工作理論》（2010）；陳香君等譯自霍大衛（Howe, 2009）的《社會工作理論導論》（2011）；洪敏琬譯自貝基特（Beckett, 2006）的《社會工作實務理論：整合運用取向》（2013）等，數量有限。

參考書目

一、中文部分

宋麗玉、曾華源、施教裕、鄭麗珍（2002）。社會工作理論：處遇模式與案例分析。臺北：洪葉。

宋麗玉、施教裕（2009）。**優勢觀點：社會工作的理論與實務**。臺北：洪葉。

何雪松（2007）。社會工作理論。上海：人民。

林青璇等譯（2004）。**女性主義社會工作：理論與實務**。臺北：五南。

林萬億（1991）。社會工作擴散與本土化──概念與論題。社會工作學刊，創刊號，15-31。

林萬億（1994）。**福利國家：歷史比較的分析**。臺北：巨流。

林萬億（2015）。**團體工作：理論與技術**。臺北：五南。

林萬億、古允文等（1992）。**基變社會工作**。臺北：五南。

周玟琪、葉琇姍等譯（1995）。**當代社會工作理論：批判的導論**。臺北：五南。

洪敏琬譯（2013）。**社會工作實務理論：整合運用取向**。臺北：洪葉。

陳香君等譯（2011）。**社會工作理論導論**。臺北：五南。

趙雨龍、黃昌榮、趙維生（2003）。**充權：新社會工作視界**。臺北：五南。

二、英文部分

Adams, R. (2003). *Social Work and Empowerment* (3rd ed.). Basingstoke, Hampshire: Palgrave Macmillan.

Adams, R., Dominelli, L., & Payne, M. (2009). *Social Work: themes, issues, and critical debates* (3rd. ed.). Basingstoke, Hampshire: Palgrave Macmillan.

Anderson, J. (2003). Strength Perspective. In J. Anderson and R. Carter (eds.), *Diversity Perspectives for Social Work Practice*. Boston: Ally and Bacon.

Bailey, R. & Brake, M. (1975). *Radical Social Work*. London: Edward Arnold.

Bartlett, H. M. (1970). *The Common Base of Social Work Practice*. NASW Press.

Beckett, C. (2006). *Essential Theory for Social Work Practice*. London: Sage.

Berger, P. L. & Luckmann, T. (1966). *The Social Construction of Reality*. Harmondsworth: Penguin.

Bhatti-Sinclair, K. (2011). *Anti-Racist Practice in Social Work*. Basingstoke, Hampshire: Palgrave Macmillan.

Brown, A. (1992). *Groupwork* (3rd ed.). Alderohot, Hants: Arena.

Bronfenbrenner, U. (1979). *The Ecology of Human Development: experiments by nature and de-

sign. Cambridge, Mass.: Harvard University Press.

Burk, B. & Harrison, P. (2000). Race and Racism in Social Work. In M. Davies (ed.), *The Blackwell Encyclopaedia of Social Work*. Cambridge: Blackwell Publishers.

Caplan, G. (1965). *Principles of Preventive Psychiatry*. London: Trvistock.

Corrigan, P. & Leonard, P. (1978). *Social Work Practice under Capitalism: a Marxist approach*. London: Macmillan.

de Shazer, S. (1985). *Keys to Solution in Brief Therapy*. NY: Norton.

Devore, W. (2001). Ethnic Sensitivity: a theoretical framework for social work practice. In L. Dominelli, W. Lorenz and H. Soydan (eds.), *Beyond Racial Divides: ethnicities in social work practice*. Asgate.

Devore, W. & Schlesinger, E. (1987). *Ethnic Sensitive Social Work Practice* (2nd ed.). Columbus: Merrill Publishing Co.

Doel, M. & Marsh, P. (1992). *Task-centred Social Work*. Brookfield, VT: Ashgate.

Dominelli, L. (1997). *Anti-racist Social Work*. London: Macmillan.

Dominelli, L. (2002). *Feminist Social Work Theory and Practice*. New York: Palgrave.

Dominelli, L. (2009). Anti-oppressive Practice: the challenges of the twenty-first century. In R. Addams, L. Dominelli, M. Payne (eds.), *Social Work: themes, issues and critical debates* (pp.49-64) (3rd ed.). Basingstoke, Hampshire: Palgrave Macmillan.

Dominelli, L. & McCleod, E. (1988). *Feminist Social Work*. London: Macmillan.

Douglas, T. (1993). *A Theory of Groupwork Practice*. London: Macmillan.

Ellis, A. (1979). *The Basic Clinical Theory of Rational Emotive Therapy*. NY: Van Nortrand Reinhold.

Erikson, E. H. (1950). *Childhood and Society*. NY: Norton.

Fawcett, B. (2009). Post-modernism. In M. Gray and S. A. Webb (ed.), *Social Work Theories and Methods* (pp.119-128). London: Sage.

Ferguson, I. (2008). *Reclaiming Social Work: challenging neo-liberalism and promoting social justice*. London: Sage.

Fischer, J. & Gochros, H. (1975). *Planned Behaviour Change: behaviour modification in social work*. NY: Free Press.

Fook, J. (1993). *Radical Casework: a theory of practice*. St. Leonards, NSW: Allen and Unwin.

Foucault, M. (1972). *The Archaeology of Knowledge and the Discourse on Language*. NY: Pantheon.

Friedmann, J. (1992). *Empowerment: the politic's of alternative development*. Cambridge: Blackwell.

Gambrill, E. (1995). *Helping Clients: a critical thinker's guide*. London: Logman.

Germain, C. B. (1976). Time: an ecotogical variable in social work practice. *Social Casework*, 57: 7, 419-426.

Germain, C. (1978). *Social Work Practice: people and environments-an ecological perspective*. NY: Columbia University Press.

Germain, C. & Gitterman, A. (1980). *The Life Model of Social Work Practice*. NY: Columbia University Press.

Garvin, C., L. Gutiérrez & Galinsky, M. (eds.) (2004). *Handbook of Social Work with Groups*. NY: The Guilford Press.

Glicken, M. (2004). *Using the Strengths Perspective in Social Work Practice*. Boston: Pearson.

Golan, N. (1978). *Treatment in Crisis Situations*. NY: Free Press.

Goldberg , G. (1974). Structural Approach to Practice: a new model. *Social Work* (March),150-155.

Goldberg, G. W. & Middleman, R. (1989). *The Structural Approach to Direct Social Work Practice in Social Work*. NY: Columbia University Press.

Goldberg, G. W. & Middleman, R. (1993). So Much for the Bell Curve: Constructionism, Power/ Conflict, and the Structural Approach to Direct Practice in Social Work. In J. Laird (ed.), *Revisioning Social Work Education: a social constructionist approach* (pp.132). NY: the Howorth Press.

Goldstein, E. (1984). *Ego Psychology and Social Work Practice*. NY: Free Press.

Goldstein, H. (1973). *Social Work Practice: a unitary approach*, Columbia, SC: University of South Carolina Press.

Gray, M., Plath, D. & Webb, S. A. (2009). *Evidence-based Social Work: a critical stance*. Abingdon: Routledge.

Gray, M. & Webb, S. A. (ed.) (2009). *Social Work Theories and Methods*. London: Sage.

Guadalupe, K. (2003). Empowerment Perspective. In Joseph Anderson and Robin Carter (eds.), *Diversity Perspectives for Social Work Practice*. Boston: Ally and Bacon.

Gutierrez, L. (2001). Multicultural Organizational Development. In Lena Dominelli, W. Lorenz and H. Soydan (eds.), *Beyond Racial Divides: ethnicities in social work practice*. Ashgate.

Hamilton, G. (1940). *Theory and Practice of Social Casework*. NY: Columbia University Press.

Hanmer, J. & Statham, D. (1988). *Women and Social Work: towards a women-centered Practice*. London: Macmillan.

Hanvey, C. & Philpot, T. (1994). *Practicing Social Work*. London: Routledge.

Healy, K. (2014). *Social Work Theories in Context*. Basingstoke, Hampshire: Palgrave Macmillan.

Hennessey, R. (2011). *Relationship Skills in Social Work*. London: Sage.

Hick, S. F. & Murray, K. (2009). Structural Social Work. In M. Gray and S. A. Webb (ed.), *Social Work Theories and Methods* (pp.86-97). London: Sage.

Hollis, F. (1972). *Casework: a psychosocial therapy* (2nd ed.). NY: Random House.

Holloway, M. & Moss, B. (2010). *Spirituality and Social Work*. Basingstoke, Hampshire: Palgrave Macmillan.

Howe, D. (1987). *An Introduction to Social Work Theory*. Aldershot, Berks: Wildwood House.

Howe, D. (1995). *Attachment Theory for Social Work Practice*. Basingstoke, Hampshire: Palgrave Macmillan.

Howe, D. (2009). *A Brief Introduction to Social Work Theory*. Basingstoke, Hampshire: Palgrave Macmillan.

Jordan, B. (2007). *Social Work and Well-being*. Lyme Regis: Russell House.

Joyce, P., Corrigan, P. & Hayes, M. (1988). *Striking Out: trade unionism in social work*. London: Macmillan.

Krill, D. (1978). *Existential Social Work*. NY: Free Press.

Lavalette, M. (2011). *Radical Social Work Today: social work at the crossroads*. Bristol: The Policy Press.

Langan, M. & Lee, P. (1989). *Radical Social Work Today*. London: Unwin Hyman.

Lecomte, R. (1990). Connecting Private Troubles and Public Issues in Social Work Education. In B. Wharf (ed.), *Social Work and Social Change in Canada* (pp.31-51). Toronto: McClelland and Steward.

Lishman, J. (1991). *Handbook of Theory for Practice Teachers in Social Work. London*: Jessica Kingsley.

Lister, P. G. (2012). *Integrating Social Work Theory and Practice: a practical skills guide*. London: Routledge.

Lundy, C. (2011). *Social Work, Social Justice & Human Rights: a structural approach to practice* (2nd ed.). Toronto: University of Toronto Press.

Marsh, P. (2008). Task-centred Work. In Martin Davis, *The Blackwell Companion to Social Work* (3rd ed.), (pp.121-128). Oxford: Blackwell.

Meyer, C. (1983). *Clinical Social Work in the Eco-system Perspectives*. NY: Columbia University Press.

Moreau, M. (1979). A Structural Approach to Social Work Practice. *Canadian Journal of Social Work Education*, 5: 1, 78-94.

Mullaly, R. (1993). *Structural Social Work: ideology, theory and practice*. Toronto: McClelland & Steward.

Murdock, N. L. (2004). *Theories of Counselling and Psychotherapy: a case approach*. Upper Saddle River, NJ: Pearson.

O'Connell, B. (2005). *Solution-focused Therapy*. London: Sage.

O'Hanlon, W. H. & Weiner-Davis, M. (1989). *In Search of Solutions*. NY: Norton.

Orme, J. (2009). Feminist Social Work. In M. Gray and S. A. Webb (ed.), *Social Work Theories and Methods* (pp.65-75). London: Sage.

Otto, M. W., Simon, N. M., Olatunji, B. O., Sung, S. C., & Pollack, M. H. (2011). *10-Minute CBT: integrating cognitive-behavioral strategies into your practice*. Oxford: Oxford University Press.

Papell, C. & Rothman, B. (1966). Social Group Work Models: possession and heritage. *Journal of Education for Social Work*, 2: 2, 66-77.

Parad, H. J. (1965). *Crisis Intervention: selected readings*. NY: Family Service Association of America.

Parton, N. (1994). The Nature of Social Work under Condition of (post) Modernity. *Social Work and Social Science Review,* 5: 2, 93-112.

Parton, N. & O'Byrne, P. (2000). *Constructive Social Work*. Basingstoke, Hampshire: Palgrave Macmillan.

Payne, M. (1991). *Modern Social Work Theory: a critical introduction*. Chicago: Lyceum Books.

Payne, M. (1996). *What is Professional Social Work*. Birmingham: Venture Press.

Payne, M. (1997). *Modern Social Work Theory* (2nd ed.). Macmillan Press.

Payne, M. (2011). *Humanistic Social Work: core principles in practice*. Basingstoke, Hampshire: Palgrave Macmillan.

Perlman, H. (1957). *Social Casework: a problem-solving process*. Chicago: University of Chicago Press.

Pincus, A. & Minahan, A. (1973). *Social Work Practice: Model and Method*. Itasca, IL: Peacock.

Popple, K. (1995). *Analysing Community Work: it's theory and practice*. Bristol: Open University Press.

Reid, W. (1977). *The Task-centered Practice*. NY: Columbia University Press.

Reid, W. & Epstein, L. (1972). *Task-centered Casework*. NY: Columbia University Press.

Reid W. & Shyne, A. W. (1969). *Brief and Extended Casework*. NY: Columbia University Press.

Roberts, A. R. (1991). *Contemporary Perspectives on Crisis Intervention and Prevention*. Englewood Cliffs. NJ: Prentice-Hall.

Robert, R. W. & Nee, R. H. (1970). *Theories of Social Casework*. Chicago: University of Chicago Press.

Rothman, J. (1968). Three Models of Community Organization Practice. *Social Work Practice 1968,* from National Conference on Social Welfare.

Rojek, C., Peacock, G., & Collins, S. (1988). *Social Work and Received Ideas*. London: Routledge.

Saleebey, D. (1996). *The Strengths Perspective in Social Work Practice* (2nd ed.). NY: Longman.

Schaefer, R. (1989). *Racial and Ethnic Group*. Little Brown and Co.

Scott, M. J., Stradling, S. G. & Dryden, W. (1995). *Developing Cognitive-Behavioural Counselling*. London: Sage Publications.

Sheldon, B. (2011). *Cognitive-behavioral Therapy: research, practice and philosophy* (2nd ed.). London: Routledge.

Siporin, M. (1975). *Introduction to Social Work Practice*. NY: Macmillan.

Smalley, R. (1967). *Theory for Social Work Practice*. NY: Columbia University Press.

Solomon, B. B. (1976). *Black Empowerment: social work in oppressed communities*. NY: Columbia University Press.

Specht, H. & Vickery, A. (1977). *Integrating Social Work Methods*. London: Allen & Unwin.

Strean, H. F. (1971). *Social Casework: theories in action*. Metuchen, NJ: Scarecow Press.

Sundar, P. (2009). Multiculturalism. In M. Gray and S. A. Webb (ed.), *Social Work Theories and Methods* (pp.98-108). London: Sage.

Taylor, S. & Kennedy, R. (2003). Feminist Framework. In J. Anderson and R. Carter (eds.) *Diversity Perspectives for Social Work Practice*. Boston: Ally and Bacon.

Thompson, N. (1992). *Existentialism and Social Work*. Aldershot, Hants: Averbur.

Thompson, N. (1993). *Anti-discriminatory Practice*. London: Macmillan.

Thompson, N. (2006). *Anti-discriminatory Practice* (4th ed.). London: Macmillan.

Thompson, N. (2010). *Theorizing Social Work Practice*. Basingstoke, Hampshire: Palgrave Macmillan.

Thompson, N. (2011). Developing Anti-discriminatory Practice. In V. E. Cree (ed.), *Social Work: a reader* (pp.100-106). London: Routledge.

Tolson, E. R., Reid, W., & Garvin, C. (1994). *Generalist Practice: a task centered approach*. NY: Columbia University Press.

Turner, F. (1986). *Social Work Treatment: interlocking theoretical approach* (3rd ed.). NY: Free Press.

Vickery, A. (1974). A System Approach to Social Work Intervention: its uses for work with individuals and families. *British Journal of Social Work*, 4(4), 309-404.

von Bertalanffy, K. L. (1950). An Outline of General System Theory. *British Journal for the Philosophy of Science*, 1, 114-129.

Walter, J. L. & Peller, J. E. (1992). *Becoming Solution-focused in Brief Therapy*. NY: Bruner/Mazel.

Webb, S. A. (2006). *Social Work in a Risk Society: social and political perspectives*. Basingstoke, Hampshire: Palgrave Macmillan.

Woods, M. & Hollis, F. (1990). *Casework: a psychological process* (4th ed.). NY: McGraw-Hill.

Zastrow, C. (2004). *The Practice of Social Work* (8th ed.). Pacific Grove, CA: Brooks/Cole Publishing Co.

第八章
社會工作實施的過程

社會工作實施過程（process of social work practice）是指社會工作者爲了滿足服務對象的需求或解決問題的工作進程。基本上，是一個計畫變遷的過程（Planed-change process），亦即，社會工作者執行一系列的策略以改變服務對象的特殊條件、行爲或影響其社會功能的環境（Kirst-Ashman, 2007）。從人民求助而被定義成爲服務對象開始，或社會工作者主動外展發現有需要幫助的人民起，社會工作者與服務對象間就展開一連串一起工作的經驗。

社會工作過程化有以下幾個意義：

1. 提供一個可接受的做事方式。例如：閱讀檔案、查證資料、聯繫、準備填寫表單、安排行程、進行家庭訪視、記錄等。

2. 呈現事情的複雜度與關聯性。任何社會工作處理的議題都有相當程度的複雜與前後關聯，例如：家庭暴力的前因後果、利害關係人、影響程度與範圍等。

3. 強調時間爲本的重要性。社會工作服務對象的生活步調與生命歷程，社會工作者的服務，也必須與其搭配。例如：決定何時家庭訪視、送餐、進行團體、提供居家服務、何時介入才是最佳時機等。

4. 過程是有結構與組織的。過程將套裝服務（packages of service）加以結構化與組織化，建立其關聯性，安排時間順序，避免服務零亂散落。

5. 過程導向成果。過程可以看出社會工作者的努力，其最終目的是滿足服務對象的需求、解決其問題，或改變社會條件等（Adams, Dominelli, & Payne, 2009）。

有學者主張將社會工作過程簡化爲四個階段：評估（assessment）、規劃（planning）、介入（intervention）、回顧與評鑑（review and evaluation）（Lymbery & Postle, 2007）；有的主張較完整的六階段：建立關係（engagement）、評估、規劃、執行（implementation）、評鑑、結案（termination）（Kirst-Ashman, 2007）。從批判反思的角度主張來看則是：開始、評估與規劃、發展行動計畫、執行行動計畫、評鑑行動計畫、批判的反思、評鑑、責信與監控，重新開始。而其間社會工作者與服務使用者是在提

供資源與支持下互動（Dominelli, 2010）。可見，社會工作過程不是由社會工作者單方發動，而是社會工作者與服務使用者共同策動。常有人將評估與評鑑不分，嚴格的說法是要採取介入行動前先評估，行動後進行評鑑。本書採較完整的六階段論，修正爲：**建立關係→評估→規劃→介入→評鑑→結案**。而這個過程看似線性過程，其實，它可以是個循環過程，也就是隨著工作進行，某些階段可能需要再進入（Lymbery & Postle, 2007）；同時，不忘批判的反思。亦即，每一個階段都是後一個階段的基礎，而後一個階段往往也是前幾個階段的修正參考而回頭重新啟動。但是，社會工作過程化之後不是要將套裝服務切割成片段，也不是要將服務對象所處情境拆解爲片段，更不是就此將社會工作理論與知識排除在思考之外。

［第一節］　建立關係

建立關係是社會工作者爲了處理接手的問題，而與其服務對象溝通與建立工作關係，以利解決該問題的第一步（Kirst-Ashman, 2007）。不論是微視體系、中觀體系或巨視結構議題，社會工作者都必須與對方建立融洽關係（rapport）。在此我們必先了解誰是服務對象？如何建立融洽關係。

壹　界定服務對象

一、服務對象也是服務使用者

當社會工作爲了專業化而走向醫療模式時，就將過去在慈善組織與睦鄰運動時代所服務的對象：貧窮家庭、失業工人、移民、老弱婦孺，統稱如法律、醫療專業所稱的「案主」（client）。但是，在臺灣，律師服務的對象稱爲「當事人」、醫師治療的對象稱爲病人或患者（patient）。不管將服務對象稱爲「案主」、「當事人」或「患者」，都已建構了專家vs.求助者、

有能力者vs.無力者的不對等權力關係。

到了1980年代，由於新右派的市場意識形態進入社會工作，選擇（choice）被認為是一種權利，「案主」概念被消費者（customer/consumer）取代。但是，這終究不是普遍存在於社會工作的所有服務領域，能讓服務對象有所選擇的服務並不多；服務對象也很難做到獨立自主選擇，因為「無力感」（powerlessness）使然。

在醫療模式下，「案主」通常指涉有問題的個人、團體、家庭與社區。從社會排除的角度來看，服務對象在「其他化」（othering）的過程中被「邊緣（陲）化」（marginalisation）為「他者」（the other）（Dominelli, 2004: 76）。「其他化」是一個社會、語言與心理機制的過程，區別常態與偏差。專家、主流社會將「他者」冠上一個名號稱為瘋子、殘障者、愛滋病患、同性戀、陰陽人、人妖、中輟生、單親家庭、窮人、施虐者、受暴婦女、孤獨老人、小媽媽、娼妓、援交妹、不良少年等，創造出「他者」與社會的社會距離，而被邊緣化、被消權，以及被社會排除等壓迫。

從本書第二章所提及的治療與社會秩序的觀點來看，「他者」是被隔絕於正常社會之外，進入專業的生理、心理與社會治療（bio-psycho-social treatment），俾利其從偏差中洗心革面。借用社會認同理論（Social Identity Theory）的說法，專家、主流社會命名他者（naming the other）為一種外團體（out-group），有別於我屬的內團體（in-group）。這些「他者」所屬的外團體是較不受歡迎的、暴力的、偏差的、病態的、醜陋的、奇怪的、髒亂的、無能的、不負責任的、好吃懶做的、貪得無厭的、混亂的、失德的、不幸的。因此，「他者」被要求不可說、要知羞恥、閉嘴、沉默到自己已經「不是我」（not-I），長期處在「沒有自己」（not-I-ness），別人不想提（being silenced），自己也不敢提的自我掩飾（secrecy of the self）之下（Godfrey & Taket, 2009: 166-69）。「案主」既然被個案化、隱名化、去名化，最後無名化，如此無名的「他者」，連自己都不敢、不願、不能認同自己，社會工作者又如何能幫得上忙呢？

當代社會工作服務的對象已超出這個範圍甚多，包括組織、社區、社

會政策與立法等，使用「案主」的概念顯得過於狹隘。進而，為了對抗來自具壓迫性質的福利結構，1980年代以來，社會工作界開始反思如何讓具有被壓迫意涵的「案主」概念被取代。於是，較中性的「服務使用者」（service user）被普遍使用，特別在歐洲的社會工作界（Adams, Dominelli, & Payne, 2009）。尤其是持基變、充權、批判、結構、反壓迫、反歧視、女性主義、後現代主義等觀點的社會工作者幾乎已不用「案主」一詞[1]。例如：女性主義社會工作者反對將社會工作的服務對象稱為「案主」，因為這會建構社會工作者與服務對象間的權力不對等關係，服務對象被去主體化、病態化、貶抑化、消權（Dominelli, 2002；林青璇等譯，2004）。當然，有些學者還是認為「服務使用者」相對於「專家」（expert/professionals），「他者」的意涵，仍然不夠平等與納入（involvement）。因此，提醒要將服務使用者納入服務過程、連結服務關係、充權參與決策、分享權力（Adams, Dominelli, & Payne, 2009）。這也就是服務使用者角色是具有協力角色（collaborating role）的本質。因此，本書建議社會工作者使用服務對象或服務使用者來命名。

二、被建構的服務對象角色

依史佩特夫婦（Specht & Specht, 1986）的說法，來機構求助的人還不一定能稱之為服務對象，經過接案社會工作者評估合格的求助者（或稱申請人）才是本機構的服務對象。那些申請人（applicant）、被轉介者，或「非自願案主」（involuntary client）都只能算是「潛在案主」（potential client）。即使服務對象合乎本機構服務的資格要件，也不一定要由本機構給予協助，因為資源與關注焦點的考量都可能將某些服務對象排除在本機構服務名單之外。所以，真正的服務對象是簽定服務契約（contracting）才算。從這裡也可以區別出，接案（intake）不一定是申請人成為「案主身分」

---

[1] 案主很容易被關聯到侍從主義（clientelism），保護者（patron）提供物資與服務給案主，以換取他們的政治支持。這是不對等的權力關係。

（clienthood）的開始，簽約才是服務對象身分的確立。

那些被界定為服務對象的個人或體系，不完全是被動的客體。事實上，他們也主動地參與了定義服務對象的過程。佩恩（Payne, 1991；周玟琪等譯，1995: 17）認為服務對象的定義也是一種社會建構的過程。當人們有需求與問題，但不向社會工作機構求助，就不是服務對象，除非社會工作機構主動外展服務；反之，當一個人不覺得自己有需求與問題，但法令強制他必須接受社會工作協助，他也會成為服務對象。而強制力的產生，受到社會對社會工作本質的理解的影響，例如：有些國家離婚的兩造有扶養未成年子女者必須先到社會工作機構接受婚姻調解，才可離婚；或兒童收養應經過社會工作機構的調查與媒合等。如果社會不認同社會工作的專業，服務對象的名分也會隨之改變。當然，服務對象對社會工作機構服務的評價，也反過來會修正社會工作過程，例如：服務對象要求高品質的服務，或要求參與更多決策過程，或要求守密等。

「案主身分」也不是永恆不變的或絕對的。當社會工作者為其服務對象的利益倡議時，與其說他們是社會工作者與服務對象的關係，不如說是並肩作戰的夥伴關係。同樣地，父母如果因其子女的問題求助於社會工作者時，他們與社會工作者是夥伴關係；但是，當父母有不當對待其子女時，他們又立刻成為社會工作者的服務對象。服務對象的身分也會因結案而改變，不是「一日為案主，終生為案主」。因此，布萊爾與米勒（Briar & Miller, 1971）認為服務對象是一種社會角色（social role），服務對象的角色相對於社會工作機構、參考團體，以及社會大眾而存在，也履行吻合這些人的期待行為，就像病人是一種社會角色，人生病了稱病人；病好了，病人角色就消失了。成為病人也必須接受醫院、病人團體與社會大眾對病人的期待行為。

服務對象的角色在不同設施或機構中有不同的角色期待。在社會福利機構中，服務對象就是那些接受服務的人民；但是，當社會工作者到學校工作，其服務對象仍應被稱為學生；到了醫院，病人／患者可能是醫師、護理師、社會工作師共同使用的概念。學校裡的學生角色是有「教導與受教」、

「主導與服從」的關係；而在醫院裡，病患是不健康的與依賴的，他們與醫生或社會工作者的關係較不是互賴的、平等的與協力的（Johnson, 1998: 107）。

三、服務對象的類型

總括來說，社會工作的服務對象有幾種類型（Johnson, 1998: 108; Beckett, 2010）：

表8-1　社會工作服務對象的類型

服務對象與機構關係	屬性	範例	描述
求助者	自願性	受暴婦女、受虐兒童與少年、低收入戶、遊民、失業者、精神疾病患者、身心障礙者、老人、單親家長等。	有需求、主動求助，且符合服務資格。
被監督者	非自願性、強制性	戒毒者、犯罪者、家庭暴力或性侵害加害者。	基於法律規定或處在高風險中或有傷人之虞者必須被介入。
被保護者	？	目睹暴力兒童、被性剝削的少年。	非主動求助，但因行為或精神能力受限，或兒童等因素無法自我決定。
名義上的求助者	非自願性	兒童虐待的家長、中輟生家長。	名義上主動求助，或在同意下願意接受服務，也符合服務資格。但是，實際上不願意配合工作。

貳　機構脈絡

　　不論是個別服務對象、家庭，或是團體，大多以機構（agency）或設施（settings）為提供服務的地方。接近（access）是指服務對象有權利、有機會、有能力接受服務。因此，服務提供者必須考慮機構的軟硬體設施，以利營造一個有利於與服務對象建立關係的接近服務入口。以下是一些促成可近性（accessibility）的脈絡考量：

一、服務入口設計

1. 使用網路、公告、通知、折頁簡介等多種方式，提供服務對象易懂的服務資訊。
2. 有簡明易懂的交通路線圖。通常在網路上可以查詢得到，進而可以列印，按圖索驥。
3. 有值班臨櫃接待人員提供電話諮詢，以利指示服務對象交通路線。
4. 使用服務對象熟悉的語言介紹服務內容與權利義務關係。
5. 設計友善的機構門廊。例如：機構名牌懸掛醒目位置、樓層指示清楚、在進門處有活動廣告看板舒緩情緒、張貼溫暖勵志標語、布置盆栽美化等。
6. 友善的接待人員。不論是以志工擔任接待人員，或由接案社會工作者擔任櫃檯值班人員，都應該以友善、溫暖、接納、支持、尊重的態度接待服務對象及陪同人員。
7. 友善的等待區。避免讓服務對象及陪同人員曝露在眾目睽睽之下，宜讓其儘速進入等待室準備會談或評估。等待區要有茶水供應、舒適的座椅、溫暖的室內布置、圖書雜誌報紙提供、參考資料、紙筆、兒童玩具等備用。
8. 便利、整潔的盥洗設備。尤其服務對象從老遠趕來，滿身灰塵與汗流浹背，亟需盥洗、補妝、整裝與便尿。
9. 設置隱密的哺乳空間與集乳設備，俾利婦女需求。

10.接待人員務必遵守守密倫理，不可洩漏服務對象的個人資料。

二、辦公室氣氛

1.辦公場所布置盡可能友善溫暖，以降低服務對象的陌生與焦慮。
2.多元文化的考量，特別針對原住民、外籍配偶、外國人、同志等，避免機構出現歧視、不友善的語言、裝置等。
3.員工應以友善、歡迎的態度接觸來求助的服務對象及其同行人員。
4.機構的空間安排、場地使用、動線規劃避免雜亂無章，始可提升服務對象的安全與信任。

參 建立關係的技巧

　　良好的工作關係或人際關係端賴溝通（communication）。溝通是指運用語言或非語言來交換信息，藉此讓資訊得以傳遞與接收。溝通被認為是人際關係與會談的中心（Adams, Dominelli, & Payne, 2009），或心臟（Koprowska, 2007）。

一、溝通的形式

　　溝通的形式包括以下四種（Adams, Dominelli, & Payne, 2009）：

（一）符號／象徵溝通（symbolic communication）

　　表現自我的方式與行為，例如：藉穿著打扮、應對進退、氣質、化妝等，表達個人偏好與意向。

（二）口語溝通（verbal communication）

　　藉由語言敘說來傳達訊息。語言溝通看似簡單，其實，表達者說話的速度、場合、音調、語氣、音量大小都會影響表達的結果。而聽者的傾聽、環

境、情緒、是否歧視也會影響接收語言的效果（Thompson, 2009）。

（三）非口語溝通（nonverbal communication）

是指臉部表情、眼睛接觸、手勢、臉的朝向、親近距離、身體接觸、動作、移動、衣著、位置、輔助器材、遊戲等（Thompson, 2009）。包括親近性（proxemics）與肢體語言（kinesics）。前者指個人空間的距離與親近程度；後者指身體運動、手勢、表情與眼神等。葉根（Egan, 1982）提醒社會工作者的非口語溝通要做到SOLER，亦即坐在服務對象正對面（straight position facing the client）、身體放得開（open body position）、微微傾向服務對象（leaning towards the client）、眼神正視（eye contact）、放輕鬆（relaxed position）。

（四）書寫溝通（written communication）

利用日記、筆記、報告、信件、小紙條、手機簡訊、網路軟體等傳遞訊息。

二、溝通技巧

（一）建立有目的的工作關係

1. 調正頻道（tuning in）

是指一個社會工作者準備與服務對象接觸的過程，調整自己的偏誤、感覺與關切到服務對象問題身上（Lundy, 2011: 152）。通常是給自己一點寧靜的時間與空間，進行預備同理（preparatory empathy）的活動（關於同理在下一章中再詳述）。亦即，準備設身處地的了解服務對象，包括其情緒、感受、思想、行動、動機、處境。調正頻道須考慮三個層次的經驗：第一，服務對象所經驗的社會規範、期待與制度結構如何？第二，服務對象所經驗的當下環境議題與困境是什麼？第三，服務對象將如何與社會工作者討論其所面對的困境？（Ross, 2011: 19-24）

2.分享工作目標

社會工作者與其服務對象分享對服務目標、本質與過程的了解。包括：澄清工作目標、設定議題、理解專業權威、角色界定。自願性服務對象比較容易分享工作目標；對於非自願性服務對象來說就不那麼容易了。抗拒、焦慮、憤怒、恐懼、不安、模糊，甚至攻擊都有可能。必須靠社會工作者澄清目標、說明機構規定、示範服務誠意、同理處境來促進工作目標的分享（Ross, 2011: 24-32）。

（二）有效的溝通技巧

1.傾聽（listening）

積極傾聽（聆聽）（active listening）或反映的傾聽（reflective listening）包括兩個部分：一是身體語言表現出開放、溫暖與接納的樣子。二是聚焦在表達者的經驗上，等他人表達完成，立即反映其所言，並給予適切的回應。也就是，不只是專注地聽，且要精準地聽，並給予適切的回饋。聆聽是要聽出對方的故事，因此，必須有在地知識（local knowledge）、同夥知識（partisan knowledge）（Pierson, 2010: 39）作為基礎，才能更熟悉服務對象的在地經驗與集體的情感利益，傾聽其脈絡故事，否則會如同鴨子聽雷，有聽沒有懂。

2.提問（questioning）

社會工作者經常使用以下六種提問技巧以促成有效的溝通：

(1)開放式提問（open questioning），經常使用5Ws+1H（誰、什麼、何時、何地、為何、如何？）來提問，讓回答者依其知識、意見、感覺回答。例如：「請問到底發生了什麼事？」「為什麼會發生？」「怎麼發生的？」

(2)封閉式提問（closed questioning），例如：「請問你幾歲時父母離婚？」或「請問妳們家有低收入戶資格嗎？」這通常是要確認資格要件或尋求精確資訊時的問法。

(3)探問式提問（probing questioning），是一種期待獲得更豐富的資訊的問法，通常也是會用5Ws+1H來探問，有助於澄清、確認、引出真相。例如：「你今天看起來好多了，你自己覺得呢？」「你知道特殊境遇家庭扶助條例已經修正了嗎？你需要補充提供一些資料以利審查。」

(4)引導式提問（leading questioning），這是在試圖確認你的想法或推測是否正確的情況下使用。例如：「你被他欺負之後，會不會感到很憤怒？」「你媽媽的情況看來有兩種選擇，一是住進長照機構，另一則是申請居家服務，你考慮清楚之後再告訴我。」引導式提問要很小心使用，除非回答者非常清楚問題的脈絡，或無法進行複雜的思考。因為它會誤導回答者的方向，限制回答者的思考。

(5)漏斗式提問（funnel questioning），開始先用一般的問句，之後再回到每一個問題點繼續追問，以獲取更詳細的答案。通常是在尋找證據時使用。例如：為了處理校園欺凌事件，學校社會工作師問：「那天有多少人一起欺負那女孩？」「是男生還是女生？」「都是在校生還是有校外生？」「你們怎麼會聚集在一起？」「你還記得當時誰先動手打人嗎？」「誰下令要脫掉那女孩的衣服？」對方一回答，提問者就繼續朝更細節的方向追問，直到真相水落石出為止。

(6)修辭式提問（rhetorical questioning），這不是真的要問問題，也不期待對方給答案，只是以問句來表達事實的陳述。例如：「張小妹妹很勇敢，不是嗎？」提問者不是真的要聽者回答是否，而是自己已經認同張小妹妹真的是很勇敢，提問者自己很高興看到張小妹妹的進步。

當然，為了臨場應變，這六種提問也可以混合使用，例如：在追問或探索時，一面用封閉式提問，讓服務對象答是不是、有沒有，接著追問開放式提問。提問的技巧端視情境需要，交互使用，或混搭，才能將事實、感覺、原因、後果、細節問清楚；也才不會使場面過於僵硬，失去社會工作藝術化

的成分。

3.回應（responding）

通常使用四種回應的技巧：一是反映（reflecting），指給服務對象適時的回應，確定你在共享他的經驗。例如：「我在聽，我了解你的感受。」二是釋義（paraphrasing），指試圖將服務對象表達的字句加以連貫，並串成有意義的句子，以反映其感受、情境與行為。例如：「我了解妳說的，關於妳為什麼申請不到補助的原因。」三是摘要（summarising），是指當服務對象階段性表達完成其意思後，將廣泛的主題爬梳出重點，有利於後續討論。例如：「妳剛剛說到妳被他們設計到摩鐵參加同學的生日趴，然後呢？」四是澄清（clarifying），是指確定服務對象所陳述的經驗或對妳所表達的意思正確地了解。例如：「張伯伯，你是說你的兒子沒有跟你住在一起，但是，偶而會回家探望你，是嗎？」（Ross, 2011: 32-33; Winter, 2011: 84-85）。

（三）情緒管理與文化覺察

1.情緒管理（managing emotion）

在建立關係的當下就已啟動。服務對象必然帶出社會工作者意想不到的生命經驗，例如：被家人遺棄、到處碰壁找不到工作、被晾在學務處一個月不能進班就讀、被打到頭破血流、被拍裸照流傳、被近親強暴、兩小無猜已經懷孕、身體有明顯異味、一天三餐有一餐沒一餐的、被排擠孤立等等。社會工作者必須表現自己的情緒智力（emotional intelligence），有能力確認、評估與控制自己的情緒，才能與服務對象建立有意義的工作關係。社會工作者可以適當地對服務對象的經驗表示歉意、遺憾、驚訝等情緒反映，例如：「對不起，之前我們不知道你的遭遇，沒能幫上你。」「他怎麼可以這樣對妳！」「這樣的日子你竟然可以撐這麼久！」但是，避免大驚小怪或是毫無感情（Winter, 2011: 85）。這就是貝斯提克（Biestek, 1957）所說的有目的的情感表達與有控制的情緒涉入。

2.文化覺察（cultural awareness）

是指能敏感到不同族群的服務對象，其價值、行為、信念、基本假設是受到其文化的影響。亦即，承認文化多樣性（cultural diversity）、文化差異（cultural differences）。而沒有任何一種文化是優越的，也不能有文化缺損（cultural deficit）的偏見（Thompson, 2006; Bhatti-Sinclair, 2011）。

（四）建立關係的障礙

溫特（Winter, 2011）在探討與兒童建立關係的經驗中，發展出七個建立關係的障礙（7T's），本書將之延伸如下：

1.任務（tasks）

社會工作者必須履行科層體制、評估、社會控制等任務，因法定任務太多、時間相互排擠，更養成視為當然的處理事務心態，復加上這些任務往往又與服務對象的最佳利益相衝突。

2.信任（trust）

當社會工作者心存辦理法定福利心態、執行機構任務與社會控制的媒介等神聖使命為己任時，是很難與服務對象建立信任關係的。服務使用者不可能相信社會工作者會是一位積極為其倡導權益的天使。

3.威脅（threats）

社會工作者擔心服務對象會成為自己工作的威脅來源。例如：檢舉、抱怨、申訴、要脅、投訴議員與長官等，就很容易造成社會工作者的焦慮、緊張，進而破壞和諧關係的建立。

4.理論（theories）

社會工作者可能因對相關理論不熟悉，或誤用理論，導致對服務對象做了錯誤的解釋、評估。

5.工具（tools）

社會工作者對於溝通工具不熟悉，或缺乏。例如：與兒童溝通需要布偶、圖畫、繪本、遊戲、影片、卡片、材料等輔助溝通工具，如果缺乏這些

媒介，很難進入溝通情境。

6. 時間（time）

溝通需要時間是常識。然而，對於忙碌的社會工作者來說，個案負荷量很大、突發事件又多，上級交辦案件也不少，再加上長官錯誤的領導，當然還得處理自己的個人與家庭事務，能夠用來建立關係的時間相對不足。何況，服務對象及其陪同人員的時間也不見得好安排。社會工作者必須學習在時間限制下建立關係。其中，溝通技巧就成為關鍵。

7. 訓練（training）

訓練不足也是建立關係的障礙之一，例如：不當使用語言、不了解理論與知識、缺乏文化敏感、缺乏性別敏感、缺乏自我覺察、對組織不熟悉、對社區環境陌生、對資源認識不足等，都是造成社會工作者墨守成規、想當然爾的原因。而這正是牴觸了為服務對象爭取最佳利益的原則。

至此，要達到良好的溝通，必須對等開放、管理情緒、營造氣氛、積極聆聽、適時反映、適切回應、精確表達、善於提問、高度同理、文化覺察。

第二節　評　估

評估是對情境進行判斷，以利決定如何採取行動（Beckett, 2010: 25）。評估已是現代社會工作最常用的概念。不論公私立機構的社會工作者，從一大早上工就要面對評估，下班前還是煩惱如何評估服務對象的資格、條件與需求。早期的社會工作使用研究、「診斷」或「心理社會診斷」（psychosocial diagnosis）來了解服務對象的問題。誠如第三章所述，診斷是醫療模式的產物，易於讓人聯想到疾病、症狀或耗弱；而現代社會工作使用評估一詞，含有更寬廣的空間來判斷服務對象的優勢力量、資源、結構、社會功能，以及其他正向因素等。

一、評估的性質

社會工作評估的性質既是一種依法必須執行的任務，也是一種以科學為基礎的追求眞實的過程，更是一種藝術的操作。服務對象接受評估是其為獲得社會福利服務的權利，也是其配合社會工作者依法執行業務的責任，更是其與社會工作者建立夥伴關係的開始；評估是為了發現事實、追求眞相，作為決策的參考。因此，必須經由客觀的、理性的觀察與資料蒐集；然而，正確的評估也必須立基於良好的關係與反思的過程，否則社會工作者難以進入複雜、深度的脈絡中（Holland, 2011: 38-52）。

沒有正確的評估，根本無法了解服務對象，不論是個人、團體、家庭、社區的問題與需求，當然也無法了解其有多少助力與資源可以協助滿足自身需求與解決問題。因此，沒有評估，就提不出介入計畫；即使提出介入計畫，也是不切實際或不符需要。評估通常有兩個取向：需求導向評估（need-led assessment）與服務導向評估（service-led assessment），或資源導向評估（resource-led assessment）。前者是指以精確地了解服務對象的需求為目的的評估；後者是考慮機構的資源可得性與服務限制為前提的評估（Beckett, 2010: 34）。

社會工作者以需求導向的評估為宜，避免侷限服務對象的需求。然而，很多忙碌的機構與官僚體系，很難容許社會工作者有時間與資源進行服務對象需求導向的評估。結果是評估草草了事，只問服務對象合不合乎機構服務資格要件，或法律規定，而不管服務對象眞正的需求是什麼？服務效果當然不會好。因此，即使機構資源不足、服務受限制，也要以轉介作為滿足服務對象需求的後續動作，而不是因陋就簡、抄短路的評估。

評估依強生（Johnson, 1998）的看法，具有以下性質：

（一）持續性

評估雖然是社會工作實施的初期重點工作，但是在整個助人過程中一直都在進行著。即使在評估後，解決問題的計畫被提出，介入的行動準備開

始，評估仍然隨時在持續著。只要服務對象與工作者在一起工作，新的資訊會隨時冒出來，跟著會產生新的了解。持續的評估過程有助於人與情境被充分地了解，以協助工作進展。

（二）評估具有蒐集資料與規劃行動的雙重目的

評估一方面了解服務對象的情境，另方面提供規劃與行動的基礎。關於服務對象的資訊來源應包括本人、環境及兩者間的互動關係。資訊的內容包括需求、滿足需求的障礙、問題，以及與需求或問題相關的人或體系。同時，資訊也包括優勢、限制、改變的動機、抗拒變遷的人與體系。如果是針對大的體系，如社區或社會，就應該包括涉入此一情境的人口特性，和被關切的問題。資源資訊也是重要的評估內容，例如：機構間的關係、協調、合作、財源、其他資源，以及態度、價值、文化等影響問題解決的因素，這些資源不只為了了解服務對象，也為了擬訂行動計畫。

（三）評估是互惠過程

評估過程中，工作者與服務對象間的互動，通常有三種模式：(1)程序模式（procedural model）：工作者與服務對象依機構服務程序，一起完成服務所須的表單填寫、資格確認等；(2)提問模式（questioning model）：工作者以專家的姿態提出問題，要求服務對象一一回答；(3)交換模式（exchange model）：工作者與服務對象站在平等地位，交換資訊，進行討論與協商（Smale & Tuson, 1993，引自Beckett, 2010: 36）。不論何者，評估絕非是工作者單向針對服務對象蒐集資訊，而是服務對象也要全程參與。所謂全程參與是指評估的資訊來源主要是來自工作者與服務對象的互動過程，例如：會談、團體討論、訪問、生活情境觀察等。工作者應將其所觀察、了解、體會、蒐集到的資訊與服務對象討論，以尋求服務對象的回應，才能使評估的過程有意義且有效度。有意義的評估是了解「案主在情境中」（client in situation），而不是將服務對象抽離出情境外。

（四）評估過程是動態前進的循環

評估是跨時的，包括：準備、資料蒐集、權衡資料、分析資料、使用資料（Beckett, 2010: 28-29），或準備、資料蒐集、運用專業知識、判斷、決策的過程（Milner & O'Byrne, 2009: 4）。當發現前一階段資訊有遺漏，就會再回過頭來補充蒐集資料。通常是從先觀察服務情境的片段開始，接著界定待蒐集的資訊，蒐集服務情境的片段事實。集合這些片段事實並賦予意義，以便了解整體情境。觀察的開始是透過服務對象的眼睛，將觀察所得描述給工作者聽，接著雙方共同來認定這部分的情境。情境的認定包括影響情境的顯著因素。之後，工作者與服務對象確認哪些資訊是了解情境所需。片段了解的總和並不等於全盤了解，還得加上對片段情境間互動關係的了解。所謂片段的情境是指服務對象在情境中可被切割或分別加以評估的部分，例如：親子關係、夫妻關係、職場生活、人際關係、財務管理、生涯規劃等。

（五）橫向與縱深探索並重

橫向探索是指片段情境間的關係，例如：性關係、人際關係、工作成就、親子關係等，橫向探索是要使情境的片段被廣泛地檢視。縱深探索是指深入地探討每一個片段情境的意義，例如：何時開始毆打小孩，在什麼情境下，在先生打小孩的時候，太太有什麼反應，先生打人後有何反應，造成的影響如何……。橫向與縱深的評估可以交錯運用，端看工作者的習慣。

（六）以知識作為了解的基礎

對人在情境中的了解不可能純就常識或經驗作判斷。很多服務對象情境的片段，甚至整體，是工作者從未有的經驗，或常識不易理解的，例如：亂倫、吸毒、失業、中輟、未婚懷孕、貧窮、同志、遊民、娼妓、援交、家暴、強暴等。因此，知識的使用變得很重要，也就是評估須以理論為基礎（Beckett, 2010: 39）。不是每一位社會工作者都有上山砍柴、下海捕魚、縱橫商場、混跡江湖、出豪門、墮紅塵的經驗，只能靠人類行為與社會環境的知識，和其他社會科學的知識與理論，例如：個人成長、家庭、機構、工

廠、社區、幫派、犯罪、政治經濟、兩性關係、精神醫學、婚姻暴力、兒童
虐待等相關知識來作爲評估的基礎。

（七）強調生活情境的評估

生活情境（life situation）是指服務對象在自然環境，例如：家庭、社
區，或建構環境，例如：社團、班級、軍隊、工廠、機構等，與他人互動或
與環境互動的眞實經驗。這種經驗是最能觀察到服務對象如何解決問題、滿
足需求，以及阻擾服務對象需求滿足的障礙是什麼。社會工作者應盡可能將
片段情境拉回到服務對象生活情境中來檢視。

（八）個別化

生活情境常是獨一無二且複雜的，情境完全複製的可能性不高，頂多是
模擬；因此，每一個評估過程都可能是新鮮的，不同於以往其他案例。工作
者不可及早類型化服務對象的情境，例如：接到一個獨居老人個案，就馬上
想到一定是子女不孝、老伴早死、孤僻成性、不願進住老人機構等。這都會
影響評估的精確性與持續性，誤認資訊夠了，不再需要蒐集更多資訊，而誤
導協助的計畫。

（九）判斷是重要的

工作者的負荷、機構的工作指派、服務對象的配合度、時間、財政、
民意的壓力，使評估的空間壓縮，不可能每一個細節都能仔細調查了解，因
此，判斷力就成爲評估過程中非常重要的關鍵。工作者應隨時利用敏銳的觀
察、系統的思考，以及累積的知識進行決策：應該先蒐集哪些資訊、哪部分
比較重要、眞正的關鍵問題在哪裡、誰涉入最深、誰眞正有影響力、哪一條
路線最值得追下去等。

（十）了解是有限度的

沒有一個人敢說「我完全了解你的一切」，或許有些片段情境是可以
全然了解的，例如：一句話、一種挫折經驗。但是，伯樂與千里馬的故事畢

竟是少數，何況服務對象與工作者是在非自然且短暫下相識而互動，更難完全了解服務對象情境中的每一細節。因此，工作者不可能要求完整的評估。能提出作為有效滿足服務對象需求的行動方案所根據的評估，就是最好的評估。不必要的資訊不蒐集，影響較小的資訊延後蒐集，社會工作者必須容忍暫時的資訊不足與不確定，因為評估是到結案才終止的。

二、評估資訊的來源

　　資訊來源很多，最重要是能掌握服務對象對於問題與情境的理解與感受。以下是幾種常用的蒐集資訊的技術（Zastrow, 1995; Hepworth, Rooney, & Larsen, 1997）：

（一）服務對象的口頭報告

　　服務對象的口頭報告經常是最直接且可能是唯一的資訊來源。通常可以從服務對象口中得到：(1)問題描述；(2)對問題的感受；(3)個人克服問題的資源；(4)解決問題的動機；(5)問題發展史；(6)問題成因；(7)解決問題有過的努力等資訊。

　　不過，因為服務對象是當事人，可能會因害羞、恐懼、偏見、情緒、誤解、參考架構等因素而誤導、短報、漏報、扭曲資訊；也有可能因語言、文化因素而造成溝通障礙。例如：虐待兒童的父母通常不會馬上承認打孩子；離婚婦女一下子理不清是誰造成婚姻的破裂；低收入家庭也不知道貧窮成因是什麼；少年犯罪家長通常認為別人帶壞了他的小孩等等，社會工作者不可不明察。

（二）評量表

　　許多機構在會談前後都會先填寫基本資料表，裡面包括服務對象姓名、地址、電話、學歷、婚姻狀況、工作情形、家庭成員、問題描述等，有助於求證進一步資料。此外，也有些機構要求服務對象填寫評量表，例如：自我概念量表（self-concept scale）、人際關係量表、婚姻滿意度量表、個

人問題清單等，社會工作者在使用這些量表時應注意其效度、信度，以及解釋。

（三）間接來源

間接來源指資訊從朋友、親戚、鄰里、醫師、教師、同學、同事、其他機構工作人員所獲得。間接資訊來源有時非常零散片段，且語多保留，或充斥溢美之辭，社會工作者應培養判斷力以明辨資訊的正確性；同時，要保證守密，才可能取得較正確的間接資訊。

（四）心理測驗

有些機構例如：醫院精神科、學生心理輔導中心等會要求服務對象做心理測驗。基本上，心理測驗是心理學家的專長，沒有受過心理測驗專業訓練是不可以輕易為服務對象測驗，以免誤用。通常社會工作者會請心理師協助心理測驗。

（五）非語言行為觀察

非語言行為例如：姿勢、眼神、手指動作、盤腿、抖腳、臉色、呼吸、穿著、打扮、化妝、音調等，都是觀察服務對象行為、思考、感受的線索。除非服務對象是演戲高手，否則喜怒形於色，騙人會臉紅。從非語言行為也可以預判服務對象問題的嚴重性、壓力的程度，以及受害的深度等。

（六）家庭訪視或外展

顯著他人（significant others）或重要關係人是最能提供服務對象資訊的來源。重要關係人通常是配偶、親戚、朋友、鄰居、同事等，而這些人不一定會出現在機構的會談室或社區活動場所，可是他們的資訊又很重要。因此，家庭訪視（home visits）是最有效的方法，以便觀察案家生活情境與重要關係人的互動情形。親訪「案家」觀察家居生活、空間安排、門戶安全、出入社區環境、布置擺設與家具用品等，有助於了解服務對象的問題來源與

成因。例如：兒女長大不分房或通舖睡覺、浴室門沒鎖、房間不上鎖等都成爲性侵或亂倫的環境風險因素。

除了家庭訪視外，社會工作者前往服務對象的工作場所、社區街角、娛樂場所、教會、宮廟訪視，都是可行的外展（out reach），以了解人在情境中的眞實生活經驗。例如：少年在撞球場或籃球場的表現絕對比在機構的會談室或團體輔導室的行爲來得自然而眞實。即使在團體中工作者會努力複製或模擬人在情境中的行爲，但是，還是有很多行爲必須在特定情境下才可能經由互動而產生，例如：見到加害者、作案工具，或被害場景而觸景傷情。

（七）工作者的經驗直覺

有經驗的工作者對案情都有某種程度的直覺。例如：觀其眼睛就可以感受到服務對象的內在衝突，或敏感到服務對象某種不自覺的互動模式，可以讀出服務對象抗衡壓力的樣態，或者服務對象一進會談室所發散出的氣息、品味，會引發工作者某種有感反應，而且導出某種特定的思考方向。這不一定是十足有把握的一種判斷，有時會誤導蒐集資料的方向。使用直覺時，社會工作者應有相當程度的自我了解與覺醒，否則會造成對服務對象的刻板印象。

三、評估的程序

評估基本上是一個社會工作者與服務對象一起蒐集資訊、分析、統合的過程。但是，史佩特夫婦（Specht & Specht, 1986）將這種過程提前到「潛在的案主」（potential client）與社會工作者的互動，以決定是否適合由本機構或組織來協助。

圖8-1是史佩特夫婦所提出的機構評估程序。來求助於社會福利機構的人並不一定就是社會工作的服務對象，可能有需求社會工作服務，或有權利接受社會福利服務或給付的人，都可稱爲「潛在的案主」或可能的服務對象。而當這些人經過社會工作評估之後，確定是本機構所服務的對象，就成爲本機構「眞正的案主」（actural clients）。

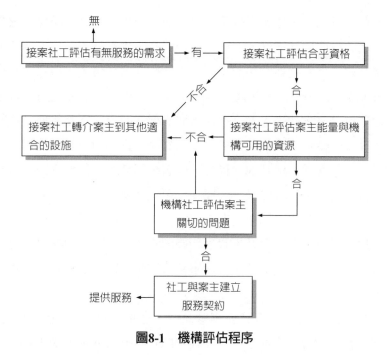

圖8-1　機構評估程序

資料來源：Specht & Specht (1986). *Social Work Assessment: route to clienthood.* pp.525-532.

「潛在的案主」到社會福利機構來求助，首先都是由接案社會工作者（intake social worker）來接受求助申請，或由社會工作者外展接觸到的服務對象。接案社會工作者只要針對「潛在的案主」進行評估，評估的重點是否有服務的需求？或者其真的有問題待解決？問題是什麼？有時，來求助的申請者並非真正需要改變的對象，例如：有時父母會為中輟的學童來求助。

接案社會工作者判定服務對象是有需求服務的人，進一步要評估是否合乎本機構服務的資格要件。通常資格要件是年齡、性別、戶籍、問題類型或程度，以及家庭的配合度。依法家庭暴力、性侵害都是由發生地的社會工作機構介入；社會救助、長期照顧、身心障礙福利等都是由戶籍所在地社會工作機構介入。不過，資格的問題如果是戶籍，大致上可以透過簽訂互惠條款來處理。事實上，目前有許多縣市互有服務對方個案的經驗，倒是問題歸屬才是最麻煩的評估指標。例如：中輟學生打工應該由社會局的少年福利機構

來服務，還是勞工局，或是學校來服務，或者由少年輔導委員會來服務？除
非政府部門間橫向協調很好，否則，問題將找不到適當的服務機構來解決。

接案社會工作者判斷服務對象不合本機構服務資格後，通常會馬上進行
轉介（making referral）。其實，有些「潛在的案主」或服務對象也是轉介
來的，而非自己來求助的。轉介在醫療機構稱爲照會。不論如何，絕對不可
產生踢皮球式的轉介，也就是機構或部門間因權責不明而將可能是自己的服
務對象推向其他機構，而其他機構也可能因相同理由又把他轉回原機構，或
另尋可能合資格的第三個機構，問題在於第三個機構並不一定會認帳收下這
個服務對象。服務對象成爲機構間旅行的人球，被踢來踢去。結果有兩種，
一是消失掉（被踢丟了，但並不代表問題解決了）；二是向媒體踢爆、向民
意代表求助，或向監察機關陳情，使事件爆開來，問題公眾化，機構將被圍
剿指責。

轉介是協助服務對象與其他資源連結，也是社會工作過程中常會使用
到的技巧。有效的轉介應遵循以下原則（Hepworth, Rooney, & Larsen, 1997:
38）：

1. **引導服務對象表達感受，以確定其準備好接受轉介**：通常服務對象會
   有疑惑與誤解自己怎麼會被推出這個機構。社會工作者應提供合理的
   解釋，讓其放心，包括轉介的必要性、轉介的潛在利益、不轉介的成
   本，以及不得不轉介的理由等。
2. **配合服務對象所需**：服務對象需要轉介理由之一即本機構資源不足，
   無法提供最佳的服務。因此，在爲服務對象尋找轉介資源時，應以配
   合服務對象所需爲前提。通常社會工作者要熟悉本地區的社會資源。
   較有效的作法是先建立社區資源清單，並隨時聯繫更新。目前臺灣各
   地方政府都有將社會福利資源清單上網。社會工作者不只要掌握清
   單，而且也要熟悉各個可能轉介資源的限制、條件、程序、服務特色
   等，才能提出可能轉介的名單讓服務對象選擇。
3. **尊重服務對象的自決**（self-determination）：關於服務對象的自決議
   題在第十五章〈社會工作倫理〉中再詳述。服務對象有權利決定要不

要接受轉介與轉介到哪一個機構或設施。不過，社會工作者有責任推介最有利的轉介資源，以協助其選擇有利於其問題解決的轉介。

4. **避免虛假與非現實的承諾**：社會工作者可以樂觀地說明轉介可能帶來的利益，但避免為了說服服務對象接受轉介而給予不可能實現的承諾。例如：可以告知服務對象轉介機構可能提供哪些有利的協助，但不可替轉介機構承諾一定可以提供到什麼程度。

5. **避免先確定下一位服務者是誰**：社會工作者可以告知轉介資源的服務者有哪些？其特色如何。但是，不可保證一定是誰會提供服務。社會工作者可以因私人關係而推介特定服務機構，但不可勉強服務對象接受推薦，也不可強加他人接受轉介。

立基於上述五原則，社會工作者進行轉介時，通常有下列五個步驟（Hepworth, Rooney, & Larsen, 1997）：

1. 寫下接觸轉介資源所需資訊，例如：名稱、地址、如何聯絡、如何去、去了之後會得到什麼等。通常機構會有轉介單，列有上述這些資訊欄位以便填寫。

2. 提供聯絡人的姓名。這是為了避免服務對象失望或撤退，最好有一個人名可以讓其打電話或寫信去的特定對象。如果能給二個名單最好，以免第一人選不在而中斷聯繫。

3. 如果服務對象的需求與問題較複雜，應有轉介單一併讓服務對象帶走，以利對方了解。轉介單內容應包括姓名、年齡、性別、職業、婚姻狀況、家庭基本資料、聯絡地址、問題摘述、求助期待，以及本機構轉介的理由等。別忘了上述的交換模式。

4. 要求服務對象在你的辦公室打電話預約。這是為了確定其已接觸到轉介資源，而且也可馬上解決轉介可能面對的困難。

5. 為了鼓勵服務對象前往轉介機構，應促成其親屬、朋友陪同前往。必要時，社會工作者可安排本機構的工作人員或自己陪同前往。但在行前，請服務對象及其同行者先做行為預習，以利成功地轉介。

轉介後，社會工作者應要求服務對象回報轉介情形，或者主動聯繫轉

介資源，以確定是否已前往接受服務。如果未前往，社會工作者有必要再催促。也就是說，轉介是爲了使服務對象得到更佳服務而進行的社會工作過程之一，而不是爲了把手邊的服務對象推出去，眼不見爲淨。尤其是那些「非自願案主」，更是需要緊迫盯人，才可能完成一個成功的轉介。

當「潛在案主」被界定符合本機構的資格要件後，進一步還要評估本機構是否有足夠資源可以協助服務對象，和服務對象的能量如何。能量包括健康條件、智力、認知、情緒、動機、文化、解決問題的經驗與技巧、價值觀等。晚近，社會工作界已強調優勢在評估中的重要性，也就是從過去著重在服務對象的問題、病理或缺損模式的評估轉換到以優勢、權力、資源、人與環境的潛力爲評估焦點（Zastrow, 1995; Hapworth, Rooney, & Larsen, 1997; Saleebey, 1996）。這也是助力的評估，助力的來源不只來自他人或環境，也包括服務對象本身所擁有的資源與能量。

不過，此時不只考量服務對象的能量，也必須衡量機構和資源可得性。機構如果弄不到足夠滿足服務對象的資源，即使服務對象的動機與意願都很強，也有足夠因應困境的技巧，可是，機構資源有限，也幫不上忙。例如：一時找不到寄養家庭、學校教師的調整不易、老人長期照護病床額滿，或社會住宅抽籤不一定抽得到等等，往往都不是本機構能掌控的。固然，機構有最大的意願爲服務對象爭取（倡導）到資源，但可能緩不濟急。此時，將服務對象轉介到資源更多的機構可能是必要的。

反之，如果服務對象的能量與機構的資源足以協助，則由機構的社會工作者進一步評估其所關切的問題是什麼。此時，「潛在案主」變成機構的「眞正的案主」，社會工作者與服務對象建立服務契約。但是，如上一段曾提及評估是持續不斷地到結案爲止，因此，社會工作者仍然必須依階段需要進行評估。

四、評估的焦點

前已述及，評估的重點不再只是病理或問題，也應包括需求、優勢與資源。圖8-2扼要地將評估的焦點整理以供參考，如下：

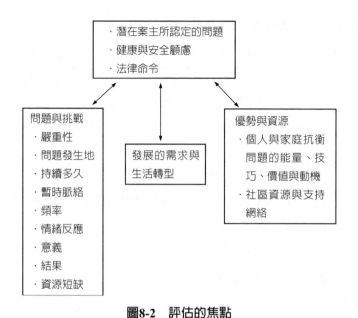

圖8-2　評估的焦點

資料來源：Hepworth, Rooney, & Larsen (1997). *Direct Social Work Practice*, p.196.

　　進一步，黑普渥斯等人（Hepworth, Rooney, & Larsen, 1997）又將上述三組評估焦點轉化為22個提問，幫助實務工作者了解評估是否完整。首先，有三個母問題貫穿全程，是社會工作者必要考慮的顯著因素：

1.「潛在服務對象」關切什麼？問題何在？

2.相關的法律規定是什麼？

3.健康或安全的問題有多嚴重或迫切？

　　通常這是任何社會工作評估的三個基本面向。例如：一個疑似遭受性侵害的少女前來求助，評估的主軸也不離這三個向度。主要問題是性侵害犯罪；相關法令包括《性侵害犯罪防治法》、《兒童及少年福利與權益保障法》等；傷害的嚴重性是身體、心理或社會關係，到什麼程度，高風險、低風險？

　　接著要仔細問以下4到17個問題。這些問題都與服務對象所面對的問題有關。

4.問題的特定指標或顯著性是什麼？

每一種問題都有特定的指標來衡量其是否已構成問題，例如：兒童疏忽的指標有體重過輕、發育不良、虛弱、昏沉，經常向鄰居、教師或他人要東西吃、蓬頭垢面、穿著不配稱、衣衫襤褸、衣服有破洞、冬天穿夏裝、打赤腳、頭髮太長、長頭蝨、持續性咳嗽、流鼻涕、鄰居抱怨兒童經常獨自在家等。

又例如：兒童身體虐待的指標有：用悶、抓、甩、打、摔、踢、撞、扔、扯、捏、掐、捶、踹等造成的經常性與嚴重性外傷；被燙、燒、烙、灼等造成的傷與疤；口角破裂；骨折、眼部受傷、頭部受傷、內腹部受傷、咬傷等。

5.什麼人和體系與這個問題有瓜葛？

誰是關鍵人物？誰也涉入？個人、團體、社區、組織？例如：誰打了這孩子？有沒有人是幫手？是誰？

6.這些參與者或體系如何涉入，造成這個問題發生？

涉嫌打孩子的人各扮演什麼角色？他們如何互相影響。例如：媽媽為了讓同居人強姦女兒得逞，假借外出購物，留女兒與同居人獨處。

7.為什麼會發生這個問題？

通常問題發生有一定的順序，**前導事件→思考過程→行為→後果**（Zastrow, 1995: 86）。例如：女人的前夫過世，家庭經濟困難，又怕孤獨、沒人要，既然同居人如此照顧這對孤女寡母，為了留住同居人的心，所以應同居人的要求，讓女兒與同居人性交，懷孕生子，造成了近親姦、兒童性虐待、未成年懷孕、未婚生子等複雜問題。

8.在哪裡發生問題？

問這個問題主要是想知道有沒有其他人或其他環境因素影響問題的發生，哪些是可以預防或改善的。例如：女孩在哪裡被強暴？只有家裡嗎？有沒有在別的地方，如旅館、汽車、郊外、男方家裡等。

9. 何時發生問題？

是在白天或晚上，或中午休息時間，或者外出的時候？工作的時候？上學途中？母親不在的時候？男人喝醉酒的時候？與母親爭吵之後？母親月經來潮的時候？問什麼時候發生有助於了解影響因素與形成受害者壓力的嚴重時段。

10. 問題發生的頻率與密集度

多久發生一次，是每天，還是幾天一次？固定間隔，還是不定期？這有助於了解問題發生的普遍程度，以及受害的嚴重性。

11. 問題發生史

什麼時候開始有這種行為？持續多久？有沒有間隔？什麼時候又再發生，到什麼時候終止？這有助於了解在什麼環境條件下發生問題，以及為何中斷，是不是有其他影響因素？為何又開始？服務對象的社會功能是否扮演重要的角色？

12. 問題產生的後果是什麼？

服務對象受到什麼傷害？生理傷害的部位、嚴重度如何？心理創傷有多深？社會關係在哪方面被破壞，有多嚴重？例如：被性騷擾、被碰觸身體，且加害者又提及帶有性暗示的語言造成受害者心理有嘔吐感，極端不舒服。又因被謠傳所困，而遭友伴孤立、排擠、退思。因此，被害者的傷害是多面性的，不能只評估單一面向，或明顯傷害的身體部位。

13. 當事人如何看待問題？

關鍵人物如何看待其行為？關係人又如何看待這個問題？受害者想到的問題是什麼？每一事件產生對不同年齡、性別、階級、宗教、地位、居住地區、利益等均有不同解讀。少女生存性交（survival sex）可能被詮釋成為愛犧牲是值得的；女孩被性騷擾在乎的是有沒有影響其人際關係，而不是生理上的侵犯。所以，不同參考架構（reference frame）會產生不同對問題的理解。

14. 服務對象對問題的反應是什麼？

問題發生時每個人的反應各有不同，有人不在乎、冷漠，等問題惡化時

才著急；有人馬上表現出高度的焦慮、挫折、無助、恐懼、擔心等；有人表現撤退、自責、放棄、自傷、自殺；有人則積極尋求協助等。不同的反應影響尋求協助的意願、解決問題的方法，以及對問題情境的判斷。

15. 問題對參與者有何影響？

加害者在事件發生後做了些什麼？要當事人不要走漏風聲、安慰服務對象、欺騙服務對象說要娶她？恐嚇她、恐嚇「案家」？用錢擺平、找大人物出面把事情壓下？或者後悔道歉、心生恐懼、失業、離婚？其他參與者又做了些什麼？從這些資訊中社會工作者可以了解參與者解決問題的行為模式，造成問題的動機與意圖，以及可能的下一步動作。

16. 還有其他相關問題存在會影響到服務對象或家庭成員的社會功能嗎？

是不是有隱藏於問題背後的其他相關問題，例如：婚姻問題、酗酒、藥物濫用、性虐待等服務對象不便啟口的問題。服務對象通常會把這些被社會視為禁忌或高度道德性的議題潛藏起來。但是，這些問題又是影響其本人及其家人的社會功能最深。不解決這些問題，即使主要問題被處理了，也無法真正一勞永逸。

17. 服務對象的問題發生的發展階段或生命循環階段

不同生命循環階段有不同的任務發展與問題面對，服務對象發生問題與生命循環息息相關。例如：早年被性虐待或疏忽對社會與情緒發展有很大的影響，即使讀了大學，其創傷後壓力疾患（PTSD）如果沒有處理，其情緒困擾仍然陰魂不散。生命循環發展階段也提供我們界定問題的範圍有多大，危機程度有多高，造成的影響有多深遠。例如：生涯時鐘（career clock）落後，可能面對失業、婚姻破裂、子女的照顧成為問題、人際關係變壞等，問題的複雜性可想而知。

以上這14個問題是針對問題本身，接著從18到22題是針對服務對象的優勢、資源與限制來提問。

18. 服務對象曾經如何因應這個問題？

服務對象也許只是想過要解決問題，那她想到了哪些辦法？為何沒付諸

行動？也許她曾試著採取行動過，那又是什麼行動？有效嗎？為何失敗？從這裡我們可以了解其企圖心、解決問題的動機與意願；同時，也可以了解其抗衡問題的能力、技巧與策略，以及缺失。

19. 哪些解決問題的技巧是需要的？

經過對問題情境的判斷後，社會工作者與服務對象可以共同界定出哪些問題解決的技巧是必要的，例如：溝通、傾聽、衝突管理、自我肯定、協調、親職技巧、自我情緒控制、壓力管理等。

20. 服務對象的解決問題技巧與優勢是什麼？

天生我材必有用、一枝草一點露，再差的馬也有一步踢，一個人不可能一無是處，即使面對再大的問題，總還會有最起碼的求生本能。服務對象的個人解決問題技巧，也許因壓力太大或缺乏自信而使不上力，也許因經驗不足，場面太混亂而忘了自己有能力。因此，試著去重新界定服務對象的個人素質（personal qualities）與優勢有助於解決問題。其實，每個人最清楚自己有多少實力，能做多少事，社會工作者要將其引發出來。就優勢觀點的社會工作角度來看，幫助服務對象充權、復原力（resilience）、獲得成員身分（membership），就可能使服務對象有力量（Saleebey, 1996: 298）。

21. 社會、文化、階級因素的影響如何？

女性被毆打為何不逃走？女孩被強暴為何不聲張？子女被虐待為何不敢說？家裡有精神病患為何不就醫？社會工作者有時很無奈地面對這些議題。顯然，社會、文化、宗教、性別、階級因素影響行為很深，不只是問題的發生，也包括解決問題的方式。不去探討這些因素，很難透澈問題的發生與解決的策略。

22. 外部資源有哪些？

當前有哪些支持體系存在，例如：非正式支持體系的家庭、鄰里、教會、朋友等；正式支持體系的社會福利資源，例如：日間托育、老人住宅、婦女庇護中心、中途之家、經濟補助等。資源有多少（量）、是什麼資源（質）、能到手的又有多少（可得性）、對問題解決能幫助到什麼程度、還

缺什麼？資源評估是進行服務計畫的前奏。

　　以上22個提問，並非要社會工作者背下來，而是把它做成一份評估清單（assessment list），作為參考。尤其是資淺社會工作者，在面對服務對象時，早就把學過的知識忘得一乾二淨，吱唔半天，不知從何問起。為了讓自己的評估工作更結構化，生態架構（ecological framework）的評估可能有助於評估的完整性。亦即，從個人的特質、歷史、潛力下手，進而家庭、學校、社區鄰里、職場、制度、文化等（Adams, Dominelli, & Payne, 2009）。這22點不是生硬依序問下去的，而是配搭在會談、家庭訪視、外展，或介入過程中來問，這也是之前所提及的評估不是一次完成的。

　　上述的評估程序與焦點是屬於問題系統取向的評估。此外，常見的評估尚有社會支持網絡分析（social support network analysis）、社會影響評估（social impact assessment），以及需求評估（need assessment）三者。

　　社會支持網絡分析是藉著網狀圖形來評估個人或家庭的社會支持網，支持網絡的重點在於生活中的支持來源（例如：學校、教會、職場等）、支持的頻率、支持者與接受者的關係、提供者與支持者的互動關係、關係的向度（單向或雙向）、支持的期間、支持的條件。也就是分析的焦點包括支持網絡的組成、結構與過程，且同時評估網絡的量與質（Whittaker & Garbarino, 1983; Seed, 1990）。

　　社會支持網絡是社區中的人民因生活的必要而接觸或活動，所形成的體系或模式。其主要要素包括以下幾組：

1. 住家：(1)社會設施；(2)社會史；(3)個人表現；(4)主要支持者的觀點；(5)服務對象的觀點。
2. 就業：(1)行業；(2)薪資；(3)績效；(4)工作關係。
3. 親戚關係：(1)遠親；(2)近親。
4. 朋友：(1)同性朋友；(2)異性朋友；(3)幫派；(4)死黨；(5)社團。
5. 活動：(1)休閒；(2)社交；(3)購物；(4)宗教；(5)運動；(6)政治；(7)文化；(8)投資。
6. 社會服務輸入：(1)托兒；(2)托老；(3)身心障礙復健；(4)經濟補助；

(5)就業服務；(6)庇護；(7)收養；(8)寄養；(9)犯罪矯正。

7. 其他服務輸入：(1)教育；(2)財務；(3)醫療保健；(4)法律支援；
(5)住宅；(6)交通。

8. 關係的內涵：(1)交換；(2)溝通；(3)媒介工具；(4)涉入；(5)感情；
(6)權力；(7)血緣；(8)契約；(9)性。

　　下圖8-3、8-4是最基本的社會支持網絡的圖示。圖8-3是以服務對象為
中心的社會支持網絡。圖8-4是社會支持網絡分析的主要資訊成分。從服務
對象在家生活到家庭外的社區活動，再到社會服務的提供，以及因社會服務
所衍生的資源，都是評估的對象。

　　社會影響評估是一種跨科技的評估，特別使用在硬體建設，例如：水
壩、大型工廠、高速公路、電廠、新社區開發計畫、大型賣場等的興建，對
當地社區的人文景觀、社會互動、社會功能等的影響。社會影響評估基本上
是一種情境的評估，較不是針對個人，而是集體的居民，評估其在新的建設
介入後，社區可能產生的社會面的變化。目前，國內的重大經建計畫都必須
先進行社會影響評估，例如：核四電廠、彰濱工業區、六輕等。社會影響評
估通常針對長期的影響，例如：風災受災戶的永久屋興建，有多少人受影

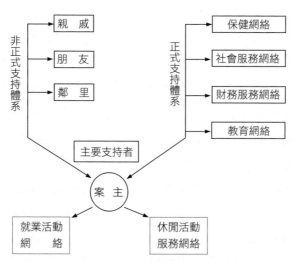

圖8-3　服務對象為中心的社會支持網絡

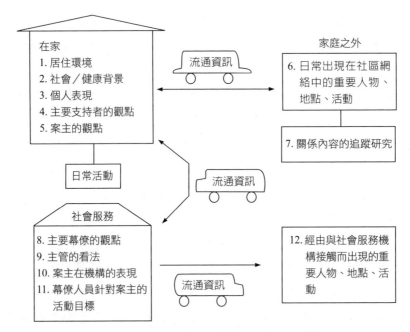

圖8-4　社會支持網絡分析的主要資訊成分

響，遷村後對村民居住、宗教、職業、社會關係、經濟、政治、族群的影響。社會工作者也常被要求參與社會影響評估，例如：違章建築拆遷、社區更新、災後社區重建等。

　　需求評估是企圖去界定什麼是必要的，以確保特定人口群或社區居民在各種生活層面裡能展現可以被接受的社會功能（York, 1982）。通常，需求評估被用在社區調查，或特定人口群，例如：老人、身心障礙者、就業婦女、單親家長、少年、勞工等的福利需求調查。其重點在於了解什麼人需求什麼？程度如何？有沒有被滿足了？未被滿足的原因是什麼？提供什麼服務才可能得到滿足？提供多少（量）與品質如何？

　　在評估的過程中，有時是單獨評估過程（single assessment process, SAP），有時需要共同評估架構（common assessment framework, CAF）（Adams, Dominelli, & Payne, 2009）。前者是指以服務對象為中心，從接觸到綜合評估的一系列過程，由跨機構與專業來完成，俾利提供整體的服

務。為了有利於評估的整體性，介入為基礎的團隊評估（intervention based team assessment, IBTA）常是學校社會工作、兒童服務、家庭服務很重要的評估作法，由不同的專業，為了介入服務對象的問題，提供不同專業角度的評估。後者是不同的機構共享評估的架構，例如：兒童需求計畫、照顧計畫、獨立生活計畫（pathway plan）等，不同階段的服務規劃均考慮共同的面向，例如：兒童發展、親職能力、家庭外部環境等。

第三節　規　劃

規劃是評估與介入行動間的橋梁，也是政策與實務間的介面（Adams, Dominelli, & Payne, 2009）。也就是為了解決問題或達到目標而進行的一系列思考、算計與抉擇的過程。因此，在規劃階段最重要的工作有二：一是目標設定（goal setting），二是備案（alternatives）的選擇。

一、目標設定

目標設定在於達成以下四項功能：

1. 澄清問題所在。
2. 促進服務對象參與。
3. 引導解決問題的行動方向。
4. 作為評鑑的指標。

然而，什麼是目標呢？如何界定目標？具體目標（objectives）、目標（goal）與目的（purpose）在中文裡很難區分。嚴格說來，目的最抽象、長程與終極。目的幾乎等同於宗旨，例如：一個機構成立的目的是促進家庭親子和諧。目標則是反映機構已經建構的特定期程內欲達成的期待，例如：本年度要維持經費上自給自足，或降低機構式照顧的依賴率，代之以社區照顧。具體目標是指可測量的進步量或改善情形的敘述。具體目標通常是評鑑

的指標，有時稱為次目標（subgoals）。亦即，一個目標可以轉化為若干具體目標。

服務對象到社會福利機構來求助，有可能很清楚自己要什麼？也可能不知道自己真正要什麼。同樣地，社會工作者提供服務時，知道自己要去改變服務對象的某一部分，也可能不知道能改變服務對象的哪一部分。因此，很重要的是建立目標的共識。

如前一節評估所提到的，服務對象可能有一系列的問題或需求，尤其碰到多問題的家庭，真是問題一籮筐，怎麼辦？先形成目標共識再談介入行動。建立目標共識的過程有以下幾個步驟：

1. **確立關懷的範圍**：也就是我能做什麼？責任範圍有多大？做不到的事多談無益。服務對象的需求若超出我的權力範圍，不能納入成為工作目標。

2. **確定抉擇的範圍**：我能為服務對象提供的服務或我的職責範圍內有哪些選擇？我可以提供金錢補助，也可以引進社區資源，也可以轉介。也就是針對服務對象的需求，我有多少選擇。

3. **建立目標關係**：改變的目標可以有好幾個，且可能並存，例如：針對受暴婦女的需求，同時要提供醫療、庇護、經濟補助、法律協助、心理諮商、子女照顧、就業等。通常目標間的關係要周延或窮盡、系統化，以及互斥或獨立。也就是完整地滿足服務對象的需求，且層次分明，又不互相牴觸或重疊。目標樹（goal tree）是一個能幫助建立目標關係的結構圖。

4. **目標的優先順序排列**：除非服務對象只有一個特定目標要達成，否則都會因機構的資源有限，和服務對象問題的相互糾葛，而必須排出目標優先順序。優先順序的選定可以考慮最迫切需要的先滿足，例如：攸關生命安全，或最容易達成的先做，或最有共識的先做。不論哪一種順序，最好是採共識決；再不然就投票表決，贊成多的先執行。

5. **轉換目標為政策**：也就是大家同樣照既定的目標前進，目標成為大家共同遵守的行動準則，依此政策來採取行動。

　　目標設定的過程如果不能取得共識，就會產生目標衝突（goal conflict）。引發目標衝突的原因有幾項（York, 1982）：

1. 對目標與手段的看法不一。
2. 對終極價值評價不一。
3. 對目標優先順序看法不一。
4. 沒有共同目標。
5. 本質上存在敵對的狀態。

　　解決目標衝突的方法是不斷地溝通、協商，必要時要妥協，直到可以相互接受對方的目標為止。

　　在規劃服務方案的過程可能會隨著服務對象問題的解決，或因機構組織的發展而改變既定目標。以新的目標來取代原先的目標，稱之為目標取代（goal displacement）。最常見的是服務對象被發現有更迫切需要處理的問題，例如：親子關係不佳源於有性侵害的經驗存在。或是機構本身逐漸制度化之後，組織的維持與成長變得比服務效果來得優先被重視。目標若要被取代也應取得共識，否則阻力會很大。

　　怎樣才能把目標妥適陳述是規劃的前提要件。目標不清楚，或沒有共識，根本無法進行服務規劃。以下幾個要素是目標界定重要的參考：

1. **目標要指向產出（output）而不是過程或手段**：亦即要設定社會工作服務要達成什麼？例如：兒童被收養、特殊學童被鑑定安置輔導、親子關係改善、中輟復學、老人居家服務等，而不是如何達成。
2. **目標可以被測量**：例如：降低少年犯罪率10%，或減少中輟生多少，或暴力行為的次數減少等，避免空洞。
3. **目標有時程**：遙遙無期的目標無法說服人，例如：什麼時候可以獲得住宅安置，什麼時候可以完成資格審查，進住機構。
4. **目標要實際**：不能太難達成，也不能易如反掌。目標訂得太簡單，服務對象會笑你就這麼一點能耐而已；目標訂得太難，永遠做不到，徒增挫折，尤其是機構資源不及供應的。
5. **目標要能滿足需求**：這是最根本的癥結所在。忙了老半天，目標與需

求評估的結果無關，會被取笑。

二、備選方案的設計與選定

為了達成目標而進行計畫的操作階段，稱之為方案設計（programming）。方案設計涉及一連串的決策，以決定如何達成目標。通常每一種需求都有許多種滿足的方法，例如：解決中輟生的問題可以開設國中技藝班，也可以設高關懷班，也可以設住宿型慈暉班，或是中輟學園，或者結合認輔志工媽媽。即使設置學校社會工作的方式也有好多種，外包給臺灣兒童暨家庭扶助基金會（C.C.F.）的外部模式（external model），或者直接設在學校的校內模式（internal model）。設在學校內的學校社會工作也可採駐校模式，或區域巡迴模式。總之，每一種解決方法都是一個備選方案。在社會工作職場，方案設計是基本工。

方案的選擇有一些基本指標。約克（York, 1982）提出六個指標：

1. **便利**（expediency）：便利基本上不是理性的思考，是權宜的、方便的，甚至是政治的。考量組織面對什麼環境，能通過大家的支持最重要，至於是否合乎正義或對錯不重要。這個指標看來迂腐，但在現實生活中常有些無奈，如要通過立法院、議會、董事會、理事會，必要的妥協也不見得是不好的。

2. **重要性**（importance）：這是一種主觀的價值判斷，覺得做這件事對某些人來說很重要。通常重要性的判準是因為某個目標的達成比另一個重要，就影響到達成該目標的方案也變得重要了。

3. **效率**（efficiency）**與效果**（effectiveness）：效率才是真正進入理性的考量，花了多少成本來達成多少成果的比值，就是效率。也就是用最少錢做出最多業績，就是效率高。與效率常被並列的指標是效果。效果是指達成目標的程度。有時社會工作服務很難計算金錢價值，反而是容易計算效果，例如：活動參加的人很多、民意支持度上升幾個百分點、服務對象很樂意配合工作員等。

4. **可行性**（feasibility）：可行性是指方案可以達到預定目標的機率。不可行的方案是指不會被通過，或通過了也做不出來，做出來了也達不到目標的。不可行的方案談不上效果，更不用說效率了。其原因通常因資源不足、時機不對、未針對目標設計、人地不宜、技術不成熟、得不到支持等。

5. **公平**（equity）：公平是指每一位受服務的服務對象都可以得到公正的服務，依其需求而得到合理對待。在民主社會裡，會計較的人越來越多。事實上，公平對待也是現代社會的普世價值，公平被服務也就變得很重要了。

6. **附帶後果**（secondary results）：方案執行後可能帶來的附帶後果，例如：發出保護令也表示加害者與受害者雙方的關係更阻隔了；提供兒童課後照顧同時也使未立案的安親班萎縮。附帶後果可能是負作用，也可能比預期的好。

進行決策的方式很多，但是一定要牢記著下列原則：

1. 錯誤的決策比貪汙更可怕。做錯決定不一定犯法，但可能造成的損失大於貪汙，例如：不同意核准保護令的申請而使服務對象被殺，或沒有阻止服務對象前去談判分手而導致被迷姦。

2. 甲案乙案丙案都比拖延案好。遲遲不決會使問題解決的良機錯過，使小問題變大災難。服務對象往往等不及一再研議或研究辦理的案子而傾家蕩產。作為一位社會工作者應有當機立斷的果決。

3. 衝動時不要做決策。當你發現自己對某人某事有情緒時，最好給自己一點空白時間，先擱置幾分鐘，喝一杯茶，與人聊聊天，或上個洗手間，再來進行決策，否則很容易做錯決定。衝動往往是錯誤決策的開始。

4. 錯誤是可能的，朝令夕改可矣！即使有萬全的準備，也可能因資訊不足，或瞬息萬變而導致決策錯誤。一旦發現錯誤，除非立即改正的成本大於將錯就錯，否則最好馬上改正，讓錯誤背在背上是走不了多遠的。萬一，選擇將錯就錯時，一定要與錯誤共存亡；如果撐不下去，

最好放下,免得後悔。

決定之後,將計畫文字化,並與服務對象建立契約,雙方同意照計畫行事。計畫內容通常包括法源依據、背景分析、目標、執行策略、組織分工、期程、預算、預期效益等。

第四節 介　入

社會工作處置(social work treatment)概念來自1929年,由不同個案工作機構代表參加為尋求共同實施基礎的「米爾福會議」(Milford Conference)所發展出的概念。基本上,處置是來自醫療模式的術語。當時的處置重點是幫助服務對象適應(adjust)。處置的過程包括三部分:(1)資源的使用;(2)協助服務對象自我了解;(3)幫助服務對象發展解決問題的能力。由於是醫療模式的概念,處置的焦點是個人經驗,而非社會情境。

1940年,個案工作診斷學派的重要理論家漢彌爾頓(Gordon Hamilton)賦予診斷新的意義,他認為診斷應是「了解有問題的人及其問題本身」,也就是將人在情境中(person in the situation)的情境納入。漢彌爾頓也重新界定處置為「提供服務」或「行為改變」。據此,處置包含補足資源、方案提供、資源調適,以及諮商或治療。1980年代以來,診斷與處置兩個屬於醫療模式的概念被評估與介入所取代(Johnson, 1998),這多少與社區組織使用這兩個概念有關。據此可知,美國社會工作界早期使用的處置概念本身即有心理暨社會治療的意涵,但範圍大於心理暨社會治療。使用處置隱含著將服務對象視為疾病與犯罪者。而臺灣社會工作界後來把處置一詞譯成「處遇」,這是受到犯罪學的「社區處遇」(community treatment)的影響。犯罪學於1970年代起推動少年犯罪的社區處遇,企圖取代機構式矯正(institutional correction)。犯罪學界採Treatment的音譯,創造出一般人不易理解的中譯,實不利於溝通;更重要的是病態化了服務對象(Beckett,

2010: 47）。

　　同時，精神醫療也推動肯定社區處置（Assertive Community Treatment, ACT），密集整合社區心理健康服務輸送體系。臺灣精神醫療界將Treatment譯為處置，以區別治療（Therapy）的概念，也有別於犯罪矯正的「處遇」。倘若精神醫學也使用處遇概念，就會在司法精神醫學（Forensic Psychiatry）領域與犯罪矯正產生衝突，因為司法精神醫學重點是治療精神病犯罪者，或被認為有犯罪高風險的精神病患，避免其因精神疾病發作導致公共危險，而不是懲戒其違法行為。犯罪矯正體系的「處遇」重點在懲戒與矯正犯罪者，令其不再犯。又倘若社會工作者也使用「處遇」概念，就會在司法社會工作（Forensic Social Work）所重視的人權議題，特別是弱勢者的人權議題上與犯罪矯正的處遇出現角色困境（Maschi & Leibowitz, 2018）。司法社會工作不是矯正控制機制，或是矯正處遇（correctional treatment）的一員，而是提供犯罪者與被害人社會工作介入，終止歧視與不正義的對待，致力於去標籤化、去犯罪化，堅守促進社會正義、終止任何形式的壓迫。

　　其實，社會工作者在這個階段是協助與提供服務。

　　到底社會工作要介入服務對象的什麼？貝基特（Beckett, 2010: 47）認為有四項：

1. **替代**（substituting）**照顧網絡**：當評估服務對象的非正式照顧網絡無法發揮功能時，社會工作者提供替代的網絡以利服務對象得以獲得照顧。例如：機構安置、收養、寄養。

2. **補充**（supplementing）**照顧網絡**：當評估服務對象的需求與問題超出非正式照顧網絡能夠滿足或提供時，社會工作者提供額外的資源以補非正式照顧網絡的不足。例如：為服務對象倡導、家庭經濟補助、托育服務、居家服務、學校社會工作等。

3. **促進**（promoting）**自我照顧**：當評估服務對象本人的能力不足以照顧自己或參與社會時，社會工作者提供支持服務，重建或恢復其因應能力。例如：建立自尊、充權、行為修正、轉介治療等。

4. **著手於**（addressing）**失敗的照顧網絡**：當評估服務對象的照顧者發

生不當的對待時，社會工作者試圖改變其行為，或建議改變照顧者。例如：親職教育、兒童保護、改定監護權等。

通常介入會有層次（tiers）的區分，例如：自殺防治有三層：預防（prevention）、介入（intervention）、事後介入（postvention）。我國教育部參考公共衛生的三級預防概念把學校輔導機制也分為三級：初級預防乃針對一般學生與適應困難學生進行一般輔導；二級預防乃針對瀕臨偏差行為邊緣學生進行較專業的輔導；三級預防乃針對偏差行為及嚴重適應困難學生進行專業的矯正諮商及身心復健。學校社會工作的介入層次就依此而有不同。

第五節　評　鑑

一、評鑑的目的

社會工作者經常被問道：這樣做有效嗎？這樣做對了嗎？有沒有比這樣更好的策略？這是不是在浪費錢？錢有沒有用在刀口上？是不是給了太多？這樣夠嗎？尤其是面對責信（accountability）的要求，社會工作者必須取信於服務對象、社區、捐款人，稱之為外部責信（external accountability）；也必須取信於機構主管、同事、財政主計單位、管理部門，稱之為內部責信（internal accountability）。不只是責信的要求，社會工作者也面對知識建構的壓力，社會工作者被期待也要當個研究者，對理論有驗證的能力，對未來決策有累積經驗的貢獻。尤其晚近以證據為基礎的實務（evidence-based/informed practice, EBP）成為主流之後，研究與實務結合，介入成效的評鑑變得更加重要（Grinnelli, Gabor, & Unrau, 2012）。以證據為基礎的實務是指降低研究與實務的落差，以極大化機會協助服務對象與避免傷害。其假設專業助人工作者經常需要資訊以進行重要決策，例如：進行風險評估，或決定提供何種服務是對服務對象最有效（Gambrill & Gibbs, 2009）。因此，評

鑑就成為當代社會工作者不可或免的業務，也是社會工作介入行動發生後，必要的工作。評鑑能幫助社會工作者：

1. 了解目標達成與否及其達成程度。
2. 處理成敗的因素及其改進之道。
3. 有利於下一個計畫的決策。
4. 轉化實務經驗成為知識。
5. 取信於機構與社會大眾。

雖然評鑑有上述功能，但是，還是有很多人恐懼被評鑑，因為：

1. 擔心評鑑結果不如預期。
2. 認為專業不應受到挑戰。
3. 害怕評鑑將使方案被結束掉。
4. 害怕資料被濫用。
5. 怪罪評鑑方法不客觀。
6. 覺得評鑑結果沒什麼用。
7. 只是浪費時間與金錢罷了。
8. 人群服務沒有標準答案，怎麼評鑑？

可見要說服人接受評鑑還真不容易。如果不接受外部評鑑，至少應先做自評（in-house evaluation）。自評通常由機構內的研究考核人員辦理，外評則由機構外聘專家來執行，有時是因政府委託案，而由委託機構組成評鑑小組來機構進行評鑑。

二、評鑑的方法

評鑑者對受評成效的測量有兩派截然不同的看法。客觀事實學派（the hard facts school）認為事實應客觀測量，不能客觀測量的東西不適合當成目標來追求，因為那是無意義的。因此，每一個計畫都應將目標具體化、量化，每一個行動也應可系統分析，每一個成果也應可計量。由於現實生活中有太多素材是不易計量的，例如：關係、自主、自決、依附等。此外，即使有些素材勉強被轉換成度量化指標，例如：性關係滿意度、婚姻和諧度、情

感依賴度、家庭美滿度。但是，什麼才是好、壞、高、低，還是因人的判準不同而異（McCurdy, 1979）。

據此，另一澈底迴避學派（the total avoidance school）認為客觀測量是不可能的，無法做到的，尤其是關於人群服務的過程，測量根本違反人道，也危及服務對象的權益，以及傷害服務對象的個別性。如果讓客觀事實學派得逞，他們將得寸進尺，什麼都要測量，人性將被扭曲（McCurdy, 1979）。

本書不主張走極端，過猶不及，能測量的部分還是用客觀的工具來測量，不能測量或沒有必要測量的，最好用質性資料來呈現。

到底要評量方案或服務的什麼？從系統的角度來看一個社會工作服務方案的過程，如圖8-5（McCurdy, 1979）：

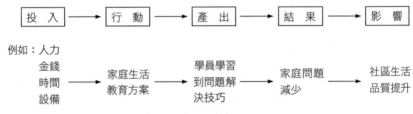

圖8-5　方案評鑑的脈絡

從上述的系統脈絡中可以發展出評鑑的指標如下（York, 1982）：

1. **努力／投入**（effort）：指社會工作者或機構為了服務對象或方案總共投入了多少心力，包括人力、時間、活動、設備等，這是最常見的評鑑指標。

2. **效率**（efficiency）：指產出與投入的比值，亦即每一個單位成本的投入獲得的產出值。

3. **效果**（effectiveness）：是指績效（performance）、成果（effect）或結果（results），例如：缺席率下降、使用居家服務的頻率提高、對服務的滿意度提高等。

4. **影響**（impact）：是指方案產生對社會問題的解決或對社會的改變效果，通常需要一段時間後才會看到影響力產生。影響的指標最常見的例子是失業率、出生率、死亡率、預期壽命、犯罪率、中輟率、婚姻暴力發生率、兒童虐待率等。

5. **品質**（quality）：指與專業要求有關的標準，例如：病人與工作員的比例、員工的訓練、專業資歷、決策過程的和諧、督導負荷、管制進度。

6. **過程**（process）：重點在方案的行動或執行過程，為何成功或失敗？方案可複製嗎？可以再改善嗎？服務對象可以再增加嗎？方案執行的條件是什麼？以及方案的成果是哪些方面，可以持續多久？是真的由這個方案所產生的改變嗎？

7. **公平**（equity）：如前所提及的，是否每一位服務對象或參與者都得到公平的服務。

依這些評鑑指標就可以設計評鑑的方法，如果只重視方案或服務的滿意與否，就可採方案滿意度調查即可；如果想比較方案或服務前後的差異，就可採實驗設計中的前後測驗；如果要比較方案執行不同階段的長程改變，就可採準實驗設計中的時間序列設計（time series design）；如果要計算成本效益，就得採成本效益分析（cost-benefit analysis）；如果要分析成本與效果，那就採成本效果分析（cost-effectiveness analysis）（林萬億，2015）。

評鑑也是一個過程，其步驟包括：(1)與利害關係人建立關係；(2)描述方案；(3)評鑑準備；(4)蒐集與分析資料；(5)確證結論；(6)推廣與學習（Grinnelli, Gabor, & Unrau, 2012）。

評鑑的消極目的是在鑑別優劣，積極則是作為改善的參考。但是，誤用評鑑的情形也不是沒有。以下是一些常見的濫用評鑑的情事：

1. **評好不評壞**：只評好的，略過差的，存心利用評鑑來合理化方案的缺點。

2. **漂白劑**：企圖利用評鑑來掩飾錯誤，粉飾太平，告訴反對者我們已做了評鑑，一切尚稱良好。

3. **一舉擊沉**：利用評鑑把不喜歡的方案或人員一舉推倒或乾脆把它擊落、淘汰，省得多費唇舌去反對。

4. **裝腔作勢**：利用評鑑的科學性來欺騙大眾說：我們做過評鑑，有數字證明，其實是挑好的報導或刻意扭曲數字。

5. **拖延戰術**：利用評鑑來拖延法案或方案過關，例如：要求委員會先做評鑑再說，以時間換取空間。

6. **轉移注意**：藉評鑑過程來找到替代議題，蓋過先前的爭議，以轉移焦點，再暗渡陳倉。

基本上，善用評鑑絕對可以提升社會工作服務品質；反之，如果濫用評鑑、過度評鑑，則成事不足，敗事有餘。

第六節 結 案

一、結案的類型

結案是指社會工作服務的終止，社會工作者不再繼續提供服務予服務對象。結案不代表服務對象的需求完全得到滿足，或是問題獲得解決，有時是因為其他因素導致社會工作者必須停止工作關係。通常結案的原因有以下幾種：

（一）目標達成的結案

經評鑑之後，服務對象的問題得到解決，或需求獲得滿足，依原定契約，社會工作者提議結案，服務對象也接受。通常這是有計畫、依行程進行的結案。

（二）機構期程規定而結案

　　有些社會福利機構有設定服務期程，例如：醫院的住院期間，或因健康保險的給付期間而有住院天數限制；又如學生畢業時必須結案，或軍隊有服役期限，時間到就得退伍。不論是否達成目標或復健完成，都得處理結案程序，這也是屬有計畫的結案。但是，因機構期程規定而結案，必須有轉銜配套，例如：從矯正機構結案，要有轉銜到社區的相關服務接手，否則社會適應、社區支持不一定能自動到位。

（三）機構功能調整或結束工作而結案

　　機構因財政、人事、政治等理由而調整組織功能或結束服務，例如：改組或解散。

（四）工作員離職而結案

　　這在社會福利機構裡也是常見的，尤其是年輕的社會工作者出國深造、換跑道、結婚、考試分發、搬家等原因，都可能必須與其服務對象說拜拜。

（五）服務對象片面結案

　　服務對象因為生病、死亡、搬家、意外事故、拒絕接受服務、離家、中輟等理由，不再來機構赴約，在催促無效下，社會工作者只好將之結案。

　　如果問題未改善或解決完成的結案，如上述第三、四種結案型態，社會工作者應將服務對象轉介出去。

二、結案的反應與處理

　　通常服務對象獲得滿意的服務後，對結案抱持的態度是正向而滿意的；反之，負向的結案反應難以避免。

（一）正向的結案反應

服務對象表現自信、滿足、喜悅、感激。

（二）負向的結案反應

服務對象表現悲傷、失落、兩難、痛苦、憤怒、拒絕的情緒反應。具體的行為如下（Hepworth, Rooney, & Larsen, 1997）：

1. **依戀社工**：服務對象會糾纏不讓社會工作者離開，以跟社會工作者維持工作關係為滿足，而非真正為了達成問題解決的目標。
2. **舊病復發**：服務對象的老毛病又起，把原先已治療或解決到一定程度的療效忘掉，不斷提醒社會工作者他的問題還沒解決，甚至病情加重，快要不行了。
3. **新病上身**：服務對象出現新的結案症候群，例如：壓力、缺乏自信、退縮、退化。
4. **尋找替身**：服務對象到處找可以替代社會工作者的替身，以繼續被滋養、呵護、依賴、照料的感覺，呈現未能從結案中成長。

三、結案的過程

結案不是一句話或一個動作就結束，而是一個過程，要讓結案的過程減少負向的反應，社會工作者應有計畫地處理結案。以下是三個重要的結案過程（Pincus & Minahan, 1973）。其中第三個過程是評鑑，已詳述於前節，在此略過。

（一）關係終止（**disengagement**）

結案既然是關係的終止，一定會伴隨一些情緒反應，如下：

1. **拒絕**（denial）：服務對象不接受、不承認終止關係的要求，或故意忘記療程已到期限，或不相信這麼快就要結束。
2. **憤怒**（anger）：因排斥結束而抗議、抵制、情緒不穩、遷怒他人、脾氣變得暴躁、不理性。

3.**討價還價**（bargaining）：要求延長契約或療程，甚至只要能再見到
　社會工作者一面的條件都可以開出。

4.**壓抑**（depression）：表現痛苦、失落、悲傷、無助等行為。

5.**接受**（acceptance）：同意依約結束。

這是從死亡過程得到的經驗，並非所有結案都一定有這五個情緒階
段。一般來說，非自願性結案或非計畫性結案，這個情緒反應過程會很顯
著。因此，社會工作者應善於處理這個因分離而引發的情緒，方式如下：

1.**情緒宣洩**：讓服務對象適度地表達分手的情緒是必要的。社會工作者
　應同理服務對象擔心結案後失去依賴或目標沒有完全達成的不放心。
　無情的分手並非健康的。

2.**自我覺察**（self-awareness）：社會工作者本身也會陷入分離的惆悵
　中，擔心是否完成任務了，擔心未來服務對象是否會再復發。失去一
　位或一群曾共事的服務對象或同事，難免會有失落感，了解自己會有
　這方面的情緒反應，比逃避它、壓抑它來得健康。健康的社會工作者
　是有情有義的。

（二）穩定變遷

成功的社會工作是服務對象結案後仍然可以維持穩定的改變、生活功能
正常運作、解決問題的能力增強。因此，在結案階段應進行將助人情境與未
來生活情境關聯的工作，發展服務對象的非正式支持網絡。

1.回顧

結案的過程中，回顧是很重要的一環。就像做研究要回顧文獻般，要穩
定變遷也應先回顧過去一段時間以來所經歷的一切。回顧的重點包括：服務
對象如何來求助的？求助的目的何在？工作者與服務對象一齊做了些什麼努
力？哪些部分已經有改善了？哪些部分未改善？對服務對象來說最適合的改
善或問題解決策略與技術是什麼？影響問題改善的限制何在？調整方法或技
術是否可提高問題改善的程度與品質？

回顧過程中也會帶動一些情緒，例如：歡喜、感激、慶幸、埋怨、遺憾、擔憂等。正向的情緒是：問題得到解決了，還好及時來求助，感謝社會工作者的大力幫忙；負向的情緒是：如果你們早一點介入可能會更好，不知道以後會不會又發生問題。

回顧不只是過去經驗事件的再現或整理、剪輯，還包括分析、批判地反思，以及對不愉快經驗的接納、釋懷、面對。據此，作為通則化（generalization）的參考。回顧的工作不可能原音重現，也不可能全景複製，所以，摘要重點是必要的。將對於服務對象本人，以及社會工作過程有意義的片段摘錄下來，重新展現出來，包括文件、錄影、相片、回憶敘述等，都有助於回顧的效果。

2. 通則化

通則化是將服務對象投射到未來相關事件的情境中，讓服務對象脫離會談室或工作室，與現實環境結合。意即，從回顧中抽離出一些共通的行為原則，讓服務對象可以運用於未來生活事件中，例如：再遇到危機時應如何應變。甚至，通則化也可也作為服務對象協助他人，成為資源的一種指引，如他人（尤其是家人、朋友）碰到相同的情境，服務對象可以如何來協助他渡過難關。通則化是把一些服務對象曾經使用過的問題解決技巧、方法，加以整理成為適用於未來情境的原則，藉此加強服務對象解決問題的能力。

3. 開放後續求助之門

開放式的結束（open ended）是社會工作的結案特色。服務對象並不保證不會再出現新問題，或老毛病再犯，因此，讓服務對象了解社會工作機構的大門永遠為他而開。但是，任何案例再求助都是社會工作者所不希望的，所以，幫服務對象理出資源清單，發展資源網絡是重要的；也就是讓服務對象有更多人可以求助，特別是自然的支持網絡，是支持服務對象穩定的最主要力量。

4. 擬訂下階段的成長目標

社會工作者應與服務對象一齊討論下階段可能的成長目標為何？討論的

內容包括未來可能發生於個人、家庭、社區、工作環境的變化方向與內涵，服務對象應如何因應。例如：在某種情況下，服務對象的生理會產生病變、失功能部分會再度出現、配偶會回來要求子女的監護權等等，其應如何面對這些可能性，解決困難的策略與技術如何？工作者應不斷地給服務對象鼓勵，支持服務對象可以單獨完成目標的信心。服務對象可以獨立地完成後續的目標達成是工作者的最大期待，唯有提升其自助的意願與能力，助人效果才能達到。

參考書目

一、中文部分

周玟琪等譯（1995）。當代社會工作理論（原著Payne, M., 1991）。臺北：五南。

林青璇等譯（2004）。女性主義社會工作——理論與實務（原著Dominelli, L, 2002）。臺北：五南。

林萬億（2015）。團體工作：理論與技巧（三版）。臺北：五南。

二、英文部分

Adams, R., Dominelli, L., & Payne, M. (2009). *Social Work: themes, issues and critical debates* (3rd ed.). Basingstoke, Hampshire: Palgrave Macmillan.

Barter-Godfrey, S. & Taket, A. (2009). Othering, Marginalization and Pathways to Exclusion in Health. In A. Taket, B. Crisp, A. Nevill, G. Lamaro, M. Graham and S. Barter-Godfrey (eds.), *Theorising Social Exclusion* (pp.166-172). London: Routledge.

Beckett, C. (2010). *Assessment & Intervention in Social Work: preparing for practice*. London: Sage.

Bhatti-Sinclair, K. (2011). *Anti-Racist Practice in Social Work*. Basingstoke, Hampshire: Palgrave Macmillan.

Biestek. F. (1957). *The Casework Relationship*. Chicogo: Loyola University Press.

Briar, S. & Miller, H. (1971). *Problems and Issues in Social Casework*. Columbia University Press.

Compton, B. R., & Galaway, B. (1975). *Social Work Practice*. Homewood, IL: Dorsey Press.

D'Angelo, R. (1976) *The Manipulators: a generic model of social work intervention*. Columbus: School of Social Work, The Ohio State University.

Dominelli, L. (2004). *Social Work: theory and practice for a changing profession.* Cambridge: Polity Press.

Dominelli, L. (2010). *Social Work in a globalizing world.* Cambridge: Polity Press.

Dominelli, L. (2002). *Feminist Social Work: theory and practice.* NY: Palgrave.

Egan, G. (1982). *The Skilled Helper: a problem management approach to helping.* Pacific Grove, CA: Brooks/Cole.

Gambrill, E. & Gibbs, L. (2009) *Critical Thinking for Helping Professionals: a skills-based workbook.* Oxford: Oxford University Press.

Grinnell, R., Gabor, P., & Unrau, Y. (2012). *Program Evaluation for Social Workers.* Oxford: Oxford University Press.

Hepworth, D., Rooney, R., & Larsen, J. A. (1997). *Direct Social Practice: theory and skills* (5th ed.). Pacific Grove, CA: Brooks/Cole Publishing Co.

Holland, S. (2011). *Child & Family Assessment in Social Work Practice* (2nd ed.). London: Sage.

Johnson, L. (1998). *Social Work Practice: a generalist approach* (sixth ed.). Boston: Allyn and Bacon.

Kirst-Ashman, K. (2007). *Introduction to Social Work & Social Welfare: critical thinking perspectives* (2nd ed.). Belmont. CA: Thomson Brooks/Cole.

Koprowska, J. (2007). Communication Skills in Social Work. In Lymbery, M. and Postle, K. (eds), *Social Work: a companion to learning* (Ch.12, pp.123-133). London: Sage.

Lymbery, M. & Postle, K. (2007). *Social Work : a companion to learning.* London: Sage.

Lundy, C. (2011.) *Social Work, Social Justice & Human Rights: a structural approach to practice* (2nd ed.). Toronto: University of Toronto Press.

Maschi, T. & Leibowitz, G. S. (2018). *Forensic Social Work: psychosocial and legal issues across diverse populations and settings* (2nd ed.). NY: Springer Publishing Co.

McCurdy, W. (1979). *Program Evaluation: a conceptual tool kit for human service delivery managers.* NY: Family Service Association of America.

Milner, J. & O'Byrne, P. (2009). *Assessment in Social Work* (3rd ed.). Basingstoke, Hampshire: Palgrave Macmillan.

Pasavac, E. & Carey, R. (1985). *Program Evaluation: method and case studies.* Eaglewood Cliffs, NJ: Prentice Hall.

Payne, M. (1991). *Modern Social Work Theory.* Basingstoke: Macmillan.

Pincus, A. & Minahan, A. (1973). *Social Work Practice: model and method.* Itasca, IL: F. E. Peacock.

Pierson, J. (2010). *Tackling Social Exclusion* (2nd ed.). London: Routledge.

Ross, J. W. (2011). *Specialist Communication Skills for Social Workers: focusing on service user's needs*. Basingstoke, Hampshire: Palgrave Macmillan.

Saleebey, D. (1996). The Strengths Perspective in Social Work Practice: extensions and cautions. *Social Work*, 41: 3, 296-305.

Seed, P. (1990). *Introducing Network Analysis in Social Work*. London: Jessica Kingsley Publishers.

Siporin, M. (1975). *Introduction to Social Work Practice*. NY: Macmillan.

Specht, H. & Specht, R. (1986). Social Work Assessment: route to clienthood. *Social Casework*, 67, 525-593.

Thompson, N. (2006) *Anti-discriminatory Practice* (4th ed.). Basingstoke, Hampshire: Palgrave Macmillan.

Thompson, N. (2009). *People Skills* (3rd ed.). Basingstoke, Hampshire: Palgrave Macmillan.

Whittaker, J. & J. Garbarino (1983) . *Social Support Networks: informal helping in the human services*. Hawthorne, NY: Aldine.

Winter, K. (2011). *Building Relationships and Communicating with Young Children: a practical guide for social workers*. London: Routledge.

York, R. (1982). *Human Service Planning: concepts, tools, and methods*. Chapel Hill: The University of North Carolina Press.

Zastrow, C. (1995). *The Practice of Social Work* (5th ed.). Pacific Grove. CA: Brooks/ Cole Publishing Co.

第九章
以個人為對象的
社會工作實施

以個人爲對象的社會工作實施（social work practice with individual），顧名思義是社會工作協助的對象，或介入的標的（target）是個人，目的是強化個人的社會功能。完整的社會工作實施，包括直接服務與間接服務，都可用來協助個人（Klenk & Ryan, 1974: 103）。這與傳統的社會個案工作（social casework）有理念上的區別。針對個人的社會工作是將社會工作看作是單一（唯一）的實施方法，只是服務的對象，或關注的焦點以個人爲主。而社會個案工作雖然也是針對個人提供服務，以一對一的方式來協助服務對象解決個人及其所處環境的調適問題，但是，傳統上社會個案工作被視爲社會工作的方法之一，是以個別的方法來協助個人，有別於社會團體工作，或社區組織，它有自己的理論或實施模型與技巧，是在社會工作尚未整合爲一種方法之前的分類。

第一節 從個案工作到以個人爲對象的社會工作實施

早在中國明朝楊東明（1548-1624）、高攀龍（1563-1626）、陸世儀（1611-1672）及陳龍正（1585-1645）等四人所組織的民間慈善社團，例如：楊東明的同樂會（1590）（後改名同善會）與廣仁會（1591）、陳龍正的同善會（1632）等，就設定了救濟程序。陳龍正的告貧民聲明中明白指出救濟程序如下（Handlin Smith, 1987: 326）：

1. 由正直人士推介求助，不可自己主動申請。

2. 領取救濟證明。

3. 進行詳細調查。

這個救濟程序包含了三個現代個案工作的主要概念：轉介、個案身分證明與調查。這種作法在西方基督教救濟傳統裡也出現過。1814年，查墨

斯（Thomas Chalmers）在英國格拉斯哥（Glasgow）的聖約翰（St. John）教區所推行的濟貧計畫，將該教區（約一萬居民）分爲25區，每一區設若干執事，每一執事負責約50個家庭。執事調查每位貧民的環境，試圖發現自然資源（natural resources）來協助貧民。當自然資源動員失敗，才由公共救濟來協助。這些自願的訪問者（執事）肩負蒐集申請者家庭環境的資訊、申請者的歷史，以及了解其人格的工作。這也是後來英國慈善組織會社（COS）的基本救濟模式。1853年，德國愛伯福（Elberfeld）與萊茵（Rhine）地區的許多城市也取法格拉斯哥聖約翰教區，建立了「愛伯福制」（Elberfeld system）的濟貧體系。這些作法影響20世紀初的社會個案工作甚深（Woodroofe, 1962: 45-47）。

　　雖然，慈善組織會社成立以來，一直以友善訪問者的個別家庭訪視作爲主要方法來協助貧民。1879年的慈善組織會社資料中，已大量使用「個案」（case）來表示被救濟的貧民（Woodroofe, 1962: 37）。「個案」這個概念是援引自醫療模式，如同醫師對病人的稱呼（Paine, 1901；引自Wenocur & Reisch, 1989: 52）。當年紐約慈善組織會社主任迪萬（Devine, 1901）進一步將調查（investigation）概念引進，也是比擬醫師的診斷概念（Wenocur & Reisch, 1989: 52）。而「社會個案工作」卻到了1920年代才較被熟悉。雖然，有些社會工作者在1920年代以前零星地使用了「個案工作」（Casework）的概念（如Mary K. Sinkovitch於1909年使用過），芮奇孟（Richmond, 1917）的《社會診斷》一書也使用了個案工作的概念。芮奇孟在1904年開始分析她在慈善組織會社的個案紀錄，準備給新手社會工作者一個整合舊的慈善作法與新的科學、效率與系統的技術（Wenocur & Reisch, 1989: 53），奠定了個案工作的基礎。到了1922年，芮奇孟出版《何謂社會個案工作》（*What is Social Casework*），才讓社會個案工作有較完整的體系。她認爲社會個案工作是「*經由個人被個人，或個人間，以及人與社會環境間，有意識的影響而發展人格的調適的一系列過程。*」

　　芮奇孟的社會個案工作取向是兼顧個人與社會環境的因素，某種程度受到社會學者對社會問題觀察的影響。當1910年代佛洛依德精神分析理論被

引進美國後，社會工作者也在稍後接受深度心理學與精神分析理論，使社會個案工作的觀點大轉變，也就是所謂的「精神醫學的洪流」。

在1930年代以前，社會個案工作就是社會工作的全稱。直到社會團體工作被美國社會工作界接受後，社會個案工作才成為社會工作的方法之一。俟社區組織也納入社會工作的1940年代之後，社會工作的三大方法就此確立。

而在此之前，社會個案工作已發展出兩種不同的模型。首先是承襲自精神分析洪流所發展出來的「診斷學派」，代表人物是漢米爾頓（Gordon Hamilton）。其次是1930年代賓州大學的「功能模式」，代表人物是蘭克（Otto Rank）。

1950年代，社會工作者企圖為整體的社會工作下定義，而有1956年的「社會工作實施的工作定義」（the Working Definition of Social Work Practice），定義社會工作方法是「系統地觀察與評估在情境中的個人與團體，藉此形成一個適合的行動計畫。」也就是說，社會個案工作、社會團體工作，甚至社區組織都被吸納入新的工作定義了（Bartlett, 1961: 24）。不過，此時，三種社會工作的方法仍然各自在發展其不同的實施模型與技巧。在社會個案工作方面是1957年芝加哥大學的波爾曼（Helen Harris Perlman）的「問題解決模型」、1960年代的「行為修正模型」。

1970年代美國社會工作經由整合，而出現綜融的社會工作。雖然早在1929年的米爾福會議（The Milford Conference）就出現過綜融與專精的社會個案工作的分野，不過那時綜融是指個案工作的共同元素，專精是指特殊設施的個案工作，例如：心理衛生、學校、醫院等。在綜融途徑的社會工作概念下，社會工作實施方法只有一種，不再有個案工作、團體工作、社區組織等方法，而是將社會工作的對象依體系分為個體、家庭、團體、社區、組織等。所以，才會有本章和以下各章的章名。舊有個案工作方法被融入以個體為對象的社會工作實施中，這似乎表示傳統個案工作方法已消失了。不過，還是有些學者將這兩個概念並用，如史基摩爾等人（Skidmore, Thackeray, & Farley, 1988）。即使1980年代以來，仍然有人使用個案工作來協助個人，

其意義也已不同於傳統的個案工作。費雪（Fischer, 1978: 16）在討論折衷主義（eclecticism）的個案工作時，就說過個案工作者（caseworker）從某個角度來看是社會工作者的同義字，當個案工作者在從事社會行動時，根本就不像個案工作者本身，而是一個貨眞價實的社會工作者。這個說法，和黑普渥斯等人（Hepworth, Rooney, & Larsen, 1997）在描述直接服務工作者的角色時，非常相似。

費雪將個案工作者可能介入的範圍從傳統的個人與家庭延伸到團體，以及體系內的個人，例如：學校內的師生、工廠內的員工等。這部分也是體系論者所界定的「微體系」（micro system）的介入。進一步，個案工作者有必要介入「中體系」（mezzo system）的接近或親近的體系，例如：學校、社會福利機構等，以及社區與社區機構。當然，個案工作者也可能要介入社會行動（見圖9-1）。也就是費雪所說的，當個案工作者參與社會行動時，他已不能以個案工作者視之，而是社會工作者。

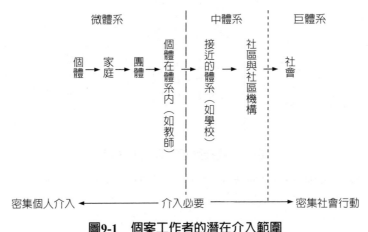

圖9-1　個案工作者的潛在介入範圍

資料來源：Fischer (1978). *Effective Casework Practice: an eclectic approach*, p.15.

從費雪在1970年代對社會個案工作效果的挑戰看來，他要爭的已不是打破個案工作不同的模式而成爲一種「折衷主義」，其實，已涉及個案工作已非傳統的個案工作，而是「以個體爲對象的社會工作」，或是黑普渥

斯等人（Hepworth, Rooney, & Larsen, 1997）所發展的社會工作的「直接實施」。

黑普渥斯等人將直接實施的社會工作者的角色體系化，如圖9-2。如此一來，直接實施的社會工作者要扮演的角色也不只是微體系的直接服務，還包括方案發展、組織關係、組織發展、研究等工作。其中體系維持與體系發展的角色，與巨視的社會工作實施或間接的社會工作實施相互銜接。如果不分直接與間接，或微視、中觀與巨視，則社會工作實施是綜融了第二章所提的12種角色。

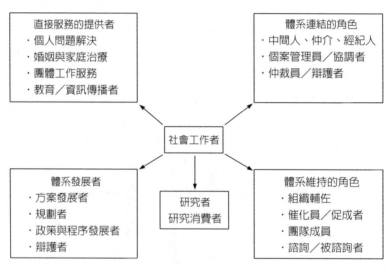

圖9-2　直接服務工作者的角色

資料來源：Hepworth, Rooney, & Larsen (1997). *Direct Social Work Practice*, p.27.

第二節　服務對象的求助行為

求助行為（help-seeking behavior）是指一個人或體系有需求或有問題時，向他人求助的過程。古林（Green, 1982: 29）引用克萊門（Arthur

Kleinman）的「求醫行為」發展出社會服務機構服務對象的求助行為，如圖9-3。

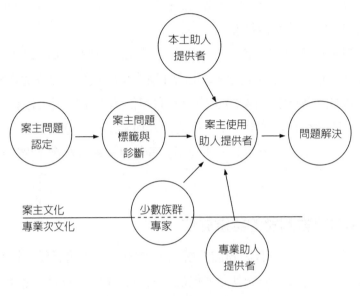

圖9-3　社會服務的求助行為

資料來源：Green (1982). *Cultural Awareness in the Human Services*, p.30.

這個求助行為模式強調文化的異質性，服務對象意識到問題或危機是個人的與社會的事件，以及本土的與專業的助人者的共存。求助者的次文化在這個模型中扮演很重要的角色。求助模型有以下四個要素：

一、服務對象定義與了解問題的經驗是產生求助行為的第一步

有些服務對象所面對的情境是客觀的，例如：身心障礙、失業、家庭失和、被強暴、疾病等。但是，文化仍然在這客觀的事實中有很大的決定性，最常見的是家醜不外揚，例如：家中有精神病人、家庭暴力、性侵害、物質濫用、失業等。如果服務對象及其家人有這樣的認知，服務對象不可能求助，也就不會具有「案主身分」。

通常影響服務對象認知最大的變數是他人，特別是重要他人（signifi-cant others），例如：配偶、父母、子女、親屬、情人等，而在原住民部落裡，頭目或長老的影響力很大。當人們被顯著他人認定為需要幫助時，他們就有高度的可能成為服務對象。

服務對象所生存的社會，有一套認定什麼是問題或麻煩的「認知圖」（cognitive map），這圖像被同文化的社區成員所共享，形成他們解釋事物的準則。因此，服務對象對問題的認知有可能與專業助人工作者不同。例如：美國的亞洲移民社區對兒童管教的認知與美國白人有很大的差別，「棒下出孝子」、「不打不成器」、「虎媽」等，會被白人社會工作者理解為兒童虐待。

二、服務對象對問題的語意評估

服務對象認知自己有問題需要解決，問題意識伴隨著種種社會壓力，驅使服務對象有接受協助的動力。但是，其所表達出來的問題是什麼，受到語言標籤與口語溝通的影響。例如：在傳統社會裡，還是有一部分人將精神疾病看作是「神經衰弱」或是「受驚」，所以，要治療神經，或去「收驚」、「喝符水」（鄭泰安，1982）；也有父母將子女吵鬧不好管教，當作是凶神惡煞附身、剋父剋母，或八字不合，而加以毒打，或送人收養，無意間已觸犯《兒童及少年福利與權益保障法》；也有人工引產經驗的婦女如果有身體不適，可能相信是嬰靈作怪。這種對問題的解讀不同，發生在族群差異上最為明顯，不同族群對身體的看法不同，對疾病的語意表達也不同，文化人類學的研究是很重要的參考。不論如何，回歸到服務對象的社會脈絡（social context）才可能真正理解服務對象對問題的語意評量（semantic evaluation）。有時，在不同的情境下必須注意語言的敏感（linguistic sensitivity）。例如：與被性侵害、性騷擾的兒童溝通，或與家庭關係緊張的成員對話，或是處理組織衝突的議題，服務對象語言的使用會出現暗示、隱喻、深思熟慮、潤飾、點到為止等表達，社會工作者必須回到情境脈絡，才不會曲解服務對象的語意（Thompson, 2009）。

三、問題解決的本土策略

在初民社會裡早就有求助的活動存在，現在都市社區也不例外，每個人遇到問題時最常見的解決方式是依賴俗人（素人）解釋（lay interpretations）與非正式諮詢的引導。俗人解釋是指非專業的經驗對問題的看法。例如：在服務對象社會網絡（social network）中，有人曾有過相似的問題，就會去請教他。亦即，久病成良醫。這些非專業者有其獨到的治病見解，有時他們會提供「偏方」給服務對象。

非正式的諮詢者來自非正式的社會支持網絡（informal social supporting network），或稱「初級支持網絡」（primary support network），是指家人、朋友、親戚、鄰居、同事、教友等。這些人提供的建議可能包括節食、運動、信教、打官司、忠告等。非正式諮詢提供的解決策略包括四個層面：(1)對問題的解釋；(2)評估；(3)轉介；(4)在地的處理。尤其在沒有正式支持體系的社區，既沒有社會工作機構，也沒醫院或學校，本土助人提供者的協助就很重要了。本土助人提供者也可能是社區中正式體系的一環，例如：長老、酋長、廟祝、巫師、街坊組織等，他們擁有社區所賦予的法定裁判權，調解或仲裁婚姻、家庭、健康等事務，即使在現代都會社區，專業助人工作者也都只是扮演最後的協助。專業社會工作者絕對比不過本土助人者的數量，專業社會工作者是最後的手段（the last resort），千萬別自以爲是地扛下所有的助人活動。

四、文化敏感的問題解決

這是指當專業助人者成爲解決服務對象問題的最後手段時，專業助人者一定要有文化敏感度（cultural sensitivity）。是指以文化爲基礎的溝通方式，問題評估與文化價值相結合，使用本土資源，體會家庭角色的複雜微妙，家庭或同輩的輩分與地位、聲望的體察，以及行爲模式的理解等內涵。說白點，就是站在服務對象的參考架構來了解服務對象的人與環境。

社會工作者必須試著去了解服務對象日復一日的家居、工作、社區生

活體驗。相信「他們的文化」與「我們的文化」都是一樣具有影響行為的力量，千萬不要以「我們的文化」強加在他人身上。社會工作者的文化一方面是來自專業的次文化，另方面是個人的社會史或傳記史。例如：出身白領階級的社會工作者面對低收入家庭的服務對象時，文化敏感就是非常重要的思考。但是，常識性的了解，或表面性的了解（例如：我知道他們是有差異的，或他們就是那種人，嚼檳榔、喝酒、講粗話），都不是真正了解服務對象的最佳態度。

上述求助過程的文化思考是非常重要的。此外，對專業機構的認知、地理的遠近、心理障礙的排除、配合服務機構的資格要件等，都決定了服務對象的求助是否可以獲得協助。這些關卡隨時都可能將服務對象的求助行為堵塞或轉向，成為被淘汰的需求服務者（Nelson, 1980; Gates, 1980）。

第三節 建立專業關係

萬事起頭難，當服務對象身分確立之後，社會工作者首要課題就是怎麼樣才能讓服務對象願意持續地接受協助，而且成為協助過程的參與者。此時，建立良好的工作關係是必備的，好的開始是成功的一半。

一、服務對象參與角色的確立

除非是逛醫院的「老病號」，或是內行的求助者，否則大部分求助者不了解助人的過程會如何進行。通常，服務對象會期待社會工作者對他特別好一點，就像有的消費者不懂水果怎麼挑，會要求老闆挑一個最好的給他。社會工作者要讓服務對象相信自己不會被不公平地對待，也要有現實的期待，才可能降低服務對象的被淘汰率。社會工作者要像誠實的水果攤老闆把眼前最好的水果挑給顧客，顧客也要被告知，這是能挑到最好的了。

此時，社會工作者開始進行「角色誘導面談」（role induction interviews）（關於面談技巧容後再述），以確立雙方在助人過程中的角色。有些機構會給服務對象一個錄影帶的簡介，用幾分鐘介紹機構服務的內容、方式、權利義務關係、服務對象的角色期待等一般事項，這稱為「前治療簡介」（pretherapy orientation）（Hepworth, Rooney, & Larsen, 1997: 94）。

不論用哪一種方式的角色澄清，都應處理以下議題：

（一）決定服務對象的期待

服務對象之所以為服務對象，就是有需要協助。很少服務對象是很有現實感地期待社會工作者的協助，大部分服務對象一來就要求趕快給答案或想辦法。例如：「趕快幫我把孩子找回來！」「我已受不了他了，趕快把他關起來！」「請你幫我申請多一點補助好嗎？」「我爸爸是不是可以優先進入機構？」此時，社會工作者應澄清社會工作機構能做的有哪些，依法應如何進行。但是，讓服務對象覺得你會盡力協助他是非常重要的。

有時，服務對象一時間說不清他要什麼，或者不知從何說起，社會工作者可主動提問，以引導服務對象表達，例如：「你希望我能幫你做什麼？」「我很想了解怎麼會被轉介到我這裡來？」剛開始不宜探索得太深，以免破壞關係，刺探太深會引來服務對象的防衛，社會工作者要做的是澄清服務對象非現實的期待即可。

（二）簡介助人過程的本質和定義雙方的角色

服務對象常會說：「我該怎麼辦，請你告訴我。」這是期待社會工作者給答案，他好去執行；甚至期待社會工作者幫他做決定。事實上，非正式的助人體系無法解決的問題，就不會是簡單的問題。當你告訴服務對象：「讓我們把情況搞清楚再做決定。」他多半會心急而失望；你只好強調：「我不是不幫你，而是沒有把情況搞清楚，做錯了決定反而更糟。」要減低服務對象的焦慮與失望，不是給予哄騙式的建議，而是給予同理（empathy）與再保證（reassurance）。例如：「我了解你很想趕快把問題解決。但是，我希望給你的建議是正確的，還是讓我們一起來討論詳細些。」

因此，別忘了拿捏分寸，不急於給答案，除非緊急事件。此時，社會工作者要做到：(1)認識服務對象非現實的期待；(2)同理服務對象的急躁感受；(3)表達幫助的意願；(4)說明為何服務對象的非現實期待不能被滿足；以及(5)鼓勵服務對象參與協助的過程（Hepworth, Rooney, & Larsen, 1997: 96）。

到底社會工作者與服務對象的關係是「為案主工作」（work for clients），還是「與案主一起工作」（work with clients）？基本上兩者都要，當一個服務對象連為自己翻身的力氣都沒有時，社會工作者不為服務對象做些什麼也難。不過，大部分情境是社會工作與服務對象相互視為「夥伴」（partner），工作在一起。社會工作者可以做到「積極的夥伴」（active partner），但也要讓服務對象盡可能參與決定、執行與評鑑成效。夥伴關係的拿捏端看服務對象的優勢（strengths）與時機（timing）而定。

二、同理的溝通

同理的溝通（empathic communication）是指精確與敏感地理解服務對象內心的感受，以及使用語言去溝通對這種感受的了解，以唱和服務對象當下的經驗（Hepworth, Rooney, & Larsen, 1997: 99）。同理有別於同感或同情（sympathy）。同情是指有相似經驗或相同感受的人間相互表達了解對方的經驗；同理則是指境遇不同的人也能了解他人的感受與處境。同情是較自然與本能的表現，在我們的生活世界中，較常表現出同情的了解。例如「同是天涯淪落人，相逢何必曾相識。」（白居易〈琵琶行〉）遭遇相同的人，心境感受差不多，即使不曾相識，也能有同情的了解。

但是，同理的了解就比較困難，要做到「換我心，為你心，始知相憶深。」（顧夐〈訴衷情〉）是不容易的境界。就因為沒有共同的經驗，卻能了解他人的感受，因此，同理的溝通有助於滋養與維持助人關係，並提供一種管道使社會工作者變得有感情，且對服務對象的生活產生影響力；對那些「非自願案主」來說，還可以減除其防衛與恐懼，傳遞一種有利的與有助益

的企圖，並創造出有可為的行為改變氣氛；此外，藉由進入服務對象問題的社會與經濟脈絡中，得以和服務對象共享個人的體驗（Keefe & Maypole, 1983）。因此，同理被當成是助人關係的心臟。

　　同理的溝通是要唱和或與服務對象的經驗同調，就不只是抓取服務對象當下外顯的感受，而更是要相互分享、探究過程、認定深層的情緒，以及發現感覺與行為的意義和對個人的重要性（Hepworth, Rooney, & Larsen, 1997: 99）。要分享深層的感受就得設身處地，將心比心，異地而處地去體會服務對象的個人生活經驗。設身處地不是客位地了解服務對象的感受，而是有與服務對象站在一起的感覺。基夫與梅波（Keefe & Maypole, 1983）將同理回應的循環圖示如下（圖9-4），有助於我們理解同理的技巧。

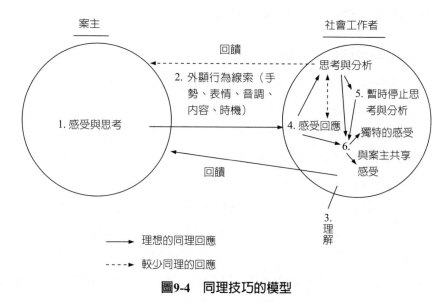

圖9-4　同理技巧的模型

資料來源：Keefe & Maypole (1983). *Relationships in Social Service Practice*, p.45.

　　傾聽（listening）是同理的溝通的開始，但不只是「與君歌一曲，請君為我傾耳聽。」（李白〈將進酒〉）而且要聽出「與爾同銷萬古愁。」為了觸及服務對象掩飾或潛藏的感受與意義，社會工作者不只使用口語溝通，還要能釋出更多微妙的暗示或線索，例如：臉部表情、聲調、語氣、手勢、姿

態、動作等。同理的溝通是要口語與非口語的表達一致,即使像非自主的臉部表情(例如:嘴角、嘴唇、嘴巴、眉首、眼神、下巴、鼻孔等)、動作(例如:手勢、肩膀等)微表情(microexpression)出現與口語不一致時,也會讓服務對象警覺到。

同理的溝通不只是深層的了解,還要有同理的回應(empathetic responding)。例如:「雖然我不是妳,但是我可以體會妳的難受。」或「妳的意思好像是說……」同理的回應也不同於同情的回應(sympathetic responding)。同情的回應端賴回應者情緒與知識的協和,表達出支持或寬恕他人的感受。例如:「我跟妳有同感。」或「我也被傷害過,我能體會妳的心情。」同理的回應是有層次的,以下依黑普渥斯等人(Hepworth, Rooney, & Larsen, 1997: 108-110)的觀點,分為五層:

(一)最低層次的同理回應

回應者很少或甚至沒有覺察或了解到服務對象最外顯的感受。回應者表達的盡是些無關緊要的,且帶有減損或阻擾溝通,而不是催化溝通。回應者常依自己的參考架構操作、改變主題、爭論、過早給予建議、長篇大論,或使用無效的溝通,使服務對象脫離主題,或使助人過程破碎。所使用的非口語表達也是不合氣氛,不對胃口。

當回應者採最低層次的同理回應時,服務對象不是一頭霧水,就是防衛,講一些表面的語詞,或爭吵成一團、換話題,或者乾脆不發一語。此時,雙方已從工作關係中岔出。例如:一位焦慮的女士請社會工作者幫她處理所監護的國中小男孩的中輟問題,男孩的父親在監服刑,媽媽離家,男孩不喜歡回到祖父母家住,女士是男孩的小姑姑,但也為自己的婚姻和事業正在打拚。

她說:「我不知道該不該再相信你們,你們都說會盡力幫忙,叫我準備這個準備那個,我都做了。但是,我等了這麼久,孩子的復學問題一直沒有解決。我又擔心再不趕快找到學校唸書,孩子天天在外活動,遲早會被不良少年帶壞。我的工作怎麼辦,也不能擱著事業、家庭,天天為男孩奔

波啊！」

　　社會工作者的回應是：

　　「再去找校長談一談，快有希望了！」（託辭的建議）

　　「如果妳上回不要搬家，多配合一點，孩子的問題不就解決了嗎！」（教訓）

　　「妳男朋友還好吧！」（改變主題）

　　「妳不認為我們會幫妳找到學校嗎？」（過早肯定）

　　「只要妳配合我們，一切包在我身上。」（不切實際的安慰）

（二）低層次的同理回應

　　回應者針對表相的訊息回應，省略許多事實與感受，而且也表達不出精確的感受的質與量，例如：有點或帶有某種生氣或哀怨。回應者企圖以自己的概念來評估情境，也許也沒有離譜，但沒有調整到與服務對象的經驗同調；看似努力在回應，但卻不夠精確與敏感。對工作關係的建立助益不大，但也不一定會破壞關係。

　　社會工作者的回應是：

　　「妳一來我就覺得妳很挫敗。」（不精確的感受）

　　「妳很生氣上回沒得到應有的協助，也許妳要求太多了些！」（與服務對象的經驗跳拍）

　　「妳對我們的進度不滿？」（忽略服務對象的感受）

　　「我看到妳的憤怒與哀怨，是不是妳覺得妳已相當配合了。但是，或許妳的努力還不太夠！」（表面化、未精確抓到議題）

　　「妳是不是覺得事情不可能發展得很稱心如意。」（感受不夠深）

（三）中度的同理回應

回應者的口語與非口語表達是在傳遞一種對服務對象了解的訊息，精確的反映服務對象事實資訊的部分和表相的感受。中度的同理本質上是交互改變的（interchangeable）或相互的（reciprocal），也就是社會工作者與服務對象間的互動是「拿人家半斤，還人家八兩」。服務對象改變，社會工作者也跟著改變回應。相互的回應是最起碼的同理回應，要有這種水平才算是有效的工作關係被建立。

社會工作者的回應：

「妳為孩子找不到學校復學很生氣，我能了解。」（相互式同理）

「我想說的是，我覺得很難過，這件事為什麼會處理得這麼不順。」（相互式同理）

（四）中高層次的同理回應

回應者不只精確地認定暗含的深層感受或問題，也會揭開微妙或潛藏的面向，鼓動服務對象碰觸到深度的感受與未被探究的行為意義與目的。

社會工作者的回應：

「以前妳所做的努力沒有得到相對的回報，所以感到挫折；妳甚至懷疑新的社會工作師真的能幫助妳的孩子找到學校復學嗎？妳擔心一切又會落空？」

「妳很為孩子是否會變壞而擔心，作為一個監護人，妳怕孩子學壞了，她爸媽會責怪妳。」

（五）高層次的同理回應

回應者反映每一個情緒的色調，使用聲調與密集的表達，正確地調音到與服務對象每一個此時此刻的經驗相搭調；同時，精確地回應所有表相與深

層的感受與意義。社會工作者要試圖連結現在的感受與經驗到過去的經驗或感受，或精確地認定潛藏的主題、行為模式或目的。回應時也要找到隱含的目標，以指出個人成長的方向與行動的路徑。

社會工作者的回應：

「沒有把孩子的事情處理好，一定讓妳很難過，很挫折。同時，我也覺得妳對於來找我們幫忙，是不是可以解決孩子的問題，不敢抱太大希望。」
「孩子的事情已經夠妳煩了，又要擔心自己的工作會受到影響，的確辛苦妳了；如果婚姻也受到波及，那更是令妳為難了！我們一定會盡力來協助妳，讓我們再來找解決的辦法。」

同理的溝通是建立好的人際關係必備的，否則，會被他人認為你不是個好朋友，因為你不了解他。在日常生活裡，常有機會體會到什麼是非同理的溝通（或低層次的同理溝通），什麼是令人感動的高層次同理溝通。例如：你剛被你的男（女）友甩了，你向朋友或家人訴苦，常獲得的回應是：

1. 「被男（女）朋友甩掉，有啥大不了的，值得你那麼難過嗎！」
2. 「我早就跟你講過，他不是什麼好東西，你就是鐵齒，現在哭有什麼用！」
3. 「算了吧！天涯何處無芳草（蘇軾〈蝶戀花〉），春城無處不飛花（韓翃〈寒食〉），再找一個不就得了，有什好難過的！」
4. 「交什麼男（女）朋友嘛！功課要緊。」
5. 「要交男（女）朋友就得冒被甩的風險，像我一個臭男（女）人也不交，就沒這個煩惱了。」

6.「人家不喜歡你，又何必強求呢？早結束也好。」

7.「他膽敢欺侮你，我去找他理論。」

8.「你做錯了什麼，他為何甩了你？」

你喜歡這些回應嗎？如果不喜歡，換成是別人向你訴苦，你要怎麼回應，才是同理的回應。

三、真誠（authenticity）

同理、尊重與真誠，通常被認為是建立助人關係關鍵的三個態度或技巧。由於尊重在社會工作價值中一再被提及，且尊重不是用技巧可以表達的。因此，真誠就成為除了同理的溝通外，另一個值得社會工作者學習的態度與技巧。真誠是透明（transparency）與誠懇（genuineness）的結合（Keefe & Maypole, 1983）。

真誠是指自然、誠懇、從容、開放與一致地分享自我。一位真誠的社會工作者的表達是能自然而非裝腔作勢的；態度、思考與行為也是前後一致，而非裡外不一，言不由衷；主動地表達感覺與責任，而非拒絕感受或懲罰服務對象；示範出一種人味和開放的心胸，而非躲在專業主義的假面具之後（Hepworth, Rooney, & Larsen, 1997: 120）。

真誠最核心的內涵是自我揭露（self-disclosure），甚至可以用自我揭露來表徵真誠。自我揭露是有意識地與有目的地經由口語與非口語行為來暴露關於自己的訊息。自我揭露可以分為兩類：一是自我涉入的陳述（self-involving statement），二是個人自我揭露（personal self-disclosing）。前者是指社會工作者對服務對象的資訊表達個人的反應。例如：

「對你有勇氣來找我們協助，我很佩服。」

「我想告訴你一些想法，是有關你剛剛提到你想從我們這裡得到什麼幫助的想法。」

「你知道嗎？我認爲你想要與他分手是合理的想法，你可以有這
種想法，這是你的權利。」

後者是指社會工作者將個人曾經面對的經驗，或現在正處在相似的困境
或問題中的感受與體驗，表白讓服務對象知道。例如：

「你提到找人幫忙是很不好意思，怕見笑。提醒了我，以前我也
有這種想法，認爲自己的問題自己解決，怎好打擾別人。但是，
現在我也跟你一樣想法，該請別人幫忙還是要請別人幫忙。」
「我也曾有過一段掙扎的日子，雖然跟你的經驗不完全一樣。但
是，有許多類似的地方……」

有時候，這兩種自我揭露混雜在一起，不易區分。不過，都必須考慮
時機、深度與範圍。通常在建立關係初期就應該適度地自我揭露，才可能取
得服務對象的信任。但是，不宜過早、過度自我揭露，會引發服務對象防衛
與恐懼，服務對象會誤以爲社會工作者有何意圖；或者，服務對象把想要表
達的也會吞回去，因爲人家社會工作者也是過來人，他都沒像我這般脆弱過
（即使你說你也潦倒過，他也不會輕易相信的）。

當服務對象逐漸相信社會工作者後，自我揭露的深度與廣度可以逐漸擴
大。對東方人來說，自我揭露並非易事，由於我們較不善於在家人面前表達
情感話題，尤其是那些在嚴格管教或威權統治的環境下長大的人，「小孩子
有耳無嘴」、「別跟陌生人講話」等教條，使我們的社會工作者與服務對象
都不是那麼習慣於開金口談心事。所以，社會工作者更應示範一種願意說眞
心話的態度，使深層的情緒與感受能被引出來。

社會工作者要如何表現出眞誠的回應（authentic responding）呢？以
下是一些基本原則（Hepworth, Rooney, & Larsen, 1997: 123）：

1. **多用「我」來表達個人經驗**：多用「我」作爲開頭來表達對他人訊息
   的回應，使個人對自己的感受負責，並將陳述個人化。

2. **關係越深分享越強**：分享不能停留在特定的層次上，宜隨著助人關係的發展而深化；當分享越深，越容易帶動服務對象深層的經驗表達。尤其是當服務對象抵制進入深層意涵的表達時，社會工作者要試著去探觸當前經驗的深層意義，但是保留服務對象的自尊是必要的，以免引發防衛與撤退。

3. **以中性或描述性語詞來描繪情境或標的行為**：送出訊息時，儘量避免帶有懲罰性字眼，或過早價值判斷的形容詞，以免將自我揭露堵塞或蒙上陰影。例如：「你怎麼隨便就跟人家上床。」「你真的太不小心了。」「你太隨便了。」等。

4. **認定行為或問題情境對他人的特定影響**：服務對象通常很難界定他人的行為會對自己產生什麼影響，也不容易覺察到自己的情境與行為對他人造成什麼影響；甚至，服務對象的過往行為也影響到其當下的反應而不自知。如此一來，行為的因果關係模糊，行為改變的可能性降低。社會工作者應將行為的影響來龍去脈理清楚，才是真誠的表現。

社會工作者可以從服務對象的一些明示暗示線索中，看到服務對象期待真誠回應的跡象：

1. **服務對象要求知道社會工作者個人資訊**：例如：「小姐妳結婚沒？」「妳幾歲了？看起來好年輕。」此時，社會工作者不必過早自我揭露，但也不可不去處理服務對象的需求。社會工作者可以回答：「還沒有。妳怎會對我的婚姻有興趣呢？是否妳擔心我太年輕了，幫助不了妳。」社會工作者千萬不要只給「是與否」（yes or no）的答案，也不必一開始就大談個人戀愛史。要試著用同理的回應來輔以真誠的揭露。

2. **刺探社會工作者的觀點**：例如：「我是不是你所見過最可笑的人。」或「你認為我真的需要幫助嗎？」或「我覺得自己沒藥可救了！」此時，社會工作者可以回答：「你的擔心好像在告訴我，怕我笑你。」這些問題有時是在挑戰，社會工作者應判斷其動機為何，可以回答，也可不必直接回答，但同理與真誠都應表現出來。

使用自我（use of self）是社會工作常用的技術。亦即，社會工作者不只是用學來的技巧與服務對象建立關係、評估與介入，而是適時地引進自己的經驗、感受、範例、人格、背景、信用等來與服務對象工作。但是，切記不可強加自己的觀點與價值給服務對象，也不可以自己的經驗作為比較，低估服務對象的問題嚴重性（Thompson, 2009）。因為每一個人所處的事件、時機、情境、家庭、社會、文化脈絡不同，不可一概而論。社會工作者也可看時機，主動表達真誠的感受，以帶動服務對象的真誠回應，例如：

1. **揭露自己過去的經驗**：但是別講得口沫橫飛，長篇大論，應與服務對象的議題相關，且是服務對象關心的。簡要表達即可，以後俟時機再深度揭露。

2. **分享看法、理念、說法**：就是回饋服務對象的資訊，包括協助服務對象概念化想法、修正意見、另類思考、補充意見、強調、提醒、分享感受、回饋等。

3. **開放地分享圖謀不軌的反應**：例如：服務對象會逼問社會工作者：「你覺得未婚懷孕好嗎？」「如果我告訴你，我是拉子，你會另眼看待我嗎？」或「你比上回那位社工真的好多了。」這種試圖把社會工作者逼到牆角的問法。社會工作者不要輕易地被激怒，應開放而技巧地回應，如「我很想多了解一些妳提出這個問題的感受。」或「我很有興趣知道妳為何會提出這個想法。」

4. **分享服務對象不合理或令人苦惱的行為**：服務對象可能會做出一些不合理要求、令人苦惱的行為，例如：打聽社會工作者的手機號碼、家裡電話，經常打電話來訴苦；或下班時等在你的電梯旁；或送花給你等。社會工作者應分享服務對象的感受，而不是生氣、排斥、指責。但是真誠地表達你的感受，讓服務對象了解，並分享他被拒絕後的挫折。

5. **分享服務對象正向的回饋**：當服務對象給你正向的回饋時，應真誠的接納，並表謝意，例如：「妳長得又漂亮，人又好！」妳可以回應：「謝謝你的誇獎，我希望我的協助真的對你有幫助。」

第四節　會　談

當一個人向社會工作機構申請協助開始，社會工作者便透過會談（interview）的過程了解服務對象的情況、需要，並藉著會談與其他方式協助服務對象處理其困難、問題。社會工作會談可說是在提供服務對象的服務過程中，不可或缺的。會談的有效與否，也將直接影響服務的效果。國內不同學科對會談有不同譯法，例如：晤談、面談、協談、約談等（林憲，1977；廖榮利，1981；李保悅，1977）。

每個人在一生中都免不了有會談的機會，會談與一般談話（conversation）有許多不同之處。會談是參與者之間互有目的的一種專業談話，其與一般談話相似之處在於：

1. 參與者之間用口語與非口語的方式交換意見、態度與感覺。
2. 面對面的相互影響。
3. 使參與者獲得樂趣。

但其主要區別在於：

1. 會談內容的選擇是為了達到會談的目的，因此，與會談目的無關的材料應排除。
2. 在會談過程中，會談者與來談者的角色與職責有明確的區分，前者有推動會談程序的責任。
3. 在會談中，會談者與來談者之間非互惠的（non-reciprocal）性質。換言之，前者對後者有提供服務之必要，但後者對前者並無此義務。
4. 在會談中，會談者的應對行動係經詳細計畫，深思熟慮，以及有意識地選擇後形成的。
5. 專業會談者有接受來談者的請求，並與來談者維持接觸的責任。
6. 會談時間的確定、地點的選擇，以及會談時間的長短，都經過正式的安排（緊急情況不在此限）。
7. 因會談係有目的而非娛樂性的活動，故不愉快的感受不應加以避免

（李保悅，1977：2）。

一、三種形式的社會工作會談

任何社會工作會談脫離不了以下三類：(1)資訊；(2)評估；(3)治療。三種會談形式並非完全互斥，約略可以說先進行資訊的會談或社會史的會談，接著進入評估會談，最後才是治療性會談（Zastrow, 1995: 106-107）。

（一）資訊或社會史會談（**social history interviews**）

資訊會談是爲了得到服務對象個人或社會問題的背景、生命史或問題史，其目的不只是爲了了解服務對象的背景，而且也幫助社會工作者決定應該提供何種服務，何時提供。資訊包括客觀的事實與主觀的感受，資料涉及的對象也不只限於服務對象本人，還包括父母、朋友、親戚、雇主、其他機構等。至於社會史的資料，如表9-1所示，可作爲參考（Johnson, 1998）。

表9-1 個人社會史

1. 個人基本資料
(1)姓名、住址、年齡、出生地（或戶籍）、婚姻狀況、宗教、種族、轉介者。
(2)家庭（家系圖）
·父親：姓名、住址、戶籍、年齡、職業、婚姻。
·母親：姓名、住址、戶籍、年齡、職業、婚姻。
·兄弟姊妹：姓名、年齡、住址。
·子女：姓名、年齡、住址。
·家庭資源：房屋、設備、所得、期待。
(3)教育與工作經驗
·學歷、資格、訓練、教育期待水準、教育資源。
·工作史：職業、職位、期間、轉換工作原因、工作態度、工作關係、就業資源。
(4)特徵
·身體狀況：身心障礙類別、等級、身心障礙史。
·文化與族群身分。
·其他特別差異性，例如：同性戀。
·資源與期待。

(5)環境因素

　　‧家庭外重要關係人、對服務對象的資源與期待。

　　‧鄰里與社區關係、對服務對象的資源與期待。

2. 問題與需求

(1)尋求服務原因。

(2)問題史（或需求史）、肇端、本質、結果、原因，以及解決企圖與經驗。

(3)能量。

(4)一般需求

　　‧人類基本需求

　　　①生理、心理、社會發展階段。

　　　②需求滿足情形。

　　　③現今需求（配合發展階段需求和必要之補償）。

　　‧特殊需求

　　　①影響特殊需求滿足的主流社會因素與態度。

　　　②影響特殊需求滿足的文化團體因素。

　　　③服務對象面對特殊需求的態度、克服的方法、適應情形，以及與主流社會期待
　　　　的關聯。

　　　④哪些需求是主流社會態度與期待造成，哪些是文化因素造成，哪些是個人因素
　　　　造成，哪些是個人功能與社會期待的差異造成？

　　‧環境期待的需求

　　　①服務對象的家庭、同輩、工作、組織、社區、國家責任。

　　　②環境對服務對象的期待，服務對象如何來看待這些期待？

　　　③服務對象明白這些責任與期待？

　　　④由於這些責任與期待產生需求？

　　‧尋求服務的需求

　　　①服務對象已要求滿足一般需求？

　　　②服務對象已要求滿足特殊需求？

　　　③什麼因素阻礙需求滿足？

3. 優勢與限制

(1)服務對象對服務提供的結果的期待是什麼？

(2)服務對象的理念、興趣、計畫是什麼？

(3)服務對象使用服務的動機？

(4)服務對象的能量有多少？衝突是什麼？內在改變的資源是什麼？

(5)環境資源與環境的責任及衝突可能引發或減緩改變嗎？

(6)影響服務對象改變的動機、能量或機會。

(7)服務對象的期待是否實際。

(8)綜合上述優勢與限制，對解決問題或滿足需求的關係。

（二）評估會談（assessment interviews）

　　評估會談重點在於特定的目的，而非一般性資訊，也就是研判焦點問題已凸顯後，社會工作者針對決策或提供服務所需，而進行較特定目的的會談。誠如前曾提及三種會談有重疊之處，上述社會史會談中所擬蒐集的個人社會史，已有諸多資訊是評估服務對象的需求、助力、優勢、限制等。所以說，資訊會談越深，越焦點化，就很自然進入評估會談。在進行評估會談時，我們大多已確定服務對象的問題所在，社會工作者要在理論清單中搜尋，找到一個或幾個適合的理論觀點切入，亦即有一個理論地圖（theoretical map）作爲嚮導，將要進行的會談問題座落在理論地圖中尋找答案。缺乏理論地圖的引導，猶如沒有航海圖而航行在大海中漂流，會浪費很多時間，服務對象也會被缺乏方向的會談激怒。但是，評估資料蒐集不可能一步到位，螺漩狀的過程可能是必須經歷的。亦即，當不確定、不足、片段、誤導、已窮盡的資料，仍無法眞實理解問題的成因與後果時，就必須回過頭來重新翻開理論地圖，尋找更合適的觀點指引方向（Milner & O'Byrne, 2009）。評估會談最後是要建立對事實的建構，以引導介入的方向。因此，分析、整理、歸納、推論是必要的過程。

（三）治療會談（therapeutic interviews）

　　治療性會談就是以會談作爲治療的手段，經由會談達到治療或個人改變的目的。就社會工作者而言，會談猶如醫師的聽筒與處方。要改變一個人，常是「談一談就搞定了。」但是，並非評估會談結束後，才開始進入治療性會談。事實上，在資料蒐集時的會談，有可能已無形中進入了治療性會談。不過，治療會談的確是在服務計畫確定後，較完整而有步驟地被使用來完成服務目標（Kadushin, 1990）。治療會談其實就是諮商（counselling）。

　　會談的形式包括有傳統的個別會談，係指一個人與另一人，以面對面的方式相互交談；家庭會談（family interview）、夫妻聯合會談（conjoint marital interview）、團體會談（group interview），係指會談者面對兩人以上的來會談者共同討論，以協助來會談者，只是來會談者的關係不同。

二、社會工作會談的過程

　　如果我們將一連串的會談步驟視為一個有先後順序的過程來看，那麼，每一次會談只不過是這整個過程中的一部分而已，這種過程包括一連串實現社會工作者與服務對象間接觸目的之步驟。但每次會談可被看作是一個個別單位，而其本身也包含一個具有開始（beginning）、中間（middle）及結尾（ending）的程序。從這看來，會談過程是一種有順序、有目的的動態過程，而這過程中充滿了藝術性（Garrett, 1972）。

　　在真正會談中，是不可能很清晰地區分出前面所提的三階段與各階段的特殊活動，不過為了學習與分析方便起見，我們將會談分作三階段而加以討論。

（一）開始階段

　　此階段的主要目標在於建立社會工作者與服務對象間彼此的認識、建立會談的程序，以及決定參與者共同接納的會談目的。

　　會談前，社會工作者應先做好會談環境的物理與心理準備，以利會談的進行。例如：準備茶水、相關資料、療癒音樂、表單、輔助溝通工具等；閱讀個案紀錄、沉澱心情、調整情緒、整裝、補妝等。當服務對象踏入會談室時，社會工作者應為其安排一種溫和與舒適的氣氛和座位，減低服務對象尋求協助的各種不安的感覺，同時主動為服務對象做一些暖場動作（warm up），例如：向服務對象打招呼，簡短的社交談話等。當一切就緒之後，社會工作者以「開場白」作為正式會談開始的訊號。開場白宜使用各種啟發性的語句，例如：「你有想過要先談些什麼嗎？」「你能不能告訴我，什麼事情使你來找我談？」「你能不能告訴我，你碰到的困難是什麼？」「你覺得我們從哪裡開始談起比較好？」等等，並鼓勵服務對象表達來機構所期待獲得的協助。如果不是第一次會談，而是連續性的，社會工作者不妨以「事情進展到現在怎麼樣了？」「自上次見面後，情況有沒有改變。」「今天你想談些什麼？」等作為開場白。

　　開始階段的會談內容涉及的層面比較一般性，而不激起太多的情緒反應；會談進行的深淺度將視服務對象當時的狀態而定。鼓勵服務對象多想、多說，社會工作者則靜心傾聽來了解其需求或困難。同時，社會工作者應讓服務對象很清楚地了解到機構所能提供的服務有哪些，和服務對象對自己處理其問題的責任，共同合作來尋求問題的解決。

（二）中間階段

　　這個階段是會談程序的主體，它是實現雙方所訂會談目的的過程。會談的各種活動程序是針對會談目的而進行的，社會工作者必須運用其技巧將他與服務對象之間的互動導引到會談目的，同時維持彼此舒適與滿意的情緒交感作用，並建立良好的關係。爲達此目的，社會工作者應同時注意會談的範圍、深度與轉折（transition）。

　　範圍是指選擇適當的領域作爲探討的對象，社會工作者應協助服務對象在適當的範圍內討論；在決定包含何種資訊時，社會工作者應運用其對特殊議題的專業知識來協助服務對象坦誠討論與問題有關的每個細節。

　　討論一般內容範圍後，社會工作者應把焦點放在特殊領域中進一步深入探討，所談內容係對服務對象有情緒意義或屬於一般性的認知問題，會有顯著的區別。問題的範圍與深度是兩個互斥的因素，如果範圍較廣時，就無法兼顧深度，故社會工作者應採取適當的策略以平衡兩者的關係。

　　轉折是從一個話題或內容轉到另一話題或內容，這種轉折可由社會工作者或服務對象任何一方發起。當轉折發生時，社會工作者應運用其敏感度與判斷力去決定是否容許此種轉折發生；如果轉折的發生將影響會談內容的進行，或代表服務對象的防衛機轉，社會工作者將謹愼考慮後，決定是否要阻止轉折的出現。

（三）結尾階段

　　通常在會談之初，社會工作者會很清晰地告訴服務對象會談時間的長短，一般會談以45分鐘到50分鐘爲原則，緊急或簡易會談則時間會有變

通，在會談結束前10分鐘左右，社會工作者開始做結束的準備，以使此程序進行到平穩而順暢的境界。準備結束會談的工作包括：協助服務對象逐漸由充滿強烈情緒內涵的旅程中，步入情緒較為緩和與舒適的路途上，在離開會談室前，服務對象應享有情緒的平靜感，不應帶著未處理完的情緒離去，這對服務對象常會有不利的影響。

在結束會談的同時，為下一次會談做準備，包括預約下次會談的時間、地點、提醒家庭作業，並將服務對象禮貌地送至會談室門口（李保悅，1977：20-27）。

三、社會工作會談應注意事項

社會工作會談是提供治療的主要途徑，在社會工作者和服務對象會談時，雙方均存在著焦慮，如何使會談有效是雙方關心的課題，以下應注意事項如能事先了解，將有助於會談的效果。

（一）準備

會談前的準備和通知必須妥善計畫，尤其通知的口氣應儘量熱絡、和諧、親切，切勿以公式化的口氣要求其前來。

（二）場地

會談場所安排要達到安靜、舒適及隱密（privacy），使服務對象能夠在安全、舒暢的環境中自由地表達其感受與想法。

（三）服裝

社會工作者的儀表應整潔、適配，過分隨便的衣著會使服務對象懷疑社會工作者的成熟性，並使服務對象對社會工作者的專業能力失去信心。但是，過度打扮或具誘惑性服飾，又易使服務對象分神或有不適當的看法。不當的穿著與打扮會對治療有不良影響。

（四）時間

會談時間長短要適中，通常會談時間約在45分鐘左右，但在緊急或危險情況下，時間應有伸縮性。過長與過短的會談時間均不恰當，因為過長的時間使會談者與來談者均感疲憊，無法有效地表達與傾聽；過短的會談時間將無法深入討論。

（五）銜接

每次會談的主題與內容必須前後相接，每次會談並非獨立事件，將受前幾次會談的影響，故會談時應考慮到以前會談的重點，連貫到目前的會談中。在每一次會談中，會談的過程要呈現持續行進的形式，不宜停停斷斷，影響會談的流暢性。會談進行中不宜受到干擾或中斷，亦不宜接電話或接受他人的插嘴。

（六）稱呼

對服務對象的稱呼將視其年齡而定，16歲以下的兒童與少年以名字稱之較親切；16歲以上的服務對象宜以姓氏稱呼，如×先生，×小姐，使服務對象知道社會工作者將其視為成人，並期待他以成人舉動表現。再者，以姓氏稱呼服務對象，使其感覺與社會工作者處於平等地位，不致造成服務對象有依賴社會工作者之嫌。如果服務對象堅持要社會工作者叫他的名字，社會工作者應進一步思考服務對象內在的需求與意義。例如：「叫我小君就可以了。」如果確定沒有特別意涵，直呼其名亦無不可。

會談是提供社會工作服務的重要方式，通常以連續數次的方式進行。因是社會工作者與服務對象的交互反應過程，社會工作者必須有傾聽的能力，主動的與有選擇性的了解服務對象要表達的訊息；除了了解表面題材外，同時體會隱含的內容。

四、訪視會談

　　不像心理諮商的會談必須考量標準化的會談室，社會工作會談的地點不一定侷限在機構的會談室裡，也有可能在「案家」，稱為家庭訪視（home visit），其常因服務對象失能、身心障礙、行動不便、年幼、拒絕來談，或因家庭與環境評估的需要而進行。社會工作者也可能到服務對象工作場所、街頭、學校、醫院、監獄、餐廳、娛樂場所等提供服務與資訊，稱為外展工作（outreach），常見於以鄰里為基礎的（neighborhood-based）社會工作模式中。外展工作進行的會談，稱為訪視會談。為了使訪視會談能夠有效地執行，必須注意下列各項（林幸魄，1978：36-40）：

（一）訪視的目標

　　「為什麼要做這次訪視？」「我要了解些什麼？」社會工作者在訪視前必須問自己。往往由於訪視的目的不同，所用的時間、技巧都可能不同，所以先確定好目標才能有正確的方向以達到目的。

（二）訪視的準備

　　社會工作者須先了解服務對象有關的資料，才能搞清楚自己所將訪視服務對象的問題性質。為了尋找方便，應先記下服務對象的姓名、地址、電話號碼、交通路線，這樣才不至於因找不到地點而徒勞無功。

（三）訪視的時間

　　「什麼時間去拜訪？」這是一個很重要的因素，社會工作者訪視時，時間上的決定必須視被訪視者的情況而定。當然一般在下班或例假日可能是比較合適的時間；至於要不要事先約定時間，也要看訪視的目的和服務對象的情況決定，由工作者視情況而定。

（四）訪視的服裝

　　社會工作者的穿著，要看訪視的對象不同而有所調整。「整潔、端

莊」是一般的原則，並應以較能接近受訪者的生活習慣，而使得社會工作者
與受訪者之間不致有所隔閡為主要原則。

（五）訪視者的態度

除了上述有關訪視者的服裝外，訪視者的態度和言行也非常重要。社會
工作者代表的是整個機構，因此態度和言行須特別嚴謹，而且能夠儘量合乎
當地的風俗習慣和被訪視者的社會背景，並儘量使用服務對象的語言，促進
雙方的關係和合作。此外，訪視者須審慎地去觀察和判斷所接觸到的資料，
並應避免偏見或主觀的判斷。

五、社會工作會談技巧

為了使助人關係維持得更好，同時達到有效的溝通，社會工作者應在會
談時，充分運用以下五組技巧：觀察、傾聽、提問、聚焦與氣氛安排等。其
中傾聽、提問前已述及，在此不再贅述，餘分述如下（Johnson, 1998; Gar-
rett, 1972; Kadushin, 1990）：

（一）觀察

會談時除了口語外，非口語的資訊也是很豐富的，社會工作者應敏感到
一些重要的非口語訊號與會談內容的關係，如下：

1. **身體語言**：坐姿、手勢、衣著、眼神、表情、化妝等，都發散某種特
    定的訊息。
2. **語句的開頭與結尾**：例如：第一句講什麼？為何突然講出某句話？某
    句話又草草結束等，這都暗含某些內容，值得注意。
3. **話題轉換**：碰到某些話題馬上被跳針或打斷，也許是服務對象忌諱、
    痛苦或不為人知的話題。
4. **理念關聯**：服務對象的某些理念間相互關聯。
5. **參照重現**：服務對象一再觸及某些主題，表示這個主題應是有意義的
    話題。

6. **不一致或漏洞**：言行、資料或語氣不一致或有落差，也是服務對象想要隱藏或拒絕表達的。

7. **壓力或衝突點**：社會工作者使用的概念與服務對象不同，或理解事物的認知不同，產生偏見或歧視。

（二）聚焦、面質與解凍

任何會談都應適時進行摘要結語，否則會遺忘。摘要是澄清了解，歸納共識，確定話題可以轉折，一定要簡短精確。遇到意見不一致或服務對象隱藏表達時，面質（confrontation）是不可避免的。面質是指將感受、議題與衝突掀開了，以便找到處理之道。面質是難受的、令人挫折的，甚至痛苦的，不過，不面質常使會談被延宕、焦點不能集中，甚至一直曲解下去。

沉默也是一個常見的會談現象。對社會工作者來說，服務對象的沉默不是金，而是一種燙手山芋。沉默代表抗拒、無趣、時機不對、準備不及、憤怒、反感、失望等，社會工作者應清楚沉默的原因與意義，善於打破沉默，或運用沉默。

總之，會談過程一定要聚焦、順暢、清晰，社會工作者有責任導引這個過程，但並非控制全場，而使會談成為單向溝通。

（三）氣氛安排

會談氣氛決定了會談的品質。良好的會談氣氛是開放、溫暖、誠懇、同理、真誠、接納、尊重，這些都是社會工作者的基本態度，也是會談情境的重要變數。社會工作者怎麼表現，通常服務對象也會怎麼回應。微笑會引來殺氣的大概不多；溫暖可以溶解冰冷；尊重也會化解敵意。

┌第五節┐　個案管理

　　個案管理（case management）是國內社會工作界1990年代以來當紅的概念。然而，正如樓斯門（Rothman, 1991: 520）所言：「沒有人十分清楚個案管理是什麼？」不只美國如此，臺灣更是如此。其實，個案管理發展於1960年代心理衛生的去機構化運動（deinstitutionalization），大型機構被關閉，精神病人回到社區，需求各種協助，例如：醫療、住宅、就業、社會關係、社區參與等。因此，需要有人結合與安排這些服務資源，以利回到社區的精神病患獲得全人的支持。所以，又稱仲介模式（brokerage model），在於仲介社區資源給服務需求者。這種作法也被運用在美國的健康照護體系，針對需求綜合健康照護的個人或家庭，經由專業人員提供評估、規劃、催化、照護協調、評鑑，以及倡議的過程，使服務資源得以送達需求者手中。其間溝通與資源的取得是關鍵，才能促成服務效果達到與品質的提升，而扮演這個仲介角色的人即為個案管理者（case manager）。個案管理者不再提供直接服務，而是扮演資源的仲介者。個案管理也被運用於老人長期照顧、身心障礙者服務、早期療育、兒童與少年服務、就業服務、司法矯正服務等領域。

一、什麼是個案管理

　　以國人較熟悉的《社會工作的個案管理》（*Case Management in Social Work*）一書所定義的個案管理是：「提供給那些正處於多重問題且需要多種助人者同時介入的服務對象的協助過程。」（Ballew & Mink, 1996；王玠等譯，1998：3）從這個定義中可以抓取到幾個重點：

　　1.服務對象具有多重問題。

　　2.服務對象需求多種助人者的協助。

　　3.有人能保證將多種服務資源順利透過服務系統送達服務對象。

　　什麼樣的服務對象是具有多重問題呢？身心障礙者（含慢性精神疾病

患者）、老人、受虐兒童、未成年懷孕少女、少年犯罪者、難民、遊民、
AIDS患者等，這些人屬社會中最脆弱的人或易受害者，也是身處風險中的
人（at-risk population）。這些人所需要的服務不只是經濟安全，還包括醫
療照護、住宅、職業訓練、就業輔導、教育、緊急庇護、社會照顧等。

　　這就必須回溯到美國1960年代社會福利的背景來討論，才能更清晰個
案管理為何會冒出來。當時，社會服務方案已越來越多，但是服務網絡非常
複雜、零星、重疊與缺乏協調。主要是不同的專門化方案都只針對特定問題
的個人提供服務，那些多重問題的人只好向不同專案尋求服務；又因為各
方案間互不聯繫，所以求助者所得到的往往只是片段、不足的服務（Rubin,
1987: 212）。例如：一位老人需要經濟補助向社會局社會救助科申請，需
要住宅向住宅處登記，需要健康檢查找衛生局，需要再就業找勞工局等等，
在這過程中，老人已疲於奔命，且可能什麼服務也得不到；更關鍵的是老人
連自己需求什麼，可以得到什麼都不知道，再多的方案也沒有用。

　　再加上1960年代已成為美國心理衛生界主流的「去機構化」運動。心
理衛生體系開始將精神病患者釋出到社區的設施與家庭，因為他們相信，患
者在藥物控制下，從醫院或機構送回到社區，融入社區生活，對病人的復健
較有助益。然而，事實未必如此，1963年到1981年間，有70%的精神病院被
關閉或撤銷，病人回到社區；遺憾的是，社區並未能配合，精神病人四處流
浪，社區與家庭無力照顧，所謂「未知」的安排頻頻發生。在那時候，美國
的遊民中，有30%到50%是精神病人（林萬億，1995：8）。

　　這些經驗使得一種可以為服務對象協調各種資源，並保證服務對象可
以接受到所需要服務的角色誕生，就是個案管理者。但是，這種角色在社會
工作傳統裡，或其他專業，例如：職業復健、公共衛生，存在已久。例如：
1901年芮奇孟（Mary Richmond）已提過類似的概念，她用「機構間的合
作」（inter-agency cooperation）來強調服務整合與協調的重要（高迪理，
1990：44）。

　　所以，有些學者說個案管理是「新瓶裝舊酒」（Moore, 1990: 444）。
有些學者也不認為「個案管理者」（王玠等將之譯為個案管理師）有明顯不

同於個案工作者（Zastrow, 1995: 27）。如果從當代社會工作發展的經驗來觀察，個案管理的發展與社會工作整合的年代相一致。因此，1970年代美國方案整合所採用的策略，包括服務對象追蹤系統、諮詢與轉介服務、單一窗口服務、資訊管理系統、機構間的計畫、服務提供協議、資源清單電腦化等（Rubin, 1987）。扮演這個服務整合與協調的人稱爲個案管理者，又被稱爲「系統媒介」（system agent）（高迪理，1990：47）。採用「系統」這個概念，就是1970年代社會工作整合中最流行的概念，品克斯與米納漢（Pincus & Minahan, 1973）是這方面非常重要的促成者。品克斯與米納漢的社會工作實施模型是由四個體系組成：服務對象體系、變遷媒介體系、目標體系、行動體系。他們相信社會工作實施的中心在於人與系統在其環境中的互動，人依靠社會系統得到物資、情緒與精神資源。因此，社會工作者有連結人與資源的功能（徐震、林萬億，1983：581）。這麼一來，個案管理者的角色本應是社會工作者諸多角色之一。

　　也正因爲這樣，個案管理者會被視爲是綜融途徑的社會工作者的角色之一，屬於系統連結角色中的一環（Hepworth, Rooney, & Larsen, 1997: 27）。事實上，從個案管理者所負的功能：諮商、協調、倡導，哪一樣不是社會工作者的角色應該做到的。巴留與敏克（Ballew & Mink, 1996）也認爲個案管理者所須的技巧，例如：諮商、使能、危機處理、網絡建構、合作建立、倡導、協商、連結、資源取得、計畫、追蹤、評估等，與綜融社會工作者很類似（王玠等譯，1998：13）。毋寧說，個案管理者就是綜融社會工作者中扮演較專門於社區資源連結與運用的專家罷了。

　　至此，又有一些角色上的爭議出現，如果個案管理者是資源協調與整合的專家，沒有完成直接服務中的其他功能，例如：照顧、治療、團體工作服務等，如何能有效地執行服務的功能。在缺乏資源與方案之下，難保個案管理者不成爲「轉介高手」，而服務對象也成爲「被轉介常客」。難怪，魯賓（Rubin, 1987）認爲好的個案管理與好的直接服務是不可分的。據此，似乎不應期待個案管理者成爲另一個特殊化的職位，而導致疊床架屋，使得本已複雜的服務體系，搞得更複雜。

二、個案管理步驟

　　樓斯門（Rothman, 1991: 520）將個案管理的步驟細分為八個，茲將其
重點臚列於表9-2。

表9-2　個案管理的步驟

步　驟	工作重點
1. 接近機構	・儘快與轉介來的個案連結、安排會談 ・外展服務接觸案主（例如：遊民、精神疾病患者、失智老人等）
2. 接案	・探索案主的問題與需求 ・決定合格與否 ・填寫表格
3. 評估	・建立助人關係與蒐集資訊 ・精確地界定問題與需求 ・評估家庭能量、助力與限制 ・跨專業的團隊評估
4. 目標設定	・理解案主對目標的看法 ・短、中、長程目標敘述 ・案主達成目標的能量
5. 計畫介入或認定與編排資源	・諮商或治療 ・規劃服務 ・連結案主與資源的關係 ・資源登錄
6. 連結案主	・將案主納入資源連結的過程 ・提供資訊 ・預測困難 ・角色扮演 ・伴隨案主初訪資源 ・追蹤案主接近資源的情形
7. 監控與再評估	・排除危機 ・執行修補計畫 ・階段性再評估 ・目標達成的評鑑
8. 結果評鑑	・結案 ・記錄整理

綜合上述的個案管理步驟，可以看出大致上與社會工作過程相近，這更讓我們相信個案管理只不過是社會工作實施過程中，針對某些特定服務對象，例如：脆弱的（vulnerable）服務對象，所提供的一種服務，其功能在於達成：(1)機構間協調；(2)諮商；(3)治療；以及(4)倡導的功能（Rothman, 1991；Ballew & Mink, 1996；王玠等譯，1998）。

參考書目

一、中文部分

王玠、李開敏、陳雪真譯（1998）。**社會工作個案管理**。臺北：心理。

李保悅（1977）。社會工作會談之原則與技術。臺北：中國文化學院社會工作學系。

林幸魄（1978）。**怎樣做個案工作**。臺北：幼獅。

林萬億等（1995）。**遊民問題之調查分析**。臺北：行政院研考會。

林憲（1977）。**面談技術**。臺北：水牛。

徐震、林萬億（1983）。**當代社會工作**。臺北：五南。

高迪理（1990）。個案管理——一個新興的專業社會工作概念。**社區發展季刊**，49期，43-54。

廖榮利（1981）。**會談技術**。臺北：中華民國社區發展研究訓練中心。

鄭泰安（1982）。**神經病‧從一句罵人的話談起**。臺北：時報文化。

二、英文部分

Bartlett, H. M. (1961). *Analyzing Social Work Practice Fields*. NASW Press.

Fischer, J. (1978). *Effective Casework Practice*. NY: McGraw Hill.

Garrett, A. (1972). *Interviewing its Principles and Methods*. NY: Family Service Association of America.

Gates, B. L. (1980). *Social Program Administration: the implementation of Social Policy*. New Jersey: Prentice-Hall, Inc.

Green, J. W. (1982). *Cultural Awareness in the Human Services*. New Jersey: Prentice-Hall, Inc.

Handlin Smith, J. F. (1987). Benevolent Societies: The Reshaping of Charity during the Late Ming and Early Ching. *The Journal of Asian Studies*, 46: 2, 309-336.

Hepworth, D., Rooney, R., & Larsen, J. A. (1997). *Direct Social Work Practice: theory and skills* (4th ed.). Brooks/Cole Publishing Co.

Johnson, L. (1998). *Social Work Practice: a generalist approach* (5th ed.). Allyn and Bacon.

Kadushin, A. (1990). *The Social Work Interview*. NY: Columbia University Press.

Keefe, T., & Maypole, D. E. (1983). *Relationships in Social Service Practice*. Monterey, CA: Brooks/Cole Publishing Co.

Klenk, R. & Ryan, R. (1974). *The Practice of Social Work*. Wadsworth Publising Company.

Milner, J. & O'Byrne, P. (2009). *Assessment in Social Work* (3rd ed.). Basingstoke, Hampshire: Palgrave Macmillan.

Moore, S. (1990). A Social Work Practice Model of Case Management: the case management grid. *Social Work*, 35: 5, 444-448.

Pincus, A. & Minahan, A. (1973). *Social Work Practice: model and method*. Itasca, Illinois: F.E. Peacock Publishers.

Rothman, J. (1991). A Model of Case Management: toward empirically based practice. *Social Work*, 36: 6, 521-528.

Rubin, A. (1987). Case Management. In *Encyclopedia of Social Work* (10th ed.) (pp.212-222). NASW.

Skidmore, R. Thackeray, M., & Farley, O. W. (1988). *Introduction to Social Work*. Prentice Hall.

Specht, H. & Specht, R. (1986). Social Work Assessment: route to clienthood. *Social Casework*, 67, 525-593.

Thompson, N. (2009). *People Skills* (3rd ed.). Basingstoke, Hampshire: Palgrave Macmillan.

Wenocur, S. & Reisch, M. (1989). *From Charity to Enterprise: the development of American Social Work in Market Economy*. Urbana: University of Illinois Press.

Woodroofe, K. (1962). *From Charity to Social Work in England and the United States*. London: Routledge and Kegan Paul.

Zastrow, C. (1995). *The Practice of Social Work* (5th ed.). Brooks/Cole Publishing Co.

第十章
以家庭為對象的
社會工作實施

以家庭爲對象的社會工作（social work with families）是社會工作實施中最古老的一支。早在慈善組織會社時代的友善訪問者，就是以家庭訪視進行對貧民家庭的評估與救濟。最早的社會工作專業刊物也取名《家庭》（*The Family*）。芮奇孟（Mary Richmond）在1917年的《社會診斷》一書中，也界定家庭爲社會工作關係的基本單位。此外，最早的社會工作學院的第一門課，也是以「處置有需求的家庭於其自家中」（The Treatment of Needy Families in Their Own Homes）爲名（McNeece, 1995: 4）。可見，即使個案工作是最早的社會工作實施方法，其實也是建立在以家庭爲基礎上。

第一節 家庭是社會工作關係的基本單位

一、家庭功能與變遷

家庭是一群有血統、婚姻、親屬關係的人所組成。家庭的功能是維持其成員與社會的福祉。理想上，家庭應該提供可預測、結構、安全的環境，以利其成員成熟發展及參與社區（Collins, Jordan, & Coleman, 2009）。早期社會學家認爲家庭有以下基本功能：(1)管制性的接觸與性活動；(2)提供生殖的秩序脈絡；(3)滋養與社會化兒童；(4)確保經濟穩定；(5)社會地位的歸屬；(6)情感支持與照顧（Goode, 1963; Davis, 1949; Ogburn & Nimkoff, 1940; Lundberg, 1939）。

然而，現代家庭變遷快速，家庭規模縮小，隨著生育率降低與獨立的居住安排，核心家庭（nuclear family）比率升高；隨著離婚率升高，單親家庭（lone parent/single parent）、多親家庭（multi-parental family）、繼親家庭（step-family）、再組家庭（reconstituted family）、混組家庭（blended family），或重整家庭（reordered family）增多（Hantrais & Letablier, 1996: 13）。又隨著少子女化，豆竿家庭（beanpole family）也增加。由於婚姻與

就業的不穩定，隔代教養家庭（grandparenting family）也增多。依著性態度的改變，未婚同居（unmarried cohabitation）、小媽媽（minor mother）或少女媽媽（teenage mother）的情形也增多。另在某些國家合意結合（consensual union）[1]與法定婚姻家庭並存，只是權利義務有些許差異。

由於移民、跨國經商導致夫妻異地生活而形成假性（隱性）單親家庭（pseudo single parent family），常是妻子帶著子女生活的假性女性單親，丈夫在家鄉或外地過著「太空人家庭」（astronaut family）生活，在子女成長過程中缺席（Ong, 1999）。復隨著婦女勞動參與率的提升，雙薪家庭（dual earner family）也增多，一改過去男性賺食（male breadwinner）的印象。同時，生育意願降低，出現頂客族（Dual Income, No Kids, DINK）。而有一些高學歷的白領階級女性甚至不願被傳統婚姻牽絆而不結婚、沒有子女，而成為單身貴族。當然，也有一些在本國婚姻市場找不到配偶的男士會以他國女性作為婚配的對象，不論是透過郵購新娘（mail-order bride）仲介，或是社會網絡連結而出現由跨國婚姻（transnational marriage）組成的外籍配偶家庭，顯示出現代社會家庭的多樣性。

2019年5月17日，我國立法院三讀通過《司法院釋字第748號解釋施行法》，賦予同志伴侶得以結婚的法律依據。其中關鍵的第4條條文，明定「同志伴侶可向戶政機關辦理結婚登記」，成為亞洲第一個同婚合法化的國家。婚後雙方的財產，準用《民法》夫妻財產制；監護、扶養義務、繼承權利等，也皆準用《民法》相關規定。同時為了保障雙方，同性伴侶婚後也得以準用其他法律中，關於夫妻或婚姻的規範。不過，仍規定只能繼親收養，允許同婚一方當事人收養另一方親生子女，並準用《民法》關於收養之規定，但不能收養與兩人均無血緣關係的子女。

隨著生命歷程的改變，一些不升學、不就業、不進修或不參加就業輔

---

[1] 合意結合是一種如同結婚般的同居形式，但不一定受到法律、宗教的承認。在中美洲、太平洋島嶼、非洲等國家，合意結合是一種慣習婚姻（customary marriage），常是與法定婚姻並存的雙軌制度。

導，終日無所事事的青年族群，英國人稱尼特族（Not in Employment, Education or Training, NEET），已蔓延到各工業先進國家。而這些人是到了30歲，甚至更老，還窩在家裡靠父母養活，把父母當提款機的啃老族。又隨著世代工作價值的變遷，有一些年輕人即使願意工作，但是不願意被工作當綁住，也不接受3Ds（髒、苦、危險）（dirty, difficult, dangerous）工作條件的人越來越多，成為飛特族（freeter），以兼職、不穩定就業維生。這些人要成家立業很困難。

此外，由於升學、就業、人際交往、家庭關係疏離的壓力太大，部分年輕人雖然與家庭成員住在一起，但是卻過著長時間不接觸社會、不上學、不上班、不與外人交往，生活自我封閉的蟄居（繭居）（cocooning，きこもり）生活。這些人又被稱為「繭居族」、「隱蔽人士」、「關門族」、「家裡蹲」等。

有學者認為親職缺損（parenting deficit）是現代社會問題的主因（Etzioni, 1993）。有人感嘆童年（childhood）消失了（Postman, 1994），或是宣判童年已死，雖然有些誇大（Buckingham, 2000），但是，受現代傳播媒體無遠弗屆的影響，說兒童成長得太快則是不爭的事實（Brotherton, Davies, & McGillivray, 2010）。有人說，21世紀是一個照顧的社會（caring society）（Fine, 2007）？還是推來推去，成為照顧不足的社會（care deficit society）（Hochschild, 2003）？本章從個人作為社會工作的實施對象擴大到家庭，假設每個個人都是家庭的成員，且相信家庭對個人有著深遠的影響，即使，家庭變遷快速，其仍是滿足成員的照顧、成長、保護、發展與情緒支持的基礎社會單位。

二、以家庭為對象的社會工作

以家庭為對象的社會工作所涵蓋的面向包括社會制度的（societal-institutional）、團體互動的（group interactional）與個人心理的（individual-psychological）（Munson, 1980）。也就是社會工作在協助家庭時，同時

考量家庭治療（family therapy）與家庭政策（family policy）（McNeece, 1995）。家庭治療有時稱配偶與家庭治療，或婚姻與家庭治療。基本上是屬於心理治療的一支，以配偶與家庭為工作對象，目的在於改變與發展其親密關係。家庭政策依法國學者韓翠詩與雷塔布理爾（Hantrais & Letablier, 1996）的定義是「有計畫目標的特定行動和方案，設計來影響家庭資源與家庭結構。」亦即，家庭政策是社會政策的一環。簡單地說，以家庭為對象的社會工作既強調促成家庭關係與系統的改變與發展，也藉由提供活動與服務方案來介入家庭資源的重分配與家庭結構的調整。

以家庭為對象的社會工作實施，如前一章引用費雪（Fischer, 1978）的概念，家庭被視為微體系的一個單元，也是介入的對象；但並不是強調社會工作實施應以家庭為中心，而是當社會工作者的對象是家庭，就進行家庭介入。

三、家庭社會工作

以家庭為對象的社會工作有些學者直接稱之為「家庭社會工作」（family social work）（Collins, Jordan, & Coleman, 1999）。事實上，家庭社會工作是社會工作的實施領域之一，是以社會工作的理論、方法與技巧，並以家庭為中心，維護家庭完整，視家庭為一整體，兼顧每一家庭成員的需求，提供各種家庭服務，以解決家庭的問題（Hartmam & Laird, 1983）。

第二節　家庭評估

壹　兒童與家庭評估的三角架構

英國新工黨（New Labour）政府於2000年提出「兒童需求與家庭評估架構」（the Framework for the Assessment of Children in Need and their

Families），簡稱為兒童與家庭評估的三角架構，作為英國兒童與家庭社會工作者的準繩（Kirton, 2009; Holland, 2011）。這是一個正三角型的概念，三邊分別是：

1. 兒童發展與需求：自我照顧技巧、社會表達、家庭與社會關係、身分認同、情緒與行為發展、教育。
2. 親職能量：保證安全、情緒溫暖、刺激、引導與界線、穩定。
3. 家庭與環境因素：家庭歷史與功能；擴大家庭、住宅、就業、所得、家庭的社會整合、社區資源。

這是結合了以兒童為中心生命歷程發展、以家庭為中心、生態模式的評估架構。其最終目的是保護兒童與促進其福利，也隱含了公共衛生的風險為基礎（risk-based）的評估策略。點出了個人、人際與社會、環境三個面向的風險因子（risk factors）、保護因子（protective factors），以及復原力（resilience）。復原力是指一個人能於風險與逆境中成功地適應的能量。顯然增強這三個面向的促進因子（promotive factors）是其關鍵（Jenson & Fraser, 2006; Welbourne, 2012）。

何蘭德（Holland, 2011）指出評估有四種模式：診斷模式（diagnostic model）、決策模式（decision-making model）、廣泛的社會評估模式（broad social assessment model）、科層評估模式（bureaucratic assessment model）。診斷模式是社會工作界早期使用的，芮奇孟（Richmond, 1917）的社會診斷早已揭示要以診斷作為處置的根據。波爾曼（Perlman, 1957）、何麗絲（Hollis, 1972）接續也都認為要小心地診斷「案主」的問題，才能進行處置或介入計畫。亦即，診斷決定了處置，或解決問題的方法藏在問題界定裡。基本上診斷評估聚焦在個人身上，就兒童與家庭評估來說，是針對兒童的發展與需求。

決策模式是以評估作為組織過程或政府政治的一部分，藉由對情境的評估，預測事件發展的方向及其後果，亦稱預測模式（predictive model）。基本上，它是一種風險評估（risk assessment），以利進行決策。例如：該不該對兒童進行強制家外安置、緊急介入、安置於慈輝班？

　　廣泛的社會評估認為個體與其環境是互動的，因此評估不應侷限於問題焦點（problem-focused），而必須考量個人所處的情境。基本上，這是一種生態模式的評估。就兒童與家庭評估來說，是從兒童中心、親職能量，擴及家庭與環境，始能真正了解兒童所處發展階段與需求在家庭與環境下的意義，以及如何才能發展有效的介入方案。

　　科層評估的重要性在於社會工作介入越來越受到法律的規範與民意機關的監督，特別是兒童虐待、家庭暴力、性別平等、學校社會工作、少年服務、身心障礙服務、老人服務、社會救助、司法社會工作等，評估結果往往成為決定服務資格、權利義務、責任歸屬、福利給付的根據。如果評估缺乏法律依據、程序正義、時效、管理規範等考量，會滋生許多爭議，例如：資料不全、時機延宕、缺乏證據、違反個資保密等。因此，上述的「兒童需求與家庭評估架構」是結合了廣泛的社會評估與科層評估模式。

　　進一步，如第八章提及的評估技術，在進行兒童與家庭評估時，可以採取三種模式：提問模式（questioning model）、程序模式（procedural model）、交換模式（exchange model）。提問模式顧名思義就是要找出事件的真相及其影響，此時，社會工作者是專家，採用不同的提問技術蒐集資料、進行分析，據以做成決策。例如：評估兒童保護事件、家庭暴力事件。程序模式是社會工作者依循法定表單、標準或訪問大綱，蒐集資訊，以利決定何者可以獲得何種資源或取得服務資格。例如：低收入戶申請、特殊境遇家庭補助等。交換模式是承認服務使用者才是真正了解服務需求的人，他們知道自己所處情境需要何種服務才能針對所需。因此，社會工作者必須與服務使用者一起評估，交換資訊與想法，規劃介入方案以達成目標（Milner, Myers, & O'Byrne, 2020; Holland, 2011）。

　　不論如何，韋本（Welbourne, 2012）提醒，兒童與家庭社會工作的焦點是兒童與家庭，不是任務（task），不能只是為了達成任務，而忘記服務對象是有血有肉、正在發展中的個體，且生活於其生態環境中。不能只為了儘速結案，或完成組織任務，或依法行事，草草評估了事，快快做成決議，而進行一個對兒童與家庭毫無幫助的服務。

　　下圖10-1是一個兒童與家庭評估三角架構的案例。讀者可以從中看出一個寬廣的社會評估的梗概。本書建議依此評估架構類推至老人、身心障礙者、精神疾病等案例。如果是評估老人、身心障礙者，或精神病患，則將左邊我如何成長與發展改為我的身心社會發展與需求；右邊的需求於主要照顧者的內容也跟著微調即可；三角形的底邊也是針對不同服務對象進行微調即可。

圖10-1　以兒童為中心的家庭三角評估

資料來源：Holland (2011). *Child & Family Assessment in Social Work Practice*, p30.

　　在評估主要照顧者的親職能力時一定要超越「夠好的親職」（good enough parenting）的印象。所謂的「夠好的親職」擴大解釋自英國小兒科

醫師溫妮蔻特（Winnicott, 1957）的「夠好的母職」（good enough mother-ing），認爲母親只是兒童照顧環境的一部分，身爲兒童的照顧者，只要能提供促進兒童發展的環境，就是夠好的母職。各種不同的母性（mother-hood），不論是收養、未婚懷孕、單親等，都是可接受但不完美的母職。這反映了母職的不同經驗與可替代性。而相反地，不夠好的母職（not good enough mothering）是造成兒童假我疾患（false self disorders）的原因。假我疾患是指嬰兒期缺乏夠好的母職照顧，導致不安全或精神受打擊，而出現一種嬰兒與現實經驗的虛假關係，以隱藏不安全與受損的眞實的我（true self），達到維持誇大的自戀需求。雖然，「夠好的母職」不一定指原生母親，但是這樣的母職觀點還是受到女性主義的批判，認爲過度強調母性、母職與兒童的關係（Silva, 1996）。

　　據此，只要能滿足以下條件：(1)身體照顧、營養與保護；(2)愛、照顧、承諾；(3)一致的管教；(4)激發成長（Welbourne, 2012），就是「夠好的親職」。「夠好的親職」就像美滿家庭一樣是文化建構的產物。現實世界中，許多家庭的原生父母是不可能完美無缺的；或因收養、寄養、未婚懷孕、離婚、再婚、喪偶、假性單親等，原生父母無法成爲擁抱兒童的環境（holding environment）。社會工作者不宜以原生父母的完美與否來作爲評估親職的指標。否則就會落入缺損模式中。任何親職的環境只要能實現以下四點即可（Welbourne, 2012）：

　　1.滿足兒童的健康與發展需求，例如：基本照顧、愛與情感。

　　2.將兒童需求列爲優先。

　　3.提供例行與一致的照顧。

　　4.家長認識與尋求支持服務。

　　不管哪一種家庭組成，其實都可以成爲夠好的親職。千萬不要以完美的標準來界定夠好的親職，而沒有看到親職與環境的優勢。進一步必須提醒，親職不能侷限於母性與母職，父性（fatherhood）與父職（fathering）也具有同樣的價值，讓男人成爲父親也是與家庭工作的重要任務之一（Hobson, 2002）。此外，超越父母親職的隔代教養、家族支持系統、友伴、鄰里，

往往也是獲得照顧、經濟安全、就業、住宅、歸屬感的來源。

貳　家庭評估

家庭評估（family assessment）是以家庭作為多人體系（multi-person system），社會工作者針對這個體系進行問題本質、體系優勢與弱點、適當的介入，以及其成效的判斷的過程稱之。家庭評估的方式很多，例如：觀察法、婚姻量表、家庭量表（Filsinger, 1983），以及家庭社會史、家庭生態圖（eco-map）、家庭族譜圖（genogram）等（Johnson, 1998; Zastrow, 1995）。本書僅以社會工作者較常用的後三者為討論重點。前三者需要依賴製作完整的量表、問卷或清單，當社會工作者借用這些工具時，都有說明書可以幫助施測與解釋。

黑普渥斯等人（Hepworth, Rooney, & Larsen, 1997: 287-316）指出家庭評估應包含以下12個面向：

一、家庭脈絡（family context）

家庭脈絡是指家庭接觸到的基本資源，例如：社經地位、食物、健康照護、住宅、財務支助、就業訓練，以及保護這些資源的能力。也就是家庭賴以為生的需求機會與能量。然而，值得關切的是不同的文化對「家庭」的定義不同。家庭是生存於足以影響其生存的較大的社會體系下，這個社會體系有其特定的文化環境、性別取向、家庭組成的脈絡，而任一個別家庭都有可能在價值、態度、行為、組成等面向與大社會體系不一致。特別是當家庭是屬於大社會體系下的次文化的成員時，其間的不一致更明顯。因此，社會工作者應有更寬廣的文化覺察能力，去了解家庭是一個現實、文化、種族地位、語言、社會階級、習俗、歷史、性別取向等複合的概念。

鮑卓勉伊－納吉（Boszormenyi-Nagi, 1987）提醒每一個家庭都有一種「相欠債」的「家庭帳簿」（family ledger），雖然這本家庭帳不見得如此

精確，但卻也是錙銖必較，深深地影響家庭成員每日生活的脈絡。例如：媽媽含辛茹苦幫助爸爸創業，她會覺得爸爸欠她，除非爸爸回報媽媽加倍恩愛，或協助娘家投資或什麼的，否則這筆家庭帳就很難平衡。又例如：姊姊被賣去當妓女，成就一家人榮華富貴，她不會覺得父母對她不公平嗎？黃春明（2000）的小說《看海的日子》，書寫臺灣宜蘭漁村南方澳的少女白梅被養父母賣到私娼館當雛妓後從良的故事，即呈現一典型的家庭帳簿。臺灣民間故事《周成過臺灣》也是描述失衡的家庭帳簿。不平衡的家庭帳簿是造成家庭不能有福祉感的來源，他相信未被處理的不正義感是家庭成員症狀行爲的來源。

爲了處理家庭體系與社會體系間的不一致，諾頓（Norton, 1978）倡議一種「雙元觀點」（dual perspective），即「同時有意識與系統地理解、了解比較大的社會體系，以及存在於其之下的家庭與社會體系的價值與態度。」簡單地說，就是不能從大社會體系的單一角度來看待家庭或社區，尤其是不同文化下的行爲、價值、態度本來就可以不同，而且不見得有所謂對錯。

舉例來說，我們評估原住民家庭時，不可只從漢人社會的角度出發，其間一定會有文化不一致的現象存在；即使從原住民族的角度來評估，也必須考量不同族群有不同的家庭概念，例如：阿美族是母系社會，而魯凱族是頭目制，其間也有差異。除了族群不同外，對單親與雙親家庭、同性與異性家庭、同居與結婚家庭等，都必須在雙元觀點下，才較理解非主流家庭的處境。例如：從主流社會來看非婚生子女是「私生子（女）」、「不完整家庭」、「破壞禮法」、「問題家庭」，如此一來，很容易刻板化地判定其對錯。但是，從雙元觀點來看，非婚生子女未必是「不完整」、「不幸福」、「有問題」與「失功能的」。雙元觀點提供社會工作者一個更寬廣的視野來看待多元化下的家庭與社區生活，也更精確地評估家庭脈絡。

二、家庭體系的外部界限（outer boundaries）

所謂外部界限是家庭與外部環境的區隔，界限越彈性與開放，是指外

部體系（鄰里、社區、社團、機構等）被允許介入或被邀請進入家庭體系，分享情緒、資訊與物資的限度與阻礙越小。反之，界限越僵固與封閉，則是指家庭體系與外部體系的情感、資訊、物資等交換（或交流）越少，限制越嚴格。

通常有三種原型的家庭外部界限，一是「封閉的家庭體系」（closed family system），二是「開放的家庭體系」（open family system），三是「隨機的家庭體系」（random family system）。前者指某人擁有高度權威來制定家庭界限，而創造出一個分隔的家庭空間，明顯地與鄰里、社區隔絕。家庭成員被嚴格要求不能任意與外部體系交流，以保護家庭體系的私密與純粹。

開放的家庭體系是彈性地調整家庭界標，由家庭成員共識來移動界址。因此，家庭體系是歡迎外文化進入，也鼓勵家庭擴展其勢力進入社區體系；個別家庭成員被允許自由出入，不必擔心破壞家庭規範。如此一來，這種家庭常是高朋滿座，參與社區活動非常活絡，家庭成員與社區成員產生互利；亦即，訪客不只被歡迎，而且對家庭有貢獻。

隨機的家庭體系是家內成員各有自己的家庭地盤界限，而全家並沒有統一的家庭界限，家庭界限其實是每位家庭成員堆積而成的。家庭無所謂穩定持久的界限，也不需要刻意強調之。家庭界限也會隨著成員進出或訪客來往而擴張。

這三種家庭界限的原型提供我們了解誰在影響家庭、家庭成員間的責任、職務，以及外部社區、鄰里的影響力。家庭族譜圖有助於這方面的評估。

三、家庭次體系的內部界限

家庭內永遠存在著因性別、利益、世代、功能等組成的次體系，每一成員可以同時屬於不同的次體系，例如：夫妻、母女、姐妹、祖孫、叔姪等。許多次體系的形成往往是情境相關與短暫形成的，例如：媽媽檢查功課嚴格些，女兒就會找爸爸檢查作業；女兒為了要媽媽說服爸爸讓她買一部機車，

就會天天找媽媽撒嬌。

　　次體系中較持久的是夫妻、親子、手足等三組。次體系穩定而界定清楚是家庭福祉與健康的基石（Minuchin, 1974）。上述三組次體系如果清楚地被界定，且容許家庭成員在互不干擾下，相互接觸並交換資源，家庭功能就可以運作良好。因此，敏努欽（Minuchin, 1974）認爲次體系的界限比次體系的組成更能影響家庭的功能。例如：親子次體系運作適當，家庭責任就很清楚。

　　三組家庭中的主要次體系界限的整合決定於「家規」（family rules）的運作。例如：母親叫小孩在大人講話時不可插嘴，小孩就不敢逾越大人的規定而亂發言；家中長子（女）常代替父母執行家規，當父母不在家的時候，家規仍然會繼續運作。

　　敏努欽的次體系觀點很像傳統中國五倫中的「父子、夫婦、兄弟」。所謂「父慈子孝、夫妻相敬如賓、兄友弟恭」。家中倫常取決於上位者的規定與示範，在下位者自必遵行，例如：父慈子就孝；反之，就是「父不父，子不子」。不同的是，敏努欽是以當代西方基督新教文明下的家庭結構觀點來分析家規，而傳統中國五倫是在一個以君臣關係爲主軸發展下來的君父權倫理。例如：「君要臣死，臣不得不死」，這種上下關係是絕對服從的；即使是「百善孝爲先」，但是遇到「忠孝不能兩全時」，還是化忠爲大孝，犧牲父子、夫婦、兄弟、朋友之倫。這其中也看不到女性的位置，「教子」是爲了「相夫」。在現代社會，這種君父權的倫理規範已相對薄弱，但並不表示不存在了。了解東方社會中尚未消失掉的家庭倫理，有助於檢測家庭內次體系的界限。

　　敏努欽等人（Minuchin, 1974; Minuchin & Fishman, 2004）認爲界限是一連續體的概念，從糾結（鬆散的界限）到疏離（僵化的界限），而中間是清楚的界限。界限僵化、疏離的家庭，其成員間的人際距離大，缺乏互相依賴與支持的功能，對家庭沒有忠誠感與歸屬感，容易出現行爲外化（acting out）的子女。界限鬆散、糾結關係（tangled relationships）的家庭，其次系統的界限是未分化、微弱、容易穿越、界線模糊、關係糾纏在一起的，家庭

互動中極端親近和強烈的情感，導致其中的成員過度關切和涉入彼此的生活。由於強調忠誠與歸屬，子女往往爲了家庭而放棄自主，犧牲個人的發展，導致情緒與心理的困擾，身心症的家庭常看到這樣的情形。界限清楚的家庭有最好、最健康的互動關係。界限適中，一方面可以促使個體具有獨立性與自主性，另一方面對家庭有歸屬感，家族成員能團結應付壓力，同時又能彈性的調整結構，以滿足個人心理與生理發展所需，且在此互動中，成員間彼此試探與學習「自主」與「親密」（Minuchin, 1974; Minuchin & Fishman, 2004）。

　　以敏努欽的看法，傳統中國家庭倫理其實是一種極端，也就是困陷（enmeshment），每一個成員思考與感受非常相似，成員犧牲自主性、獨立行動、探索與解決問題，而造就一個不適當的僵固界限。例如：女人要「在家從父，出嫁從夫，夫死從子」，「嫁雞隨雞，嫁狗隨狗」，過去稱之爲「三從四德」，現今可能就是個困陷了。困陷的另一端是「解離」（disengagement），就是成員容忍個體的變異到極大，但是缺乏家庭團體感、忠誠，以及歸屬感。在這兩個極端下的家庭體系是不穩定與混沌的。不過，困陷與解離往往是家庭發展的過程，而非必然導致失功能。在家庭組成之初也許有困陷的傾向，但到了子女成長，解離會出現。如果困陷與解離成爲一種持續運作的家庭次體系，則不適應與阻礙成員發展將會出現。

四、家庭權力結構

　　權力是指有影響事物的力量。家庭權力結構是指在家內誰有力量影響他人改變行爲的權力安排。通常最能滿足家內成員需求的人站在最有權力的位置上。需求不只經濟安全，也包括情感、社會關係與認可。

　　權力結構包括權力分布與平衡。有些家庭是單一權力系統，例如：父權或母權；大部分家庭權力體系是多元權力體系，只是權力分配不完全平均。家庭權力指標最明顯的是「決定者」是誰；不過，很多家庭的決定者因事件不同而有異。在傳統東方家庭還有相當比例的家庭維持著「男主外，女主

內」的家庭分工；但是，當女人的所得增加、社會網絡擴張，或社會地位提高後，家庭權力會發生轉變，從父權轉向平權。倘若，男性因失業、疾病或工作遲滯，例如生涯時鐘（career clock）慢了，權力分配也會部分轉向女性這邊。

權力變化也會發生在家庭重組，例如：離婚、再婚、分家或子女結婚。有時候，女性為了讓男性維持自尊，而扮演隱藏的權力者，而將外顯的權力者仍然交給男性。有時，隱藏的權力者也可能是長子，或家中學歷、所得、地位或最具領導才能的子女。家庭權力結構的評估有助於了解家規的形成與修正；同時，也可發現家庭的優勢與阻力。

五、家庭決策過程

家庭決策過程與權力結構息息相關。評估的重點在於誰參與決策，主動或被動？參與決策的項目、範圍？何時進行決策？決策品質如何？決策的效力如何？

通常家庭是由成人決策，尤其在傳統華人家庭素有「小孩子有耳無嘴」，也就是小孩能聽不能講。不只如此，有些議題如政治、家族共業事務、丈夫的事業，也把女性排除在外，所謂「女人家少管男人的事」。有些男人甚至不把家庭外的活動帶回家裡。

有時女性或較年長的子女會被邀請參與決策，但是決策的項目與範圍僅止於與其有利害關係，或家戶長不熟悉的部分，例如：考哪個學校、學什麼技能、讀什麼科系，或買什麼衣服。社會工作者應清楚什麼事由什麼人決策。

很多家庭事務的決策是在餐桌上，或電視前進行，有些隱密的家務事會在臥房進行決策。決策過程如何？誰先發起議題？可以討論嗎？每人有同等決策權嗎？決策如果是不可討論，又是唐突輕率，常是品質很低，甚至經常錯誤。有些家庭決策朝令夕改，難以捉摸。好的家庭決策是全體參與、充分表達、資訊充足、相互回饋、依決策結果行事。

六、家庭情感與感受表白的範圍

感情表白是家庭建立親密關係的基礎。在東方家庭裡，家庭成員表達情感少於事實，甚至夫妻也不習慣表達感受，更不用說親子間的情感表達。很多家庭成員發生事故了，例如：自殺、外遇、逃家、犯罪等，其餘家庭成員如父母或配偶通常會說：「怎麼會這樣？他從來沒提到過不愉快的事。」「平常他都好好的啊！看不出來會尋短。」「看不出有什麼異樣啊！」

家庭成員表達情感包括愛、恨、關懷、快樂等，也包括需求與給與。家庭情感表達與家庭性格有關，但這常是一種習慣，只要努力就可以改變。改變家庭情感表達的範圍與方式，可以透過送小禮物、外出上館子、郊遊、邀朋友來家做客、改變家內擺設，或生活習慣等來改變。越能表達深層感受的家庭，越能抗衡危機。

七、家庭目標

家庭組成有其社會普同的目標，例如：「成家立業」、「完成人生大事」、「樹大分枝」、「奉兒女之命」。但是，每個家庭成員有個人目標，例如：長子想升大學，長女想學服裝設計，父親想升遷，母親想在家族裡不要被比下去。每個家庭成員的目標不見得與其他人的目標相一致。家庭目標不一致是衝突的來源，通常較有權力的人的目標會被優先完成，其他人的目標則會被犧牲。例如：在傳統社會裡，女人的目標達成常被壓抑，姊姊做事賺錢讓弟弟讀書，或男孩讀大學，女孩讀專校等。

八、家庭認知模式

家庭認知模式是指家庭成員共享的世界觀、價值、信仰、自我理解等，例如：「都是別人帶壞我兒子」、「男主外，女主內」、「男人不要管孩子」、「君子遠庖廚」、「門當戶對」、「家醜不外揚」等，都是家庭認知模式，這也都是家庭迷思（family myth）。

家庭迷思對成員的行為產生不利的影響，例如：定型化思考模式，或標

籤化成員行爲。有些家庭帶給其成員的符號就是「不要相信陌生人」或「不要隨便與陌生人講話」，其成員的人際關係難免孤立冷漠。有些媽媽的「寶貝兒子」從家裡到學校都掛在嘴邊；事實上，孩子一點也都不「寶貝」了，仍然剪不掉這家庭標籤。

九、家庭角色

每個家庭成員在家中均扮演許多角色，例如：配偶、母親、照顧者等，這些角色引導成員的行爲。成員角色的安排一方面受到法律的規範，另方面也受到傳統社會規範的左右，例如：性別地位。不論西方或東方社會，女性還是被認定爲合作、溫和、情感、順從、照顧的象徵，尤其以東方國家的女性爲甚。雖然，性革命經西方社會蔓延到東方。但是，性別角色刻板化仍然留存在許多家庭裡。

在評估家庭角色時，有幾個重點要注意：

1. 什麼因素決定家庭內角色的安排，是性別，還是能力、地位、所得、利益？
2. 角色定義夠清楚嗎？
3. 角色扮演的滿意度如何？每個人甘於現在的角色安排嗎？
4. 角色安排適當嗎？
5. 角色定義的外部來源有嗎？是顯著他人或鄰里、親戚、朋友？
6. 家庭角色有無衝突？有無過度負荷？角色壓力來源爲何？

每個家庭成員各就各位，扮演好自己的角色，且角色安排是公平合理的，這樣的家庭才能有正常的功能。

十、溝通型態

溝通是資訊交流、意見表達、情感表白、決策與目標完成的手段。良好的溝通才能減少衝突與不一致，良好的溝通是言行一致、清楚、時機正確、環境條件有利、配合當事人的參考架構，以及使用適當的輔助工具。

　　家庭溝通不良的原因主要有不對等地位安排、溝通技巧太差、環境因素不良、溝通時間太少等。由於僵固的家庭次體系仍然存在明顯的上下威權關係，父母對子女常以單向溝通（應說是命令）來交換資訊與感受，使親子溝通非常不順，夫妻溝通也多有障礙。不只是地位造成家庭溝通障礙，溝通技巧不好也是許多父母心中的痛，例如：大聲怒吼、用語含混、喜歡翻舊帳、喜歡比較、不善於表達情感（尤其是愛與關懷）、不會選擇時機表達、常用負面批評、不輕易讚美、濫用權威、不接受批評、愛面子重於內涵、不知適可而止、不願傾聽、碎碎唸等，都是拙劣的溝通技巧。

　　環境條件不好也是溝通的障礙，例如：房間不夠大、相互干擾、外部環境嘈雜、缺乏隱密等都是。而在工商社會裡，聚少離多，當然也是家庭溝通的障礙之一，而且似乎很嚴重。父母上班的雙薪家庭，只有晚上有機會進行家庭溝通，但是晚上子女要上補習班或做不完的功課，或上電腦網路找人聊天，哪有時間家庭聚會。有時，父母晚上有應酬，尤其是官、商家庭，更是忙碌。用紙條、手機、E-mail、簡訊、Facebook、Instagram等，都成為家庭溝通的輔助器材。然而，當人與電腦溝通的機會大於人與人的直接溝通，人的溝通能力會下降。還是要鼓勵家庭成員多使用面對面溝通；除非，一見面就吵架。

十一、家庭優勢

　　如同評估個人的優勢般，優勢是處置的助力，例如：愛、關懷、動機、意願、宗教信仰、文化傳承、家族關係、家庭地位、社區關係等，都可能是家庭改變的優勢。

十二、家庭生命循環

　　家庭生命循環是指從組成家庭開始到家庭老化為止，有幾個明顯可區隔的階段，例如：結婚、生育、子女未成年（養育）、子女成年（空巢）、晚年等五個階段。有些成年人不結婚，就沒有一、二、三、四階段，而是與

父母同住或是分離母家庭獨立，成爲單身貴族，直到晚年來臨。有些家庭不生育子女就沒有二、三、四階段。有些家庭因離婚而解組，可能再婚而形成繼親家庭，未再婚者成爲單親家庭，家庭生命循環會有重新開始或接續的現象。不論如何，每一家庭生命循環階段都有其任務與危機存在，這些任務與危機除了來自新成員（子女）的生育、成長、離別之外，也受到就業、社區關係、親族關係的影響，例如：生育期與育兒期最怕失業或外遇，空巢期也擔心配偶死亡。

第三節　家庭評估的技術

常見的家庭評估技術有以下四種，茲分別介紹如次：

一、家庭社會史

如同個人社會史般，家庭也可被視爲一個「案主」體系來評估其社會史。一個完整的家庭社會史評估表建議如下（Johnson, 1998）：

表10-1　家庭社會史

1. 基本資料
(1) 家庭成員的姓名、出生日期、死亡日期
(2) 結婚日期或前一次結婚日期
(3) 宗教、族群、文化背景
(4) 使用語言（在家、在外）
(5) 轉介單位、初次接觸日期
2. 家庭體系
(1) 家庭結構
・認定所有家庭成員（包括擴大家庭和家庭內無親戚關係的人），並描述每個人的個人社會史。

‧次體系──描述因血緣、婚姻等形成的家庭次體系，例如：親子、夫妻、手足或其他關係的次體系。

‧家庭凝聚力──家庭維持體系的樣態、界限、關係，包括：連結、分離、家規、情緒氣氛等。

‧家庭環境
①生活情境。
②社經地位。
③社區與鄰里關係本質，包括：社區組織與制度、機構對家庭的重要性、關係的性質，社區資源、責任，以及社區與家庭的衝突。
④擴大家庭──擴大家庭的顯著他人，以及其影響家庭體系的優勢、資源、責任，以及其衝擊。

(2)家庭功能
‧溝通模式
‧決策模式
‧角色履行
①工作與家務的標準與實踐。
②親職與兒童照顧的標準與實務。
③成員的支持、成長鼓勵、照顧、關切。
④家庭習慣的適應與抗衡機制。
⑤家庭生態圖（圖10-2）。

(3)家庭發展史
‧根源、受文化的影響、受上世代的影響。
‧家庭生命循環中的顯著事件。
‧家庭生命循環的階段。
‧家庭族譜圖（圖10-4）。

3. 關切、需求與問題
(1)來機構的緣由，要求何種服務？
(2)每個家庭成員的需求。
(3)家庭次體系的需求（特別是婚姻體系與親子體系）、資源的界定，以及有助於或改變家庭適當功能的需求。
(4)家庭體系的需求與問題；個人與次團體的需求對家庭體系需求的影響；環境責任、期待，以及影響家庭體系的多樣因素；家庭滿足需求的問題與障礙。

4. 家庭滿足需求的優勢與限制
(1)家庭期待服務提供的結果。
(2)家庭配合服務提供的理念、利益與計畫。
(3)家庭使用服務與改變的動機。

---

(4)家庭抗衡與變遷的能量？衝擊會是什麼？

(5)家庭內部資源有哪些？

(6)家庭的環境資源、責任與家庭衝擊，以及其能支持或減緩家庭的變遷。

(7)影響家庭體系動機、能量或改變機會的因素。

(8)體系與環境的期待對家庭來說是切合實際的嗎？

(9)家庭在這種情境下滿足需求與解決問題的優勢與限制。

　　家庭社會史的評估對一個單純家庭來說較簡單，但是對「混組家庭」與「跨國婚姻家庭」來說就很複雜。所謂混組家庭是指家長中的一方或雙方曾經有過其他的婚姻關係，例如：再婚、繼親等。一方面要描述現在的家庭社會史，另方面又要處理以前的婚姻所帶來的家庭關係。而跨國婚姻家庭既要評估本國家庭史，又要將評估觸角伸展到他國社會，例如：越南、中國等，其文化、語言、政治經濟制度對家庭的影響，都是不易理解的。

二、家庭生態圖（eco-map）

　　家庭生態圖的基本圖構是家族樹（family tree）或家系圖，再擴大延伸到家庭的社會環境，最早由哈特曼（Hartman, 1978）所發展，如今廣泛被使用。如下圖10-2，較完整的生態圖如圖10-3。家庭生態圖是一種紙筆的家庭評估工具，藉由圖形、線條來描述「案主」家庭的內、外關係。家庭生態圖有別於家庭樹形圖，是將「案主」家庭放在一個全形的（holistic）或生態的觀點來理解；評估不只針對家庭，也包括家庭所存在的團體、社區與組織。

　　家庭生態圖提供一個了解「案主」家庭問題與資源快速的掃瞄，透過圖形來表達性別與單位，線條表示關係及其強弱。

　　家庭生態圖的完成通常要由社會工作者與「案主」一齊合作，才能正確無誤。如果將生態圖與社會支持網絡一併思考，更可以了解「案主」家庭問題情境的社會動力，以及其介入的完整策略。

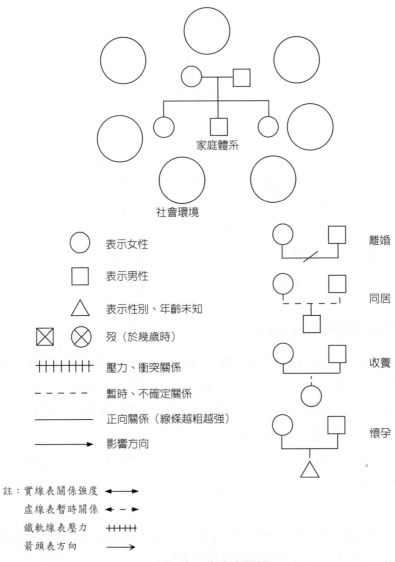

家庭體系

社會環境

◯	表示女性
▢	表示男性
△	表示性別、年齡末知
⊠ ⊗	歿（於幾歲時）
┼┼┼┼┼┼	壓力、衝突關係
-------	暫時、不確定關係
─────	正向關係（線條越粗越強）
──────▶	影響方向

離婚

同居

收養

懷孕

註：實線表關係強度　◀───▶
　　虛線表暫時關係　◀ - ▶
　　鐵軌線表壓力　┼┼┼┼┼
　　箭頭表方向　　───▶

圖10-2　家庭生態圖

資料來源：Zastrow (1995) pp. 226-227.

姓名：<u>李一舟</u>
日期：<u>4/16/89</u>

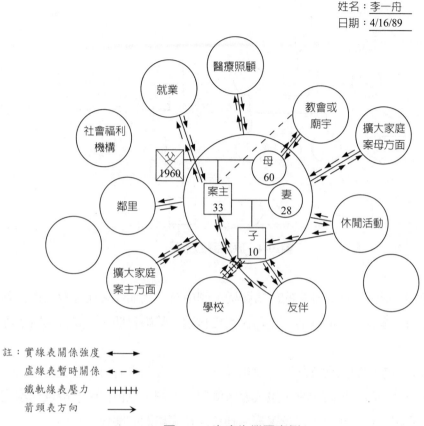

註：實線表關係強度　◀━━━▶
　　虛線表暫時關係　◀ ━ ▶
　　鐵軌線表壓力　　┼┼┼┼┼
　　箭頭表方向　　　━━━▶

圖10-3　家庭生態圖案例

三、族譜圖（genogram）

　　族譜圖是透過圖形來了解「案主」的家族關係，通常追溯三代爲止，有必要亦可再上溯到四代、五代，尤其是傳統東方社會，有些家族較龐大。

　　族譜圖的用途是檢查家庭問題的世代關係，透過圖形可以知道在世代脈絡下的家庭處境。有些家庭成員內的問題是會有複製、遺傳或循環，例如：離婚、婚姻暴力、兒童虐待、濫用藥物、精神疾病等。

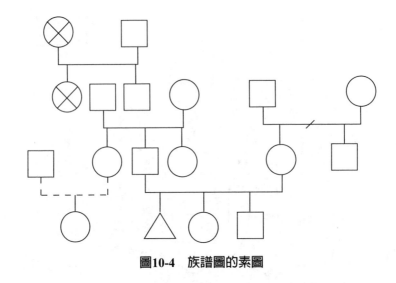

圖10-4　族譜圖的素圖

　　圖10-4提供一個最基本的族譜圖構，圖中有三代關係。在社會工作實務上會再加上家庭成員的姓名、年齡、死亡日期、離婚日期、主要行為特質等重要資訊。

　　家庭生態圖與世代族譜圖可以相互補充。社會工作者可以將族譜圖的一個世代或家庭體系抽離出來，畫成家系圖與生態圖，以便同時了解世代家庭模式、問題的家族脈絡，以及家庭與社會支持網絡間的關係。

四、家庭敘事

　　了解家庭世界的技巧，越來越依賴敘事（narratives），故有敘事翻轉（narrative turn）之說（Riessman & Quinney, 2005; Rutten, Mottart, & Soetaert, 2010）。敘事是指一系列的敘述，以描述單一事件或一組事件的來龍去脈，讓聽者了解其意義。其目的是溝通一樁特殊的、個人的有意義事件（Welbourne, 2012）。一般的報告、爭論、問答形式的會話等都具有敘事的性質。但是，說故事（storytelling）是最典型的敘事。敘事除了傳達完整的事件始末外，也作為解構與重構自我的重要媒介。因此，敘事治療也被納入為心理治療的一支（White & Epston, 1990）。

　　故事讓人們進入他人的世界。它是針對特殊事件提供特定的資訊的一種陳述、證明與解釋，而非只是一般的陳述。因此，敘事是事件爲中心的（event-centered）與歷史特定的，鎖定在特定的時空裡。亦即，敘事是有組織、有結構、有內涵、有順序的完整事件陳述。在時間序列上，通常會有起始、中間與結尾的順序。當然，敘事者也可以用倒裝、穿插的方式來陳述其故事。敘事的內涵關係到敘事者的行動、特定的人類行動，以及特定的社會互動。故事指出行動者在故事背景世界裡如何採取行動？如何回應？如何促使他人回應？行動者如何改變自己及其所處世界？故事也揭露事件發展的方向、其他行動者如何回應他人、創造其可能性，以及其如何來看待自己與所處世界？不論是採隱喻或明示的敘述，故事告訴我們複雜的動機使人們採取此一行動而非另一種；故事也暴露環境、身體、社會脈絡的限制，侷限個人採取行動的可能性（Mattingley & Lawlor, 2000）。

　　評價一個有效的敘事端視其前後關聯（sequence）與後果（consequence）。前者指敘述的素材如何被組織成前後順序關聯的故事，後者是所陳述的事件給聽者的意義是什麼？尤其是冗長的家庭故事更需要重視前後關聯，否則外人很難在短時間內讀出複雜的家庭生命歷程經驗。

　　社會工作者在聽取敘事者的故事時，要提醒自己注意以下七點（Riessman & Quinney, 2005）：

1. 誰在建構這個故事？
2. 故事如何形成？
3. 故事被建構的目的何在？
4. 故事背景的文化資源是什麼？
5. 敘事者視爲當然的說法是什麼？
6. 故事實現了什麼目的？
7. 敘事相對人會有落差與不一致的說法嗎？

　　敘事者的自我就是一個積極的媒介（active agent），透過其自我的陳述，讓聽者在與其互動中，共同建構故事的意義。因此，敘事本身就是一個自我整合的過程。讓敘事者重新整合生理的我、社會的我、性靈的我、擴大

的我。亦即，敘事者本身就是一個思考者。不論敘事者、專業的聽眾都在進行佛格森（Ferguson, 2009）所說的「體現的述說」（embodied telling）與「體現的聆聽」（embodied listening）。也就是，敘事者是以有特定的時空條件下來述說其故事，故事本身就鑲嵌在特定的物理、時間、文化背景下，例如：如何在家中被表哥性侵？這不可能是一種幻象，而是實景。同樣地，聽者也必須有能力將這個故事連結到其物理環境，用此經驗來描述故事中人物的眞實經驗，並以覺知的資料（sense data）來理解故事中人物的世界，例如：被家內性侵後的感受。

敘事者能在敘事的過程中建構（construct）、解構（deconstruct）、重構（reconstruct）、共構（co-construct）自我。敘事者可以藉由敘事的過程將零散、片段、遺忘、顛倒、模糊、殘缺的記憶有系統地組織起來，建構成爲一個較完整的事件經驗。也可能透過在敘事的過程中不斷地內省、反思、詮釋、領悟、重組過往的經歷，解構既定的對事件的認知與詮釋，重構一種新的領悟。例如：解構「被表哥性侵是我自己的不好」的迷思；重新建構被性侵是對方的錯的新意義。敘事者也可透過與聽者的互動中，共同建構對事件的新意義，例如：即使我被性侵過，我依然美好如初，我要站起來，重新面對我自己。專業的聆聽者的同理、傾聽、了解、提問、回應、面質、澄清（clarification）、滌清（catharsis）、說服、鼓勵、支持等往往會讓敘事者產生新的事件意義，修正先前的理解、思考、詮釋。而最佳的聽者是精神科醫師、心理治療師、諮商師、社會工作師、神職人員等。社會工作者必須做到（Welbourne, 2012）：

1. 給予服務使用者有機會訴說他們的故事。
2. 敘事是供他人說明其生活經驗與了解其生活，本來就是需要花時間的，但是這有助於理解其眞實的資訊。
3. 敘事提供一種可能性讓我們進入他人的生活世界。藉由領悟幫助我們發展一種深層的分析，以利於支撐與家庭一起工作的計畫。
4. 傾聽與做筆記來記住服務使用者敘事的內容，以避免與介入計畫不一致，始能滿足服務使用者的需求與期待，減少抗拒與有助於建立關係。

5. 聆聽受創傷的人們的故事，有助於他們重新組織思考，進而邁向復原之路。然而，悲慘的故事也可能讓聽者陷入脆弱的處境中。

6. 社會工作者應該善用支持性的督導，好讓自己順利通過聽到悲慘故事後可能出現的痛苦經驗，因為與敘事者產生個人的共鳴是在所難免的。

　　社會工作者作為一位專業的聽故事的人，不是敘事者說什麼都必須深信不疑。敘事者很容易自稱事件的發生沒有絕對的事實，我就是真理，無視於相對人的意見，如此，很容易造成評估的偏誤。社會工作者要透過提問、回應、澄清、解釋，讓敘事者知道不能編一個虛構的故事。敘事若只是滿足敘事者個人的僵化、偏執的、想當然爾的想法，是無助於了解真實家庭世界或組織環境的經驗。虛構的故事對敘事者來說只會繼續掩飾其對真實世界的扭曲經驗，且會對相對人造成無可辯白的傷害，絕非敘事的本意。

第四節　家庭介入

一、以家庭為中心的模式（family centred model）

　　以家庭為中心的社會工作實施模式，是將個人放在家庭的脈絡下來處理。其屬於社會工作的途徑之一，以家庭作為關注的中心，或是行動的場域（Hartman & Laird, 1983）。有別於以專家為中心的模式（professionally centred model），或以兒童為中心的模式（child centred model），也就是社會工作視家庭為一個系統，認為人們只能在家庭的脈絡下被了解與協助，又稱「以家庭為中心的社會工作實施」（family-centered social work practice, FCSWP）。以家庭為中心的實務在社會工作歷史上發展已久，最早可追溯到1970年代末、1980代初，當時兒童日間照顧、遊戲團體、幼兒服務開始擴展其服務範圍包括父母親，雖然主要對象仍侷限於母親。晚近兩股力量促

成以家庭為中心的服務運動：一是因為資源分配不均，導致出現地區性的剝奪；二是需求提供可近性、無烙印的服務。從此，兒童服務機構從照顧兒童走向預防工作，其目的是提供家庭支持，強化家庭（Kirton, 2009）。以家庭為中心的模型是「讓人們在家庭的脈絡與當前的親密關係網絡下被最佳地了解與協助其成員。」（Laird, 1995）因此，以家庭為中心的實務必須考慮既存的複雜家庭關係，於進行家庭介入時能契合多樣的家庭信念、價值及功能型態，使用彈性的介入策略，如此才能回應家庭需求的優先性，以及以社區為基礎的家庭生活。以早期療育為例，以家庭為中心的實務在於充權家庭，使其能與服務提供者協力工作，以及支持家庭做成最有利於家庭的服務決策（Shannon, 2004）。

以家庭為中心的服務強調家庭與服務提供者的夥伴關係，且被納入成為最佳實務（best practice）的模式（Raghavendra et al., 2007）。例如：家庭有智障兒童，通常合併貧窮、健康不良、社會疏離、溝通障礙、失業、低品質的住宅、高壓力、不當對待、壓抑、低自尊等複雜的需求與問題（Wade, Milton & Matthews, 2007）。所以，針對這類家庭的社會服務就必須以家庭為中心來思考其總體需求，提供一個以家庭為中心的支持方案。介入也必須以家庭為中心，增強家庭的優勢，培養家庭的能力，而不是單獨提供對智障兒童的協助。

然而，以家庭為中心並不是放棄以兒童為中心的思考。以兒童為中心是指兒童不被視為無行為能力的個體，而是有權利參與其自身利益的決策。以家庭為中心的服務模式認為兒童是家中的一員，不宜將兒童特立出來單獨思考，或問題化兒童。而是認為家庭是有利於兒童的，父母是影響兒童發展最親密的人，兒童的利益大量依賴其家長的涉入，因此，協助家庭將有利於兒童的最佳利益（Bailey et al., 1998）。循此可以推論到家中的其他成員，例如：老人、身心障礙者、精神病人。以家庭為中心的模式是假設家庭是全體成員的支持者，任一成員都應被納入家庭整體思考，而不是單獨以某一個成員的利益來看待家庭整體。反之，增加家庭的資源與支持才是促進家庭成員福祉最大的利基。

　　以家庭爲中心的服務模式也適用於幼兒日間照顧、母親與幼兒團體、父母親自助團體、諮商、團體工作與家庭治療設施、親職與家事技巧、社區團體與自願組織會所、家庭服務中心等（Warren-Admson, 2006）。以家庭爲中心的服務也不是單一模式，可以看作是一個光譜：從「案主」爲焦點模型（client-focused model）、鄰里模型（neighbourhood model）、社區發展模型（community development model），到成人教育模型（adult education model）（Kirton, 2009）。亦即，在以家庭爲中心的服務理念下，視服務對象特質、機構能量、地方需求，可以發展不同的服務範圍（Kirton, 2009: 54）。

二、築家計畫（Homebuilder Models）

　　1974年美國有些州推出築家計畫，是爲家庭維繫服務的前身。當兒童被通報有高風險之虞者，州政府的社會工作者就提供廣泛的服務，包括基本需求滿足與家庭關係諮商。通常每一社會工作者同一時間只服務二個家庭。築家計畫的哲學基礎是家庭仍然有希望、家庭成員是我們的工作夥伴、人們會盡其所能的做好。社會工作者必須24小時待命，進入家庭，彈性工時地與家庭成員面對面工作，期限是4到8週。必要時得至家長工作場所、社區、學校、少年活動場所進行訪視。方案目標就是不輕易將兒童進行家外安置，同時增強讓孩子留在家中所需的家長親職能力（Downs et al., 2004）。這種高密度的家庭介入需要足夠的人力配置、警政、司法、社會福利、家庭教育的通力合作，以及素質高的社會工作者。

三、家庭維繫服務（family preservation services）

　　以家庭爲中心的服務模式具體展現在美國的「家庭維繫服務」或「密集家庭維護服務」（intensive family preservation services, IFPS）。其目標是：(1)保護家庭中的兒童；(2)維持與增強家庭連帶；(3)穩定危機情境；(4)增加家庭技巧與能力；(5)激發家庭使用各種正式與非正式資源（Berrick,

2009）。這種介入模式被大量運用在兒童與家庭服務上。家庭維繫服務是以家庭為基礎的服務，因其短期與密集介入，又稱密集的家庭維繫服務。在1970到1980年代間美國社會工作界大量使用「家庭維護服務」，主要是針對家內的兒童，主張要幫助兒童應先協助家庭，減少兒童被抽離出家庭外的「家外安置」（out-of home placement）。由這個理念衍生出的服務就有「家庭為基礎的服務」（family-based services, FBS）、「家庭為中心的服務」（family centered services, FCS）、「家為基礎的服務」（home-based services, HBS），以及「密集家庭維護服務」（intensive family preservation services, IFPS）。

四、以家庭為基礎的服務（Family-Based Services）

1980年代美國收養協助與兒童福利法（the Adoption Assistance and Child Welfare）已明文要求政府要合理努力（reasonable effort）使家庭得以團圓。亦即在進行家庭寄養之前，要先提供家庭維繫。於是美國兒童局在愛荷華州（Iowa）率先試辦以家庭為基礎的服務的國家資源中心（National Resource Center on Family-Based Services），協助推動家庭維繫服務方案。到1993年間就有30個州推動以家庭為基礎的方案。催生了1993年的家庭維繫與支持服務法（the Family Preservation and Support Services Act），以強化親職功能。自此美國的兒童福利似已邁入有協調的、文化相關的、以家庭為焦點的連續服務境界了。

密集家庭維護服務（IFPS）是短期的危機介入服務，以避免在危機中的兒童被抽離其家庭。這類服務更具體的名目是前述的「築家計畫」，由社會工作者提供短期（10到15小時／每週）的家庭接觸，進行治療與具體服務，大約四個禮拜結案。當然有可能提供一週每天24小時的服務。以家為基礎的服務（HBS）不侷限於高危險群的短期密集服務，也包括較長期的到宅支持性服務，以家庭作為一個設施來看待，重點還是以在家作為服務的基地。

　　至於以家庭為中心的服務（FCS）或以家庭為基礎的服務（FBS），是以家庭作為一個「案主」體系來提供服務，鼓勵各種家庭支持方案的提出，基本上也是在於保護家庭安全，增強家庭功能，避開家外安置。這些方案統稱為「家庭維護服務」（FPS）。我們又可說家庭維護服務（FPS）是服務方案，家庭為中心的社會工作實施（FCSWP）是實施模式，而以家庭為對象的社會工作或家庭社會工作是社會工作實施，只因對象是家庭，或把家庭當作一個「案主」體系來服務罷了。

參考書目

一、中文部分

黃春明（2000）。看海的日子。臺北：皇冠。

二、英文部分

Bailey, D. B. et al. (1998). Family outcomes in early intervention: a framework for program evaluation and efficacy research. *Exceptional Children*, 64: 313–328.

Berrick, J. D. (2009). *Take Me Home: protecting America's vulnerable children and families*. Oxford: Oxford University Press.

Boszormenyi-Nagi, I. (1987). *Foundations of Contextual Therapy*. Brunner/Mazel.

Brotherton, G, Davies, H., & McGillivray, G. (2010). *Working with Children, Young People and Families*. London: Sage.

Buckingham, D. (2000). *After the Death of Childhood: growing up in the age of electronic media*. Cambridge: Policy Press.

Collins, D., Jordan, C., & Coleman, H. (2009). *An Introduction to Family Social Work*. Itasca, IL: Prentice-Hall.

Davis, K. (1949). *Modern Society*. Rinehart.

Downs, S. W. et al., (2004). Child Welfare and Family Services: policies and practice (7th ed.). Boston: Pearson Education Inc.

Etzioni, E. (1993). *The Spirit of Community*. NY: Crown Publishing.

Ferguson, H. (2009). Performing Child Protection: home visiting, movement and the struggle to reach the abused child. *Child and Family Social Work*, 14: 471-80.

Fischer, J. (1978). *Effective Casework Practice*. NY: McGraw Hill.

Filsinger, K. (1983). *Marriage and Family Assessment*. Sage.

Fine, M. (2007). *A Caring Society? care and the dilemmas of human services in the 21st century*. New York: Palgrave Macmillan.

Goode, W. (1963). World revolution and family patterns. Glencoe, IL: Free Press.

Hantrais, L. & Letablier, M.-T. (1996). *Families and Family Policies in Europe*. London: Longman.

Hartman, A. (1978). Diagrammatic Assessment of Family Relationship. *Social Casework*, 59, 465-476.

Hartman, A. & Laird, J. (1983). *Family-Centered Social Work Practice*. NY: Free Press.

Hepworth, D., Rooney, R., & Larsen, J. A. (1997). *Direct Social Work Practice: theory and skills*. Pacific Grove, CA: Brooks/Cole Publishing Co.

Hobson, B. (2002). *Making Men into Fathers: men, masculinities and social politics of fatherhood*. Cambridge: Cambridge University Press.

Hochschild, A. R. (2003). *The Commercialization of Intimate Life, Notes from Home and Work*. Berkeley, CA: University of California Press.

Holland, S. (2011). *Child & Family Assessment in Social Work Practice* (2nd ed.). London: Sage.

Hollis, F. (1972). *Casework: a psychosocial therapy* (2nd ed.). NY: Random House.

Jenson, J. M. & Fraser, M. W. (2006). *Social Policy for Children & Families: a risk and resilience perspective*. Thousand Oaks, Ca: Sage.

Johnson, L. (1998). *Social Work Practice: a generalist approach*. Boston: Allyn and Bacon.

Kirton, D. (2009). *Child Social Work Policy & Practice*. London: Sage.

Laird, J. (1995). Family-certred Practice in the Post-modernity Era. *Family in Society*, 76: 150-162.

Lungberg, G. A. (1939). *Foundations of sociology*. The Macmillan Company.

Mattingley, C. & Lawlor, M. (2000). Learning from Stories: narrative interviewing in cross-cultural research. *Scandinavian Journal of Occupational Therapy*, 7: 4-14.

McNeece, C. A. (1995). Family Social Work Practice: from therapy to policy. *Journal of Family Social Work*, 1: 1, 3-17.

Milner, J., Myers, H., & O' Byrne, P. (2020). Assesment in Social Work (5th ed.). Basingstoke, Hampshire: Palgrave Macmillan.

Minuchin, S. (1974). *Families and Family Therapy*. Cambridge: Harvard University Press.

Minuchin, S. & Fishman, H. C. (2004). *Family Therapy Techniques*. Cambridge: Harvard University Press.

Munson, C. (1980). *Social Work with Families: theory and practice*. NY: The Free Press.

Norton, D. (1978). *The Dual Perspective*. CSWE.

Ogburn, W. F. & Nimkoff, M. F. (1940). *Sociology.* Boston: Houghton Mifflin.

Ong, A. (1999). *Flexible citizenship: the cultural logics of transnationality*. Durham: Duke University Press.

Perlman, H. (1957). *Social Casework: a problem-solving process*. Chicago: University of Chicago Press.

Postman, N. (1994). *The Disappearance of Childhood*. NY: Random House.

Raghvendra, P. et al., (2007). Parents' and Service Providers' Perceptions of Family-centred Practice in a Community-based, Paediatric Disability Service in Australia. *Child Care, Health and Development*, 33(5): 586-592.

Riessman, K. C. & Quinney, L. (2005). Narrative in Social Work : a critical review. *Qualitative Social Work*, 4: 391-412.

Rutten, K., Mottart, A. & Soetaert, R. (2010). Narrative and Rhetoric in Social Work Education. *British Journal of Social Work*, 40(2): 480-95.

Shannon, P. (2004). Barriers to Family-centred Services for Infants and Toddlers with Development Delays. *Social Work*, 49(2): 301-308.

Silva, E. B. (1996). *Good Enough Mothering? feminist perspectives on lone motherhood.* London: Routledge.

Wade, C., Milton, R. L., & Matthews, J. (2007). Service Delivery to Parents with an Intellectual Disability: family-centred or professionally centred? *Journal of Applied Research in Intellectual Disabilities*, 20: 7-98.

Warren-Adamson, C. (2006). Family-centres: a review of the literature. *Child and Family Social Work*, 11(2): 171-182.

Welbourne, P. (2012). *Social Work with Children and Families: developing advanced practice*. London: Routledge.

White, M. & Epston, D. (1990). *Narrative Means to Therapeutic Ends*. New York: WW Norton.

Winicott, D. (1957). *The Child, Family and the Outside World*. Harmondsworth: Penguin.

Zastrow, C. (1995). *The Practice of Social Work* (5th ed.). Pacific Grove, CA: Brooks/Cole Publishing Co.

第十一章
以團體為對象的
社會工作實施

　　團體（group）或稱群、小組，是指兩個人或更多人組成的人群，且具有共同目標、相互信賴、人際互動、遵守規範、形成角色體系，以及產生相互影響。也就是說，不是人聚集（aggregate）在一起就一定是團體，公車站牌等車的乘客、公園裡的遊客、演唱會的聽眾、pub裡的舞客、飲料店的排隊人潮等都不是團體，而是群眾或是聚眾。

　　社會工作把團體當作是服務的對象由來已久，早在社會工作尚未專業化之前的19世紀中葉的青年會（YMCA），就以團體的方式來服務青年。而專業化過程中，社會工作界並沒有馬上將早期作為休閒、教育的小團體納入社會工作的方法中來推廣，直到1920年代，以個案工作為主的社會工作界才逐漸注意到小團體心理學的重要性。1923年，美國社會工作學院才開始講授團體相關的課程。真正用「團體工作」（Group Work）之名來表達以小團體作為社會工作實施的對象的社會工作新方法，到了1927年才出現。於是，傳統上都稱團體工作為社會工作的第二個方法，有別於個案工作。而當代社會工作界使用的概念已配合綜融模式的社會工作，將社會團體工作改稱為以團體為對象的社會工作實施（social work practice with groups）。不過，仍然有些學者慣用舊稱，例如：美國的佳文（Gavin, 1997）、托士南與芮瓦斯（Toseland & Rivas, 1998）、英國的布朗（Brown, 1992）等。

　　社會工作界為何要藉由小團體來進行工作呢？首先，人是群居的動物，從出生起即在家庭或機構中成長，不同形式的團體生活，例如：家庭、班級、學校、社團、工作團隊等都是人們熟悉的，且往往必須經由團體方式才能達成某些人類需求的滿足，或完成人生發展階段的任務。其次，有些時候把需求或問題相似的人集合在一起工作，較省時省力。第三，集體的力量大於個體的總和，透過小團體來完成某些社會任務比個人來得有效。第四，在生活世界中本來就存在的團體，例如：幫派、社團、工作群等，將之拆開可惜，不妨借力使力，使其既有的功能發揮來協助團體改變或實現目標。於是，以團體為對象的社會工作實施迄今仍然受到廣泛地歡迎，而且不會帶領團體或以團體作為變遷媒介的社會工作者往下走將會更辛苦，因為不論是社區組織工作或組織管理都少不了運作小團體的技巧。

第一節　從團體活動到以團體爲對象的社會工作實施

從西方社會工作的發展軌跡看來，1920年代以前的社會工作，其實就等同於社會個案工作。但這並不代表小團體被用來作爲促進社會交流、提供學習機會、解決社會問題的媒介不存在，而是當時的社會工作者尚未發現它的優點。這種以團體活動作爲青年聚會的媒介，最早可追溯到1844年的英國青年會的成立。

一、從團體活動到團體工作（1844-1926年）

19世紀的歐洲大陸與美國已進入相當程度的工業化、城市化，大量農村移民湧向都市，其中也有來自北歐、南歐、東歐、亞洲、中南美洲的移民。於是，都市裡出現了貧民窟，擁擠、疾病、窳陋到處彌漫著，爲都市青年提供休閒、教育，以及社交活動，就成爲新的嘗試。

（一）教會青年活動

倫敦於1844年首先成立了世界上第一個基督教青年會（YMCA）。創始人威廉斯（Sir George Williams）本是一個商店學徒，目睹許多與他同樣的學徒與青年店員們在工作之餘的不安，而漸染上都市惡習，乃自動集合同好發起組織青年會，定期集會，從事各種宗教、社會及有益會員身心發展的活動（Garvin, 1997; Northen & Kurland, 2001）。

此後，1851年美國的YMCA亦成立於波士頓，1854年美國基督教青年會全國協會也成立。YMCA透過團體方案、團體活動與團體經驗的提供，在於促進青年的身心正常發展。YWCA亦於1866年成立於波士頓，也仿照YMCA而提供女青年的團體經驗。

（二）兒童課外活動

　　另一種形式的團體活動是針對兒童提供的服務。1868年波士頓第一教會利用公立學校的校園成立了第一個兒童假期樂園。芝加哥市也於1876年開始利用公園帶領各種有組織的遊戲與體育活動。起初這些活動僅爲假期而設，之後發展爲長年的有計畫推動（Garvin, 1997; Northen & Kurland, 2001）。此外，美國女孩親善會社（Girl's Friendly Society of the United States）於1877年成立；美國男孩俱樂部（Boy's Clubs of America）亦成立於1906年，這些組織都是以提供兒童休閒活動爲主。

（三）社區睦鄰中心

　　而針對都市移民問題提出具體的解決辦法，首推倫敦成立的湯恩比館（Toynbee Hall），它是第一個睦鄰之家（settlement house）。巴涅特（Canon Samuel Barnett）用它來發動居民們自助（self-help），而團體本質中的自助觀念正好吻合了人類相互扶持的信念。因此，在睦鄰之家裡使用休閒活動爲基礎的團體（特別是種族團體），試圖用正式與非正式的結社來建構社會現實，以支持這些移民在新的土地上滿足其生理與生存的需求。除了英國之外，美國芝加哥的亞當斯女士（Jane Addams）與史達爾女士（Ellen G. Starr）所創立的胡爾館（Hull House），以及包德（Neva Boyd）等人的努力，使團體經驗成爲解決移民問題的有效途徑（Garvin, 1997; Northen & Kurland, 2001）。

　　在眾多移民中，猶太人的同胞愛發展得最澈底。猶太人社區中心（Jewish Community Centers）、希伯來青年協會（Young Men's and Women's Hebrew Association）相繼出現，他們積極地協助猶太人進行美國化（Americanize）（Garvin, 1997）。當時猶太人的社區中心可分爲兩類：其一是早期遷入美國生活較安定的移民，他們組織來協助新移民，例如：德國系統的猶太人援助新進入美國的蘇聯系統的猶太人；其二是新移民自己努力所創造出來的中心（Konopka, 1972）。

　　此時的團體活動仍缺乏專業的認同，從事團體服務的工作者有來自教

育背景的、心理學或社會學出身的，也有部分是社會工作者。在社會工作界，1920年代芮奇孟（Mary Richmond）已開始注意到小團體心理學（small group psychology）的重要性。然而，社會團體工作納入社會工作訓練課程則是1920年代以後的事了（Garvin, 1997; Northen & Kurland, 2001）。

二、團體工作方法的出現（1927-1946年）

在1920年代之前，團體活動並不被認為是屬於社會工作的方法。1923年查謝（Mildred Chadsey）首先於凱斯西方儲才大學（Case Western Reserve University）開授「團體服務訓練課程」（group service training course）（Northen & Kurland, 2001）。而真正的「團體工作」名稱則要到1927年才出現，當年凱斯西方儲才大學的牛司泰特（Wilbur Newsteter）與紐約社會工作學院（現今哥倫比亞大學社會工作學院）的裴蒂（Walter Pettit）兩位教授，在前往參加於愛荷華州（Iowa）首府德美茵（Des Moines）召開的「全美社會工作會議」（National Conference of Social Work）的漫長火車旅途中，牛司泰特說道，在他們學校裡有一種課程，提供以團體的方式來服務「案主」，目前他們並不知如何統一稱呼它。裴蒂聽其描述後，認為社會服務提供給個人，稱之為「個案工作」，為何不稱呼這種新的課程叫「團體工作」呢？

於是，牛司泰特就以這個名稱來設計課程（Wilson, 1976; Garvin, 1997），由剛加入凱斯西方儲才大學，曾任職芝加哥YMCA的凱瑟（Clara Kaiser）擔綱，她並開發團體工作的實習機構。1930年出版的《四個俱樂部的團體紀錄》（*the Group Records of Four Clubs*），是早期較有系統的團體工作書籍。同年，柯義爾（Grace Coyle）出版《有組織團體的社會過程》（*Social Process in Organized Groups*），這是她在哥倫比亞大學社會學系的博士論文。1934年凱瑟離開凱斯西方儲才大學去進修學位，柯義爾就接手這門課，進而於1937年寫成《團體行為研究》（*the Studies of Group Behavior*），成為團體工作最主要的倡導者（Northen & Kurland, 2001）。

　　在這個階段團體工作主要受到杜威（John Dewey）與弗烈特（Mary P. Follett）的影響。杜威的進步教育理論（Progressive Education），闡揚經驗與思考。依杜威的觀點，社會團體工作是一種在休閒娛樂機構中，運用非正式的小團體來達成進步教育原則的實踐。而弗烈特是一位政治學者，她於1926年出版《新國家》（*The New State*）一書，書中強調解決社會問題可以採取鄰里與社會利益團體的方式來達成。因此，她的民主過程與解決社會問題的途徑也成為社會團體工作的基石。

　　在團體工作方法剛形成的階段，與社區組織（Community Organization）很相近。這時團體被用來達成休閒、社會行動，以及教育和個人成長的目標。布萊爾（Briar, 1971）回顧當時的團體工作，認為包含了社會參與、社會行動、民主過程、學習與成長等功能。不僅如此，此時期的團體工作也因為未完全擺脫早期團體活動為基礎的社團工作，而有以「俱樂部工作」（club work）來稱呼團體工作（Slavson, 1937）。

　　接著1935年「全美社會工作會議」同意討論社會團體工作的文章，由柯義爾女士代表提出社會團體工作的哲理。翌年，社會團體工作研究協會（National Association for the Study of Group Work）成立。1946年，「全美社會工作會議」在水牛城舉行，柯義爾又代表團體工作研究協會發表「邁向專業」（On Becoming Professional）演說，強調團體工作應是社會工作方法，她的意見為大會所接受，團體工作正式成為社會工作的方法之一（Trecker, 1955: 340；李南雄，1980：3）。

　　在這近20年間，出現了許多著名的社會團體工作著作，除了柯義爾在YMCA進行女工、兒童的團體方案，以及成人教育團體，完成前述的博士論文《有組織團體的社會過程》外。牛司泰特鑒於一般人對基本團體知識的缺乏，於1926年對兒童營火團（Children's Camp）進行實驗，後來擴大到12年的連續實驗，遂於1938年寫成《團體調適》（*Group Adjustment*）一書，均為團體工作的開基名著（Hartford, 1971: 6-9）。

　　綜觀此一時期的團體工作，主要有兩個焦點：一是正常的個人成長；二是以團體來服務社會的各階層（Balgopal & Vassil, 1983: 3-4）。而團體工

作的出現也明顯有別於稍早前即已獨霸社會工作界的個案工作。其差別如下
（Toseland & Rivas, 1998）：

1. 個案工作較依賴心理動力（psychodynamic）所發展出來的頓悟（insight）；團體工作則傾向於藉方案活動來激發成員的行動。

2. 個案工作的目標在於個人的問題解決與復健；團體工作則視團體活動為一種享受與解決問題的雙重功能。

3. 在助人關係上，個案工作的「案主」較屬工業化社會的弱勢犧牲者，個案工作者對值得協助的「案主」，例如：素行良好的、認真工作的窮人，進行診斷、處置，並提供資源；團體工作不把焦點放在「案主」身上，而視其為「成員」（member），強調增強成員的能力，透過工作者與成員的分享關係、合力工作、相互了解，集體行動來解決問題，或促進成長，以及尋求樂趣。亦即，個案工作重權威的診斷、處置；團體工作重民主決策、分享權力與互動過程。

4. 個案工作對象是個人，至多也只是配偶或家庭。團體工作對象是個人的集合，使團體工作不只置焦於團體中的個別成員，也關照到由個人所組成的團體。所以，團體工作不等於若干個案工作的總和。

5. 個案工作強調以一系列活動，例如：研究、診斷、處置來增進工作效果。團體工作強調發生於團體聚會（group meeting）的過程。從兩種工作方法的早期著作中即可發現其差異。

而從歷史分析中，亦可以發現此時期團體工作的主要方向是：

1. 對社會的汙點部分進行介入。

2. 在傳統的休閒娛樂或偏差行為矯正機構中工作。

3. 工作員的角色是一個教育者與問題解決的啟蒙者。

4. 目的在於消除社會中的不幸者，以使其納入社會主流中。

那時，團體工作的成員主要是失業工人、身心障礙者、16歲以下的兒童、老人、偏差行為者，例如：成人犯罪、青少年犯罪與濫用藥物者等。團體工作者如同教師般在教導「案主」進入主流社會中，難免忽略「案主」群本身的種族、文化與個人價值（Balgopal & Vassil, 1983: 5）。

三、團體工作方法的成長（1947-1963年）

　　社會團體工作未納入社會工作領域前，人們一再爭論到底社會團體工作是教育呢？還是社會工作？1946年柯義爾在「全美社會工作會議」上的一席話，確定社會團體工作是一種方法，而且是整個社會工作方法中的一環。這個結論也促成了美國團體工作者協會（American Association of Group Workers, AAGW）的成立。

　　社會團體工作有了歸屬，然而新的爭執接踵而來，最大的影響來自1930年代已進入社會個案工作領域的「精神分析」觀點。佛洛依德強調個人出現社會失功能的現象，是由於情緒衝突與個人經驗的壓力。如果團體工作者接受這種觀點，則工作者在團體中較採取積極的解析，而不是杜威主義所強調的問題解決。

　　由於整個社會工作界充斥著精神醫學的看法，社會工作機構也強調精神分析理論，因此，社會團體工作也被導引到這個方向。尤其是二次大戰後，團體工作進入醫院，治療性的團體工作因而產生。所謂常態與病態兩分法成為團體工作的主要依據，團體工作員開始接受研究、診斷、治療的概念，也就是醫療模式（medical model）。在團體中個人的失功能成為考慮的重心，而環境因素就不太被重視了。

　　雖然精神分析運動甚囂塵上，然而，傳統的團體工作並未完全消聲匿跡，他們仍然不斷地在努力，像睦鄰會社、鄰里中心、社區機構、青年團體等仍在推動社會化與休閒性團體工作，他們不像精神分析只重視個人，而較重視環境因素對個人失功能的影響。

　　至此，團體工作的方法有了不同的取向。早期柯義爾的社會目標模型（social goal model），加入1940年代受到精神醫學影響的臨床團體（clinical group），以及1960年代初史華滋（William Schwartz）所發展出的中介模型（mediating model），團體工作變得分歧而多元。當時，最出名的團體工作書籍是由威爾森與雷蘭（Wilson & Ryland, 1949）所著的《社會團體工作實務》（*Social Group Work Practice*）、崔克爾（Trecker, 1955）的《社會團體工作：原則與實務》（*Social Group Work: principles and practice*）。

克萊恩（Klein, 1970: 109）嘗言：「社會團體工作在社會工作中算是成員較少的，受社會個案工作的影響很深。因而遠離其原創的社會行動與預防的理論核心，傾向順從專業多數的治療與矯正立場。」季爾伯特與史佩齊（Gilbert & Specht, 1981: 234-35）也說道：「社會團體工作與社區組織試圖讓他們的實施模式盡可能與社會個案工作相似，⋯⋯如此一來，社會團體工作就逐漸變得更加臨床與較少聚焦於公民訓練與社區行動了。」1963年柯那普卡（Gisela Konopka）出版《社會團體工作：助人的專業》（*Social Group Work: a helping profession*），承認社會團體工作越來越受社會個案工作的影響。然而，此時的團體工作者與個案工作者對對方的協助並不會給予肯定，甚至，兄弟鬩牆時有耳聞（Andrews, 2001）。

四、團體工作納入綜融社會工作（1964-1978年）

在1960年代之前，由於團體工作進入精神醫院、醫療機構、兒童福利、矯正機構，以及其他社會機構中，而其「案主」來自與個案工作相同的對象，所以使用的概念也極相似。例如：文特（Robert Vinter）在1950年代的著作中，用個別診斷（individual diagnosis）來說明團體對個人治療目標的達成；芮德（Redl, 1944）與克那普卡（Konopka, 1949）都以精神分析來解釋團體工作（Garvin, 1997）。這些概念與社會個案工作的流行並無太大差異。

然而，1960年代就起了變化，到底社會團體工作還要維持傳統中弗烈特（Follett）與林德曼（Lindeman, 1925）所主張的，團體是民主的核心角色呢？還是強調芮德與史拉夫森（Slavson, 1937）所重視的，個人變遷的心理學與精神分析的概念呢？

雖然，1966年帕波爾與樓斯門（Papell & Rothman）將團體工作區分爲三個模型：社會目標模型、治療模型（remedial model）與互惠模型（reciprocal model），企圖避開誰做的才算團體工作、什麼才是團體工作的爭議。（三個模型見第四節）然而，受到兩個外部環境的影響，團體工作的受歡迎

程度大不如前：一是受到美國公民權利運動（Civil Rights Movement）、對貧窮作戰（War on Poverty），以及女權運動（Women's Right Movement）的影響；二是受到社會工作綜融化（generic）的要求。

由於1960年代初在紐約市實驗成功的「為青年動員」（Mobilization for Youth）方案，使團體工作的成效被工作訓練方案與教育機會促進方案明顯地比下去。這個多面向的社會服務方案之所以提出，是為了因應都市貧民社區少年犯罪猖獗而來，由福特基金會（Ford Foundation）贊助，聯邦政府支持，其內容包括教育訓練、社區溝通、發展有目的與正向的團體經驗、改變鄰里的社會結構等。這也是出名的少年犯罪機會理論（Opportunity Theory）的驗證，提供給少年合法的順服管道（向上提升的機會），才是預防少年犯罪的不二法門（Cloward & Ohlin, 1960）。這個方案直接影響到1964年詹森總統大社會（Great Society）計畫中的「對貧窮作戰」。除非團體工作者是運用團體技巧來組織社區團體，否則，團體工作者的重要性大幅下降。

1960、1970年代美國社會工作界吹起整合之風，推動綜融社會工作（generic social work）。也就是1960年代初以前的教學與實施方式被打破，個案工作、團體工作、社區組織等三個工作方法的專門化被轉向為直接實施（direct practice）。以團體作為社會工作實施的過程與媒介的方法，雖然沒有被拋棄，但相對地弱化。這種趨勢可以從團體工作方法的發展看出，幾乎所有團體工作重要的實施模式都發展於1960年代初期以前，直到1970年代末才有行為修正模式（behavior modification approach）的推出。當然，這跟美國社會、政治、經濟條件的變化有密切關聯。例如：1930年代柯義爾的社會目標模型與1960年代的互惠模式，正好回應了當時社會追求民主化與社會變遷的需求，團體工作者的角色也就傾向偏好催化的功能。相反地，在1950年代、1960年代中到1980年代末，美國的社會轉向保守，團體工作發展以個人特定目標的達成為重心，故有1950年代文特（R. Vinter）等人所推動的治療模式，以及1970年代末的行為修正模式，都反映當時社會變遷停滯，個人改變受到重視（Garvin, 1997）。

五、團體工作的振興（1979年──）

　　1980年代以降，團體工作再度復活。雖然受制於保守的政治氣候，福利緊縮的呼聲甚囂塵上，社會工作發展受創。然而，社會工作者維繫社會承諾的自我反省仍然不變，甚至更積極。1982年底，美國「促進社會團體工作協會」（Association for the Advancement of Social Work with Groups）第四屆研討會於加拿大多倫多市召開，佳文（Gavin, 1984）提醒社會團體工作必須結合社會變遷，展現其新的功能。他指出社會團體工作將面臨以下挑戰：

1. 開展對自助團體的協助。
2. 由於團體過程普遍被了解，而將形成社會團體工作者的專業權威受到挑戰，社會團體工作者要去面對這種壓力。
3. 應在心理學的觀點之外，納入預防性的層面。
4. 在臨床社會工作的實施中，仍然要與同儕團體、社區與成長團體相結合。
5. 不只是採用社會心理學為基礎的知識，而擴大到其他相關的理論基礎。
6. 面對課責的挑戰，團體工作開始試圖用各種量表來評鑑成效。
7. 配合社會變遷的需求，而不斷自我更新。
8. 努力去消弭種族、性別在團體工作中的負面影響。
9. 面對經濟與政治無力感的壓力。
10. 重新調整以個人為變遷的焦點，而朝向激發利他主義與社會職責感的效果。
11. 廣泛地使用方案來增加團體工作的效果。

　　美國團體工作的復活與兩件事情關係密切，一是《團體工作》（*Social Work with Groups*）期刊發行，二是上述的「促進社會團體工作協會」成立。稍早之前，美國曾有《團體》（*The Group*）期刊的發行，但是由於假設只要有綜合性的社會工作刊物就能涵蓋社會團體工作的發展，而宣告停

刊。直到1970年代末，帕波爾（Catherine Papell）與樓斯門（Beulah Rothman）兩位受邀主編團體工作新刊物，才使團體工作學術與實務再度受重視。這個期刊不只涵蓋直接服務工作者的論文，也包容機構與社區中的團體議題。如今，這個期刊已成爲團體工作發展的重鎮。

其次，1978年起，美國「社會工作教育協會」（CSWE）每年的例會中，新創一個委員會稱爲「促進社會團體工作委員會」。1979年起，這個組織定期舉辦「促進社會團體工作研討會」。第一屆選定在俄亥俄州的克利夫蘭（Cleveland, Ohio），不無紀念團體工作的前輩柯義爾的意味，同時也對當年推展團體工作的凱斯西方儲才大學致敬。當年大會的開幕式中，幾位團體工作的前輩都受邀發言，例如：克那普卡（Gisela Konopka）、索摩斯（Mary Louise Somers）、哈佛德（Margaret Hartford）、葛蘭（James Garland）、史華滋（William Schwartz）等。這個組織現在已擴大爲國際性社團，每年仍定期舉辦團體工作研討會（Garvin, 1997）。而衍生出來的效果是1985年起，社會工作者與教育工作者在羅斯（Sheldon Rose）與佳文（Charles Garvin）的領導下，定期舉辦團體工作研究的研討會，其目的是促進研究與鼓勵參與，並分享方法論上的創新（Toseland & Rivas, 1998）。

1980年代以來，團體工作又陸續發展出新的工作模式，其中較受重視的是「生態模式」（Ecological Approach）（Balgopal & Vassil, 1983）、「人本模式」（Humanistic Approach）（Glassman & Kates, 1990）、「臨床模式」（Clinical Approach）（Reid, 1991），以及「社會行動與體系發展模式」（Social Action and Systems Development）（Brown, 1991）。隨著女性主義社會工作的發展、充權觀點的出現，團體工作又增加了女性主義觀點（Cohen & Mullender, 2003）、充權觀點（Garvin, Gutiérrez, & Galinsky, 2004）、認知行爲團體工作模式（Cognitive-Behavioral Group Work Model）（Rose, 2004）、從女性主義團體工作的角度探討性別爲基礎的婦女暴力與壓迫（Gender-based Violence and Depression in Women: A Feminist Group Work Response）（Western, 2013）。團體工作至此已是百家爭鳴了。

　　1990年代團體工作受到美國健康照護改革的影響，團體工作被用來協助個人健康計畫，健康提供組織也同意團體工作列入給付項目。這種制度性的轉變對團體工作的影響尚不明確；但是，短期看來，結構式團體將被看好。總之，存在於團體工作者間的緊張將持續，一方面是視自己爲行爲的改變者，另一方面是承襲早期的團體催化者的角色（Garvin, 1997）。

　　隨著電腦使用的普遍，團體工作上網路的情形也越來越普遍。一種名爲「電腦中介支持團體」（computer-mediated support groups）應運而生。這種團體是藉助電子看板系統（bulletin board system, BBS）作爲溝通管道，團體成員非面對面地溝通，它被用來協助難以面對面啟齒的問題，和無法定期參加團體會期的成員。例如：被用來協助性虐待受害者的「電腦爲基礎的自助互助團體」（computer-based self-help/mutual aid groups, CSHMA）（Finn & Lavitt, 1994），用來協助愛滋病人（AIDS）、癌症病人、阿茲海默症（Alzheimer）的老人照顧者等電腦團體（computer groups）（Weinberg, Uken, Schmale, & Adamek, 1995）。

　　隨著證據爲本的社會工作被強調，以團體爲對象的社會工作實施，面對新的挑戰，例如：新科技的運用、新的實施理論的引進，以及加強實證爲基礎的實務，讓更多實務智慧可以透過證據爲本的實施，累積爲實施理論與創新實務（Garvin, Gutiérrez, & Galinsky, 2004）。

　　以上所談的社會團體工作發展仍偏向於美加地區，不過，我們也必須承認，美國的社會團體工作仍是執牛耳者。曾經最早創出睦鄰會社的英國，社會團體工作的發展也落後美國一大步（McCaughan, 1977: 151-63）。英國的團體工作，端賴塔維史托克人群關係研究所（Tavistock Institute of Human Relations）、行爲研究所（Institute of Behavioral Studies）、團體分析研究所（the Institute of Group Analysis）等的努力。其中拜翁（W. R. Bion）使用佛洛依德與克萊恩（Melanie Klein）的觀點來進行團體行爲的研究最爲出色。然而，英國的團體工作仍然一直被視爲是訓練青年工作者與社區工作者。即使1958年楊哈斯本報告（Younghusband Report）強調社會工作應注重團體、家庭的因素，主張團體工作方法用來發展個人在社區中的生活。

可是英國的社會工作教育課程中仍然較少採取團體工作課程。直到1970年代起，社會團體工作才被大量使用於觀護、監獄、自願性社會服務機構與地方政府的社會服務部門中。歐洲社會工作學界推動團體工作最力的要算布朗（Brown, 1992）、道格拉斯（Douglas, 1979）、希普（Heap, 1977）等人。

　　至於，我國團體工作的發展也是遠落後於個案工作。團體工作一直被當成與團體活動、團體康樂相似的東西；團體輔導興起於本地青少年服務界之後，團體工作又與團體輔導被視為無甚大差異的兩種技巧。許多以團體工作之名而討論的課程其實是團體輔導或社團活動；而在實務工作界，也經常以團體康樂或成長團體來自視為團體工作。而治療性團體又與發展自臨床心理學界的團體心理治療（group psychotherapy）難以區分，使得團體工作方法的發展障礙重重。林珍珍與林萬億（Lin & Lin, 2009）指出，臺灣的團體工作發展受制於政治與經濟發展的影響，在1987年解嚴以前的威權統治時期，缺乏民主政治的土壤，很難生長出以民主為基礎的團體工作。

　　1980年代後，臺灣社會工作界對團體工作方式的推展已有了些許的覺醒，團體工作逐漸受到重視，尤其是論著的增長最有鼓勵士氣作用。在本地出現最早的社會團體工作書籍，首推胡鴻增（1965）摘譯自崔克爾（H. B. Trecker）的《社會團體工作》；接著遲遲到1980年才有李南雄先生的《社會團體工作：理論與實際》、李建興先生的《社會團體工作》，以及林萬億為社會工作員訓練所寫的小冊子《社會團體工作》、廖清碧等（1983）所譯自克那普卡（G. Konopka）的《社會團體工作》、林萬億（1985）所著的《團體工作》（2015年修訂新版），都是迎頭趕上的例證。可惜，此後臺灣的社會工作界就沒有再出版更新的團體工作的書籍。直到1997年才有由劉曉春、張意真兩位社會工作者翻譯芮德（Kenneth Reid）的《社會團體工作》（*Social Work Practice with Groups: a clinical perspective*）；許臨高、莫藜藜（2000）翻譯的《團體工作實務》（*An Introduction to Group Work Practice*）（Toseland & Rivas, 1998）；曾華源等人（2003）譯自佳文（Charles Garvin）的《社會團體工作》（*Contemporary Group Work*）；何

金針與謝金枝（2007）合譯札斯楚（Charles Zastrow）的《社會團體工作》（*Social Work with Groups: comprehends worktext*），隨後鄭凱芸（2012）再將該書第8版翻譯問世；以及曾麗娟、莫藜藜、張宏哲（2014）合著的《社會團體工作》；王金永等（2016）合著的《社會團體工作》。

第二節　了解社會工作的團體

　　社會工作者要以團體作爲實施的對象，一定要先了解兩個重要的元素，一是團體的結構，二是團體過程。團體結構影響團體過程，產出複雜、多變，且饒富趣味的團體動力（group dynamics）與助人過程。團體的結構變數包括團體成員的來源與特質、團體的規模與性質、團體工作者，以及團體的環境與時間安排。團體的過程變數則是指團體進行中的動態變化過程。

　　當社會工作者爲了協助中輟學生復學順利、街角少年適應家庭生活、受虐婦女生活重建，或是組織社區居民團體從事抗爭活動，都一定要先問團體成員（membership）是誰？他們有何特色？

壹　團體成員

　　團體的組成分子不同，其所產生的互動也不同。一群婦女在一起，話題中的家計、子女、瘦身、老公出現比率一定高於男人的小圈圈，這不只是性別差異，也受文化的影響。警察、軍人的團體服從性高於大學生組成的團體。受性侵害的女性成員信賴關係的建立要花較長的時間。社會工作者要主動組成一個團體，或是被指派去帶領一個既存的團體，首先要考量團體成員的兩個變數，一是成員的社會人口特徵，亦即性別、年齡、社會地位、種族、宗教等；二是行爲特徵與問題的性質。

一、年齡因素

年齡越長，社會關係、互動模式、社會敏感度，以及社會經驗都會相對增加，因此，每一年齡層有其適合的團體工作模式。如果依發展心理學的觀點來加以分析，有以下的結論：

1. 學齡前的幼童喜歡自我中心或孤立的遊戲，但偶爾也表現少許的合作與分享活動。因此，這種年齡層的兒童很難用持續而特定的小團體來協助他們。

2. 年齡在4到5歲的兒童，開始會去注意他人，但仍然有強烈的自我中心傾向，不過，已有分享他人、參與低層次團體遊戲與其他社會活動的意願。

3. 潛伏期的兒童明顯地有了歸屬感的追求與分享他人的能力。他們喜歡進入大團體，享受取與給、領導與追隨。然而，對使用小團體而言，還是不太容易被接受。無怪乎克萊恩（Klein, 1972）一口咬定，低於8、9歲的兒童不太能發展永久、穩定的關係。

4. 青春期的少年已經享有固定的團體經驗，他們有相似的需求、奮鬥、恐懼，以及對未來角色的不確定感。因此，透過團體相處，使他們分享共同的需求與相互認同是相當可行的。

5. 到了成年期，每個人趨向於努力追求自己的公民角色、家庭成員與職位，以及參與各種會社，因此，社會性團體是成年人經常參與的。

6. 老年期的人口更需要經由社會參與來減除社會角色失落的危機，因此，人際接觸與社會交往是有增無減的。

至於團體中年齡的相似性與差異性如何才是合理的，通常也考慮到年齡層的問題，和團體的性質。克萊恩（Klein, 1972）認為兒童團體的年齡差距不要超過2歲以上；而成年人的團體成員年齡差距可以稍放寬。而哈佛德（Hartford, 1971）認為，如果以家庭為單位的團體，則其家人從幼到老都分享家庭的互動，其年齡自不必設限；又社區組織中的團體，因其功能發揮的必要性，而容許不同年齡層的成員加入。

二、性別因素

團體的性別組成是指團體成員性別關係的比例。通常區分為兩大類：

1. **單一性別團體**（uniform group）：由男性、女性或同性（志）單獨組成的團體。

2. **混合性別團體**（mixed group）：由不同性別的成員組成的團體。這一類型的團體又可分為下列三種：

(1)性別懸殊團體（skewed group）：指某一種性別比例偏低，大致上是15%對85%。

(2)性別傾斜團體（tilted group）：指團體的性別比例不是均衡，但也不是非常懸殊，如25%比75%。

(3)性別均衡團體（balanced group）：男女性別比例相近，但並非絕對相等，而是相差不多即可，如40%到60%（Martin & Schanahan, 1983: 19-32）。

一個性別單獨的成員面對異性的其他成員來說，經常會落入「唱獨腳戲」（solo）或者成為「代幣」（token，意指成為他人的籌碼）。尤其在地位不均的團體中出現此種情形更明顯。

性（sex）是一個頗複雜的概念，它包含了幾個不同向度的概念。如果我們單指生物性徵與染色體或性徵因素，例如：性器官、第二性徵的鬍鬚、乳房等，這種性的概念，我們通常都說是「性」。而「性別認同」（gender identity）則是內在的、主觀的認定自己是男人或女人。而性別角色（gender or social sex role）是一種因性別不同而有的期待、行為、性格、規範與角色組的界定，通常都是由文化、家庭所模塑。至於性對象或性取向（sexual object choice or sex orientation）是指提供作性交對象的性別（Garvin & Reed, 1995）。因此，在團體中的性別因素考慮就不能單指生物體的性徵，而社會性徵或性取向也都應納入考慮，若是同性戀者所組成的團體，或性別倒置者所形成的團體，就不單是生物因素了。

不論生物因素或文化因素，男性通常被刻板地認為具攻擊性、專斷、

控制與任務取向；而女性則被視爲被動、柔順、情感取向。所以在進行團體的過程中，男性爲主的團體會容許激烈的討論、嚴肅的話題；而女性爲主的團體其風格會較傾向於典雅、溫和與細膩。另外，治療性團體經常以單性別團體較有利；而任務性團體或成長團體則以混合性別團體較有助於目標的達成。但是，某些特殊年齡層或特定目標的團體宜單一性別，例如：少女的身心發展團體、婦女充權團體。總之，對於兒童與少年而言，性別是很重要的因素，但對於成年團體，性別就不是那麼重要了（Klein, 1972; Hartford, 1971）。

三、問題的性質

美隆尼與馬給特（Maloney & Mudgett, 1959）認爲一個團體組成的標準有：問題的同質性、內在控制的程度、對外在控制的順服性、社會年齡，以及社會經濟背景。文特（Vinter,1965）也覺得利益相似、有適當地參與活動與結構的潛在吸引力、和他人建立關係的能力，是團體成員選擇的標準。

一般來說，團體成員的問題最好是同質性（homogeneity）。但是，同質性的標準如何？芮德（Redl, 1944）提出「最適距離法則」（the law of optimum distance），就是先找到2-3位相同問題的成員，再去徵求可容忍範圍內的成員。此外，團體目標的異同也決定是否採行團體問題的同質性。例如：治療性團體最好是問題同質性，教育性團體則要求資訊多元化，任務性團體則以技巧、能力、知識、經驗越多元越理想（Henry, 1992）。

四、成員行為特質

克那普卡與弗蕾蘭德（Konopka & Friedlander, 1976）認爲團體中的成員行爲受到四方面的影響：

1. 早期童年的生活經驗。
2. 潛意識動機與意識的、理性的行動力。
3. 對不同人格發展的感受程度。

4.個人改變其團體歸屬所做的角色行爲的改變。

這四方面影響所產生的個體行爲在團體中的表現，被認爲屬個體動力（individual dynamic）。

曼恩（Mann, 1959）曾提及在團體中的個人人格特質應考慮五個特性：(1)人際取向；(2)社會敏感度；(3)優越傾向；(4)可信賴性；(5)情緒穩定程度。

團體成員行爲特質的考量將有助於團體目標擬定與團體結構的分析。對社會工作者來說，某些行爲特質殊異的成員，也可適當地採行介入策略。團體中行爲特質殊異的成員可能被團體視爲「怪異」（deviance）。這些被視爲怪胎者會因不與他人溝通而孤立於團體之外，或被團體當成「代罪羔羊」（scapegoat），而產生「負向感受」。所以，團體工作者對於這些異質性團體應：(1)避免凸出某些個人的利益或旨趣；(2)遇到有特殊怪異人物時，可引進另一個特質相似的新成員，以增進其溝通機會（Garvin, 1997）。

此外，團體心理治療學者葉龍（Yalom, 1975）以其臨床經驗指出，下列幾種症狀的病人不適合進入門診密集團體治療（outpatient intensive group therapy）：(1)腦傷（brain damaged）；(2)妄想症（paranoid）；(3)極端自憐（extremely narcissistic）；(4)慮病症（hypochondriacal）；(5)自殺（suicidal）；(6)藥癮、酒癮（addicted to drugs or alcohol）；(7)急性精神症（acutely psychotic）；與(8)反社會疾患（sociopathic）。但是，團體工作者卻發現，以團體工作的方法來協助以上症狀的病人，比使用傳統的心理治療來得有效（Garvin, 1997）。葉龍（Yalom, 1975）又認爲有一些成員極易被團體所淘汰：(1)外在因素：會期衝突、地點不適中等；(2)團體中的怪異者：某些成員的行爲與態度爲其他成員所抗拒；(3)親密性問題：過早自我揭露、撤退型行爲、過於恐懼自我揭露，以及非現實性親近需求者；(4)恐懼情緒感染：對成員的任何問題均不願觸及者。

團體成員的選擇除了考慮以上幾個因素外，有時爲了特定目標，也會加上其他一些因素，例如：社經地位、種族、宗教，以及教育背景等。以社會目標團體爲例，爲了完成任務而傾向讓各種不同社經背景的人進來。通常社

經地位、種族、宗教變數不作爲團體成員組成的一般性考量。

貳　團　體

　　團體是一種個人的組合，但是並非任何個人組合都稱得上團體。蕭（Shaw, 1976）將一般學者專家界定團體時所注重的特性舉出六項：(1)團體成員的了解與認識；(2)動機與需求的滿意；(3)團體目標；(4)團體組織；(5)團體成員的互賴；(6)互動。據此，他認爲「團體是2人或2人以上組成，經由互動而產生交互影響。」而一般所謂的小團體（small group）則特別指2人以上20人以下的團體。

　　社會工作對團體的界定則重視實施的運作，哈佛德（Hartford, 1971）認爲「至少2人以上，爲了共同目的或相近的旨趣所組成，經過一次或多次的會面，成員之間產生認識、情感與社會交流，爲了實現目的而出現一系列規範，發展集體目標，形成凝聚力。」這個定義涵蓋團體的大小、地點、會面頻率、目標和互動。

一、團體的類型

　　本文從幾個不同指標來區分不同的團體如下：

（一）依團體的取向來分

1.心理團體（psych group）

　　這種團體較非正式（informal）與同質性（homogeneous），成員參加團體在於獲得情緒的滿足和發展適應的人際關係。

2.社會團體（socio group）

　　這種團體較正式（formal）與異質性（heterogeneous），加入團體爲了追求明確的目標。

　　曾寧斯（Jennings, 1950）認爲前者重在情感的分享；後者重在工作的

效果。其實，許多團體均兼具兩者，通常以何者占優勢來決定。也有些學者以個人導向團體和任務導向團體來區分團體任務的不同；也有以成長導向團體來相對於任務導向團體。但是克那普卡（Konopka, 1972）認為以社會行動團體（social action group）來取代任務導向團體較為妥當，她相信任何團體都有任務需要達成，成長與社會行動都是團體的任務。

（二）以團體的組成源起來分

1. 強制團體（compulsory group）

又叫聚合團體（convened group）、非自治團體（not self-governing group）、非自決團體（not self-determining group），或外力影響團體（influence by outside forces group）。這種團體不考慮成員的期待，其攻擊性強、憤怒、不合作、沉默且易於怠工，例如：學校班級、軍隊的行伍、酒癮、藥癮、精神科診所的「案主」等團體即是。

2. 組成團體（formed group）

又分機構組成團體（agency-formed group）和工作員發起的團體（worker-initiated group）。成員有選擇性的加入，例如：會議、委員會、工作團隊；又例如精神科病患的家屬組成的團體，目的是「討論共同問題和尋求解決，以及幫助大家澄清思慮與感受。」這種團體以問題為中心，所以較積極，但難免也會有抗拒、撤退的傾向，也較會形成對工作員和機構的排斥。

3. 自然團體（natural group）

沒有壓力，不靠外力糾集，已形成規範體系和目標，例如：街頭玩伴，只知道混在一起，但誰也不知道誰促成了它，也可稱自律團體（autonomous group）、自我形成團體（self-formed group），或成員自組團體（member-formed group）。

通常一個團體會有重複情況，例如：一個角頭幫派（street-corner gang）本是自然團體，但若社會工作者去協助他們，則又成了組成團體。

（三）以成員進出團體的自由程度來分

1. 封閉性團體

團體成員進入或退出與增加或減少的自由程度較低，尤其對新進成員，要受到舊成員嚴格的評審，所以團體變動較小。

2. 開放性團體

團體成員出入團體較自由，團體成員變動情形嚴重。

（四）以團體的組成目的來分

1. 休閒團體

團體活動純粹為了享受休閒愉悅，經常不須有固定領導人，通常由機構提供場地與設備或節目，讓成員自行運用。在社區活動中心與俱樂部中採行較多。

2. 休閒技藝團體

不只是為享有休閒活動而來。包括透過團體習得遊戲技巧，例如：橋牌、球類運動、冰刀、直排輪、滑板、街舞、舞蹈、花藝、美食等。這是一種較定期，且考慮成員的文化、興趣、教育、時間等因素。

3. 教育團體

為了學習更複雜的技能，例如：成人教育、領導才能等。這種團體要有長期的計畫、領導幹部、財力支援等條件。

4. 自助團體

透過社會工作者的推動而自行組成，且靠內團體的力量而維持，以達成團體自身的目標，例如：戒酒匿名團體（Alcoholics Anonymous Groups）、家長會、病人家屬團體、寄養父母團體、收養父母團體等。

5. 社會化團體

為了達成行為變遷與社會學習所組成的團體，例如：青年四健會、兒童團體、青年社團等。社會工作者提供安全的環境、領導成員做有目的的討

論，與開發資源滿足社會化的需求。

6.治療團體

犯罪、酗酒、藥癮、心理疾病等團體，需要專家的指導與執行治療過程。在治療性團體中需要有較深度的領導技巧和專門的治療技巧。

7.病人自治團體

在心理衛生診所，或採用治療性社群（therapeutic community）的方式來治療病人，經常讓病人組成自治團體，來解決一些自身共同的問題。這種團體大多由社會工作者從旁協助，並作爲機構、社區與病人間的橋梁（Brieland, Costin, & Atherton, 1980）。

8.會心團體（encounter group）

會心團體與敏感訓練團體（sensitivity training group）都是用來促進人際溝通，增進自我了解的團體經驗，在這種團體裡，成員藉由坦白來促成人際關係的親密、信任與自覺。敏感訓練團體原始目的是爲了訓練人際技巧，由心理學家黎文（Kurt Lewin）於1947年首先在麻省理工學院（MIT）發展，後來被華府的「國家訓練實驗室」（National Training Laboratories）採用來訓練工商界的管理人才。會心團體則由羅吉斯（Carl Rogers）於芝加哥大學發展用來訓練諮商師的密集團體經驗，使團體成員獲致較佳的自我了解，以能勝任諮商師的工作。會心團體在中國共產黨進行文化大革命期間大量使用來交心；教會人士則稱之爲「坦誠團契」。籠統地說，兩者都算成長團體。

二、團體規模

團體越大則溝通越困難，個人分享的溝通頻率越低，組織越不易堅實，參與機會越少，匿名性越高；但是，緊張較少、吸引力大、資源較豐富、意見較多。反之，團體越小則利弊互見。至於團體人數多少才是適量？不同的學者有不同的看法；不同的團體目標也有不同的適用性。

詹姆斯（James, 1951；引自Hartford, 1971）觀察各種團體的經驗，從

玩伴、購物者與工作團體的9千個例子中，發現71%是2人為一組，21%是3人為一團體，6%是4人，只有2%是5人或5人以上所組成的團體。所以，他強調非正式的團體是人數越少越好。

另外，瑞瑟（Thrasher, 1927; 引自Hartford, 1971）從895個街角幫派中發現，有22.1%是由6人組成，有21.5%是7到15人組成，16%是16至20人組成，大部分是50人以下，以15人為中型的團體。

貝爾森與史汀諾（Berelson & Steiner, 1964）認為5人團體最為適中，因為每個人可以直接地發生人際關係。而史拉特（Slater, 1958）卻認為6人的團體最理想，6人以上則會鼓舞團體攻擊性、競爭與不協調。史拉特又發現在大團體中，成員的心理自由擴張，但是生理自由受到限制，團體成員越多，成員越會從團體討論中撤離。

薛帕（Shepard, 1964）認為2到3人的團體最好。而辛德（Synder, 1975）從實證研究中發現，團體大小是團體成員滿足團體經驗與否的決定因素，4至5人的團體經驗滿足略高於8至9人的團體。此外，辛德也指出團體中由奇數成員所組成的具有合作與和諧的特徵，而由偶數所組成的較傾向於敵視、歧異的特徵（Henry, 1992）。據此，亨利（Henry, 1992）提出一個數字作為團體成員多寡的標準「7加減2原則」，也就是團體由5至9人組成的最為理想。

事實上，不同目標的團體也有其人數的偏好。曾寧斯（Jennings, 1950）認為團體為4人最適合休閒娛樂，例如：看電影、打牌、打球等；8人最容易產生任務；5人最適合進行討論；8人才有足夠的能力與資源來完成團體的工作任務。佳文（Garvin, 1997）認為口語取向的團體治療最好是7人左右，兒童團體最好小一點，以免延緩注意力；如果團體用來澄清價值時可大一些；團體價值一致時可小些；社會控制團體為了避免面質，因此可大些；「替代角色獲得團體」（alternative role attainment group）為了注意每一個成員的衝突經驗，因此可小些。如果團體成員有恐懼暴露的擔憂，則可從大團體開始嘗試。

薛帕（Shepard, 1964）也提出治療性團體人數較少，3至5人即可；活動

團體可以稍大，但是超出25人即難稱爲小團體；工作團體或會議團體大都在5至9人間；討論性團體也不宜超出15人；督導團體以8到10人爲原則。

從以上的分析中，我們可以歸納出幾個原則，以作爲決定團體規模的參與：

1. 團體要能圍坐而相互看得到對方且聽得到對方的聲音（Phillips, 1951；林萬億，2015）。

2. 團體以大到使成員均能得到刺激，小到足夠參與個人認知爲原則（Berelson & Steiner, 1964；引自Hartford, 1971）。

3. 團體以小到能產生工作效果，大到能被社會工作者掌握爲原則（Garvin, 1997）。

4. 如果團體必須大時，就要將結構分化，使每一個次結構（substructure）仍然有足夠的參與，且團體成員必須容忍領導者爲中心（leader-centered）（Hartford, 1971）。

5. 封閉性團體可以不太重視團體成員的多寡；但是，開放性團體的大小卻很重要，以免因成員的流失而解散（Hartford, 1971）。

參　團體工作者

社會工作者以團體爲媒介來達成社會工作的目標，或是協助團體滿足需求，其角色扮演不同於以個人爲對象的社會工作實施。即使社會工作者與個別「案主」一起工作，社會工作者與「案主」的關係仍然具有某種程度的權威、建議、指導的性質。但在團體中，社會工作者有時只是個成員，而非導師。當然，這也不是說社會工作者的角色與地位和成員相同。社會工作者即使褪去其角色到成員的位置，他還是個社會工作者，而不是純粹的成員，其理由如下（Henry, 1992）：

1. 工作者與成員的責任不同。工作者有設計機構任務、進行專業判斷與活動，以及聚集、組合、服務的責任，成員卻沒有被指定去履行這些職責。

2. 工作者可以選擇成員，而成員卻沒有資格去選擇工作者。

3. 工作者的功能不在於因團體而獲得成長、改變或達成專業目標，但可以分享這些附帶成果，而成員卻是完全可由團體獲益。因此，工作者的行為屬於專業行為，而成員的行為是一般人類行為。

社會工作者在帶領團體的過程中，隨著團體的進展，其所在位置也隨之改變，從開始屬於核心（或中心）的位置，逐漸過渡到軸承（pivotal）的位置（即承接轉合），再到邊陲的位置，再回到核心的位置。其所展現的角色也由引導的角色，轉變為隨情境而變化的角色，再到催化的（facilitative）角色，最後又回到引導的角色。不論其所在位置與所扮演角色如何，社會工作者都要能實現其真誠、同理、溫暖、創意、勇氣、自覺與熱絡的態度，才能把團體帶領好。

有時，在團體帶領上，會有兩個以上共同的帶領者，稱為協同領導（co-leadership），擔任協同領導的工作者稱為協同工作者（co-worker）。協同工作者通常也只有一位，以免分工困難。為何要用協同工作者呢？原因如下（林萬億，2015）：

1. 為了經驗傳承，例如：訓練學生、新手。帶團體光說不練很難學會，利用擔任協同工作的時候，一面觀察，一面幫著帶，很快可以進入情況。

2. 協同工作本身就是一種示範團隊合作，讓成員學習如何分工、合作、相互支援，以及截長補短。

3. 為了減輕工作負擔。有時領導者的任務繁重，或團體分子複雜，或衝突性高，單憑社會工作者一人容易丟三忘四，或應接不暇，有協同工作者在比較安全、輕鬆，免得孤立無援。

4. 為了互補的需要，例如：男生女生配，可產生父母形象（parental figures）；族群配，可免除種族歧視的質疑。互補不單純是性格、技巧的互補，有時是為了文化、政治的理由。

肆 團體環境

團體所處的環境是指該團體活動的場域、空間安排，以及時間安排。這些環境因素會影響團體本身的運作，例如：嘈雜的環境不利於溝通，很難把團體帶起來；社區文化不相容，團體也很難生存，比方說，同性戀的團體在保守的社區，會被驅趕或騷擾；天體營也會被好奇的社區居民干擾或偷窺而破功。

一、活動場域（territoriality）

這是指個人或團體對地理區域的占有傾向。空間占有與禮讓影響到團體的衝突與互動。活動場域也是一種「生態空間」（ecological space），其對團體成員的參與有直接的影響。活動場域又分為：個體活動場與團體活動場兩者。前者是指個人占有的桌椅、床褥、房間等，意味著個人對他人的防衛與對抗，空間的擁有提供個人一種保護與安全感。團體活動場是指團體的位置與地點。團體的空間占有通常很大，建立較大的活動範圍是用以保護團體，防止入侵，例如：街角幫派常以社區的一角作為其勢力範圍，拒絕其他團體涉足。固定的團體地點有助於團體的認同感；地點的安排也要適合團體的目標。團體的位置可以發展出一種制度化的神聖情感（institutional sanctity），這是一種家庭的感覺，可以使團體保持持續與方向（Hartford, 1971）。這也是由地理活動場域所延伸出的心理地盤。

二、個人空間

這是指個人與他人互動的主要環境，不侷限於地理界限，個人認為那是私有的，不可私闖；若被侵入，則人際關係會產生負向反應（negative reactions）。當有人入侵個人空間時，個人經常採用甩臉、低頭、聳肩、撐腰、搓臉、沉悶、看錶、急促呼吸、玩弄手指（腳），以及移動坐位或側身等防衛性動作等微行為（micro behaviors）。有時候雖然個人空間鬆解，但因情境的非人格性（situational impersonality）而不起負面作用，例如：拉

手遊戲、口銜吸管傳遞橡皮筋遊戲，以及協力托物等遊戲，個人會因焦點集中於職責的履行而忽視個人空間的防衛。

個人空間有數不清的互動距離（interaction distances），人與人由陌生到認識，接著成為朋友，更進而知交，互動距離縮短。通常互動初始，女性間距離比男性短，而異性間距離更長。人口的密度可以改變互動的距離，例如：在大的空間中，互動會較少；而人口多的地點，磨擦的機會增加。地位高的成員會選擇較有利的個人位置，而且與他人保持較大的空間距離（Shaw, 1976；林萬億，2015）。

三、空間安排

物理距離會影響心理距離，而空間的安排也會影響團體的動力。空間安排給每一個人一種安全與歸屬感，尤其是團體中的坐位安排。通常每個人都會有坐位偏好（seating preference），坐位表現了互動特徵與領導關係。坐面對面的人互動較多，但常具有競爭性或對話的需求；並肩而坐的人經常是合作的對象；坐位距離越遠，越缺少友善、認識與平等地位；領導者或好出鋒頭者，經常會坐在上位或主位；領導者也較可能出現在人多的一排（Shaw, 1976；林萬億，2015）。

椅子的安排常是以圍成圓圈為多，擺成一個同心圓向內的坐位稱之為「社會花瓣」（socio-petal）；反之，如果每一張椅子都各自分開，則稱之為「社交疏離」（socio-fugal）。圍成一圈的面對面安排是最好互動的安排方式。椅子的距離可彈性調整，通常成員會自動調整椅子的距離（Garvin, 1997）。

桌子可能會影響成員的溝通，因為，它使人可以隱藏自己的部分身體，但卻是個「安全區」（safety zone）。因此，在團體初期可以擺設桌子以減除不安與緊張，到了第二、三次會期後就可以不用桌子了，除非為了記錄的方便，可以繼續保留桌椅。

房間的大小應大到足以供應團體的活動之用，在大房間內，由於缺乏明

顯的界限，工作者可用椅子形成一個籬笆；太小的房間由於過度親密，易於
造成成員的焦慮（Garvin, 1997）。

當團體有外來壓力時，他們經常表現出較密集的坐位安排；反之，對團
體產生恐懼時，會坐得較鬆散。如果房間太冷時，團體成員也會靠得較緊；
反之，則必須保有較寬敞的個人空間。不論如何的安排，工作者應該選擇成
員都能看得到你的位置，尤其在團體初期與結束前。

四、團體時間

團體的時間因素包括四個層面：團體的期間、每一會期的長短、聚會的
頻率與聚會的時間等。時間是決定團體目標的重要變數，時間決定目標的範
圍與廣度，也影響助人過程的結構；時間也刺激成員對團體經驗的投入與承
諾。時間短的團體，對成員精力水平（energy levels）的提升有助益；而長
期的團體會因結束期還在遙遠的未來，而使會期的精力水平降低。若從「暫
時目標階梯」（temporal goal gradient）的觀念來看，在固定團體期間內，
投入增加，則目標達成的程度會提高（Henry, 1992）。因此，團體時間會
決定投入的程度，而影響目標達成的快慢。

團體投資在個別成員的時間多寡，端視成員的行爲與問題而定。如果團
體已對成員的目標有充分的了解，以及成員已決定去完成目標，則簡要的關
注之後，即可給予評價、回饋，甚至於面質。如果工作者必須花很多時間在
一個成員的問題上，則他必須考量這對團體的影響；如果團體已發展至相互
關懷，和充分了解他人的需求時，這種情況就容易被接受。在小團體中對個
別成員所花費的時間即使稍有不均，也較易於被接受；而在大團體中則不易
被接受。通常大團體總是需要較長的時間，例如：每次會期要2至2小時半
（Garvin, 1997）。

從情感連結的角度來看，一個團體的每一聚會期（session）以45分鐘
到一小時是最爲適中。任務性團體爲了達成結論是可以延長時間，但太長的
團體聚會期必須花精神來維持團體的注意力。如果團體是以馬拉松（Mara-

thon）方式進行，則可以長達3至5天。團體聚會的次數也會影響團體的互動，次數增加，則團體互動可以提高；如果團體成員厭煩聚會次數多，則他們可能會使意見儘快趨於一致（Hartford, 1971）。不過，危機團體的聚會次數就不受一般情境的限制。而團體開始階段的聚會頻率可較高，到了團體維持期，聚會頻率就不必太密集了（Henry, 1992）。

選擇聚會時間也是重要的，如果爲了上班族的家長舉辦的討論會，選擇週末或週日較佳；要找爸爸來開會，晚上8點是較適合的；一些女性的成長團體則以下午茶時間較恰當。

總而言之，團體的期間長短要配合團體目標，治療性團體通常較長，而任務性團體較短；長程團體可以加以階段化。團體聚會的頻率，原則上以一週一次爲準，再視團體的情境而調整。團體每次聚會的時間，最好以每一成員能分配到的時間爲計算基準，1至2小時是正常的，馬拉松或問題繁雜的情境另當別論。

第三節 團體進行的過程

團體由於成員間的互動而產生力量，稱之爲團體動力（group dynamics）。這種力量可以改變成員的行爲，引導團體的走向，決定團體的目標，左右團體的行程。團體動力具體地說包括團體成員的溝通與互動、團體凝聚力、團體規範、團體文化等。而這些團體力量的運行隨著團體的成長與發展而改變；反過來，也決定團體的成長與發展。

團體發展（group development）又稱團體的生命循環（group life cycle），是指團體隨著一個脈絡可循的方向、速度推移的過程。通常，團體發展的過程可以約略地找到可區辨的階段（Northen, 1969）。即使沒有任何一個團體的發展路徑與階段完全一樣，社會工作者還是可以透過階段的預測來引導團體的進行。團體的發展方向也不必然是直線前進的，也可能是呈前

進後退再前進的捲曲鐵絲網狀步調發展。團體發展受到成員的特質與團體目標兩個要素的影響較深，通常成員的同質性較高，團體發展步調越快；團體目標越明確或一致，團體發展步調也越快。反之亦然。不論團體發展的步調快慢，其階段大致如下（Hartford, 1971; Northen, 1969; Garland, Jones, & Kolodny, 1976; Sarri & Galinsky, 1985; Henry, 1992；林萬億，2015）：

一、團體初期（initial phase）

這個階段哈佛德（Hartford, 1971）稱之團體前期（pre-group），且將之區分為私下期（private aspects）與公開期（public aspects）。諾仁（Northen, 1969）指出這個階段要做兩件事：一是發起任務（initial task），一是接案過程（intake processes）。而葛蘭等人（Garland, Janes, & Kolodny, 1976）則使用建立親近之前奏（pre-affiliation）來說明之。沙瑞與葛林斯基（Sarri & Galinsky, 1985）則稱之為開始階段（origin phase）。

依哈佛德的分類，團體前的私下期是指團體工作者未將團體組成的訊息公開，也就是團體成員都是未知的、未整合的。伯恩（Berne, 1961）認為這個階段只是在團體組織發起人的心中存在著。工作者一面試圖去設定團體目標，使機構認可，同時對可能的成員有益；另方面要複習接案的技巧或決定一些團體的基本內容，例如：人選、時間、方案與技巧等。

當這些私下的構思逐漸成熟後，工作者即將之公開，團體即步入了團體前的公開期。公開的事務包括：聚會地點、時間、期限、團體大小、目標，以及共同的注意事項等。工作者也要開始接受可能成員的諮詢，此時也是相互溝通的好機會。工作者開始安排團體前的會談（pre-group interview）來決定成員的資格，評估成員的能力，並溝通目標、契約、角色行為，以及準備進入團體。所以，團體前的會談是工作者與成員建立初步關係的好機會。對於社區組織中的團體來說，此時是開始接觸與學習如何在社區中認知和參與各種問題與需求，以及決定開會的意願。

總而言之，團體初期是決定團體目標與內容，完成契約與提供服務的開

始（Northen, 1969）。而這些團體前的計畫、評估、會談與選擇成員都是工作者的事（Henry, 1992）。

二、團體聚集期（convening phase）

從第一次見面開始，成員進入新的情境。通常一開始團體總是充斥著不滿、緊張、多話的、嘲笑與畏縮。葛蘭等人（Garland, Jones, & Kolodny, 1976）描述此時的情景爲「趨避困境」（approach avoidance dilemmas）、「捕捉情境」（sizing up the situation）或「試探水流」（test the water）。

克萊恩（Klein, 1972）指出團體首次會面是引介（orientation）的開始。這時有兩組明顯的行爲發生：一是沉靜而退縮的；另一是活力而粗糙的。每位成員總是試探性的、機伶的、揣測的，以及爲了達到目的而又考慮到安全性。在這樣的情境下，成員的心情是焦慮的、恐懼的、封閉的、僞裝的與不友善的。對於工作者來說，成員鮮有信任他的，成員不相信專業技巧，懷疑工作者的企圖，把憤怒指向代表權威的工作者身上，尤其是治療性團體與強制性組成的團體，例如：學校的輔導室、精神科醫院、矯正機關等的團體。

三、團體形成期（formation phase）

如果成員開始與他人互動、建立其人際關係結（interpersonal ties），扮演團體角色，產生團體的規範體系，採取團體的共同目標，以及開始行動，則我們稱之爲團體開始形成。團體一形成就會有凝聚力的產生，以及溝通網絡與決策模式的建立；團體體系開始運作，成員強烈地依附於他人、團體與工作者身上。

薛帕（Shepard, 1964）認爲團體成員對領導者、其他成員或團體本身有依賴感的產生。而拜翁（Bion, 1959）認爲此時成員在爲進一步的衝突做準備。伯恩（Berne, 1961）認爲此時開始分化領導群，成員開始有其角色功能、發現自己的角色、清楚團體的目標、參與團體的方向、滿足自己的

期待。塔克門（Tuckman, 1963）認為團體形成將產生導引作用、試探、認同、人際關係、任務的行動，以及互賴關係。克萊恩（Klein, 1972）將此階段界定為抗拒期（resistance phase），成員為自由而奮鬥，他們反抗權威、反抗工作者，企圖滿足自己的需求，攻擊他人，以及試圖爭取權力。女性充權團體此時則是從建立關係到相互與人際的同理階段（Cohen & Mullender, 2003）。

四、團體衝突期（conflict phase）

稱此階段「衝突」是葛立德威爾（Glidewell, 1975）的用法。哈佛德（Hartford, 1971）稱之為整合、分化與再整合時期，意指團體形成後隨即進入整合階段，但並非整合之後就不再分化。貝爾斯（Bales, 1950）發現四個會期的短期團體中，第二會期即具有負向的社會情緒行為發生，類似塔克門（Tuckman, 1963）所說的風暴期。而薛帕（Shepard, 1964）則稱之為迷戀—幻滅（enchantment-disenchantment）的階段，團體仍在掙扎中前進。但是，並非所有團體都必須經歷此一階段，有些團體是可以順利跨過的。

克萊恩（Klein, 1972）認為此時是協商期，成員們努力在尋求安頓（to find a niche），而產生下列四種行為：

1. 成員計謀控制團體和試探工作者的容忍力。
2. 試探工作者的主張，使其不能壓制和掌握團體。
3. 當工作者說明成員可自由表達各種意見與負責團體一切事務時，成員會感到焦慮。
4. 成員開始發展相互關係。

衝突本質上是成員間的競爭，一面試圖超越其他人，一面又有強烈的分離慾望，想從不同於自己所設計的經驗中分離。這種動力的起源是恐懼喪失自主權與抗拒環境。不過，它仍然可能具有「鐘擺效應」（pendulum effect），受到前一階段附著感的影響，成員還是會檢驗團體對他們的意義，再度選擇投入與承諾。所以說，分化之後，可能再整合。

五、團體維持期（maintenance phase）

團體經過了輾轉掙扎與前進，逐漸能明顯地表現團體的功能與維繫團體的進行。克萊恩（Klein, 1972）認為此時團體目標變得有意義，亦即團體目標突然出現。如果是以人為中心的團體，此時可能達到貝爾斯（Bales, 1950）所說的社會情緒得到支持與感受的表白；何恩（Hearn, 1958）認為目標的達成使團體形成一種團體感（groupness）；或者如塔克門（Tuckman, 1963）所說的發展出一種內團體的感覺（in-group feeling）。

在團體形成階段曾經出現過的一體感（sense of union）或依附感（sense of attachment），不太像團體維持階段。前者具有較多的忠誠、安全或易於投入團體經驗；而後者則投入較深且較肯定的個人目標與團體目標，猶如暴風雨後的寧靜，或一場打鬥之後的補妝（making up after a fight）。由此，成員更結合在一起，更能有共識的決策，規範的運作更順暢與有效，不同的角色與團體系統的運作也更有效，一切都是那麼美好，團體生命達到最佳境界。

有些學者描述這個階段的安靜是一種暴跌（slump）或瀕死狀態（dead-level quality）。不過，基本上這個階段的團體是最成長的，個人或團體都朝向團體實體（group entity）前進，團體的成熟與功能充分表現，問題得到解決，精力與包容力充分投入協助團體的生存。

成員中出現「我們」與「我們工作的方式」的共同認知，凝聚力充分表現，歸屬的價值感被肯定，身分認同明確，與外團體有明確的差異，團體功能充分發揮，內外團體系統均用於操作社會過程，互動的品質與互動網充分關照到自我與他人的成長。

穩定性與強固性隱含著結束的種籽，人們內在有一種調適的機能，現實的問題擺在眼前，成員所面對的團體經驗，不論是意識的、前意識的或潛意識的，都會有結束的時候，所謂天下無不散的筵席。

六、團體結束期（**termination phase**）

團體由維持走向結束。結束基本上是一種個別性（individuation）的獲得，而個別性是治療團體最理想的結果。在結束階段經常出現幾個明顯的情節：

1. **兩極情感**（ambivalence）：產生兩極情感的動力是憤怒，直接或間接地表達給工作者（Northen, 1969; Mills, 1967）。

2. **否定**（denial）：支支吾吾與忘記是結束的共同現象（Garland, Jones, & Kolodny, 1976; Hartford, 1971; Northen, 1969）。

3. **失落感與悲愴**（loss and mourning）：失落感與悲愴也是一個暫時會出現的狀況（Hartford, 1971; Mann, 1959），而反映失落感與痛苦的表達之一是敵意（Garland, Jones & Kolodny, 1976）與過分依賴（Hartford, 1971）；而過分依賴的表現方式猶如早期社會饑渴（social hunger），在於期待工作者的讚美與神格化。這種行為退化到早期把工作者當成壓抑的解毒丸。如果是低收入團體，由於社經地位的低下，對工作者與團體的認知的「光環效應」（halo effects）可能維持好幾個禮拜。

除了這三種情境之外，成員也會積極地回憶團體的生活經驗；同時準備紀念性的結束儀式，例如：舞會、照相、交換地址、茶點同樂等。

從以上的分析我們可以確定，社會工作團體的發展階段與一般心理團體或教育團體的發展並無太大差別。基本上，都是可以切割成不同階段的一套連貫性過程；且過程本身具有部分重疊與再出現的特性；而整套的過程大致上都是循著試探、納入、衝突、維持、工作與結束的發展路徑前進。由團體的發展階段及其動力的運作所呈現的團體百態，即是本節所稱的團體過程（group process）。

第四節 以團體爲對象的社會工作實施模式

　　如同其他社會工作方法一樣，以團體爲對象的社會工作實施模型也是建構自實務工作經驗的累積，和理論推演的結果，被概念化成爲可供操作參考的基本形式。這些實施模式有利於引導社會工作者進行實務工作，並作爲教學與分析的基礎架構。

　　帕波爾與樓斯門（Papell & Rothman, 1966）從團體工作的歷史發展過程中發現，有三個明顯不同的模型，因受到歷史遺業、功能和焦點不同的影響而被實務工作者所採用。依其發展先後爲社會目標模型、治療模型、互惠模型。顯然三個模型的主要功能均涵蓋以下三點：

　　1. 儲備與預防。

　　2. 復原與復健。

　　3. 企圖包含與調和前兩項歷史的主流。

　　但終究它們在團體功能、理論基礎、實施原則等方面還是有很大的差異。據此，後輩社會工作者均將此三個實施模型稱爲團體工作的三大模型。

　　爲了抓取三個模型的特性，帕波爾與樓斯門（Papell & Rothman, 1966）提出以下三個層次的問題：

　　1. 模型如何界定團體工作的功能？關於這一項又包含下列四小點：

　　　(1) 誰是被服務的對象？

　　　(2) 這些模型如何看待團體？

　　　(3) 專業的角色形象。

　　　(4) 機構採用團體工作服務的本質。

　　2. 這些模型建立的理論基礎是什麼？

　　3. 採取什麼樣的實施原則？

以下我們就循著這個脈絡來分析這三個主要的團體工作模型。

一、社會目標模型（**Social Goals Model**）

這個模型並非單獨形成，也就是說它並不具有系統性的元素組成。這個模型是立基於早期團體工作的傳統，企圖處理小團體中的社會秩序（social order）與社會價值（social value）。在過去的歷史中，青年服務組織、睦鄰與猶太人的社區中心（Settlements and Jewish Community Centers）均發展與形成類似的團體工作服務。而早期學者如柯義爾（G. Coyle）、凱瑟（C. Kaiser）、菲立浦（H. Phillips）、克那普卡（G. Konopka）、柯亨（N. Cohen）、威爾森（G. Wilson）對這個模型的雛形均有貢獻。後來克萊恩（Klein, 1953, 1970, 1972）、卓普（Tropp, 1968, 1976）、米德門與伍德（Middleman,1980; Middleman & Wood, 1990）等人所提供的概念，組成了這個模型。可以說，在此之前沒有任何一位學者曾完整地描述這個模型的真諦，但卻有不少人貢獻了其中的一部分。

（一）團體工作的功能

雖然這個模型是過去所累積出來的，然而，在現代社會中已被再肯定，因它緊扣住社會的現實。二次大戰之後，這個模型已被廣泛地運用到世界和平與經濟機會的奮鬥與整合。

社會目標模型的中心概念是「社會意識」（social consciousness）與「社會責任」（social responsibility），團體工作的功能是在提升市民更廣泛的知識與技巧。有如金斯伯格與勾德伯格（Ginsberg & Coldberg, 1961）所說的：「協助界定行動的可選擇性，藉以助益形成政治與社會行動，這就是我們的角色與功能。」

（二）對成員的看法

這個模型假設社會行動與個人心理健康是一致的，每個個人都具有潛能在社會的主流中從事某種有意義的參與。因此，社會目標模型視個人爲在一種共同的主張下，有機會與有求助意願地去復活其動機，並轉換自我追尋成爲社會貢獻；而社會參與實隱含著對各種疾病的治療。

（三）對團體的看法

社會目標模型認為每一個團體都是一個潛在的資產擁有，以便影響社會變遷。在一種社會行動被認為可以期待的情況下，藉著方案的發展，有助於團體的增強。而個人的潛能來自假設「團體行動代表個人的社會能力」。

（四）工作者的角色

工作者為一個「影響者」。依溫諾（Weiner, 1960）的看法，工作者是一個「在團體中進行社會意識的耕耘者」、「發展親密的人際關係」，甚至於說工作者像「政治取向的人物」；但是，他又接著說：「工作者不能有獨斷某種政治觀點的企圖，卻可以教導成員建立價值體系。」工作者立基於本身的社會職責感，而鼓勵、增強「案主」的行為模式，以合乎公民的責任，進而導向社會變遷。

社會目標模型的團體工作以社區層次或將機構視為鄰里的一部分來進行服務。機構設施是可接近的與彈性的，以便成為各種集體行為的制度化符號，依照各種社區利益引發與促進社區行動。機構也成為一種提供成員在社會行動中的工具性媒介與成為社區變遷的制度化支持者。社會目標模型不能設定服務的優先順序；但是，卻支持在既定時效內，發展社區特殊需求以外的服務優先順序。而機構政策與限制不應被視為是「案主」成長的障礙，機構提供服務的結構是工作者與「案主」學習去「檢驗權威與認可的限度，示範認可是一種持續的產物，穩定地演化與敏感於比我們想像中更大的影響力。」

進一步來說，機構常伴隨增加休閒時間的價值，此價值是被用來達到共同目標的完成而非豐富個人。

（五）理論基礎

社會目標模型過去一直被認為是一種意識形態而非科學，它的理論到晚近才稍具成型。新佛洛依德學派（Neo-Freudian）中的人格論已被用來充實文化差異的重要性與凸顯個人人際關係的重要性。

　　基於個人與團體失功能的顯著程度表現於社會體系的失功能，新的社會學理論中，社會目標模型已吸收了機會理論（opportunity theory）、無力感（powerlessness）、文化剝奪（cultural deprivation）、代間疏離（inter-generational alienation）等重要概念。

　　現代心理治療理論如危機理論（crisis theory）與初級預防，也被納入這個模型中。至於經濟學、政治民主，以及杜威（J. Dewey）、基派崔克（W. L. Kilpatrik）、林德曼（E. Lindeman）等人的教育哲學，尤其是在領導、共同責任與團體的互動形式等觀念也深受影響。

（六）工作原則

　　對於外在環境而言，社會目標模型產生很多團體與機構及社區間關係的原則，例如：澄清機構政策、積極運用資源限度、認定機構目標、決定集體行動的優先順序、衡量行動的可選擇性等，都是本模型耳熟能詳的原則。

　　進一步來說，在團體中個人不必去評估與成就他人，工作者的評估是在於了解團體中的常態行爲（代表社區與次文化），反對個人的自我印象、身分、社會技巧、對環境資源的知識，以及領導潛力被個別的評估。在團體中強調參與、共識與任務的達成。

　　至於其他原則，例如：團體間的關係，亦即如何提高目標層次，使團體結合在一起；如何減少異質團體的個人恐懼；以及如何從事族群間的活動（Ryder, 1960; Wiener, 1960）。

　　然而，更重要的是自我覺察（self awareness）與專業訓練（professional discipline），特別是工作者的價值體系與生活型態，其最有益的提醒是主張從專家領導轉換爲草根領導。

　　最後，本模型最大的缺點是未能產生配合問題的適切理論設計，它不強調個人動力，在離開實施者的引導之後，它就缺乏對個人需求的了解。很少看到這個模型實施於心理診所。社會目標模型已相當接近社區組織工作，尤其是利用草根領導來解決社區問題。不過我們必須承認，由於這個模型的主張，使得團體過程的民主化原則成爲團體工作實施的註冊商標了。

二、治療模型（**Remedial Model**）

治療模型從歷史的角度來看，它促成社會團體工作整合於社會工作專業體系內，提供了與社會個案工作連結的機會。

（一）團體工作的功能

本模型團體工作的功能是治療個人與復健。早期的發展是由芮德（F. Redl）對兒童進行的機構式團體處置（group treatment）；之後，克那普卡（G. Konopka）、史浪（M. Sloan）、費雪兒（R. Fisher）等人都有貢獻，而集大成者應是文特（Robert Vinter）。文特認爲：「個人的社會關係與適應能透過團體來治療，而這些問題被視爲是這一門專業提供對需求者服務的歷史任務。」

（二）對成員的看法

治療模型的「案主」被認爲是接受「社會化與消費性的服務」（socialization and consumption services），因此，「案主」的形象就是受苦於某種社會適應不良或不滿足。治療模型基本上是一種臨床模型，在於協助適應不良的個人達到可預期的社會功能。

（三）對團體的看法

菲塔克（Whittaker, 1975）認爲此模型是透過團體經驗來治療個人心理、社會與文化適應的問題。據此，團體被視爲是一種治療的工具。工作者的團體目標是診斷每個個人、改變團體結構與團體過程，而最後則是以達到個人的改變爲目的。

正如布蘭（Blum, 1964）所說的：「團體發展的意義是在於團體本身，而不在於集體成長的利益，沒有所謂理想而健康的團體形象，團體健康應該是指最具有優越與滿足特殊需求的治療情境。」他接著又說（引自Papell & Rothman, 1966）：

「好的團體，是指一個團體允許與照顧成員的成長，而這並不是
一種預設的與固定的結構或功能……要評量一個團體的結構與過
程，只能從它是否對成員有效果，和有潛能供應工作者對成員的
介入。」

治療團體是一種「組成的團體」，成員被工作者所診斷與決定，自主與
友情並不是考慮的主要因素，除非那與治療的處方有關，或者在工作者沒有
其他組成團體的基礎下。團體的組成主要的因素是要具有治療效果的潛力。

團體的過程是協助成員去協助他人，但是自助體系的限度被包含在診斷
計畫之內。治療團體嚴格地說來，只是在集體社會的邊陲，它不立基於同質
性組成、非正式休閒，以及公眾活動中。團體的預防效果並不被認爲是最主
要的。

（四）工作者的角色

治療模式是一種領導者爲中心的途徑（leader-centered approach）。工
作者在治療團體中是扮演「變遷媒介」，而不是「使能者」。工作者運用問
題解決的途徑，強調其活動是研究、診斷與處置。工作者的引導是臨床優勢
的與權威的。工作者的權威表現於設計任務、角色、活動篩選，以達到自己
的專業目標，其權威來自機構與專業所賦予的。權威不是被團體所形成，而
是被認定。工作者的介入可以是設計來爲「案主」或與「案主」一起工作。
但是，這個模型並不需要給「案主」團體自主（group autonomy）。佘爾
斯（Sirls, 1964）甚至認爲團體並不需要維持自助體系（引自Papell & Roth-
man, 1966）。

所以，治療模型需要建構於一個制度範圍內，機構的政策就是在於支持
治療目標。治療模型很少提供對「案主」生活方式的非正式服務，這一點很
明顯地與傳統團體工作認爲每天生活的事務也是工作的目標不同。

（五）理論基礎

打從早期發展即是如此，本模型需要心理學的知識來支持對個人的了解。這個模型依賴個案工作所採行的理論依據，例如：精神分析理論（psycho-analytic theory）提供工作者在團體中可能碰到「抗拒」、「轉移」現象，以及視團體爲一個家庭的象徵等概念。

然而，心理分析理論目前很難運作化到團體工作中，而倒是「社會角色理論」較單純而直接地可以用來了解與處理個人在團體中的行爲。社會角色理論被納入社會團體工作中，主要是文特（R. Vinter）及其在密西根大學社會工作學院的同僚。

又因爲治療理論假定「團體發展能被控制與被工作者的行動所影響」，所以，它必須依賴小團體動力學的了解，這些理論協助團體工作者有機會成爲團體中的變遷媒介。

（六）工作原則

治療模型主要的概念是治療或處置目標，治療目標的選定要依下列原則：

1. 特定的治療目標必須被建立以作爲「案主」團體中每一個成員的目標。
2. 工作者經由每個個人治療目標的總和試圖來界定團體目標。
3. 工作者依照治療目標來協助團體發展規範系統與價值。
4. 工作者對團體會期內容的預設是立基於對個人治療目標的表達，以及發生於團體內的結構特性等知識。

很明顯地，工作者開始先要對成員進行評估，才能整合個人需求於需求滿足系統中，再進而團體的組成。而工作者診斷「案主」的需求與形成治療目標過程中，很少強調與「案主」一起工作，而較強調爲「案主」工作。

這個模型的重點知識在診斷與治療，它假設這些知識是可用的，且工作者將知道如何去行動。事實上，這是不切實際的，知識不一定是可用的，知識經常是說與做分離的。現實世界中的一切並未被考慮到這個模型裡，這是

一個很大的限制。機械化的特性使得這個模型缺乏人際互動中的創造性與動態性。

　　事實也是這樣，工作者一開始就忙於團體管理與維持，以便生存於外在環境中；個別目標經常被修正，也很少能成為專業活動的停泊港。進一步來說，這個模型不太能對環境有所貢獻。文特（Vinter, 1959）曾說過：「團體工作的目標不在於協助成員成為一位成功地運作『案主』團體的好成員。」這個模型也很難區辨出團體本身的治療功能。

　　不過，在環境的限制下，這個模型已有了進一步的考慮，如下列幾點的修正：

1. 診斷方針考慮到個人在團體內的功能。
2. 團體形成的標準。
3. 臨床團隊參與的基礎。
4. 在各種治療形式共存的診斷下使用團體。

　　因而，使得這個模型被臨床機構廣泛地使用。1976年以降，葛拉瑟與佳文（Glasser & Garvin, 1976）加以修正，發展出「組織模型」（organizational model），更明白地指出環境的重要性。此後，在佳文（Garvin, 1997）的著作中更形堅實地表達由治療模型轉換出來的「組織與環境途徑」（organizational and environmental approach）。新的治療模型主張：

1. 個人透過團體而改變自己與改變環境；改變行為與認知或改變生活空間。
2. 團體目標可以用很精確而可運作的術語來表達。所以，可以測出短程與長程目標達成的程度。
3. 工作者與「案主」有契約關係。
4. 團體被視為是一個變遷的工具，團體的組織過程受影響。
5. 直接對社會環境介入。
6. 工作者認定兩組問題：第一組是過渡的問題，採用消除無規範與社會化為主；第二組是社會衝突的問題，採用社會控制與再社會化為主。

　　最近芮德（Reid, 1997）採用臨床社會工作的概念，發展出臨床觀點

的團體工作，將人在情境中的觀念引進團體工作中，使臨床社會工作更完整。羅絲（Rose, 2004）的認知行為模式，使治療模式的團體工作更符合當前的行為科學知識體系發展。

三、互惠模型（Reciprocal Model）

本模型又稱中介模型（mediating model），或互動模式（interaction model）（Reid, 1997）。史華滋（William Schwartz）是主要推動者，他以開放的態度來涵蓋更大的理論傘，以便使這個模型更適用於社會團體工作。本模型的助人過程中的焦點是個人與社會，關於這個兩面性的焦點，早年凱瑟（Kaiser, 1958）曾經提過。另外，本模型也強調過程、使能與訂約的品質，這又是菲立浦（Phillips, 1951）的觀念。而後來卓普（Tropp, 1971）又試圖發展更多層面，使這個模型有更堅實的理論基礎。

本模型假設團體是有機的（organic），個體與社會間是系統的關係。獨立基本上是與危機或壓力的常態與緊張有共生的（symbiotic）關係，可由社會工作者運用小團體以達成社會功能的滋養與計畫的獲致成功。

（一）團體工作的功能

社會團體工作的功能包含了預防、儲備與復原。亦即，試圖打破可能發生於健康與病理的連續體上任何點的系統間的互賴。

（二）對成員的看法

成員的位置猶如史華滋（Schwartz, 1962）所說的：「將自己的需求感與團體集體任務的社會需要發生關聯。」卓普（Tropp, 1976）進一步提到：「共同目標模型，……分享權威，……，追求共同決策。」這就是團體工作的核心。分享權威的概念來自：「除了與工作者所形成的關係之外，成員也創造了許多助人關係。」（Schwartz, 1962; Schwartz & Zalba, 1971）

互惠模型的觀點是個人具有互惠的動機與能力，行為關係的焦點被此刻的團體體系所決定，個人是被社會所定義，而社會網絡是成員、團體與工作

者的互動結果，對個人的診斷或對結構的描述不被視爲是在團體中行爲的顯著預測器；所以，也就不成爲工作者在評估或選擇團體成員的基石。

（三）對團體的看法

互惠模型是團體爲中心（group-centered）、過程導向（process-oriented）的。在邏輯關係上，團體是這個模型的中心，團體是優勢的，可以說團體才是團體工作者心中的服務對象。互惠模型是一個互助的體系（mutual aid system），不像治療模型一般，先有預設的產出。互惠模型認爲團體的理想狀態是互助，這種團體的體系不是依據團體中有特定問題待解決，而是團體體系本身就是一個問題解決的必備情境。換句話說，互惠模型沒有治療目標，沒有政治、社會變遷的方案，交互團體體系中的方向與問題唯有從個體的會心來決定。因此，強調建立關係（engagement）在人際關係中的過程。

（四）工作者的角色

工作者的形象是「中介者」（mediator）或是「使能者」，是「工作者與團體成員體系的一部分，既被影響，也能影響他人。」在社會工作的術語中，工作者既不是針對「案主」，也不是爲了「案主」，而是與團體成員一起。工作者與團體成員的關係是深度地投入與情緒的承諾。工作者的自我揭露，以及其知識、熱忱有助於工作者、機構與團體間契約範圍內的成效。

互惠模型不偏好機構的預設參考，而假定任何機構都希望建立互惠的契約，機構即已接受一種互惠體系的安排，所以，機構的權威並不能強加於此一模型中。

（五）理論基礎

互惠模型的理論基礎是「社會體系理論」與「場域理論」（field theory）。在分析團體工作的方法與結構時，結構功能途徑也被使用，在史華滋（Schwartz, 1962, 1974）的觀念中，「部分與整體」的關係較是部分對整體

的關係，而不是部分本身的特性與自主性。

其次，主要的理論也包括社會心理學的人格理論。在這方面，可以看到許多如奧地利心理醫師阿德勒（A. Adler）所主張的個體是一人類單獨的整體、德國社會心理學家佛洛姆（E. Fromm）的八個人類基本需求，以及法裔美國精神醫學家蘇利文（H. S. Sullivan）的直接觀察與證據爲本的精神分析等人的影子，其主要的概念是「假設個人有動機與能力去追求整體性。」

（六）工作原則

本模型設定出下列工作原則：

1. 透過對成員尋求共通性的思考，工作者協助成員增強目標。

2. 經由澄清團體成員所期待的和所建構的同意，去澄清工作者的角色。

3. 工作者進行工作焦點的保護，以免被侵犯。

從這些原則中可以發現，工作者是誠懇的、直接的，以及避免壓制知識與努力的。同時，史華滋（Schwartz, 1962）也表現出在於驅散「專業主義的神話」（mystique of professionalism）的用意。

雖然，團體系統理論（group system theory）也被納入。但是，史華滋（Schwartz, 1962）並未能將團體系統的變異性納入考慮，例如：團體的同質性或異質性。更甚者，他未能將團體在時程上所發生的改變提供作爲參考架構。所以，這個模型忽略了團體工作者與小團體研究所發現的經驗，也就是團體發展過於簡化了，沒有計量團體經驗與成就的成果。史華滋（Schwartz, 1962）也未提出對團體方案的澄清。

不管如何，史華滋（Schwartz, 1962）的互惠模型的主要貢獻是提供了一個「互助體系」的觀念。亦即，其人本取向的特質，強調團體成員的潛力發揮與發展，經由團體的互助，活化成員的適應能力，並促成社會環境更能回應個人的需求（Toseland & Rivas, 1998）。

從上面對三個主要社會團體工作模型的分析中，我們可以發現以下結論：

1. 社會目標模型強調團體過程的民主性。

2.治療模型是臨床與個別取向的。

3.互惠模型是中介協調與團體導向的。

藍格（Lang, 1972）用另外一種概念來比較這三個模型；她認為互惠模型是屬於過程模型（process model），而其他兩個則是目標模型（goals model）；只是前者觀照到團體目標達成的方式，後者注意的是特殊目標的達成。

卓普（Tropp, 1968）則認為治療模型與互惠模型都應該屬於治療取向的模型，只是其差別在於哲理背景與價值取向，而非在於技術。

從團體工作轉變到以團體為對象的社會工作實施，改變的不是社會工作者對以團體作為服務對象的媒介或對象，而是社會工作者對社會工作本身的認知，和社會工作對社會工作者的影響。因此，不同模型或途徑的團體工作發展，並不會阻礙以團體為對象的社會工作的發展，反而會豐富社會工作對團體的服務效果，或提升團體作為社會變遷媒介的效能。

只是，當社會工作者以團體作為對象或媒介來提供服務時，如同以個人作為對象來提供社會工作服務般，都免不了涉入與非社會工作團體，例如：團體心理治療、團體輔導、團體諮商的糾葛。這其間的差異並非在於對小團體理論、團體動力或團體過程的看法或運用的差異或有無，而在於誰用團體來做什麼？社會工作者使用團體來達成社會工作的目標，而且團體的使用常與針對其他社會單位（例如：個人、家庭、社區、組織等）的服務相互關聯。簡言之，社會工作者帶團體不是為了帶團體本身，而是為了更寬廣的社會工作目標。

參考書目

一、中文部分

李南雄（1980）。**社會團體工作**。臺北：萬人。

林萬億（2015）。**團體工作：理論與技巧**（三版）。臺北：五南。

二、英文部分

Andrews, J. (2001). Group Work Place in Social Work: a historical analysis. *Journal of Sociology and Social Welfare*, XXXVIII: 4, 45-66.

Balgopal, P. & Vassil, T. (1983). *Group in Social Work: an ecological perspective*. NY: MacMillan Publishing Co.

Bales, R. (1950). *Interaction Process Analysis: a method of study of small groups*. Reading, Ma: Addison-Wesley.

Berne, E. (1961). *Transactional Analysis in Psychotherapy*. NY: Grove Press.

Berelson, B. & Steiner, G. A. (1964). *Human Beahaviour*. NY: Harcourt, Brace, and Jovanovich.

Bion, W. R. (1959). *Experiences in Groups*. NY: Basics Books.

Brieland, D., Costin, L. & Atherton, C. (1980). *Contemporary Social Work: an introduction to social work and social welfare* (2nd ed.). NY: McGraw-Hill Book Co.

Briar, S. (1971). *Problems and Issues in Social Casework*. NY: Columbia University Press.

Brown, A. (1992). *Groupwork* (3rd ed.). Aldershot: Ashgate.

Brown, L. (1991). *Groups for Growth and Change*. NY: Longman.

Butler, S. & Wintram, C. (1991). *Feminist Groupwork*. London: Sage.

Cloward, R. & Ohlin, L. (1960). *Delinquency and Opportunity: a theory of delinquent gangs*. Glencoe, IL: Free Press.

Cohen, M. & Mullender, A. (eds.) (2003). *Gender and Groupwork*. London: Routledge.

Coyle, G. (1937). *Studies in Group Behavior*. NY: Harper & Row.

Douglas, T. (1979). *Group Process in Social Work: a theoretical synthesis*. Chichester: John Wiley & Sons.

Finn, J. & Lavitt, M. (1994). Computer-based self-help groups for sexual abuse survivors. *Social Work with Groups*, 17(1/2): 21-46.

Garland, J., Jones, H., & Kolodny, R. (1976). A Model of Stages of Group Development in Social Work Groups. In S. Bernstein (ed.), *Exploration in Group Work* (pp.17-71). Boston: Charles Rivers Books.

Garvin, C. (1997). *Contemporary Group Work* (3rd ed.). Englewood Cliffs, NJ: Prentice-Hall, Inc.

Garvin, C. (1984). The Changing Contexts and Social Group Work Practice: challenge and opportunity. *Social Work with Groups*, 7: 1, 3-19.

Garvin C. & Reed, B. (1995). Sources and Visions for Feminist Group Work: reflective processes, social justice, diversity, and connection. In *Feminist Visions for Social Work* (pp.441-69). Washington, D. C.: NASW.

Garvin, C., Gutiérrez, L., & Galinsky, M. (eds.) (2004). *Handbook of Social Work with Groups*. NY: The Guilford Press.

Gilbert, N. & Specht, H. (eds.) (1981). *The Emergence of Social Work and Social Welfare* (2nd ed.). Itasca: Peacock Publishers.

Ginsberg, M. & Goldberg, M. (1961). *The Impact of Current Social Scene on Group Policy and Practice*. NY: NASW.

Glassman, U. & Kates, L. (1990). *Group Work: a humanistic approach*. Sage.

Glasser, P. & Garvin, C. (1976). An Organizational Model. In R. W. Roberts and H. Northen (eds.), *Theories of Social Work with Groups* (pp.75-115). NY: Columbia University Press.

Glider, J. C. (1975). A Social Psychology of Laboratory Training. In K. D. Benne et al., *The Laboratory Method of Changing and Learning*. Palo Alto, Ca: Science and Behavior Books.

Hartford, M. (1971). *Group in Social Work*. NY: Columbia University Press.

Heap, K. (1977). *Group Theory for Social Workers: an introduction*. Oxford: Oxford University Press.

Hearn, G. (1958). *Theory Building in Social Work*. Toronto: University of Toronto Press.

Henry, S. (1992). *Group Skills in Social Work: a four dimensional approach*. Itasca, IL: F. E. Peacock Publishers.

Jennings, H. (1950). *Leadership and Isolation* (2nd ed.). NY: Longman.

Klein, A. (1953). *Society, Democracy and the Group*. NY: Whiteside.

Klein, A. (1970). *Social Work through Group Process*. Albany, NY: School of Social Welfare, State University of New York at Albany.

Klein, A. (1972). *Effective Group Work*. NY: Association Press.

Knopka, G. (1949). *Therapeutic Group Work with Children*. Minneapolis: University of Minnesota Press.

Konopka, G. (1972). *Social Group Work: a helping process* (2nd ed.). Englewood Cliffs, NJ: Prentice-Hall, Inc.

Konopka, G. & Friedlander, W. (1976). *Concepts and Methods of Social Work*. Englewood Cliffs, NJ: Prentice Hall.

Lang, N. (1972). A Broad Range Model of Practice in the Social Work Group. *Social Service Review*, 46(1): 76-84.

Lin, Jen-Jen & Lin, Wan-I (2009). The Political and Economic Impact on the Development of Social Group Work in Taiwan. *Social Work with Groups*, 32: 1&2, 14-28.

Lindeman, E. C. (1925). *The Meaning of Adult Education*. NewYork: New Public.

Maloney, S. E. & Mudgett, M. H. (1959). Group Work — Group Casework: Are They the Same? *Social Work*, 4(2): 37-45.

Mann, R. D. (1959). A Review of the Relationship between Personality and Performance in Small Groups. *Psychological Bulletin*, 56: 241-270.

Martin, G. & Shanahan, K. A. (1983). Transcending the Effects of Sex Composition in Small Groups. *Social Work with Groups*, VI: 19-32.

McCaughan, N. (1977). Social Group in the United Kingdom. In Harry Specht and Anne Vickery (ed.), *Integrating Social Work Method*. London: George Allen & Unwin.

Mills T. M. (1967). *The Sociology of Small Groups*. Englewood Cliffs, NJ: Prentice Hall.

Middleman, R. (1980). The Use of Program: review and update. *Social Work with Groups*, 3(3): 5-23.

Middleman, R. & Wood, G. (1990). Reviewing the Past and Present Group Work and the Challenge of the Future. *Social Work with Groups*, 13(3): 30-20.

Northen, H. (1969). *Social Work with Groups*. NY: Columbia University Press.

Northen, H. & Kurland, R. (2001). *Social Work with Groups* (3rd ed.). NY: Columbia University Press.

Papell, C. & Rothman, B. (1966). Social Group Work Models: possession and heritage. *Journal of Education for Social Work*, 2: 2, 66-77.

Phillips, H. (1951). *The Essentials of Group Work Skills*. NY: Association Press.

Redl, E. (1944). Diagnostic Group Work. *American Journal of Orthopsychiatry*, 14(1): 53-67.

Reid, K. (1997). *Social Work Practice with Groups: a clinical perspective* (2nd ed.). Pacific Grove, CA: Brooks/Cole Publishing Co.

Rose, S. D. (2004). Cognitive-behavioral Group Work. In C. D. Garvin, L. M. Gutierrez, and M. J. Galinsky (Eds.), *Handbook of Social Work in Groups* (pp. 111-135). NY: Guilford Press.

Ryder, E. L. (1960). Some Principles of Intergroup Relations as Applied to Group Work. *Social Work with Groups,* 52-62. NY: NASW.

Sarri, R. & Galinsky, M. (1985). A Conceptual Framework for Group Development. In M. Sundel, P. Glasser, R. Sarri, and R. Vinter (eds.), *Individual Change through Small Groups* (2nd ed.) (pp.70-86). NY: The Free Press.

Schwartz, W. (1962). Toward a Strategy of Group Work Practice. *Social Service Review,* 36, 274.

Schwartz, W. (1974). The Social Worker in Group. In R. W. Klenk and R. M. Ryan (eds.), *The Practice of Social Work* (pp.208-228). NY: Wadsworth.

Schwartz, W. & Zalba, S. (eds.) (1971). *The Practice of Group Work*. NY: Columbia University Press.

Shaw, M. (1976). *Group Dynamics: the psychology of small group behavior* (2nd ed.). NY: McGraw-Hill.

Shepard, C. (1964). *Small Group: some sociological perspectives*. San Francisco: Chandler Publishing.

Slater, P. E. (1958). Contrasting Correlates of Group Size. *Sociometry*, 21.

Slavson, S. R. (1937). *Creating Group Education*. NY: Association Press.

Snyder, N. (1975). *An Experimental Study on Optimun Group Size*. unpublished doctoral dissertation, University of Pittsburgh.

Toseland, R. & Rivas, R. (1998). *An Introduction to Group Work Practice* (3rd ed.). Boston: Allyn & Bacon.

Trecker, H. (1955). *Group Work: foundations and frontiers*. NY: Whiteside Inc.

Trecker, H. (1972). *Social Group Work: principles and practices*. CA: Association Press.

Tropp, E. (1971). Social Group Work: the developmental approach. In *Encyclopedia of Social Work*, 2: 1246-52. NY: National Association of Social Workers.

Tropp, E. (1976). Social Group Work: the developmental approach. In R. W. Roberts and H. Northen (eds.), *Theories of Social Work with Groups* (pp.198-237). NY: Columbia University Press.

Tuckman, B. (1963). Developmental Sequence in Small Group. *Psychological Bulletin*, 63: 384-99.

Vinter, R. (1959). Group Work: perspectives and prospects. In *Social Work with Small Groups*, 128-49. NY: National Association of Social Workers.

Vinter, R. (1965). Social Group Work. In *Encyclopedia of Social Work*: 715-24. NY: National Association of Social Workers.

Weinberg, N., Uken, J., Schmale, J., & Adamek, M. (1995). Therapeutic Factors: their presence in a computer-mediated support group. *Social Work with Groups*, 18(4): 57-69.

Western, D. (2013). *Gender-based Violence and Depression in Women: a feminist group work response*. Springer.

Whittaker, D. (1975). Some Conditions for Effective Work with Groups. *British Journal of Social Work,* 5: 423-439.

Wilson, G. & Ryland, G. (1949). *Social Group Work Practice*. Boston: Houghton-Mifflin.

Wilson, G. (1976). From Practice to Theory: a personalized history. In R. W. Roberts & H. Northen (eds.), *Theories of Social Work with Groups* (pp.1-44). NY: Columbia University Press.

Weiner, J. (1960). Reducing Racial and Religious Discrimination. *Social Work with Groups*, 62-73. NY: NASW.

Yalom, I. (1975). *The Theory and Practice of Group Psychotherapy* (2nd ed.). NY: Basic Books.

Zastrow, C. (2011). *Social Work with Groups: a comprehensive workbook*. CA: Brooks/ Cole Publishing Co.

第十二章
以社區為對象的
社會工作實施

社區（community）這個熟悉的字眼被用在我們生活周遭的很多環節，例如：售屋廣告中到處可見「名人社區」；在文史工作流傳著「社區總體營造」；在公共衛生預防也有「社區健康營造」；在社會福利推動也出現「福利社區化」；學校教育也強調「學校社區化」；在城鄉發展上有「社區建築」的說法；更不用說全球到處都在推動的「社區發展」。不僅如此，21世紀的人們不斷地被灌輸這是一個「全球社區」（global community）的地球村。

以社區為對象的社會工作不只是作為社會工作方法的一環，也是以家庭為中心、以社區為基礎（community-based）的社會服務途徑的靠山（林萬億，2010），更是社區為本的社會政策的基石（林萬億等，2020）。如果以家庭為中心的社會服務缺乏社區資源的供輸，家庭很難有足夠的保護因子以對抗配偶暴力、兒童虐待、貧窮等風險因子。而社區要成為支持居民的資源，本身的發展是前提。當社區發展出現困境時，引進外力援助是改變現狀的有效途徑。而都市更新、消滅貧窮、社會包容等政策，若不是建立在以社區為基礎的政策制訂上，脆弱的個人或家庭往往是被壓迫者，成為成就優勢階級累積財富的犧牲者，屆時，社區衝突不可免。

然而，人們所指涉的社區是什麼？有時近在咫尺，又覺得遠在天邊。而社會工作者為何要管社區事？又如何管？這正是本章要討論的主題。

第一節　社區——人與空間的結合

對研究社區的人來說，定義社區是一件相當困難的事，裴理耶法拉特（Pelly-Effrat, 1974）形容猶如用手指掏果凍，雖然撈到一些，但是滑溜出去的更多。對臺灣的民眾來說，社區這個名詞是個舶來品。希臘字稱「社區」為同伴（fellowship），指一群人聚居在一起，共享互動，滿足基本需求，發現生命意義（Christenson, Fendley, & Robinson, 1989）。法文稱commune為最小的地方自治體，類似臺灣的村里。在德文裡，以德國社會學家涂尼士（Tönnies, 1887）所區別的Gemeinschaft（社區）與Gesellschaft（社會）最為人所引用。Gemeinschaft是指在一個地方的人們享有親密、持久的人際關係，且清楚地了解每個人的立場（引自Martinez-Brawley, 1990）。瑞典人的kommun有如法國的commune，是基層的地方行政組織，約萬人為一單位。

在傳統社會裡，社區是很容易界定的，通常一群人居住在一個地理範圍內，與其他群體有明顯的疆界區隔。在西方國家如此，在東方國家亦不例外。傳統中國的村、莊即是如此。在臺灣早期的農業社會時代，也可以找到這種類似西方傳統社區的痕跡，例如：莊、社、寮、厝、埔等。現代的臺灣地名還保留有相當多早期聚落的名稱，例如：三重埔、二重埔、頭前莊、後壁莊、新莊、舊莊、竹圍、後竹圍、中港厝、茭寮、麥寮、新社、社頭、社后等，其中有因移民開墾的次序命名者，如宜蘭的頭城、五結、壯圍等。猶如西方國家的社區演化成城市般，上述的這些傳統社區大都已經演變成為鄉鎮市了。

今天的都市聚落要區分出哪一個是社區，或社區範圍到哪裡，還真困難。例如：臺北市的民生社區、萬芳社區、大稻埕、艋舺是社區嗎？它們的範圍到哪裡？

社會學家希拉蕊（Hillery, 1955）將1950年代以前的90種社區的定義加以整理，得出社區的要素包括以下四者：人民（people）、土地（place）或地盤（territory）、社會互動（social interaction）、認同（identification）。威力士（Willis, 1977）接續地回顧1950年代到1970年代的社區定義，並無明顯的改變。然而，隨著網路科技的進步與全球化的影響，21世紀的社區已經有明顯的變化，新移民的加入，使傳統社區人口組成變得更多樣性；網路的發達，使虛擬社區（virtual community）更加活絡。人們不再依賴傳統的地理、族群、社會關係、生活條件認同，而轉向身分政治（identity politics）、反文化（counter culture）、去中心化（decentralization）、無階層的草根行動等，創造出新的、不同的社區形式（Stepney & Popple, 2008）。

一、人民

　　沒有人會否定社區是由人組成的。但是，多少人才構成社區的條件呢？很難給一個絕對的標準。如果以全球社區的概念來說，6、70億人口也算一個社區，但是這樣的人口數實在很難滿足涂尼士所指稱的享有親密、持久的人際關係。反之，太少人又不構成希臘人所說的滿足基本需求、發現生命意義。據此看來，幾百人到幾千人，可能是較理想的社區人口。

二、土地或地盤

　　從涂尼士的社區定義中，可以明確地看出地理疆界的重要性。但是，並非所有社區一定非有地理疆界不可，即使有土地的感覺，也不見得有明確的範疇，例如：ICRT電臺（International Community Radio Taipei），就很難說出它的地理疆界是臺北市，它的聽眾隨著音波到達的地方都收聽得到。

　　至於地盤的感覺，像角頭（黑道使用的角頭概念借自宗教祭祀的角頭概念），不完全只是地理的面向，還有心理、社會的。心理的地盤是指因個人的歷史、文化、生活經驗、價值、信仰、特權而累積的尊榮感或優越感，例如：輸人不輸群（陣）的感覺最常在角頭（不論是祭祀或黑道）的競爭中。心理的地盤被侵入比地理的地盤被侵入來得令人無法接受，例如：從鄰近地盤來的客人在本地撒野，得到的反彈常不只因別人侵門踏戶，而且因禮數不周。

　　社會地盤是指因社會角色期待或組織內的工作說明，而使得某些人的身分、地位、角色不容許被侵犯，例如：地方上的長老、頭人，黑道的大哥、大姐頭。這些社會地盤表現在餐桌的排位上、進會場的順序、辦公室的坐位、喪禮的公祭排序、看表演的座位上。

　　地理的地盤經常交織著心理、社會的地盤。地理上的區隔，也會產生獨特的信仰、價值、行為，目標；而地方上的組織也有其社會位置安排的規範（Robinson, 1989）。而心理與社會地盤被侵入往往較地理地盤被侵入所引發的衝突來得嚴重。

　　土地或地盤的概念，在城鄉建築專業者的眼中，寧願用空間（space）的概念，也就是強調土地、建築物、設施與生活者間的關聯。生活者可以主觀地來設計、詮釋空間。

　　雖然，人們對經由網路連結而形成的網路社區（cyber communities）或虛擬社區的研究越來越多。但是，對地理社區或疆域社區的討論仍然沒有消失。因爲大多數人還是生活在實體的社區生活環境中（Clay, Madden, & Potts, 2007）。

三、社會互動

　　社會互動是指在上述的特定地理範圍內的人們所產生的互賴活動，例如：企業、教育、警察、消防、銀行、醫院、政府等維持基本生活的活動。這些互賴活動擁有共同可接受的規範、習慣，以及手段來獲得彼此的目的達成。

　　社會互動的樣態取決於該地人口的社會特質而定，在鄉村地區，商業活動較單純；在都會區，則有較複雜的商業活動。但是，一個社區應有足以維持基本生存的社會互動，例如：市集、學校、警察、宗教、醫院、娛樂等。

四、認同

　　認同是指居住在該地的人們對地區有心理的認同或共同的附著感。具體來說是知道自己社區的名字，而且樂於說出，並對這個社區產生依賴感，例如：喜歡在該地買東西、上學、逛街、看表演、就業、就醫，甚至提供自願服務，稱爲在地消費。社區認同的感覺是一種社區感（communityness）（Martinez-Brawley, 1990）或是我屬感（we-feeling），或是社區意識（sense of community），簡單地說就是我屬於這裡。於是，對居民來說，產生社區的精神（spirit of community），形成一個依附的社區（community of attachment）（Willmott, 1986)

　　從以上的四個元素來界定社區，最被社會工作界採用的是華倫（Warren, 1978）的定義：「社區是地方層次上社會單位與系統的結合，以實現滿足人們基本需求的社會功能。」簡單的說，社區應是一群人住在一個特定的地理範疇內，經由互賴的社會活動來滿足彼此的生存所需，且自認為是屬於這個地方的人。

但是，以當代社會的多元複雜性，要用一個標準化的定義來界定社區，是不容易的，有些社區已超越了地理空間的架構。例如：媽祖出巡所看到的成千上萬的信眾，算不算社區？稱為社群可以嗎？因此，學者主張將社區再分為四種（Garvin & Tropman, 1998）：

1. **地理社區**（geographic community）：人們居住在一個特定的地方（location），共享在地感，例如：鄰里、街區即是。

2. **利益社區**（community of interest）：人們因共同利益而結合成一個社區感，例如：運動、自願服務、旅遊等。參與這種社區的人們通常是經由申請加入或審查通過，他們從事共同的活動，以獲得利益或興趣，例如：球迷俱樂部、歌友會、股友社、網友俱樂部、直銷團體等。當代的網路社區，是一種虛擬社區，它的社會互動與認同不亞於地理社區，它是超越地理與政治疆界的，透過媒體與網路的溝通，人們追求相互的利益與目標，例如：公民1985行動聯盟之於洪仲丘案。

3. **信仰社區**（community of believes）：因共同的信仰、認同、種族、文化而構成的社區，例如：佛光會、慈濟功德會、聖母聖心會、長老教會等，有時又稱宗教社區。但是，現代社會因共同信仰而結合的已不再是唯有宗教一途。

4. **組織社區**（organizational community）**或工作社區**（community of the workplace）：因共同的活動而形成的社區，例如：工廠、工業區、加工出口區、人民公社、集中營、監獄等。生活在這裡的人們花費大部分的時間從事相同的活動（工作、管訓、勞改等），個人也許沒有共識，但久而久之，會產生共同的社區感。

不論哪一種社區，都扮演以下幾種功能（Warren, 1978）：

1. **生產、分配、消費**：社區的第一個功能是透過各種活動滿足人們的物質需求，例如：食物、衣飾、住宅、休閒等。有人從事生產，例如：工廠或農場；有人專責行銷，開商店或網路行銷；有人單純是消費者，每個人依賴他人而生存。

2. **社會化**：社區是一個社會化機制。社區的規範、傳統、價值透過社會互動而傳遞給下一代，例如：社區慶典、祭祀、教育。

3. **社會控制**：社區透過社區公約、社區組織、守望相助、巡守隊、社區壓力、學校、警察等，達到人民行為控制、價值引導。

4. **社會參與**：包括參加社會團體、教會、自願服務等，讓社區居民參與社區公共事務，形成互動網絡，滿足基本需求。

5. **互助**：透過鄰里、友伴、自願組織、教會、寺廟來協助有需求的個人與家庭，例如：老人照顧、身心障礙者的協助、兒童保護、治安維護。

6. **防衛**：防衛是指社區可以保護其居民免於受到傷害、欺壓，也就是透過社區的集體行動，人們的利益得以保存或擴張，例如：同志社區、原住民部落。

並非所有社區都能扮演好上述六個功能。社區功能有可能喪失，成為失功能的社區，或不健康的社區，或衰敗社區。這些功能不彰的社區出現高犯罪率、公共設施破壞毀損、陰暗、水溝不通、馬路坑洞、人口外流、貧窮、社區凝聚力差、衛生條件不良等。貧民窟（slum）是典型的功能衰退的社區。

從以上的敘述中，我們可以看出並非所有住人的地方都可稱為社區，不具備前述四種要件的人群（例如：群眾、居民）不能稱為社區。據此，每一個家戶都會劃入村里單位中，但並非所有家戶都可能屬於社區。強行將某些家戶或地方劃為社區是違反社區本質的，不但沒有必要，也沒有用。

第二節 社區組織的相關概念

社會工作專業的傳統其實是非常社區取向的（community oriented）（Martinez-Brawley, 2000）。例如：承續1930年代以社區福利委員會（community welfare council）和社會機構委員會（council of social agencies）為根源的社區組織（community organization）；得助於1940年代末，聯合國大力推動的社會發展方案而有的社區發展（community development）；以及英國人慣用社區工作（community work）來涵蓋兩者。本節首先將這些概念加以澄清，並附帶討論前些年受到本地重視的社區總體營造、社區建築，以及社區照顧（community care）。

一、社區組織

社區組織工作是對當代社會條件的回應，也就是說1860年代的英、美國家社會條件與意識形態，促成了1930年代社區組織的產生，而其前身正是本書第三章曾提及的慈善組織會社與社會睦鄰運動。此後，一些相關的社區機構相繼設立，奠定了稍後社區組織的基礎（Cox & Garvin, 1970）

（一）社區基金會（community chest）

最早為成立於1895年的波士頓聯合猶太人援助會（United Jewish Appeal in Boston）。其組成形式有下列三種：

1.福利機構聯合募款

1887年美國丹佛市的慈善組織會社開始結合該市23家社會福利機構中的15家進行聯合募款，第一年即告成功。

2.社會機構委員會組成社區基金

1915年美國辛辛那堤市的機構協會將該市12個社會機構集合在一起，共同募捐。後來，聖路易、明尼亞波利斯、哥倫布、紐哈文、底特律等城市的機構也紛紛仿效。

3. 大戶捐款組成慈善捐款基金（charity endowment chest）

由企業家透過商會來組成慈善捐款基金，調查需要協助的機構。地方商會就組成辦事處來進行下列工作：

(1)建立福利機構的標準。

(2)調查個別機構，評鑑其運作成效。

(3)建議合格的贊助機構。

(4)鼓勵商會會員與社會大眾支持被贊助機構。

然而，基金辦事處也受到批評，因爲他們代表大戶與商賈，社會機構的自主性恐遭傷害，機構也怕小額捐款人的意願降低。克里夫蘭商會（Cleveland Chamber of Commerce）首先企圖解決這個困境，於1913年發起慈善聯盟（Federation to Charity and Philanthropy），成爲社區基金會的另一種形式。1919年羅契斯特、紐約也相繼成立。到了一次大戰期間有400個戰爭基金（War Chest）成立，1920年代已有353個社區基金會成立於美國，1970年改名爲聯合勸募（United Way）迄今。

不論哪一種形式的社區基金會，都由捐款人、募款人、志工組成委員會，聘請專職祕書來執行捐募行政工作。

（二）社會機構委員會（the council of social agencies）與社區福利委員會（community welfare council）

社會福利機構設立越來越多，且由專職社會工作者來擔任幹部，他們發現必須組成委員會來界定社區需求、預測問題、發現未來需求。第一個社會機構委員會成立於1909年的密爾瓦基、匹茲堡。此後，美國各大城市都相繼成立類似組織。

社區福利委員會（此處所稱社區非一個小社區，而是一個都市）的設立宗旨在於計畫與協調有效的服務、配合社區需求。他們委派代表委員與專家去研究社區問題，藉以設計與執行服務方案來對抗社區問題，並創新服務、改進既有服務；同時，也尋求大眾支持與政府協助；也招募志工、出版指南、從事社區公關活動。

從上述資料顯示，社區基金會是錢的結合，社區福利委員會則是服務機構的結合，兩者間本應合作才對，但事實不然，其間仍有利益衝突。社區福利委員會被認為是社區基金的計畫執行者，失去服務自主性；同時，社區福利委員會內部也有衝突，開始由社會機構組成的委員會很難有行動力（由於其代表機構，也代表委員會）。之後，為解決此一問題，委員會開始專業化，由部分專家或志工介入委員會的運作，使原先單純由社會機構組成的委員會，演變成加入專家後的社區福利委員會，決策也逐漸落入這些專業計畫者手中。

（三）社會單元計畫（the social unit plan）

1915年，靠俄亥俄河（Ohio River）的屠宰業發跡的辛辛那堤市組成全國社會單元組織（National Social Unit Organization）。社會單元計畫是指街區發展委員會（block council）聘用社區工作員，再將這些街區服務計畫結盟。每一個都市就可組成社會單元計畫的市民會議（Citizens Council of the Social Unit）。這些方案以健康服務為主，維持3年後就消失了。

在個案工作被視為是社會工作全部的1920年代，立基於上述三種社區組織形式的出現，1920年哈特（Joseph K. Hart）寫了一本名為《社區組織》（*Community Organization*）的新書。1921年紐約社會工作學院的林德門（Edward Lindeman）也寫了《社區》（*The Community*）一書，首次出現10個步驟的社區行動（Sanders, 1970），是社區組織方法的開端。10個步驟是：(1)需求意識；(2)需求意識擴散；(3)需求意識傳達；(4)快速滿足需求的情緒激起；(5)解決方法的提出；(6)解決方法的衝突；(7)調查；(8)開放議題討論；(9)整合解決方法；(10)妥協出一個暫時的進展（Konopka, 1958）。後輩社會工作者在討論社區組織的過程時，幾乎逃脫不了這個範疇。

林德門（Lindeman, 1921）主張地方居民團體要有自己的責任，引導自己的命運，使社區組織逐漸由機構取向的協調，走向社區人民的參與。到了1930年，至少有三本有關社區組織的書出版。此時，社區組織是以強調社會福利機構間的協調為主。然而，一些新的觀念引進，例如：佛雷特

（Mary Follet）導入地方社區層級團體的組織民主。

　　社區組織與社會工作產生關聯是在1939年，蘭尼（Robert Lane）所領導的一個研究小組在該年全美社會工作會議（The National Conference of Social Work）上發表蘭尼報告（The Lane Report），正式被社會工作界認定為第三個社會工作方法與實務領域。

　　依社會工作辭典的定義，社區組織是社會工作者或其他專業，經由有計畫的集體行動，來協助具有共同利益或住在同一地理區域內的人民（個人、團體或集體），解決社會問題和促進社會福利的介入過程（Barker, 1999: 90）。早期社區組織被視為是社會工作的方法之一，也是一種組織人民、解決問題的過程。當代社會工作已不再強調其為社會工作的方法了，而是一種社會工作的介入過程（Brager, Specht, & Torczyner, 1987）。

二、社區發展

　　社區發展晚於社區組織出現，最早應可追溯到1948年的聯合國，指派社區發展專家到低度開發的國家當顧問。依桑德斯（Sanders, 1958）的說法，社區發展其實是結合了社區組織與經濟發展。不像社區組織是產生自社會福利專業社群，社區發展被不同的專業使用來促進人民的生活福祉，例如：大眾教育、公共衛生、工業發展、農業發展、經濟發展、社會發展等；不過，每一種專業把社區發展都看作是一種過程、方法、方案，以及運動（Sanders, 1958）：

1. 社區發展是一種達成目的的手段。（方法）
2. 社區發展是一種從某一階段或條件，邁向另一個階段的過程，它指涉一種在特定指標衡量下進步的改變。（過程）
3. 社區發展的方法是由一組活動所組成，透過這組活動，使目的得以達成。（方案）
4. 社區發展是一種聖戰，要能引起人民的承諾，它不是中立的，而是情感涉入的，為的是進步。（運動）

聯合國對社區發展的界定，成為國際上公認的定義：

> 「社區發展是藉由人民自己的努力，結合政府當局的力量，以促
> 進社區的經濟、社會與文化條件，以利於整合此一社區進入國家
> 的生活內，進而同步促成國家進步的一種過程。」（UN, 1955）

事實上，社區發展在開發中國家早在1900年代即有，例如：中國於
1904年，即有米迪剛先生在定縣翟城村的「村治」運動。中華民國革命成
功後，山西「模範省」的村治、五四運動後的新村運動、平民教育運動，以
及曉莊鄉村師範等，都是社區發展的案例（千家駒、李紫翔，1936；林萬
億，1994），這些在中國史上統稱「鄉村建設運動」（梁漱溟，1937）。

中國鄉村建設運動最具代表性的兩個例子是梁漱溟先生的鄒平鄉村實
驗。梁氏認為鄉村建設運動起因於：(1)救濟鄉村運動；(2)鄉村自救運動；
(3)積極建設的要求；以及(4)重建一新社會構造的要求。他又指出中國問題
的中心在於文化失調，因此，有必要從鄉村組織入手。於是，從1931年到
1935年間在山東省鄒平縣實驗鄉村建設。鄉村建設的內容包括成立實驗縣
政府、改制鄉鎮組織、設置鄉村學校、採行行政機關教育化、以鄉村學校組
織民眾來改革社會、組織各種合作社，以及設醫院（梁漱溟，1937）。

梁漱溟的鄉村建設被千家駒等人（1986）從左派共產主義的角度來看
中國的農村問題，而批判其為澈底的失敗。不論如何，以今日的觀點來看，
鄉村建設絕對與聯合國所主張的社區發展相通，且是源頭之一。

另一個例子是定縣的平民教育。晏陽初先生於1926年於定縣成立平
教會，其初始目的在於消除文盲。晏陽初發現中國的問題在教育，教育的
問題在鄉村，想要普及中國的平民教育要到農村去，於是從北京把平教會
遷到定縣。依據1930年中國農村調查發現，主要問題是愚、窮、弱、私。
晏陽初針對此四項缺失，提出四大平民教育內容：文藝教育、生計教育、
衛生教育、公民教育。而其實施方式則包括：學校式、社會式、家庭式。

1931年，定縣平教會與縣政改革結合，將農民教育、縣府機關、地方公會結合，並擴及到河北省政府，成立「河北省縣政建設研究院」（吳相湘，1981）。

當然不例外，晏陽初的定縣主義也被千家駒等人認定為「對中國社會的整個認識有問題」（千家駒、李紫翔，1936）。從共產主義的角度來看，中國問題出在「沒飯吃」，理由是土地分配不均、生產物分配也不均，再加上帝國主義商品侵略深入農村。因此，千家駒等人認為調整社會關係、改造分配不均的結構，才是解決中國農村問題的良方。不論鄉村建設派是否犯了歷史的錯誤，梁漱溟的鄉村建設與晏陽初的平民教育，卻成為聯合國推動第三世界國家社區發展的重要參考。

社區發展除了深受第三世界國家的重視外，也受到工業先進國家農村的歡迎，例如：美國的鄉村復興、農村社區合作（Christenson & Robinson, 1989）、英國的鄉村發展（rural development）（Francis & Henderson, 1992）等都是。

三、社區工作

社區工作是英國人用來表達「共享利益的人們，團結在一起，理出他們的需求，藉由方案發展，鼓動關切祈求獲得滿足的人們，採取集體行動來滿足這些需求」的社會工作途徑（Mayo, 1998）。從這定義看來，英國人所說的社區工作與美國人所慣用的社區組織，以及聯合國所使用的社區發展，實無甚大差異，甚至應可說成社區工作就是社區組織與社區發展的結合。

英國人以社區工作是社會工作的一個途徑，來說明社區工作與社會工作的關係，就好像美國人說社區組織是社會工作的一種方法一樣，都強調社區工作與社會工作悠久的歷史關聯。英國人將之關聯到牛津之家（Oxford House）與湯恩比館（Toynbee Hall）。事實上，英國人的著作中，也常把社區工作與社區發展概念交互使用（Twelvetrees, 1991），更有把社區組織、社區發展、社區照顧、社區行動四者都納入社區工作的模式裡（Dominelli, 1990）。香港人受英國的影響甚於美國，香港社會工作界也習慣用社

區工作這個概念（香港女青年會，1993；甘炳光等，1997），而且指涉的
內涵也相似。

四、社區照顧

社區照顧在1980年代以前與社會工作幾無關係。在英國1982年的巴克
雷報告（The Barclay Report）出爐後，才有學者將社區工作或社會照顧計
畫與社區照顧扯上關係。在該篇報告中，將社會工作在社區照顧的角色分
為兩類：一是直接提供服務的諮商（counselling），也就是治療性社會工
作（therapeutic social work）；另一類是間接的行動，使「案主」活得快樂
與得到更有效的服務，巴克雷報告稱之為社會照顧計畫（social care plan-
ning）。後人進一步將之稱為社區社會工作（Payne, 1995）。據此，社區照
顧的社會工作角色就涵蓋了照顧管理（care management）、諮商與社區社
會工作三者。

在1980年代之前，社區照顧指的是在醫院之外照顧，或在家裡照顧；
原本強調的是去機構化（de-institutionalization），重點不在社區，而在照
顧的地點與形式。所以，社區照顧只能說是「在社區中被照顧」（care in
the community）。「在社區中被照顧」是幫助被照顧者及其照顧者在遠離
醫院或機構的家中得到照顧。這樣的作法是希望被照顧者能獨立且自我控制
其生活，而不受制於醫院或機構，所謂回到正常生活（ordinary life）或常
態化（normalization）；亦即醫院或機構生活是一種非常態的生活方式，也
容易造成「依賴文化」。

「被社區照顧」（care by the community）則是1980年代後被擴充的概
念，指照顧的支持與發展不是來自專職服務人員，而是社區居民；也就是結
合社區資源來照顧社區中需要被照顧的人，通常指精神病患、老人、身心障
礙者。可見加上被社區照顧的意涵後，社區照顧才有社區社會工作的發展空
間，否則，只把病人或老殘從醫院中移居到家中，並無社區工作的精神。

相對於1980年代以前社會福利強調政府責任、福利權，英國是最積極

推行社區照顧的國家，社區照顧被當成一種國家對病人、老人及身心障礙者的照顧政策。依英國健康部（Department of Health）的《社區照顧白皮書——照顧人民（*caring for people*）》的陳述，社區照顧目的在於（Payne, 1995）：

1. 讓人民在自己的家或地方社區中類似家的環境下，盡可能地過著正常的生活。
2. 提供適當的照護與支持，協助人民得到高度的獨立自主性，並經由基本生活技能的獲得或再獲得，協助其發揮最大的潛能。
3. 給予人民對自己的生活方式與所需服務有較大的決策權。

從上述三個宗旨，可以看出社區照顧的核心精神是正常化、獨立自主的自由選擇。進一步，社區照顧的內涵包括了以下七點（Payne, 1995）：

1. **長期照顧**（long term care）：社區照顧的對象是長期照顧的對象，而非短期或急性照護（acute care）的對象。
2. **去機構化**：以機構外的照顧來取代完全機構（total institution）的管控，例如：在宅照顧、團體之家（group home）、老人住宅、社區家園、庇護工場、老人之家、日間照顧、喘息服務、住宿照顧（residential care）等。
3. **減少公共依賴**：政府透過民營化、市場化、強制競標、購買服務（purchase of service contracting, POSC）、購買者與提供者分離（purchaser-provider split）、新公共管理主義（new public managerialism）等精神與作法，來減少公共部門的負擔。
4. **非正式照顧**（informal care）：鼓勵家人、親戚、鄰里、宗教、朋友、社團加入照顧的行列，擺脫過度依賴正式、專業、專職的服務照顧者。
5. **選擇與參與**：讓受照顧者與其家屬有選擇自己生活方式與照顧方式的權利。
6. **需求導向的服務**（needs-led services）：「案主」需求何種服務，就提供給他們，而不是政府有哪些服務，要「案主」接受那些服務。

7.**成本考量**：不只追求服務的品質，也要考量成本的高低。成本效益的考量成爲方案選擇的依據。

社區照顧被英國立法通過，成爲國家政策（即the National Health Service and Community Care Act, 1990）。但是，也招來諸多批判，例如：政府推諉塞責，把負擔丟給自願組織、親戚、女性，以及照顧眞的對弱勢者有利嗎？眞的有彈性嗎？對被照顧者的需求眞的有回應嗎？被照顧者能自己掌控服務嗎？（Øvretveit, 1993）在家庭功能式微、被照顧者的購買能力有限、民間社會服務供給量與質不足、社區意識薄弱等諸多限制下，社區照顧反而可能落得成爲國家、社區、家庭三不管的照顧不足（care deficit）（Fine, 2007），或是女性照顧。

五、社區總體營造

社區總體營造在臺灣最早出現於1994年的文建會施政報告中，主要是延伸李登輝總統對社區文化、社區意識、生命共同體的觀念，並加以整合轉化爲一項可以在政策上與行政上實際操作出來的方案。之後，文建會大力在各地方推動社區總體營造工作。

依文建會的文獻資料顯示，社區總體營造首先是根據社區特色，分別從單一的不同角度切入，再帶動其他相關項目，逐漸整合成一個總體的營造計畫。這些可提供切入的項目包括：民俗活動的開發、古蹟和建築特色的建立、街道景觀的整理、地方產業的文化包裝、特有的演藝活動的提倡、地方文史人物主題展示館的建立、空間和景觀的美化、國際小型活動的舉辦等。這些項目過去由不同部門在許多地方實施過，但由於缺乏整體的整合，而績效不彰。文建會試圖透過補助地方社區，自發自主地計畫，達成社區總體的發展。

文建會也提到社區總體營造不只是在營造一個社區，實際上它已經是在營造一個新社會，營造一個新文化，營造一個新的人。換句話說，社區總體營造工作的本質是造人。

　　文建會所推動的社區總體營造，其實與聯合國所推動的社區發展差異不大。為何文建會不使用臺灣自1968年即積極推動的社區發展概念呢？不是因為社區總體營造有何新鮮，而是過去的社區發展移植到臺灣之後，並沒有真正依照社區自主、由下而上、居民參與、草根民主等原則來實施，使得臺灣的社區發展並未生根，倒是投資了數以百億的經費在修馬路、通水溝、買盆栽、做圍牆、蓋活動中心等基礎工程建設上，卻無法使社區意識提高（林萬億，2012）。因此，文建會苦思從文化著手，來帶動社區的總體營造。其實，社區發展與社區總體營造，不論從哪些項目著手都不重要，真正的關鍵在於是否真正了解過程的重要性。其實，社區總體營造只是較重視文化議題而已，其精神與社區發展無異（徐震，2004；林萬億，2007）。如果說社區總體營造會成功，並不是因文化切入而成功，而是推行的方法正確；反之，若社區總體營造跟社區發展一樣不成功，也是因為推行的方法錯誤所致。

六、社區建築（community architecture）

　　社區建築在1980年代後，廣為都市設計、城鄉發展與街區組織者所雅好。要了解社區建築必須從傳統建築對照起。傳統建築被視為「遙控式」建築決策，就是決策者由那些不需要承擔決策後果的人來制定。從建築規劃的角度來看，建築師代替住戶做了決定，但卻從未見過這些住戶；土地開發者決定如何使用土地，但卻從未聞過土地的芳香；工程師決定如何建造柱子，但卻從未觸摸、彩繪，甚至斜倚在這些柱子上；政府決定道路與下水道的興建，但卻從未與該地的居民有所接觸；木匠、水泥工等營造工人對他們所建造的房舍細部大樣毫無置喙餘地；家庭成員、社區百姓搬進這些建築前，對這些建築的設計與營造過程毫無所悉，卻必須在這裡度過一生（謝慶達、林賢卿譯，1993）。這樣的建築風格被認為導致今日都市發展擁擠、街道不順、公共設施不足、工程偷工減料、室內設計不當、社區冷漠、犯罪、破敗的元凶。

　　據此，社區建築是如何促成人民參與自我環境的塑造與經營的一種新式建築概念。人民不只是個住戶、社區居民、房市消費者，而是有能力控制房屋、社區、社會設施生產過程的一分子。社區建築的概念其實很簡單，如果人們參與其所使用的社區環境的創造與經營過程，這個社區環境會變得更好（好使用、好維護、好管理、好欣賞）。據此，這個來自建築與都市設計的概念，與社區發展並無二致，都是強調居民參與、協力工作、總體發展、地方自助（建）、教育民眾的過程。

　　我國具體而微的社區建築是從1997年開始推動的城鄉新風貌計畫。從2000年起試辦聘用社區規劃師（community planner），協助居民歸劃社區景觀、環境生態，以利美化城鄉景觀，調和城鄉人文、歷史、生態、生活的關係。2003年配合「新故鄉社區營造」的推動，全面建立社區規劃師制度。城鄉新風貌計畫的確讓臺灣的社區景觀由社區基礎工程建設，進階為具美學、街區特色、歷史人文、永續發展的社區景觀規劃。

第三節　如何評估社區

　　誠如上一節所述，社區最起碼要有四個構成要素。要掀開社區神祕的面紗，也必須從這四個要素下手，循序以進，才可能一窺精華。事實上，每一位初入社區的陌生人首先見到的不外是街頭巷尾的人、映入眼簾的建築、道路、商家、溝渠、田野、花草樹木。直到與社區居民打招呼或進行買賣後，才可能進入到更裡層的社區問題、特性，以及機構。有時，不經過一段時間的互動，或使用科技知識，還不一定能盡得社區的資訊。以下是了解社區的概念化架構（Netting, Kettner, & McMurtry, 1998）：

一、界定目標人口——人民

　　不論是地理社區或是利益社區，人都是最重要的社區組成元素。社區的

人民由個人、家庭、團體組成。每個社區組成的人口數難以用一個標準化的數據來衡量。就德國的社區概念來說，社區人民是相互熟悉對方的癖好，如此一來，一個社區不可能生活著數萬人，即使數千人都很難相互熟悉。美國人曾爲了建構「花園城市」（Garden City），而主張城市人口不多於3萬，鄉村人口大約5千（Petersen, 1968）。這樣的規模很像瑞典的城鄉規劃。

　　除了人口規模之外，重要的是了解社區人口的組成特性，社區工作者要問：

1. 社區人口的演變史。
2. 社區人口的組成。
3. 社區人口的需求。
4. 社區人口如何看待自己的社區。

　　社區人口的演變史是指這些人從哪裡來，以及人口成長的階段、時期；有些社區人口隨社區產業結構變化而外移，他們遷徙到何處？例如：1621年冬，英國的新教徒（Pilgrims）搭乘五月花號前往美洲大陸，在鱈角港（Cape Cod Harbor）下錨，踏上第一石，進入美洲大陸，帶著他們所簽訂的「五月花協定」（May Flower Compact），開始在新大陸建立新的社區。普利茅斯（Plymouth）地方的人民來自英國同名的南方海港；美國新英格蘭社區的人民有著很深厚的英格蘭傳統；而南方的新奧爾良（New Orleans）卻有著濃濃的法國風味；而來自日耳曼移民較多的辛辛那提（Cincinnati）、密爾瓦基（Milwaukee）等北部城市，卻有德國習俗的音樂風；威斯康辛州（Wisconsin）與明尼蘇達州（Minnesota）則有較多來自北歐勤勞的農民留下的堅強獨立、自給自足的精神（陳奇祿譯，1970）。

　　臺灣的社區人口遷徙史也有一段滄桑史。隨著1960年工業化啟動，農村人口開始向城市邊緣遷徙，以便進入製造業集中的城市外圍，使得大都市近郊的城鎮人口暴漲，例如：搭火車北上打天下的中南部移民集中在板橋，沿縱貫線北上的移民移居到三重，形成差異的移民社區；又隨著都市發展的空間限制，以及勞工有能力購屋而向外圍再擴張，而有1990年代新興城市的異軍突起，例如：汐止、蘆洲、土城、樹林，早年的稻田起大樓。這些新

興的都市集中了來自雲林、嘉義、彰化大量的移民，形成臺北縣（今新北市）的「出外人的新故鄉」的特色。相反地，這些中南部的臺灣農村，卻留下老人守著祖先開墾的土地不願離去，人口老化在臺灣就這樣不均地分布於城鄉間。而客從何處來，帶來的是家鄉的神明、腔調、風俗、習慣，甚至氣質。

人口組成也是另一個重要變數要考慮。性別、年齡、職業、婚姻、家庭結構、教育程度、族群，都是影響社區的重要因素。有些社區男多於女，造成男性娶不到老婆，只好引進越南媳婦或迎娶中國新娘；有些社區人口老化程度高；有些社區以高科技白領中產階級為主要居民，例如：新竹科學園區、內湖科學園區；有些社區離婚率或喪偶率高，例如：寡婦村；有些社區以眷村為特色，或緬甸、韓國僑民聚集形成緬甸街、韓國街；更特別的是因宗教信仰而形成的錫安山聚落。

每個社區的人民由於生長或移居於此，都會有一些生活所需，例如：交通、飲水、就業、醫療、教育等問題。而在擁擠的住宅區裡，最擔心的是停車、竊盜、噪音，以及學童的升學壓力問題。

社區居民如何來看待社區，決定了社區意識的強弱。我們不可能期待像五月花誓詞所傳承的共同工作、一起生活，新教徒們產生休戚與共的感覺——社區意識，一直延綿數百年；但是，社區人民如何看待自己的社區，決定了社區的發展前途。當人們不認識社區的歷史、山川河流、語言、文化，要期待他們愛惜社區土地、生態，是多麼困難的事。想要人們怎麼對待社區，要看社區帶給居民怎麼樣的社會化。

二、界定社區範圍——空間

進入社區再來要問的問題是：

1. 社區的範圍到哪裡？
2. 有待介入的範圍又有多大，住著多少人？
3. 社區範圍內的空間安排如何？

　　前已述及社區不一定有地理空間範圍，或範圍不一定明確，但是就地理社區而言，範圍應該是明確的。如果是街區組織，更應該有從哪一條街到哪一條街的範圍，鄰里（neighborhood）也是如此。例如：新北市新店區的「大臺北華城」、「花園新城」、臺北市士林區福志里一帶的「福林社區」、臺中縣市交界大度山上的「理想國」、臺北市的民生社區、萬芳社區、高雄市杉林區慈濟大愛園區、屏東禮納里永久屋部落等，都可以明確地指出社區範圍。

　　但是有些以地名爲社區組織命名的社區，並不特別在乎精確的地理範圍，例如：臺北市「溫州公園社區」、新北市「淡水社區工作室」、高雄市「美濃反水庫運動」、屏東縣「好茶反瑪家水庫運動」、新北市「貢寮反核四自救會」。這些社區行動組織有地理的介入點，但其地理範疇則較粗略或開放，容許認同者擴大參與，同時，也不必然能涵蓋地理疆界內的所有人民。

　　誠如前述地理（或地盤）是一個認同的區隔，有明確的地理範疇，有利於辨識在地與外來、利害相關與袖手旁觀或事不關己的差別。例如：在核能電廠、焚化爐、火葬場鄰近的居民有立即明顯的不安全感，外地人卻關心電源、垃圾處理、殯葬方便等議題。這也就是因地理範圍帶來的「鄰避效應」（Not In My Back Yard, NIMBY），不要在我家隔壁蓋垃圾場、焚化爐、核電廠、加油站、加氣站。甚至，有時候連社會住宅、長照機構、精神醫院都被討厭，顯示出友善社區仍然有待營造。但是，地理範疇的確關乎社區感、我們一夥（We-ness）的重要因素。

　　一個社區並非所有範圍內的居民都成爲某一特定事件的關係人。例如：要不要容許一家大型量販店在本社區成立，在該賣場周邊範圍內的社區居民會因噪音、停車、交通阻塞、廢棄物處理、排水、光害等問題而反對。但是，不在上述問題影響範圍內的居民，或因該賣場可能帶來附加價值的下游產業會因此而獲利，他們當然支持。社區組織工作者應將介入的範圍特定出來，並區別在此一區域內的人口群特性。

　　社區空間是另一個重要的概念。對於社區建築或造町（Machizukiri）

的專業規劃師（professional planner）來說，社區生活空間是社區之所以成為社區的命脈。社區空間包括範圍、建築風格、空間分布、開放性與封閉性、交通動線、樓層高度、植栽、水文、市集、住宅、土地利用、市招、街燈、排水、垃圾處理等，具體說來就是社區的實質環境規劃。但是，實質部門是為人所用，因此實質部門納入非實質的人文、性別、年齡、族群、階級、文化考量，已是當代社區建築的主流，才會有社區參與，或參與式設計、草根民主（grass-root democracy）的強調。社區居民有自己的空間想像，並實地參與社區空間的形構過程。

三、分析社區問題與需求

接著社區工作者要問：

1. 什麼是社區的主要社會問題？
2. 誰經歷這些社會問題的影響？
3. 有哪些資料可以協助界定社會問題？
4. 誰在蒐集這些資料？接下去會如何？

幾乎所有社區都有社會問題。既然稱社會問題，必然是集體或大多數人覺得該問題造成生活的負面影響，例如：貧窮、汙染、犯罪、精神疾病、人口老化、濫用藥物、酗酒、失業、種族歧視、性別歧視、傳染疾病、衛生條件不良、教育品質低落、社會疏離等。通常社會問題也必須經由集體力量才能解決。

並非所有社區居民對某種社會問題都有同樣的看法，例如：未婚者關心的不是托兒資源缺乏，而是結婚對象的有無與就業穩定；沒有子女在學的家庭無法理解108課綱的爭論點；富有人家也不太容易理解為何有人沒飯吃，才會有「富人因勤勞而富有，窮人因懶惰而貧窮」之說。因此，要了解社會問題必須找到利害關係人，唯有受到該問題影響的人們最能了解問題之所在。所謂「不知民間疾苦」，就是指那些從冷氣房、象牙塔、雙B車、高級住宅區、權力中心等位置來看社區生活的人，忘了或根本不知道還有很多

人苦於交通阻塞、恐懼於治安敗壞、奔波於三餐不繼、憂心於托兒顧老。所以，要界定社區的社會問題，一定要先問受害者是誰？如何受害？

社區的社會問題或人類需求，有些只有當事人覺得有需求改善或想要滿足，稱為感覺的需求（felt need）；有些是被表達出來，且尋求解決，稱為表達的需求（expressed need）；有些是因為看到或聽到別的地方有此服務或作法，才發現本社區也應有同樣的需求，稱為比較的需求（comparative need）。這種需求最常見於都會區與鄉村間、漢人社區與原住民部落間；國內的人民需求也常因資訊或出國旅遊而比較出不足。當然，有些情況是人民自己沒發覺或學到容忍，不知道可以有此需求或確定那就是問題，例如：職場性騷擾、勞動條件差、營養不良等。此時專家、行政人員依專業或科學技術加以界定的需求，稱為規範的需求（normative need）（Bradshaw, 1972）。

要描繪社區問題或需求，有一些方法，稱為社區需求評估（community need assessment）：

（一）訪問（interview）

透過面對面或電話來了解當事人對社區問題或需求的看法，可以採結構式或非結構式的訪談。前者是非正式的談話（informal conversational interviews），後者是有綱要的訪談（interview guide approach），甚至是標準化的開放式訪談（standardized open-ended interviews），端視訪談綱要精密到什麼程度，其幾乎是沒有選項的問卷。

（二）問卷調查（survey）

採用問卷（questionnaires）作為蒐集資料的工具以了解社會現象或需求，方式有三種，一是自填問卷，二是訪談問卷，三是電話調查。第一種通常透過郵寄（mailings）問卷來進行，由受訪者自填（self-administered）問卷。訪談問卷是由訪員拿著問卷到受訪者處逐題訪問，並由訪員填寫問卷。電話調查，顧名思義是由電話作為訪談的橋梁，受訪者在電話中回答問卷，

訪員在電話的另一頭訪問並填答，通常問卷被輸入電腦，以利訪員問答，稱爲電腦協助電話訪問（computer-assisted telephone interviewing, CATI）。國內外民意調查都採用此法。由於網路發達，網路問卷也成爲某些意見、行銷的資料蒐集工具。

（三）實地觀察（field observation）

分爲參與觀察（participant observation）與非參與觀察。前者又依參與程度可分爲完全參與（complete participant）、參與兼觀察（participant-as-observer）、觀察兼參與（observer-as-participant），而後者純粹是個觀察者（complete observer）。如果你是社區成員，就很難純粹只進行觀察；反之，如果你是外人，也很難完全參與。而社區組織工作者大概都是觀察與參與並兼。

（四）次級資料（secondary data）

又稱二手資料，亦即非由你本人蒐集到的統計資料。通常就既有的統計資料檔（data archives）中去摘取所須資料來再分析。

（五）社會指標（social indicators）

是指將各種既存統計資料，選取足以呈現社會整體現象的項目，編製成長期累積的表格與圖形，以利比較時期變動的趨勢的一種統計報告。通常用來完整呈現社會現象的指標統計，包括人口與家庭、所得與分配、勞動、治安與公安、教育、文化、衛生、福利、環保等。常見的社會指標有生活素質指標、社會福利指標、社會發展指標等。

（六）服務統計（service statistics）

是指各公共服務機構所蒐集到的資料，例如：社會福利機構的個案統計、學校的輔導紀錄與統計等，也可以看出社區的問題所在。

（七）會議（meetings）

開會未嘗不是一個蒐集社區意見的技術，例如：社區發展協會、里民大會、公聽會、學校的親師座談會等，都是社區中常見的會議。更專業的會議方式是名目團體技術（Nominal Group Techniques）（Delbecq, Van de Ven, & Gustafson, 1975），是一種理念蒐集、解決問題與集體判斷的結構性集會技術。其作法是邀請20-30位參與者，代表不同的觀點來參加決策，依下列程序進行：

1. **靜默寫出理念：**

(1)由主持人將參與者隨機分爲每6到7人一小組。

(2)每一小組圍在一討論桌旁。

(3)由助理人員提供筆、紙。

(4)針對特定議題，各自靜默寫出看法，不可討論，不可傳閱，且儘量利用簡潔字句，時間不宜太長（約5分鐘）。例如：社區當前最迫切需要解決的問題是什麼？

2. **輪流登錄理念：**每一小組成員將自己所寫的理念唸出來，由助理將之依序登錄在一個大的紀錄板（或紙）上，記錄速度要快，且儘量使用團體成員原有的字眼。重複者略去，以免浪費版面。

3. **討論與澄清：**團體成員共同來討論每一個理念，但是，避免置焦在特殊的概念上。同時澄清概念與消除誤解。

4. **投票決定項目的重要順序：**經由討論與澄清後，各理念已較清晰，其重要性也已明朗，接著由成員來進行初步投票，決定每一理念項目的重要性。

5. **討論投票結果：**將投票結果前幾項再加以討論。成員可以再澄清理念的內涵、項目的關係等。

6. **最後決定：**再討論後，進行最後一輪投票，產生最後的團體決策，將之記錄下來，作爲計畫依據。

社區問題或需求資料蒐集完整後，可用圖示法（mapping）將之製成圖

表，例如：犯罪斑點圖、人口成長趨勢圖、社會資源分布圖等，以利閱讀。晚近利用地理資訊系統（Geographic Information System, GIS）可以有效地呈現社會需求與資源分布。

四、了解主流價值（dominant values）

在此社區工作者要問：

1. 社區的文化、意識形態、傳統、信仰是什麼？
2. 哪些價值主導社區居民的生活？
3. 哪些次團體支持這些價值，哪些反對？
4. 發生過價值衝突嗎？結果如何？

社區價值是指被社區居民所強烈信守的信念，並表現在行為上，例如：衣著風格、宗教儀式、生產分配方式、風俗習慣。在越開放的社區裡，越不容易看到有所謂社區主流價值。反之，在越封閉的社區中，仍然有著強烈的社區價值存在。例如：高雄市那瑪夏區南沙魯的錫安山的住民有共產互助的經濟生活型態，且注重環保與自然；臺灣原住民遷徙都市後也習慣保有群居、延續頭目制、愛歌唱的傳統。

但是，並非所有社區居民都有相同的價值。某些社區中，還是存在著少數價值（minor values）。信守少數或次價值的次團體往往成為社區中被壓迫的一群，例如：萬華龍山寺、臺北火車站一帶的遊民（homeless）。因不同的社區價值而產生價值衝突的可能永遠存在，嚴重的甚至出現流血衝突。

五、認識社區潛在或正式的壓迫機制與歧視

壓迫是指對團體或個人嚴格限制的社會行動。通常壓迫者來自政府、權勢者、強勢者或多數。壓迫的本質是不能容忍差異，而社區中難免都存在著某些差異。因此社區工作者要進一步問：

1. 社區居民的差異何在？
2. 社區居民如何看待差異？

3.壓迫與歧視在社區中正進行著嗎？

4.壓迫與歧視的結果如何？

最常見的社區差異是語言、宗教信仰、政治取向、年齡、性別、性傾向、職業、教育、階級、族群、生活態度。在美國，少數族群居住區（ghetto）與西班牙裔居住區（barrio）是最能表現族群差異的代表，也反映了美國種族主義（racism）的陰魂不散，來自社區外的壓迫是迫使這些族群集居的原因之一。中國城也有這個意涵。而零星的族裔人群被迫進入或因謀生存而移入主流族群社區，常是社區內被壓迫的對象，例如：東南亞難民進入某些美國白人社區中。

同性戀者也常是異性戀主張的社區犧牲者，同志恐懼症（homophobia）仍然是大多數社區的非理性恐懼。年齡主義（ageism）是另一種常見的壓迫，對老年人不敬、排擠、厭惡，也是很多社區的共同毛病。雖說「家有一老，如有一寶」，但是，把老人當負擔、老不死、老不修、待回收的大型廢棄物的大有人在。

歧視（discrimination）有個別的，也有制度性的。社區中的鄰里相互排斥、瞧不起，可能是個人的價值使然；但是如果利用集體力量、法律、規則來限制某些人的行爲，就是制度性歧視。例如：懷孕條款就是一種制度性的就業歧視；外表規定（如身高、身材、美貌）也是一種制度性歧視。智能障礙者、精神疾病、人類免疫缺陷病毒（Human Immunodeficiency Virus, HIV）感染者也常是被社區歧視的高風險群。

六、認定權力結構

在分析社區權力結構之前，先區辨二個基本概念：權力（power）與影響力（influence）。權力是指抽象的能量，具有影響事件發生的進程的潛力；影響力是指具體可運作的能量，足以確實改變特定行動的進程（Martinez-Brawley, 1990）。據此，有權力的行動者是有潛在力量產生影響力的人，但有影響力的人才是眞正產生對人事物的影響。而領袖（導）是指能動

員他人加入團體而產生影響力的人。有時以上三者是同一個人，但有影響力的人不必然手上擁有權力，也不一定是領袖。例如：教改團體對教育發展有相當的影響力，環保團體對環境議題也有決定權，但他們都不具有法定權力。在政治運作過程中，有時「夫人」的影響力比誰都大；得寵的祕書的影響力往往也不亞於在位者。而領袖也不一定是站在檯面的正式領袖（formal leader），也可能是在幕後的非正式領袖（informal leader），所謂實力派的地方大老，往往才是真正的決策者。

據此，社區工作者要分析以下幾個課題：

1. 誰是社區中的有權力者、影響人物（夠力的人），以及領袖？

2. 這些人物的關係如何？結盟、對抗、互不侵犯？

3. 他們可以動員的人力、物力、影響力有多大範圍？

4. 當權派的人物是誰？誰有意圖改變社區權力結構？可能性有多高？

基本上，要了解社區的權力結構可以透過以下三個途徑（Martinez-Brawley, 1990）：

1. **聲望途徑**（reputational approach）：假設聲望高的人較具有影響力。依杭特（Hunter, 1953）的社區權力結構研究，小鎮中的商人與專業人士是較有聲望的人，也較有影響力，通常他們是社區的菁英。

2. **職位途徑**（positional approach）：認為占有重要職位的人，例如：市長、銀行老闆等，一定擁有較大的權力。在職位途徑中很重要的概念是關鍵職位（key position），在社區中的關鍵職位包括里長、企業老闆、民間社團負責人、校長、民意代表、草根領導者等。

3. **決策途徑**（decisional approach）：假設每一個社區都存在著多元主義的結構，擁有權力指的是能參與決策，例如：在社區事務上或議題上有參與權，就會有影響力。誰參與社區議題的決策呢？選民、委員會、媒體、民意代表等。

就實務經驗而言，社區的權力結構分析不可能只靠聲望來判斷，有些人社會有聲望，基層無實力；也不可能只靠位置來推定誰有權力，有些人職位是別人給的，權力早被架空。當然也不是所有參與者都有同樣的影響力，除

非公民投票。大多數社區還是靠少數人決策，例如：社區發展協會、大廈管理委員會等。

七、決定可用的資源

史佩特（Specht & Specht, 1986）將社區資源歸為六類：愛、地位、資訊、錢、物資、服務。一般來說，較完整的資源分類為人力、金錢、物資、設施、資訊、關係。社區工作者要問：

1. 社區的主要財源哪裡來？
2. 社區可用的人力有哪些（包括專業水準、人數、能量、多元化）？
3. 社區可募到多少物資，例如：食物、飲料、衣服、炊具、帳蓬、桌椅、房舍、電源等？
4. 社區有哪些機構、設施、服務提供，例如：公園、游泳池、醫院、教堂、社會福利機構、學校、超商？
5. 社區的資訊來源通暢嗎？正確性如何？
6. 社區與其他單位的關係如何？社區是孤立的嗎？社區中有人與大人物關係很好嗎？社區的媒體關係如何？

社區資源有潛在的、未被開發的；也有實存的、已被募集的。社區資源不只是被發掘，也要被利用、善用、滋養，也就是只開發出一大堆資源，卻不用它，資源會廢棄、萎縮，或自然耗損、折舊、浪費掉。但是濫用資源，或過度動員資源，也會使資源枯竭；殺雞取卵式地剝削資源，最為忌諱。最佳的資源利用模式是永續發展，讓資源可以再生，例如：訓練、維護、休養、積累等，都可使資源不至於馬上枯竭。

社區工作者應將社區資源列出一張清單，並註明動員的幅度、可靠度，例如：某某董事長最高可捐多少錢（屬哪一級捐款人）、支票是否按時兌現、有無附帶條件、誰是中介者等。

有些社區資源匱乏，有些豐富。資源匱乏的社區應積極引進外部資源，否則較難自我維持。社區資源分配不均也是當今全球社區的困境，富裕

地區的人力、設備、財力、物資、資訊、關係都遠比貧困地區好，形成發展上重城市輕鄉村，重北輕南現象。

第四節　社區變遷的模式與策略

　　以社區為對象的社會工作目標是藉由社區人民參與來改造社區，使社區變得更好。其所採行的變遷模式與策略就會因社區的特質、改善的目標、居民的角色、專業工作者的角色、權力結構等變數，而有不同的途徑與策略產生。

　　最早將社區組織的不同模式加以整理的學者應屬樓斯曼（Rothman, 1968），他將當時美國社區組織實務界已普遍流行的三種模式，加以界定為A、B、C三種，模式A為地方發展（locality development），模式B為社會計畫（social planning），模式C為社會行動（social action）。晚近，克里斯汀生與羅賓森（Christenson & Robinson, 1989）將《社區發展學刊》（*the Journal of Community Development*）歷年來所發表的論文中，有關社區發展的議題，也加以分類為三種不同的觀點：自助（self-help）、技術援助（technical assistance）、衝突（conflict）。這兩種說法本質上是互通的，在本節稍後討論時將交互援引。稍後，魏爾與甘博（Weil & Gamble, 1995）將上述三個模式加以細分為八個：鄰里與社區組織、組織功能性社區、社區社會與經濟發展、社會計畫、方案發展與社區連結、政治與社會行動、結盟、社會運動。這八個模型不出前述三個模型的架構，過於細分以後，反而使其間區隔難以辨識，例如：政治與社會行動、結盟、社會運動三個模式只是策略上有些微差異，但是共通性頗多，在前述的社會行動模式或衝突模式均可涵蓋。本節仍然以普遍被社會工作界採用的三個模式來比較分析，並討論其策略。

　　首先，本文將樓斯曼的三個社區組織模式加以表列如下表12-1。再結合

克里斯汀生與羅賓森的三個社區發展模式來說明。

表12-1　社區組織實務的三個模型比較

	地方發展	社會計畫	社會行動
1. 社區行動的目標	自助、社區能量與整合（過程目標）。	實質社區問題的解決（任務目標）。	權力關係與資源的改變、基礎制度的變遷（任務與過程目標）。
2. 社區結構與問題條件的假設	社區衰敗、失序、缺少關係與民主解決問題的能量，屬靜態傳統的社區。	存在實質的社會問題：心理與身體健康、住宅、休閒。	弱勢人口、社會不正義、剝奪、不均。
3. 基本變遷策略	各方人士涉入決定與解決他們自己的社區問題。	依最理性的行動程序來蒐集有關問題與決策的事實資料。	議題具體化，組織人民採取行動對抗敵對標的。
4. 變遷策略與技術的特性	共識：社區團體與利益的溝通、團體討論。	共識或衝突。	衝突或抗爭：面質、直接行動、協商。
5. 實務工作者明顯的角色	使能者——觸媒、協調者、問題解決技巧與倫理價值的教導者。	事實調查與分析家、方案執行者、催化者。	行動家——倡導者、策動者、中間人、協商者、黨羽。
6. 變遷的仲介	小型任務取向團體的操盤。	正式組織與資料的操弄。	大眾組織與政治過程的操作。
7. 權力結構的導向	權力結構的成員在共同冒險中是合作者。	權力結構是雇主與受僱者的關係。	權力結構是行動的外部標的，壓迫者將被施壓或推翻。
8. 社區案主體系或居民的界限範定	整個地理社區。	整個社區或社區的一部分（包括功能社區）。	社區的部分。
9. 關於社區次部門的利益假設	共同利益或可調解的差異。	利益可調解或衝突。	不易調解的衝突利益、稀少資源。
10. 公共利益的概念	理性主義者。	理想主義者。	現實主義—個人主義。

	地方發展	社會計畫	社會行動
11.案主群體或居民的概念	市民。	消費者。	犧牲者。
12.案主角色的概念	互動的問題解決過程中的參與者。	消費者或受益人。	雇主、選民、成員。
13.機構型態	睦鄰之家、海外社區發展：和平工作團、友善服務委員會。	福利委員會、都市計畫委員會、聯邦機關。	公民權、黑權、新左派、福利權、社會運動團體、工會。
14.實務位置	鄉村工作者、鄰里工作者、社區發展團隊顧問、農業推廣工作者。	計畫部門主管、規劃師。	地方組織者。
15.相近專案	成人教育家、非臨床團體工作者、團體動力專家、農業推廣專家。	人口專家、社會調查專家、公共行政人員、醫療規劃專家。	勞工組織者、公民權力工作者、福利權組織者。

資料來源：Rothman (1968). *The Models of Community Organization Practice*.

壹 地方發展或自助模式

　　自助是假設人民有能力、有意願，且應該合作來解決社區的問題，而解決問題的關鍵在於建立強有力的社區感與合作的基礎。沒有自助，社區只不過是一個地方、組織或利益團體，但缺乏有效的行動。簡言之，自助是一種社區建立（community building）的策略。

一、發展社區與社區的發展

　　地方發展有時被等同於社區發展（蘇景輝，2009；Garvin & Tropman, 1998），因為地方發展所強調的自助、自決、自主與民主，正是社區發展所主張的精神。地方發展強調兩方面：(1)期待產生人民生活實質條件、設

備、服務的進步；(2)強調過程的重要性，進一步為了促進社區的發展。前者是目的，也就是社區所欲達成的經濟、教育、農業、文化、衛生、環境、社會福利等實質的改善，用西方的概念稱為發展社區（development in community）。後者是過程，是指找到如何發展社區的力量，西方人稱之為社區的發展（development of the community）（Littrell & Hobbs, 1989）。兩者的差別至為明顯，前者是發展什麼（what），後者是如何（how）發展。如果只有物質的進步，很容易造成依賴，唯有增強居民的力道，才能產生持久促進社區生活品質與服務的強有力感，也就是社區自助的意識。當社區的自助意識低落時，強加各種發展，都將因為缺乏持續性而失敗。因此，地方發展的本質是過程重於目的。換句話說，過程本身就是目的，當過程被強化時，自然就可實現實質社區改善的目標。所以說，一個已發展的社區（developed community）不只是看眼前有多少實質的建設，也要看被充權的人民（empowered people），而後者重於前者。亦即，社區充權反映在社區能量建構（community capacity building）上，包括：參與、領導、組織結構、問題評估、資源動員、提問、連結、外部媒介的角色界定，以及方案管理等九個面向，都是社區居民要發展社區所必須培養的能力（Clay, Madden, & Potts, 2007）。

二、自助發展的策略

（一）引發不滿

社區人民缺乏問題意識，根本不可能有改變的念頭。如果一個社區已腐敗髒亂，但是人民甘之如飴，是不可能產生改變的動力的。事實上，當前社會有許多社區已衰敗破落、失序、冷漠、疏離。但是，人民積習已深，或是縱然有不滿，也還不夠普及或強烈，少數人的不滿得不到共鳴，而徒生挫折，久而久之，也習以為常，社區持續衰敗。

唯有讓社區不滿檯面化，發出聲音，而且產生共同的感覺，才有可能引發人們正視自己社區的問題。當人們覺察到「我們的社區真的很爛」、「到

了該整頓的時候了」、「再不改善就快無藥可救了」，就表示社區變遷的希望燃起。尤其在臺灣這種忍耐性十足的社會裡，不見棺材不流淚，沒有看到別人的大樓垮掉，不會注意到自己的住家是否安全；沒有見到救護車進不了自家的窄巷，不會想到不該在巷弄裡並排停車。因此，不挑起人們強烈的危機意識，很難感動社區居民。

如何挑起問題意識呢？首先，找出事實資料，例如：有多少犯罪率？登革熱病媒指數多高？其次，援引例證，例如：林肯大郡倒塌、八掌溪事件[1]、論情西餐廳大火等社會關注的公共災害，來刺激社區居民，若不尋求改善，有可能成為林肯大郡第二。接著，散布不滿，用腳勤走宣傳，用嘴到處說服，把資料寄給大家，把不滿張貼在公告欄上，使社區的冷漠被融化，不滿之火被點燃。

（二）分析問題

人們雖有不滿，但是真正精確的不滿是什麼？社區工作者就得與人民一起進行問題分析。誰是主要（直接）受害者？誰是次要（間接）受害者？誰關心這件事？如何受害？嚴重程度如何？真正的問題是什麼？何時發生的？頻率如何？

例如：社區住戶的女兒被不明人士性侵害，直接受害者是這位少女，間接受害者是這個家庭。關心這事件的人包括家庭有女兒的住戶、單身女郎、社區熱心人士。這個問題是單一事件嗎？可能以前有案例，只是沒被通報而已。發生過幾次？是在白天還是夜晚？真正的問題可能不是性侵害而已，而是整個社區的治安亮起紅燈。

（三）界定目標

社區中可能發生諸多問題，社區組織工作者應引導人民選擇優先要處理

---

[1] 2000年7月22日發生於嘉義縣番路鄉，4位工人在暴漲的八掌溪工作，來不及逃難，又得不到救援，在眾目睽睽下被大水沖走死亡。

的問題，例如：治安問題先防止性侵害發生；教育問題先解決學童課後照顧的問題；經濟發展問題先解決果菜運銷的問題。選擇問題再轉換成社區變遷的目標，其原則如下：(1)越具體越好；(2)與人民生活有直接立即的影響；(3)解決之後的報償或利益大；(4)成功的可能性高；(5)社區居民可接受性高；(6)集體力量才能解決的。

（四）組織人民

　　一個人或幾個人抱怨，猶如狗吠火車；一群人抱怨，就成為人多勢眾。在現實生活中，我們也經常看到有理不一定能贏，但有力經常可以獲勝。有組織的人民也較可能吸引資源的投入，人越多，選票越多，關心的人士就越多，帶來的資源也越多。這也是為何道場、法會、直銷公司的大會上會見到那麼多政治人物的原因。資源越多，權力也越大；權力越大，決定資源分配的力量也越大，解決問題的能力也越大（陶蕃瀛譯，1996）。

　　即使如此，為何大多數社區人民不組織起來呢？其原因不外乎：(1)自認單憑個人力量無法解決問題；(2)怕被別人說成群結黨；(3)怕麻煩（怕開會）；(4)怕衝突；(5)怕拋頭露面，不習慣面對群眾；(6)怕扯上政治（去政治化，自命清高）；(7)怕白色恐怖；(8)心存僥倖（不會輪到我）；(9)自私。

　　可見組織人民並不是一件容易的事。組織人民最重要是建立關係，社會工作者是建立關係的高手。在社區組織過程中，謹守以下要領，才可能得心應手（Twelvetress, 1991）：

1. 不要輕易漏掉任何建立關係的機會。
2. 注意自己給他人的第一印象，要考慮文化的相容性。
3. 學習傾聽，警覺性高。
4. 創造機會接觸社區重要人士。
5. 付出才能收穫，讓別人覺得你有趣且有利。
6. 不要隨便相信某人所說的，最好多方打聽。
7. 不要馬上靠邊站，搞清楚再決定。
8. 從容易建立關係的人下手，例如：兒童、老人、學生。

建立關係後，要把人民組織起來，也不可太魯莽，務必注意下列要領：

1. 居民準備好要被聚集了嗎？還沒睡飽就被叫起床，心情一定不會好；還沒梳粧打扮好就要人家出門，不是約會的好策略。

2. 居民改變的意志夠強嗎？勉強他人改變的結果就是半途而廢。

3. 時機要抓準。要家庭主婦晚上出門開會很困難，要上班族白天開會也不簡單；電視在演連續劇八點檔，不是個開會的好時機；農忙或過年過節，都不是開會的時機。

4. 破冰的勇氣。勇敢地把人請出來，當大家都在等待時，有人採取行動，就會有人呼應。

5. 鼓勵非正式交往，滿足情感的需求。不要讓人民覺得來參加社區組織的活動，就是在開會辦事，應兼顧任務與情感的需求。

6. 要有後續活動。一次聚會絕不可能相知相惜，死心塌地；多幾次聚會，感情自然濃烈，才可能產生行動力。

（五）民主參與

雖說人多口雜，但人多也好辦事；不讓社區居民有參與的機會，就無法培養感情與產生共識。何況參與本身就是一種權利，也是學習，學習負起社區改變的責任。因此，要做到：

1. 開放機會給社區居民參與，包括參與決策與執行。

2. 開放討論空間，不要只讓居民投票表決，要讓他們知道為何表決？表決什麼？要為表決負責。

3. 鼓勵居民從他們能力所及的地方開始參與。不能因社區居民缺乏知識、經驗、能力、技巧、信心，就拒絕他們參與。

4. 協助居民克服參與的困擾，例如：鼓勵表達意見、同理他們的不熟練、支持他們的勇氣、接納可能的小錯誤。

5. 人人都一樣重要，別讓社區居民因為覺得自己不重要而打退堂鼓。雖然只有少數人是積極分子，但是，多數人才有力量，紅花也要配綠葉，讓綠葉不要被冷落是組織工作者的美學要求。

（六）培養草根領導人才

　　就地取材是地方發展的根本，人才的培育是地方發展的命脈；要讓社區發展可長可久，一定要積極培育人才。人才來自地方，感情如血濃，文化也能相容，自然對地方的愛也深，期許也高。這不是說外來人口就不會認同地方，只要有建構一個「在地人的好所在，出外人的新故鄉」的理想，出外人與在地人都是人才。但是，在地域觀念尚存的社會裡，草根人才的培育是帶動社區團結的力量。

　　草根領導者通常是社區中熱心、積極、人緣佳、孚眾望的人士，例如：教師、記者、農會幹部、里長、鄉鎮市民代表、社團幹部、民意代表的助理、商店老闆、家長會幹部等。只要給他們機會，人人都可以是社區領導者。

（七）行動是一種學習

　　聚焦在某一目標上，採取行動去改變它。採取行動前，要注意：
1. 人力足夠嗎？一起行動的有多少人，一定要夠達成任務。
2. 判斷採取行動的時機。準備好時，一鼓作氣；遲遲不採取行動，改變的意願會冷卻。
3. 不要野心太大，急於完成所有任務，手忙腳亂，徒生挫折。
4. 互相信心喊話。自助最可貴的是相互扶持，靠社區力量完成工作。
5. 評估可用資源有多少？可以支撐多少？後續向誰募集？
6. 預演可能的後果。成功後會成為什麼樣子？失敗了又會怎樣？居民承受得了嗎？如何善後？

　　要讓社區能自助，必須採以資產為基礎的社區發展（Asset-based Community Development），亦即社區能發展自己的產業，讓社區居民從「案主」轉變成為公民（citizens）（Mathie & Cunningham, 2003）。發展社區產業（community enterprise）就成為社區自助發展的有效策略。社區產業是指「以社區生活共同體為基礎所發展出來的產業。由社區團體根據地方上特有的文化傳統、環境風貌，創造具有社區特色的體驗活動、創意商品

或服務。著重地方自主性及獨特性，具有故事性、創意性、體驗性且富涵生命力，獲得消費者認同，創造在地就業及增進生活福祉的公共效益。」（中華民國社區營造學會，2006；李易駿，2008)。例如：社區觀光、特產、美食、文化創意、宗教藝術、手工藝、休閒農業、生態旅遊等地方「根經濟」（deep economy）。

自助被當代資本主義社會視為是一種美德，到處都在行銷自助的理念，幾乎達到意識形態化，誰不自助就會被當成依賴者。的確，自助很重要，雖然變遷的速度慢，卻最能持久，不自助在這個工商社會裡，頗難生存。然而，自助也有其限制：(1)過度強調地方發展，有可能與全國性發展或區域性發展衝突；(2)資源匱乏的社區只會越來越窮，連自助的能力都沒有，資源分配不均的情形將越來越嚴重；(3)受全球化的影響，外部市場與政治力量凌駕社區，使社區感消失，自助的力量越來越不足；(4)並非所有社區都有自由結社的權利，在集權社會裡，自助的可能性很低；(5)自助忽略了整體大社會結構的不利，反而促成不良結構的持續穩定。因為大家都自助，惡質的廣大結構得以繼續苟延殘喘，並非人類之福（Littrell & Hobbs, 1989）。

貳 社會計畫或技術援助模式

社會計畫模式的社區變遷是指社區中存在實質的社會問題，例如：住宅、心理健康、犯罪、貧窮、失業、公共衛生、汙染等問題，而需要專門的社會規劃師（social planner）來協助社區界定問題、評估需求、提供解決問題的技術與方法、評鑑執行成效。而這些規劃師通常是外聘專家，因此，又稱技術援助模式。社會計畫是一種有計畫的變遷（planned change），透過客觀分析各種情境，進行理性決策，產生最佳方案設計，加以有效執行，其間大量使用現代科技。理性決策的最高指導原則是正確的問題界定，引導正確的方案設計。基本上，外力援助是一種「知道怎麼做」（know how）的

引進，所以，並不表示社區完全失去自主性。

一、發展與非發展的技術援助

引進技術無非是爲解決社區問題。但是，解決社區問題的過程，可以是發展的（developmental），也可以是非發展的（non-developmental）（Fear, Gamm, & Fisher, 1989）。非發展的技術援助是立基於以下假設：

1. 某些人懂的東西是他人所不懂的。
2. 某些人決定潛在服務使用者需求何種協助。
3. 服務提供者與使用者間的關係可以建立。
4. 服務提供者負責提供，使用者接受服務。

非發展的技術援助猶如貝騰（Batten, 1973; Batten & Batten, 1975）所說的「直接的途徑」（directive approach），由社區發展機構決定人民需求什麼？或是人民應該擁有什麼？直接由該機構提供人力、設備、土地房舍、方案，來幫助社區解決問題、滿足需求或實現目標。

而發展的技術援助可以說是一種間接的途徑（nondirective approach），由技術提供者與居民共享計畫變遷過程的決策。也就是居民渴望專家協助，以促進地方社會、經濟、物理環境的改變，但雙方立基在一種同意的合作關係上來發展社區（徐震，1980）。如果只幫助社區解決問題，卻不教社區居民如何解決問題，這種問題解決方式難以持久，臺灣過去的社區發展不成功的主因即在於此。

發展與非發展的差別在於（Fear, Gamm, & Fisher, 1989）：

1. 誰的價值決定介入的過程？
2. 服務使用者有機會參與目標的抉擇嗎？
3. 在變遷過程中，標的人口群有被強化解決問題的能力嗎？
4. 技術使用者可從事的自我服務的活動範圍有多大？
5. 誰的問題在技術援助的過程中優先被強調？是技術提供者或服務使用者？

6.服務使用者有相對方案（alternatives）可選擇嗎？使用者有權選擇嗎？即使有，技術提供者有否協助提供資訊給使用者進行抉擇？

7.是否提出足以影響援助的不完整或曲解的資訊，或者只強調有利的資訊？技術提供者是否知道、了解，或向使用者溝通援助可能帶來的社會文化、經濟、環境與心理影響？

8.技術援助會創造出提供者與使用者間的依賴關係嗎？

所以，如果技術援助只是知識擁有者基於想要推廣其知識的知識誘發（knowledge-induced）導向，或技術擁有者基於有利可圖而來的利益誘發（profit-induced）導向，而非居民參與，都不是發展式的技術援助。在程度上，居民至少應是協同工作者，才可能構成發展式的技術援助。也就是說，對援助提供者來說，與居民一起工作（work with the people）的成分要多於爲居民工作（work for the people），才可能形成發展式的技術援助。而發展式的技術援助是社區發展所主張的。

有些社區發展專家認爲可從有無技術移轉（technology transfer）來決定發展與否？所謂技術移轉是提供援助者將其知識或技術傳授給使用者。固然，發展式的技術援助重視技術移轉，但是，有技術移轉並不代表是發展。因爲技術移轉有文化、社會、基層結構、資源的敏感性，不是什麼技術都可移轉給社區。有時，外力援助即使沒有技術移轉，只要居民有足夠的參與空間，就可以視爲發展式的技術援助。

二、技術援助的策略

技術援助的關係與決策依贊助（auspices）與推動（impetus）的程度差異而產生不同的情境。贊助關係又可分爲五種型態：立法、行政、教育、協力、諮詢。推動的方式又可分爲：強制、協商、社區發起等三者。立法贊助是指制定法律與撥款；行政贊助是掌控資源、知識與資訊；教育贊助是提供知識、技巧與結合教育與研究機構的能力；協力贊助是創造一種互惠的機制，以滿足使用者的特定目標或強化技術援助；諮詢贊助是提供顧問指導。

強制推動是由外來專家強力介入；協商推動是由外來專家與社區居民產生互惠共識；社區發起的推動是由社區體會到有需求，而主動提出引進外部技術來援助本社區。

本節依上述兩個面向加以組成矩陣，供讀者參考如下表12-2。從表中可以發現不同的贊助類型，可以提供的援助項目很多。而如前曾述及的發展與非發展的技術援助，在萬不得已下，盡可能由社區主動發起，再由專家與社區居民協商各種贊助項目，才可能眞正達成社區發展的目標。

表12-2 技術援助的型態

贊助＼推動	強制推動	協商推動	社區發起推動
立法贊助	政策、法律、方案、基金、結構變遷。	基金、人事。	
行政贊助	評鑑、管理指標、辦法。	方案、硬體、軟體、資訊、訓練、人事交流與訓練、管理系統。	
教育贊助		知識、技巧、研究、資訊、人事訓練。	
合力贊助		標準、資訊、研究、人事訓練。	人事交流、任務小組、知識交流、聯合資料系統（與其他社區一起）。
諮詢贊助			申請補助草擬、資料系統、管理系統（與其他社區一起）。

資料來源：Fear, Gamm, & Fisher (1989). p. 74.

如何才能操作一個有效的發展式技術援助呢？美國國際發展機構（U. S. Agency for International Development）訂出八個技術援助團隊領導者的指標：

1. 技術合乎資格。

2. 能完成複雜任務。

3. 具有理解與政治上的敏銳度，以面對人際關係與機構間關係的緊張。

4. 具有高雅、敏感與人際技巧。

5. 了解與接納達成目標的責任。

6. 在壓力下仍然堅定抗衡。

7. 能褪去自己的地位光環，以開放和自由地與社區分享成功的果實。

8. 能接受發展與制度建立的挑戰，而留給在地人技術與資源運作的空間。

這八項指標中，1、2、3是能力，4、5、6是道德，後二項則是發展取向的態度與作法。

即使有很好的技術援助團隊，若沒有選擇契合社區發展的技術，也很難讓技術移轉生根。發展並非從財貨供給開始，而是從人的教育、組織與訓練著手；從當下開始，而不是等待河清之日才開始；從簡單、便宜、小型的開始，而不是等有錢有閒才開始；從做中學習總比什麼都不做來得踏實。以下幾個指標是適當的、以社區為基礎、小型的技術援助策略適宜的選擇：

1. 使用勞力多於技術密集。

2. 使用者能自行管理。

3. 鼓勵地方創新。

4. 與地方價值與習慣相容。

5. 配合地方需求。

6. 地方能自給自足。

7. 就地取材（人力與物力）。

總之，技術援助不只是由技術提供者協助解決社區的實質問題，更重要的是把技術援助當成一種社區發展的過程。其中社區能量建構和社區意識的培養，至為關鍵。因此，技術援助與自助是可以相結合的，不見得是互斥的。引進技術來進行社區計畫的同時，也可同步考量地方發展所欲達成的自主發展；當然，地方發展過程中，也有引進技術來促成變遷的可能性。

參 社會行動或衝突模式

　　社區會有衝突是因某一方的權利、利益、特權等造成對他方的威脅。這些威脅通常是朝向限制或消除另一方接近某些資源或目標（Robinson, 1989）。事實上，社區衝突存在於社會中的每一個角落。由於價值、文化、利益、資源分配、信仰、生活目標等的差異，不同的人口群與團體會因不能共享社區發展目標，而產生衝突；特別是弱勢的一方受到強勢者的剝削而群起反抗，就產生社會行動。

　　基本上，社區衝突會受到文化的影響，但衝突絕非是一種文化模式，而是在特定時空內的具體事件發生的過程。也就是沒有永遠不會衝突的人口群，當社會中某些人做了某些足以威脅他人的行動時，不相容的情境就產生衝突；換句話說，也沒有一天到晚喜歡衝突的人口群，只要沒有被威脅，衝突不是常態。據此，衝突是可以管理的。人們不可能去管理他人的感覺、挫折、價值與目標，但是可以改變或運作控制他人的行為。如果人們能改變他人的行為方向，就表示人們可以重塑衝突的路線了。

一、社區衝突的運作

　　社區衝突可以是計畫性的衝突，也可以是非計畫性的。計畫性的衝突是指人們刻意使用衝突來改變社區現狀，其目的是為了社區更好。衝突也可能因利益分配不均而自然產生，弱勢的一方採取抗爭來防衛其利益。社區衝突沒有價值中立（value-free）的問題，會產生衝突就表示利益、資源、權利分配不均，任誰都會站在自己的一方來爭取；優勢者為了保有既得利益，弱勢者為了謀求更大的利益，各有所圖。

　　從圖12-1中可以看出，威脅性的行為發生，不論是因價值對立、目標不一致，或是政策主張不同，就會產生地盤的緊張。威脅性的行為是指一方企圖去阻擾、消除他方獲得利益或權利的機會，或是剝削他方的資源或權益。例如：不設身心障礙停車格，或身心障礙停車格老是被占用卻不拖吊，或是把垃圾掩埋場或棄土場設在水源區附近或本社區隔鄰。地盤的緊張不只是地

理的，可能涉及心理的與社會的。地盤緊張是地理、社會、心理被侵入、占據、剝奪、傷害而產生失衡狀態，於是產生抗爭、防衛、反攻的行動。衝突後產生新的平衡狀態。

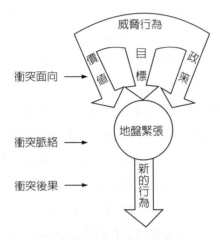

圖12-1　社區衝突的運作

資料來源：Robinson (1989). p.91.

衝突的基本前提是社會中的某一群體試圖極大化自身利益或權利，受害者不願臣服於這種狀態；因此，衝突的後果有利有弊。對社區中的個人來說，衝突的利益是：

1. 學習爭取或維護其權益。

2. 增加能量。

3. 產生創造力。

4. 改變現狀。

5. 成長。

衝突也帶來對個人的不利：

1. 挫折、無精打采。

2. 對價值、政策、目標的迷惑。

3. 生理、心理、社會的壓力。

4. 暴力行爲。

5. 力量的分散。

衝突對社區的團體而言，也有其利弊。利是：

1. 有助於定義議題。

2. 引導議題的解決。

3. 增強團體的凝聚力。

4. 引發團體間的結盟。

5. 保持對團體利益的警覺。

衝突帶給社區團體的弊是：

1. 痛苦。

2. 引發解體或流血。

3. 團體間的緊張。

4. 破壞常態的合作管道。

5. 分散團體成員對目標的注意力。

　　無論衝突對個人或團體的利弊如何，弱勢的一方如果不採取行動對抗強勢的一方，只好繼續維持弱勢，或更差的條件。但是，引發衝突是否會變得更好，端看衝突策略是否能成功。不過，的確有些弱勢的一方連聲稱自己需求的能力與技巧都沒有，也沒有時間、技術、動機去執行與維持有效的衝突方案；壓根兒，衝突不可能產生，或很快歸於平靜。

二、社區衝突的過程

　　引發社區衝突的原因有很多，例如：

1. 社區的異質性。

2. 既存的社區分裂。

3. 顯著且獨一無二的事件發生。

4. 領導者的無能、偏頗。

5. 社區不滿的情緒已到不可再壓抑的地步。

　　然而，社區衝突都會有約略相同的階段發生，如下圖12-2（Robinson, 1989）：

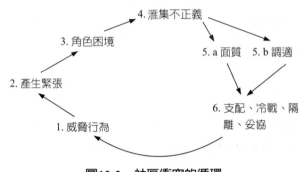

圖12-2　社區衝突的循環

資料來源：Robinson (1989). p. 96.

（一）產生威脅行為

　　如上所述，一方的利益、權利、特權受到威脅，其強度足以產生他方的不滿、不悅。

（二）出現緊張

　　當威脅的力道夠強時，有些社區成員會馬上進入緊張階段，有些則會延遲到相關資料足以判斷社區受到威脅時，才出現緊張。不管如何，緊張所帶來的恐懼往往比衝突事件本身來得嚴重；也就是說，衝突事件本身沒那麼可怕，但是威脅所帶來的恐懼卻往往很可怕。

（三）角色困境

　　緊張產生之後，社區居民或領袖會問：能期待什麼？我們同意哪一方？我們要挺哪一邊？如果資訊夠充足、情況夠明朗，選邊站的情形也會很明確；如果資訊還不明朗，社區居民會再試探，直到議題清楚為止。一旦居民選邊，社區出現兩極化，新的情勢出現，新的組織冒出新的領導者。

（四）匯集不正義

當居民選邊站之後，強烈的衝突感覺油然而生。所謂惱從心中起，恨從膽邊生，把對手極端化、妖魔化，開始叫陣、嘲諷，尋求在公眾面前占據有利的位置，所有的資訊與情緒都指向弱化對手為目的；反正，只要能找到不利於對手的資料，即使非理性的，也在所不惜。例如：陳年往事中那些負面的經驗統統出籠，欠了多少錢沒還啦！欺騙人家女兒的感情啦！隨地傾倒垃圾啦！關說舞弊啦！甚至把這些醜事公諸於世，召開記者會、發傳單、貼告示、上網傳給所有認識的人等。

這邊採這種作法，那廂也不會等著被修理，立即還以顏色。不正義的資訊越多，衝突越深化，負面行為也跟著越多，終於挑起對手破壞性的反應行為，陷入衝突的法則裡（Coleman, 1957）：

1. 傷害性與危險性因素驅策那些想保持有限衝突的人。
2. 魯莽與不受節制的領導者帶頭攻擊。
3. 暴力組織取代原來的溫和組織。
4. 汙蔑、激情的舉動取代討論。
5. 最後，輸贏與扳倒對手比解決問題來得更重要。

在日常生活中，小至男女朋友翻臉、學會會長選舉，大到環保團體抗爭、農民上街頭遊行，政黨集會抗爭，都可以看到衝突法則在運轉。

（五）面質或調適

當敵對的雙方視對手為死敵時，經由面質（confrontation）來解決衝突勢不可免，尤其是一方自信必勝或非打不可時。面質有可能釀成暴力、流血，以及財物、人員傷亡的經驗，加深了人們相信衝突是不好的印象。

有些衝突不會發展成為面質，而是直接進入調適（adjustment）階段。調適的結果有以下四者：

1. 支配（domination）

當一方具有優勢的社會、經濟、政治實力時，弱的一方會臣服於他。支

配只是暫時的調適，因爲弱的一方別無選擇，俟羽翼豐富，臥薪嘗膽後，遲早有一天會再啟抗爭，除非衝突因素化解。

2.冷戰（cold war）

當解決問題的方法不爲雙方接受時，冷戰成爲另一種暫時性調適。敵對雙方仍然用汙蔑、不當的手段相互攻訐，只是暫時不動干戈。冷戰發生於下列三種條件下：

(1) 雙方的實力相當。

(2) 任何改變的前提是雙方要放棄地盤與權力，會因而使社區沒面子。

(3) 任何一方都視改變爲一種嚴重的妥協。

冷戰如果由任何一方或外力加溫，都可能一觸即發爲熱戰（hot war）。

3.撤退或疏離（withdrawal or isolation）

當對手不想再爭下去時，特別是弱勢的一方暫時撤離，以免顏面無光（心理上的行刑）；或者弱勢的一方覺得硬要解決衝突不見得是好事，避開鋒芒以免解決的方法比暫時撤離來得差。疏離終非長久之計，弱黨於稍有力量後，會捲土重來，除非衝突因素已排除。

4.妥協（compromise）

妥協是較健康、正向功能的調適。妥協並非易事，需要重新界定地盤，包括：價值、目標、政策等。妥協可經由說服（直接或間接）、誘因、報償系統的協商或討價還價來達成相互讓步。爲了妥協，任何一方均須承諾對話，且開放式的溝通。妥協是需要花時間的，雙方均要有耐性。

三、衝突行動者的行爲模式

影響衝突結果的因素有很多，包括社區領導者的行爲特質、社區居民的態度、社區結構的特質、異議的程度、解決的可能性、外力援助的介入、仲裁者的出現，以及衝突的問題本身的性質。而其中影響最大的應是行動參與者的行爲特質。衝突事件的行動參與者通常有下列五種行爲：支

配者（dominator）、操控者（manipulator）、逃避者（avoider）、妥協者（compromiser）、調解者（mediator）；又每一種行為可依其特性歸類為彈性或僵硬、直接或間接，如下圖12-3。

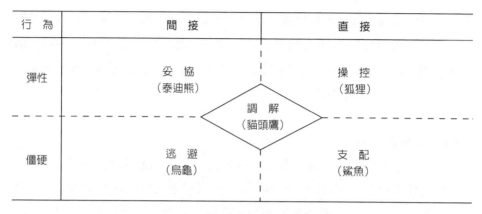

圖12-3 衝突行動者的行為型態

資料來源：Robinson (1989). p. 101; Johnson & Johnson (1997).

（一）支配者

採取向前衝的方式來面對衝突情境，並慣用直接說服來達到目的。他知道什麼是最好的解決問題的方法，也善用權力和權威；他不喜歡別人挑戰他。由於強力解決問題，因此不能持久。當被壓制的團體或個人實力增加，或被鼓舞，解決問題的方法會被挑戰，衝突再起。支配者的行為可以改變，但是江山易改本性難移。如果以姜生等人（Johnson & Johnson, 1997）的看法，這是屬於鯊魚型的人物，態度強硬，直接行動。

（二）操控者

操控者不像支配者那般有勇氣、強悍與權力，他們尊重權威，但除非經由罪惡感、憐憫，或者非這樣做不可，否則不會使用權威。操控者總是隨時等著要責怪他人，入人於罪。但是，他可以主動或被動操弄情境，不像支配

者般強硬。這一型的人像極了狐狸（Johnson & Johnson, 1997）。

（三）妥協者

最喜歡解決問題，但有時缺乏耐性、勇氣與技巧。他不喜歡爭論，也不會去評斷或嘲諷支配者與操控者的行為。為解決問題，不惜回饋或收買對方，有時也會討好對方個人的需求。妥協者也常忽略主要的衝突焦點，而轉移話題。這是一個善變、彈性與主動的人，像極了泰迪熊（Teddy bear）（Johnson & Johnson, 1997）。

（四）逃避者

這種人逃避攻擊，不喜歡衝突，推卸責任，常使衝突情境真空；延宕行動，使團體成員陷入認命的感覺中。他願臣服於他人的任性與期待中，被動且不敢直接任事，是一個無效的衝突管理者，很像一隻縮頭烏龜（Johnson & Johnson, 1997）。

（五）調解者

善於使用溝通與間接說服，必要時也使用權威與權力，他的權力來自信任、客觀與公正。他會很有耐性地與他人對話，既不獨裁也不強迫他人接受意見。他的行為很具彈性，但是，擇善固執，強調正當、公平的遊戲規則。這種人經常是第三者，雙方都可接受的貓頭鷹（Johnson & Johnson, 1997）。

四、社區衝突的策略與倫理

社區衝突途徑的最佳詮釋者是芝加哥的衝突學派，其代表人物是阿林斯基（Saul Alinsky）。這位從研究芝加哥的犯罪幫派起家的群眾組織者，在爭取公民權利的社會行動上已成為貧民運動、黑人運動的典範。他的阿林斯基概念（Alinsky concepts）為群眾運動中普受討論的話題。其兩本大作《基變的號角》（*Reveille for Radical*）（1969）與《反叛手冊》（*Rules for*

Radicals）（1972）成爲處理社區衝突的經典。本段將大量採借阿林斯基的概念，處理社區行動的策略與倫理。

（一）評估社區領袖

從事社區行動的人進入社區的第一件事是評估在地的領導者。衝突的領導者必須是有能力觀察社區的現況，也能看到社區的未來；同時，他的願景必須是務實、可溝通的。此外，他也必須是有勇有謀、熱忱、認眞的。

衝突領導者要能把個人集合起來，成爲一個團隊，並依能力專長分工，有人扮演發言人的角色，有人擔任日常事務組織的工作。領導者不論扮演何種角色，都應保證能在最適合的時間、場合結合資源，做最合適的動作。

（二）分析社區權力結構

權力是社會行動的核心概念，既是爭取的目標，也是行動的根基。缺乏權力的人靠社會行動來爭取權力，爭取權力的過程先要善於運用社區的權力結構。社區權力結構是社區政治生活的反映，越依靠民主選舉制度來產生正式權力的社區，其權力結構越分散。

（三）分析地盤與情境

知己知彼，百戰百勝。社區衝突的領導者務必了解社區的人民、團體、組織，以及其痛苦、衝突與共識點。同時，認識地盤的內涵，例如：地理疆界、心理結、社會關係、組織互賴等。

（四）激發異議到發出不平之鳴

問題之所以存在，不在於問題本身已存在，而在於人民認定它是問題。也就是說，很多社區問題其實早已存在，但是人民習以爲常，不認爲那是問題。例如：弱勢者不覺得資源分配不均是造成弱勢的原因，而認爲是命不好、八字太輕才成不了大事業。在當代社會中，有許多人的生活是

在一種傅柯（Faucault, 1973）筆下的互賴關係中生存。這種互賴關係不只是《瘋顛與文明》（*Madness and Civilization*）中的病患與治療師，還包括「案主」與社會工作者、學生與教師、消費者與生產者、勞工與雇主、妻與夫、人民與政府。如果不去覺察這種互賴關係的權力本質，很難期待依賴者會有不平之鳴；何況，其間還有優勢者在執行所謂的「精緻形式的控制」（Chambon, Irving, & Epstein, 1999），或是形塑葛蘭（Garland, 2001）所說的控制文化（culture of control）。

　　把人民集結在一起，讓不滿發聲，觸動其自覺，分享其挫折，鼓勵大家形成共識。對窮人來說，權力就靠數量，人多勢眾，聲音大也是一種有效的面質工具。但是，難題出在如何克服學來的無助感（learned helplessness）、疏離感（alienation）、汙名（stigma）、無力感（powerlessness）等現象，是社區行動者的罩門。

（五）界定問題

　　社會行動要有效，必須集中焦點於單一議題上；散彈打鳥，很難打中，而且成本太高。聚焦於一個議題上，是指直搗問題核心，即問題的成因，而非問題的症狀或解決辦法。對手慣用的手法之一就是模糊焦點，例如：把法律事件政治化、轉移焦點等，社區行動者不可不察。

（六）組織、組織、再組織

　　任何社會行動者都相信：「有權力的人正是最懂得組織結社的人。」（Kahn, 1991；陶蕃瀛譯，1996）在現實社會裡，金錢本身並不能直接運作權力，所謂「有錢可使鬼推磨」，其間的中介是組織力量，有錢人透過參與結社，主導社團或政黨，而擁有真正的實力。君不見許多有錢人賺到錢之後，開始加入青商會、扶輪社、獅子會、俱樂部、工商會、政黨等，取得集體力量的主導權，才真正展現影響力。當代網絡權力（network power）的形成即是積極追求金權的人們透過加入高爾夫球俱樂部、品酒俱樂部、企業管理在職專班（EMBA）等上流社會身分，接近資源，形成富人網絡。

窮人或勞工、升斗小民更是要靠組織力量才有影響力。而窮人或弱勢者的組織要有效能，非靠參與不可，越多人參與越好。弱勢者不熟悉如何參與，要充權他們，不要給他們太沉重的壓力，小型、分權、非正式化是弱勢者參與的基本法則。

（七）示範權力的價值

權力結構之外的人很難使人相信他們有能力改變什麼。弱勢的人既沒錢，也沒影響力，當然就沒有權力，但是，阿林斯基認為他們有的是人數。可是，大多數弱者不大相信人多就有權力，因此，社會行動者要讓人民覺得自己有權力，領會權力的滋味。阿林斯基在其《反叛手冊》中指出，權力鬥爭的策略有以下原則（Alinsky, 1972: 127-30）：

1. 權力不只是你確實擁有多少，而且也包括對手認為你有多少。
2. 絕不要逾越群眾的經驗之外。
3. 盡其可能超越對手經驗之外。
4. 讓對手活在他們自己的兵法裡。
5. 嘲諷是人們最有力的武器。
6. 好的策略是你的人民所欣賞的。
7. 策略拖得太久就變成一種牽絆。
8. 保持施壓。
9. 威脅通常比事件本身更可怕。
10. 策略的首要前提是發展一種維持持續施壓給對手的行動。
11. 迫使一種負向的行為夠緊、夠深，它將從另一面破裂，也就是別弄巧成拙。
12. 成功的攻擊要準備一套建設性的替代方案。
13. 挑選目標，鎖定它，個別化它，把它逼向極端。

（八）不要直搗權力結構

兩軍交鋒，弱者直搗敵營主力，必敗；社區衝突亦然。弱勢一方應避免

攖其鋒芒，迂迴至敵營後方，或分散敵營，個個擊破，旁敲側擊才是上策。

（九）要務實，可妥協

社會行動者不要變成自己的拐馬腳，做球不成反而把球打出界外。一定要掌握住目標的優先順序，忘了主目標在哪裡而輕率盲動，將不戰而敗。任何次要動作的產生都以完成主目標爲依歸，別節外生枝或將手段與目標錯置。阿林斯基在其〈論手段與目的〉一文中提醒目的與手段有其矛盾性，不可不察。爲了目的就可以不擇手段嗎？目的正當就表示所有達成該目的的手段都正當嗎？誰決定目的是否正當？這些提問一直困擾著社會行動者。據此，阿林斯基提出目的與手段的倫理原則如下（Alinsky, 1972）：

1. 只有當人們旁觀時，才會要求手段與目的的道德化。
2. 站在什麼政治位置上，就會怎麼來判斷手段與目的的倫理。
3. 在交戰中，目的證明任何手段。
4. 判斷必須立基於事發時的情況，而非事前或事後。
5. 隨著手段可用的數量的增加，倫理的考量也要增加；反之亦然。
6. 目的相對越重要，越要考慮手段選擇的倫理。
7. 成敗影響倫理的考量，成者爲王，敗者爲寇。事不能成，越需要考量手段的倫理。
8. 手段的道德性決定於此一手段是否被用在即將勝利或失敗的關鍵時刻；亦即爲了成敗關頭，使出不道德的手段，較不被質疑。
9. 任何手段如果有效，都會被對手判定爲不合乎倫理。
10. 依你的實力，做你能做的，然後用道德外衣包裝它。
11. 目的要用可敬的詞彙書寫。

（十）發展持久的組織結構

有效的社區組織是當社會行動者離開之後，仍然可以自行運作。爲了達成目標，組織的結構必須朝下列三個方向發展：

1. 避免因目標達成而使權力結構不穩。

2. 避免因未依計畫行事而導致劣幣驅逐良幣。

3. 不因變遷媒介不在而團體停擺。

據此，培養社區行動的幼苗也是社區行動之所以持續的重要支柱。

（十一）再出發

一旦首要目標達成，居民應進一步評估是否有其他改變的必要，以促使社區更進步。變遷媒介應協助草根領導者評估社區需求，並把工作交給草根領導者去執行，培養草根領導者執行社會行動的信心與能力。

五、社區衝突管理

社區衝突可以被操作，當然也可以預防。避免社區衝突的時機是在角色困境時，等到不正義集結時才想到要避免，爲時已晚；不過，並非毫無機會，只是成本較高。社區衝突管理可以從兩方面下手，一是預防，二是調解（Robinson, 1989）。

（一）化解社區衝突

1.分化衝突

其手段有二：

(1)消除可能被提出的議題。先發制人，將抗爭者覺得有疑議的議題先行解決掉，例如：公開事實、主動提出解決辦法等。

(2)把議題片斷化，例如：將主議題分散爲若干小議題，以降低社會震撼。如果要掃蕩檳榔西施，可能引發大規模抗爭，不如將議題打散爲有妨礙交通之虞者先清除；有違反社會秩序者（例如：穿著暴露三點）也列入取締；僱用未成年少女，特別是童工、中輟生，也列入第一波掃蕩目標。如此一來，議題被分散成爲三種不同的子議題，反彈的力道就降低，抗爭的可能性也降低。

2.拔擢領袖

將涉入衝突的領導者調整其位置,其手段有二:

(1)將對手的領導者納入權力核心,分享權力。

(2)將對手的代表人請進事件調查小組,例如:研究委員會、審議小組
等,讓衝突議題過程公開。

3.聘用外來專家仲裁

引進知名度較高的專家來把反對者的聲望壓下去,這些外來專家必須是
社會各界都能尊重的人,不一定是有亮麗的學位、知識或資訊,通常是英雄
人物、影星、體育健將、媒體名人、政治大老、社會名流等。

4.執行教育方案

有些衝突是因為人民不了解或溝通不良所致,例如:垃圾焚化爐、古蹟
保護、工業區開發、教育改革、身心障礙機構等。因此,開辦一些課程,引
導人民了解特定議題與政策,有助促進溝通。教育方案儘量放在知識、資訊
上,而非價值改造,因為價值變遷較緩慢。有效化解衝突的教育方案應是具
知性的、真實的、客觀的、公平的,而不是強加說服或收買人心的。

一旦衝突不可免,尋求調解也是辦法,作為一位有效的調解人應具備一
些條件與能力。

(二)調解社區衝突

1.調解人對衝突的基本假設

(1)衝突存在於生活的每一個角落,但是可以管理。

(2)誰對誰順服都不是絕對必要的。

(3)衝突的情境很少是無助的。

(4)任何一方的任何動作都將影響他方。

(5)任何一方都有一些誠意。

(6)雙方也都有些相同的特質。

(7)先解決當下的問題。

(8)解決的過程重於目的的達成。

(9)沒有權力代替任何一方回答問題。

2.調解人應具備的資格條件

不是所有人都能扮演好第三黨（third party）的角色。有些人介入衝突只會將衝突擴大，公親變事主，越調解越不能和解。調解人的特質應具備如下：

(1)能容忍模糊、兩難與挫折。

(2)有自信。

(3)倡導公平正義。

(4)不偏任何一方。

(5)本質上不具衝突性格。

(6)雙方皆信得過。

(7)善於表達與接納強烈的感受。

接著，衝突調解人還得了解衝突管理的策略與步驟：

1.開啟對話之門

(1)將自己介紹給衝突的各方。

(2)建立對話的規則（理性地討論、保密、不洩露對方資源）。

(3)搭起溝通橋梁（雙向、開放的）。

2.納入衝突的各方

(1)提問、激發。

(2)積極地傾聽。

(3)接納感受的確信性（避免妄下論斷）。

(4)探索感受的起因。

3.把感受與資訊歸類，異中求同

記錄、結構與組織感受、事實、同意、不同意。

4.增強同意的部分

(1)參與者有權同意或不同意。

(2)表達與感受皆是事實。

(3)尋求可能的妥協。

(4)建議與記下解決方法。

(5)記住每個人所提出的相對解決方案。

5.協商差異

(1)討論各方對每一議題的感受與原因。

(2)記錄、結構與組織不同意的部分。

(3)將差異排序，從最不重要的先排起。

(4)尋找每一議題的調適方法：

　　①各方的相對方案爲何？

　　②可接受與不可接受的相對方案爲何？

　　③整理與尋找調適方法。

(5)作爲調解人，遵守以下遊戲規則：

　　①避免提供處方。

　　②記得回饋、掌握時效與增強。

　　③對沒面子的一方要敏感（創造一個可光榮下臺的氣氛）。

　　④避免恐嚇（考量心理與社會成本）。

6.鞏固同意的部分

(1)回顧妥協的建議方案。

(2)準備契約的摘要。

(3)檢查理解是否精確。

(4)確認同意與不同意的部分：

　　①給對方一個擁抱或握手言歡。

　　②準備簽署書面協約。

在調解過程中，調解人也要運用一些手段，例如：強制力、權變報償、說服等。靠著雙方所賦予的權力、信賴，以及厭戰的心理，善於運用權威來把雙方困在談判桌邊是必要的。談判不外乎爲了爭取最大利益，輸的一

方不可能一無所有地離開，贏的一方也不該全盤捧去。因此，誰該擁有多少，不應太離譜，否則衝突很難折衝，創造雙贏是最上策。提供新的誘因，可提高同意的機會。如果資源稀少，強有力的說服則不可免，說服雙方接受等比例的得與失。這也是爲何調解人並非人人都能當，還是要有些能耐。

　　上述三種社區變遷的模式都可能相互爲用，引進了外力援助之後，還是要回到自助的地方發展，才可能永續發展。同樣地，使用衝突來面質，也只不過是過程中的階段必要性，爭取到資源與權利後，還是要學習自助或引進技術，以發展社區。反之，地方發展達到極限後，引進技術援助或可突破瓶頸。當然，若資源分配不均，結構出問題，衝突又有何妨。因爲，以變遷的速率來看，衝突最快，技術援助次之，地方自助發展最慢。但是，永續發展的程度，地方自助是最持久的，其次是技術援助，衝突是較短暫的。

參考書目

一、中文部分

中華民國社區營造學會（2006）。勾勒幸福願景的希望行動——臺灣優良社區產業培力與獎勵計畫。

千家駒（1986）。七十年的經歷。香港：鏡報文化。

千家駒、李紫翔（1936）。中國鄉村建設批判。上海：新知書店。

甘炳光等著（1997）。社區工作技巧。香港：中文大學。

李易駿（2008）。當代社區工作：計畫與發展實務。臺北：雙葉。

吳相湘（1981）。晏陽初傳。臺北：時報文化。

汪東林（1988）。梁漱溟問答錄。香港：三聯書店。

林萬億（1994）。福利國家——歷史比較的分析。臺北：巨流。

林萬億（2007）。論徐震教授對臺灣社區發展理論與實務的貢獻。東吳社會工作學報，17，頁1-32。

林萬億（2010）。建構以家庭爲中心、社區爲基礎的社會福利服務體系。社區發展季刊，129，頁20-51。

林萬億（2012）。臺灣的社會福利：歷史與制度的分析。臺北：五南。

林萬億等（2020）。社區工作：理論與實務工作手冊。臺北：雙葉書廊。

香港女青年會編（1993）。社區工作新程式。臺北：商務。

徐震（1980）。社區與社區發展。臺北：正中。

徐震（2004）。台灣社區發展與社區營造的異同：論社區工作中微視與鉅視面兩條路線。社區發展季刊，107，頁22-31。

梁漱溟（1932）。中國民族自救運動之最後覺悟。北平：京城印書。

梁漱溟（1937）。鄉村建設理論。山東：鄒平鄉村書店。

陳奇祿譯（1970）。蓬車和明星——美國社群發展的研究（*The Wagon and the Star*）（原著：Margaret Mead and Muriel Brown）。臺北：新亞（原出版：Curriculum Resources, Inc., 1966）。

陶蕃瀛譯（1996）。組織結社：基層組織領導手冊（原著：Si Kahn）。臺北：心理。

廖世德譯（1989）。反叛手冊（原著：Saul Alinsky）。臺北：南方叢書。

謝慶達、林賢卿譯（1993）。社區建築——人民如何創造自我的環境（原著：N. Wates & C. Knevitt）。臺北：創興。

蘇景輝（2009）。社區工作：理論與實務。臺北：巨流。

二、英文部分

Alinsky, S. (1969). *Reveille for Radicals*. NY: Random House.

Alinsky, S. (1972). *Rules for Radicals*. NY: Random House, Vintage Books.

Barker, R. (1999). *The Social Work Dictionary* (4th ed.). Washington, DC: NASW.

Batten, T. R. (1973). The Major Issues and Future Direction of Community Development. *Journal of the Community Development Society*, 4(2): 34-44.

Batten, T. R. & M. Batten (1975). *The Non-directive Approach in Group and Community Work*. London: Oxford University Press.

Bradshaw, J. (1972). The Taxonomy of Social Need. In G. Mclachlan (ed.), *Problem and Progress in Medical Care*. Oxford: Oxford University Press.

Brager, G., Specht, H., & Torczyner, J. (1987). *Community Organizing* (2nd ed.). NY: Columbia University Press.

Chambon, A., Irving, A., & Epstein, L. (1999). *Reading Foucault for Social Work*. NY: Columbia University Press.

Christenson, J. & Robinson, T. (1989). *Community Development in Perspective*. Ames: Iowa State University Press.

Clay, C., Madden, M., & Potts, L. (2007). *Towards Understanding Community: people and places*. Basingstoke, Hampshire: Palgrave Macmillan.

Coleman, J. S. (1957). *Community Conflict*. Glencoe, IL: Free Press.

Cox, F. & Garvin, C. (1970). The Relation of Social Forces to the Emergence of Community Organization Practice: 1865-1968. In Fred Cox et al., *Strategies of Community Organization*. Itasca,

IL: F. E. Peacock Publishers, Inc. pp. 37-54.

Delbecq, A., Van de Ven, A., & Gustafson, D. (1975). *Group Techniques for Program Planning: a guide to nominal group and delphi processes*. Scott, Foresman and Co.

Dominelli, L. (1990). *Women and Community Action*. Birmingham: Venture Avebury.

Fear, F., Gamm, L., & Fisher, F. (1989). The Technical Assistance Approach. In James Christenson and Jerry Robinson (ed.), *Community Development in Perspective*, ch. 4. Ames: Iowa state University Press.

Fine, M. (2007). *A Caring Society? care and the dilemmas of human services in the 21st century*. New York: Palgrave Macmillan.

Foucault, M. (1973). *Madness and Civilization: a history of insanity in the age of reason*. NW: Vintage/Random House.

Francis, D. & Henderson, P. (1992). *Working with Rural Communities*. London: Macmillan.

Garland, D. (2001). The Culture of Control. Oxford: Oxford University Press.

Garvin, C. & Tropman, J. (1998). *Social Work in Contemporary Society* (2nd ed.). Boston: Allyn and Bacon.

Hillery, G. A. (1955). Definitions of Community: areas of agreement. *Rural Sociology*, 20: 111-123.

Hunter, F. (1953). *Community Power Structure: a study of decision makers*. Chapel Hill: University of North Carolina Press.

Johnson, D. & Johnson, F. (1997). *Joining Together: group theory and group skills*. Boston: Allyn and Bacon.

Konopka, G. (1958). *Eduard C. Lindeman and Social Work Philosophy*. Minneapolis: University of Minnesota Press.

Lindeman, E. (1921). *The Community*. NY: Association Press.

Littrell, D. & Hobbe, D. (1989). The Self-Help Approach. In James Christenson and Jerry Robinson (ed.), *Community Development in Perspective* (ch.3). Ames: Iowa State University Press.

Martinez-Brawley, E. (1990). *Perspectives on the Small Community: humanistic views for practitioners*. Silver Spring: NASW.

Martinez-Brawley, E. (2000). *Close to Home: human services and small community*. Silver Spring: NASW.

Mathie, A. & Cunningham, G. (2003). From Client to Citizens: asset-based community development as a strategy for community-driven development. *Development in Practice*, 13: 5, 474-486.

Mayo, M. (1998). Community Work. In Robert Adams at al., *Social Work: themes, issues and critical debates* (pp.160-172). London: Macmillan.

Netting, A., Kettner, P., & McMurtry, S. (1998). *Social Work Macro Practice* (2nd ed.). NY: Longman.

Payne, M. (1995). *Social Work and Community Car*e. London: Macmillan.

Pelly- Effrat, M. (1974). *The Community: approaches and applications*. NY: the Free Press.

Petersen, W. (1968). The Ideological Origins of Britain's New Towns. *Journal of the American Institute of Planners*, 34: 160-70.

Robinson, J. (1989). The Conflict Approach. In James Christenson and Jerry Robinson (ed.), *Community Development in Perspective* (ch.5). Ames: Iowa State University Press.

Sanders, I. T. (1958). Theories of Community Development. *Rural Sociology*, 23(1) : 1-12.

Sanders, I. (1970). The Concept of Community Development. In Lee J. Cary (ed.), *Community Development as a Process* (p. 9-31). Columbia: University of Missouri Press.

Specht, H. & Specht, R. (1986). Social Work Assessment: route to clienthood, Part I. *Social Casework*, 67(9): 529-532.

Stepney, P. & Popple, K. (2008). *Social Work and the Community: a critical context for practice*. Basingstoke, Hampshire: Palgrave Macmillan.

Twelvetress, A. (1991). *Community Work* (2nd ed.). London: Macmillan.

Øvretveit, J. (1993). *Coordinating Community Care: multidisciplinary teams and care management*. Buckingham: Open University Press.

Warren, R. (1978). *The Community in America* (3rd ed.). Chicago: Rand McNally.

Weil, M. & Gamble, D. (1995). Community Practice Models. In R. L. Edwards (ed.), *Encyclopedia of Social Work* (19th ed.) (pp. 577-593). Washington, DC: NASW Press.

Wills, C. W. (1977). Definitions of Community II: an examination of definitions of community since 1950. *Southern Sociologis*t, 9(1): 14-19.

Willmott, P. (1986). *Social Network, Informal Care and Public Policy*. London: Policy Study Institute.

第十三章
以組織為對象的
社會工作實施

　　組織（organization）是指一群人為了達成特定的目標而結合在一起的集體。各種社團、社會機構（social agency）、政府機關、幫派、企業體、球隊、軍隊、學校、醫院、教會等都是組織的一種。每個人一生中，花掉大半生時間在各種組織中生存，例如：幼兒園、學校、公司，並參加各種社團：青商會、扶輪社、獅子會、政黨、俱樂部、學會、公會、工會，或社區發展協會、住戶管理委員會等。可見，組織是與家庭、團體、社區同樣重要的影響個人生存的社會體系。

　　社會工作者跟組織也有不解之緣，大部分的社會工作服務是由機關（構）來提供，因此，大部分的社會工作者受僱於社會機構中。所以，社會工作就有「以機構為基礎的社會工作」（agency-based social work）的說法（Weissman, Epstein, & Savage, 1983）。亦即，社會工作者靠機構的資源、合法性、權威、功能等來協助服務對象。社會工作者不只要與自己的機構互動，而且還得跟往來機構打交道，例如：與轉介機構、協力機構、委託外包機構、贊助廠商一起工作；當然，有時候也要與環境生態中的各種組織交往，例如：工會、企業、村里、社團等。因此，以組織為對象的社會工作，包括處理三種組織的面向：人群服務組織本身、人群服務網絡中的其他組織、環境中的各種組織（Garvin & Tropman, 1998）。

　　社會工作者不了解組織就像不了解自己的身體一樣，如何在組織中生存，進而運用組織的力量協助服務對象、改變社會？就如同知道自己的身體狀況，才能照顧自己，進而運用身體的優勢，發揮潛能，完成任務一般，所以，社會工作者要與組織一起工作。然而，大部分社會工作者不喜歡行政工作，甚至討厭管理者，因而常抱怨：「那些行政庶務耽誤了我的專業工作。」然而，當社會工作者把那些所謂的行政工作讓渡給別人時，才發現，怎麼會有這麼爛的政策？怎麼會有這麼不合理的行政程序？可見，社會工作者不懂行政、不管行政、不做行政，只會讓自己陷入成為被綁手綁腳、指揮擺布的第一線執行者。

　　以組織為對象的社會工作過去稱為社會行政（social administration）或社會工作行政（管理）（social work administration），在臺灣則常用社會

福利行政。行政（administration）與管理（management）有何差別？嚴格
說來行政是組織政策的決策、財務、生產與分配的協調、執行的管控過程；
而管理比較是在行政限制下的政策執行，和目標設定下的人事、財務、資訊
管控。也就是行政範圍大於管理，行政是管理的上位，才會有社會行政，
而非社會管理；社會服務管理，而非社會服務行政的區分。晚近，社會福
利行政受到社會福利民營化的影響，與社會工作行政（管理）、社會服務
管理（social service management）、人群服務管理（human service manage-
ment）已有相互爲用的趨勢，將社會福利行政擴及民間部門的社會福利提
供，且更重視組織管理、社會行銷、募款、資訊管理、績效評鑑、委託契約
管理、公共關係等過去政府部門較不重視的課題（Patti, 2009）。

第一節　人群服務組織的特性

　　提供社會福利的機關（構），在美國常用人群服務組織（Human Ser-
vice Organization, HSO）來稱呼之（孫健忠、賴兩陽、陳俊全譯，2005；
Austin, Brody & Packard, 2009; Hasenfeld, 2010），與其政府的社會福利
部門——健康與人群服務部（Department of Health and Human Services,
DHHS）相對應，也有稱之爲社會機構（Lauffer, 2011）。在臺灣則稱社會
福利機關（構），但其範圍顯然小於人群服務組織。人群服務組織是指以形
塑、改變和控制人群行爲，以及確認或再界定社會與個人地位的組織，例
如：學校是教導學生的組織；醫院是治療病人的組織；社會服務機構是幫助
人們解決生活困難的組織；矯正機構是改變人們偏差行爲的組織，這些都是
人群服務組織（Hasenfeld & English, 1974; Hasenfeld, 2010）。

一、人群服務組織的功能

黑森斐與英格利許（Hasenfeld & English, 1974）從個人與社會兩個層次上，指出人群服務組織有以下功能：就個人層次言，有滿足基本人類需求，促進、維持與恢復個人福祉的功能。就社會層次言，有以下三個功能：

1. **社會化**：使社會的每位成員順利地扮演好未來可能占有的社會位置的角色。
2. **社會控制**：使那些不順服的社會成員得以調整改變，而讓社會組織功能運作順暢，以免嚴重的瓦解。
3. **社會整合**：使社會成員藉由這些組織所提供的資源與工具，而得以整合進入其所屬社會單位。

人群服務組織的服務對象有社會功能正常的，例如：學生、勞工；有失功能的，例如：犯罪者、精神病患、失能／失智者、家庭暴力加害者。而不論是針對社會功能正常的人或失功能的人，人群服務組織同時扮演兩組不同的功能：一是人的處理（people processing），二是人的改變（people-changing）。人的處理是指賦予求助者或服務對象一種新的公共地位，重新安置他們進入新的社會環境中，例如：社會局（處）的社會救助科核定服務對象是否合乎低收入戶資格；就業服務機構接受失業勞工來申請職業再訓練；少年法庭判定少年是否屬於犯罪少年；精神鑑定機構鑑定疑似精神症狀者是否爲精神病患。提供這些服務的人群服務機構屬於人的處理組織。

有些人群服務組織直接提供改變人的屬性或行爲，例如：學校在於改變學生氣質；監獄在於矯正犯罪者；醫院在於治療病人等，稱爲人的改變組織。但是，許多人群服務組織是兼具有兩種功能，例如：醫院、社會服務機構、家庭暴力暨性侵害防治中心、學校等，一方面要賦予服務對象身分，一旦確定身分，則提供直接的服務。

表13-1呈現的是人群服務組織與其服務對象的關係。服務對象依其順服性可被分爲三類：規範的（normative）、功利的（utilitarian），以及強制

的（coercive）（Etzioni, 1961）。規範的順服體系的特徵是人群服務工作者靠個人的能力去發展有效的人際關係，以成為服務對象的認同模範，例如：大學教授、醫師並非靠強制力來與服務對象建立關係，而是靠專業知能與人格品味。功利的順服體系是指服務對象必須依賴組織資源來滿足其需求，因此，不得不與人群服務組織建立關係，例如：醫院、診所、社會福利機構、社會局，而在這些機構服務的員工靠機構資源來吸引服務對象上門。強制性順從體系是服務對象依法不得逃避這些機構的處置，例如：警察取締濫用藥物者；家庭暴力暨性侵害防治中心介入性侵害事件；法院主動偵察販嬰事件，此時，機構的工作者依法定權威來強制服務對象接受處置。而這些服務對象通常是非自願性的。

再從機構或組織對服務對象生平（biography）的興趣來分，第一類是興趣有限度的，第二類是興趣廣泛的。前者指工作人員不涉入太多服務對象額外的特質，而是以服務對象有限的生平資料即可提供服務，例如：大學不必在乎學生的背景，醫院也不必為了看診而追溯病人的生辰八字，警察也不因行跡可疑者的生平而改變執勤的動作。反之，有些人群服務組織非得深入了解服務對象的生平不可，否則難以有效地提供服務，例如：精神病院、護理之家、犯罪矯正機構等。從服務對象關係來看，社會福利機構比較傾向於對服務對象的生平有高度的興趣，不論是社會救助個案的申請審核，或是兒童收養、寄養，家庭暴力防治、少年輔導、身心障礙者的復健，都有進一步了解服務對象生平的必要，才會有前幾章討論到評估服務對象個人、家庭、社區的重要。

表13-1　人群服務組織與其服務對象的關係

服務對象順服性		對服務對象生平的興趣	
	規範的	有限度的	廣泛的
		大學	精神病院
	功利的	診所	護理之家
	強制的	警察局	矯正機構

二、人群服務組織的特質

前述人群服務組織是以處理人的行為與地位為主要目的。黑森斐再將之分解出以下特質，以區別其他組織（Hasenfeld, 2010）：

（一）人群服務組織的素材是人

人群服務組織是以處理與改變人為目的。如前所述，社會福利機構透過資格審查或評估，確定服務對象的身分，進而提供適足的服務，使其生活條件改變，這是一個轉型的過程（transformation process）。既然如此，社會福利機構就很難價值中立。人脫離不了其文化、社會、道德規約；人不可能單向地被要求做些什麼，也會基於其自身的願望、意志、動機、態度、經驗來回應別人加諸在其身上的。因此，人群服務是複雜而多變的。

（二）人群服務是一種道德工作（moral work）

既然人群服務組織的服務對象是人，引導服務的價值就不是利潤價格，而是道德價值。人群服務組織的成立宗旨經常是為提升個人生活品質、增進個人權力、促進家庭功能、建構社區能量、發展社區、追求美好社會、實現社會正義等具有道德意涵的目標；而不是創造新產品、提高獲利率等經濟產值。因此，慈善組織會社時代才會有「值得幫助的」與「不值得幫助的」窮人的區分。這種區分標準是道德基礎的，而非科技決定的。而現代社會福利機構雖然已不再將人們劃分為值得幫助與不值得幫助的群體，但是，也會因於服務對象的社會處境，將某些人群歸類為處於不利位置者（the disadvantaged）或脆弱的（vulnerable），而優先給予服務。人群服務組織針對人的價值、社會的良善有其獨到的道德判準，這種判準明顯有別於經濟市場的利益取向，也必須受限於資源的稀少性，將服務對象的社經條件、受害程度當成是決定服務優先順序的指標。這些都是道德決定的。

（三）制度環境的優位性（primacy）

承上，人群服務是一種道德工作。不只服務對象高度受其人在環境中的

影響，人群服務工作者也高度地受到制度環境的影響。所謂制度環境包括：社會立法、政治氛圍、科層體制、社會團體、專業組織、社區文化、意識形態等。社會福利機構的資源若來自政府預算，必須依法律規範、政策決定、組織規定、社會期待、團體壓力、預算規模等執行；若資源來自募款，則除了依法律規範外，更受到宗教、組織文化、社會責信等的影響。所以說，人群服務組織是高度依賴制度環境而工作的。

（四）人群服務技術的制度基礎

既然人群服務組織的制度環境如此重要，在處理服務使用者的資格界定與服務提供上，技術（technologies）的使用也必須與制度環境互動。首先，人群服務組織在選擇改變人的技術時，不可能違背社會環境既存的普世價值，例如：不可刑求、體罰、強迫、不公正。其次，應該對服務對象的社會背景非常敏感，例如：性別、文化、族群、階級等。最後，要發展多種服務機制來滿足不同服務對象的特性，如表13-1的服務對象體系。

（五）人群服務技術的管理非決定性（management indeterminacy）

由於服務對象是人，受其文化、政治、經濟、社會脈絡的影響很深；而每個個人、家庭、社區的需求是多元與多面向的，問題的成因也是多因素的，因此，服務技術就很難標準化、統一化，必須尊重個別差異、因地制宜、因人改變、因時調整。這也是爲何人群服務工作者不只要具備專業知識，也要靈巧。而且測量人的行爲產出目標也不易清晰地界定，行爲發展的穩定性也不足，因果相關更不易確定。爲了突破這些困境，首先，將某些案例類型化；其次，提升篩選方法的效果；最後，發展精密的技術以吻合某些特殊的服務對象。

（六）員工─服務對象關係是人群服務組織的核心活動

既然人群服務組織以改變和控制人爲目的，靠員工與服務對象互動就成爲改變和控制的關鍵。例如：學校靠教師與學生互動關係良好，才可能達成

教育的效果；社會工作機構靠社會工作者與服務對象建立良好的專業關係，才可能增進服務對象的福祉。因此，員工與服務對象的關係本身就是解決問題的一部分，也是改變的過程中的重要環節。這也是為何社會工作者要花很多心力在與服務對象建立關係上，沒有建立良好的工作關係，根本無法進行行為改變、生活品質提升，或社會轉型。人群服務工作者服務於人群組織，雖然擁有組織權力、專業權威，但是，建立良好工作關係的基礎是信任、公正、真誠、尊重、悲憫。

（七）情緒的工作（emotional work）

既然服務對象是人，人有七情六欲，人際互動就是高度情緒密集的，人群服務工作就是一種情緒的勞動。服務對象若是自願性的，大都是老弱病殘，來求助的過程必然伴隨著諸多情緒，例如：悲傷、難過、挫敗、壓抑、焦慮、失望、無助、絕望等，這些情緒將感染服務提供者。如果是非自願的服務對象，其拒絕、憤恨、不平、勉強也寫在臉上。人群服務工作者每天與這些人情緒互動，又不能虛情假意，因此，必須具有高度的情緒智商（emotional intelligence, EI），以管理自己的情緒。否則，替代性創傷（vicarious traumatization, VT）[1]就在所難免。

（八）性別的工作（gendered work）

人群服務組織的員工是女性占多數的，其服務對象往往也是女性為多，例如：老人照顧、家庭暴力受害者、性侵害受害者、性工作者等。因此，人群服務組織的制度設計、文化、管理等必須具高度的性別敏感。

從以上的分析，社會工作者就可以更清楚自己所受僱的社會福利機構的功能與性質。例如：家庭暴力暨性侵害防治中心是處理與改變失功能的服務

---

[1] 替代性創傷是指實務工作者與受傷的「案主」同理地互動，自覺有責任與承諾幫助他們，而使自身的身體、心理、精神、福祉受到負面的影響，所產生的創傷經驗（McCann and Pearlman, 1990），又稱次級創傷壓力（secondary traumatic stress）。

對象爲目的，是具有強制性的，且對服務對象的生平有深入了解的必要。而
這個中心也免不了掉進人群服務組織本質上的限制中，例如：道德性高、受
制度環境影響深、目標界定的困難、技術的不確定、與服務對象建立關係的
重要、情緒密集、性別敏感等。

第二節　人群服務組織分析

　　傳統人群服務組織依其贊助者的不同可分爲下列三者：公共組織、自願
性組織，以及營利組織。前兩者屬非營利性，也就是不以提供人群服務作爲
營利的標的。公共組織顧名思義是由政府部門所支持或設立的組織或機構。
自願性組織大多由宗教團體、慈善團體，以及社會團體所贊助。營利組織當
然就是以人群服務作爲營利標的。雖然，以美國爲主的自由主義福利國家有
較多營利事業介入人群服務，但是，目前仍不是人群服務的主流。在臺灣，
經濟成長掛帥的意識形態之下，人群服務一再被施壓向營利事業開放。

　　在福利的混合經濟（the mixed economy of welfare）趨勢下，公、私部
門的合夥關係變得比1980年代以前更重要，而有購買服務契約（purchase-
of-service contract, POSC）的出現，由政府部門向民間部門購買服務給本來
應由政府提供服務的人民，因而有「公設民營」組織的出現，由政府將機構
或設施委由民間來經營，和由民間承包政府社會服務方案的服務委託外包出
現。不論是機構委外或服務外包，都使人群服務組織出現在準市場（quasi-
markets）體制下的「混血組織」（hybrid organization）（Bartlett, Roberts,
& Le Grand, 1998; Billis, 2010），也就是由公部門贊助，卻由私部門經營的
準公共組織（quasi-public organization），或在私部門裡有公部門委託經營
契約存在的準私部門組織（quasi-private organization）。英國更出現一種規
避立法監督，由政府捐贈基金設立，但不屬於國家正式部門，也非由政府管
理，卻可以執行公共服務的「準自主非政府組織」（quasi-autonomous non-

governmental organizations, QUANGOs）（Wahl, 2011）。如此一來，使人群服務組織的管理出現較以前更複雜的情況。而不管公、私部門，人群服務被要求產業化，人群服務產業（human service industry）進入3E's：效率、效果、經濟（efficient、effective、economical）的時代。因此，社會工作更加強調管理（Coulshed & Mullender, 2006）。

再加上新公共管理（new public management, NPM）的流行，使得政府部門的社會行政也出現很大的變化。新公共管理是英國政治學者傅德（Hood, 1991）提出的一種公共管理的形式，至少具有以下五個特性（Hood, 1995; Carroll & Steane, 2002）：

1. 認為私部門的管理模式與技術適用於公部門管理。
2. 主張公共服務的提供採多元模式，亦即結合商業部門、非營利組織、政府部門，強調服務提供的成本、選擇、品質的重要性。
3. 修正政府在提供服務的角色，從伐槳（rowing），轉變為掌舵（steering）。
4. 強烈相信市場與準市場機制在協調公共服務的供需上的角色，並大量使用契約外包機制來治理服務的提供。
5. 企圖將政治決策過程與公共服務管理切割開來。

然而，這種基於新自由主義意識形態下的公共管理新形式並沒有達成其預期目標：提高生產力或極大化福利（Dreschler, 2005）。不論哪一類型的人群服務組織都有其組織的正式面與非正式面，前者是指組織的結構，有主管、督導或部門主管、工作人員等的安排，以及其產生的結構性關係，通常由正式的組織架構圖（organization charts）來表示。而非正式是指非依正式組織結構安排而有的活動與關係，例如：檯面下的運作、喝茶聊天的關係等，都是組織的非正式面。有時候組織的非正式面往往比正式面更能處理某些管理上的問題。

任何想藉由組織來達成人群服務的人，都應該學習如何來分析組織，否則只會被組織利用，而不會運用組織。黑森斐（Hasenfeld, 1995）在分析人群服務組織時，認為有兩個非常重要的面向：一是機構和跨組織的關係，

二是組織本身的功能。從這兩個面向出發，聶婷等人（Netting, Kettner, & McMurtry, 1998）進一步發展出12個組織分析的面向如下：

一、界定機構任務環境與評估其關係

這部分主要是認定三個重要的要素：機構所處環境、機構所面臨的準市場關係，以及規制的團體（例如：政府、資金提供單位等）（Hasenfeld, 1995）。細分如下：

（一）界定金錢與非金錢的財源

首先要問：機構的財源哪裡來？從不同來源的比例如何？一般來說，人群服務機構的主要財源有以下幾種：

1.政府預算

(1)直接的政府歲出預算。

(2)政府購買服務契約的委託資金。

(3)政府補助。

(4)相對配合款。

(5)稅的優惠。

2.捐款

(1)直接由捐款人認捐。

(2)間接從聯合勸募獲得捐款。

(3)私人補助（例如：基金會捐助）。

(4)捐贈（企業或遺產）。

3.收費

(1)直接由服務對象付費。

(2)由第三者付費（例如：保險公司）。

4.其他收入

(1)轉投資。

(2)利息。

(3)營業收入（例如：房租、服務收入）。

除了金錢的財源外，有沒有非金錢的財源。接著要問：機構有招募志工嗎？有多少志工？目的何在？物資資源有哪些？例如：食物、衣服、設備？有無租稅優惠？

（二）評估機構與財源的關係

要問：機構與基金來源的關係品質如何？也就是分析機構的資源依賴模式（resource-dependence model），機構依賴誰、依賴度及穩定度。通常機構對某一種財源依賴度越高，機構服務政策越受其左右。機構要存活必須有能力適應環境變遷，開拓財源；過度依賴某一特定財源，會讓機構逐漸斷絕其他財源，而使機構陷入財源不確定的危險情境。就自願性人群服務組織來說，要避免不足的政府經費委託或補助，或是避免過度依賴政府財源，募款（fundraising）與機構社會行銷（social marketing）就成爲重要的工作（Lauffer, 2011）。募款必須依「公益勸募條例」規定辦理，募多少、向誰募、如何募、何時募、社會徵信等都必須做好。同時，募款時要注意確認這些錢是該得的禮物嗎（Austin, Brody & Packard, 2009）？

社會行銷演變自商業行銷，是以達成特定的社會良善目的而進行的宣傳。例如：兒童安全座椅、不抽二手菸、紫絲帶運動、鼓勵生育、兒童保護等。其策略也仿自商業行銷的4Ps：產品、價格、地點、促銷（products、price、place、promotions），加上公共性（publics），成爲5Ps，而其內涵也改爲服務方案、服務成本、服務區域範圍、促銷機構，以及服務對象（Lauffer, 2011）。

在分析財源關係時，也應同時考慮財源對機構決策的影響程度、範圍，以及方式。例如：會不會介入服務對象群的選定、專業發展，以及人事的招募？

（三）界定服務對象人口群與轉介來源

要問：組織服務的對象是誰？服務對象群的人口特徵為何？服務對象中有多少人免費（例如：低收入戶），有多少人付費，由誰支付？服務對象由哪些管道轉介而來？

有些機構是單一對象的服務機構，例如：幼兒園、護理之家、單親家庭服務中心、外籍配偶家庭服務中心等；有些是多元服務對象的服務機構，例如：區域社會福利服務中心。不論哪一種，都應分析其服務對象，進一步了解這些對象的主要需求或問題是什麼？服務對象對需求或問題的看法是什麼？社區又如何來看待這些需求或問題？服務對象期待被服務到什麼程度？服務對象是被迫來的，還是自願來的？這些都影響到機構的組織發展。

（四）評估機構與服務對象群和轉介來源間的關係

要問：機構的專門領域是什麼？機構實際在提供的服務是否與其聲稱的專門領域相符？服務對象的需求機構是否供不應求或低度利用？哪些服務對象被機構拒絕，例如：低收入戶、原住民、同性戀者、外勞、新移民、身心障礙者、失依老人等？

以目前臺灣的社會福利資源來看，大多數機構對服務對象的需求是求過於供，因此，服務領域會一再被要求擴大，也就是要兼辦很多非原訂專門領域的工作。也正因為如此，有許多潛在服務對象會被拒絕在服務之外，特別是麻煩或難纏的個案，或是低社經地位、資訊不足，或有文化隔閡的個案。

（五）界定在任務環境內的其他重要組織

要問：監督本機構的上級機關是誰？誰委託本機構提供服務？哪些專業組織、工會、被授權機關會影響到本機構的運作？社會大眾對本機構服務的理解？

也就是誰有權監督本機構，例如：政府或基金會的董事會？又誰有權影響本機構，例如：社會工作專業人員協會、社會工作師公會、身心障礙聯盟、老人福利推動聯盟、少年權益與福利促進聯盟、聯合勸募等。

（六）評估機構與重要組織間的關係

要問：有哪些機構跟本機構提供相似的服務？這些機構與本機構有競爭關係嗎？抑或有合作關係，或結盟關係？監督機關、委託機關、專業組織、被授權組織，或社會大眾對本機構和其他機構間關係的理解，也就是別人怎麼看待這種關係？

這部分的評估可以分爲幾個層次：一是機構與主管機構的關係；二是機構與委託單位的關係，有時這兩種關係是重複的；三是機構與專業團體的關係；四是機構與服務對象團體的關係；五是機構與機構（包括轉介者、競爭者、合作者、結盟者）的關係；六是機構與社區的關係。

在臺灣，社會福利機構間的合作關係多於競爭關係。若有競爭關係多起因於社會福利理念與政治主張不同，較不是單純的資源爭奪。反而是募款競爭較激烈，因爲幾家大型的宗教財團法人、社會福利基金會有不成比例的募款優勢，導致小型社會福利組織很難募到足夠的款項。例如：2009年8月臺灣南部莫拉克風災後總計76個勸募主體，勸募所得共254億483萬元，政府機關占115億156萬元（45.3%），勸募團體占139億326萬元（54.7%）。單一勸募主體勸募所得最高者爲內政部之69億9,602萬（27.54%），其次依序爲慈濟基金會之46億4,800萬元、紅十字會之45億9,819萬元、高雄縣政府之21億2,109萬元、財團法人臺灣世界展望會之13億8,529萬元。另有勸募所得超過一億以上者四個，分別爲財團法人法鼓山社會福利慈善事業基金會、財團法人臺灣基督長老教會宣教基金會、財團法人臺灣兒童暨家庭扶助基金會、社團法人中華基督教救助協會。以上七個非政府團體勸募所得合計占前述勸募團體實募總額之95.48%，其他勸募團體只分得零頭（陳竹上、傅從喜、林萬億、謝志誠，2012）。

二、分析組織本身

要分析一個人群服務組織，不可避免地要將其切割成若干組件，以便檢驗其關係，例如：組織任務、結構、目標、財源、人事、管理、問題解

決模式等。每一組件都可以單獨地被仔細分析。以下依聶婷等人（Netting, Kettner, & McMurtry, 1998）的歸類，加以整理如下六項：

（一）界定組織當局與宗旨

先要問：

1.組織當局的法源依據與管轄範圍？

2.組織的宗旨？

3.組織當局與宗旨在運作上相吻合？

4.組織中不同的幕僚完成不同宗旨的範圍？

5.組織當局與宗旨在政策與行政程序上是否一致？

例如：某市家庭暴力暨性侵害防治中心的當局是由主任與四個組（綜合規劃、保護扶助、醫療服務、暴力防治）所組成，它的上級主管機關是市政府社會局。該中心的法源是《家庭暴力防治法》、《性侵害犯罪防治法》，由這兩個法規定地方政府應設置家庭暴力防治中心及性侵害防治中心所合併而成。它的宗旨如下：

1.24小時電話專線。

2.被害人之心理輔導、職業輔導、住宅輔導、緊急安置與法律扶助。

3.給予被害人24小時緊急救援、協助診療、驗傷及取得證據。

4.加害人之追蹤輔導之轉介。

5.被害人與加害人身心治療之轉介。

6.推廣各種教育、訓練與宣導。

7.其他與家庭暴力、性侵害防治有關之措施。

進一步要問的是，組織設立的宗旨可以透過組織當局達成嗎？宗旨會不會光說不練，擺著當門面？如果依照各縣市的社工人力配置，的確有可能是虛設組織，倘所有人員都由各單位（社會局、衛生局、警察局、教育局）兼任，如此一來，組織當局與宗旨是兜不攏的，更不用說組織當局的分工了。組織無法專責明確，人力無法足額配置，各單位的政策與行政程序就很難整合成為一套有效的家庭暴力與性侵害防治網，警察做警察的，社工忙社工

的，醫師管醫師的，受虐婦女只好繼續受苦。

要了解一個組織的當局與宗旨，可以從機構介紹、檔案文件中獲得，來源包括：

1. 組織章程、地位、執行程序。

2. 宗旨敘述。

3. 組織的相關法規。

4. 董（理）事會會議紀錄，或委員會會議紀錄。

5. 訪談重要幹部。

（二）了解行政、管理與領導型態

要問：

1. 組織結構與工作分派？

2. 資訊傳遞的管道？

3. 督導體系？

4. 決策形成過程？

5. 員工士氣與認同？

6. 衝突管理的方法？

要了解這些資訊可以透過組織的重要文件中獲得，例如：

1. 組織各部門的工作職掌說明（job description）。

2. 組織圖。

3. 績效評量表或考績表。

4. 訪談董（理）事或委員。

5. 訪談執行部門幹部。

6. 訪談各級工作同仁。

7. 檢示會議紀錄。

（三）了解組織與方案結構

要問：

1.組織中的主要部門或方案執行單位？

2.組織結構的合理性？

3.組織結構可否達成宗旨？

4.督導體系可否完成期待的任務與功能？

5.組織中的非正式組織與正式組織間的差異？

　　任何組織存在的目的是爲了實現宗旨，宗旨的實現靠方案或活動的執行。每一個方案或活動都應有相對稱的組織部門或單位來執行，例如：人群服務組織結構通常包括兩大部門群，一是業務或直接服務部門，另一是幕僚群。前者包括救助、醫療、教育、防治等組，後者包括計畫、人事、主計等單位。這種依功能區分的組織設計，層級分明，像個金字塔，所以稱爲金字塔設計（pyramidal design）（Weiner, 1982）或樹形鏈設計。這種組織設計又可分方案、功能、過程、市場、消費者／服務對象、區域等六個取向來進行部門化（departmentalization）的分工（孫健忠、賴兩陽、陳俊全譯，2005）。方案部門化指依現金給付、住宅安置、職業訓練等分單位；功能部門化指依方案執行、綜合規劃、財務、人力資源等部門分工；過程部門化指依接案、評估、介入、追蹤等部門分工；市場部門化指依學校社會工作諮詢、工廠員工協助方案開發、外配服務諮詢等市場需求分工；服務對象部門化指依兒童與少年、婦女、老人、身心障礙者、低收入戶、單親家庭等爲對象分工；區域部門化指依北區辦事處（事務所）、中區辦事處、南區辦事處、東區辦事處、總管理處等分工。當然組織也可以混合分工，視需要而定，例如：家庭暴力及性侵害防治中心的組織設計分綜合規劃、保護扶助、醫療服務、暴力防治等分組，夾雜著功能與方案部門化。

　　第二種組織設計是以方案來分組，稱爲專案團隊（project teams）。每一專案團隊獨立行使，以完成一件專案，例如：社區方案組，就必須從需求評估、方案設計、募款、執行、成果評鑑一路做下去。專案團隊的領導者即是此一部門的主管，負責整個團隊的協調、指揮事宜，而團隊本身也配備有足以完成工作的各種人力、物力，各專案間再由一上級的總協調（名稱不拘）來總其責。

第三種組織設計是融合了前述兩者，稱為混合矩陣設計（mixed-matrix design）。在既有的金字塔設計之外，再加上專案組織設計，例如：醫院中的社會工作專屬於依功能劃分而設計的單位稱社會工作部，轄下有若干社會工作師。但是醫院本身又有不同的病房或科別病床，每一病房或科別病床都有自己的醫療團隊，此時配屬在某一病房（例如：精神科病房）的社工師又屬於此一醫療團隊的一員。在混合矩陣設計組織中的員工常會有兩個或多個上級督導，由於公婆多，可能造成利益衝突或期待不一致的困擾。不過，混合矩陣設計仍然是很多人群服務組織必要的設計形式，尤其是在金字塔設計中輔以臨時的任務編組式的專案團隊，以有效運用組織的人力、物力資源，並因應環境的變遷需要。

第四種組織設計稱為協作結構（collegial structure），就是由數個獨立的部門或專業組成，每個部門各自依其專業運作，互不隸屬，但是合作分工。最典型的例子是若干個醫師組成一個聯合診所，或群體醫療中心，共同承租或購買一建物與設備，合聘一組祕書與護士，但是，各自賺各自的錢，只是藉此互補或相鄰的專業來吸引更多顧客上門。社會工作師獨立執業後，也可採取這種聯合開業的組織型態。合議結構設計的前提是各組人馬相互尊重、志趣相投、信任度高，否則風波不斷、暗潮洶湧。

每一種組織設計都沒有絕對優秀，而是看機構的功能、規模、環境、性質等而定。要了解組織與方案結構，可從組織圖、工作說明、職務設計（job design）、政策綱領或執行手冊，以及訪談中獲得。

（四）評估組織的方案與服務

要問：

1. 組織提供什麼方案或服務？
2. 服務內容與方案目標是否一致？
3. 幕僚安排模式是否符合服務提供所需？工作負荷（workload）是否能合理完成每一服務或方案？
4. 管理者與第一線員工（line workers）是否都了解方案的重點、服務

對象的特性、服務內容，以及預期成效是什麼？

5.服務品質是否標準化？

不論是民間部門或政府機關（構）都必須接受效率（efficiency）、效果（effectiveness）、品質（quality）的考驗。一些人群服務的古老神話，早在1960年代以來就飽受挑戰，例如（徐震、林萬億，1983）：

1.社會工作是人道助人專業，不應懷疑其效果。

2.只要提供服務，服務對象一定會得到滿足。

3.只要花錢，就表示服務已被輸送出去了。

4.花多少錢，就會得到多少效果。

5.社會工作是無形的、緩慢的，其效果不易測量，所以不應要求太多。

6.服務對象的問題太複雜，本來就不是立即可以見效的。

所謂「責信年代」（the age of accountability），告誡社會工作者效率責信（efficiency accountability）、效果責信（effectiveness accountability）、品質責信（quality accountability）的重要性。效率責信是指投入（inputs）與產出（outputs）的比值，也就是投注多少服務產出多少成果，以金錢來折算，其比值如何？效果責信是指方案的結果、效果、影響，完成到什麼程度？說白了就是服務對象有沒有比以前生活得更好，或所提供的服務真的解決了問題嗎？品質責信是指服務是否即時、適時、適當、態度友善、服務親切、體貼周到。目前國內連政府部門都因政府再造的期待，而被要求要有效率、效果、品質，何況是民間部門。

為了使機構的服務吻合上述的要求，方案設計與管理變得很重要。一套完整的方案設計與管理，包括從問題分析／需求評估開始，到目標設定、方案設計、資訊管理、預算、執行與管控、評鑑等環環相扣，是人群服務組織分析之外，最重要的社會工作管理或行政的研討課題（高迪理譯，1999；蔡啟源譯，1998；黃源協，1999）。

欲了解組織的方案與服務，可以從下列資料中獲得：

1.方案計畫書。

2.組織圖。

3. 員工名冊與工作說明。

4. 工作成果報告。

5. 需求評估調查報告。

6. 評鑑結果報告。

7. 個案紀錄。

（五）評估人事政策、行政程序與實務

社會工作管理者要關切：

1. 是否有人力資源計畫？

2. 是否為每一個職位進行工作分析？

3. 招募人事是否有計畫？

4. 是否有強化組織人事多樣化的計畫？

5. 人力發展與培訓是否有計畫？

6. 是否有成效評鑑體系？

7. 員工離職辦法是否明訂？

這部分的重點是組織的人事管理或人力資源管理（human resource management）。首先是人力需求規劃，一個組織需要什麼樣的人力？專業、非專業、半專業、準專業、自願工作者的量與質如何？專長、經歷、性別、族群等考量必要嗎？是否同意兼職？

接著要思考每一個崗位做些什麼？是否分工合理？其所須人力專長資歷如何？才能擬定招募人才計畫。人才聘用盡可能多樣化，以免人事過度集中於某一族群、性別、背景，而導致專長、社會人口特質過於集中而產能降低。所聘用人力從職前訓練到在職訓練，從基礎訓練到專精訓練，都應有計畫地培育；如果本機構無自辦訓練之可能，亦應有委外訓練計畫。人事升遷、獎懲、考核都應有完整體系，以利員工遵循，並應有周詳的員工聘約，以及工作規則，才能建構良好的雇傭關係。

上述資料可以從以下文件中取得：

1. 人事政策與程序手冊。

2.人力資源計畫書（含就業機會均等計畫）。

3.職務分析與工作說明。

4.招募程序。

5.員工發展與訓練計畫。

6.考績評量表。

7.出差勤紀錄。

8.申訴資料。

9.訪談具有代表性的員工。

（六）評估技術性資源與系統的適當性

要了解以下三項資訊：

1.預算編列過程中是否有方案專責幹部參與？他們對支出與單位成本的建議是否會被採納？

2.預算資料是否被用來作爲提高效率的手段？

3.資源的提供是否足夠來達成既定的方案目標？

預算管理（budget management）與庶務管理是人群服務機構另外兩個重要的管理工作。人群服務機構通常有三種預算系統如下：

1.科目預算（line-item）

依照會計作業，機構的主計或會計都有一套標準化的會計科目表，例如：支出部分有經常門與資本門，前者是消耗性支出或業務費，後者是設備、建築、土地等。以經常門爲例，通常包括：人事費與業務費。會計科目有薪資、加班費、差旅費、印刷費、郵電費、雜支等。收入部分有利息收入、捐贈收入、補助款、會費收入、雜項收入等。在做年度預算時，收支一定要平衡。從科目預算中不容易看出到底機構做了哪些方案或績效，只知道一年內機構有多少收支、負債或結餘多少。

2.方案預算（program budgeting）

是以一個方案或計畫作爲預算的單位，將該方案所有收支列出成爲一

個獨立的方案預算書，例如：社會安全網計畫、長期照顧計畫、兒童保護服務、家庭維繫方案等。將投入該方案的所有人事、物料、器材等支出計算出，藉此可了解該方案的總成本與單位成本。機構再依此來比較各方案間的資源配置是否合理，並可將方案預算與效率提升相互扣緊。通常機構先有科目預算，再加做方案預算。

3.功能預算（functional budgeting）

是指機構推動所有方案服務的總收支，包括行政支援。通常機構都有業務部門（或各種方案），與幕僚或後勤部門兩者。功能預算是將兩種分別列出，再算總計，藉此可了解整個機構各部門的收支及其資源分配，並將行政支援的支出分攤到各部門。例如：在科目預算中，我們可以了解機構總人事支出有多少，但卻很難知道社區服務部門的支出結構，功能預算可以提供這方面的資料。

這三種預算制度可以同時採行。此外，依預算編列的實務來論，漸進預算（incremental budgeting）是最常見的，也就是上一年度各項目編列多少，視財源情況及物價指數，或政策偏愛，比例提高或緊縮預算。這種預算制最簡便，也有利於傳承，但是卻容易形成浪費、無效率，因為每一部門不分績效好壞都可以分到餅。另一種較根本的預算方法稱作零基預算（zero-based budgeting），是將過去的預算一筆勾消，從年度開始重來，依每一部門的業務必要性、政策走向、服務績效，重新檢討預算額度，一切歸零。據此，有些單位或科目可能掛零或緊縮，有些方案可能大幅成長；簡言之，有計畫才能預算，沒計畫就不給錢。對於那些績效不彰的部門，零基預算的確威力十足，可以節省財政負荷。通常每一機構不須每年均進行零基預算，一段期間進行一次，即可達到預算控制的效果。

承上所述，要分析機構資源運用，一定得了解機構的預算制度、成本計算的方式，以及預算書的使用。而這些資料可以從下列文件中獲得：

1.年度計畫。

2.會計報表。

3. 結算書。

4. 成本分析。

5. 方案設計書。

6. 評鑑報告。

7. 訪談方案執行者與財會部門。

此外，機構的庶務管理也很重要，例如：設備、器材、車輛、房舍、土地、物料等的管理，是支援方案執行不可或缺的。在社會福利機構屬總務或祕書部門主管這些事務。組織分析者要問：

1. 機構物理環境有利於提高產能嗎？

2. 每位員工的工作空間夠嗎？

3. 設備符合提供服務所需嗎？

4. 設備維修與汰舊換新有無制度？

5. 資訊設備趕得上科技發展所需嗎？

6. 物料申購、補充程序順暢便利嗎？

7. 檔案管理制度健全嗎？

8. 公文處理流程管考標準化嗎？

至此，一個組織的分析工作大抵完成。有了以上的了解，有助於初學者進入社會福利機構前，做好成爲組織成員的準備；同時，也在必要時參與組織變革。

［第三節］ 組織變遷策略

壹 組織發展過程

不論是人群服務組織、企業組織，都有清晰的組織發展過程，像個人、家庭、團體一樣有其生命循環。組織的生命循環（organizational life cycle）一般說來有五個階段：(1)創設；(2)執行；(3)成長；(4)穩定；(5)更新（Garvin & Tropman, 1998）。就像了解其他社會單位的生命循環一樣，了解組織發展的階段，有助於組織管理與變遷。

一、創設

人群服務組織創設源於：(1)法律授權，例如：《家庭暴力防治法》規定縣市政府應設立家庭暴力防治中心；(2)社會需求，例如：因救援雛妓而有婦女救援組織的出現；身心障礙者家長為了關心其子女權益與福利，組成身心障礙者家長團體等；(3)政府政策支持，例如：政府採取鼓勵民間辦理社會福利措施，激發許多機構、團體的出現；(4)企業慈善形象包裝，許多大企業為了提升企業形象而組成社會福利或文教基金會來推動社會服務；(5)節稅或轉帳，有些社會福利或文教社團、基金會的成立是為了公司作為節稅之用，公司將盈餘捐給自己的基金會，一方面可節稅，另一方面可讓女眷有發揮的空間；此外，(6)也有社團或基金會成立是為了申領政府補助款或議員配合款之用。依主計相關規定，地方政府議員配合款不再只限定於鄉鎮市公所可運用，社團也可請領，使得地方多了很多社團。

組織始創必然是創業維艱，尤其是沒有固定財源的自願性組織，或小型基金會。首先要面對的是找成員與財源，沒人沒錢辦不了事，巧婦難為無米之炊。其次，界定宗旨與任務，要先釐清組織為何要存在。三是準備提供什麼服務。萬事起頭難，最怕的是虎頭蛇尾，一群人興致勃勃發起組織，沒幾天變成一人社團，校長兼敲鐘。尤其是臺灣很多人群服務社團成員有高度重疊性，核心分子忙得團團轉，成員流動性也大。要組成一個人群服務組織的確要有兩把刷子，組織開始就是一種冒險，的確沒錯。

二、執行

籌組完成，也發展出一些服務方案，或承包了某些方案，組織開始進入執行階段。開張並不是開香檳後就一切OK了，找來的人是否可待下去？財

源後續足夠嗎？工作場所適合嗎？設備夠用嗎？服務品質符合期待嗎？方案與宗旨一致嗎？創設的理想能維持嗎？這些都是組織工作者必須努力的。

　　爲了平安度過執行階段，組織工作者寧可選擇從小規模著手，從能力所及的方案先開始，千萬別好大喜功，摔倒了再爬起來，總是慢了別人好幾步。組織工作者應穩抓穩打，試探新方案的可能性，多方接觸新財源，與資深同行建立合作關係，建立資訊聯絡網，積極促銷，有備而來，才能一炮而紅。

三、成長

　　開張之後，不能一鳴驚人，至少要站穩腳步，否則關門大吉。有些機構接了第一批服務對象或方案後，後繼無力，機構立即進入負成長。沒有倒下去的機構，逐步成長，不太可能一日千里，而是一步一腳印。除非有什麼重大事件發生，逮到機會，一炮而紅；不然，社會福利機構的社會知名度不可能一下子竄升太快。不像企業產品可以採取疲勞轟炸，密集打廣告，或請名模、帥哥、美眉代言，社會福利機構是慘澹經營，默默耕耘。

　　社會福利機構也面對社會行銷的矛盾。有些機構藉由商業行銷技術，大打知名度，例如：邀請藝人街頭義賣、請官夫人募款義賣、請政治人物慢跑、演出行動劇、舉辦民意調查記者會，甚至把服務對象推介給節目或媒體賺人眼淚，或是組成類似老鼠會直銷募款，聚集大量資金，而造成小型或不具知名度的機構募款困難。社會福利機構花錢做廣告，或有傷害服務對象隱私之虞者，都不可取。

四、穩定

　　穩定階段是指機構財源、行政程序、服務對象群、人力發展、服務方法皆趨於常態；也就是機構的運作靠制度來維持。穩定階段不愁薪水沒著落，不愁服務對象沒來源，不愁員工會跳槽。但是，也可能走向老化衰退。由於組織有恃無恐，而疏於創新；也由於爲了穩定地盤，而不思突破；更令人擔

心的是有可能爲了維持既有地位、聲望、資源，而走向保守與反動，喪失爲弱勢者辯護的意願與勇氣。

國無外患者恆亡，組織無壓力也會鬆散。因此，組織工作者要不斷地創新，包括：(1)行政創新，例如：改變組織行政過程、組織結構、組織文化、領導模式、願景等；(2)過程創新，例如：服務方法的改良；(3)贊助創新（ancillary innovation），例如：調整組織與環境的界線；(4)產品或技術創新，例如：開發新的服務項目、服務據點、服務套裝、服務技術等（Jaskyte, 2010），才可能維持正向的穩定，否則穩定反而是原地踏步，也可能是走向衰退的前奏。多少穩定的組織走向老大、傲慢、自滿，終於被淘汰，歷歷在目。臺灣的社會福利組織雖然還未出現這種輪替，但也應深思。

五、更新

當組織所提供的服務不再被需要，創新的意念枯竭，理想不能實現，執行成效不彰，老化而走向腐敗，或既得利益分配不均而分裂，都可能構成組織更新的條件。

組織更新有的來自成員主動要求，有的來自外部壓力促成，有可能是組織分裂。組織的更新階段等於又回到始創階段一樣，只是在創設階段的發動者是「籌備小組」，更新階段變成「改造小組」之類的。改造小組必須提出新的理念、目標、服務方案、財源、人事、技術等，且這些眞的要夠新，否則新瓶裝舊酒，得不到社區支持，也得不到財源的眷顧，很難有更新的可能。不過，我們也必須承認，要讓整個組織同步更新，也就是徹頭徹尾更新，有事實上的困難，不但舊思維不易全盤拋棄，舊人事、舊關係、舊風格也不易切斷。因此，更新是有可能觀念走在前頭，部分行動或制度的變革跟在後面，只要不是落後太多，都是常態的，都有可能轉型成功。

上述組織的生命循環只是個參考架構，並非所有組織一定都有這五個固定的發展階段，有些組織提早夭折，或提早面對更新的必要，例如：泡沫化，或被合併、重整。此外，每一組織的生命發展階段的期間長短也不一，

有些執行期很長，才有成長；有些成長很慢，才趨於穩定。因此，組織工作者不可拘泥於形式，而忽略了組織發展的動態面。

貳　組織變遷的途徑

組織能生存才有發展，連員工薪資都朝不保夕的組織，怎可能期待發展新的服務技術。任何組織發展階段的前進或後退，都是一種變遷。社會工作者以組織作爲對象，是希望透過組織來協助個人、家庭、團體、社區，甚至進行社會改革。因此，社會工作者有可能扮演下列四種角色：員工、教育訓練者、顧問或諮詢者、變遷媒介，端視社會工作者的對象是本組織或他組織。員工是指社會工作者本身就受僱於該組織，是爲組織的一員。教育訓練者是基於具有某種專門知識、能力、經驗，而被組織聘爲傳授知能者，通常要有好的溝通技巧的人才適任這個角色。顧問或諮詢（consultant）被組織聘請協助分析組織的特殊問題，或對特殊方案提供建言。顧問的角色扮演除了本身具有的學養知能外，更重要的是看組織如何界定顧問的角色，有些是顧而不問的酬庸性質，眞正的顧問是在關鍵時刻扮演決定性角色，而不是每事必問。變遷媒介是指刺激組織、社區、社會變遷的人。

通常要改變一個組織可以有兩個不同的途徑：內部途徑（intrinsic approach）與外部途徑（extrinsic approach）。前者是指社會工作者扮演教育訓練的角色，或偶爾加上顧問的功能，來教導員工、服務對象，甚或同僚有關組織變遷的知識與技巧，來協助組織變得更好；當然也有可能由社會工作者組成變遷的顧問團，來協助組織變遷。內部模式的組織變遷重在培養組織成員改變的能力與意願，參與組織向上改革的行動。

但是，內部改革的動力不足，會使組織變遷緩慢，最常見的是只聞樓梯響，不見人下來，空有改變之說，而無行動之實。一來可能是內部反對勢力過大，二來是外部壓力不足。因此，社會工作者一方面扮演促成變遷的角色，結合有心改變的成員；另一方面動員外部力量，例如：社區、政黨、學

者專家、社團或政府力量,來迫使組織改變。此時,不愉快、短暫的混亂與不安是難免的,社會工作者扮演的角色就傾向於變遷媒介。

參 組織變遷的標的

任何組織變遷都涵蓋三方面的改變:人、技術、結構或制度(Brager & Holloway, 1979)。首先,以人為焦點的變遷(people-focused change)是指組織改造的障礙是人,包括人的習慣、行為、文化、動機、願景、思想、感情、情緒、知識、能力等,這是組織變遷工作者最感頭疼的部分,尤其是在科層組織待久的人,難免都會染上或多或少「科層化人格」的習性,如何成為一位「好科員」(good bureaucrat),是科層組織工作者最大的挑戰。那些受僱於公部門的基層社會工作者是李普斯基(Lipsky, 1980)所說的基層科員(street-level bureaucrats),其具有某種程度的裁量權。然而,納入科層體制的大傘之後,其專業自主性已大大地降低。

科層體制被批評為權威大於能力、手段與目的顛倒、正式的非人格化,以及抗拒變遷。事實上,進入科層體制的人們,之前並沒有從學校或家庭中學到科層制的行為模式,而是進入科層制之後,才被社會化成為「科層性」(bureausis)的人。也許,在生活周遭我們會聽到某人說「他很官僚」,這位被說成官僚的人,並非一定是出自科層體系,而是人們對科層體制中的人類行為已給予標籤,例如:很賤、我就是真理、不講情理、不深究立法意旨、短視、不信賴別人、防弊多於興利等,而只要具有這些特質的人,就被冠上官僚。被罵成官僚的人,不被喜歡,也很少有人喜歡被說成官僚(Pruger, 1973)。在科層體制待久了,也可能產生某種病態,所以有科層病理(bureaupathology)之譏,也就是個人對層級結構的失功能反應,例如:不安全、低成就、嫉妒別人成就、欺下瞞上、混日子、冷血、原子化思考、被動等。

而科層體制裡也常因為升遷靠關係、年資、業績包裝、績效等,而落入

彼德原則（Peter Principle）所說的：員工升遷到超過其能力可勝任的位置上（Peter & Hull, 1969）。這些中高階主管擁有的組織權威，遠超過其完成當前任務的能力，導致拖垮部門、折磨下屬、破壞公私夥伴關係、傷害服務對象等情事一再發生。

要抗拒向下沉淪的拉力，普魯格（Pruger, 1973）建議，社會工作者應做以下努力，才能成為一位好科員：

一、保有持續力

作為一位科層體制下的社會工作者，應有長期的堅持，不要使自己很快熄火，一停下來，就難再發動。例如：不讀書會成為習慣；不思考也會成為習慣；不從人民的角度來看問題，當然也會成為習慣。屆時，專業不只會生銹，也會腐蝕而消失於無形。

二、維持行動活力

守法是基本的組織成員的規範。但是，務必要了解任何法令規章都是人訂的，不可能一陳不變，也不可能毫無彈性，更不可能是為了讓事情更不好辦；如果窒礙難行，應該建議修改。別忘了法是死的，人是活的，人不應該被法所使役；死守法條的科員一定越走路越窄，總有一天把自己陷入死胡同。

三、善用行政裁量權

法規不可能規範詳盡，總是會留下一些空間給行政人員在執行過程中的決策選擇，這就是行政裁量權。行政裁量權猶如刀之兩刃，過於擴大解釋，可能會吃上官司；但是，放棄裁量機會，會使自己招來保守僵化、頑固不靈的罵名。社會工作者應了解自己在組織中的潛在能量，充分發揮利用有限空間為服務對象謀最大福祉的能力，就不會陷入科層性格的困境中。

四、儲存能量

在科層體系中有很多儀式行為，例如：會議、考察、報表、公文會簽等，都是很耗神的；如果再加上會而不議，議而不決，決而不行，或是一個簽呈要蓋數十個章的公文旅行，簡直就是折損志氣。因此，社會工作者要懂得如何避免浪費時間與精力在個人短時間內無法改變的事件上，多為下一個改變保留實力。也就是說，毫無策略的亂槍打鳥，只會浪費子彈而又打不到靶子。有些改革者自以為是的見不爽就發飆，搞得大家累成一團；或是花太多時間精力在小處爭執，忘了重點所在，結果會使得大夥兒精疲力盡。

五、駕馭行政，而非被行政所使役

行政是為了達成組織任務的手段，而不是組織的目標。社會工作者千萬不可以本末倒置，被行政困死。但是，人們往往自己創造了規矩，卻成為規矩的犧牲者，如同人們創造了神祇，卻反過來被神所使役，而產生疏離（alienation）。組織中的結構本來就是人設計的，但是久而久之，反而成為阻礙進步的枷鎖。人與行政開始疏離，變成討厭行政。因此，社會工作者要隨時有勇氣擺脫這個困境的打算。

顯然，改變人是組織變遷中最重要的，也是最難的。如果能改變人，任何組織設計都沒有絕對的不利。訓練可能是最根本的改變人的利器。職前訓練、職務導引、在職訓練、督導是整套的訓練計畫，缺一不可。此外，領導也是關鍵，有怎樣的領袖就有怎樣的員工，俗云：嚴官府出厚賊，太嚴只會養成陽奉陰違，被動配合的部屬；然而，太鬆又會落得軍心渙散，毫無效率。因此，寬嚴適中，帶兵先帶心，服人以德，才能引導出好的科員行為。

其次，組織變遷的標的是技術變遷（technological change）。技術變遷並非只是資訊科技，或助人技巧之類的技術，還包括工作步驟與程序、服務活動等。技術變遷相當程度取決於人的改變，只要人抗拒變遷，很難引進新技術，例如：不會使用電腦的人，對引進電腦科技會有疑慮，擔心自己會被淘汰；一位學歷不高的督導，通常不歡迎高學歷的部屬。如果不同時改變

人的行爲，買了新電腦，不見得會被好好使用；引進新的工作程序，也不見得會被遵循。不過，標準化作業程序（standardized operational procedures, SOP）的確可以使人的行爲跟著改變，例如：「評估、分析、計畫、執行、考核」一套作業流程，迫使工作人員依此流程進行任何方案，至少可使工作效率提升。又如：公文電腦化、網路政府等的發展，也會使組織產生重大變化，人的行爲也會跟著改變。也就是說，人會抗拒新科技的引進，但也會在無法抗拒之下，迅速地接受科技，且熟練地操作。

　　第三，任何組織沒有一套健全的結構或制度，很難維持人的行爲改變與使科技有效被運用。例如：升遷管道不通、獎懲不公平、分工不合理、溝通無門徑、領導者無能，在這種情況下，即使員工再努力賣命，也維持不了幾天的熱度；引進再好的助人技巧，也用不了多久，員工累了，技術也閒置了。所以，要有好的制度設計，才可能維繫好的行爲表現，科技的引進也才有可能被好好管理與使用。

　　到底應該先改變人？還是先引進新技術？或是先改變結構？基本上應是三者同步改變，缺一不可。順序上則視個案而定，但是，先後時間不可能差距太久，以免先改變的部分因缺乏支持而又回復原狀。例如：一位員工被你感動之後，矢志要成爲一位好的社會工作者，可是等買一部電腦要等一、二年，而別人打混一樣照升遷不誤，這位員工的熱情一定撑不了多久就熄滅。也就是熱情維持的時間之內，是變遷的機會之窗；熱情冷卻之後，就很難再被點燃。

肆　如何改變組織

　　要改變一個人群服務組織，大致上有以下五個步驟：

一、分析變遷的力量

　　一個組織有必要改變，一定有其內部與外部的因素，例如：績效太

差、任務無法完成、缺乏效率、服務品質不好，以及財政壓力；或因外部競爭、法律強制、社區壓力等。但是，有問題的組織，或有需求改變的組織，並不一定能順利地改變。作為一位組織改變的工作者，首先要分析組織變遷的力量在哪裡。有二件事情先要評估：

（一）界定組織的問題

組織的問題出在哪裡？一個組織運作得好好的，是不會有人閒來無事來個組織變遷，一定是組織生病了，或是發展遲緩了，或是競爭力下降了。組織工作者一定要先問組織的問題在哪裡？是人出了問題？還是技術出了問題？或是結構有問題？

接著要問這個問題有多嚴重？嚴重度包括影響的廣度與深遠，例如：沒有把張三換掉，這個部門根本無法運作。問題好像只有在這個部門，但是，這個部門動彈不得，其他部門也受害，因為很多業務需要協調，會卡死在這個有問題的部門，整個機構就會跟著癱瘓。而整個機構一癱瘓，受害的服務對象就不只是先發生問題的那個部門的，而間接也影響到其餘部門的服務對象。那麼到底多嚴重的組織問題才會引發變遷的提議？簡單地說是容忍的極限。容忍的極限因人、事、時、地、物而異，有時，洩露了一位服務對象的私密，也會造成某個部門的大變革，因為此一服務對象是受家庭性侵害的個案，因此引發專業組織的批判、媒體的報導、婦女團體的圍剿、主管機關的介入。相較之下，當人才取得不易時，即使有些員工實在不稱職，也會暫時容忍到新的人才補進時。

組織問題的界定除了客觀的數據，例如：績效、成本效益、民意調查的滿意度等相關指標外，尚有主觀的一面，也就是問題的社會建構。當大部分組織成員覺得組織有問題時，管他有沒有客觀數據佐證，就被認定組織有問題。有時決策者覺得組織有問題，該組織就被認定是有問題，而決策者資訊的來源可能是重要他人，或資源人物，或偶然接到的一封E-mail，或有人在臉書上暴露。總之，決策者對組織發展有責任，因此，他界定問題的權重也較一般成員高。

（二）行動者

　　組織變遷的行動者有兩類，一是關鍵行動者（critical actors），另一是促成者（facilitating actors）。前者是指那些能使力讓組織產生變遷的人，例如：機構的行政人員、工作團隊、督導等。後者是指有權同意或否決組織變遷的人士，或者他們的表態將顯著影響關鍵行動者的人士，例如：董事或理事、顧問、長官、大老、專家學者。

　　我們要分析的是這些人是誰？有哪些人持反對意見，哪些贊成？他們的權勢如何，也就是誰的影響力大？他們對組織變遷所持的態度是否一致？有些人占有不同位置時，對改革的態度就不一樣，組織工作者千萬不要以昨日之我來看今日之他，而也不要太相信昨日之他會支持今日之我；換了位置就換了腦袋的人，比比皆是。不過，一路走來始終如一的人也不是沒有，考驗是必要的。

二、選定策略

　　組織變遷的戰術（tactics）有三種：協力（collaborative）、競爭活動（campaign）、鬥爭（contest）（Brager & Holloway, 1979）。協力是指採取聯合行動、教育、溫和遊說、問題解決等手段來達到變遷的目的，也就是結合有志之士，凝聚改革力量，使變遷成爲可能。

　　競爭活動是指採取硬性的遊說、討價還價、協商、施壓、政治運作的動作，來促成組織的變遷。鬥爭是指採取公然對抗、衝突、壓迫，甚或示威、遊行、抗爭等手段來迫使組織改革。有時，鬥爭會走向暴力或流血衝突；鬥爭的行動也不可避免地會有人身攻擊、羞辱、抹黑等負面行爲。

　　在選擇策略上，能避免衝突就儘量避免，除非協力改革無望，才以競爭活動的方式，或鬥爭來處理。但是，不能就此說社會工作者畏戰或怕衝突。作爲一位組織工作者，有時不能太柔弱或溫馴，尤其是組織腐爛到某種程度時，不採取強硬手段，無法立竿見影時，也只好強力衝撞組織，以求震撼效果。然而，每一種變遷策略都必須付出代價，也就是變遷的社會成本，例

如：關係破壞、暫時失誤率提高、組織陣痛、派系對抗等。不過，不管選擇哪一種策略，服務對象的權益應得到最大的保障，不要將服務對象引入競爭的火線。當然，有時結合服務對象的力量來改革組織，是被允許的，只是不可利用服務對象來謀求私利。

三、行前準備

要發動組織變遷前，有三件事要做：一是站到好位置；二是誘發組織變革的壓力；三是布局。「站到好地理，勝過好拳術」是一句祖先留下來的名言。兩軍對抗時，據易守難攻的一方可以以寡擊眾；兩強相爭時，站到好位置，比拳術好來得重要，站錯位置，選錯邊，很難成功。打籃球時亦同，搶到籃板球的並不一定是個子高的，往往是站對位置的，這叫卡位。組織變遷工作也一定先要卡位成功。什麼位置是有利於變遷的？接近權力核心、掌握資源、參與決策、位置居間，都是有利的位置。

誘發與管理組織壓力是組織準備變革的前奏，組織沒有壓力就沒有改革的動力。組織的壓力包括特殊的壓力與一般壓力。特殊的壓力是可以明確界定範圍的壓力，例如：服務對象的滿意度下降、服務供給不足、財源短缺、人力不足等。一般的壓力是指每個部門或成員均感染到，但是很難界定其範疇，例如：士氣低落、人際關係不良、缺乏動力、組織鬆散等。

任何組織即使有壓力，也都早已發展出一套防衛系統（defense system），避免成員認識或察覺到組織的問題所在，例如：粉飾太平、打腫臉充胖子、刻意疏忽、轉移目標、嫁禍他人、尋找替罪羔羊、陰謀論、大事化小等，都是常見的組織防衛行為，這是為失敗找理由。組織工作者應了解這種防衛系統，想辦法突破，才能把組織問題表面化。誘發組織壓力的作法有說服、溝通、揭露、抱怨、刺激、誇大、舉證等，讓數字說話，或是把不滿說出來，使組織的壓力大到不改變不行的程度。

最後，應開始結構布局（structural positioning）。布局是利用組織結構來使組織的問題被接納地聽到，且願意將問題解決納入組織的議程中。布局

需要做三件事：組成改革小組、取得合法性（或正當性，legitimacy）、結構設計。

事情是人做出來的，話也是人講出來的；事情本身不會講話，是人把事情講出來。同樣地，徒法不足以自行，要有人來執行變革。組成一個委員會或工作小組來推動改革，小組成員一定要有志一同，雜音太多很難改革；但也不要是一言堂，會使資訊被阻絕，而誤判情勢。小組中要有發言人，代表改革者發聲；發言人要表達精確，善用媒體語言。

取得合法性是指讓大家覺得改革有理，其手段可透過說服董事會或上級長官、獲得社區支持、取得學者專家的認同等。總之，目標要正確，手段要正當，道理要服人。

結構設計是考慮要延續舊秩序，還是建立新架構。爲了避免全盤推翻可能帶來的騷動不安，適度地延續舊慣、漸進地引入新局面是有必要的。同時，要有動作準備安定舊體制的人心，不要讓被改革者有被逼得走投無路，狗急跳牆，或決一死戰的想法。但是，如前所述，不改變結構或體制，很難使人或科技的改變深化；體制與人事的變革才能眞的做到政策改變或執政輪替。一切準備安當，才能發動變遷。

四、發動變遷

發動組織變遷的階段是揭示變遷目標，並擴散到每一個成員，讓大家接受這個共同目標。但是，並不是每一位組織成員都涉入組織變遷的計畫過程，因此，有些人會採取反對的立場，不反對的人也可能只冷眼旁觀。此時，結合志同道合者是必要的。

（一）結合眾力

在組織變遷啟動時，組織成員大致上可以區分成下列四組人：

1.變遷發起人

指那些在準備階段即加入策劃、倡導改革的人，這些人不一定都是檯面

人物，有些是幕後策動者。要扮演策動者的角色需要有某種特質，例如：聲望、信用、溝通能力、行動力、人際關係、謀略等條件都要夠好，否則成事不足，敗事有餘。群眾決定要不要支持組織變遷的前提，往往是發起人的個人條件與目標正當性一起考慮。目標正當性不足之下，發起人的魅力可以彌補。有些改革之所以會失敗，並非目標不夠正當，而是發起人的條件不好。

2. 聽眾

組織變遷過程的聽眾是指關鍵行動者、促成者，以及支持者與反對者。如前所述關鍵行動者屬高層幹部（upper-ranking staff），他們是組織變遷的關鍵力量，如果這些人傾向於支持改革，直接向他們訴求，風險較少；反之，不宜硬碰硬。要說服關鍵行動者還可透過說服促成者來達成，此即所謂由上而下（top-down）的策略；也可採由下而上（bottom-up）的作法，找更多關鍵行動者的支持者來動搖持保留的關鍵行動者的立場，影響他們傾向支持改革。所以，選擇對的聽眾是組織變遷成功的第一步。

3. 結盟者

指有組織的支持者，例如：部門單位、派系等，基於共同利益、意識形態、情感而相挺。有些結盟者可以持續很久，稱爲長期盟友（standing alliance）。能得到長期盟友的支持就像持有信用卡般，可以換取服務，以完成改革。如果沒有長期盟友的支持，至少應尋求議題盟友的支持。議題盟友是在特定議題上互利而結盟。不論哪一種盟友，結盟的最終一定要做到有效的結盟（affective alliance），也就是能因結盟而達成目標。有時結盟是一種相互利用的謀略，哪裡有利就倒向哪裡，才會有所謂在關鍵性的時刻跑票的事件發生。

4. 反對者

指不同意變遷目標的人們，有可能因利益、價值、派系、意識形態不同而反對，但也有可能因溝通不良、資訊錯誤而反對。有時反對也是一種策略，作爲談判的籌碼，拉高價碼，延長戰線，從中謀利。例如：組織工作者爲了安撫反對者而許以新職位，或利益交換。組織變遷過程中，將反對者的

力量稀釋是最起碼的工作。當然，轉向支持是再好不過了；某些讓步、妥協、交換也是必要的，除非反對者的力量微不足道。

（二）界定目標

沒有目標的行動是盲動，目標不具正當性是妄動，目標不精確則是亂動。組織變遷的目標一定是比現況好，而且是符合社會正義。目標通常是具體可行，且可以部分化（partializing），也就是可細分為若干範圍清楚的條列目標，以利分期、分階、逐項、逐次完成，以免因資源不足而一事無成。

目標也應說清楚、講明白，再偉大崇高的理想，沒有講出來，群眾根本不會自動地理解。變遷媒介要善用說帖、文宣來宣揚改革的目標。在界定目標時，妥協也是難免的，要讓更多人接受一個多數人都可以接受的可行目標，還是很少人可以接受的理想目標，至為清楚。但是，妥協到理想盡失，底線放棄，則已失去改革的原意，不改也罷！

五、執行變遷與制度化變遷

執行變遷的階段最重要的工作是排除障礙。首先是參與者的利益是否被照顧到，當然不可能雨露均霑，但盡可能面面俱到。讓一堆人覺得只能與改革者共苦不能同甘，絕非好事；何況天下之大豈是一人能治，即使是一個小組織也不應一人獨攬權。如果讓大家覺得成事之後，不能共享組織改造的利益，不只結盟者覺得被出賣，支持者也會心生遲疑，而停止支持；變革尚未成功，阻力已無所不在。

其次是目標是否一貫。在變革過程，目標是會隨閱聽者的解釋、補充、修正而更明白易懂，又吻合現實。但是不能越講越模糊或前後不一致，導致支持者無所適從。反而，目標應是被組織成員接納，而成為共同的目標。

第三個障礙是組織的支持者相互扦格，隨時脫槌。因為組織體系並不一定能同步改變，尤其資訊不完全流通之下，參與程度不一，而行動也就不同

調。所謂同步卻不同調,滋生紛擾,節外生枝。

　　能排除執行的障礙,依計畫執行變遷,一定要維持變遷目標的承諾,否則變遷之後,難保不在短期內復辟。變遷的終極目標是守住變遷的戰果,要守住戰果一定要實現承諾。

　　變遷就是一種新經驗,人們對新經驗較不熟悉,難免心生恐懼、遲疑、等待、觀望,甚至破壞。組織工作者要努力去溝通變遷的結果,讓人們感受到變遷帶來的短期不適應很快會被長期利益所取代。溝通的方法包括請有社會聲望的人來肯定變遷,宣傳變遷的正面價值,舉證變遷的成果對人們的利益等。對社會福利組織來說,對工作同仁說明變遷已帶來的好處,與向服務對象示範變遷的利益一樣重要。

　　變遷成功後,也可能是另一個變遷的開始。而如何使這一階段的變遷可以穩定發展,首先必須評鑑變遷的成本與效益:目標是否達成?手段是否正當?效率如何?有無負面影響?

　　進一步穩定變遷的成果,使變遷後組織運作恢復常態化、標準化。組織變遷後的陣痛期越短越好;舊的秩序被打破,新的秩序盡快被建立。在變遷過程中的非常手段要被常態的組織管理取代;新的組織管理走向標準化作業模式,以利員工熟悉新制度的運作,縮短焦慮期。變遷後的組織順利運作來執行變遷的目標時,即是進入制度化變遷(institutionalizing a change)的階段了,這才算是組織變遷完成。

參考書目

一、中文部分

徐震、林萬億(1983)。當代社會工作。臺北:五南。

高迪理譯(1999)。服務方案之設計與管理。臺北:揚智。

孫健忠、賴兩陽、陳俊全譯(2005)。追求卓越──人群服務組織管理(原著:Peter Kettner)。臺北:雙葉。

陳竹上、傅從喜、林萬億、謝志誠(2012)。我國災後募款規範之法制發展與運作實況:以莫拉克風災後全國性勸募活動為例之法實證研究。政大法學評論,129期,頁301-

380。

黃源協（1999）。社會工作管理。臺北：揚智。

蔡啟源譯（1998）。社會工作行政。臺北：雙葉。

二、英文部分

Austin, M., Brody, R., & Packard, T. (2009). *Managing the Challenges in Human Service Organizations: a casebook*. Thousand Oaks, Ca: Sage.

Bartlett, W., Roberts, J., & Le Grand, J. (1998). *A Revolution in Social Policy*. Bristol: The Policy Press.

Billis, D. (2010). *Hybrid Organizations and third Sector: challenges for practice theory and policy*. Basingstoke, Hampshire: Palgrave Macmillan.

Brager, G. & Holloway, S. (1979). *Changing Human Service Organization: politics and practice*. The Free Press.

Carroll, P. & Steane, P. (2002). Austrailia, the New Public Management and the new millennium. In K. McLaughglin, S. Osborne, and E. Ferlie (eds), *New Public Management: current trends and future prospects*. London: Routledge.

Coulshed, V. & Mullender, A. (2006). *Management in Social Work* (3rd ed.). Basingstoke, Hampshire: Palgrave Macmillan.

Dreschler, W. (2005). The Rise and Demise of the New Public Management. *Post-Autistic Economics Review*, 33.

Etzioni, A. (1961). *A Comparative Analysis of Complex Organization*. NY: The Free Press.

Garvin, C. & Tropman, J. (1998). *Social Work in Contemporary Society*. Boston: Allyn and Bacon.

Hasenfeld, Y. (1995). Analyzing the Human Service Agency. In J. Tropman, J. Erlich, and J. Rothman (eds.), *Tactics and Techniques of Community Intervention*. Illinois: F. E. Peacock.

Hasenfeld, Y. (2010). *Human Service as Complex Organizations*. Thousand Oaks, Ca: Sage.

Hasenfeld, Y. & English, R. (1974). *Human Service Organizations*. The University of Michigan Press.

Hood, C. (1991). A Public Management for all Seasons? *Public Administration*, 69 (Spring), 3-29.

Hood, C. (1995). The New Public Management in the 1980s: variation on a theme. *Accounting, Organizations & Society*, 20: 93-109.

Jaskyte, K. (2010). Innovation in Human Service Organizations. In Y. Hasenfeld (ed.), *Human Service as Complex Organizations* (pp.482-502). Thousand Oaks, Ca: Sage.

Lauffer, A. (2011). *Understanding Your Social Agency* (3rd ed.). Thousand Oaks, Ca: Sage.

Lipsky, M. (1980). *Street-level Bureaucracy: dilemmas of the individual in public services*. NY: Russell Sage Foundation.

McCann, L. & Pearlman, L. A. (1990). Vicarious Traumatization: a framework for understanding the psychological effects of working with victims. *Journal of Traumatic Stress*, January, https://doi.org/10.1002/jts.2490030110

Netting, E., Kettner, P., & McMurtry, S. (1998). *Social Work Macro Practice*. Longman.

Neugeboren, B. (1985). *Organization, Policy, and Practice in the Human Services*. Longman.

Peter, L. J. & Hull, R. (1969). *The Peter Principle: why things always go wrong*. New York: William Morrow and Company.

Patti, R. (2009). *The Handbook of Human Service Management* (2nd ed.). Thousand Oaks, Ca: Sage.

Pruger, R. (1973). The Good Bureaucrat. *Social Work*, 18: 4, 26-32.

Wahl, A. (2011). *The Rise and Fall of the Welfare State*. NY: Pluto Press.

Weiner, M. E. (1982). *Human Services Management: analysis and applications*. Homewood, IL: Dorsey Press.

Weissman, H., Epstein, I., & Savage, A. (1983). *Agency-Based Social Work: neglected aspects of clinical practice*. Temple University Press.

Zastrow, C. (1998). *The Practice of Social Work*. Brooks/Cole Publishing Co.

第十四章
社會工作實施領域

社會工作的實施領域可以從服務人口群、服務設施兩個指標來分類。
本章將這兩個指標融合，再以社會工作實施領域發展的先後順序，以及臺灣
社會工作就業市場現況來介紹，包括公共福利、醫務、心理衛生、兒童及家
庭、學校、老人、身心障礙、司法等；順便帶到工業、軍隊、生態、同志等
較少被關注的實施領域。

第一節 公共福利社會工作

壹 公共福利社會工作起源

現代社會工作的興起始於民間的社會慈善，英國1905-1909年間的「濟
貧法皇家委員會」，會議結論的「多數報告」仍主張應由慈善志工繼續扮演
濟貧的主要角色；而當時的「少數報告」已主張應聘用訓練有素的社會行政
與專職社會工作者來執行這項工作。到了1929年工黨執政時通過的地方政
府法（Local Government Act）才改變公共福利行政體制，新濟貧法以來實
施了將近一個世紀的濟貧監察官才真正走入歷史，取而代之的是地方政府的
公共救助委員會（Public Assistance Committees）。

美國在1900年以前，公共救助也是由私人慈善組織提供為主、地方政
府為輔，當時用詞是公共救濟（public relief）。但是，隨著工業化、人口集
中城市，需求公共救濟的人口超出地方政府與私人慈善的負擔能力。1908
年，密蘇里州的堪薩斯市（Kansas City）設置寬恕與假釋委員會（Board
of Pardons and Paroles），負責監護從習藝所釋放出來的假釋犯人。隔年，
該委員會也負責管理習藝所。1910年，該委員會增聘成員，從3人擴大為5
人，增加處理全市的貧民、少年犯罪、失業、值得幫助和不幸的人，並督導
獲得政府補助的私人慈善機構業務。同時，將習藝所遷移至鄉村，發展農
場，開發各種職能訓練，以供犯人勞作；並增設醫療設施、教育課程，以及

聘用社會個案工作者服務收容人。

堪薩斯市的作法很快被其他大城市仿效，且改名爲縣市公共福利委員會（Board of Public Welfare）。接著，1912年隔鄰的堪薩斯州設置公共福利委員會（State Board of Public Welfare）。1916年由堪薩斯、奧克拉荷馬（Oklahoma）、科羅拉多（Colorado）、內布拉斯加（Nebraska）等中西部州組成國家公共福利聯盟（National Public Welfare League），推動至少50個城市設置公共福利委員會。由於提供的服務包括：院外救濟、假釋、觀護、精神失常者的出院照顧、就業媒合、兒童安置、學童中輟、休閒調查、公共衛生等，因此需要受過訓練的人員擔綱。由於不是每一個縣市都有少年或成年觀護、院外救濟監督、就業服務、兒童安置服務、休閒場所檢查等業務，因此，至少聘用一位受過訓練的社會工作者。基於此，社會工作者的訓練被要求是全方位的，亦即綜融模式的社會工作。

1914年，加州洛杉磯郡首先設置公共福利部（Public Welfare Department），以專業方法來管理院外救濟、濟貧院、兒童之家、醫院、公共衛生，以及督導私人慈善。

1917年，北卡羅來納州（North Carolina）則通過立法設置公共福利委員會，規定各縣市要設置公共福利委員會。同年伊利諾州（Illinois）也設置公共福利部。而聯邦政府則在內政部（the Department of the Interior）下設有類似功能的單位，其業務包括印地安事務、國家公園、森林保護、軍人年金、灌溉，以及教育。

至於兒童局（the Children's Bureau）則是另一個故事。在1903年，創建紐約亨利街社區睦鄰中心（Henry Street Settlement）的護士瓦德（Lillian Wald）、紐約慈善學校主任迪萬（Edward Devine），以及社會改革者凱莉（Florence Kelley）提出美國聯邦應設置兒童局的構思。1905年，他們向羅斯福總統（President Theodore Roosevelt）提出建言，因爲羅斯福總統受到進步主義年代（Progressive Era）和睦鄰運動的影響，比較重視社會福利。同年，國家童工委員會（National Child Labor Committee, NCLC）成立，也以推動兒童局立法爲目標。1909年，白宮兒童會議也背書該提案。終於，

1912年塔虎脫總統（President William H. Taft）簽署設置兒童局，成爲美國第一個聯邦社會福利機關，隸屬商業與勞工部（the Department of Commerce and Labor），也是世界上第一個單獨以兒童及其母親爲服務對象的政府機關。1913年美國勞工部成立，兒童局也改隸勞工部。首任局長是出身芝加哥胡爾館（Hull House）的拉斯洛普（Julia Lathrop），她做了9年局長，把棒子交給另一位來自胡爾館的阿寶特（Grace Abbott）（林萬億、鄭如君，2014）。勞工部兒童局與內政部的公共福利服務分開，使得社會工作者被分開在兩個單位工作。各地方政府的社會福利工作與私立慈善機構的社會工作者，經由資訊交流、合作，已形成一個公共福利社會工作體系。

在進步主義年代，州政府已經負起更多照顧值得幫助的窮人的責任，1926年，已有40個州建立母親及其依賴兒童的公共救濟方案，也有少數州開辦老年年金。然而，社會救助顯然無法因應大規模失業、都市貧民的需求。

1929年以後的經濟大蕭條（the Great Depression）壓垮了各州政府資助的公共救助方案，需要聯邦政府出手相挺。1932年緊急救濟與重建法（Emergency Relief and Construction Act）授權聯邦政府撥款資助各州公共救助。1935年的社會安全法案（the Social Security Act）授權設置社會安全局（Social Security Administration），讓美國的州與聯邦的公共福利體系進一步整合。1953年美國聯邦設置衛生、教育及福利部（Department of Health, Education, and Welfare），兒童局、社會安全局均納入，已逐漸形成龐大的公共福利社會工作體系。1980年教育部獨立，衛生與人群服務部（Department of Health and Human Services）成爲美國社會福利的中央主管機關。公共福利社會工作成爲推動社會福利最重要的推手。

貳　定義公共福利社會工作

　　在政府社會福利部門服務的社會工作者以社會福利行政人員居多。公共福利社會工作者的職責是協調所得與其他給付給有需求支持的人們，例如：兒童、身心障礙者、老人、病人等。同時，也要培養服務使用者的自我效能，當可用的資源減少時，仍能獨立地維持社會功能。公共福利部門的社會工作主要包括社會福利行政與社會政策兩者。

　　社會福利行政（social welfare administration）是將社會政策轉化為社會服務（social services）的過程，涉及公私機構的行政。英國社會政策學者提墨斯（Titmuss, 1950）最早定義社會行政是探討社會服務，目的是如何促進個人、家庭及其團體關係的條件。因此，社會行政關切與探討的是政府的福利體系所資助的社會服務。

　　為了達成社會福利目標，政府形成社會政策與方案，進而透過社會立法、配置財源，以及提供組織與行政，組成部會或部門，且尋求與非政府組織建立夥伴關係，以利有效執行各種社會福利方案。簡言之，不論社會服務或社會福利範圍內的活動都被認為是社會福利行政。

　　社會服務簡單地說是幫助需要幫助的人。因此，社會服務是包括志工在內針對需求協助的個人或團體的服務，或經由個人或集體的努力，提升個人或社區福祉的活動。亦即，提供社會服務的人可以是專業的社會工作者或社會行政人員，也可以是不須經過專業訓練的志工。通常，社會服務對象包括一般人群，而社會福利服務的對象是弱勢的特定人群。社會服務強調增進一般的生活品質，而社會福利服務著重提供服務給弱勢者，使其能趨近於主流社會的生活水準。

　　社會政策則是引導介入社會的活動與原則，以及規範個人、團體、社區、社會、社會制度的關係，包括由政府、自願組織、人民提供的教育、健康照護、犯罪與矯正、經濟安全，以及社會福利的計畫與方案（Barker, 2014）。

參 公共福利社會工作實務

公共福利社會工作者需要具備的技巧是傾聽、溝通；同時，成為公私協力或夥伴關係團隊的一員，協調公私部門提供服務對象的長期給付。

所有各種公私部門社會服務組織的社會工作實務，都依循相互依賴的社會福利政策來執行。而社會福利政策則是由政府、立法機關，或非營利組織的董事會所制訂，這些政策是組織或機構提供服務的依循方向。據此，在政策環境下，個別的社會工作者不可能去牴觸這些政策而任意選擇所作所為（Colby, 2018）。不論是機構的服務時間、服務對象、服務提供方式、給付額度、服務範圍、資格要件、特殊或例外規定等，都被社會福利政策或機構政策與方案所規範。

其實，每一種形式的社會工作實務都是體現社會政策。反之，社會政策也滲入社會工作的各個面向（Blau & Abramowitz, 2014）。亦即，社會政策沒有透過社會行政與社會工作的實踐，只是空談。因此，重要的是了解政策的內涵如何影響社會工作實務；同時，運用社會工作技巧實現政策時，如何彰顯社會工作專業的價值與信念（Colby, 2018）。

社會福利政策可粗分為微視與巨視。微視社會福利政策（micro social welfare policy）針對個人及其家庭的福利，直接影響社會工作者的實務，包括：服務對象的資格要件、服務提供的形式、方案的輸送結構、財源等。如果社會福利政策規劃錯誤，會讓第一線社會工作者感到挫折。典型的公共福利社會工作實務障礙是福利資格限制太嚴苛、管制太嚴、不允許個案倡議、個案負荷量太大、執行時間限制太緊等。

巨視的社會福利政策（macro social welfare policy）是為了強化大範圍社區的改變，降低或消除特定問題，例如：兒童、家庭、老人、身心障礙者、少數族裔的貧窮、照顧、歧視風險。如果社會福利政策設計錯誤，反過來可能會擴大問題與不均，或懲罰特定人口群。

據此，公共福利社會工作實務包括以下兩類：

一、社會福利行政

社會福利行政的活動大致包括以下（Slavin, 1978; Patti, 2009）：

1. 轉化社會期待成為可運作的政策與目標，以引導組織行為。
2. 設計組織結構與程序以利達成目標。
3. 確保物資、人員、資源，以及社會正當性，以利目標達成與組織存續。
4. 選擇與設計所需的科技。
5. 優化組織行為朝向效果與效率的提升。
6. 評鑑組織績效以利激發系統性與持續性的問題解決。

二、社會福利政策

依美國社會工作教育協會（Council on Social Work Education, 2015）的標準，社會工作者在社會福利政策的實務上扮演以下功能：

1. 政策形成、分析、執行，以及評鑑。
2. 界定政策屬地方、縣市或中央層級，以利確認影響福祉、服務輸送、接近社會服務的範圍。
3. 評估社會福利政策如何影響服務輸送與接近社會服務。
4. 利用批判性思考分析、形成，以及倡議政策，以提升人權、社會、經濟和環境正義。

第二節　兒童及家庭社會工作

壹　兒童及家庭社會工作起源

社會工作最早即是以兒童及家庭為對象的實施，不論是從1647年的英格蘭貴格教會創立，到1657年傳到美國波士頓的蘇格蘭人慈善會社、

1754年波士頓的聖公會慈善會社,以及1767年愛爾蘭慈善會社等,之後這些慈善組織更加制度化,例如:1843年英國國教派的「都會訪問與救濟協會」,進而於1869年促成倫敦的「慈善組織會社」的組成,協調與整合各城市的慈善救濟資源,也從英國傳到美國,其成立目的主要就是救濟貧困兒童及其家庭。「慈善組織會社」所招募的「慷慨女士們」,後來稱為「友善訪問者」,是為今日社會工作者的前身,其訪問對象即是以家庭為主,擴及濟貧機構與社區街頭。

最早的兒童福利服務應屬孤兒院,到19世紀中葉照顧孤兒、棄童最常見的仍是機構式的監護照顧。寄養照顧最早出現於1853年的農場寄養。1862年英國曼徹斯特民間社團推行孕婦的家庭訪視,稱健康訪視員(health visitors),是為嬰兒福利的肇始。兒童保護則始於1874年紐約的愛憐(Mary Ellen)虐童案以後。少年犯罪預防是在1899年第一個少年法庭成立於芝加哥之後。學童營養午餐是於1906年英國開辦學校提供免費餐點起。

家庭維繫運動(family preservation movement)也出現於19世紀末。接著1909年白宮兒童會議的共識是「兒童不應以貧窮的理由從其家長身邊被帶離。」社會個案工作的先驅芮奇孟(Marry Richmond)曾說道:「救援兒童的呼籲應該被救援家庭所取代。」(Lindsey, 2004)1912年美國兒童局成立之後,童工問題也受到關注。1935年美國社會安全法案納入失依兒童補助。1966年全美國各州均通過立法規制兒童虐待。又隨著婦女勞動參與力的提升,兒童日間照顧日趨普及。兒童及家庭社會工作者的角色隨著兒童福利的發展,不斷擴大。

兒童福利最狹義的說法就是保護兒童免於疏忽與虐待的過程。而完整的兒童福利體系是由多種社會服務機構的服務所組成,這些機構在社區中協力提供社會安全網,保護脆弱兒童與家庭。完整的兒童福利服務包括保護兒童免於不當對待、寄養服務、收養、未成年親職支持、親職教育、保障兒童居住安排、家庭諮商、經濟安全、兒童照顧、機構照顧、學校社會工作、早期療育、健康照護、兒童休閒安排、社會參與等。

至於家庭暴力,特別是針對女性配偶的暴力是晚近社會關切的議題。

早在西元前753年羅穆盧斯（Romulus）建立羅馬，頒布第一部婚姻法，禁止通姦，但非爲保護配偶免於家庭暴力，而是支持合法馴妻。這種合法馴妻的立法一直到20世紀初還存在著（Danis, 2003）。英國的民法直到19世紀末還有男尊女卑的結構性規範，這種被認可的優越（sanctioned superiority）給予丈夫合法權力命其妻服從，並授與丈夫體罰或懲戒妻子反抗的權力（Siegel, 1996）。雖然，20世紀初以後，容許控制與暴力相向的規定被取消，但是並未保護受暴者。反而，另代以婚姻隱私（marital privacy）作爲虐妻是家庭問題，不是社會該關心的議題的標準化說詞（Turekheimer, 2004）。

　　直到1960年代女性主義運動興起，家庭暴力才成爲公共利益議題（Danis, 2003）。女性主義者開始籌設家庭暴力受害者的庇護設施，同時倡議修法懲罰家暴犯罪者，並促成社會工作專業訓練認識家庭暴力與協助受暴者。從此，防治家庭暴力的公民意識興起，增設受暴婦女庇護設施，家庭暴力防治法也紛紛制訂，涵蓋社會工作師在內的專業人員培訓也大量增加，包括學校社會工作師、心理諮商師、護理師、警察、律師、法官等。

　　家庭暴力防治一開始僅重視身體虐待，漸漸地，性暴力、情緒虐待、心理虐待、財務虐待等相繼被重視。而且，受害者從妻子、丈夫，增加到同性或異性伴侶。此外，兒童、成年親屬也被納入受害人保護。兒童及家庭服務領域逐成爲社會工作學生就業的最主要出路。社會大眾最直接接觸的社會工作者就是兒童及家庭社會工作者。

貳　定義兒童及家庭社會工作

　　聯合國定義兒童爲18歲未滿之人，因此，兒童及家庭社會工作包含少年在內。兒童及家庭社會工作又被稱爲社區社會工作（community social work）、社會服務工作（social services work）或人群服務（human services），在政府、非營利組織，以及其他社區機構或設施，提供直接服務給個

人及其家庭，滿足其在社會經濟挑戰下亟需社會安全網的協助，同時扮演為兒童及其家庭倡議的角色。兒童及家庭社會工作常見於兒童福利機構、社區青年方案、庇護機構，或其他社會服務設施。在臺灣則是以公部門的社會福利服務中心、家庭暴力暨性侵害防治中心，以及民間兒童福利機構為主。

社會服務工作聚焦在提供家長照顧自己及其兒童，滿足基本需求，其目的是預防或排除家庭自我效能發揮的障礙、恢復社會功能。扮演的角色是個案工作者、少年輔導員、個案管理者、兒童權益倡議者、親職教育者、家事調解者、收養催化者等。其服務對象或議題包括物質濫用、心理衛生、情緒管理、家庭暴力、貧窮、失業、生活管理技巧欠缺、創傷等。

人群服務社會工作者透過諮商、心理暨社會或環境評估、資訊提供與轉介、與社區網絡夥伴協力、協調家外安置或收養、生活技巧教導、資源提供、倡議、個案管理、情勢發展監控等。

兒童及家庭社會工作者最常提及的原則就是兒童最佳利益，幫助兒童從悲慘的情境中脫離，確認其獲得適合的照顧，需求得到滿足。社會工作者從悲慘的情境中救出兒童或婦女時，會有很大的成就感；但是，也面對家庭責怪兒童被社會工作者搶走、破壞他人婚姻與家庭的糾結掙扎。有時，錯失救援時機，讓兒童或婦女在危險環境中受虐致死也會有很深的心碎感。

兒童及家庭社會工作者也提供家庭支持、治療給經驗創傷、失依、家外受虐的兒童，以及嚴重行為問題的兒童及少年。原則上，兒童及家庭社會工作者支持家庭是兒童最佳的成長環境，但是，當兒童被評估需要從原生家庭中暫時家外安置時，例如：虐待與疏忽、性侵或性剝削，寄養家庭是優先選項，萬一缺乏足夠與合適的寄養家庭，機構寄養也是不得不的選擇。此時，社會工作者提供評估、轉介、諮商、倡議的角色。

倘若社會工作者以家庭暴力防治為主要工作，稱為家庭暴力防治社會工作，其工作範圍包括：兒童虐待（child abuse）、親密伴侶暴力（intimate partner violence, IPV）、老人虐待（older adult abuse/elder mistreatment）等（McClennen, Keys, & Dugan-Day, 2017）。

參 兒童及家庭社會工作實務

一、兒童福利社會工作

為了兒童最佳利益，兒童福利服務幫助兒童免於飢餓、無家可歸、虐待、疏忽，同時提供家長各種促進滿足兒童身體與情緒需求的工具。

需要寄養的兒童遠比兒童寄養家庭或團體之家來得多，兒童福利機構通常會提供家庭維繫服務，給多重問題的家庭密集的諮商服務與支持，例如：物質濫用、家庭暴力、情緒問題、嚴重精神疾病、財政困難、缺乏親職技巧等。家庭維繫方案是當兒童疏忽與虐待不是很嚴重時，透過兒童福利體系，幫助兒童留在家裡，讓父母獲得適當的支持與介入，而能持續提供兒童照顧，避免兒童在原有家庭環境中受到疏忽或虐待。

許多兒童福利方案也同時附帶給予福利給付資格，以協助貧窮家庭申請食物券（food stamps）、醫療救助、兒童照顧補助、住宅補助，或其他救助，以利家長滿足其兒童的基本需求。經由這些服務的提供，減輕家庭照顧兒童的壓力；同時，讓兒童的食衣住等基本需求被滿足。

此外，當兒童的父母無法提供安全與健康的環境時，兒童可能需要被收養，以利獲得永久家庭照顧。終止親權是最後不得以的手段，目的是為了讓兒童安全，通常是窮盡各種兒童福利方案嘗試均無效後的選項。

二、兒童保護社會工作

兒童保護社會工作（簡稱兒保社工）的職責是調查任何被控虐待、疏忽、危害，或居住環境生活不安全的案例，並提供適當的處置。案例通報或轉介來源包括家庭、朋友、學校、醫師，或任何發現或知悉兒童權益受損的人們。接到兒保熱線通報，或是執法單位轉介兒童虐待與疏忽時，就啟動該指控案件的調查。兒保社工通常會與通報人、家長、監護人、受害兒童、教師及其他學校行政人員、鄰居、服務提供者會談，從會談中蒐集傷害的證據，撰寫訪視評估報告，規劃下一步如何進行服務。兒保社工最重要的工作

是保護兒童安全。

調查被控兒童疏忽與虐待個案時，許多通報或轉介資訊往往被遮掩，調查時不易立即發現疏忽或虐待證據。當證實有虐待、疏忽、危害情事時，兒保社工立即通報當地法院，進行緊急安置，並決定後續服務，包括對兒童及其家長，也許還包括司法起訴，或者重聚服務。接著，兒保社工也要監督兒童與家庭服務計畫執行。有時，兒保社工也會提供報告給律師參考、出庭作證，或者監督家長執行法院裁定的處分作為。

大部分兒童福利方案都提供寄養照顧。寄養照顧也可以扮演緊急庇護功能，暫時安置幾小時或幾天。家庭寄養的父母提供需要安置的兒童一段時日安全的住所，長期寄養家庭可能一住就是幾年。有時，安置到住宿型機構，過團體生活。有些住宿型機構特別提供照顧情緒與行為困擾的兒童。當兒童從家長監護被移走，如果後續要進行家庭重聚，兒保社工的處置計畫包括：監督居住的物理環境改善、連結父母臨床資源（成癮戒治、情緒管理等）、基本需求協助（求職、社會救助）、交通安排與督導家庭成員訪問家外安置的兒童、到寄養家庭與兒童會面及與寄養家長溝通、提供法庭最新近況資料，以及再評估兒童返家後的安全。

有時，不一定在訪視評估後立即做成緊急安置。雖然有足夠證據指出家長缺乏親職能力，或其他狀況，提醒兒保社工可能需要其他資源介入，例如：親職教育、情緒管理、家庭諮商、財務協助，或其他類型介入。此時兒保社工需要與家庭一起工作發展社區或國家資源協助。

兒保社工對保護兒童貢獻很大，但是也必須面對被迫切要求、情緒涉入與壓力大。當兒童捲入或暴露在暴力下，包括：目睹暴力、聽聞暴力但未目睹，或住在家庭暴力的家庭裡，兒童通常會出現焦慮、壓抑、低學業成就、打人與反社會行為等攻擊行為，這些行為導致同儕關係不佳。倘若不及早介入，創傷將延續到少年期，甚至到成人階段，且可能出現代間傳遞（intergenerational transmission），複製上一代的暴力對待自己的配偶或子女。

大部分兒保社工是受僱於政府機關，執行公權力，面對各種不同環境與情境，除了提供受虐兒童個別服務外，也要管理、督導、組織、資料蒐集，

以及參與團隊工作。

三、家庭暴力防治社會工作

婦女是家庭暴力的主要受害者，其受害程度常比男人嚴重。毆妻與虐童常同時出現。家庭暴力常因婦女受到傷害、心理痛楚、限制行動而導致母職能力受到負面影響。很遺憾地，許多受暴婦女留在暴力關係中，因為對配偶的經濟依賴。

家庭暴力並非都會被通報。暴露在家庭暴力下對心理健康負面影響很大，許多受暴婦女有焦慮、物質濫用、壓抑問題。大部分受暴婦女與缺乏支持體系有關，有些是因為有醫療議題導致受虐，有些甚至長期受暴。

沒有經驗過家庭暴力或沒有成長在家庭暴力下的人常會說：「為何她們不離開？」要記得受暴婦女常是在情緒上、心理上依附其配偶，讓其繼續存活於暴力關係中。這種關係讓婦女很難「說離開就離開！」她們不確定離開之後要去哪裡？如何才能找到新的安身立命之處？如何養活自己或子女？部分受暴婦女在數度努力逃離暴力環境無效後，會出現習得的無助（learned helplessness）行為。

對一位正暴露在家庭暴力下的人來說，要消除或降低虐待，最重要的是能認識家庭暴力的訊號。家庭暴力防治社會工作者（簡稱家防社工）要倡議發展社區支持方案，協助受害者及其家庭面對家庭暴力。社區必須採取行動執行政策與方案，提供家庭暴力的受害者及其兒童可用的資源。家防社工與社區及其利害關係人一起工作，經由發展家暴風險因子的教育方案，建立對家暴問題的覺察。

家庭暴力經常合併貧窮、物質濫用、心理衛生、營養不良、醫療照護不足等問題。處在家庭暴力陰影下的學童常面對學校適應、低學業、同儕關係不佳、行為與情緒困擾、低自尊、壓抑、低自我價值等問題，有時甚至出現暴力行為，或中斷學業。

家防社工執行家暴受害者及其兒童的篩檢、風險評估、危機介入，進

而提供轉介到人身安全、健康照護、物質濫用戒治、住宅、就業，以及兒童照顧服務。其間，必須與服務對象會談、建立關係、發展個人安全計畫。此外，施虐者的諮商與復健（或加害人處遇）也是工作重點。同時，要協助推動公眾防暴教育與預防方案。

　　家防社工服務於政府部門的家庭暴力暨性侵害防治中心、非營利組織的庇護中心、過渡住宅、諮商中心、學校、醫院急診室等，提供不同階段與面向的服務。

第三節　醫務社會工作

壹　醫務社會工作起源

　　醫務社會工作（medical social work）早期稱醫院社會工作（hospital social work），更寬廣的說法是健康照護社會工作（social work in health care）。其工作場域是在醫院、診所、社區健康中心、技術性護理機構（skilled nursing facility）、長期照顧機構或臨終照顧（hospice）等。

　　早年的醫務社會工作者是醫院救濟員（hospital almoners），源自教會的救濟員，遞送救濟金錢與物資給值得幫助的窮人，而醫院救濟員則是在醫院或療養院提供金錢與物資給窮困的病人。該職務通常是由女士擔任，故又稱救濟女士（lady almoners）。英國最早的救濟女士是1895年被倫敦的皇家免費醫院（Royal Free Hospital）聘用的司徒華女士（Mary Stewart），試用三個月（Cullen, 2013）。但另有資料說英國的醫院社會工作之母是康明斯女士（Ann Cummins），受僱於1909年倫敦的聖湯瑪斯醫院（St Thomas' Hospital），首創英國現代的醫院社會工作（Burnham, 2016），略晚於美國醫院社會工作的出現。

　　其實，更早以前社會工作與公共衛生結合是1848年倫敦的史諾（John

Snow），當霍亂流行時，他調查疫情，並畫出感染區範圍，教導家戶儲存衛生廢棄物的新方法，避免感染擴大（Keefe, 2010）。於是，史諾被稱為公共衛生社會工作的先驅。他的工作很像1843年組成的「都會訪問與救濟協會」的友善訪問者，更像今天的公共衛生師所做的事。

1945年英國醫院救濟員協會組成，1964年改名醫務社會工作者協會（the Institute of Medical Social Workers），1970年參與共組英國社會工作者協會（the British Association of Social Workers, BASW），1974年起醫務社會工作者從國民健康服務（the National Health Services, NHS）主管，改隸地方政府社會服務局，成為大眾熟知的醫院社會工作者。

美國的醫院社會工作最早出現於1905年的麻州總醫院（the Massachusetts General Hospital）。卡伯（Richard C. Cabot）擔任醫院門診部醫師，發現門診病人大多是負擔不起住院費用的慢性病人，特別是移民工人居住在不健康、擁擠的住宅。卡伯相信病人受到經濟、社會、家庭與心理條件的影響甚鉅。他認為社會工作者可以彌補醫師只重視生理健康的不足，增加社會健康視角，並於組織內部提供批判的觀點，以促進病人健康。於是，創設世界上第一個醫院社會工作部門，首先，聘用培爾頓（Garnet Pelton），接著是肯農（Ida Cannon）為醫院社會工作者。肯農並於1912年開創醫務社會工作者專門訓練課程，1913年出版第一本醫院社會工作（Social Work in Hospitals）教科書。當時醫務社會工作者的職掌是個案管理（case management）、資料蒐集、出院追蹤、照顧協調、健康教育、財務評估與醫療費用折扣優惠等。

貳　定義醫務社會工作

醫務社會工作者在醫院服務，面對各種不同背景、不同疾病與傷害的人。疾病與喪失都令人悲傷，病人期待身體能夠完全康復。有時疾病是長期、慢性的，慢性病患必須處理居住與生活型態改變的課題；有時要面對瀕

臨死亡或預後不佳的痛苦。總之，疾病使慣常生活方式停止或改變，病人變得脆弱、無助、依賴，需要協助（Dorr, 2014）。

雖然各國的醫療照護政策不同，但是醫療體系都面對成本降低、縮短住院期間的壓力，深深地影響到醫務社會工作服務方式。為了撙節成本，曾經是醫務社會工作者主要工作之一的個案管理，已經改由護理師或其他醫療專業主導，有些醫院社會工作部甚至納入護理部門，護理師甚至成為社工師的督導，護理與社工的角色變得模糊與混淆（Globerman, White, & McDonald, 2003）。不僅如此，出院準備也曾是醫院社會工作者重要的工作內涵之一，有些醫院也沒讓社會工作者參與出院準備計畫的擬訂，這會造成後續追蹤服務與照顧協調的斷裂。社會工作者仍然應該維持自己的專業屬性，在醫療團隊中提供社會工作獨特與差異的角度（Dorr, 2014）。

醫務社會工作者必須熟悉醫療術語、醫療流程、全民健康保險、商業醫療保險、病歷、醫療文件，以及各種醫療相關政策與法規；也要了解其他醫療專業的角色、心理健康診斷與統計手冊（the Diagnostic and Statistical Manual of Mental Disorders, DSM）、出院計畫、居家照顧、病人權益、醫療糾紛等規定。更重要的是要懂得如何與其他專業一起工作，提升病人的醫療效果，爭取病人的最佳利益，也要融入醫院的組織文化。

參 醫務社會工作實務

醫務社會工作者主要服務於醫院與公共衛生機構，其中服務於醫院是大宗。以下分別說明其不同角色功能：

一、社會工作在公共衛生領域的職責

1. 協助推動公共衛生三級預防工作。社會工作者協助個人及其家庭連結健康照護體系，促進健康、及早治療，以及避免疾病惡化。
2. 推動社區健康營造。社會工作者組織社區或動員社區資源，促進健康

生活型態、運動習慣的養成、流行疾病預防、居家與社區環境衛生改善、參與傳染疾病的防疫工作。

3. 倡議健康平權。結合關心健康權的個人與團體，消除造成健康不平等的制度與環境因素。

二、醫務社會工作者在醫院的職責

1. 評估病人的心理、社會、靈性與環境優勢與弱點。

2. 與醫療團隊一起工作，協力提供病人及其家屬符合其需求的服務。

3. 協助病人充分了解醫療資訊、配合治療，有效利用醫療資源。

4. 幫助病人及其家庭連結社區資源、動員資源，避免因疾病而拖垮家庭，特別是針對脆弱家庭，或家庭主要收入來源者生病。

5. 貢獻社會工作知識與技巧、分享跨專業知識，極大化醫療團隊的服務能量。

6. 參與醫院提升醫療品質的決策。

7. 參與有助於促進健康、改善醫療服務品質的研究。

醫務社會工作者與病人及其家庭一起工作，評估病人及其家庭的心理社會及靈性功能，並介入協助解決其心理社會及靈性需求。社會工作者關注的焦點包括：誰應該被介入，何時介入？介入包括連結病人及其家庭在社區中所需的資源與支持，例如：預防性照顧、提供心理治療、支持性諮商、悲傷諮商、幫助病人擴大及強化其社會支持網絡。醫務社工的角色是重組病人個人、家庭及社會生活的平衡，以利個人維持或復原其健康，增強其能力以適應及整合進入社會。醫務社會工作者通常與其他專業一起工作，例如：醫師、護理師、職能治療師、語言治療師、復健師、休閒治療師等。

醫務社會工作最常用的觀點是身心社會靈性取向（bio-psycho-social-spiritual approach），取代了傳統的醫療模式，或心理暨社會模式（Gehlert & Browne, 2011）。這是一個更全面的（holistic）觀點，觀照到病人及其家庭的多面向需求與疾病的成因，以及採取有效的介入方法。

　　醫務社會工作者常用的理論是心理動力理論、認知行為理論、危機介入理論、敘事理論、家庭系統理論等。而證據為基礎的介入（evidence-based intervention）更是所有臨床社會工作者不斷被提醒的。

第四節　心理衛生社會工作

壹　心理衛生社會工作起源

　　談到心理衛生社會工作，不能不提美國的心理衛生倡議先驅狄克思女士（Dorothea L. Dix），她原是家庭學校（dame school）的教師與兒童常識小百科的作家，因過勞而生病。於1836年前往英國靜養，受到英國監獄改革者佛萊（Elizabeth Fry）和「約克靜養」（York Retreat）的圖克（Samuel Tuke）的道德療法的影響，回到美國後，於1841年起投入美國監獄、習藝所與濟貧院（almshouse）的改革，透過立法倡議，不但改善精神病人在監獄的生活條件，同時要求各州政府擴建療養院（asylum）。狄克思女士的貢獻對往後心理衛生的發展影響甚深（林萬億、鄭如君，2014）。

　　狄克思女士倡議改革的習藝所原創於17世紀末的英國，傳到殖民地，於1736年在紐約設立公共習藝所與矯正之家（Public Workhouse and House of Corrections of the City of New York），除了收容窮人、不守規矩者、老人、孱弱者之外，也監禁精神失常者（insane）。1776年美國獨立那一年的報紙還刊載5、6個英國士兵押送一位發瘋的婦女進習藝所（Stuhler, 2013）。而紐約習藝所的立法直到1787年才通過，懲罰失序的人。

　　1771年，紐約醫院（The New York Hospital）通過英國皇家特許，1773年動土，是第一家納入照顧與治療精神失常者的醫院，但未完工就毀於火災而須重建。獨立戰爭又延宕工期，直到1791年1月才開始營運。該院屬綜合醫院，也收精神失常者，第一個精神失常病人於1797年5月就醫。紐約州政

府希望立法允許另設精神失常部門，1808年7月精神部門總算獨立設置，免費收治貧窮的精神失常者。這是美國第一家治療貧窮精神失常者的特殊醫院（Stuhler, 2013）。

當時，沒有任何機構可以收容犯罪的精神失常者，已有兩案待立法解決。1799年的帕斯坦諾（John Pastano）謀殺案，兇嫌雖被證明是精神失常，但州長並無權赦免。直到立法通過，賦予州長權力免於定罪而赦免帕斯坦諾，並監禁其在監獄，直到確認其安全後送回親戚家照顧。另一相似案例發生於1816年，增加了新的方式，得經親戚與朋友同意送到精神醫院（lunatic hospital）照顧。從此，紐約醫院協會獲授權可增設精神醫院，1821年布魯明戴爾療養院（Bloomingdale Asylum）是第一家收治精神病犯罪者。

1827年的關懷精神病人法（An Act Concerning Lunatics）進一步規定不能將精神病人關進監牢、矯正機構，或與其他受刑人關在同一牢房，而必須將其送至紐約的精神療養院，或州的濟貧院、救濟院，或收容精神病人的機構。若該病人無力維持其生活，其家屬必須承擔責任，提供其監禁場所的支出，除非獲得地方貧民監察官的證明始可減免。

即使到了1830年，除了醫院之外，紐約仍然沒有一家公立精神病人照顧機構。州長史魯普（Governor Throop）函請州議會關切貧窮的精神失常者的照顧問題，解決這種將貧窮的精神失常者的照顧丟給私人濟貧院處理，而看不到復原希望的場景，而議會的回應是由慈善機構董事會進行調查照顧貧窮的精神失常者的情況，並要求改善。1831年出爐的調查報告指出從他國經驗顯示，精神失常者的照顧應該由政府負起責任。

直到1836年，議會才授權州政府興建精神療養院（lunatic asylum）於優提卡（Utica）。1843年啟用，接受各濟貧院轉介過來的精神病人。1850年議會更規定公立療養院不可只挑生病不到一年的病人，法官可以依病人最佳利益責付貧窮的精神病人到公立療養院。進而於1848年，立法修正規定優提卡精神療養院也應接受精神病犯罪者。

1839年紐約市的黑井島（Blackwell's Island，今羅斯福島）也設了精神療養院。1871年瓦德島（Ward's Island）又新設一家精神療養院，接手黑

井島移轉過來的男性病人。1844年國王郡（今布魯克林）也興建了佛拉布許（Flatbush）精神療養院。1863年羅徹斯特（Rochester）也蓋了精神療養院。1858年奧本（Auburn）監獄也附設精神病犯人療養院，直到1892年馬提萬（Matteawan）新設精神療養院後才停收。

1841年狄克思女士本來是受邀去麻薩諸塞州東劍橋（East Cambridge）監獄教導婦女讀書識字，親眼看到監獄裡不論男女、小孩或是精神病人，全都被關在一起，半裸著被拴在牆上，沒有暖氣和足夠的營養，而獄監竟告訴她，因為精神病人感受不到冷暖的差異，所以監獄沒有提供的必要（Trattner, 1999: 64）。狄克思十分氣憤，於是她上法庭控告，大獲全勝（Dix, 2006）。東劍橋監獄事件讓狄克思不禁懷疑其他監獄或濟貧院是否也上演著相同的戲碼，於是她不顧朋友的反對，撐著仍然虛弱的身軀，花2年的時間四處拜訪各地的習藝所、濟貧院、監獄等。她發現，精神病人經常是被鍊鎖在地窖裡，與自己的排泄物為伍，並經常得忍受寒冷和不適當的食物，而那些濟貧院往往通風不良，伴隨著撲鼻的噁心氣味，經常讓狄克思得跑到外面去呼吸，才能恢復沉著（林萬億、鄭如君，2014）。

1843年，狄克思上呈著名的〈麻州立法機關備忘錄〉（Memorial to the Massachusetts Legislature），她生動地點出精神病人的悲慘處境，並認為療養院、收容所和監獄的惡劣環境無益於精神病人的身心，同時，她控訴此情形為政府的不當法規所造成（Dix, 2006; Trattner, 1999: 65）。麻州法案的成功，並未就此讓狄克思女士停下改革的腳步。相反地，她仍持續調查各地收容機構的需求，並依此建議機構應建設怎樣的措施，才是對精神病人最有利的。據此，她四處奔走，將這些提案提交給美國各大都市，包括紐約。從此，精神病院數量從1843年的13家增加至123家，其中狄克思幫忙建立的就有32家。她堅持要建立一個舒適人道的治療環境，才能治癒瘋狂的疾病。1855年美國國會同意撥款在華盛頓特區建立聖伊麗莎白醫院（St. Elizabeth's Hospital），成為現今由美國聯邦政府所建的最古老的精神醫院（林萬億、鄭如君，2014）。

奠基於狄克思的努力，紐約州醫療協會祕書威拉德醫師（Dr. Sylvester

D. Willard）跟進，促成1864年紐約州通過立法，由威拉德醫師組成小組調查精神失常者的生活條件，向議會報告。

狄克思投入監獄與療養院改革的時代，還沒有社會工作，甚至還沒有慈善組織會社，所以她也不是友善訪問者。社會工作界會讚美她爲心理衛生社會工作的先驅，是因爲她的努力奠定了往後社會工作者在心理衛生領域的潛力，讓精神醫學發展過程中，注意到精神病人的生活與治療環境，以及其人格尊嚴。而專業社會工作者投入心理衛生領域，是在醫院社會工作之後。

除了狄克思的貢獻之外，另一位重要的心理衛生改革者比爾思（Clifford Beers），畢業於耶魯大學的科學學院，24歲被發現精神失常，受憂鬱、偏執狂（paranoia）所苦，而被監禁在私立療養院，後來轉到公立機構，親眼見識到精神療養機構嚴重的不當對待。1908年出版《心智發現它自己》（*Mind That Found Itself*），記錄他在精神收容機構住院期間的痛苦與被虐待的經歷，成爲當時的暢銷書。1908年，他組織康乃狄克心理衛生協會（Connecticut Society for Mental Hygiene），隔年組成國家心理衛生委員會（National Committee for Mental Hygiene）。之後，於1913年在紐哈文（New Haven）開業比爾思診所，成爲美國第一家心理衛生診所。比爾思對心理衛生公民意識的覺醒，以及倡議心理衛生教育貢獻卓著。

精神病理社會工作（Psychiatric Social Work）眞正發展是在1920年代。1918年史密斯學院（Smith College）開辦第一個精神病理社會工作專班，畢業生以服務軍人及其家庭爲主。從此，精神病理社會工作迅速普及，顯示精神病理社會工作也受惠於前述的全國心理衛生委員會，喚醒美國人注重心理健康。國家心理衛生委員會於1920年代初也推動紅十字會培養精神病理社會工作者，1921年至少八個紅十字會加入訓練行列，協助退伍軍人及其家屬。1926年紅十字會更在聯邦醫院創設社會服務部，帶動全國退伍軍人醫院普設社會服務部。

1921年紐約社會工作學院夥同國家心理衛生委員，說服大英國協基金會（Commonwealth Fund）支持成立幾個示範兒童輔導診所，開始以關心少年犯罪爲主，進而加入精神病理社會工作的心理暨社會服務，擴及關切兒

童心理與情緒問題。到1927年，已經有上百個類似診所成立。兒童輔導診所運作採團隊模式，由精神科醫師、心理師、社會工作師合作，其中社會工作師參與診斷與治療的過程。當時的理論基礎是佛洛依德理論（Freudian theory），對美國社會工作者來說這是全新的觀點，1917年的《社會診斷》（*Social Diagnosis*）一書也還沒來得及提到。精神病理社會工作者以佛洛依德理論來跟中產階級家庭的兒童建立專業關係，就成爲當時社會工作專業的新模式。

另一條線索是約翰霍普金斯大學醫院（The Johns Hopkins Hospital）的社會精神醫學與精神病理社會工作發展。1907年該院首次聘用社會工作者處理門診病人。1912年設置社會服務部。精神科則於1908年由精神醫師梅約（Adolf Meyer）主持。1913年創設飛利浦精神門診（Henry Phipps Psychiatric Clinic），首次將精神醫學整合進教學醫院。梅約醫師開啟精神醫學的生理心理社會（biopsychosocial）評估，有別於生理病理模式。梅約醫師與具精神病理社會工作背景的太太瑪麗（Mary Brooks），合力推動將病人的社會史納入評估，鼓勵將病人的個人優勢、社會資產納入治療計畫。同時，要求社會工作者進行家訪，以利草擬出院準備計畫。這樣的作法成爲精神醫療的新模式，影響精神醫療深遠。同時，帶動精神病理社會工作的發展。

貳　定義心理衛生工作

精神病理社會工作發展於醫院，但是，比爾思倡議的是更寬廣的社區心理衛生。晚近，心理衛生社會工作（Mental Health Social Work）已成爲涵蓋精神醫院、矯正機構到社區心理衛生的實施領域。心理衛生是指個人、團體及其環境的能量，藉由與他人互動，促進主觀福祉，極大化與使用個人心理能力（認知、情感、關係），基於正義與公平基礎上的獲得與保有，獲致個人與集體目標的達成。

　　從1929年起，精神病理社會工作出現兩種定義，第一強調納入社會個案工作的範疇，認為精神病理社會工作是在精神醫療設施內實施的社會個案工作。第二是不侷限特定服務設施，而指在各種服務設施內提供精神疾病相關的社會工作服務。

　　心理衛生社會工作是處理心理疾病或物質濫用議題者的專業，其工作方法包括個人或團體治療、危機介入、教導日常生活技巧等。

參 心理衛生工作實務

一、醫院的心理衛生工作

　　精神病理社會工作者服務於住院部門的工作內容如下：

1. 在病人住院期間提供心理暨社會評估，與精神科醫師、護理師、臨床心理師、職能治療師等一起進行團隊治療工作。
2. 接觸病人家屬，提供心理衛生知識與照顧技巧。
3. 擬定與執行出院計畫。病人住院時間都短於其在家生活的時間，因此，要在病人住院期間就要協助其規劃好出院後的社區生活，能有足夠的資源展現社會功能，包括結合居住、就業與教育資源。
4. 協助病人建構出院後的家庭與社區支持網絡。
5. 必要時轉介病人到住宿型照護中心或日間照顧中心。
6. 倘若病人涉及法律程序，社會工作者也必須協助家庭蒐集法律資訊。

二、社區心理衛生社會工作

　　心理衛生社會工作者於心理衛生門診中心服務少年犯罪與成年，提供以下服務：

1. 心理暨社會治療與評估。協助診斷臨床症狀、界定「案主」目標、形成服務計畫、連結資源以達成目標。詳細的工作內容包括心理暨社會評估、團隊協力、提供「案主」及其重要他人的諮商、檢視進展、協

助「案主」建立支持體系等。

2. 病人及其家屬教育、轉介等。倘若病人有嚴重需求也許需要一段時間住院，或密集提供社區資源，心理衛生社會工作者要扮演轉介與個案管理角色。

3. 心理衛生與物質濫用社會工作可能同時運作，擔任物質濫用戒治角色。社會工作者必須與當事人、配偶、家庭與團體在社區治療方案、學校、相關設施，例如：團體家屋、治療營隊等一起工作。有時，物質濫用戒治是在私人心理衛生社會工作事務所進行。

4. 當案件涉及司法程序，心理衛生社會工作者也會被要求上法庭作證。

5. 心理衛生社會工作者有時也必須進行悲傷輔導。

6. 有時，協助維持正常服用美沙冬（methadone）。

社區心理衛生社會工作因服務設施的不同，也提供以下工作內容：

1. 員工協助方案（employee assistance program, EAP）。幫助公司部門員工處理工作壓力、協助個人因應工作帶來的各種影響。

2. 災難心理衛生。心理衛生社會工作者協助處理重大危機事件後突然失親、重大環境改變造成的創傷反應，例如：地震、水災、火災、車禍、嚴重傳染疾病、戰爭、攻擊事件等，常用的工作方法是危機介入。

3. 私人開業。提供兒童及少年心理衛生諮商、危機介入、悲傷輔導、失落輔導、心理衛生諮詢、社區心理衛生推廣等。

如果以公共衛生的三級預防概念來區分，心理衛生社會工作在不同階段的貢獻如下：

1. **預防**：目標是減少因壓力的環境帶來的社會功能喪失或降低，增強個人及其家庭因應能力。預防的作法是透過教育、風險管理、家庭支持、社區關係建立、社會倡議等，促進或維持良好的身心健康條件，包括：正常的生活習慣、自我照顧能力提升、發展興趣、社交活動、運動、休閒旅遊活動等，避免涉入物質濫用、性剝削風險。

2. **治療**：目標是減少障礙、失功能問題的擴散，提供早期診斷、介入與

治療。社會工作者配合心理衛生機構的治療方案，提供心理暨社會評估、風險管理、個人及其伴侶或家庭諮商、建構家庭與社區支持體系、社會資源連結與運用、為服務對象最佳利益倡議。

3. **復健**：目標是降低障礙或失功能的負面後果，作法是提供職能再訓練、個人能量維持的極大化。例如：提升個人及其家庭的疾病知識與因應技巧、提供適合的住宿、職業訓練、休閒活動資源、建構家庭支持體系、整合社區資源、改變社區居民不友善的態度、倡議服務資源提供等。

第五節　學校社會工作

壹　學校社會工作起源

寇思汀（Costin, 1969）認為有三個因素影響早期美國學校社會工作（School Social Work）的發展：(1)強迫教育；(2)個別差異被重視；(3)關切教育對兒童現在與未來的影響。拜伊與阿瓦蕾芝（Bye & Alvarez, 2007）則從宏觀的角度提出以下三件事影響美國學校社會工作的發展。首先是強迫入學；其次是保護童工立法；第三是移民人口增加。

顯示，學校社會工作的發展與國民義務教育的發展同步。1906年，美國紐約的哈特雷（Hartley）與格林威治（Greenwich）移民社區，首先聘用兩名社會工作者擔任訪問教師（visiting teacher），負責訪問學校和家庭，以增進家庭、學校和社區團體間的了解和聯繫。該計畫是公共教育協會（Public Education Association, PEA）所支持，顯示學校社會工作是推動公共教育的重要力量。同年，芝加哥大學睦鄰會社與芝加哥婦女俱樂部也聘用全職的社會工作者進入芝加哥的學校中；康乃迪克州的哈佛德（Hartford）則是由學校結合當地的慈善組織會社，協助處理學業落後的學童問題（Mc-

Cullagh, 2002）。隔年，波士頓的婦女教育協會（the Women's Education Association）也聘用訪問教師來連結學校與家庭，以幫助兒童獲得更好的學習。

1913年，紐約州羅契斯特（Rochester）的教育局聘用訪問教師，來結合教育與福利，促成學校與家庭的最大合作可能。從此，美國就有越來越多州加入聘用訪問教師的行列，到1921年，連中西部在內，就有31州聘任244位訪問教師（Hancock, 1982）。1923年紐約的大英國協基金會（Commonwealth Fund of New York）提供經費支持少年犯罪預防方案，其中包括為美國20個鄉村與都市社區聘用30名訪問教師，大大提升了訪問教師的知名度（Dupper, 2003）。

隨著美國1920年代心理衛生運動的蓬勃發展，訪問教師也被要求必須扮演治療者的角色，再加上那時社會工作界主流的個案工作也是以精神分析為基礎，學校社會工作進入傳統臨床模式（Traditional Clinical Model）時期，提供因情緒困擾與適應不良的學童的個別服務為主要工作。

1950年代，美國開始關注種族隔離的學校對黑人學生明顯不利。1954年，布朗（Brown）控告堪薩斯州的托匹卡（Topeka）學區種族隔離，法院判定為不同種族分別設立教育設施基本上是不平等的，同時也違憲。於是，學校必須取消種族隔離政策，改變過去白人中產階級主導的學校教育，以及處理在教育、生活、語言上與日漸增多的有色種族的學生、家長的差異。改變學校體系來保障學童學習權的呼聲升高，學校社會工作師也被要求協助改善學校的失功能（school dysfunction），從此學校社會工作進入學校變遷模式（School Chang Model）時期。

1964年的公民權利法案（Civil Rights Act）嚴禁受聯邦補助的學校因種族與國籍不同而有不公平對待。公立學校被認為需要改變，學校職員包括學校社會工作師、輔導諮商者等也需要被改變。此時美國刻正大力推動抗貧大作戰（war on poverty）、民權運動、福利權利運動、少年犯罪防治的時代，少年的社會與經濟條件改善才可能向上流動，學校於是被視為是社區變遷的原動力。學校社會工作師也被賦予擔任學校—社區—學生關係的橋梁，

學校社會工作進入社區學校模式（Community School Model），或學校一社區一學生關係模式（School-Community-Pupil Relations Model）時期（Costin, 1969）。

1970年代以降，學校社會工作的關注焦點擴大到各種學生的議題，例如：1970年代起關心懷孕的學生及未成年母親、學習障礙、注意力缺損過動症（ADHD）、愛滋病毒感染的學童、兒童虐待與疏忽、無家可歸的兒童與少年。1980年代擴大關心處於逆境中的學生、高風險兒童與少年。1990年代關心校園暴力、中輟、少女懷孕、兒童貧窮，以及濫用藥物等。2002年「不讓任何孩子落後法案」（No Child Left Behind Act, NCLB）通過，在教育改革的浪潮下，學校社會工作師也被期待調整角色，不但要參與學校改革，協助校長、教師、學生、家長、社區達成政策目標，特別是針對學習落後的學生，例如：身心障礙者、認知與情緒障礙、原住民、移民、中輟生、中離生等。

2011年通過完全服務社區學校法，美國教育部隨即推動「完全服務社區學校方案」（Full-Service Community Schools Program, FSCS），要求國民學校與地方教育機構、社區為基礎的組織、非營利組織以及其他公私立單位，協調與整合為一個綜合的學術、社會及健康服務體系，以回應學生及其家庭與社區的需求。學校扮演社區學校的角色，學校社會工作師成為連結學校、家庭、社區服務的媒介（Bronstein & Mason, 2016）。

貳 定義學校社會工作

歐美國家發展學校社會工作已有超過百年歷史。英國早在19世紀末就運用教育福利官（Education Welfare Officer, EWO）來協助學生就學問題。教育福利官受僱於地方教育局，與學校及家庭一起工作來確保每一位學童均獲得適性、全時的教育；同時，避免中輟。通常，每一學校均有教育福利官負責，定期訪問學校，與校長、行政人員討論學童就學失敗的原因，並協助解決。

新加坡仿英國制度，稱學生福利官（Student Welfare Officer, SWO），受僱於教育部門提供高風險學生的支持，與學校、家庭、社區一起工作，強化安全網，排除學習障礙，讓學生得以順利學習。而其他國家大多稱為學校社會工作。

學校社會工作是社會工作的實施領域之一，有時又稱社會工作在教育體系的實施（social work practice in educational system），其功能不只在於提供臨床服務給有行為問題的學童，也與教育的多元體系一起工作，例如：教師、家長、社區、學校行政、教育主管機關、教育政策與立法等，以協助學校環境完成教育功能（Constable, 2002; Kirst-Ashman, 2007）。就學校社會工作的立場，協助學校完成教育的最終目的是協助學童擁有成功的學習經驗，以保障其受教權（林萬億等，2018）。我國的學校社會工作師依《國民教育法》規定，與學校心理諮商師並列為學校專業輔導人員。但在特殊學校、中途學校則仍稱學校社會工作。

參　學校社會工作實務

美國的學校訪問者到了1910年改稱為「訪問教師」，1943年才更名為學校社會工作。早期訪問教師的任務是解釋兒童的校外生活，補足教師對兒童知識的不完整，協助學校了解鄰里生活，訓練兒童的未來生活（Costin, 1969）。隨著1920年代訪問教師的擴張，其功能也逐漸擴大。歐本海默（Oppenheimer, 1925）研究發現訪問教師的主要任務是：(1)學校－家庭－社區連結（school-family-community liaison）；(2)協助兒童家庭使用社區資源；(3)親子關係的直接工作；(4)解釋兒童及其環境給學校知悉；(5)協助學校行政針對學習困難的學童重組較有利的學習條件。而其中最後一項是最大的改變，也是最有價值的進展。

在1960年代取消教育的種族隔離後，學校社會工作也跟著轉型為：(1)平衡直接服務與對學校員工的諮詢服務；(2)增加團體工作的運用；(3)與

學校的行政人員建立有效的組織關係；(4)使用更多學校社會工作方案來解決學童缺席的問題；(5)針對青年發展社會與經濟知能需求有更全面的覺察（Costin, 1969）。據此，學校社會工作師的任務也部分改變爲：(1)直接與學生工作；(2)調解教師與學校行政人員對學習困難學生的理解差異；(3)作爲教師的諮詢者，以促進班級管理，修正教師對學生的理解，改變學校政策與程序；(4)協商家庭與機構解決學童特殊問題的情境。

　　寇思汀針對學校社會工作師的問卷調查，發現學校社會工作的八組任務依序爲：(1)針對兒童及其家長的個案服務；(2)個案負荷管理；(3)向學校解釋學校社會工作服務；(4)情緒困擾兒童的臨床處置；(5)連結家庭與社區機構；(6)解釋兒童行爲給教師知悉；(7)提供兒童及其家長的教育諮商；(8)領導與政策決策（Costin, 1969）。

　　1975年，亞倫媚爾（Allen-Meares, 1977）接續寇思汀的研究又進行了一次調查，發現學校社會工作師的任務有些改變，其順序如下：(1)協助其他人澄清兒童問題；(2)提供社會工作服務；(3)評估兒童問題；(4)催化學校－社區－學生關係；(5)提供兒童及其家長的教育諮商；(6)催化社區資源的利用；(7)領導與政策決策。

　　1985年美國第三屆全國學校社會工作研討會（Third National Conference on School Social Work）建議學校社會工作採取以下策略（Bye & Alvarez, 2007）：

1. 強化學校與社區的合作與協調，例如：心理衛生與保護服務。
2. 強化對學生的服務，不只是針對身心障礙學生與「問題學生」，而是針對全體學生。
3. 增加家長的參與和社區的外展工作。
4. 強調早期介入與預防。
5. 擴大利用學校建築作爲開放課後照顧與社區組織活動之用。
6. 協助學生處理家庭有關性虐待、兒童虐待、疏忽與家庭暴力的問題。
7. 提升學生自尊與增加學生成功學習的機會。
8. 發展特別的校內與另類方案（alternative program）給高風險學生。

1990年代初，亞倫媚爾（Allen-Meares, 1994）再次進行學校社會工作師的任務分析，她以初階實務工作者（entry-level practitioner）為調查對象，發現學校社會工作師的任務重要性排序有些微轉變：

1. 行政與專業任務（包括：維護服務紀錄、隱私權、繼續教育）。
2. 家庭與學校連結（包括：與家庭工作、鼓勵家長參與學校活動、建立學校與家庭的夥伴關係、增進親師關係的了解、協助親師溝通）。
3. 對兒童的教育與諮商（包括：澄清學校的教育與成績期待、學生個案工作、團體工作、家庭諮商）。
4. 催化與倡議家庭使用社區資源（包括：連結家庭與社會機構、扮演社區資源無回應時的倡議者、轉介資訊的蒐集）。
5. 領導與決策（例如：扮演與服務相關的專業領導）。

美國學生輔導原採三級預防，現已改採三層式學校支持系統，學校社會工作也被納入，其分層是：(1)第一層（Tier 1）屬普及的核心教導性介入（Universal Core Instructional Interventions），對象為全體學生，目的是預防於先（proactive）；(2)第二層（Tier 2）是附加／策略性介入（Supplemental/Strategic Interventions），對象為已出現某些風險的學生；(3)第三層（Tier 3）為密集、個別的介入（Intensive, Individual Interventions），對象為高風險學生。第一層輔導通常以教室為基礎，主要的介入者是教師、學校社工師或其他專業人員。大約有85%的學生從這一層次的協助上獲得需求滿足（Kelly, Raines, Stone, & Frey, 2010）。第二層輔導的需求量大約是學童的5-10%，主要以小團體為基礎的服務，服務提供者是學校社工師、學校心理師（school psychologist）、學校諮商師（school counselor），或其他行為治療專家（Crone, Homer, & Hawken, 2004）。另有1-5%的學童需要第三層輔導（Stormont, Reinke, Herman, & Lembke, 2012），進行個別化的密集處置，服務提供者可能是精神科醫師、臨床心理師（clinical psychologist）。

亞倫媚爾等人（Allen-Meares, Montgomery, & Kim, 2013）的後設研究發現，包括美國、加拿大、以色列等各國學校社工師，在校園裡從事的第一

級（層）服務，主要是三大類：(1)性騷擾、性禁慾、危險性行為；(2)攻擊性行為；(3)行為與心理健康評估、壓力管理。第二級（層）服務則包括四類：(1)高風險少年介入；(2)懷孕與未成年父母親職；(3)喪失與壓抑；(4)身體、性別認同與團體關係。顯示出學校社工師主要提供第一級（層）、第二級（層）服務。

亞倫媚爾（Allen-Meares, 2010）認為，社工師在學校服務最獨特的功能是協助高風險的學生，包括因貧窮、虐待、疏忽、身心障礙等因素導致學校適應困難的學生。再從這些核心服務對象擴大到特殊人口群，例如：未成年懷孕、未成年親職、行為偏差、攻擊行為、性議題等。

我國學生輔導也採三級輔導制，學校社工師與心理諮商師均被納入第三級輔導。林萬億（2018）建議應採三級三師分工。初級預防由全體教師主責，輔導教師支援；二級預防由輔導教師主責，專業輔導人員（學校社工師、心理諮商師）支援；三級預防由專業輔導人員主責，輔導教師支援，以利輔導團隊互為守門員的分工合作。

綜上所述，顯示出學校社會工作師的任務隨著國家政治、社會的發展，以及教育政策，而有變化。但是，協助學童解決學校適應困擾、排除阻礙學習的障礙、連結社區資源、參與學校的教育改革是基本工作內容。

第六節　老年社會工作

壹　老年社會工作起源

老人服務如同兒童及家庭服務一樣，可以追溯到英國1601年的濟貧法，強調親屬照顧責任，其次才是鄰里支持。倘若非正式資源不足，才由教區提供協助，孤苦老人被視為值得幫助的窮人，得送進濟貧院收容。1664年波士頓、1713年費城、紐約、查爾斯頓等地的地方官開始針對孤苦老人提供院外救濟。1671年，教區要求被救濟者要穿著烙印P字的衣服，以利識

別（McCartney, 2000）。1657年，新大陸第一個濟貧院由荷蘭人興建於紐約附近的仁什拉斯維克（Rensselaerswyck）（Achenbaum & Carr, 2016）。之後，各殖民團體也相繼興建類似機構收容貧窮老人。這種主要由家庭照顧老人的責任，一直持續到20世紀。

相對於德國1889年通過老年殘障年金保險法、英國1908年通過年金法，美國到1935年的社會安全法案（Social Security Act）始正式將老人納入社會安全給付對象。但濟貧院的老人並未納入社會安全保障。直到1952年，國會才通過老人的社會服務方案。1965年，美國老人法（Older Americans Act, OAA）通過，同年，詹森總統簽署醫療救助（Medicaid）與老人醫療保險（Medicare），是為美國全面照顧老人的開始。

英國老年社會服務到了1970年代，仍然不是優先項目。之後，發現老年社會工作可以促進老人的社會與心理福祉；再加上，1980年代的社區照顧政策推動，才開始注重老年社會工作的發展。進一步，到1996年的社區照顧（直接支付）法（Community Care Act）通過，老年社會工作者在長期照顧的角色從照顧管理（care management）轉變成自我主導的照顧（self-directed care）的支持者，聚焦在支持老人獨立、促進老人選擇、協助因年齡或環境因素導致的失能／失智老人面對各種困難（Ray et al., 2014）。

貳 定義老年社會工作

老年社會工作（gerontological social work/geriatric social work）是老人照顧領域的社會工作，目的是維護老人的心理暨社會功能，維持老年生活的自決、尊嚴與被尊重。專業社會工作者與老人一起工作，可以在不同公私部門的老年服務設施中提供專業服務。

在醫療服務上，老年社會工作者參與跨專業的老年醫學團隊，成員包括老年醫學、內科、神經科、老年精神醫學、老年心臟科、老年社會工作、老年護理、眼科、泌尿科、物理治療、藥劑等專業人員。但是，並非一定都由

這些專業人員組成一個團隊等候病人上門，而是必要時針對特定病人進行個案研討。

老年醫學的目標是評估與治療病人，協助其維持該年齡最大的獨立性與生活品質。其治療目標依著老人的生活環境、功能水平、安全而考量。老年醫學跨專業團隊成員通常被要求接受老年學訓練，團隊中應有失智症診斷與治療專家，鼓勵家庭照顧者參與成為積極的照顧協調者，聚焦在健康老化議題，以及維持生活尊嚴與品質。

老年社會工作者在醫療機構服務，提供接案評估、參與醫療照護團隊工作、個案管理、與病人及其家屬討論治療計畫、與其他健康照護專業一起發展後續照顧計畫、參與擬定出院準備計畫、離院後追蹤服務銜接。

在宅醫療模式越來越普及，老年社會工作也納入在宅醫療團隊中，其角色更具彈性，有時與老人的支持團隊重疊。某種意義上，社會工作者扮演軸承的角色，銜接病人的經驗從開始接觸到未來臨床訪視。在這期間，社會工作者是直接的照顧提供者、病人權益倡議者，以及連結老年醫療團隊的成員。

至於安寧照護（hospice care）有在醫院的安寧病房度過，也有返家安寧，或是到護理之家接受安寧照顧。不管哪一種方式，都是提供臨終病人專業照顧，預後六個月或更短，聚焦在症狀管理、舒坦、強化心理與精神支持。通常，臨終病人會選擇避免繼續住院，除非急診需要，否則不再為了延長生命，而進行無效的診斷、檢查和積極治療。

老年社會工作與老人、家庭、健康照護機構、保險公司等接觸密切。其工作是連結正確的資源與科技，包括協助老人的家庭發展長期照顧計畫。每位成年人經歷不同時間長短的老化歲月，社會工作者必須理解每位成人老化的過程，始能了解與對焦問題所在。同時，社會工作者也必須關注家庭或長期照顧設施的老人照顧疏忽與虐待情事。

老年社會工作者不只是協助老人因應心理健康問題、疾病或行動不便，也包括服務獨立、活力的老人，突破文化障礙、反歧視、尋職，或照顧孫子女的困擾。這些服務包括支持團體、親職教育、職涯諮商、就業推介、

職業訓練等。

參　老年社會工作實務

　　老人可能經歷疏離、壓抑、財務不穩定、失智、焦慮，以及其他心理、情緒與社會挑戰；同時面對健康日壞、離獨立漸遠、依賴醫療與家庭支持日深。老年社會工作者藉由諮商、治療、建議家屬如何協助老人面對這些挑戰，扮演家屬與醫療團隊或照顧團隊橋梁角色，確保老人可以獲得所需的服務。

　　老年社會工作可以在政府機關、成人保護機構、醫院、護理之家、復健設施、社區健康中心、長照服務機構、臨終服務機構、到宅照顧機構、有協助的住宅（assisted-living facilities）、私人開業、宗教機構、老人服務中心、老人權益倡議團體、金融財務管理公司、高齡用品產業、生活教練服務單位等找到職位。有時候，連圖書館都可能配置老年社會工作者服務老年讀者，在宗教信仰社區也有設置老年社會工作者銜接照顧服務。

　　進而，隨著人口老化速度加快，更多企業也聘用老年社會工作者，開發老年產品、發展新的服務概念以訴求老年人口，其運用老年相關知識到行銷、人力資源、銷售、部門品質控制等業務。

　　老年社會工作者提供老人身體、精神、情緒、社會、靈性需求的照顧。社會工作者扮演關鍵的角色，包括提供直接服務（諮商、建議、資源連結）、協調服務（跨部門聯繫、照顧提供、確認服務提供到位）。

　　老年社會工作者提供老人服務目的是維持或強化老人的功能與生活品質，採取全人照顧（holistic care）的角度，考量複雜的生理、心理、社會、文化、族群、性別、靈性等各面向，提供獨特與有價值的觀點，貢獻醫療或照顧團隊，提供老人及其家屬合適與目標明確的服務，以滿足其多面向的需求。

　　老年社會工作者須注意老年人口的多樣性，不同的年齡、種族、性別、性傾向、社經地位、健康條件等，所需的服務或資源提供也不同。

　　社會工作評估與介入不只是提供老人最大的利益，同時，藉由納入多專業照顧團隊（multidisciplinary care team），提供複雜的社會、心理、家庭與制度動力面的思考，提升其他專業的決策能力。因此在組織層級上，社會工作者能有以下貢獻：

1. 界定與協助排除影響服務提供與社區支持的障礙。

2. 發展文化合宜的服務輸送模式。

3. 藉由嚴謹的出院準備計畫與妥善的心理社會決策，預防重複地進出醫院。

4. 經由綜合的心理社會評估與介入，包括轉介到社區為基礎的服務、連結家庭或鄰里親友等非正式照顧，減少不適當的健康服務需求。

5. 倡議特殊領域的服務提供，以補漏未被滿足的需求。

6. 擔任服務輸送的領導與管理，包括發展夥伴模式的服務輸送。

7. 協助老人適應與轉銜進入新的生命階段，例如：到日間照顧中心接受照顧、共餐、長期照顧機構等。

8. 尊重個人隱私權，協助老人及其家庭發展生活功能技巧，以維持控制生活的能力，並鼓勵家屬承擔照顧老人復原與福祉的責任。

　　老年社會工作者自身也面對職務上的各種挑戰，在複雜的醫療、心理健康、長期照顧體系內，面對不同的利益關係，分享老人及其家屬的情緒負荷，以及過多的工作負擔。然而，經由老年社會工作者的協助，讓老人及其家屬獲得與各類服務提供者深刻與有意義的連結，協助其解決問題，對老人來說，絕對是積極地影響其個人需求的滿足，這就是最大的福報。

第七節 身心障礙社會工作

壹 身心障礙社會工作起源

　　英國1601年的濟貧法將孤兒、盲人、肢體殘缺者歸類為值得幫助的窮人。到了18世紀中葉啟蒙時代（the Enlightenment），透過醫術來治療身體殘缺的人，以利其恢復完整的觀念出現。一旦治療無效，至少要訓練這些人能夠加強其社會或職業功能。這是身心障礙的醫療模式（medical model）的浮現。

　　直到19世紀末，社會達爾文主義（Social Darwinism）的優生學出現，鼓勵生育社會期待的優秀人口，身心殘缺者被認為是社會不想要的人。在這種優生學的潮流下，身心殘缺者被放棄，躲在陰暗處，陷入極端脆弱狀態。醫療體系也沒興趣治療，因為法律不支持。反而，以限制婚姻來達到優生目的。同時，將身心殘缺者收容在機構中隔離。

　　20世紀初，社會對身心殘缺者的態度出現些微轉變。但是，家有殘障者還是羞恥、不名譽的。以當年美國羅斯福總統（President Franklin D. Roosevelt）為例，即使是對社會貢獻很大的政治人物，還是必須隱藏其小兒麻痺（poliomyelitis）的經驗。不過，第二次世界大戰讓美國人對殘障有了不同的看法。為了照顧從戰場歸來的失能退伍軍人，美國通過復健法撥款治療失能退伍軍人。然而，1950年代，對失能者的態度仍然認為他們是無生產力的，被社會所賤斥，應該給以復健（rehabilitation）。不論一般醫學或精神醫學，診斷都只重病理，忽略社會、環境、脈絡因素造成的限制，更沒看到失能者的優勢。亦即，仍然以醫療模式看待身心障礙者。

　　隨著心理衛生去機構化運動，1960年代起，身心障礙者本身的觀念也改變，反對隔離，期待進入主流社會。1970年代初，美國出現身心障礙者獨立生活（independent living）運動，運用少數人群模式（minority model）追求進入公民權的政治議程，促使社會必須改變長久以來對身心障礙者實現公民權的歧視。獨立生活運動主張身心障礙者不是病人，而是積極的消費

者、公民。獨立生活與傳統醫療模式或處遇模式（treatment model）的最大差別在於，醫療模式診斷殘障者的需求，視殘障者爲病人、殘缺不全者、被照顧者，由醫療專家決定殘障者的需求，提供專業的復健與生活照顧；殘障者也不被期待可以工作養家活口。因此，殘障者很少被訓練獨立生活技巧與自我效能，因而成爲終身依賴者。於是，「案主」的形象一直烙印在殘障者身上，接受慈善的施捨與專業的服務。亦即，殘障者的生活操控在醫療、復健專家與社會服務機構的手上。相反地，獨立生活是由身心障礙者（people with disabilities）決定自己的需求，透過政府補助，自行聘請合格的照顧人員與招募志工協助自己的生活[1]。獨立生活也鼓勵身心障礙者肯定自我能力與政治參與。在身心障礙者獨立生活運動下，社會工作者也配合身心障礙者的需求提供協助（Mackelprang & Salsgiver, 1996）。

其實，社會工作的諸多理念與少數人群模式相吻合。例如：社會工作強調系統觀點，肯認環境對個人社會功能的影響。然而，如果僅從佛洛依德（Freudian）或新佛洛依德（neo-Freudian）理論爲基礎的人在情境中（person-in-situation），來理解獨立生活運動，還是不夠的。必須擴大到文化、社會支持、生態等觀點的人在環境中（person-in-environment）（Germain & Gitterman, 1980），再加上人在脈絡中（person-in-the-context）（Papell & Rothman, 1980）、優勢、充權、反壓迫等觀點，才有可能完整地理解身心障礙者爲何堅持獨立生活。

接著，1970年代中葉以後，英國的身心障礙運動挑戰個人化、醫療化的障礙觀點，主張障礙起因於現代社會組織未能或很少考量到生理損傷者，導致這些人被排除在參與社會活動的主流外的不利或限制（Barnes & Mercer, 2010）。這就是身心障礙的社會模式（social model）。社會模式無他，

---

[1] 日本電影《三更半夜居然要吃香蕉》改編自眞人實事的紀實文學小說《三更半夜居然要吃香蕉？肌肉萎縮症‧鹿野靖明與志工們》，描述出生於北海道、從小罹患肌肉萎縮症的鹿野靖明，如何堅持獨立生活，但也自我覺察「辦不到的事就是要靠別人」，以獨立、自主、自由之心，活出身心障礙者的精彩人生的人生哲學。

不過是將造成損傷者（生理、心理、智能）的經濟、環境、文化障礙納入考量。亦即，認為障礙不只是身體損傷造成，而且是社會障礙造成的（Oliver, 2009）。社會模式無意否定某些疾病或失序造成的損傷引發障礙，但是更強調社會環境障礙造成的個人障礙。身心障礙的社會模式與社會工作觀點的相容也極為清楚，強調社會脈絡、社會與環境，結合政治行動，促進公民權利、機會均等與社會包容（social inclusion）。

晚近，權利觀點（rights perspective）廣被社會工作界採納，遵循2006年通過的聯合國身心障礙者權利公約（CRPD），服務適應社會有困難的人們，包容每一位差異的個體（Bigby & Frawley, 2010）。權利觀點採納了社會模式的主張，更強調人人在道德上的價值均等，社會中所有人民不論其是否有身體功能與結構的損傷，都有權利納入社會，且獲得結果的均等。據此，制度與結構必須改變以利這些處在不利地位的人們納入社會（林萬億、劉燦宏，2014）。

社會工作者依據身心障礙者權利公約，採取全面了解，承認身心障礙者的損傷只是人的各面向的一部分，而深信身心障礙者有權獲得尊嚴對待、自我決定。社會工作者也理解即使是身心障礙者也是多樣性的群體，因不同的性別、族群、年齡、功能損傷、障礙程度、生命經驗，而有不同的發展潛力（Bigby & Frawley, 2010）

貳　定義身心障礙社會工作

身心障礙社會工作（disability social work）屬健康照護社會工作的次領域，協助身心障礙者因應日常生活的挑戰。依身心障礙損傷型態與嚴重程度不同，而有不同的問題需要面對。如前所述，障礙是個人與環境互動的結果，因此，身心障礙社會工作者協助人們完成鑑定，支持其生活型態調整以適應其障礙。

身心障礙者經常需要協助交通進出建築物、閱讀文字太小的畫面、口語溝通、住宅、就業等。身心障礙社會工作者不只協助身心障礙者解決其困

難、滿足其需求，使其盡可能獨立生活。有時，身心障礙社會工作者與醫療團隊一起工作，評估與鑑定身心障礙者類型、嚴重程度與需求。

一、發展性障礙社會工作

身心障礙有不同類型，發展性障礙是生理、心理或精神或混合的損傷，常發生於22歲以前。其受限於三到四種生活活動領域，包括移動、自我照顧、語言、學習、自我導向、獨立生活，以及經濟自足。發展性障礙社會工作者協助這些個人，包括：唐氏症、癲癇、腦性麻痺，以及其他發展性障礙者，自我管理日常生活活動。

為了決定障礙者需要何種支持體系，以達成目標，發展性障礙社會工作者評估其優勢與需求；再依評估結果，規劃個別化服務計畫，以支持障礙者並提升其福祉。為此，需要盤點社區資源，包括民間與政府既有方案或資源，以利提供最適給付和讓障礙者獲得最符合其需求的服務。

社會工作者也扮演倡議角色，以便讓其服務對象獲得所需資源。一旦服務計畫被執行，社會工作者須追蹤服務進行，盯緊障礙者的生活改善情形，並定期評鑑服務成效，以確認服務確實滿足障礙者需求。

二、兒童身心障礙社會工作

兒童身心障礙社會工作者常服務兒童及其父母，例如：注意力不全過動症（ADHD），幫助父母了解其子女權益，以利父母獲得給付與服務；也教導父母如何為其子女倡議，以獲得應得權益；同時，如何運用服務支持其子女盡可能獨立。身心障礙兒童更需要被支持以獲致滿意與具生產性的生活，而不只是簡單的求存活。

兒童身心障礙社會工作者有時運用個別諮商，必要時帶領團體，並與家庭一起工作，藉由教室觀察、篩選等，執行評估，一旦兒童符合特殊教育指標就應進入特殊教育。社會工作者也要協助進行個別化教育計畫（Individualized Education Plan, IEP），以客製化配合兒童需求。個別化教育計畫是

法定必要文件，闡明學生目前學習水平及教育需求，設定教育目標，建議最佳教育策略與服務提供，包括學校須進行合理調整，以協助兒童獲致最佳學習成果。

三、學習障礙社會工作

　　學習障礙社會工作者幫助學習困難的障礙者，例如：自閉症、腦性麻痺，或其他學習困擾者，他們痛苦於缺乏足夠能力完成複雜學習過程或新資訊、新技巧。學習障礙者也可能同時欠缺獨立行動能力，通常在兒童期即出現，且持續影響其個人發展。學習障礙社會工作者協助評估障礙者的特殊需求，擬定個別化教育計畫。

　　此外，身心障礙社會工作者幫助障礙者解決交通、溝通障礙，藉由住家環境與職場合理調整，以維護安全環境。身心障礙社會工作者服務於不同設施，包括政府機關、醫院、心理健康診所、身心障礙或社會福利機構、早療機構、私人開業等。

參 身心障礙社會工作實務

　　身心障礙社會工作者經由知識與技巧協助身心障礙者及其家庭與社區，聚焦在維護與增強障礙者及其家庭的生活品質。工作內容包括：管理、方案設計、個人學習、諮商、協調與個案管理，以及政策發展、研究與倡議。

　　身心障礙社會工作採全人觀點，將個人及其系統納入，並觀照生命週期，從兒童、成人、家庭、職涯、團體到社區。服務的範圍從倡議權利、催化充權，到身心社會靈性需求的滿足。多重焦點途徑（multi-focused approach）包括基於人類功能與行為知識，理解社會經濟、法律及文化因素如何影響身心障礙者個人及其家庭遭受恥辱、歧視、邊陲化及社會疏離的經驗。

　　身心障礙社會工作者發展證據基礎的評估、計畫與介入，納入充權的架構中。社會工作介入要針對健康、心理社會，或其他個人及其支持體系的需求通盤考量。社會工作者通常加入跨專業團隊，特別當服務對象涉及複雜的社會、心理、家庭及制度動力時。社會工作者也協助團隊中其他專業進行決策。

　　社會工作者尊重身心障礙者個人權利，與身心障礙者一起工作，協助選擇其所合適的生活方式。基於尊重身心障礙者自決與全人分析，社會工作者提供獨特與有價值的貢獻，協助身心障礙者獲得合適且對焦的服務，以滿足個人與其家庭及社區的需求。

第八節　司法社會工作

壹　司法社會工作起源

　　雖然司法社會工作是相對新的領域，但因司法案件增加、犯罪人數上升，創造出更大的需求社會工作者進入這個特殊專業領域的機會。從歷史發展觀之，司法社會工作循著兩條線發展，一是少年事件處理與社區治安衍生的警政社會工作（police social work, PSW），另一是受僱司法精神醫院的司法心理衛生社會工作（forensic mental health social work）。

一、警政社會工作

　　美國的社會工作與少年犯罪的關係由來久遠。1876年，在監獄改革者布羅克威（Zebulon Brockway）的努力下，紐約額米拉感化院（Elmira Reformatory）開始發展假釋（parole）制度。1879年由友善訪問者組成的協會改名為國家慈善與矯正會議（National Conference of Charities and Corrections），將少年犯罪納入服務對象。

1899年，在胡爾館（Hull House）創辦人亞當斯女士（Jane Addams）及馬克法官（Julian Mack）、社會改革者包文（Louise de Koven Bowen）、拉斯洛普（Julia Lathrop），以及猶太社區睦鄰工作者羅敏妮（Minnie F. Low）等人的倡議下，芝加哥設置少年法庭。1900年，由芝加哥慈善團體協會組成的個人服務局（Bureau of Personal Service, BPS）提供薪資，聘用羅敏妮與伯林（Jacobs Berlin）為觀護官（probation officers），是美國最早的少年犯罪社會服務工作者；少年法庭的倡議者們並組成美國少年犯罪保護協會（Juvenile Protective Association, JPA）（Deegan, 2001）。1907年美國犯罪與少年犯罪委員會（the National Council of Crime and Delinquency）成立。1925年46個州都設置少年法庭。

美國的警政社會工作又因女警的出現而受到關注。美國第一位女警據信是1891年，受僱於芝加哥警察局的歐文絲女士（Marie Owens），她負責執行違反童工法的查緝，比較像是童工勞動檢查官。而1905年受僱於奧瑞岡州波特蘭（Portland）的包德文（Lola Baldwin），更像今日的女警，她負責帶領社會工作者協助婦女與保護女童。然而，一般還是會說1910年9月，洛杉磯警局聘用的魏爾思女士（Alice S. Wells）是第一位專職女警官（Roberts, 1976; Kelly, 2017）。由於她的努力，讓女警成為公務體系的一員。1911年，基於前述羅敏妮觀護官將社會工作帶進芝加哥警局的經驗，改變了人們到警局的真實經驗或想像就是受盡委屈，警局的訴訟氛圍與抱怨降低，也贏得法院的讚賞。兩年內芝加哥警局就擴大聘用具社會工作背景的女警10人，到1919年，已增加到29名（Roberts, 1976）。

1920年，美國社會工作會議邀請畢業於紐約慈善學校，任職華盛頓特區哥倫比亞區都會警局女警隊主任溫克樂女士（Mina Van Winkle）演講，提及具社會工作背景的女警的四種角色：保護、預防、矯正，以及一般警察工作，讓社會工作者、民眾與警局的關係變得更親近。據此，她持續建議社會工作者加入警政工作（Roberts, 1976）。1926年美國已經有175個都市警局聘用警政社會工作者。但是，1929年經濟大蕭條之後，警政社會工作預算遭刪減（Roberts & Brownell, 1999）。

　　雖然女警人數逐漸增多，到1949年，全美國大約有1千名女警，仍不及警察人力的百分之一。女警的工作雖重要，但沒有得到應有的重視，主要因為警局終究是男性沙文主義的職場，也瞧不起剛起步的社會工作專業。警察被認為是男人的工作，社會工作取向的女警被認為只能處理少年事件，或成為男警的協同工作者，無法滿足警察的任務需求。到了第二次世界大戰結束，幾乎沒再聽到推動警政社會工作的聲音。

　　1950年代中，紐澤西州高地住宿處置中心（Highfields Residential Treatment Center）收容少年犯罪，其再犯率比感化院低。遺憾地，這種小型的少年犯罪矯正中心漸漸被大型的少年訓練學校取代，到1990年代，機構的矯正教師與諮商師更是被警衛取代（Roberts & Brownell, 1999）。

　　1960年代，甘迺迪總統與詹森總統發起對抗貧窮作戰，預防與控制少年犯罪是其中重要項目，美國各州的2,300個郡都設置觀護部門，並聘請社會工作者瑞克特（Milton Rector）為國家犯罪與少年犯罪委員會執行主任，領導以社會工作者為主的少年觀護官。政府投入大筆預算於少年犯罪預防與觀護制度，也帶動學校、警局、觀護部門社會工作的發展。於是，1968年司法部負責執行詹森總統對抗犯罪（war on crime）計畫的執法協助行政署（The Law Enforcement Assistance Administration, LEAA）撥款給各州都市警察局，聘請專業社會工作者協助警察處理人民各種社會問題與狀況。直到1982年該計畫結束，納入司法部司法方案辦公室（Office of Justice Programs, OJP），預算停撥，警政社會工作才又消失，但警察的勤務擴大。

　　1970年代初，隨著心理衛生機構與監獄去機構化（deinstitutionalization）運動，社會工作博士米勒（Jerome Miller）被任命為麻薩諸塞州的青年服務局長，大力推動以社區為基礎的少年犯罪矯正設施。1974年，「少年法庭與少年犯罪預防法」（the Juvenile Justice and Delinquency Prevention Act）通過，設置聯邦少年法庭與少年犯罪預防辦公室（OJJDP），聘請社會工作者史華滋（Ira Schwartz，後來擔任賓州大學社會工作學院院長）為主任，大力推動少年矯正去機構化、設置庇護中心、提供逃家少年諮商與預防方案（Roberts & Brownell, 1999）。

　　1983年雷根政府大力推動嚴厲對抗犯罪（get tough crime），同時犯罪被害人權利運動也興起，1984年「犯罪被害人法」（Victims of Crime Act）通過，減少犯罪復健預算，轉到被害人社會服務與危機介入。這波運動也促成1994年「聯邦婦女暴力法」（Federal Violence Against Women Act）的通過。雖然警政社會工作暫時停擺，但少年法庭、毒品法庭、家事法庭、精神衛生法庭等的相繼設置，讓社會工作者曝光的機會增多，司法社會工作仍然受到各大學社會工作學院的重視。

　　2012年2月，佛羅里達州白人與祕魯混血的齊莫曼（George M. Zimmerman）槍殺手無寸鐵的17歲黑人高中生馬丁（Trayvon Martin），事發現場是馬丁到山佛（Sanford）的雙湖靜修社區（the Retreat at Twin Lakes）去拜訪親戚，齊莫曼則是雙湖鄰里巡守方案（The Twin Lakes Neighborhood Watch program）的巡守協調員。案發後，當地警局認為齊莫曼有權正當防衛，法院最後以正當防衛理由判決齊莫曼無罪，遂引發一系列抗爭。2013年7月，由3位黑人女性人權運動者（Alice Garza、Patrisse Cullors、Opal Tometi）組成「黑人生命也是命」（Black Lives Matter, BLM）組織，各州串連，採非暴力的公民不服從抗爭，抗議美國警察的種族歧視。訴求刪減警察預算（defund the police），直接投資在黑人社區（invest in Black communities），並增加僱用社會工作者處理社區治安事件（Maschi & Leibowitz, 2018）。該運動因於2014年7月紐約州史坦頓島（Staten Island）的嘉納（Eric Garner）被白人警察潘塔立歐（Daniel Pantalieo）勒頸致死案，以及同年8月密蘇里州佛格森郡（Ferguson）的18歲黑人布朗（Michael Brown）被白人警察威爾森（Darren Wilson）槍擊死亡案，抗爭蔓延各州。

　　尤其是2020年5月25日發生於美國明尼蘇達州明尼亞波利市（Minneapolis），白人警察巧文（Derek Chauvin）執法過當導致黑人佛洛依德（George Floyd）窒息死亡案，「黑人生命也是命」運動抗爭蔓延全美各州，估計有1,500萬到2,600萬美國人，不分膚色加入遊行示威抗爭，甚至發生暴力報復行為。刪減警察預算、投資黑人社區的訴求再次得到廣泛迴響，警察局需要聘用社會工作者的聲浪加大。倡議者主張警局要擴大聘用心理衛

生專業人員和社會工作者，以便取代警察處理緊急事件。理由是證據顯示，社會工作者執行任務時較少致死，也較少將危機事件擴大引發暴力。

如前述，美國社會工作者已經在警局服務一段時間了，警政社會工作者主要處理遊民、物質濫用、因創傷史引發的暴力傾向、少年事件進入刑事司法體系、家庭暴力被害人與加害者、退伍軍人的創傷後壓力疾患（PTSD）等對象。雖然這些人群是脆弱人口，卻被認爲是更危險的人群，然而，社會工作者在介入他們時並沒有配槍（Kwon, 2020）。

警察與社會工作者長期以來一起工作以確保社區居民的安全，社會服務是警察社區治安（community policing）的重要成分。當代警察的工作已經超出執法與打擊犯罪，藉由監控社區健康與安全議題，以及進行社會層次的介入，協助人民維持福祉。例如：毒品流竄是全國警察執法的重要工作，關係到所有被毒品危害影響的人們，警察致力於提供治療資源給那些試圖克服毒癮的人，教導民眾，特別是青年，毒品的危害，幫助家庭因應毒品造成的家庭關係瓦解與喪失。

一旦警察局停聘社會工作者，由於社區居民對警察角色的認知就是打擊犯罪，許多警察也認爲自己是執法與犯罪預防角色，警察訓練是打擊犯罪、刑法、防身術、武器操作等，導致警察執行社會服務工作面臨很大挑戰。然而，許多警察每天的勤務中常與社會服務有關。其實，警察花比較多的時間在解決衝突、處理家庭紛爭、提供社區居民各種服務。

爲了提升警政社會工作技巧，警察學校與警察局必須將社會服務納入訓練課程，包括溝通、調解、衝突解決、介入策略、認識心理疾病與藥物濫用等與社會工作有關的知識。倘若警察了解社區心理衛生服務網，就可以協助有心理疾病的社區居民接近心理衛生資源，降低觸法風險。

警察是國家與地方執法的第一線，又扮演各種社會服務的功能，以維護居民安全。即使，在1982年聯邦停止撥款各州聘僱警政社會工作者，仍然有些州自行持續該方案，例如：紐約市警察局、波士頓警察局。發展最完善者應屬密西根州、伊利諾州。伊利諾州的警政社會工作人員協會（The Association of Police Social Workers, APSW），會員來自該州聘有社會工作者

的33個警察局。該州警政社會工作被歸類為心理衛生專業的次領域之一。倘若資源足夠,聘請社會工作者加入警察局是必要的。隨著各界呼籲恢復警政社會工作,越來越多州的警察局聘用社會工作者,提供危機介入、轉介社會服務機構、短期諮商、追蹤服務、調解,以及其他社會工作專業服務。

二、司法心理衛生社會工作

1821年,美國紐約州的布魯明戴爾療養院(Bloomingdale Asylum)是第一家收治精神犯人的機構。在此之前,沒有任何機構可以收容犯罪的精神失常者。1827年的關懷精神病人法(An Act Concerning Lunatics)進一步規定不能將精神病人關進監牢、矯正機構,或與其他受刑人關在同一牢房。而必須將其送至精神療養院,或濟貧院、救濟院,或收容精神病人的機構。然而,還是有一些精神疾病犯人被監禁在監獄,且被不人道的對待,促成狄克思女士(Dorothea L. Dix)的心理衛生改革(林萬億、鄭如君,2014)。

1929年,英國倫敦政經學院(the London School of Economics)社會科學與行政系開始訓練精神醫療社會工作者(psychiatric social workers)(Woodroofe, 1962; Younghusband, 1964; Shardlow et. al., 1998),因而有1930年英國精神醫療社會工作者協會的成立。當時該會成員主要受僱於英格蘭的三家精神醫院:布羅德摩醫院(Broadmoor Hospital)、阿許沃茲醫院(Ashworth Hospital)、阮普頓醫院(Rampton Hospital)。這三家精神醫院後來都改為司法精神醫院,專收精神疾病犯罪者(林萬億,2020),開啟了英國司法心理衛生社會工作的先河。

貳 定義司法社會工作

司法社會工作(forensic social work, FSW)又稱刑事司法社會工作(criminal justice social work, CJSW)。狹義的司法社會工作是社會工作以精神疾病犯罪者為服務對象(Hughes & O'Neal,1983);刑事司法社會工作是提供矯正服務、犯人管理服務,以及觀護服務的社會工作(McNeill,

Bracken, & Clarcke, 2010）。馬奇與基里安（Maschi & Killian, 2011）認為，強調法律或司法面向是司法社會工作之所以不同於其他社會工作實施領域的特質。

廣義的司法社會工作是聚焦於法律與社會服務體系介面的社會工作專精領域（Barker & Branson, 2014），或是社會工作政策、實務及角色實施於少年犯罪、成人犯罪與犯罪被害人（Roberts & Brownell, 1999; Brownell & Roberts, 2002; Van Wormer, Roberts, Springer, & Brownell, 2008）。完整來說，司法社會工作包括社會工作者實施於矯正、觀護、司法心理衛生、兒童疏忽與虐待、家庭暴力、少年法庭、刑事法庭、犯罪被害人保護、警察局等機關（構）（Roberts & Brownell, 1999）。不論何者，司法社會工作應該針對不同的問題與標的人口群提供專精的（specialised approach）、綜融的（generalist approach）（Naessens & Raeymaeckers, 2020），以及整合的（integrative approach）服務（Maschi, Bradley, & Ward, 2009；Maschi & Killian, 2011）。

1995年，英國中央社會工作教育與訓練委員會（The Central Council for Education and Training in Social Work, CCETSW）定義司法社會工作是「社會工作服務進入司法體系的精神障礙者，或其行為可能觸犯法律風險者。為了平衡公眾保護與個人生活品質，而與其他專業共事，界定、評估，以及管理風險；辨識與挑戰具歧視性的司法刑事結構與實務，從事有效的策略，界定、發展與執行之。」英國心理衛生學者木連（Mullen, 2000）定義司法心理衛生是「在刑事範疇裡的一個專精領域，涉入評估與處置因精神障礙導致犯罪，或可能犯罪的人。」簡言之，英國的司法社會工作是心理衛生社會工作的一個專精次領域，服務於司法精神醫院或回歸社區的受刑人。

因此，坊間誤以為司法社會工作只是侷限在司法精神醫院協助評估與治療精神障礙犯罪者，其實應該包含更寬廣的在司法體系中的所有需要社會工作服務的過程與設施，不論對象是犯人或訴訟事件的當事人。美國國家司法社會工作組織（the National Organization of Forensic Social Work, NOFSW）定義司法社會工作是「應用社會工作原則於法律或司法相關的問題或議題

上。」據此，司法社會工作關切各種型態的訴訟議題，包括兒童監護權、兒童疏忽、配偶暴力、少年事件、成人司法服務、矯正、民事糾紛等（林萬億，2021）。

參 司法社會工作實務

一、警政社會工作

警政社會工作者提供以下服務：

1. 結合社區資源，提供物資給有需求的居民；並透過外展訪視，確認服務是否到位。他們常會挑揀舊家具、衣物、醫療用品送給剛出獄、出院、離家而返家的人。
2. 必要時護送服務對象求職、會面等約定地點，以確保其安全。
3. 介入危機事件，並協助調解家庭成員間的衝突。
4. 評估與處置服務對象心理疾患，協助其就醫，例如：壓抑、焦慮、創傷後壓力疾患、性別焦慮（gender dysphoria）或破壞行為；並用服務對象熟悉的語言提供個人與家庭的社會暨心理治療資源。
5. 協助兒童及少年偏差行為預防及輔導，並與學校教師一起為服務對象發展個別化的教育計畫。
6. 在社區中與被害人及其家庭一起工作，直接提供危機介入，界定問題、檢視因應選項、產出安全計畫。
7. 與醫療、心理衛生、檢察官、警察、律師、法官、學校與社區資源等組成的團隊協力工作。特別是毒品、暴力、精神疾病、遊民是社區常見的問題，警政社會工作者必須與跨專業一起工作。
8. 參與警局會議、提供處理某些案例的專業觀點。例如：心理衛生、物質濫用，以及建議如何介入才能達到較佳結果。
9. 出席少年或家事法庭作證。
10. 幫助警察訓練建立關係技巧，包括被害人諮商、穩定與避免事態擴

大技術、與受虐兒童和精神疾病受害者溝通技巧、壓力管理、結合
社區資源。即使警政社會工作者只是兼職或委外簽約性質，也是警
局很重要的資源，成為警察的諮詢顧問。

　　警政社會工作者已經使用智慧治安（smart policing）技術與預防式證據
為基礎的介入（preventive evidence-based interventions）於邊陲社區。針對
返家或高需求的家庭定期進行家庭訪視，確認其所需資源與服務是否到位，
以維持社區生活無虞，且成為社會中有貢獻的成員。目的是針對犯罪與暴力
的成因及早發現並介入，避免行為惡化。這種以證據為基礎的執法結合了控
制犯罪與預防再犯的科學基礎、社區治安與解決問題原則。基於警政社會工
作的職掌描述，社區治安維護基本上是不需要配槍的。

　　一旦必須危機介入，警政社會工作者都會採取危機介入的七個步驟：
(1)透過生理、心理、社會，以及致命或立即危險評估而採取計畫與行動；
(2)進行心理接觸與迅速建立協力關係；(3)界定主要問題，包括受危機影響
者；(4)鼓勵表達感受與情緒；(5)產生與試探替代或新的因應策略；(6)經由
執行行動計畫而恢復原有功能；(7)計畫追蹤與改善階段。必須提醒，有些
人會在面對危機時堅持表現英勇賣力而不求助，或激發更強的動機嘗試新的
努力，往往因此錯失化解危機的先機（林萬億，2021）。

　　警政社會工作者也不贊同警察只是逮捕物質濫用者，反而主張引進新的
方案，協助毒癮者發現治療資源，趁毒品還未上癮前，與地方醫院合作，開
發及早介入策略。甚至幫助毒品使用者管理戒毒療程，阻止物質濫用。有時
包括協助尋找合適的育兒設施、提供諮商與支持家庭成員。警察和警政社會
工作者必須協力解除造成家庭與社區的危機。警察局如不能聘用社會工作人
員時，就必須運用社會工作技巧，提升其預防與介入策略，以滿足其所服務
社區的需求。

二、司法心理衛生社會工作

　　2016年，英國衛生部（Department of Health, DoH）公布的司法社會工
作能力架構（Forensic Mental Health Social Work Capabilities Framework）

規範司法社會工作者的知識與技巧包括：評估、照顧協調、報告撰寫與發表、與個人及家庭工作、與服務使用者及其照顧者協力工作、督導有條件出院的病人與判決於司法社區團隊或社區強制治療處分的病人、與外部機構和保護公眾的多機構組織（multi-agency public protection arrangements, MAPPAs）一起工作（林萬億，2020），以及繼續專業發展。

據此，司法心理衛生社會工作者提供以下服務：

1.參與司法精神鑑定的團隊工作，提供法院諮詢與評鑑。

2.提供矯正機構精神病受刑人的心理社會治療服務。

3.提供司法精神醫院病人的心理社會治療服務。

4.執行司法精神醫院病人及其家屬的家庭支持方案。

5.參與精神病犯罪者的治療成效評鑑。

6.監護有條件出院的司法精神病人適應社區生活。

7.參與精神病犯罪者復歸社區的心理衛生方案推動。

然而，司法社會工作服務的對象範圍仍然有爭議，例如：

1.司法心理衛生服務有必要服務全部有心理健康問題的受刑人嗎？還是只服務因為精神疾病而犯罪的人？

2.罹患精神疾病多久才需要承擔犯罪責任？

3.誰應該提供有心理健康問題的受刑人心理衛生服務？是所有心理衛生專業都可以？還是必須有司法專業訓練？

因此，司法心理衛生體系的範圍仍然相對模糊（Rogers & Soothill, 2008）。英國的司法社會工作者通常在保安醫院（司法精神醫院）內工作，同時參與精神疾病犯人從保安醫院出院轉銜到社區心理衛生的多專業團隊工作。雖然出院後的精神疾病犯人有社區心理衛生服務接手，但有時司法社會工作者也協助他們復歸社區生活。

因為英國司法心理衛生工作是以醫院為基礎，基於司法精神醫院分級制度，有不同的機構目標、不同專業的磨合及社會期待，不同醫院發展不同的療程與模式，很難說司法社會工作有唯一一套作法。在聯邦（邦聯）制的國家，例如：美國、德國各州（邦、省）制度不同，工作模式也不同，大多依

各自的傳統工作。

　　司法社會工作者必須具備法律知識，始能順利與法院、兒童及家庭機構、醫院、心理衛生機構、物質濫用戒治機構、矯正設施、監獄、宗教組織等工作。同時，提供執法人員、立法委員、律師、法務人員、社區居民、矯正官員、醫師、心理師等跨專業團隊諮詢。而其主要工作是診斷犯罪人口、建議犯人心理狀態、專業證人、訓練執法人員、轉介社區資源給犯人、進行刑事司法體系的倡議。

　　美國司法社會工作需要具備社會工作碩士學位。同時，取得美國司法社會工作者委員會（American Board of Forensic Social Workers, ABFSW）的專精資格認證。司法社會工作除了運用社會工作理論與知識外，必須與現實生活及司法體系的變化與時俱進。司法社會工作服務的場域是一個充滿壓力的情境，個人必須擁有很強的問題解決、時間管理、組織、傾聽、溝通技巧，以及同理心。即使具有高度挑戰，司法社會工作是一個亟需發展的領域，讓社會工作者有機會加入改變刑事司法體系的行列。

　　然而，司法社會工作不應該成為矯正控制（correctional control）機制，淪為矯正處遇（correctional treatment）的一員，而是提供犯罪者與被害人社會工作介入（social work intervention），終止種族歧視、性別歧視、不正義對待，致力於去標籤化、去犯罪化，也就是堅守社會工作專業倫理、促進社會正義、終止任何形式的壓迫。

　　司法社會工作者面對控制與解放的雙重角色緊張關係，一方面要為服務對象謀福利（含治療），另一方面為了保護公眾的安全、減低犯人再犯風險，也必須扮演社會控制的功能（Zaharia, 2019）。從社會現實面看，降低再犯率、維護公共安全，才是司法社會工作者取信於社會大眾的證明。但不可能只靠司法、犯罪矯正的觀點，必須從全方位的角度（holistic approach）介入，才有可為（Buchanan & Nooe, 2017）。同時，司法社會工作者的執業環境面對人身安全威脅，也常面對犯人的生死交關掙扎，以及處理非自願性案主的困難（Green, Thorpe, & Traupmann, 2005），司法社會工作者要有相當的自我覺察。

第九節　原住民族社會工作

壹　少數民族社會工作起源

美國黑人社會工作受到關注於20世紀初，特別是與1916-1920年的黑人大移民有關。亨利（Henri, 1975）指出低薪資、白人惡劣對待、暴力、不正義，以及隔離與歧視，造成黑人大量從南方鄉村遷徙到南方城市，甚至到北方城市。這現象暴露了令人厭惡的社會條件或社會問題，例如：偏見與歧視、私刑、暴力、種族暴動、針對黑人區的道德敗壞指控、貧民窟住宅、低劣的教育、缺乏警察保護、不足的營養、不公平的就業機會、不足的健康照護、缺乏完善的休閒設施、犯罪、少年犯罪、缺乏對兒童與婦女的保護服務等。

基於上述背景，促成有色人種全國協會（the National Association for the Advancement of Colored People）和全國都市聯盟（the National Urban League）的成立，該兩組織明顯有別於城市慈善時期，美國的社會福利組織針對歐洲移民的服務。雖然，白人社會菁英逐漸覺察到黑人社區的生活條件不是美國人所期待的，應該透過社會政策與方案來解決。但是，主流社會還是盛傳黑人的福利黑人自己拼。於是，黑人教會、黑人婦女俱樂部、互助組織與兄弟會，以及其他自願性組織，紛紛發展各種策略或方案，以解決黑人社區面對的問題（Gary & Gary, 1994）。其中，僱用社會工作者來推動服務方案，成為必要的策略。然而，當時美國社會工作還是以訓練白人為主，供應城市慈善組織所需的人力。

機構需求黑人社會工作人力，開啟了黑人社會工作訓練課程，包括以下三種方式：

1. **學徒制**：機構培養有潛力的員工，做中學。
2. **特別訓練班**：例如1926年，北卡羅萊那州（North Carolina）政府慈善與公共福利委員會（the State Board of Charities and Public Wel-

fare）創設黑人社會工作分部，專門訓練黑人社會工作者；另外，男青年會、女青年會，或教會，也與當地設有社會工作學院的大學，或社會工作人員協會合作，辦理訓練專班。

3. **大學社會工作學士訓練**：由於種族隔離，部分黑人學院開始開授社會工作課程，供學生選修。1920年代，亞特蘭大社會工作學院（Atlanta School of Social Work）、圖托主教社會工作學院（the Bishop Tuttle School of Social Work）也加入訓練黑人社會工作者，且提供兩年完整的社會工作課程，奠定了美國少數民族社會工作訓練的里程碑（Gary & Gary, 1994）。

社會工作訓練的黑白種族隔離，一直到1960年代，公民權利運動（Civil Rights Movement）以後，消除種族歧視，社會工作也強調多元主義與公平才完全改變（Potocky, 1997）。1965年，美國社會工作教育協會（Counsil on Social Work Education, CSWE）要求所有社會工作學院招收學生與職員必須遵守種族多樣性原則，並納為認證的資格要件之一。1969年，黑人社會工作人員協會（the Association of Black Social Workers, ABSW）組成；此外，1960年代末，招收拉丁裔、美國原住民的社會工作學院也設立（Trolander, 1997）。

早期黑人社會工作發展是為了解決黑人社區面對的種族壓迫問題，直到1970年代，充權黑人社區的觀念才出現（Solomon, 1976）。1980年代更進一步關注社會政策的充權（Rappaport, 1981），進而發展出心理充權理論（psychological empowerment theory）。從此，黑人的社會工作服務已不再只是消極地修補習得無助感（learned hopefulness），而是積極地參與和充權（Zimmerman, 1990, 1995）。

在我國，早期原住民部落的社會服務主要靠1964年成立的臺灣世界展望會，提供原鄉弱勢家庭兒童及少年的經濟支持。1972年，臺灣省政府通過「臺灣省各省轄市設置社會工作員實驗計畫」，開始在各縣市推動社會工作員制度，發現原住民部落需要熟悉母語、了解部落文化，願意留在部落工作的社會工作者。於是，開始思考培養原住民的社會工作者。1978年，臺

灣省政府社會處公布「推行山地社會工作（督導）員制度」。同年12月，公開甄試錄取54位山地社會工作（督導）員，其中原住民籍39位（高中或大專畢業）、非原住民籍15位（大專畢業），派駐全省30個山地鄉公所文化課或社會課，運用主流社會工作的三大方法與原住民族社會工作的部落工作方法，以部落為蹲點及服務輸送據點，提供族人社會工作直接服務，開啟了我國公部門原住民族社會工作制度的先驅（林翰生，2020）。

　　同時，為補強山地社會工作員主流社會工作科系基礎課程，以及強化原住民族社會工作的民族與文化人類學的核心課程，以「政府委訓」方式共同協調國內社會工作相關科系的師資和山胞族語耆老，提供山地社會工作員6個月職前研習，並累計2年的在職社工教育，接受主流社會工作基礎教育及有關臺灣原住民族社會工作教育核心課程研習（林翰生，2020）。

　　如同早期美國少數民族社會工作發展一般，臺灣原住民族社會工作發展初期也是為解決山地部落家庭功能缺損、救援雛妓、貧窮等問題，而訓練山地社會工作員。直到1996年原住民族委員會成立後，才開始委託學者有系統地探究原住民族社會福利的需求與制度。1998年，原住民族委員會訂定補助設有社會工作系所的大學辦理甄選「原住民社工系學生入學方案」，進而於2001年7月核定「原住民社會工作專業人員學分班進修試辦計畫」。因此，2000年以後，許多大學的社會工作系開始開授「原住民社會工作」的相關課程。2007年東華大學成立「民族社會工作學士學位學程」，讓民族社會工作教育成為正式學制（賴兩陽，2020）。隨著原住民族社會工作的發展，充權（或培力）觀點跟著成為臺灣原住民族社會工作的主要觀點之一。而在原住民族社會運動的場合，反歧視、反壓迫則是常見的觀點。

貳 定義原住民族社會工作

　　原住民族社會工作（aboriginal social work）是指以原住民族為實施對象與場域的社會工作。在美國慣稱少數民族社會工作（Social Work Practice with Minorities/ Minority Group），是以社會工作知識基礎、族群敏感，以

及技巧，直接實施於不同的種族、民族，以及文化群體（Burgest, 1989），更直接稱爲族群敏感的社會工作實施（Ethnic Sensitive Social Work Practice）。所謂少數民族（minority）是指處在權力與利益光譜最低端的人民（Hopps, 1983）。

由於每個國家的民族組成不同，少數民族組成也不同。在美國，少數民族指涉：非裔美國人（African Americans）、美國原住民（Native Americans）、阿拉斯加原住民（Native Alaskans）、墨西哥裔美國人（Mexican Americans）、波多黎各人（Puerto Ricans）等。因此，出現社會工作實施於黑人、有色人種、拉丁裔等對象的議題。在加拿大，少數民族指第一民族（the First Nation）、因紐特族（Inuit）、梅蒂斯族（Métis）。在紐西蘭，則指毛利族（Māori）。在澳洲，泛指「澳洲原住民」（Aboriginal Australians）和「托雷斯海峽島民」（Torres Strait Islanders）的總稱，其中「澳洲原住民」指的是澳洲大陸、塔斯馬尼亞島（Tasmania），以及一些其他臨近島嶼的原住民，其語言、文化也有顯著差異，約有250種語言。

在臺灣，少數民族通常指臺灣原住民。但如同澳洲原住民族一樣，臺灣原民族也不是一個單一民族，而是至少16個文化、語言獨特的民族的統稱，再加上平埔族群，更是種族多樣。不論如何，少數民族定義的重點不在於其人數、膚色，而在於生活。少數民族之所以被界定爲少數，乃因於種族（race）、壓迫（oppression）、多樣性（diversity）（Schlesinger & Devore, 1995）。

族群敏感的社會工作實施是一個廣泛與一般的實務概念，指涉社會工作實務注意到民族與少數群體成員的社會功能，並試圖將之納入實務的了解中。其基本假設是：(1)個人與集體的歷史承載著問題的產生與解決；(2)當下更重要；(3)非意識的現象固然影響功能展現，而當前的現實對問題的產生更重要；以及(4)民族是凝聚、身分與力量的源頭，以及壓力、不一致和衝突的來源（Hopps, 1983）。

少數民族社會工作是多元文化社會工作實施（Multicultural Social Work Practice）的一環。多元文化社會工作實施強調社會工作者不但要了解文化

差異的世界觀，也要具備文化知能照顧（culturally competent care）的社會政治面向（Sue, 2006）。其關照對象包括：種族、民族、語言、文化、性別、性傾向、身心能力、宗教、社經地位、非法移民等處在相對不利地位的人群（Sue, Rasheed, & Rasheed, 2016）。

立場鮮明的說法是反種族主義的社會工作實施（anti-racist social work practice）（Dominelli, 1997; Bhatti-Sinclair, 2011），直接對應少數民族社會工作實施或族群敏感的社會工作實施。而反歧視實務（anti-discriminatory practice）（Thompson, 2006），或反壓迫的社會工作（anti-oppressive social work）（Dominelli, 2009），則對應多元文化社會工作實施。

參 原住民族社會工作實務

美國社會工作教育協會揭示社會工作教育的目的，在於培養社會工作者無歧視、尊重、具備服務對象相關知識與技巧的實施，包括：年齡、階級、膚色、文化、身心障礙、民族、家庭結構、性別、婚姻地位、民族來源、種族、宗教、性，以及性傾向（CSWE, 2001）。基於此，發展社會工作學生有能力服務多樣的群體是社會工作教育非常重要的目標。因為少數民族與主流社會人群有著種族、民族、文化、語言、膚色的差異外，更存在著與各類條件的交織性（intersectionality），包括：階級、年齡、性別、身心障礙、家庭結構、婚姻地位、宗教、性，以及性傾向等。

因少數民族社會工作發展晚於主流社會工作，且從事社會工作職涯是個人選擇，原住民部落不一定正好可以找到足夠的本族社會工作者。美國少數民族的社會工作學生受到文化世界與個人經驗的影響，決定成為社會工作者，例如：學成返鄉服務族人，是一個很重要的文化價值。但是，其部落（社區）如何看待社會工作，也決定其是否認同成為社會工作者的關鍵（Daniel, 2011）。因此，由不同種族、性別、年齡等社會人口條件差異的社會工作者來服務人群多樣性（human diversity），似乎難免。

據此，美國社會工作教育協會強調社會工作者的文化知能（cultural competence）的重要性。文化知能包含四個要素：文化覺察（cultural awareness）、文化知識（cultural knowledge）、文化邂逅（cultural encounter）及文化渴望（cultural desire）（Campinha-Bacote, 1998; Colvin, 2013）。文化覺察是進行自我覺察和深度揭露自身的文化與專業背景，包括檢視自己的信念、偏見、偏誤，以利提煉和強化自我。社會工作者必須有意識地、深思熟慮地，以及以反省的心態進行自我覺察。倘若助人者缺乏對自身價值觀、文化背景，以及其社會位置的反思檢驗，則文化知能的應用和功能僅止於是在延續主流社會對其他族群的壓迫罷了（Sakamoto & Pitner, 2005）。

文化知識是指獲得有關多樣性群體的完整基礎知識，包括人口、健康、社會經濟等，目的是達到更深入地了解與接納差異的文化、種族與民族群體的意義。然必須避免以主流社會的視角為立基點來認識多樣性群體。倘若在缺乏原住民觀點、政治經濟與歷史脈絡的情況下，不僅會加深對於原住民族群的歧視和刻板印象，也會形塑出一種「受害者」才應該為本身的議題和困境負起最大責任的謬論（Sinclair, 2004）。如果僅以相關數據自以為相對「客觀」地描述原住民的社會議題，單方面地將社會議題的表徵歸因於個人或族群特質因素，卻無法綜融性地從個人、群體、社會、經濟等結構性制度的相互作用來分析和設計服務方案，文化能力的培養只不過是在滿足主流價值觀對原住民的標籤和刻板印象（Baskin, 2011）。

文化邂逅是指鼓勵個人或組織與服務對象進行直接的跨文化互動，經由接觸交會，讓專業人員更認識服務對象的生命（活）經驗，提煉與修正自身既存的有關服務對象群體的信念與刻板印象。倘若助人者缺乏文化接觸的勇氣與意願，文化知能只會是透過一種將非主流族群「他者化」（otherizing），並使用非歧視性的語言來強化對於非主流群體的刻板印象而已（Pon, 2009: 59）。

文化渴望是指想要知道更多有關少數族群的文化內涵。這是發展文化知能關鍵的要素，讓專業人員發自內心的動力或出自內心的熱情去與他人互

動，接納差異、發現相似，以及有意願從他人身上學習到文化差異。坎平哈巴寇（Campinha-Bacote, 1998）建議個人或專業組織要有自我動能去參與提升文化知能的過程，而不是靠強制規定，勉強執行。

如同議論社區發展工作是由在地草根工作者擔任較佳？還是僱用外來的社區工作者較好？端視社區當下的需求。少數民族社會工作也一樣，聘用不同族群的社會工作者似乎不可免。重點在於服務少數族群的社會工作者都必須具備文化知能。就算同是少數民族背景，也不盡然是同一族群。如前述，美國的少數民族包括：黑人、拉丁裔、印第安人、愛斯基摩人、亞裔等。臺灣的原住民族也是各有不同血統、語言、文化。

進而，少數民族的社會工作服務是採隔離服務（segregated services），還是同化（assimilation）？就族群覺醒（ethno-conscious）的觀點來看，社會福利組織或機構應強調充權多於治療與適應，鼓勵少數族群在族群社區設置另類族群機構，以滿足少數族群的需求（Gutierrez, 2001）。

我國原住民族委員會從1998年在原鄉部落成立「原住民社區家庭服務中心」，2002年易名「原住民族家庭暨婦女服務中心」，2016年再改名「原住民族家庭服務中心」。截至2020年底總共設置63家，其中位處都會區的有8處（基隆、新北西、桃園北、桃園南、臺中、高雄南、高雄北、屏東、宜蘭），原鄉部落則有53處。每處聘僱2至4名原住民身分專職社會工作人員，且鼓勵專職行政助理社工化，以期增進社工專業的服務能量。目前更配合行政院「強化社會安全網」政策，建構以家庭為中心，以部落為基礎的社會安全網。惟郭俊巖、賴秦瑩（2019）建議受委託承辦的母會組織功能宜再加強、專業督導功能再發揮、專業人力與能力再加強、將計畫型轉為常設措施。

不論是原住民族社會工作，或是少數族群社會工作，既然被賦予充權、反壓迫、反歧視的解放論述，就可知其與主流社會工作間的差異，在於服務對象深陷習得無助、被汙名、被曲解、無力感、被標籤、被排除、被歧視、被壓迫、貧窮等多重議題中。不過，由於人口遷徙、教育普及、城鄉交流，以及科技進步，原住民族的文化、經濟、社會、政治也在變遷中，社

會工作者也不能以不變來了解差異。2016年，臺灣原住民族社會工作學會
（Taiwan Association of Indigenous Social Work, TAISW）成立，成爲推動
臺灣原住民族社會工作的重要推手，一方面要關注原住民族部落的文化、經
濟、社會、政治變遷，另方面促成與主流社會工作社群的平等對話。

第十節　其他社會工作實施領域

壹　工業社會工作

　　工業革命引發的社會問題，也包括勞資關係。1875年美國匹茲堡的海
茵茲食品公司（H. J. Heinz Co.）首先聘用福利祕書（welfare secretary），
藉由提升員工福利，消除員工怠工、罷工、裝病問題，以提升生產力。
1920年代是福利祕書的全盛時期，但由於工會認爲福利祕書具有管家婆的
性質，明顯反工會，而逐漸在工廠中消失（Popple, 1980）。但是，仍然有
一些企業以工業諮商（Industrial counseling）的名義推動員工服務，例如：
北方電力（North Electric Co.）、梅西百貨（Macy's）、大都會保險公司
（Metropolitan Life Insure Co.）等相繼實施。1936年，剛執行完霍桑實驗不
久的西方電力公司（Western Electric Co.）霍桑廠（Hawthorne）則聘用諮
商員，提供工業諮商方案。

　　此外，1935年出現的戒酒匿名團體（Alcoholic Anonymous, AA），也
成爲解決職場員工酗酒問題的新方案。柯達公司（Kodak Co.）引進稱之爲
職業戒酒方案（Occupational Alcoholism Programs, OAPs）。1962年坎波集
團（Kemper group）將之擴及員工家屬，服務內容除了戒酒之外，也包括解
決家庭、婚姻、情緒、法律、財務等問題，成爲今日工業社會工作的雛形。

　　雖然最早社會工作起源於工業革命，且在1934年，美國基變左翼社會
工作運動就主張結盟工會，共同倡議政府推出社會與經濟計畫。但是社會工

作者以專業方法關心勞工生活，則是從1960年代中期以後才受到重視，聚焦工作、工人及工作組織。儘管工業社會工作是服務於資方權力優勢與雇主所有權的設施裡，仍然是社會工作專業獨特的機會可影響企業管理部門與勞工的決策與管理，藉此職位協助勞工及其家庭，目的是協助員工調適職場，一方面提供專業服務，另方面達到進步的社會變遷的平衡。

在美國，工業社會工作（industrial social work）或稱職業社會工作（occupational social work）是「一種社會工作的專門實施領域，藉由社會工作介入，針對工作社區的人群與社會需求，提升個人與其工作環境最佳的調適。」據此，職業社會工作者聚焦在個人與家庭需求、個人在組織中的關係，以及更寬廣的工作社區的關係（NASW, 1987）。

在歐洲，1960年9月，布魯塞爾（Brussels）會議提出人事社會工作（Personnel Social Work）的倡議，認為企業的社會問題之所以產生，是因為個別受僱者或團體及其工作情境無法相互調適的結果。因此須有系統地協助個人與團體較佳地適應其工作情境。

而較進步的作法是巴西的工業社會服務（Industrial Social Services/ Serviço Social da Indústria, SESI），乃1946年7月創設的非營利組織，其目標是促進社會福利、文化、發展，以利勞工及其家庭在工作社區生活的改善。巴西反壓迫教育學者佛雷勒（Paulo Freire）曾於1947到1958年，擔任該組織公共關係、教育與文化部主任，之後擔任監督一職，可見其特色。

工業社會工作最具體的實施是員工協助方案（Employee Assistance Programs, EAPs），透過人力資源服務系統的建置及專業服務的提供，以預防或解決影響員工個人工作表現的相關因素，例如：工作適應、人際關係、婚姻、家庭照顧、健康、物質濫用、法律等。

不論用什麼名稱，社會工作者運用社會工作知識、技巧、價值於工商企業部門，期能提升員工與其工作環境的最佳適配，而其對象包括員工個人及其家庭、工作社區、勞資關係、勞工政策等。

我國的員工協助方案率先由民間部門引進。最早是1972年臺灣松下電器公司推動的大姐姐（Big Sisters）方案，針對該公司眾多女性員工，由

資深女性員工擔任大姐姐，協助女工適應工作環境、解決個人心理與人際關係、工作、家庭的困擾。1974年美國無線電公司（RCA）成立「溫馨家園」，輔導住宿女工。1976年東元電機成立「心橋」信箱，扮演員工與管理部門的橋梁角色。1979年救國團在縣市輔導成立「工商青年服務隊」、「工廠張老師」。1980年臺灣中油公司聘用專業輔導人員，推動員工協助方案。1982年迪吉多公司在工廠設置輔導諮商室。1988年起，更多公司加入，包括：台積電、中華汽車、宏碁電腦、臺灣通用器材、德州儀器等公司等。2005年保誠人壽也加入。

公部門則是1980年由內政部勞工司推展「勞工生活輔導員制度」，隔年頒布「加強工廠青少年輔導工作要點」及「廠礦勞工輔導人員設置要點」。勞動部於1994年起將「勞工輔導」更名為「員工協助方案」。2003年人事行政總處也配合訂頒「行政院所屬機關學校員工心理健康實施計畫」於公務機關、學校推動。

貳　軍隊社會工作

軍隊社會工作（military social work）是社會工作者提供服務給軍人及其眷屬，不論在承平時期或戰時；通常也包括退伍軍人社會工作（veterans social work）；更寬廣者，會涉入國際和平促進的角色。美國社會工作最早進入軍事領域是1940年代初，源於第二次世界大戰、韓戰的需求。之後，越戰、阿富汗戰爭、伊拉克戰爭、索馬利亞戰爭、波斯灣戰爭等更肯定軍隊社會工作的必要性。

軍隊社會工作者有受僱於軍中，也有受僱於退伍軍人服務機構，也可能是私人開業而受軍事機關或榮民服務機構委託服務。在各軍種中服務，配合該軍種的任務、值勤、服役屬性，提供不同服務方案。基本上，軍隊社會工作者不管是平民或軍職身分，都是運用社會工作知識、技巧，處理軍人的心理、情緒障礙、物質濫用、軍隊霸凌、性騷擾、自傷、自殺、悲傷、創傷後

壓力疾患（PTSD）、戰爭症候群（war syndrome）等；也協助軍人眷屬處理家庭暴力、兒童虐待、家庭關係等；以及退伍軍人的社會適應、福利、就業、住宅、醫療、長期照顧等議題。社會工作者提供個人及其家庭諮商、危機介入、軍事衝突事件後的壓力抒解（debriefing）。軍隊社會工作者也協助軍隊醫務官兵訓練，以及提供軍醫諮詢。

軍人服役時，眷屬面對有別於一般家庭的壓力。戰爭時，軍人離家數月，甚至數年，不見歸期。遠赴戰場時，子女尚小，返家時，親子已然陌路，需要重建親子關係，特別是子女長大成為少年時，親子關係重建更是關鍵；有時，甚至夫妻關係也須重修。如果家眷隨軍赴戰區，配偶、子女離開其熟悉的社區生活，適應也會出現困難，包括教育、就業、同儕等。這些都是軍隊社會工作的任務。

退伍軍人社會工作則主要服務軍人退除役之後成為平民的生涯轉銜困難。戰時，眷屬不但擔心家中軍人戰死沙場，或被俘虜，雖有撫卹，但其眷屬的悲傷、年幼子女照顧等，都是不容忽視的課題。如果受傷，退伍返家，如何銜接身心障礙服務，也是課題；至於，因為戰爭創傷或悲傷導致的身心壓力，必須銜接心理衛生服務。

雖然，軍隊社會工作服務於軍中，受到軍隊獨特的制度、文化的影響，但是仍然必須接受社會工作倫理的規範。然而，其倫理的兩難極為明顯。

參 生態社會工作

生態社會工作（ecological social work）不只是一種社會工作的觀點——生態觀點，也是一種實施領域。其出現於1970年代晚期，當人們見識到越來越多的環境災難所造成的破壞與傷亡，社會更重視生態覺醒，社會工作者也加入關心環境議題。生態社會工作的主要概念是人與環境的適配（person-environment fit）。達米妮莉（Dominelli, 2012）則用綠色社會工

作（green social work）來倡議相同的典範，她說：「綠色社會工作尊重在社會文化與物理環境脈絡下的所有生物，發展人類及其環境充權與永續的關係，倡議具社會鑲嵌的經濟活動的重要性，特別聚焦在消除貧窮，質疑工業化模式作為社會進步、高消費與都市化的基礎，以及促進社會與環境正義。」也有學者使用環境社會工作（environmental social work）來提倡相同的理念（Gray, Coates, & Hetherington, 2012）。

　　生態社會工作翻轉傳統社會工作以人為關切中心的思考，改變為以人及其自然為中心的思考。將人去中心化之後，星球及所有環境就能凸顯成為自然資源永續發展的決策要素。在這樣的思維下，永續發展就可能在每一個生活面向上被實踐。全球越來越理解要促進人類活動的能量，必須先關切地球的生存，不是只有人類，還包括動物與植物的生存。人類掠奪式的活動已經造成乾淨的水、肥沃的土壤的消失，以及空氣汙染。隨著工業化、城市化、全球化，人類行為迅速的改變，已經滲透到每個地方、國家，甚至全球。社會工作者不能只是扮演幫弱勢者爭取權益、擴大福利資源的大餅、實現人類社會正義的角色，必須關切地球資源的永續，倡議環境正義（environmental justice）（McKinnon & Alston, 2016）。

　　生態社會工作了解人不可能生存於真空狀態，而是複雜的物理、精神、靈性的一部分。傳統社會工作是增強服務對象最佳適應於其環境，生態社會工作則包括人類活動對環境的影響。所謂全人（holistic）角度，毋寧說是全面的角度，考慮到社會、政治、靈性、生態的最佳生存。

　　據此，生態社會工作者可以在永續鄉村發展、草根社區工作、社區防災、社區復原力、救災、災後重建、遷村、都市更新、社會影響評估等設施或部門貢獻所長。

肆　同志社會工作

　　男同志（gay）、女同志（lesbian）議題受到重視起於1969年的石牆暴動（Stonewall Riots）。該事件雖然發生於紐約格林威治村（Greenwich Village），但是，很快受到全球的關注。事件發生於當年6月28日清晨，警察臨檢石牆旅店，該店及附近的男同志酒吧是窮人、邊緣人聚集的地方，包括男性氣質的女同志、女性氣質的男同志、男扮女裝、男妓、跨性別、無家可歸的青年等。警察對這些人暴力相向，引發連續幾天的抗爭，同志社區第一次無懼地抗爭警察的歧視。隔年6月28日，「我同志我驕傲」的遊行同步在紐約、洛杉磯、舊金山、芝加哥舉行。英國方面，倫敦政經學院（LSE）安排兩位石牆暴動的受騷擾者瓦克（Aubrey Walker）、美洛思（Bob Mellors）蒞臨演說，促成英國同志解放陣線（Gay Liberation Front, GLF）的組成（Brown & Cocker, 2011）。2016年石牆國家紀念館成立於事件發生地，2019年紐約市警察局長歐尼爾（James P. O'Neill）代表當時臨檢的警察正式向同志社群（the LGBT community）道歉。

基於社會工作者對性別與其他議題的交織性（intersectionality）的理解，社會工作與同志社群有很強的關聯，例如：關心同志社群被歧視、壓迫、不公平的對待。社會工作者提供同志社群的服務包括：

一、青年諮商

同志青年通常較少從家人或社區得到支持，但他們迫切需要被支持，這也是為何很多國家設置同志熱線、同志服務中心、同志組織的原因。社會工作者創造友善的服務空間，提供性傾向與性別認同者的諮商服務，包括：身分認同、生涯規劃、人際關係、家庭關係、伴侶暴力等。

二、社會暨心理治療

同志社群有獨特的心理需求，包括焦慮、壓抑，或其他心理困擾，需要社會暨心理諮商。社會工作者或心理師營造友善的與同志一起工作的環境，提供個別、團體治療。

三、倡議

社會工作者也扮演倡議的角色，對抗因性別歧視帶來的貧窮與壓迫議題，包括反歧視立法、住宅、就業、醫療、性騷擾、性侵害、欺凌等，保障同志人權。

四、活動發起

社會工作者也協助同志社群每年辦理紀念6月的石牆暴動紀念活動[2]。雖然，辦活動不是社會工作者例行的工作事項，但是，透過活動舉辦，讓社區組織知識與技巧用在同志社群的組織工作上，並建立服務網絡，且更理解同志面對的各種議題。

五、收養服務

同志收養是同志社群普遍存在的課題。許多國家同志收養是合法的，也被鼓勵。依我國《民法》第1073條規定，收養者之年齡，應長於被收養者20歲以上。但夫妻共同收養時，夫妻之一方長於被收養者20歲以上，而他方僅長於被收養者16歲以上，亦得收養。亦即夫妻之一方收養他方之子女時，應長於被收養者16歲以上。目前同志伴侶申請收養時僅能以單身收養。復依我國《司法院釋字第748號解釋施行法》（同婚專法）規定，當事人可收養另一方的親生子女，準用《民法》中「繼親收養」規定。受收養者的身分證及身分證字號也不會有不一樣，或是有特別註記，身分證的父母欄位是填寫「父、養父」或「母、養母」。社會工作者可以協助同志家長認識收養的價值、內涵與相關法規、收養風險及未來挑戰、了解被收養兒童的權益，並提升收養人親職能力，以及收養後的家庭支持。

---

[2] 臺灣同志大遊行於2003年11月1日首次辦理。此後，固定每年10月最後一個禮拜六舉行，規模龐大，除了國內同志社區與友善同志的團體加入遊行外，也吸引許多國際同志社群參與。

參考書目

一、中文部分

林萬億、鄭如君（2014）。社會工作名人傳。臺北：五南。

林萬億（2020）。社會安全網的再強化：介接司法心理衛生服務。社區發展季刊，172期，頁191-224。

林萬億（2021）。強化社會安全網與司法社會工作的發展。社區發展季刊，174期，頁8-31。

林萬億（2010）。社會福利。臺北：五南。

林萬億、劉燦宏（2014）。臺灣身心障礙者權益與福利。臺北：五南。

林萬億等（2018）。學生輔導與學校社會工作。臺北：五南。

林翰生（2020）。臺灣原住民族社會工作的沿革與展望——文化觀點的歷史分析。社區發展季刊，169期，頁75-89。

郭俊巖、賴秦瑩（2019）。原住民族家庭服務中心的專業功能：一個實務上的觀察。臺灣社區工作與社區研究學刊，9：1，頁165-180。

賴兩陽（2020）。等待黎明：邊緣化的臺灣原住民族社會工作教育。社區發展季刊，169期，頁90-99。

二、英文部分

Achenbaum, A. & Carr, L. C. (2016). A Brief History of Aging Services in the United States. American Society on Aging.

Allen-Meares, P. (1977). Analysis of Tasks in School Social Work. *Social Work*, May, 196-201.

Allen-Meares, P. (1994). Social Worker Services in Schools: a national study of entry-level tasks. *Social Work*, 39(5): 560-565.

Allen-Meares, P. (2010). School Social Work: historical development, influences, and practices. In P. Allen-Meares (ed.), Social Work Services in School (6th ed.) (pp.23-47). Boston: Allyn & Bacon.

Allen-Meares, P., Montgomery, K. L., & Kim, J. S. (2013). School-based Social Work Interventions: a cross-national systematic review. *Social Work*, 58: 3, 252-261.

Barker, R. (2014). *The Social Work Dictionary* (6th ed.). NASW Press.

Barker, R. L. & Branson, D. M. (2014). *Forensic Social Work: legal aspects of professional practice* (2nd ed.). New York. NY: Routledge.

Barnes, C. & Mercer, G. (2010). *Exploring Disability* (2nd ed.). Cambridge: Polity.

Baskin, C. (2011). *Strong Helpers' Teachings: the value of indigenous knowledges in 12the helping professions*. Toronto, ON: Canadian Scholars' Press Inc.

Bhatti-Sinclair, K. (2011). *Anti-Racist Practice in Social Work*. Basingstoke, Hampshire: Palgrave Macmillan.

Bigby, C. & Frawley, P. (2010). *Social Work Practice and Intellectual Disability*. Basingstoke: Macmillan.

Blau, J. & Abramovitz, M. (2014). *The Dynamics of Social Welfare Policy* (4th ed.). Oxford: Oxford University Press.

Bronstein, L. R. & Mason, S. E. (2016). *School-Linked Services: promoting equity for children, families and communities*. NY: Columbia University Press.

Brown, H. C. & Cocker, C. (2011). *Social Work with Lesbians & Gay Men*. London: Sage.

Brownell, P. & Roberts, A. R. (2002). A Century of Social Work in Criminal Justice and Correctional Settings. *Journal of Offender Rehabilitation*, 35(2): 1-17.

Buchanan, S. & Nooe, R. M. (2017). Defining Social Work within Holistic Public Defense: challenges and implications for practice. *Social Work*, 62(4): 333-339.

Burgest, D. R. (1989). *Social Work Practice with Minorities* (2nd ed.). NY: Rowman & Littlefield.

Burnham, D. (2016). *The Social Worker Speaks: a history of social workers through the twentieth century*. Routledge.

Bye, L. & Alvarez, M. (2007). *School Social Work: theory to practice*. Thomson Brooks/Cole.

Campinha-Bacote, J. (1998). *The Process of Cultural Competence in the Delivery of Healthcare Services: a culturally competent model of care* (3rd ed.). Cincinnati, OH: Transcultural C.A.R.E. Associates.

Colby, I. C. (2018). *The Handbook of Policy Practice*. Oxford: Oxford University Press.

Colvin, A. (2013). Building Culturally Competent Social Work Field Practicum Students through the Integration of Campinha-Bacote's Cultural Competence Healthcare Model. *Field Educator*, 3.1, fieldeducator.simmons.edu.

Constable, R. (2002). *The Role of the School Social Worker: history and theory*. In R. Constable, S. McDonald, and J. P. Flynn (eds.), *School Social Work: practice, policy, and research perspectives* (5th ed.) (pp.3-24). Chicago: Lyceum.

Costin, L. (1969). An Analysis of the Tasks in School Social Work. *Social Service Review*, 43, 274-285.

Costin, L. (1969). A Historical Review of School Social Work. *Social Casework*, October, 439-453.

Costin, L. (1975). School Social Work Practice: a new model. *Social Work*, March, 134-139.

Council on Social Work Education (2001/2015). *Educational Policy and Accreditation Standards*. Alexandria, VA: Author.

Crone, D. A., Homer, R. H., & Hawken, L. S. (2004). *Responding to Problem Behavior in Schools: the behavior education program*. New York: Guilford Press.

Cullen, L. T. (2013).The First Lady Almoner: the appointment, position, and findings of Miss Mary Stewart at the Royal Free Hospital, 1895-99. *Journal of the History of Medicine and Allied Sciences*, 68 (4): 551-582, doi:10.1093/jhmas/jrs020.

Danis, F. S. (2003). The Criminalization of Domestic Violence: what social workers need to know. *Social Work*, 48(2): 237-246.

Daniel, C. L. (2011). The Path to Social Work: contextual determinants of career choice among racial/ethnic minority students. *Social Work Education*, 30: 8, 895-910.

Deegan, M. J. (2001). Minnie F. Low. In *Women Building Chicago 1790-1990: A Biographical Dictionary*, edited by Rima Lunin Schultz and Adele Hast (pp. 520-522). Bloomington, IN; Indiana University Press.

Dix, D. (2006). I Tell What I Have Seen The Reports of Asylum Reformer Dorothea Dix. *American Journal of Public Health*. 96(4): 622-624.

Dominelli, L. (1997). *Anti-racist Social Work*. London: Macmillan.

Dominelli, L. (2009). Anti-oppresive Practice: the challenges of the twenty-first century. In R. Addams, L. Dominelli, and M. Payne (eds.), *Social Work: themes, issues and critical debates* (3rd ed.) (pp. 49-64). Basingstoke, Hampshire: Palgrave Macmillan.

Dominelli, L. (2012). *Green Social Work: from environmental crisis to environmental justice*. Cambridge: Polity Press.

Dorr, C. (2014). *Social Work Live: theory and practice in social work using videos*. Oxford: Oxford University Press.

Dupper, D. (2003). *School Social Work: skills and interventions for effective practice*. Hoboken, New Jersey: John Wiley & Sons Inc.

Gary, R. B. & Gary, L. E. (1994). The History of Social Work Education for Black People 1900-1930. *The Journal of Sociology & Social Welfare*, Vol. 21, Iss. 1, Article 7. https://scholarworks.wmich.edu/jssw/vol21/iss1/7

Gehlert, S. & Browne, T. (2011). *Handbook of Health Social Work*. John Wiley & Sons.

Germain, C. & Gitterman, A. (1980). *The Life Model of Social Work Practice*. NY: Columbia University Press.

Globerman, L., White, J., & McDonald, G. (2003). Social Work in Restructuring Hospitals: program management five years later. *Social Work in Health Care*, 27(4): 274-283.

Gray, M., Coates, J., & Hetherington, T. (2012). *Environmental Social Work*. London: Taylor and Francis.

Green, G., Thorpe, J. & Traupmann, M. (2005). The Sprawling Thicket: knowledge and specialisation in forensic social work. *Australian Social Work*, 58(2): 142-153.

Gutierrez, L. (2001). Multicultural Organizational Development. In Lena Dominelli, W. Lorenz and H. Soydan (eds.), *Beyond Racial Divides: ethnicities in social work practice*. Farnham, Surrey: Ashgate.

Hancock, B. L. (1982). *School Social Work*. New Jersey: Prentice-hall, Inc.

Henri, F. (1975). *Black Migration: movement north, 1900-1920*. Garden City, NY: Doubleday.

Hopps, J. G. (1983). Minorities: people of color. In *Supplement to the Encyclopedia of Social Work* (17th Edition). Silver Spring, Maryland: National Association of Social Workers.

Hughes, D. S. & O'Neal, B. C. (1983). A Survey of Current Forensic Social Work. *Social Work*, 28: 5, 393-395.

Keefe, R. H. (2010). Health Disparities: a primer for public health social workers. *Social Work in Public Health*, 25(3-4): 237-257.

Kelly, K. (2017). Alice S. Wells: among first policewomen. *America Comes Alive*, https://america-comesalive.com/alice-s-wells-among-first-policewomen/

Kelly, M. S., Raines, J. C., Stone, S. & Frey, A. (2010). *School Social Work: an evidence-informed framework for practice*. Oxford: Oxford University Press.

Kirst-Ashman, K. (2007). *Introduction to Social Work & Social Welfare: critical thinking perspectives* (2nd ed.). Belmont, Ca: Thomson Brooks/Cole.

Kwon, S. (2020). It's Time to Defund the Police And Start Funding Social Workers. *Huffpost Personal*, June 15.

Lindsey, D. (2004). *The Welfare of Children*. (2nd ed.) Oxford: Oxford University Press.

Mackelprang, R. W. & Salsgiver, R. O. (1996). People with Disabilities and Social Work: historical and contemporary issues. *Social Work*, 41(1): 7-14.

Maschi, T. & Leibowitz, G. S. (2018). *Forensic Social Work: psychosocial and legal issues across diverse populations and settings* (2nd eds.). NY: Springer Publishing Co.

Maschi, T. & Killian, M. L. (2011). The Evolution of Forensic Social Work in the United States: implications for 21st century practice. *Journal of Forensic Social Work*, 1(1): 8-36.

Maschi, T., Bradley, D. C., & Ward, K. (2009). *Forensic Social Work: psychosocial and legal issues in diverse practice settings*. NY: Springer Publishing Company.

McClennen, J. C., Keys, A. M., & Dugan-Day, M. L. (2017). *Social Work and Family Violence: theories, assessment, and intervention* (2nd ed.). NY: Springer Publishing Co.

McCullagh, J. (2002). School Social Work in Hartford, Connecticut: correcting the historical record. *Journal of Sociology and Social Welfare*, XXIX: 2, 93-103.

McKinnon, J. & Alston, M. (2016). *Ecological Social Work: towards sustainability*. London: Palgrave.

McNeill, F., Bracken, D., & Clarcke, A. (2010). Social Work, Criminal Justice and Their Reconfiguring Relationships. *Revista de Asistenta Sociala*, 1, 114-124.

Mullen, P. (2000). Forensic Mental Health. *British Journal of Psychiatry*, 176, 307-311.

Naessens, L. & Raeymaeckers, P. (2020). A Generalist Approach to Forensic Social Work: a qualitative analysis. *Journal of Social Work*, 20(4): 501-517.

Oliver, M. (2009). *Understanding Disablilites: from theory to practice* (2nd ed.). Basingstoke: Macmillan.

Oppenheimer, J. J. (1925). *The Visiting Teacher Movement with Special Reference to Administrative Relationships* (2nd ed.). NY: Joint Committee on Methods of Preventing Delinquency.

Papell, C. & Rothman, B. (1980). Relating the Mainstream Model of Social Work with Groups to Group Psychotherapy and the Structured Group Approach. *Social Work with Groups*, 3, 5-23.

Patti, R. J. (ed.) (2009). *The Handbook of Human Service Management* (2nd ed.). Los Angeles: Sage.

Pon, G. (2009). Cultural Competency as New Racism: an ontology of forgetting. *Journal of Progressive Human Services*, 20, 59-71. doi: 10.1080/10428230902871173.

Popple, P. R. (1980). Social Work Practice in Business and Industry. *Social Service Review*, June, 257-69.

Potocky, M. (1997). Multicultural Social Work in the United States: a review and critique. *International Social Work*, 40(3): 315-326.

Ray, M. et al., (2014). Gerontological Social Work: reflections on its role, purpose and value. *British Journal of Social Work*, 1-17.

Rappaport, J. (1981). In Praise Of Paradox: a social policy of empowerment over prevention. *American Journal of Community Psychology*, 9, 1-25.

Roberts, A. R. (1976). Police Social Workers: a history. *Social Work*, July, 294-299.

Roberts, A. R. & Brownell, P. (1999). A Century of Forensic Social Work: bridging the past to the present. *Social Work*, 44(4): 359-369.

Rogers, P. & Soothill, K. (2008). Understanding Forensic Mental Health and the Variety of Professional Voices. In Keith Soothill, Paul Rogers, and Mairead Dolan (eds.), *Handbook on Forensic Mental Health*. London: Willan Press.

Sakamoto, I. & Pitner, R.O. (2005). Use of Critical Consciousness in Anti-oppressive 14 Social Work Practice: disentangling power dynamics at personal and structural levels. *British Journal of Social Work*, 35, 435-452. doi: 10.1093/bjsw/bch190.

Schlesinger, E. G. & Devore. W. (1995). Ethnic Sensitive Social Work Practice: the state of the art. *The Journal of Sociology & Social Welfare*, 22, Iss. 1, Article 4. https://scholarworks.wmich.edu/jssw/vol22/iss1/4

Shardlow, S., Robinson, T., Thompson, J., & Thoburn, J. (1998). Social Work in the United Kingdom. In Steven Shardlow and Malcolm Payne (eds.), *Contemporary Issues in Social Work*. London: Arena.

Siegel, R. B. (1996). The Rule of Love: wife beating as prerogative and privacy. *The Yale Law Journal*, 105, 2117-2206.

Sinclair, R. (2004). Aboriginal Social Work Education in Canada: decolonizing pedagogy for the seventh generation. *First Nations Child & Family Caring Society of Canada*, 1(1): 49-61.

Slavin, S. (ed.) (1978). *Social Administration: the management of the social services*. The Heworth Press and Council on Social Work Education.

Solomon, B. B. (1976). *Black Empowerment: social work in oppressed communities*. NY: Columbia University Press.

Stormont, M., Reinke, W. M., Herman, K. C, & Lembke, E. S. (2012). *Academic and Behavior Supports for At-risk Students: tier 2 interventions*. New York: Guilford Press.

Stuhler, L. S. (2013). *The Care of the Insane in New York State (circa 1912)*. VCU Libraries Social Welfare History Project.

Sue, D. W. (2006). *Multicultural Social Work Practice*. John Wiley & Sons Inc.

Sue, D. W., Rasheed, M. N., & Rasheed, J. M. (2016). *Multicultural Social Work Practice: a competency-based approach to diversity and social justice* (2nd ed.). London: Wiley.

Thompson, N. (2006). *Anti-discriminatory Practice* (4th ed.). London: Macmillan.

Titmuss, R. M. (1950). *Problems of Social Policy*. London: HMSO

Trattner, W. I. (1999). *From Poor Law to Welfare State: a history of social welfare in America*. NY: Free Press.

Trolander, J. A. (1997). Fighting Racism and Sexism: the council on social work education. *Social Service Review*, 71(1): 110-131.

Tuerkheimer, D. (2004). Recognizing and Remedying the Harm of Battering: a call to criminalize domestic violence. *Journal of Criminal Law and Criminology*, 94(4): 959-1031.

Van Wormer, K., Roberts, A., Springer, D. W., & Brownell, P. (2008). Forensic Social Work: current and emerging developments. In K. M. Sowers, and B. White (eds.), Comprehensive Handbook of Social Work and Social Welfare (pp. 315-342). Hoboken, NJ: John Wiley & Sons.

Woodroofe, K. (1962). From Charity to Social Work: in England and the United States. London: RKP.

Younghusband, E. (1964). *Social Work and Social Change*. London: George Allen & Unwin Ltd.

Zaharia, J. (2019). Forensic Social Work and Psychology Responses to Human Rights Advocacy. *Vizione*, 32, 215-223.

Zimmerman, M. A. (1990). Toward a Theory of Learned Hopefulness: a structural model analysis of participation and empowerment. *Journal of Research in Personality*, 24, 71-86.

第十五章
社會工作倫理

法律禁止的行為，做了就違法。例如：依《個人資料保護法》規定，基於以下事由，公務機關或非公務機關可以蒐集或處理個人資料：(1)法律明文規定；(2)經當事人同意；(3)為增進公共利益所必要；(4)為免除當事人之生命、身體、自由或財產上之危險；(5)為防止他人權益之重大危害；(6)有利於當事人權益等（第16、19、20條）。亦即，社會工作者依《個人資料保護法》規定得對當事人蒐集與其求助、涉入或申請事由相關的資料。倘若違反規定，足生損害於他人者，處5年以下有期徒刑，得併科新臺幣100萬元以下罰金。

合乎法律規定的行為，不見得依法做了就不會出事。鐵達尼號（RMS Titanic）的救生艇故事就是活生生的例子。1912年4月10日載著2,224人的鐵達尼號從英國南安普頓港首航，橫渡大西洋，前往美國紐約，於4月15日撞到冰山，2小時40分鐘後完全沉沒，1,514人罹難。船上只有20艘救生艇，總共才可容納1,178人逃生。事實上，當時只用了18艘救生艇，A折疊艇淹水，B折疊艇翻覆，只有705人逃離。依英國《1894年商船法案》規定，一艘1萬噸以上的船隻應攜帶16艘救生艇，總容量為272.5立方公尺，足以容納960人逃生。鐵達尼號攜帶了超過法律規定所需的救生艇。她的救生艇總容量為320.77立方公尺。在設計階段，承包造船的哈蘭德與沃爾夫（Harland and Wolff）造船廠的前首席造船工程師、時任造船廠總經理的卡萊爾（Alexander Carlisle）提交一份64艘救生艇的計畫。造船廠後來將這個數字刪減到32艘，於1910年3月再次刪減到16艘，卡萊爾就此決策提出異議，不得要領，終於退出設計團隊。卡萊爾堅持的是工程專業倫理。但是，造船廠相信的是他們造的船「永不沉沒」；而船東白星航運（White Star Line）也傾向讓甲板空間最大化，提供乘客視野上的享受，他們要的是舒適與奢華的「夢幻之船」。不論法律是否跟上時代，其規範的常是最低水平的行為標準；而專業倫理要求的是高水平的行為準則。

此外，法律沒規定的行為，不一定都能做。如果違反文化、社會規範，也不能做。否則，會被社會譴責或制裁。再者，法律沒規定的，如何做才會更好，也必須考量專業倫理。亦即，本書第六章所提到的規範倫理，藉

以判斷行動的道德性。例如：鄉鎮市區公所發放救災物資時，常以每戶、每人一份，先來後到，公平分配。而社會工作者的作法就不會只考慮數量的公平，還會考慮弱勢優先、需求原則、生命安全攸關，才不會讓資源分配錯置或浪費。這不僅是專業知識的課題，也是專業倫理的議題。

第一節 社會工作倫理的演進

一、社會工作為何需要倫理守則

倫理（ethics）是人與人、人與其他生物、人與環境間的行為準則。依此，社會工作倫理（social work ethics）是「引導社會工作者在實務上表現合乎倫理的專業標準」（Levy, 1976）。為什麼女店員可以收男顧客送的禮，社會工作者卻不被允許收服務對象送的禮；又為什麼男店員可以和他的女顧客進行性接觸，只要成年且兩情相悅，不會有人干涉（除非劈腿），而社會工作者就不可以有這種行為呢？這是因為社會工作專業具有以下屬性：

（一）專業的獨占性

只要具有獨占性的行業或地位，都容易濫權，例如：利用獨占性來保護自己的既得利益，拉抬價格，獲取暴利而罔顧公共福祉；利用限制成員數量的成長來保有稀少性；利用社會大眾資訊不對等來誇大或保留其成效；利用其不可替代性或迫切需求，來要脅拿翹。如果這些濫權變得普遍而引起眾怒，社會一定群起而攻之，專業特權可能被取消。專業為了自求多福，只好自訂一套合乎社會大眾期待的倫理，來取信於社會。

（二）社會工作專業的「案主」是社會、經濟、政治、生理、文化上的相對弱勢（the disadvantaged）

「案主」需要社會工作者協助，表示他們可能缺錢、生病、低教育水平、身心障礙、社會功能喪失、無力感、受害者、脆弱等。社會工作者焉能乘人之危呢？

（三）社會工作助人過程中自我揭露（disclosure）的必要性

「案主」是低收入戶就得經過資產調查（means test）；性侵害的受害者會被要求回憶受暴經驗；法定傳染疾病患者會被要求交待病史；婚姻關係不佳的配偶若不談夫妻如何吵架，社會工作者無法進行正確的評估。總之，有太多的私密資訊會在助人過程中被要求揭露，而且會被記錄下來，成為檔案。如果社會工作者或他人拿這些私密資訊作文章，「案主」怎敢講出來；不講出來，怎能得到幫助？

（四）個人與社會問題的複雜與多變性

社會工作者所面對的「案主」生命經驗與社會環境，經常超出自己所生長的與學習到的，例如：貧窮、失業、重症、性交易、性侵害、未婚懷孕、身心障礙、失依、離婚、單親、無家可歸、被遺棄、獨居、離家出走、低學業成就、中輟、文盲等，而這些問題又隨著社會環境改變而變化。如果社會工作者不精益求精，不求知於高人，沒有一套品質管制的機制，如何能有效地幫助「案主」解決問題。

（五）社會工作的使命是挑戰社會不正義

從歷史來看，社會工作者出現於勞資對立、貧富不均、城市問題叢生、種族歧視、性別不公的19世紀中葉以降。社會工作者不只被期待幫助個人脫貧解困，也被社會交派任務要調整壓迫、歧視與分配不均的社會、經濟、政治與文化結構。如果不耳提面命，勤加叮嚀，社會工作者是有可能為了滿足自己專門技術的發揮，而忘了自己的神聖使命。就如加州（柏克萊）

大學社會福利學院已過世的院長史佩特（Specht, 1991）提醒：「大部分選擇私人開業的社會工作者，將自己從問題、機構、人口群中抽離，而這正是社會工作所要面對處理的，心理治療不是不好，只是他不是社會工作。」

　　以上幾點正是社會工作專業需要一套倫理守則的原因，而倫理守則與專業化同步成長。本書前曾述及，從特質論（trait model）的角度來看，古林伍德（Greenwood, 1957）認爲所有專業都共享五個特質：(1)理論體系；(2)專業權威；(3)社區認可；(4)倫理守則；(5)專業文化。而就專業發展的過程論（process approach）而言，威林斯基（Wilensky, 1964）認爲倫理守則的出現常是最後一個階段，其前面的四個階段分別爲：(1)開始出現專職的工作；(2)訓練學校的興起；(3)專業結社的形成；(4)爭取法律的保障與支持。

二、社會工作倫理的發展

　　芮摩（Reamer, 1998）指出美國社會工作倫理的發展經歷了四個階段：

（一）道德時期（**1919年以前**）

　　從社會工作開始爭取成爲專業的1890年代起，僅止於道德的思考，聚焦在如何防止「案主」貧窮化（pauperism）。就美國社會工作專業的發展來看，當1915年佛雷斯諾（Abraham Flexner）被邀請在當年的「全國慈善與矯正會議」演講「社會工作是一門專業嗎？」時，所提出的六個認定專業的指標，並沒有提及專業倫理守則。

（二）價值探索（**1919-1960年代**）

　　1919年才有草擬社會工作倫理的提議。而社會工作界開始注意到倫理守則的議題是在1921年，芮奇孟（Mary Richmond）提到社會工作者需要有倫理守則，以禁止去做不該做的事。1922年美國家庭福利協會正式指派一個委員會草擬社會工作倫理，1923年芮奇孟草擬了一份名爲「社會個案工作者的倫理守則實驗性草案」，以爲依循；但是，並未被正沉浸在擴張社會工作學校與組織的美國社會工作界所採納。

　　一直到1955年，美國社會工作者協會（NASW）整合了所有社會工作團體之後，到1960年代出現14條宣言式的倫理守則。並非社會工作倫理不重要，而是任何壟斷性的組織不會在一開始就先自我節制，而是先開疆拓土；到了專業日趨成熟時，一面要昭告天下，提升專業形象，同時又穩固其地盤，減低外來相鄰專業的競爭，而提出屬於自己的專業倫理守則。

　　美國的社會工作倫理守則起先只是一連串的宣示，例如：專業責任優先於個人利益、尊重「案主」的隱私權、當社會有緊急事故發生時提供適切的專業服務、貢獻出知識與技術並支持人群服務的各種方案等，這些宣言都是以第一人稱表達（Reamer, 1999），有點像社會工作者的就職宣誓。1967年，隨著民權運動的進展，又加上了反種族歧視的宣言。

（三）倫理守則系統化（1970-1996年）

　　要訂出一套吻合各領域均適用的社會工作倫理守則本來就不容易，才會拖了那麼久，且訂出如此抽象的倫理守則。1977年，美國社會工作者協會決定成立一個任務小組來修改其專業倫理守則，以解決長期以來被詬病的抽象性與不完整，特別是倫理兩難與倫理申訴的處理。

　　兩年後，美國社會工作倫理守則修正完成，於1980年施行。將倫理守則依內涵分為六個部分：(1)社會工作者的行為與態度；(2)社會工作者對「案主」的道德責任；(3)社會工作者對同僚的道德責任；(4)社會工作者對服務機構的道德責任；(5)社會工作者對專業社會工作的道德責任；(6)社會工作者對社會的道德責任。總計有16項68條。這種書寫方式已奠定了往後美國社會工作倫理守則的雛形。

（四）倫理守則完整化（1996年──）

　　最後，才於1996年出現成熟的倫理守則與風險管理。1980年的美國社會工作倫理守則於1990年、1993年分別修訂。1990年的修訂主要針對1986年美國聯邦貿易委員會（U.S. Federal Trade Commission）的「貿易限定」（restraint of trade），而修正倫理守則中有關招攬「案主」與收費的規定。

1993年的修正主要針對社會工作者因個人問題而影響服務工作，和社會工作者與其「案主」、同事、學生間的不當關係條文。

1994年，美國社會工作者協會再次指派一個委員會來修訂倫理守則，由瑞摩（Frederic G. Reamer）擔任主席。新修訂的草案於1997年1月實施，洋洋灑灑臚列了155條社會工作者應遵循的行為準則，包括對「案主」、對同事、對實務設施、對自己作為一位專業人員、對專業，以及對社會全體的倫理責任。

2017年8月，美國社會工作者協會修正1996年版的社會工作倫理守則，主要修正是為了因應電子化溝通科技的普及運用，包括電子郵件、網路聊天室、社交網站、簡訊、電話、視訊等，包括：與「案主」討論專業服務時使用的科技、告知後同意錄音錄影、同意使用電子行蹤定位、社會工作者使用科技於專業服務時應具備的知能、使用電子化社會工作服務的文化與社會經濟條件考量、避免於個人與非工作目的上使用電子科技與「案主」溝通、個人或電子化資訊交換可能帶來的隱私侵犯、使用電子溝通科技的倫理等。

世界各國的社會工作組織都有自己的倫理守則，例如：英國社會工作者協會（the British Association for Social Workers, BASW）的倫理守則於1975年通過實施。後經過幾次修正，2002年採行國際社會工作者聯盟（International Federation of Social Workers, IFSW）與國際社會工作學校協會（International Association of Schools of Social Work, IASSW）對社會工作的定義，以及納入其社會工作倫理原則聲明（Statement of Principles）加以修正，復經該兩團體於2010年審查通過。而國際社會工作者聯盟所遵行的倫理守則是1988年通過的（Shardlow, 1998）。

臺灣省政府在1973年開始在少數縣市設置社會工作員後，於1979年由當時的社會處擬定「臺灣省社會工作者工作守則」，載於臺灣省社會工作人員手冊中，全文10條，以第一人稱表達，很像1960年代美國的社會工作倫理守則寫法，但相對地簡約。臺北市政府也於1978年為其所聘用的社會工作人員訂定了倫理守則，條文與臺灣省政府所訂雷同，都是10條而已。這一階段對社會工作倫理推動最力的是蔡漢賢（1985）。全國性的社會工作

倫理守則一直到1997年4月2日《社會工作師法》公布施行後，才由中央主管機關（內政部）委託中華民國社會工作專業人員協會（改名為臺灣社會工作專業人員協會，TASW）先行研議，於1998年7月27日訂定函頒，總計18條。但由於條文太少，又嫌抽象，難以執行，遂於2006年由中華民國社會工作師公會全國聯合會研擬新版的社會工作倫理守則，於2008年3月28日經內政部核備施行，總計3章14條40款，內容仿照美國社會工作倫理，將倫理關係界定為對案主、對同僚、對實務工作、作為專業、對專業、對大眾等六類。不過，相對於美國、英國、加拿大的社會工作倫理，還是相對簡約，也比臺灣輔導與諮商學會頒行的諮商專業倫理守則來得簡略。

臺灣社會工作界關於社會工作倫理的著作也到最近幾年才受到重視。2000年包承恩、王永慈等翻譯芮摩（Frederic Reamer, 1999）的《社會工作價值與倫理》。2001年輔仁大學社會工作學系出版《社會工作倫理：應用與省思》。2002年徐震、李明政編著《社會工作倫理》。2004年徐震、李明政再合著《社會工作思想與倫理》。2006年曾華源等合著《社會工作專業價值與倫理概論》。2013年秦燕著《社會工作倫理》。這些著作的出爐，使臺灣社會工作倫理的討論有了較多本土的案例經驗。

第二節 社會工作倫理的觀點

倫理既然是規範人與人、人與環境的關係，那麼，我們先要回答人們如何來解釋這種「關係」，與這些用來界定關係的概念，產生在何種參考架構下，例如：什麼是正確的行為？什麼是好的關係？從誰的角度來看這是好的關係、正確的行為？以無家可歸者為例，「案主」的最佳利益是什麼？就業、快樂、親情、住宅、醫療、社會責任嗎？從社會秩序維護的角度來看，與從社會改革的觀點來看，一定不一樣，那麼社會工作者應依誰的？本章試著介紹幾個倫理學的觀點，以作為思考的參照。

一、效用主義（**utilitarianism**）

效用主義或功利主義強調行動的後果要帶給整體社會最大的快樂（或最小的痛苦），其源於19世紀的歐洲社會，當君主權威逐漸消退，宗教也不再是唯一不被質疑的道德，代之而起的是理性的思維。此時，新興中產階級變得強而有力，工業化也同時帶來都市擁擠、貧窮、職業災害、失業。邊沁（Jeremy Bentham）、米爾（John S. Mill）等社會改革者致力於法律與刑事改革，他們的工作爲的是促進大眾福祉，也就是使社會整體快樂極大化。這樣的思考仍然是當代社會工作者心之所繫。

效用主義的假設是：

1. 社會之善乃個人之善的總合。據此，所有個人得到最大快樂，即是最佳社會的寫照。

2. 最大的快樂包括行動的立即後果與可預測、長期的後果，要以後果來論斷行動。亦即行動結果促進了大眾多少福祉。

3. 假如每個人計算最大的快樂是依理性、深思熟慮的過程，則其結果將是有關快樂本質的基本同意，如下：

   (1) 我對不同種快樂的理性考量，例如：暢飲之樂、求知之樂，將引導我去選擇理性或較高的快樂。

   (2) 當我的快樂與你的快樂相衝突時，理性的計算是從無損我的長期利益來思考。例如：希望對貧民提供較少的服務，我就能少繳稅。之後，若我發現我的快樂來自繳較高的稅，同時帶給貧民較多的好處，因此，他們就可以成爲生產性的公民，且貢獻更多全民的福祉，結果將讓我賺到更多錢。

   (3) 全民教育是帶來大眾福祉的不二法門，教育將強化人們去形塑理性的欲望。亦即了解我們原先認爲的快樂並不一定眞的讓我們快樂，透過教育，我們的欲望可以變得眞的可欲求。

4. 人類的本質是相互競爭的，我們的競爭是溫和的，是依循理性的自利。

5. 因為每個人對快樂的計量都不一樣，效用主義的觀點是以民主的方式來公平地處理每個人的福祉。

6. 利他主義（altruism）被視為一種相互的自利。就長期言，促進自身利益也會同時促進他人利益，這使不同的利他主義變成多種可能，端賴我們如何建構理性利益。從某個角度來看，我們依循自己的理性自利來行事，他人的利益將因此也獲得提升；從另個角度來看，個人理性自利是依個人設法尋求協助他人的方法來斷定。

效用主義的擁護者關心社會中的無家可歸者、失業者、貧民等，如果提供一些服務給這些人，例如：庇護所、食物、就業機會、住宅、醫療服務等，讓這些人成為社會上有用的人，不但可讓這些人更快樂，也會讓其他人減少不快樂，這就是所謂的創造大眾福利（general welfare）。效用主義的核心道德是「我們應表現能增加大眾福祉與極大化快樂的行為，這是值得肯定的。」

然而，效用主義在倫理上的討論，也有其限制。首先，效用主義假設人是理性的，可以理性地計量最大的快樂。但事實上，最大的快樂是一個廣泛而模糊的概念，很難理性地計量。例如：中輟生最大的快樂是什麼？尼特族最大的快樂又是什麼？不必上課？不必工作？

其次，效用主義所關切的弱勢者，真的能保證得到大多數人的保護嗎？因為在權力不對等關係之下，大多數人或有權勢的人會尊重脆弱的少數嗎？有錢人會認為少數族群也有追求快樂的權利嗎？少數族群的快樂由誰來界定？有錢人或多數人會相信繳高稅即可服務窮人，又可使自己快樂嗎？例如：臺北市萬華區的居民認為把遊民集中到偏遠地區收容，才是解決遊民之道（可使遊民快樂，居民也快樂），真是如此嗎？

第三，如果每個人所界定的快樂不完全被同意，那麼同意到什麼程度，80%、90%，或過半數即可？事實上，有些快樂是無法比較的，例如：好名、好財、好色，何者最快樂？有人酒色財氣樣樣都來才快樂！

最後，效用主義太強調個人快樂，而忽略制度的因素會創造不快樂，例如：服務提供者常為了自己的快樂（辦活動、展業績、消化預算等），而說

是爲了「案主」的快樂。反而「案主」日常受制於行政繁瑣刁難、延宕，其長期不快樂多於一時的小確幸。

二、康德主義的義務論

康德主義（Kantianism）也是反對靠宗教來形成人們的道德信念。康德企圖尋找一種凡人（common man）的道德信念，而非人與神之間的道德關係。他認爲快樂不可能靠道德來引導，因爲快樂常隨外在環境而改變。於是，他提出每個人應盡的基本尊重與尊嚴的義務，有以下原則：

1. 待人待己都要符合人道，人道是目的，而非手段。
2. 依你所遵循的準則行事，且此行事法則是普世的。也就是，任何人要做任何事都應以大眾可以理解遵循的方式來做。

康德常以「承諾」來說明義務，例如：你要向他人借錢，一定要承諾會還錢，這是義務（duty）。如果你明知還不起而借錢，或承諾要按時還錢而不還，都是不道德的。「欠債還錢」是基本的義務，不能自我矛盾（self-contradictory），一方面倡導某種承諾，卻又破壞這個承諾。

康德的義務論用在倫理思考上也有些困境。首先，何謂普世的行爲法則？是否有例外？例如：借錢要還，但沒錢可還時，該不該以身抵債；如果不該，那麼承諾被打破的可容忍程度到哪裡？

第二，人們如何建構行爲準則？例如：利他主義是一種義務，人們見到他人苦難，應即伸出援手，否則，即是一種自我破壞的（self-destructive）行爲。但是，是否每一種情境都應利他呢？是要做到解民倒懸，還是解衣推食，或是臨危授命？

同樣的道理，如果守密是一種倫理義務，要守到什麼程度？爲「案主」的最佳利益著想也是一個倫理義務，什麼是最佳利益，或什麼是「案主」利益優先？這些都是義務論無法回答的質疑。

三、權利論

　　效用主義與康德主義均假設每一個人有某些重要的倫理與政治信念，且為社會大眾所同意，例如：快樂、理性的快樂、尊重、尊嚴等。權利論者認為社會中對於什麼是「好的」（good）本來就各有界定，重要在於社會應保障每個個體免於被侵犯的自由（freedom）。自由應被視為一種權利，以便在不同利益交戰的社會中，平衡彼此。

　　但是，自由很容易極大化到無法無天，而產生不安全、無和平、缺規則、乏仲裁的狀態，那就不是自由了。因此，人們形成一種社會契約（social contract）來避免因過度自由導致的不自由，也就是放棄某些自由，以換取另一些自由。國家因而出現，以保護人民的自由，也限制人民的自由。

　　權利論的假設如下：

1. 好的社會是透過極大化那些吻合大眾正義的個人自由範疇，來保障每個人的理性自主。
2. 自由是一種權利。自由權應受到國家或他人的保證不被干擾，而得以自主地行事，例如：擁有財產、言論等。國家以行動來保障個人自主，而賦予權利，例如：保證基本健康照護或國民義務教育等。
3. 國家是一個中性的政治工具，其主要任務是保證人民的權利，和保護人民免於受到外來威脅。
4. 人是理性的個體，人人平等；社會是所有成員的總合。
5. 基於理性的行事，個人就能決定他們個殊的快樂。

　　權利論者強調自由是一種權利，但自由與福祉不只是個人所追求，也是全民所承諾，這也是每個人的理性。福祉包括三種事物（goods）（Gewirth, 1978; Reamer, 1990）：

1. 基本事物（basic goods）：是每個人行動的前提，缺了這些，例如：生存、健康，個人就不可能成為理性的人。
2. 不可減的事物（non-subtractive goods）：失去了這些，將導致人們失去鬥志，例如：說真話才能使社會運行無阻，就是人們不可減的事

物。其他像守信用、公平對待、服從多數、尊重少數等。

3. 可加的事物（additive goods）：有了這些之後，人們的能力增強，以實現人生目標，例如：知識、所得、福祉、機會等。

權利論告訴我們自由是權利；此外，還有什麼權利呢？人們如何了解他有哪些權利？有些人認為社會福利是一種權利，另一些人恐怕不這麼想，例如：大多數社經地位高的人不覺得社會福利是一種權利。

進一步，權利論者也沒有明白告訴我們哪些事物是社會福利所必需。基本事物也許較容易理解，但哪些是不可減的？可加的事物的限度在哪裡？除了知識與所得之外還有什麼？多多益善嗎？

四、馬克斯主義的觀點

馬克斯主義者在乎的是政治多於倫理，其假設：

1. 好的社會是一個能創造尊重、自由與公平的持續發展的社會與經濟制度。

2. 人的平等與自由並非源於人的理性，而是人的活動或慣性，經由有目的的勞動而使個人轉化。創造與有目的的勞動是基於人類自我實現與快樂，據此：

   (1) 社會中特定形式的勞動（生產方式）決定了社會的基本樣態與其住民的本質。

   (2) 倫理與人類的本質，以及理性都是歷史的產物。

3. 大多數的生產形式（包括資本主義）都將社會分為兩個對立的階級，相互競爭稀少的資源。其後果就是一個階級支配另一個階級，且使每個個人從社會中疏離（或異化）。疏離是指一個個體從他人中疏遠，而喪失了人類合作與創造力的勞動。

4. 只有在生產形式社會化之下，才可能使人人得到自由與尊重，亦即：

   (1) 合作代替競爭。

   (2) 沒有任何單一群體擁有明顯的經濟、社會或政治權力優越於其他

群體。

(3) 生產形式由生產者掌控。

5. 社會化的生產形式將產生新的人類本質、新的民主過程，以及人人機會均等。

6. 利他主義只會以互惠給予的形式存在。

馬克斯主義觀點帶給社會工作者的思考是權力或無力感的重要性、社會關係與經濟結構改變的重要性、「案主」與社會工作者的互惠關係，以及民主決策過程和分配較多的資源給弱勢者。

就倫理考量言，馬克斯主義強調充權（empower）觀念，挑戰政治結構，為「案主」辯護。但是，往往無法克服「案主」立即解決其問題的迫切性，例如：「案主」馬上要有住的地方、醫療，以及就業，不能等結構改變了才來談。

五、直觀論的倫理觀

直觀論者（intuitionist）認為所有倫理觀點都是憑直覺的，為了陳述目的，我們最後都憑什麼是正確或善意的道德直覺來判定。他們相信沒有所謂理性的系統來折衝對立的道德因素，也沒有所謂一般理論來決定每一種情境或案例的倫理選擇。我們必須考量各種因素，再憑直覺來判斷。如此，我們才可能以彈性化解道德原則可能帶來的犧牲。

直觀論聽來很神，但是很容易陷入自我偏見而不自覺。什麼是正確的？在現實社會中，很難判斷，人們常常是事後諸葛亮。每一個人的直覺力不同，如果沒有倫理的判準，恐怕很難建立倫理的共識。直觀需要經歷很多情境才能累積，閱歷越深，直覺才能越準確，才可以到出神入化、原則及規矩難以框架的境界。

六、德行論

德行（virtue）或美德，被認為是一種人類所欲求的道德品質，例如：

慷慨、老實、幽默、效忠、同情等；反之，自私、取巧、奸詐被認為是劣行。儘管康德強調義務，行為主義者強調行為，專業組織強調倫理守則以約束不當行為。但是，晚近社會機構的風險管理，社會工作仍然被認為是一種「感召」的「職業」（calling），或道德的事業（moral enterprise），其優越性是靠實務工作者的性格特質與品德（Martínez-Brawley & Zorita, 2017）。

　　道德品質是人與人之間關係的品質指標，人際關係的良窳繫乎道德品質的優劣。道德品質的養成受到該社會如何社會化其成員的影響很深，例如：社會認為什麼是好人，人們就會理性地、習慣地去做出好人的行為，以博取社會接納，尤其在宗教信仰很深的社會，佛陀所倡導的慈悲、基督所宣揚的愛與寬恕，都是信眾或教徒追隨的美德。

　　德行倫理是一種規範理論，所有的道德價值源自道德者（moral agents）的人格（Webb, 2006）。道德者能區辨是非對錯，且為自己的行為負責，其有責任避免引發不正義的傷害。德行論強調人格與行為足以為判斷，不同於依法規、義務，或指引作為道德原則；道德倫理強調既存的審美觀，置焦在達成有意義的生活的重要性。因此，社會工作應該恢復亞里斯多德的（Aristotelian）倫理傳統，例如：慷慨、正義、審慎、智慧、勇氣、自尊、節制、堅忍，且德行即是一種實踐。從德行論的角度來看，社會工作在依各種情境不斷修正發展出的倫理原則條文，倘先有亞里斯多德式的德行為前提，就能省掉很多機械式的教導，即可判斷何者該做，哪些不該為。

　　但是，美德也會隨社會、經濟、政治條件而改變，例如：以前是笑娼不笑貧，現在是笑貧的人比笑娼的多；以前為善不欲人知是美德，現在可能被笑成不懂宣傳；當在野黨的時候，改革是一種美德，到了執政時，高喊改革往往會被說成不切實際，或是沽名釣譽。所以，什麼是美德，有時候也很難界定，還好一些普世的價值仍然被歌頌，例如：勤勞工作、守信用、富同情心等。

　　專業的人除了被期待擁有人品優越之外，更有專業的倫理要遵守。社會工作者的專業品德是什麼？本書第四章曾提及10個社會工作者的特質，這

些特質是要實踐的，不是用來考試或論述的。早年美國的社會工作前輩陶爾（Towle, 1969）說過，社會工作專業要用腦、心、手來做社會工作。套用曼寧（Manning, 1997）的道德公民（moral citizenship）概念來說，社會工作者是道德公民，應將倫理或德行察覺（awareness）、思考（thinking）、感受（feeling），並付諸行動（action）。

七、相對論

相對論（relativism）認為倫理的考量何者為正確，是相對於其所處的社會或其所堅持的信念。很難說哪一個社會的信仰或哪一個人的信念優於他人，也就是沒有在相對論以外的道德真理存在。羅德絲（Rhodes, 1986）認為從社會工作發展史就可以看出相對論的意義。19世紀末，社會工作者自認是社會傳道師（social missionaries），強加一些所謂中產階級的道德真理給「案主」，例如：勤勞工作、節儉、效忠等。但是，20世紀的社會工作者卻一再強調尊重「案主」自主、自決。所以，絕對的倫理價值並不存在。

什麼是相對論的倫理呢？羅德絲（Rhodes, 1986）舉出下列五點說明：

1. 沒有絕對可放諸四海皆準的倫理守則，例如：信守承諾是倫理，但是，對某些人來說在某種情況下，違背承諾可能才是正確的。一個少年承諾每天交出100元零用錢給他的同學（不論是自願或被迫），當他沒有足夠的零用錢交出時，要去偷，或騙家長，或違背承諾？因此，倫理考量基於：

    (1) 一般而言，信守承諾是對的。

    (2) 在特殊情境下，信守承諾可以被打破，例如：有更重要的倫理要被考量時。

2. 當我們聲稱道德是相對的，意指我們無法用既有的知識來證明道德真理，我們無法絕對地肯定信守承諾或違背承諾是道德真理。雖然，我們能找到堅強的理由來相信它。但是，當前的知識是有限的。

3. 所謂倫理的相對性是指相對於倫理的自我主義（ethical egoism）。通

常相信有倫理眞理存在時，是基於我的利益考量。但是，對我有利的事不見得一定眞的有利，人們經常錯估眞實利益所在；有時，把排除他人的利益當作對我有利，其實不然。所以，什麼是好事，不能只從我要的就是好的來考慮。

4. 所謂沒有道德眞理是指一個行動被聲稱是正確的，只能說是在特定文化觀點下的正確行動，或是主觀意見下的正確，絕非眞理，也就是要相對性地開放其他觀點可以進來。

5. 告知後的相對論（informed relativism）。純粹的客觀在現實生活中幾不可能。我們不可能在觀察事物時不受到所觀察的事物環境的影響而改變，也就是所觀察到的客體的眞實，是被觀察者所潤飾後的。對社會工作者來說，互動的對象絕非無生命的客體，而是人，人對他人給他的回應一定有所反應。因此，我們試著達到眞實的境界，並非只靠什麼是眞實，而也要問應該是什麼。

相對論者指出當我們要評斷他人的事物，先要了解他人的觀點，了解產生這些觀點的歷史與環境。要評斷一個不同於我們的觀點，也要用我們的想像力，進入他人的思考裡，才可能做出適當的評斷。當然，也要經常以他人的經驗來檢驗我們的位置，才有可能產生某種號稱是客觀的共通性。這不是一件容易的事，但卻是社會工作者應修持的功課。

八、現實主義

貝基特（Beckett, 2007）認爲現實主義（Realism）是社會工作的重要倫理原則。現實主義既是一種說法（parlance），也是一種哲學，假設一種既存的外在環境與人們企圖與現實建立關係。所謂客觀的外在現實是指「即使你不相信它的存在，也無法終止它的存在。」當然，後現代主義學者如傅科（Foucault, 1980）會說：「現實端視觀點與社會脈絡。」每個社會使其功能變成一種現實。或者說，現實是語言與權力的副產品。在後現代主義者眼中現實只是一種暫時的社會建構，甚至並非經由民主程序產生的共識，只

是反映了某些權勢者的便利而塑造使它變得不可改變而已。貝基特（Beck-ett, 2007）同意現實是建構與再建構出來的，現實本身就是一種主動涉入的過程。人們生活在一個國家、社區與社會關係體系中，最後用語言編織了現實。

貝基特（Beckett, 2007）將社會工作的現實主義區分為二：關於產出的現實主義（realism about outcomes）與關於脈絡的現實主義（realism about context）。前者是指社會工作者與其服務對象之間的關係是主體對主體關係，而非主體對客體關係。社會工作者的預期績效（planning for performance），或意圖達成的目標，不等於達成績效（achieve performance）或成果與產出，社會工作者必須基於現實，而非單憑個人的說詞創造真實。例如：一位11歲兒童被其原生家庭虐待與疏忽，已引起社會大眾的關切，並被強制安置於寄養家庭，且數次更換。社會工作者終於找到一個他認為可以提供長期寄養的永久家庭。社會工作者信誓旦旦地肯定其為真。但是，人們會質疑這位社會工作者不誠實，就像進行某種外科手術一樣，醫師會告訴你成功機會有多少。同樣地，許多研究已指出11歲的兒童寄養成功機率只有40%。社會工作者何以能保證這一次的寄養安置能百分之百成功呢？社會現實既已存在，社會工作者不能自己另創造一個現實。社會工作者要選擇如何對該兒童說明新的寄養家庭，必須依循已經產出的證據，而不是依自己的渴望。

關於脈絡的現實是指依循簡單的算數法則來討論社會工作倫理。貝基特（Beckett, 2007）以2000年轟動英國的柯林貝（Victoria Climbié）虐童案為例，說明解決問題的脈絡必須符合現實才可行，否則無法解決既存的社會工作問題。柯林貝出生於象牙海岸（Côte d'Ivoire），1999年4月，當她8歲時被具有法國公民身分的嬸嬸從法國順道帶到英國倫敦留學。2000年2月25日，柯林貝被嬸嬸與其同居人虐待致死。虐待方式包括：用煙蒂燒傷、綑綁長達24小時以上、用腳踏車鏈、鐵鎚與電纜抽打、滾水燙傷、強暴等。這個案子被報導出來後，英國政府組成一個由南明爵士（Lord William Laming）領導的調查小組深入調查，於2003年公布「南明報告」（Laming report）。因而有2004年的兒童法（Children Act）修正。

　　該案之所以令英國兒童保護政策難堪在於，在將近10個月的兒童虐待過程中，許多人與機構都曾發現受虐者被虐待的傷痕。例如：施虐者曾前往當地遊民服務中心申請臨時住宅，也到過當地社會局申請住宅與救助高達18次，其中受害者曾出現過至少10次。社會救助官員見到受虐者穿著非常邋遢，簡直就像飢餓救援行動的廣告小孩。然而，他們竟然覺得這是申請人為了爭取社會救助使出的苦肉計，而沒有採取任何行動。更糟糕的是，當施虐者的一位遠親發現孩童儀表有異，而匿名通報，通報單卻在社會局兒保社工那裡被冰存了三個禮拜。直到通報人再次去電詢問，始被處理。又因施虐者搬家到同居人住處，兒保社工就以「查無此人」結案。

　　而錯誤的不只是社會工作者，醫師也是共犯。交了男友的施虐者將受虐童交由未登記的保母照顧，保母的女兒發現受虐者有明顯受虐情形，而帶至鄰近地區醫院就醫。主治醫師確診認為該童有嚴重非意外性傷痕，顯係受虐。但是，醫院兒保專門醫師卻聽信施虐者片面之詞，說該童自己不小心弄傷，再加上疥瘡搔癢抓傷。受虐兒童就此被施虐者帶離醫院。當地警察與社工本應依法繼續追蹤，也因以為該童有疥瘡而作罷。該區兒童保護官聞訊要介入調查，也誤信醫院兒保專門醫師之診斷報告而停止調查。之後，受虐兒童頭部遭燒燙傷，送至另一家地區醫院就診。雖然，主治醫師確診受虐兒童並無疥瘡，卻有明顯疏忽、虐待情事。但是，仍然同意讓其出院。醫院依兒保程序轉介當地警察與兒保社工繼續追蹤。警察與兒保社工本已安排前去家訪，一聽到受虐童曾染疥瘡，就取消家訪安排，反而相信施虐者所言，認為兒童打翻湯鍋致燙傷，而未進一步處理。

　　受虐童出院之後，依規定應由當地衛生局健康訪問員進行家訪，但也沒被轉介。同時，當地兒保社工也依規定要繼續追蹤。社工雖曾進行家訪，但是，也以看無異樣，而不了了之。即使，那期間受虐者繼續被虐待，甚至被要求睡在浴室地板、性虐待。最後，因為施虐者不配合，社工家訪無門，經機構督導同意結案。就在結案當天，柯林貝被虐致死。救護車司機描述，死狀慘不忍睹。

　　為了改善柯林貝受虐案的服務片段、不連續、權責不明，「南明報告」建議第26點：「社會服務必須保證任何涉及脆弱兒童個案的結案，必須見到且訪談到該兒童本人及其照顧者，始得為之；同時，必須有進一步的兒童促進與保障兒童福利的計畫。」貝基特（Beckett, 2007）認為這根本不可行。首先，脆弱兒童（vulnerable child）很難定義。就像柯林貝一樣。其次，要面談到每一位脆弱兒童，且要有進一步的福利保障計畫，將製造地方政府社會局無窮的困擾。第三，要面談到每一位脆弱兒童已不容易，一位陌生的社工要在短短幾十分鐘內與受虐兒童建立信任關係，更是不可能，何況施虐者就在身旁。柯林貝案不就是個先例。

　　進一步，為了糾正社會救助社工與兒保社工缺乏專業知能，「南明報告」第52點建議：「社會局主管必須保證安排社工接案時，該社工必須具備必要之訓練、經驗與時間，能適當地處理該個案。」貝基特（Beckett, 2007）認為以當前英國地方政府社會局的資源，根本也做不到。哪來的足夠的社工人力？據此，他認為缺乏脈絡現實的建議都只是「許願清單」（wish lists），難以成為解決問題的處方。只為了便於書寫或發表的象徵目的（symbolic purpose），或為了討好某些利益團體，以避免被責難而已。這對社會服務對象渴望帶來改變還有一段距離。甚至，不但毫無作為，還會帶來更糟糕的後果。

　　不幸言中，2007年8月北倫敦同一區，又發生一件駭人聽聞的P男嬰（Baby P）受虐致死事件。P男嬰17個月的短短生命中，被其母親與新男友虐待至脊椎骨、肋骨斷裂、指尖與指甲被切除、牙齒被撞擊腫脹等。而令英國人難堪的是，一樣有社工與醫師見過受虐童數次，卻無法挽回小生命免於受虐致死。同樣地，南明爵士再度被聘擔任調查召集人，他沉痛地說：「太多政府部門沒有遵照2000年柯林貝案調查報告的建議進行改革。」（The Lord Laming, 2009）該事件引發英國「導正社會工作」（Reclaiming Social Work）的推動。

　　貝基特（Beckett, 2007）提醒我們倫理要可遵行，必須基於現實（或務實）。但是，什麼是現實？一定要經過科學實證的結果嗎？還是大多數人同

意的？有權勢的人說了算？勇於表達的人說了算？媒體大亨說了算？如果必須考量現實，那是不是就不必追求社會正義？

上述這些倫理觀點有助於社會工作者理解為何要守住某些倫理，又當某些倫理有競合時，要依循何種原則來進行倫理抉擇。當然，觀點越多，越不容易抉擇。但是，越能做出正確的抉擇。

第三節 社會工作倫理守則

社會工作倫理與價值密切相關。在美國1997年以來施行的社會工作倫理守則中，將美國社會工作的核心價值先予敘明，以作為社會工作者共同的信仰，這六個核心價值是：

1. 服務。
2. 社會正義。
3. 個人尊嚴與價值。
4. 人類關係的重要性。
5. 廉正。
6. 能力。

關於社會工作的價值體系在本書第六章已有較詳細的論述，不再贅述。立基於上述六個核心價值，美國社會工作倫理守則中揭櫫六個使命（mission）（Reamer, 1999，包承恩等譯，2000）：

1. 致力促進全體人類之福祉，並協助其滿足基本人類需求。
2. 增強「案主」的力量。
3. 為弱勢與受壓迫者服務。
4. 關注社會情境中的個人福祉。
5. 促進社會正義與社會變遷。
6. 尊重文化、族群的多元發展。

　　這是美國社會工作界首次將核心價值與使命聲明納入倫理守則中，讓社會工作者理解為何要遵守各倫理條文規定。美國社會工作倫理以系統的觀念，將社會工作者在助人過程中的人類關係由近而遠、由直接而間接，區分為六組關係：對「案主」、對同事、對機構、對專業人員、對專業組織、對社會。

　　對「案主」的倫理主要包括：對「案主」的承諾、「案主」自決、告知後同意、謹守能力範圍、尊重多樣文化、利益迴避、守密、紀錄的取得、性關係、付費原則、語言使用限制、服務結束等。也就是說，從直接服務「案主」的過程中所可能發生的各種關係，都被規範。

　　對同事的倫理主要包括：相互尊重、守密、合作、衝突處理、諮詢、轉介、性關係、自清等。社會工作者對機構的倫理包括：督導與諮詢、教育成長、績效評鑑、記錄、付費、轉介、行政管理、對雇主的承諾、勞資爭議等。

　　作為一位專業人員的倫理包括：能力要求、無歧視、行為品德等。對社會工作專業的倫理包括：促進專業成長、社會工作研究倫理等。最後，對社會整體的倫理包括：促進社會福利、公共參與、緊急事件的介入、社會與政治行動的倫理等。

　　社會工作倫理或其他專業倫理所要規範的行為可大分為兩類，一是應盡義務，二是禁止事項。前者是依法律或專業使命應遵守的義務，例如：對「案主」的承諾、「案主」自決、告知後同意、尊重多元化等，必須主動積極去做的。後者是做了之後會違反社會善良風俗或傷害他人利益的事，例如：性騷擾、詐欺、歧視、詆毀等。這一類行為都屬反面陳述，例如：不可與正在服務中的「案主」發生性關係；不應性騷擾受督導者、學生、受訓者或同僚；不應為了與「案主」建立社交的、財務的或是性關係而終止其服務；不應參與、寬容或涉及有關不誠實、詐欺或誘騙等行為。

　　觀諸歐美社會工作發達的國家的社會工作倫理守則，主要涵蓋以下幾個議題：

一、保密（confidentiality）

保密是一個普遍的專業倫理，醫師、律師、會計師、社會工作師、心理治療師、諮商師都會被要求對其「案主」或當事人所告知的資訊予以保密。社會工作者為何要堅守保密原則呢？有以下兩個理由：

1. 取得「案主」的信賴。若社會工作者不能遵守保密原則，「案主」不可能揭露自己的私密給社會工作者作為評估的參考，那麼社會工作評估將無法正確，服務計畫將無法有效地提供。例如：「案主」因擔心社會工作者洩密，而隱瞞其收入、性關係、家庭關係、犯罪動機等，社會工作者將面臨扮演柯南、福爾摩斯的角色困境。

2. 社會工作助人情境是一種不對等溝通。社會工作者占據在特權溝通（privileged communication）的位置上，只要社會工作者想要了解的資料，「案主」多半不敢隱瞞，尤其是具有公權力的社會工作者，進行資產調查、性侵害介入、性交易防制、家庭暴力防治時，「案主」更不能不揭露某些個人隱私。如果社會工作者擅自將這些因特權溝通所獲取的資料外洩，後果不堪設想。

保密是專業工作者保護「案主」所提供的資訊與個人私密不外洩。但是，在某些情境下有例外，也就是保密有絕對保密（absolute confidentiality）與相對保密（relative confidentiality）的概念。絕對保密是指除非「案主」書面授權或法律要求，否則絕對不可將「案主」的任何資訊外洩。相對保密是指在某些必要的條件下，社會工作者可將「案主」的資訊與他人分享，例如：社會工作者與其督導討論案情、個案研討會，或為了保護社會大眾免於受到傷害時。這些條件限制不外乎是為了幫助「案主」獲得更好的服務、為了專業教育的發展，以及為了公共利益。

為了個案討論會或督導的需要而提供「案主」的資訊給與會的人士時，通常要隱匿其名，或將可辨識的資料遮蓋，除非揭露這些資料才可能達到為「案主」的最佳利益著想。而因個案討論或督導之需而印製的任何資料應於會後收回並銷毀，以免外流。當有記者或非相關專業人士在場時，涉及

「案主」任何可辨識的資料均應遮蓋掉，討論時亦同。因教學需要必須舉例說明時，其保密倫理亦如有記者在場般，不可洩露可辨識「案主」身分的任何資訊，除非該案已因判決成爲案例公諸於世。

　　至於爲公共利益而相對揭露「案主」私密給他人的最典型例子，是1974年發生於美國加州大學的塔拉索芙（Tarasoff）控告加州大學董事會的案例。加州大學柏克萊校區考威爾紀念醫院（Cowell Memorial Hospital）精神科的病人波達（Poddar）告訴他的精神科醫師莫爾（Moore），他打算幹掉他的女友。莫爾基於相對保密的必要，將這個消息告知柏克萊的校警，但是卻未通知波達的女友（雖然波達並未講出他女友的姓名）。而柏克萊校警立即將波達拘提到案，可是波達尚未犯案，且表現「看似理性」（appeared rational）而將其飭回。警察還盡責地警告波達離其女友遠些。唯獨波達的女友塔拉索芙並不知道將遭攻擊，而於波塔搬到塔拉索芙住家附近的兩個月後，塔拉索芙遇害。她的父母於是控告加州大學董事會、學生保健服務中心、駐校警察、精神科醫師等未善盡告知責任。

　　加州地方法院初審判定被告基於保密原則而有免責權。塔拉索芙父母不服提出上訴，最高法院（the Supreme Court）改判被告有罪。其判決文如下：

> 當醫師或精神科醫師在執行其專業技巧和知識，進行決定或即將決定時，爲了避開其病人因醫療或心理條件而可能產生的危險，提出警告是必要的，亦即負有法定給予警告的義務（University of Pittsburgh Law Review, 1975，引自Zastrow, 2004）。

　　同時，最高法院也裁定心理治療師與病人間的保密關係，不能優位於避免他人受到傷害，當公共危險產生時，保密的原則應中止。

　　但是，什麼是他人的安全或公共安全，很難界定。下一節關於倫理困境的抉擇時，將再予討論。至於，法院要求社會工作者提供作證或書面資料

時，基於法院有其他管道可以獲得資料、社會工作者維持與「案主」的保密關係，有助於社會工作的進行，社會工作者在未取得「案主」同意或其法定代理人的同意下，仍不宜將「案主」的隱私外洩，除非法律另有規定。而在必須揭露「案主」資訊的情況下，仍然要使揭露的資料限制在最少傷害之下，且不讓該資料在公開情形下曝光。

為了避免社會工作者違反保密原則，以下六點建議可供參考：

（一）訂定明文契約

將哪些是應保密的正式寫成契約，以利社會工作者與其「案主」遵循，例如：依法必須將「案主」資料提供給法庭或其他人的部分有哪些？機構的規定是什麼？「案主」可以接觸到的資料又有哪些？等。

（二）自我覺察

徒法不足以自行，執行社會工作倫理的是社會工作者。有些社會工作者口風較鬆，或好奇，或熱心過度，或個人信仰關係，或個人價值偏好，而容易將某些「案主」的資訊外流，而導致無意間傷及「案主」的權益。社會工作者應自我了解，進而戒之。

（三）要求機構訂定保密規定

很多機構會發生洩密事件，不見得是從社會工作者外洩出去，而是長官、董事、助理人員所為。這些人有機會接觸到「案主」的紀錄或文件，或者見到「案主」，由於非社會工作本行，不了解保密對「案主」的重要性，而將可資辨識「案主」身分的資料外洩。為了防止類似事件發生，社會工作機構應訂定保密規定，約束機構工作人員。

（四）專業組織明訂保密守則指引

任何國家的社會工作倫理守則都很難細到適用於每一情境，尤其是我國的社會工作倫理更是簡略，根本無法約束每一種情境可能帶來的違反保密行

爲。因此，社會工作專業組織應明訂更詳細的社會工作倫理指引，以利社會工作者遵循，否則，只有一句克盡保守業務祕密，焉能指導複雜的社會工作環境。

（五）取得法律認可

社會工作者要保護「案主」的隱私權，法律支持嗎？像美國的法院已做出判例，明確指出社會工作保密的責任與例外。在臺灣，警察、法院並未完全了解社會工作者保密的重要性，反而會介入或破壞保密的原則。因此，取得社會工作保密原則在法律上的認可，例如：作證、提供資料的權限，可使保密原則更能有效執行。我國的個人資料保護法規定的保密要件是並列的，包括：法律明文規定、經當事人同意、爲增進公共利益所必要、爲免除當事人之生命、身體、自由或財產上之危險、爲防止他人權益之重大危害、有利於當事人權益等。當每個條件都成就時，就有賴專業倫理的優先順序考量。

（六）改變媒體的觀念

媒體是臺灣社會工作者嚴守保密原則的最大挑戰者。由於媒體市場競爭激烈，挖新聞成爲媒體工作者每天的追逐與惡夢，尤其不能獨漏消息。於是，性侵害案件的受害者被曝光、性剝削的兒童少年被偷窺、校園霸凌嫌疑犯個資被起底，不一而足。即使已違反《兒童及少年福利與權益保障法》等，但媒體記者一句上面有壓力，硬是要問到、拍到才肯罷手，造成社會工作者處理類似案件非常大的困擾。因此，如何與媒體互動，除了堅持守密的倫理外，教育媒體也是刻不容緩的。

總之，保密對社會工作者來說是常態，除了少數例外，社會工作者應尊重「案主」的隱私與保密。

二、「案主」自決（client self-determination）

自決是社會工作實施中不可或缺的養分，但是，也是最容易引發爭論者之一。立基於西方自由社會的傳統，受到18世紀以來啟蒙運動（Age of Enlightenment）的影響，自決的精神深入人心，認為人是理性的，有能力決定自己的行動。社會工作者也不例外，在一部西方社會工作發展史上，自決一直被稱為是專業價值層級中的工具或原則性價值（McDermott, 1975）。

社會工作為何將自決視為如此重要的原則呢？主要受到1920、1930年代三個環境因素的影響：(1)當時反集權主義的政治現實，例如：反德國納粹與義大利墨索里尼的獨裁；(2)美國堅守民主的意識形態，個人自由與自我導向的價值被肯定；(3)專業主義。美國社會工作在1920、1930年代為了爭取「案主」服務的認可，和得到權力的制度化，而積極推動社會工作專業化，選擇的自由被社會工作界認為既是尊重個人的尊嚴，也是個別化社會工作實施的重要元素（Freedberg, 1989）。

據此，1930年代的社會工作（其實是個案工作）就有強調「案主」自決的主張。漢彌爾頓（Hamilton, 1937）認為「案主」有權利做成決定並解決其問題，是個案工作相信自助的延伸。

二次大戰期間，社會工作者不再只是聚焦在身心情緒上，而是必須面對家庭破裂、少年犯罪等問題，於是在心理社會途徑（psychosocial approach）的個案工作之外，問題解決（problem-solving）也占有一席之地。新的中產階級「案主」成為社會工作的新客戶，而這些中產階級的「案主」更接受自決的概念。自決的原則從中產階級身上得到新動能，使得不同的設施、「案主」、問題被以不同的指標來評估其自我引導的潛力，以判斷其自我決定的能力（Biestek, 1951）。

貝斯提克（Biestek, 1951）可能是第一位將自決原則仔細地分析的社會工作學者。他後來將自決納入1957年出版的著作《個案工作關係》（*The Casework Relationship*）中的一個主要原則。他認為「案主」有權利與需求於個案工作過程中自由地進行選擇與決策。

但是，「案主」自決會受到「案主」—工作者—機構所共構的臨床脈絡的影響。「案主」自決受到社區的左右，個人與社區（掌控資源與分配權力）有其衝突存在。因此，藍諾茲（Reynolds, 1932）早已懷疑社會工作者真能在不考慮經濟與政治的現實下，增加案主的自我引導潛能？（Freedberg, 1989）她一再提醒：「社會工作一定要注重雙重焦點：個人的需要和痛苦，以及造成個人痛苦的社會成因。」（林萬億、鄭如君，2014）

　　社會工作者面對政治與經濟的壓力，在1960年代以來逐漸增強。社會工作者一面為「案主」辯護，一面接受社會要求有效率地提供服務。就「案主」自決的議題來說，社會工作者一面要在資本家控制的經濟體系下運作（效率的要求），一面又得面對機構要求讓「案主」實現自決的命令，其矛盾可想而知。其實，自決與個別化在這樣的經濟脈絡下，很難達成。

　　1970年代以降的保守氛圍，讚揚19世紀個人主義式的「案主」自決被奉為專業價值基礎的道德基石，「案主」自決被以道德的形式結合進入成為「案主」自我實現與不受政府介入的不可讓渡的權利。然而，女性主義的興起，自決被賦予另一層意義，明顯有別於保守主義的定義。自決是為了極大化「案主」為自己做決定的機會（Collins, 1986）。

　　1990年代新自由主義盛行，另一個相關的概念——選擇（choice）也被無限上綱。選擇反映了福利議題的市場化（marketization），「案主」改頭換面從一位被動的福利受益人（recipient），變身成為主動的福利市場「消費者」（consumer），選擇對自己最有利的服務項目購買。同樣地，選擇權的擴大，也必須具有以下條件才有可為（Greve, 2010）：

1. 福利市場是競爭的。
2. 充足與精確的資訊。
3. 低的交易成本。
4. 明確的誘因結構。
5. 避免提供錦上添花（cream-making）的服務誘因。
6. 服務提供者是可信任的。

　　事實上，在社會福利領域裡，要達到這些條件是相對困難的。首先，福利市場即使極大化民營化的規模，因為無利可圖，很難出現足夠多的供給者。引進營利事業看似可增加市場供給，但是，企業追求利潤的結果，交易成本將提高，而且也會是錦上添花的服務，以追求利潤極大化。其次，資訊不對等一直存在。一方面是專業化服務，「案主」不容易了解；二方面是

「案主」群的身體、經濟、社會、族群弱勢，使其理解、查詢、比較資訊的能力相對脆弱。至於，對服務提供者的信任，通常是宗教組織、社會團體、家長組織、社區組織等非營利組織較容易取得服務使用者的信任。在資本主義社會裡，營利事業涉入社會福利服務，是將福利服務商品化，藉此獲利，很容易就被歸類為既得利益者、有權勢者，甚至剝削者，通常不易被服務使用者信任。

自決是指個人有權進行決定，不受他人干擾，與心理自主（psychological autonomy）非常相近（Katz, 2002）。心理自主是指個人的能量反映在執行選擇與進行決策上。自決比較是外部的，個人可以自由行動。心理自主比較屬內在的，關於進行選擇的反思或思考的構成要素。一個人如果缺乏內在的心理自主，其實很難表現於外部的自決行動。

「案主」自決比保密原則更具有西方文化的傳統特性。樓斯門（Rothman, 1989）仔細地剖析自決的概念內涵，發現自決的理論根據是：

（一）西方民主社會的人權觀念

認為每個人都有權利對影響其生活的事務，進行決定與選擇。基本上，這是一種消極的自由（negative freedom）──排除個人追求其目標與價值的障礙，而非積極的自由（positive freedom）──依理性、建設的與社會合作的行為自由選擇。

（二）效用主義的實施工具

將自決視為是一種幫助「案主」理解問題、發現資源、動員資源、創造專業關係的手段。依何麗絲（Hollis, 1964）的看法，自決可以減少或消除「案主」的依賴，減低「案主」抗拒治療師，取得「案主」追求治療目標的承諾。羅斯（Ross, 1955）在社區組織的實施上也持類似看法，社區自決才能成長。

（三）文化疏離的解藥

　　自決作爲解救現代社會無助、依賴、疏離的藥方。也就是在科層化、都市化、科技化的社會中，人越來越不能控制自己的命運，自決可以使人們或多或少面對自己的困境，做出決定。

（四）政治與情緒的解放

　　自決扮演解放1920年代以前長期被英國維多利亞時代（Victorian）的標準主導的美國社會；同時，也扮演限制社會服務科層過度介入公民生活的絕緣體。

（五）存在的現實

　　事實上，自決應該被認定爲一種事實，而非權利（Keith-Lucas, 1975）。亦即，每一個人都應爲自己生活事務的決策負責，包括選擇自助或求助他人。抉擇是每個人一生中常有的事情，反正不管碰到什麼情境都會有抉擇的喜悅與焦慮，例如：選擇哪一個職業、交哪一位朋友、買哪一款服飾等等，這些種種都是生活事實。在專業關係上也不例外。

　　基於上述理由，「案主」自決就成爲社會工作者的口頭禪。不過，「案主」眞的能自決嗎？首先，「案主」有能力自決嗎？既然稱「案主」，大多是老幼貧病，不然就是受虐者、偏差行爲者、情緒困擾者、適應不良者、失業者，他（她）們有能力自決嗎？這些人在權力、身體、情緒、經驗、知識、資訊等方面都處在不利的狀況下，做成的決定也不一定是最佳的抉擇。例如：一位貧苦的母親有可能受不了煎熬而決定把兒子送人收養；一位受不了感情折磨的失戀者，很容易選擇自我了斷；一位長期被丈夫虐待而退縮的婦女選擇不反抗是常有的決定：一位亟需存錢繳學費的女生，決定下海援交。這是「案主」自決嗎？可能是，但不好。

　　其次，外部環境的限制不利於「案主」自決。其實，許多社會服務方案都是依法執行，或者受制於既定的人事、會計規定，甚至社會規範的要求，「案主」能自決的空間受到很大的限制。例如：庇護中心就那麼幾個床位，

法律規定的救助標準就那麼多而已，老人安養機構就那麼幾家而已，社會氣氛對社會福利的看法就是如此等等。正如前述的選擇權，在資源有限之下，可選擇的空間本就少，資訊不足，能做出正確的選擇也不多。

第三，非指導式的社會工作事實上很難運作。為了讓「案主」自決，而使專業評估所設定的介入目標無法達成，或「案主」對專業處置的抗拒，使專業服務中斷，這種自決與專業實施的不一致現象，在社會工作實務上是常有的。對一位專業社會工作者來說，不能主導處置或服務的過程是非常難辦事的。社會要求社會工作者有效能，而「案主」卻想擁有自決權，社會工作者的困境可想而知。

因此，「案主」自決絕不是什麼事都由「案主」自己決定，或依「案主」自己的意思來決定。樓斯門（Rothman, 1989）建議應將案主自決的概念改變為「在介入計畫過程中讓案主適度的貢獻」原則。也就是說，「案主」參與介入的程度是可變的，取決於案例的條件，介入的重心仍然在專業本身而非「案主」，「案主」投入的應該是界定問題與解決問題的進程。能力、資訊、知識、權力越強的「案主」，社會工作者應減少引導，而多給「案主」機會參與介入過程。然而，仍然要再次提醒社會工作者，增強「案主」參與界定問題與介入進程的能力，是改變社會工作者過度引導的最佳處方。

不論如何來重新界定「案主」自決，我們仍然相信「案主」有自我實現（self-fulfillment）的權利，只是，自決仍然經常被來自專業霸權、科層體制、父權主義（paternalism）、階級的優越感所傷害。社會工作者或其僱用機構常以保護者、衣食父母、科學家、專家自居，而不給「案主」有機會增強權力。我們期待好的社會工作者是一個導引者、工作夥伴，一方面引導「案主」定義問題，解決問題；另方面支持「案主」參與決策。甘布里爾（Gambrill, 2009）再次地提醒以「案主為焦點的」（client-focused）社會工作實施，也反映在社會工作倫理的遵守上。

與案主自決在本質上極其相近的概念是「告知後同意（知情同意）」（informed consent），意即「案主」還未獲告知有關即將如何被處理，和

同意被處理的作法之前，社會工作者不應貿然提供服務。如前所述，「案主」應被視爲是工作夥伴，參與決策，不應只是被當成純粹的服務使用者。分享資訊使「案主」有機會挑戰介入過程，豐富介入的內涵，提升服務的品質。

告知後同意不只消極地提供關於什麼樣的介入即將進行，還要積極地考慮有無其他替代作法。社會工作者絕對不可以爲了滿足自己獨特治療或處置的方式，而提供偏頗的資訊給「案主」，引導「案主」做錯誤的判斷；也不可提供不完整的資訊，特別是可能造成負面後果的資訊，陷「案主」於錯誤的自決，這些都不是告知後同意的眞正精神所在。告知就是要告訴眞實、完整的資訊。

相似的概念是告知後抉擇（informed choice）（O'Connor et al., 2007），這是指服務對象被充分告知處置資訊後進行選擇處置的方法。以醫療病患爲例，通常有兩種處置的選擇：效果的處置（effective treatments）、偏好敏感的處置（preference-sensitive treatments）。前者指依科學根據或專家建議能促進療效與傷害最少來進行處置的選擇；後者則指依病人的價值偏好來決定處置的選擇。在助人專業上，通常治療師過去的成功經驗常是服務使用者進行處置選擇的主要依據。但是，某些文化、族群、宗教與社會化經驗，也會影響處置方法的偏好。例如：某些家長會依宗教信仰上的導師的建議選擇治療或教導其子女的方法；或聽從其宗族長輩、長老、頭目的建議行事。提供精準的改變或改善的引爆點（tipping point）評估是促成最佳抉擇的關鍵。所謂的引爆點是指促成改變事件發生的關鍵點、事件、門檻或時刻。而不論哪一種選擇，促進服務對象的決策品質是重要的，否則即使提供治癒的引爆點建議，也不一定會被病人及其家屬同意採納。

三、專業分際

社會工作者被訓練成爲一位專業人（professional person），有義務與其服務對象維持一種界限清晰的關係，這種關係應該把自己在專業協助以外的關係盡可能淡化。也就是說，社會工作者不應將「案主」的角色混雜有第

二種或多種的角色關係。通常社會工作者與「案主」容易產生的雙重或多重關係，包括：性、社交、事業夥伴關係，不論哪一種關係，都被禁止。

性關係包括性行爲、身體接觸、性騷擾等。社會工作者被禁止與「案主」發生性行爲，不論是「案主」自願同意或被迫的，也不可與「案主」有不當的身體接觸。在這點上特別要說明，所謂不當是指這些身體接觸的結果可能對「案主」產生心理上、文化上的傷害。亦即，合乎「案主」文化的禮貌性擁抱、握手、拍肩是被允許的，因爲這些動作具有建立信賴關係或溫暖情境的作用。例如：當「案主」極度悲傷，或情緒激動時，社會工作者握其手、拍其肩、輕擁其身，是一種適當而有益於建立信賴關係的動作。反之，任意將「案主」擁進懷裡，或搓揉其手都是不當的；也不該趁「案主」情緒激動時，藉擁抱身體的動作，俟機進行接吻、撫慰「案主」身體私密部位的吃豆腐行爲。

性騷擾是指對「案主」進行性的暗示、性的誘惑、要求性行爲，或其他具有性意涵的語言或動作。社會工作者對「案主」的性騷擾本質上與職場性騷擾是一樣的。通常職場性騷擾是指兩層意義：一是以明示或暗示的方式，對就業場所中的他人施以性要求，或具有性意涵的言行舉止，作爲勞動契約成立、存續、變更，或作爲分發、升遷、降職、報酬、考慮、獎懲等之交換條件。二是對他人施以性要求，或具有性意涵而足以引起他人不悅或反感的言行舉止，致侵犯或干擾他人自由、人格尊嚴或影響其工作表現。準此，社會工作者也不可以拿性關係或性要求來作爲提供「案主」服務的交換條件；也不可以因性要求或性動作、語言、圖片等，造成「案主」的不悅或反感，導致其人格受損、服務成效降低。

社會工作者對「案主」的性關係界限也適用於對「案主」的家屬、親密友伴（情侶、同居人等），以及社會工作者的同事、學生、被督導者。至於與「前案主」的性關係也是被禁止的。這有兩種情況：一是不可以和「前案主」發生性行爲或性接觸；二是不可對先前曾經與自己有性關係的個人提供直接服務。理由是怕對「案主」產生傷害，因爲「前案主」仍然有可能受到社會工作者有意無意的剝削、壓迫、操縱，或引誘下提供性服務；而先前的

性伴侶（包括夫妻、情侶、朋友、顧客等有性關係的人士）也不宜成為自己的「案主」，怕的是這種關係難分難解，會造成專業關係的錯亂。

　　與「案主」的社交關係，例如：交換禮物、共進餐飲、交朋友、與「案主」分享個人資訊等社會接觸，基本上也被禁止；因為「案主」就是「案主」，不宜發展出朋友關係，以免干擾助人關係。但是，社會工作者是專業人，也是人，不可能脫離社區而離群索居，尤甚是東方社會的人情世故、親疏遠近，很難以西方社會的標準來衡量。「案主」隨手帶一杯珍珠奶茶給你，有嚴重到違反倫理嗎？如果太堅持與「案主」間純粹的專業關係，反而會落得關係緊張，陷社會工作者於不近人情的罵名。所以，與「案主」的社交關係應界定在不以送禮作為專業服務的報酬。準此，不要求「案主」送禮、請客、提供個人資訊（與專業服務無關的），是社會工作者應遵守的倫理。

　　社會工作者的首要職責是促進「案主」的福祉，以「案主」的利益為優先考量。因此，社會工作者不應從任何專業關係中獲得不當得利，或是剝削他人以滿足自己個人的、宗教上的、政治上的，或商業上的利益。具體來說就是，社會工作者不該與「案主」有財務上的借貸關係，也不應有商業上的往來關係。社會工作者也不可以邀請「案主」入教、入會、入黨。「案主」會擔心因不配合社會工作者的邀請而影響其權益，要傳播信仰或邀請入黨，等專業關係終止後再做吧！

　　社會工作者千萬不要因為個人利益、偏好，以及專業關係的分際被要求清晰，而表現出六親不認、冷血無情、刻板僵硬。其實，只要心存不占「案主」便宜，不利用職權謀利，處處以「案主」的最佳利益來考量，就可以是個不逾越倫理又富同情心、有人情味的社會工作者。

四、充實知能

　　社會工作者可以幫助「案主」算命嗎？當然不可以！社會工作者不是命相師，而是要根據社會工作相關的知識來提供服務。進一步，社會工作者要

依現有的能力來提供服務，也就是說，社會工作者不能誇大、膨脹自己的能力。當社會工作者能力越強時，提供服務的品質也越高，因此，社會工作者提升應具備的能力的意願也要很高，否則「案主」能得到的服務必然受限於社會工作者的能力。社會工作倫理在這方面的要求是社會工作者應努力使專業實施可以熟練，且不斷進步。

　　許多社會工作者常抱怨工作太忙，沒有時間讀書進修。一方面是機構制度設計的問題，健全的督導體系是必要的，人力資源的發展也是追求專業成長的重要支柱，員工的進階訓練應該制度化，讓每位社會工作者具備其職位應有的知能。另方面是社會工作者的心態問題，有些社會工作者不相信知識，只相信實務經驗，把知識窄化為理論，使理論與實務相對立，這是嚴重的錯誤。知識不一定就是理論，理論也不一定是不切實際，或光說不練的。知識與實務間本來就是相通的，有些知識來自實務的累積、轉化，有些實務是基於知識的指引。之所以會有知識（理論）無用論，主要有兩個原因：一是臺灣社會工作的知識靠學院生產與傳授者多，而知識的生產者與傳授者大部分沒有社會工作實務經驗，或經驗有限，而導致所生產與傳授的知識與實務間有距離，而使實務工作者誤以為知識就是如此不實用。二是實務工作者較少被邀請一起來生產知識，也很少主動將實務經驗轉化為知識，而使臺灣的社會工作知識本土化的程度很低。過度依賴歐美社會工作知識的引介，且這些知識又未加以融會貫通後轉化為本地適用的知識，對於少有時間閱讀或聽講的實務工作者來說，是一種挫折與畏懼，終至拒絕溝通，排斥吸收，或另謀他途，盡學些速成、花俏、華麗或流行的技巧，不論是否屬社會工作知識體系或相關社會科學知識。

　　如果社會工作者要變換領域服務時，應先經過相當時數的研習、訓練、諮詢後，或接受具有該專長的專家督導才可，目的是為了保證「案主」可以得到高品質的服務。

　　總之，作為一位社會工作者，應以維持高標準的社會工作實施為職志，這是社會工作者的承諾之一。這個承諾包括：支持倫理守則的推行、貢獻心力於擁護社會工作的價值，以及促進社會工作知識的進步，並且戮力於

防止不合格或違反社會工作倫理與價值的實施。這是一位廉潔正直的社會工作者應有的作風。

五、社會正義

社會正義（social justice）是社會工作的靈魂。積極地來說，社會工作者應該致力於社會改革，代表弱勢者、受壓迫者主持公道、爭取權益。這些權益包括基本生存保障、就業機會、受教育權、反歧視、健康權等社會權（social rights）。爲了幫「案主」爭取權益，藉由參與社會行動與倡導是必要的。

社會工作的前輩們之所以獻身社會工作，且成爲後世的典範，往往是因爲他們在不公平、不正義的政治、經濟與社會環境下，看到社會問題，而不計個人毀譽與辛勞，承諾爲該議題獻身投入，最後達到某種進步的社會改革。社會工作者的政治活動包括遊說（lobbying）、辯護或倡導（advocacy）、結盟、監督政府、選舉策略、組織社會行動等（Mahaffey & Hanks, 1982）。

然而，社會工作者去政治化的（depoliticized）思維仍然普遍，認爲社會工作是一門專業，專業是價值中立的，不應介入政治，這是似是而非的想法。任何專業都是一種利益團體，利益的追求哪有價值中立可言。相對於全民健康保險改革的推動，美國醫療協會（AMA）從1850年代即成爲強而有力的專業利益團體，強力主導美國以私人開業爲主的醫療服務。即使1994年柯林頓總統指派其妻希拉蕊女士組成健康改革小組，擬出建立一個強制且綜合的健康保險計畫，終敵不過美國醫療協會結合健康保險公司、共和黨參議員，將之否決，使美國錯失建立全民健康保險制度的機會（Wall, 1996）。

任何社會政策都是政治，在歐洲大陸的語彙裡，社會政策與社會政治同義。公共政策是爲了滿足社會大眾的基本生活需求，和解決社會問題。但是，社會大眾對基本生活需求與社會問題的界定不同，所擬的政策一定不

同，例如：市民主張將遊民趕出城市；富人主張社會救助應是救急不救窮；教師認為不能體罰哪能教好學生；父權主義者認為男主外、女主內是天經地義的事；有些人認為幹嘛要保障身心障礙者就業，給他們救濟金就好了；企業家主張為了降低生產成本，應大量引進外籍勞工。這些林林總總的主張，一定會引來反對者的批評，因為立場不同。

臺灣的公共政策制訂過程常流行一句話：「相信專家不要相信政客。」的確，專家的建議較科學、深入、周延，但並非專家就是客觀中立。如上述，任何專業都是利益團體，要核能工程師反核一定很難，要企業界支持社會福利也不容易。所以，政客做的決定是依政治的正確（political correctness），宗教團體做的決定是依道德的正確（moral correctness），而專家做的決定是依專業判斷，三者共同可以接受的是普世的價值，差異的是各自站在自己的利益與價值上。

社會工作專業追求平等（equality）、公平（equity）、自由（freedom）、分配正義（distributive justice）、利他（altruism）為目標，這將對弱勢者、被壓迫者有福利，但卻也可能帶給其他群體的不利（illfare）。即使如此，追求社會正義仍是社會工作者無可讓渡的倫理。

社會工作者除了積極為弱勢者爭取權益外，社會正義的實踐也表現在資源分配上。需求與資源間的差距一直都是社會政策的主要議題。常有人說：「需求無限，資源有限」、「社會福利易放難收」，這不完全正確，需求也會有邊際遞減。看看那些窮人只要獲得基本的生活補助就卑微地滿足，並非如社會所指責的貪得無饜。資源有限是人類社會共同的認知，社會福利的資源更是有限。生態社會工作提醒社會工作者不能只是扮演幫弱勢者爭取權益、擴大福利資源的大餅、實現人類社會正義的角色，必須關切地球資源的永續，倡議環境正義（McKinnon & Alston, 2016）。

社會工作者打從19世紀末以來，就是扮演著將有限資源做最有效運用的分配者角色。如果資源無限，分配的問題將很單純，甚至不會有問題。社會工作者在處理分配的問題時也要堅守正義的原則，如下：

（一）平等分配

平等是指等同的分享（equal shares），不同於公平（equity）的「公正的分享」（fair shares）（詹火生譯，1987），是人人得到一樣多。平等的分配有以下三種可能：

1. 將現有資源平均分配給所有需求者，即使不能完全或適當滿足需求，至少是最公正的方式。
2. 當資源少於需求時，資源又不能切割（例如：床位、幼兒園名額）時，應採先到先服務的方式。
3. 當先到先服務的方式不公正時（例如：有些人住得遠、交通不便、工作環境不允許、身體不便、資訊不流通等），則應採抽籤方式，讓每個人都享有機會均等。

（二）需求強度

社會工作者的「案主」通常是在經濟安全、心理、社會、權力、健康、住宅、就業、教育等面向上有需求的人。但是有需求的人很多，往往超出社會工作者或社會福利機構的能力之外，因此，先解決生存的需求（例如：急救、食物、緊急庇護）再說。接著，不同的對象有不同的需求，社會工作者要依需求類型與需求程度來分配資源。診斷、評估、鑑定就成為不同的實施領域的專業，用來決定分配資源的工具或技術。對社會工作者來說，迫切需求者優先服務，需求高者多服務，無需求者不提供服務是不變的原則，這是公平的分配。

（三）弱勢優先

弱勢優先本質上是一種補償（compensation）。羅斯（Rawls, 1972）在其所著《正義論》（*A Theory of Justice*）中，將積極的差別待遇列為正義的第三個原則，列在自由、機會均等之後。當人類擁有同等的自由之後，接著要考慮同等的發展機會。但是，總有些人無法與他人平起平坐，為了達到公正起見，弱勢優先是不可或缺的。弱勢者通常是先天條件不利者，例如：身

心障礙者、老人、兒童，或後天受壓迫者，例如：原住民、婦女、難民。對這些人的補償是給他們一種優先分配的特權（privilege）。

（四）貢獻多寡

貢獻多者獲得較多的資源分配是社會保險的原則。例如：公共年金保險中的所得相關年金（income related pension），保險費（contribution）繳（貢獻）得多，領到的老年年金給付也越多。但是只要是社會保險，保費與給付間的統計相關就不可能剛好是正1，因爲其中有雇主分攤、投資報酬、壽命長短等形成的所得重分配（redistribution of income）效果。除了社會保險外，社會工作並不主張依貢獻多寡來決定資源分配，因爲社會工作的「案主」群多半是繳費能力低的人。何況，將貢獻等同於保費也不公平，女性養兒育女的貢獻很大，但其繳保費的能力低於男人，甚至依賴男人（以配偶之名）。所以，才會有普及式的福利的提出，不以貢獻多寡來決定福利多寡。工作福利（workfare）這種自由主義的主張，基本上就是依貢獻來決定福利的有無與多寡。

社會工作倫理通常不會對資源分配做詳盡的規範，但是爲「案主」倡導充分的資源以滿足其需求，保證所有人民都能公平地得到所需資源，以及資源分配流程是公開、公正、適當、無歧視的，是應遵守的原則。

⌈第四節⌉ 社會工作倫理的困境與抉擇

社會工作者必須遵守的倫理守則上百條（以美國、加拿大爲例），有時會遇上兩個以上的倫理守則同時要遵守，且其中有某種程度的矛盾性，此時，即陷入了倫理困境（ethical dilemmas）。倫理困境是探討社會工作倫理不可或缺的，也是最核心的部分，因爲要社會工作者不違背倫理守則並不難，難在如何從倫理衝突中採取優先順序。倫理困境在社會工作過程中經常

發生，以下舉幾個例子來說明：

案例一

　　秀美是一位28歲喪偶獨自撫養一個4歲女兒的單親母親，租屋而居，平常以幫人洗衣獲取微薄薪資渡日。由里幹事處提出申請低收入戶資格，經社會工作者前去家訪，發現里幹事所填報的資料屬實。在家訪過程中，里幹事一再替秀美講話，且表現出對秀美的家庭生活極為熟悉。社會工作者不疑有他。於是，秀美的低收入戶資格通過審查，依法領取生活補助。然秀美的鄰居向社會工作者檢舉里幹事經常出入秀美家，有時是晚上去，隔日清晨才離開。社會工作者請秀美說明，秀美支吾其詞。社會工作者有受騙的感覺。

請問：1. 社會工作者該報請取消秀美的低收入戶資格嗎？
　　　　2. 社會工作者該去問秀美是否與里幹事發生性關係嗎？
　　　　3. 社會工作者該去管里幹事是否利用職權要求與秀美發生性關係嗎？

案例二

　　玉珊是一位16歲的國中中輟女生，由父母陪同向警分局報案，指出另有三位未成年少女被老鴇以安非他命控制賣淫，並指出派出所警員阿強曾白嫖這些少女，顯然老鴇與警方有勾結的嫌疑。警察分局派刑事組至玉珊所供出的民宅，發現的確有少女賣淫，查出帳冊、嫖客與老鴇、保鏢等。依《兒童及少年性剝削防制條例》，該四名少女（含玉珊）應被送至短期安置中心保護。然而，玉珊與其父母均認為自首無罪，且警方有包庇在先，不願被社會局帶回短期安置中心。如果社會局不依就要舉發警局包庇色情。

請問：1. 社會工作者該不該強制將玉珊等四名少女帶回短期安置中心？

　　　2. 社會工作者該不該為了息事寧人而將玉珊釋回，只帶走另三名少女，以換取警察包庇色情事件不曝光？

　　　3. 社會工作者該不該支持玉珊舉發警員強制與未成年少女性交的罪名？

　像這樣的案例在社會工作實務上屢見不鮮，例如：

1. 看到自己的機構對「案主」不是很尊重，是該堅持維護機構的名譽呢？還是為「案主」的人權倡議？

2. 看到自己的同事把「案主」推來推去。但是，如果自己把他攬下來，必然會得罪同事，也會把自己累死，該怎麼辦？

3. 國中少女告訴學校社會工作師她懷孕了，請幫她找墮胎的診所，且不可以讓學校教師、家長知道，否則會被勸退學，爸媽也會被氣死。社會工作師怎麼辦？

4. 少年偷偷告訴社會工作者有一位黑道大哥給他一把土製手槍放在家裡，有誰敢惹他，就把他幹掉！社會工作者怎麼辦？

5. 醫院拒收路倒病人，看在社會工作者眼中，要如何？

6. 遊民收容所床位已滿，但是，等候送進來的個案實在太多了，只好在走廊加床位，上級要你這麼做，社會工作者該怎麼辦？

7. 少女告訴你她幾天前上網做了一次援助交際，還滿好賺的，她騙對方是處女而賺到一萬元，真想再試試看。你是社會工作者，該通報她性交易嗎？

8. 在醫院中，病人被診斷出來是癌症，病人一再問：「我得的是什麼病？」家屬卻央求醫師不要告訴病人實情，以免打擊病人。這時的醫務社會工作者怎麼辦？

9. 因為缺乏慢性病床位，精神科醫師要求家屬將病人轉送社區照護，或在家照護。由於該地區沒有慢性精神病患的社區照護中心，於是，家屬只好決定將病人帶回家。但是，由誰來照顧呢？醫師、家屬卻主張應由媳婦辭職來照顧。社會工作者怎麼辦才好？

10. 警察局少年隊協同社會局的社會工作人員取締到KTV酒店中有未成
　　年少女脫衣陪酒。但是，議員卻施加壓力給上級，揚言若不放人就
　　砍社會局的預算。社會工作者怎麼辦？

11. 機構的公關告訴社工組長，再不把幾個棄嬰的案例拿出來給記者刊
　　登，機構的募款情形將很不樂觀。組長，你將怎麼辦？

12. 某政要大員的親戚所屬的身心障礙團體透過關係又來要補助款了，
　　上級礙於面子與政治現實，只好答應。可是預算根本所剩無幾，何
　　況還有幾家窮團體正提案申請補助呢！承辦的社會工作者怎麼辦？

13. 家庭暴力防治中心被質疑積壓通報案例，又在進行家庭訪視時，未
　　仔細評估風險程度，導致「案主」被打死。你是該中心主管，怎
　　麼辦？

14. 當主責社工以專業自主之名，拒絕提供個案紀錄給上級參考，萬一
　　發生爭議事件，須進行危機介入時，你是社會局長該怎麼辦？

　　再舉例下去，罄竹也難書。社會工作的助人情境變異很大，所面對的
倫理困境也是難以預期的。於是，社會工作學者們努力發展出解決倫理困境
的處理原則。芮摩（Reamer, 1990）提出一套處理倫理困境的對照比較原則
如下：

1. 傷害到維持人類生命、健康、尊嚴時，優位於傷害到其他可加的事物，例如：誠實、保密、財富、機會均等

　　這個原則包含兩個重要的判準，一是生命第一，二是傷害最小。有些
時候為了保護生命，而洩密或不誠實，是一種必要之惡，而這個惡（evil）
是相對最少的。亦即「兩害相權取其輕」。這也就是樓溫伯格與道格夫
（Lowenberg & Dolgoff, 1996）所列的倫理抉擇第一優先原則「保護生命原
則」，也是吉渥斯（Gewirth, 1978）說的人類需求核心事物的順序。

　　前述美國加州大學柏克萊校區的塔拉索芙案即是最佳例證，保護生命重
於保密原則。醫院的急診室也是以救人第一為倫理最高指導原則。性侵害與
家庭暴力的案例也不能因戶籍不在本地，而任由受害者的生命受到威脅而不
出手相救。遊民的處理也是如此，不能因為查不到戶籍，或因戶籍在他縣市

而不提供緊急庇護服務。

2.他人的基本福祉權優於個人的自決權

這不是說自決權不重要，而是自決不可以傷害到他人的基本福祉權。例如：教師或家長有其教導學生或教育子女的權力，且可依其慣用的教育方式來執行教師權或親權。但是，不能以剝奪學生或子女飲食來作為教養的籌碼，因為兒童的健康是必要的事物，所以才有兒童虐待與疏忽的保護立法。教育也不可為了班級平均分數拉高而讓學生集體作弊，或虛報中輟生人數以提高學校的輔導績效，或匿報學生受性侵害的個案，以維護校譽，這些都違反尊重人類不可減的事物的原則，也就是誠信、無歧視的對待每個人，反對剝削，安全的生活環境等，是個人生活中不可減的事物。

又如果教育工作者為了自己的價值判斷，決定依自己的生涯規劃理念，規定某些學生不適合升學，某些學生只適合讀職業學校，而犧牲這些學生求知識、受進階教育的機會，這也是教師的自決權傷害到人類追求可加的事物的權利。

自決的權利不得傷及他人基本福祉權的例子還很多，例如：夫妻為了享有外出獨處的機會，將未滿12歲以下兒童留在家中無成人照顧；家中主要賺食者（bread winner）想要有自己的人生假期而不想再工作，而使家庭陷入貧窮；成年人為了滿足性或財富的需求，而使未成年少女從事性的服務（即使她們說這是自願的）；低收入家長為了面子不想申請子女的教育補助，而使孩子的教育機會喪失了；性伴侶只想同居而不想結婚，而使其所生子女因戶籍問題而少掉應有的福利；家長為了自己的事業方便，犧牲子女的受教權；照顧者為了個人的宗教信仰，犧牲被照顧者就醫機會；家長為了自己的教育理念，阻擾子女接受國民義務教育等，不勝枚舉。在這樣的情境下，社會工作者必須以優先保護他人的基本福祉而介入，無須獲得家長或主要照顧者的同意。

3.個人自決權優於其自身基本福祉的考量

「案主」自決與「案主」自身的基本福祉孰重呢？例如：「案主」決定自殺，社會工作者要不要阻止？如果從羅吉斯（Rogers, 1951）的「案主

爲中心的治療」（Client-centred Therapy）觀點來看，非指導（non-direc-tive）、非評斷（non-judgement）是非常核心的諮商要素。因此，自我抉擇的實踐、自我責任、自我解放是諮商的目的之一，而且是最重要的。只要「案主」出於自願，在資訊充分被告知之後，外人無須再爲想要自殺的人擔心，也就是自殺（自決）的尊重優於爲「案主」自身的基本福祉（生命、健康、教育、事業、財富、功名等）考量。

這種情況也發生在性侵害與家庭暴力的個案中，「案主」決定不離開可能繼續對她施暴的丈夫或同居人；或是「案主」決定繼續留在KTV酒店或做傳播妹；或「案主」決定與其朋友發生性關係，不管父母、教師喜歡不喜歡。面對這些情境，社會工作者都很爲難，急著阻止「案主」都沒有用，但又非常擔心她受傷害。

我們明知阻止「案主」做某些事情，例如：要她不自殺、不要回到男友（丈夫）身邊、不要離家出走、不要辭職、不要……，是很困難的；我們也深知自殺之後、受虐之後，作爲一位接案的社會工作者會被質疑沒有預警，沒有盡責。但是，只要我們提供充分的資訊，協助「案主」分析比較利害，提醒可能的預期與非預期後果，增強「案主」的權力，以及提供可選擇的替代方案之後，「案主」仍然執意如此，社會工作者只好接受其做出不利於自身福祉的決定。不過，前一點已告訴我們，「案主」自決不可傷及他人的基本福祉權。然而，在東方社會，「案主」在助人工作者前自殺，社會輿論還是會大加撻伐的。作爲一位助人工作者，還是要竭盡所能，挽救生命於當下。或許度過今天，「案主」自殺的念頭會打消。

4. 人們在自由意志下同意遵守的法律、機構規定等義務，凌駕於個人的信仰、價值與原則

社會工作者不可以信仰自由之名，在機構中對「案主」強銷自己的信仰；也不可因自己喜歡單身生活而明示或暗示「案主」應離婚或不結婚，以享受單身貴族之樂。而「案主」不可以爲了滿足自己的額外需求而詐領社會福利金；也不可因爲自己抽籤抽到的住宅地理不好，而挑戰抽籤的程序不合法，或抽籤有作弊。

　　社會工作者面對自己的價值、信仰、知識與機構規定衝突的案例，在實務現場很多，有些是因機構資源分配不合理，或是派案不公平、以行政程序來減少個案接近服務、機構不尊重專業、機構制度不健全等等。然而既然你受聘於這個機構，只好遵守這些規定。不過，社會工作者有義務爲了「案主」的最佳利益著想而展開倡導組織變革的行動。如果惡法或惡例不修，只好離職，再俟機而動，千萬不要不滿機構規定，卻又無心改革，鬱卒過一生。

5.當個人基本福祉權利與法律、規定，以及民間組織中的規則相衝突時，個人福祉權利應優先考量

　　這是指在某些不得已的情況下，例如：爲了急救而闖紅燈或走路肩；爲了爭取弱勢者的權益而違反《集會遊行法》，造成他人交通的不便。美國的「黑人生命也是命」運動、貧民運動、學生運動、反戰遊行、婦女權益運動、墮胎合法化運動、同性戀大遊行，都曾挑戰當時的法律與規定。至於人類最早的抗爭運動——勞工運動，從19世紀中到20世紀初，不論是在英國、德國、瑞典、美國，都要面對軍警的流血鎮壓。以今天社會工作倫理的抉擇，這些抗爭都是有理的。亦即，當代的社會工作者不論在哪裡任職，爲了「案主」的基本福祉權益，是應該站出來抗議、遊行、示威，即使會因而牴觸機構的規定，甚至違反法律，也在所不惜。但是，不要因爲爭取個人的基本福利權益而傷及他人的基本福利權益，例如：爲了抗議學生被霸凌，而對主謀肉搜私刑；或爲了上街頭示威遊行，而犧牲服務「案主」的時間。

6.為預防社會大眾傷害發生、為提升公共利益，而對個人財產累積造成損害是可接受的

　　這點類似爲了社會集體的利益而限制個人的自由。最常見的例子是政府爲了興辦社會福利而向人民徵收稅、保險費，或徵收土地。在緊急事故發生時，政府也可因救災之必要而限制人民的居住自由，例如：強制遷離災難現場，或強制拆除人民的財產作爲洩洪或圍堤之用，無須先經過當事人的同意。但適足居住權是聯合國《經濟、社會、文化權利國際公約》所保障，任何形式的迫遷都必須在平衡個人與公共利益原則下進行，兼顧人權保障，包

括：資訊透明、決策民主、開放協商，並滿足合乎比例原則的執行、救濟與補償方式。

以上這六點原則並沒有辦法涵蓋所有可能發生的倫理困境。既然是困境，就表示很難輕易地判別利弊得失。因此，社會工作者如果在實務上遇到倫理困境，不妨依芮摩（Reamer, 1999，包承恩等譯，2000；Leever et al., 2002）所提供的倫理抉擇步驟來補強：

1.釐清倫理困境議題是什麼

是哪兩種倫理或多種倫理原則產生衝突，例如：保密與保護「案主」免於受傷害、自決與個人基本福祉權、機構規定與「案主」福祉權的保障等。

2.誰將受倫理抉擇的影響

是「案主」、「案主」的子女、機構，或是社會大眾？誰是相對弱勢者？

3.發展各種可能的相對方案（alternatives），並評估其利弊得失

如果把「案主」要殺人的消息告知警方會有何後果？不告知警方又會有何後果？如果揭發「案主」詐領福利金會有何後果？不揭發或晚些揭發又有何後果？如果讓受虐的「案主」回到其同居人身邊有何後果？不回去又會有何後果？

4.審慎地檢視支持或反對每種行動的理由

從不同的角度、理念、觀點來分析每一種抉擇有哪些法律、倫理、理論支持或反對這些行動。例如：「案主為中心」的學派會較支持「案主」自決；反之，指導學派並不完全同意處處都尊重「案主」自決。舉發「案主」或同事詐領福利金在法律上有何罪罰？自首有利於「案主」呢？還是主動調查有利於機構？

5.諮詢專家的意見

遇到倫理困境時千萬別悶著頭幹，應該諮詢同事、督導、教授、主管、法律專家、倫理學者、專業組織等。一來是透過他人的知識與經驗為自己解惑；二來是責任分攤，保護自己的權益。

6.進行抉擇並記錄倫理抉擇的過程

倫理抉擇如同社會工作介入般，都屬社會工作實施的一部分，也應做成紀錄，以利查證；同時，也可作為社會工作實務經驗轉換為知識的一部分。有時會在因倫理議題而訴訟，或要求出庭做證時，扮演非常重要的角色。

7.評鑑倫理抉擇所帶來的後果

倫理抉擇之後，案主、案家、機構、社區、社會大眾、社會工作專業有何反應，以及對社會工作介入的成效影響，應加以評鑑，並做成紀錄，以利學習。

8.預防類似的問題再發生

應將倫理抉擇的過程中所發現的可避免事項記下來，作為未來避免重蹈覆轍的參考。減少可能的倫理兩難，比進行倫理抉擇要來的有意義。做出正確的倫理抉擇所要付出的代價往往也很大，包括時間、心力、勞師動眾等。能於實務過程中將這些議題一一化解，可免陷入倫理兩難的困境中。

社會工作倫理不像法律那麼明確、周詳，而是簡要列舉社會工作者應遵守的行為準則，疏漏之處必然會有。社會工作者應該用腦來思考，用心去感受，用手腳付諸行動，且不斷透過反思來覺醒自己的行動是否吻合倫理的要求。

參考書目

一、中文部分

王永慈等編（2001）。社會工作倫理：應用與省思。臺北：輔仁大學。

包承恩等譯（2000）。社會工作價值與倫理（原著：Frederis Reamer）。臺北：洪葉。

林萬億、鄭如君（2014）。社會工作名人傳。臺北：五南。

徐震、李明政編（2002）。社會工作倫理。臺北：五南。

徐震、李明政（2004）。社會工作思想與倫理。臺北：松慧。

曾華源、胡慧嫈、李仰慈、郭世豐（2006）。社會工作專業價值與倫理概論。臺北：紅葉。

秦燕（2013）。社會工作倫理。臺北：華都。

詹火生譯（1987）。**社會政策要論**（原著：Kathleen Jones, John Brown & J. Bradshaw）。臺北：巨流。

蔡漢賢（1985）。從職業道德的重要性論如何建立我國社會工作人員專業守則。臺北市政府社會局。

二、英文部分

Beckett, C. (2007). The Reality Principles: realism as an ethical obligation. *Ethics and Social Welfare*, 1, 269-281.

Biestek, F. (1951). *The Principle of Client Self-Determination in Social Casework*. Washington DC: Catholic University of America Press.

Biestek, F. (1957). *The Casework Relationship*. Chicago: Loyola University Press.

Collins, B. (1986). Defining Feminist Social Work Practice. *Social Work*, 31, 214-221.

Foucault, M. (1980). The History of Sexuality: interview. *Oxford Literary Review*, 4: 2, 3-14.

Freedberg, S. (1989). Self-Determination: historical perspectives and effects on current practice. *Social Work*, Jan., 33-38.

Gewirth, A. (1978). *Reason and Morality*. Chicago: University of Chicago Press.

Gambrill, E. (2009). *Social Work Ethics*. Burlington, Va: Ashgate.

Greenwood, E. (1957). Attributes of a Profession. *Social Work*, 2: 3, 45-55.

Greve, B. (2010). *Choice: challenges and perspectives for the European welfare states*. Chichester, West Sussex, John Wiley & Sons.

Hamilton, G. (1937). Basic Concept in Social Casework. *Social Casework*, 18, 147-156.

Hollis, F. (1964). Casework: a psychosocial therapy. NY: Random House.

Katz, J. (2002). Respecting Autonomy: the struggle over rights and capacities. In J. Katz (ed.), *The Silent World of Doctor and Patient* (pp.104-129). Baltimore, MD: Johns Hopkins University Press.

Keith-Lucas, A. (1975). A Critique of the Principle of Client Self-Determination. In F. McDermott (ed), *Self-Determination in Social Work* (p.46). London: Routledge and Kegan Paul.

Leever, M., DeCiani, G., Mulaney, E., & Hasslinger, H. (2002). Ethical Decisionmaking. In M. Leever, G. DeCiani, E. Mulaney, H. Hasslinger, and E. Gambrill (eds.), *Ethical Child Welfare Practice* (pp.1-16). Washington, DC: Child Welfare League of American Press.

Levy, C. (1976). *Social Work Ethics*. NY: Human Sciences.

Loewenberg, F. & Dolgoff, R. (1996). *Ethical Decisions for Social Work Practice* (5th ed.). Itasca, Ill: F. E. Peacock.

Mahaffey, M. & Hanks, J. (1982). *Practical Politics: social work & political responsibility*. NASW.

Manning, S. (1997). The Social Worker as Moral Citizen: ethics in action. *Social Work*, 42: 3, 223-230.

Martínez-Brawley1, E. & Zorita, P. M-B. (2017). Contemporary Social Work Practice and Education: a call for a re-examination of virtue ethics. *Cuadernos de Trabajo Social*, 30(1): 109-118.

McDermott, F. E. (1975). *Self-Determination in Social Work*. London: Routledge and Kegan Paul.

McKinnon. J. & Alston, M. (2016). *Ecological Social Work: foward sustainability*. London: Palgrave.

O'Connor, A. M., Wennberg, J., Legare, F., Llewellyn-Thomas, H. A., Moulton, B. W., Sepucha, K. R., Sodano, A. G., & King, J. S. (2007). Toward the Tipping Point : decision aids and informed patient choice. *Health Affairs*, 3: 716-725.

Rawls, J. (1972). *A Theory of Justice*. Clarendon Press.

Reamer, F. (1990). *Ethical Dilemmas in Social Service* (2nd ed.). NY: Columbia University Press.

Reamer, F. (1998). The Evolution of Social Work Ethics. *Social Work*, 43: 488-500.

Reamer, F. (1999). *Social Work Values and Ethics*. NY: Columbia University Press.

Reynolds, B. C. (1932). An Experiment in Short-contact Interviewing. *Smith College Studies in Social Work*, 3: 1, 1-101.

Rhodes, M. (1986). *Ethical Dilemmas in Social Work Practice*. Boston: Routledge & Kegan Paul.

Rogers, C. (1951). *Client-Centered Therapy: its current practice, implications and theory*. London: Constable.

Ross, M. G. (1955). *Community Organization: theory and principles*. NY: Harper and Brothers.

Rothman, J. (1989). Client Self-Determination: untangling the knot. *Social Service Review*, Dec., 599-612.

Shardlow, S. (1998). Values, Ethics and Social Work. In R. Adams, L. Dominelli, M. Payne, & J. Compling (eds.), *Social Work: themes, issues and critical debates* (pp.23-33). Springer.

Specht, H. (1991). Should Training for Private Practice be a Central Component of Social Work Education? No! *Journal of Social Work Education*, 27: 2, 102.

The Lord Laming (2009). *The Protection of Children in England: a progress report*. The Stationary Office. Retrieved 2009-03-12.

Towle, C. (1969). Social Work: cause and function. In H. Perlman (ed), *Helping: Charlote Towle on social work and social casework* (pp.277-299). Chicago: University of Chicago Press.

Wall, A. (ed.) (1996). *Health Care System in Liberal Democracies*. London: Routledge.

Webb, S. A. (2006). *Social Work in a Risk Society: social and political perspectives*. Basingstoke: Palgrave Macmillan.

Wilensky, H. (1964). The Professionalization of Everyone? *The American Journal of Sociology,* 2: 120, 137-158.

Zastrow, C. (2004). *The Practice of Social Work* (8th ed.). Pacific Grove, CA: Brooks/Cole Publishing Co.

國家圖書館出版品預行編目資料

當代社會工作：理論與方法／林萬億著. --
五版. -- 臺北市：五南圖書出版股份有限
公司, 2022.09
　面；　公分
　ISBN 978-626-343-259-8（平裝）

1.CST: 社會工作

547　　　　　　　　　　111013293

1JA8

當代社會工作——理論與方法

作　　　者 — 林萬億（138）

發 行 人 — 楊榮川

總 經 理 — 楊士清

總 編 輯 — 楊秀麗

副總編輯 — 李貴年

責任編輯 — 黃淑真、李敏華

封面設計 — 姚孝慈

出 版 者 — 五南圖書出版股份有限公司

地　　　址：106臺北市大安區和平東路二段339號4樓

電　　　話：(02)2705-5066　　傳　真：(02)2706-6100

網　　　址：https://www.wunan.com.tw

電子郵件：wunan@wunan.com.tw

劃撥帳號：01068953

戶　　　名：五南圖書出版股份有限公司

法律顧問　林勝安律師

出版日期　2002年3月初版一刷
　　　　　2006年8月二版一刷（共十八刷）
　　　　　2013年9月三版一刷（共十刷）
　　　　　2021年9月四版一刷
　　　　　2022年9月五版一刷
　　　　　2023年9月五版二刷

定　　　價　新臺幣800元

經典永恆・名著常在

五十週年的獻禮——經典名著文庫

五南，五十年了，半個世紀，人生旅程的一大半，走過來了。

思索著，邁向百年的未來歷程，能為知識界、文化學術界作些什麼？

在速食文化的生態下，有什麼值得讓人雋永品味的？

歷代經典・當今名著，經過時間的洗禮，千錘百鍊，流傳至今，光芒耀人；

不僅使我們能領悟前人的智慧，同時也增深加廣我們思考的深度與視野。

我們決心投入巨資，有計畫的系統梳選，成立「經典名著文庫」，

希望收入古今中外思想性的、充滿睿智與獨見的經典、名著。

這是一項理想性的、永續性的巨大出版工程。

不在意讀者的眾寡，只考慮它的學術價值，力求完整展現先哲思想的軌跡；

為知識界開啟一片智慧之窗，營造一座百花綻放的世界文明公園，

任君遨遊、取菁吸蜜、嘉惠學子！